Kants Werke

II

Kants Werke

Akademie-Textausgabe

Unveränderter photomechanischer Abdruck
des Textes der von der Preußischen Akademie
der Wissenschaften 1902 begonnenen Ausgabe
von Kants gesammelten Schriften

Band II

Vorkritische Schriften II

1757-1777

Walter de Gruyter & Co.

Berlin 1968

Unveränderter photomechanischer Abdruck von „Kants gesammelte Schriften. Herausgegeben von der Königlich Preußischen Akademie der Wissenschaften", Band II, Berlin 1905/12, S. 1—452

ISBN 3 11 004017 4

Alle Rechte des Nachdrucks, der photomechanischen Wiedergabe, der Übersetzung, der Herstellung von Mikrofilmen und Photokopien, auch auszugsweise, vorbehalten.
Umschlagentwurf: Rudolf Hübler, Berlin.
Printed in Germany

Inhaltsübersicht des Bandes

1757
Entwurf und Ankündigung eines Collegii der physischen Geographie nebst dem Anhange einer kurzen Betrachtung über die Frage: Ob die Westwinde in unsern Gegenden darum feucht seien, weil sie über ein großes Meer streichen (*Paul Gedan*) . . . . 1—12

1758
Neuer Lehrbegriff der Bewegung und Ruhe und der damit verknüpften Folgerungen in den ersten Gründen der Naturwissenschaft (*Kurd Lasswitz*) . . . . 13—26

1759
Versuch einiger Betrachtungen über den Optimismus (*Kurd Lasswitz*) . . . . 27—36

1760
Gedanken bei dem frühzeitigen Ableben des Herrn Johann Friedrich von Funk (*Paul Menzer*) . . . . 37—44

1762
Die falsche Spitzfindigkeit der vier syllogistischen Figuren erwiesen (*Kurd Lasswitz*) . . . . 45—62

1763
Der einzig mögliche Beweisgrund zu einer Demonstration des Daseins Gottes (*Paul Menzer*) . . . . 63—164
  Vorrede 65
  Erste Abtheilung, worin der Beweisgrund zur Demonstration des Daseins Gottes geliefert wird 70
    1. Betrachtung. Vom Dasein überhaupt 70
    2. Betrachtung. Von der innern Möglichkeit, in so fern sie ein Dasein voraussetzt 77
    3. Betrachtung. Von dem schlechterdings nothwendigen Dasein 81
    4. Betrachtung. Beweisgrund zu einer Demonstration des Daseins Gottes 87

VI

Zweite Abtheilung von dem weitläuftigen Nutzen, der dieser Beweisart besonders eigen ist 93
  1. Betrachtung, Worin aus der wahrgenommenen Einheit in den Wesen der Dinge auf das Dasein Gottes a posteriori geschlossen wird 93
  2. Betrachtung. Unterscheidung der Abhängigkeit aller Dinge von Gott in die moralische und unmoralische 100
  3. Betrachtung. Von der Abhängigkeit der Dinge der Welt von Gott vermittelst der Ordnung der Natur, oder ohne dieselbe 103
  4. Betrachtung. Gebrauch unseres Beweisgrundes in Beurtheilung der Vollkommenheit einer Welt nach dem Laufe der Natur 108
  5. Betrachtung, Worin die Unzulänglichkeit der gewöhnlichen Methode der Physikotheologie gewiesen wird .. 116
  6. Betrachtung. Verbesserte Methode der Physikotheologie 123
  7. Betrachtung. Kosmogonie............. 137
  8. Betrachtung. Von der göttlichen Allgenugsamkeit ... 151

Dritte Abtheilung, Worin dargethan wird: daß außer dem ausgeführten Beweisgrunde kein anderer zu einer Demonstration vom Dasein Gottes möglich sei 155

Versuch den Begriff der negativen Größen in die Weltweisheit einzuführen (*Kurd Lasswitz*) .... 165—204
Vorrede......................... 167
  Erster Abschnitt. Erläuterung des Begriffes von den negativen Größen überhaupt 171
  Zweiter Abschnitt, In welchem Beispiele aus der Weltweisheit angeführt werden, darin der Begriff der negativen Größen vorkommt 179
  Dritter Abschnitt, Enthält einige Betrachtungen, welche zu der Anwendung des gedachten Begriffs auf die Gegenstände der Weltweisheit vorbereiten können 189

1764

Beobachtungen über das Gefühl des Schönen und Erhabenen (*Paul Menzer*) .... 205—256
  Erster Abschnitt. Von den unterschiedenen Gegenständen des Gefühls vom Erhabenen und Schönen 207
  Zweiter Abschnitt. Von den Eigenschaften des Erhabenen und Schönen am Menschen überhaupt 211

VII

Dritter Abschnitt. Von dem Unterschiede des Erhabenen und Schönen in dem Gegenverhältniß beider Geschlechter 228

Vierter Abschnitt. Von den Nationalcharaktern, in so fern sie auf dem unterschiedlichen Gefühl des Erhabenen und Schönen beruhen 243

Versuch über die Krankheiten des Kopfes (*Max Frischeisen-Köhler*) .... 257—272

Recension von Silberschlags Schrift: Theorie der am 23. Juli 1762 erschienen Feuerkugel (*Paul Menzer*) .... 272a—272d

Untersuchung über die Deutlichkeit der Grundsätze der natürlichen Theologie und der Moral (*Kurd Lasswitz*) 273—302

 Einleitung 275

 Erste Betrachtung. Allgemeine Vergleichung der Art zur Gewißheit im mathematischen Erkenntnisse zu gelangen mit der im philosophischen 276

 Zweite Betrachtung. Die einzige Methode, zur höchstmöglichen Gewißheit in der Metaphysik zu gelangen 283

 Dritte Betrachtung. Von der Natur der metaphysischen Gewißheit 290

 Vierte Betrachtung. Von der Deutlichkeit und Gewißheit, deren die erste Gründe der natürlichen Gottesgelahrtheit und Moral fähig sind 296

1765

Nachricht von der Einrichtung seiner Vorlesungen in dem Winterhalbenjahre von 1765—1766 (*Kurd Lasswitz*) 303—314

1766

Träume eines Geistersehers, erläutert durch Träume der Metaphysik (*Paul Menzer*) .... 315—384

 Ein Vorbericht, der sehr wenig für die Ausführung verspricht ... 317

 Der erste Theil, welcher dogmatisch ist 319

  1. Hauptstück. Ein verwickelter metaphysischer Knoten, den man nach Belieben auflösen oder abhauen kann 319

  2. Hauptstück. Ein Fragment der geheimen Philosophie, die Gemeinschaft mit der Geisterwelt zu eröffnen 329

  3. Hauptstück. Antikabbala. Ein Fragment der gemeinen Philosophie, die Gemeinschaft mit der Geisterwelt aufzuheben 342

  4. Hauptstück. Theoretischer Schluß aus den gesammten Betrachtungen des ersten Theils 348

Der zweite Theil, welcher historisch ist 353
   1. Hauptstück. Eine Erzählung, deren Wahrheit der beliebigen
      Erkundigung des Lesers empfohlen wird 353
   2. Hauptstück. Ekstatische Reise eines Schwärmers durch die
      Geisterwelt 357
   3. Hauptstück. Praktischer Schluß aus der ganzen Abhandlung 368

1768

Von dem ersten Grunde des Unterschiedes der Gegenden im
Raume (*Kurd Lasswitz*) . . . . 375—384

1770

De mundi sensibilis atque intelligibilis forma et principiis
(*Erich Adickes*). 385—420

   Sectio I. De notione mundi generatim 387
   Sectio II. De sensibilium atque intelligibilium discrimine generatim 392
   Sectio III. De principiis formae mundi sensibilis 398
   Sectio IV. De principio formae mundi intelligibilis 406
   Sectio V. De methodo circa sensitiva et intellectualia in metaphysicis 410

1771

Recension von Moscatis Schrift: Von dem körperlichen wesentlichen Unterschiede zwischen der Structur der Thiere
und Menschen (*Kurd Lasswitz*) . . . . 421—426

1775

Von den verschiedenen Racen der Menschen
(*Max Frischeisen-Koehler*) . . . . 427—444

1776—1777

Aufsätze, das Philanthropin betreffend (*Paul Menzer*). . 445—452

   Erster Aufsatz 447
   Zweiter Aufsatz. An das gemeine Wesen 449

Nachwort

M. Immanuel Kants

Entwurf und Ankündigung

eines

Collegii der physischen Geographie

nebst dem Anhange einer kurzen Betrachtung

über die Frage:

Ob die Westwinde in unsern Gegenden darum feucht seien,
weil sie über ein großes Meer streichen.

Der vernünftige Geschmack unserer aufgeklärten Zeiten ist vermuthlich so allgemein geworden, daß man voraus setzen kann, es werden nur wenige gefunden werden, denen es gleichgültig wäre diejenigen Merkwürdigkeiten der Natur zu kennen, die die Erdkugel auch in andern Gegenden in sich faßt, welche sich außer ihrem Gesichtskreise befinden. Es ist auch für keinen gringern Vorzug anzusehen, daß die leichtgläubige Bewunderung, die Pflegerin unendlicher Hirngespinste, der behutsamen Prüfung Platz gemacht hat, wodurch wir in den Stand gesetzt werden, aus beglaubigten Zeugnissen sichere Kenntnisse einzuziehen, ohne in Gefahr zu sein, statt der Erlangung einer richtigen Wissenschaft der natürlichen Merkwürdigkeiten uns in einer Welt von Fabeln zu verirren.

Die Betrachtung der Erde ist vornehmlich dreifach. Die mathematische sieht die Erde als einen beinahe kugelförmigen und von Geschöpfen leeren Weltkörper an, dessen Größe, Figur und Cirkel, die auf ihm müssen gedacht werden, sie erwägt. Die politische lehrt die Völkerschaften, die Gemeinschaft, die die Menschen unter einander durch die Regierungsform, Handlung und gegenseitiges Interesse haben, die Religion, Gebräuche u. s. w. kennen; die physische Geographie erwägt bloß die Naturbeschaffenheit der Erdkugel und, was auf ihr befindlich ist: die Meere, das feste Land, die Gebirge, Flüsse, den Luftkreis, den Menschen, die Thiere, Pflanzen und Mineralien. Alles dieses aber nicht mit derjenigen Vollständigkeit und philosophischen Genauheit in den Theilen, welche ein Geschäfte der Physik und Naturgeschichte ist, sondern mit der vernünftigen Neubegierde eines Reisenden, der allenthalben das Merkwürdige, das Sonderbare und Schöne aufsucht, seine gesammelte Beobachtungen vergleicht und seinen Plan überdenkt.

Ich glaube bemerkt zu haben, daß die erste zwei Gattungen der Erdbetrachtung Hülfsmittel genug für sich finden, wodurch ein Lehrbegieriger auf eine so bequeme als hinreichende Art fortzukommen im Stande ist; allein eine vollständige und richtige Einsicht in der dritten führt mehr Bemühung und Hinderniffe mit sich. Die Nachrichten, die hiezu dienen, sind in vielen und großen Werken zerstreuet, und es fehlt noch an einem Lehrbuche, vermittelst dessen diese Wissenschaft zum akademischen Gebrauche geschickt gemacht werden könnte. Daher faßte ich gleich zu Anfange meiner akademischen Lehrstunden den Entschluß, diese Wissenschaft in besondern Vorlesungen nach Anleitung eines summarischen Entwurfes vorzutragen. Dieses habe ich in einem halbjährigen Collegio zur Genugthuung meiner Herren Zuhörer geleistet. Seitdem habe ich meinen Plan ansehnlich erweitert. Ich habe aus allen Quellen geschöpft, allen Vorrath aufgesucht und außer demjenigen, was die Werke des Varenius, Buffon und Lulofs von den allgemeinen Gründen der physischen Geographie enthalten, die gründlichsten Beschreibungen besonderer Länder von geschickten Reisenden, die allgemeine Historie aller Reisen, die Göttingische Sammlung neuer Reisen, das Hamburgische und Leipziger Magazin, die Schriften der Akademie der Wissenschaften zu Paris und Stockholm u. a. m. durchgegangen und aus allem, was zu diesem Zweck gehörte, ein System gemacht. Ich liefere hier hievon einen kurzen Entwurf. Man wird urtheilen können, ob es, ohne dem Namen eines Gelehrten Abbruch zu thun, erlaubt sei, in diesen Dingen unwissend zu sein.

Kurzer Abriß der physischen Geographie.

Vorbereitung.

Die Erde wird kürzlich nach ihrer Figur, Größe, Bewegung und den Cirkeln, die wegen dieser auf ihr müssen gedacht werden, betrachtet, doch ohne sich in diejenige Weitläuftigkeit einzulassen, die für die mathematische Geographie gehört. Alles dieses wird auf dem Globo und zugleich die Eintheilung in Meere, festes Land und Inseln, die Proportion ihrer Größe, die Klimata, die Begriffe der Länge, der Breite, der Tageslänge und der Jahreszeiten kürzlich gewiesen.

Abhandlung.
I. Allgemeiner Theil der physischen Geographie.

Erstes Hauptstück.
Vom Meere.

Dessen Eintheilung in den Ocean, die mittelländischen Meere und die Seen. Von Archipelagis. Von den Busen, Meerengen, Häfen, Ankerplätzen. Vom Boden des Meeres und dessen Beschaffenheit. Von der Tiefe desselben, in verschiedenen Meeren gegen einander verglichen. Vom Senkblei und der Taucherglocke. Methoden, versunkene Sachen in die Höhe zu bringen. Vom Druck des Meerwassers. Von seiner Salzigkeit. Verschiedene Meinungen der Ursache derselben. Zubereitung des Meersalzes. Methoden, Seewasser süß zu machen. Von der Durchsichtigkeit, dem Leuchten, der Farbe desselben und den Ursachen ihrer Verschiedenheit. Von der Kälte und Wärme desselben in unterschiedlichen Tiefen. Ob das Weltmeer in allen seinen Theilen gleich hoch stehe. Warum das Meer von den Flüssen nicht voller werde. Ob Meere und Seen eine unterirdische Gemeinschaft haben. Bewegung des Meeres durch die Stürme. Wie weit dieselbe sich in der Tiefe erstrecke. Die Meere und Seen, die am unruhigsten sind. Von der Ebbe und Fluth. Gesetze derselben und Ursache. Abweichung von diesen Gesetzen. Allgemeine Bewegung des Meeres. Wie diese durch die Küsten und Felsen anders bestimmt werde. Von den Meerströmen. Von Meerstrudeln. Ursachen derselben. Von dem Zuge der Wasser in den Meerengen. Vom Eismeer. Schwimmende Eisfelder. Nordisches Treibholz. Einige andere Merkwürdigkeiten. Von Klippen und Sandbänken. Von inländischen Seen und Morästen. Merkwürdige Seen wie der Cirknitzer und andere.

Zweites Hauptstück.
Geschichte des festen Landes und der Inseln.

Von den unbekannten Ländern, die es entweder gänzlich oder zum Theil sind. Die Berge, Gebirge, das feste Land und die Inseln in einem systematischen Begriffe betrachtet. Von Vorgebirgen, Halbinseln, Landengen. Verglichene Höhe der namhaftesten Berge über den ganzen Erdkreis. Allerlei Beobachtungen auf ihren Spitzen in verschiedenen Welttheilen. Vom Gletscher oder dem schweizerischen Eismeere. Methoden, ihre Höhe zu messen. Von den natürlichen und künstlichen Höhlen und Klüften. Von der Structur des Erdklumpens. Den stratis ihrer Materie. Ordnung und Lage. Von den Erzgängen. Von der Wärme, Kälte und der Luft in verschiedenen Tiefen. Historie der Erdbeben und feuerspeienden Berge auf der ganzen Erdkugel. Betrachtung der Inseln, sowohl derer, die gewiß als solche erkannt werden, als von denen es zweifelhaft ist.

Drittes Hauptstück.
Geschichte der Quellen und Brunnen.

Verschiedene Hypothesen von ihrem Ursprung. Beobachtungen, daraus derselbe kann erkannt werden. Quellen, welche periodisch fließen. Versteinernde, mineralische, heiße und überaus kalte Quellen. Vom Cementwasser. Entzündbare Brunnen. Vom Petroleo und Naphta. Von Veränderung, dem Entstehen und Vergehen der Quellen. Vom Graben der Brunnen.

Viertes Hauptstück.
Geschichte der Flüsse und Bäche.

Ursprung der Flüsse. Vergleichung der merkwürdigsten auf der Erde in Ansehung der Länge ihres Laufs, ihrer Schnelligkeit, der Menge ihres Wassers; von ihrer Richtung, der Größe ihres Abhanges, Aufschwellung, Überschwemmung, Dämmen und Buhnen, den berühmtesten Canälen. Von Wasserfällen. Von Flüssen, die im Lande versiegen. Von solchen, die sich unter die Erde verbergen und wieder hervorkommen. Von Flüssen, die Goldsand führen. Methode es abzusondern. Von der unterschiedenen Schwere des Wassers der Flüsse.

Fünftes Hauptstück.
Geschichte des Luftkreises.

Höhe der Atmosphäre. Die drei Regionen derselben. Vergleichung der Eigenschaften der Luft in verschiedenen Weltgegenden, in Ansehung der Schwere, Trockenheit, Feuchtigkeit, Gesundheit. Betrachtung ihrer Eigenschaft in großen Höhen und Tiefen. Wirkung der Luft auf das Licht der Sterne in verschiedenen Ländern.

Geschichte der Winde.

Die vornehmsten und geringern Ursachen derselben. Ihre Eintheilung nach den Weltgegenden. Winde von verschiedenen Eigenschaften, der Trockenheit, Feuchte, Wärme, Kälte und Gesundheit. Vom Passatwinde, dessen allgemeinen und besondern Gesetzen nach Beschaffenheit der Erdstriche. Von den Moussons. Von den abwechselnden See- und Landwinden. Von denen, die in einer Gegend die mehreste Zeit herrschen. Von der Schnelligkeit der Winde. Von den Windstillen, den Stürmen, Orkanen, Typhons, der Wasserhose und Wolkenbrüchen, nach den Weltgegenden, worin sie herrschen, ihren Gesetzen und Ursachen erwogen. Die Winde in verschiedenen Erhöhungen von der Erde mit einander verglichen. Kurze Betrachtung einiger besondern Luftbegebenheiten.

Sechstes Hauptstück.
Von dem Zusammenhange der Witterung mit dem Erdstriche oder den Jahreszeiten in verschiedenen Ländern.

Worin der Winter in der heißen Zone bestehe. Warum nicht in allen Erdstrichen, die eben dasselbe Klima haben, der Winter oder Sommer zu gleicher Zeit und auf gleiche Art geschieht. Woher der heiße Erdstrich bewohnbar sei. Aufzählung der Länder, die unter einem Himmelsstriche liegen und doch in Ansehung der Wärme und Kälte sehr unterschieden sind. Von der Kälte in dem südlichen Ocean und Ursache derselben. Von den Gegenden der größten Hitze und Kälte auf dem Erdboden, den Graden und Wirkungen derselben. Von Ländern, darin es niemals, und andern, darin es fast beständig regnet.

Siebentes Hauptstück.
Geschichte der großen Veränderungen, die die Erde ehedem erlitten hat.

a) Von den Veränderungen, die auf derselben noch fortdauren.

Wirkung der Flüsse in Veränderung der Gestalt der Erde aus den Exempeln des Nils, Amazonenstroms, Missisippi und anderer. Wirkungen des Regens und der Gießbäche. Ob das feste Land immer erniedrigt und das Meer nach und nach erhöht werde. Von der Wirkung der Winde auf die Veränderung der Erdgestalt. Von der Veränderung derselben durch Erdbeben. Durch den Menschen. Bestätigung durch Beispiele. Von der fortdauernden Veränderung des festen Landes in Meer und des Meeres in festes Land. Beobachtungen hievon und Meinungen von den Folgen derselben. Hypothese des Linnäus. Ob die Bewegungen der Erde, die tägliche sowohl als die jährliche, einer Veränderung unterworfen seien.

b) Denkmale der Veränderung der Erde in den ältesten Zeiten.

Alles feste Land ist ehedem der Boden des Meeres gewesen. Beweisthümer aus den in der Erde und auf hohen Bergen befindlichen Muschelschichten, versteinerten oder in Stein abgeformten Seethieren und Seepflanzen. Beweisthümer des Buffons aus der Gestalt der Gebirge. Daß die Veränderung des festen Landes in Meer und des Meeres in festes Land in langen Perioden oftermals auf einander gefolgt sei; aus den stratis, welche Überbleibsel des Seegrundes enthalten und mit denen, so Producte des festen Landes in sich schließen, abwechseln, bewiesen. Von unterirdischen Wäldern. Lage ihrer verschütteten Bäume. Woher in diesen Erdschichten mehrentheils von indianischen Thieren und Gewächsen Überbleibsel anzutreffen seien. Beurtheilung der sogenannten Spiele der Natur. Von den Steinen, welche eigentlich versteinerte Teile aus dem Thierreich sind.

c) Theorie der Erde, oder Gründe der alten Geschichte derselben.

Ob eine einzige allgemeine Überschwemmung wie die Noachische alle diese Veränderungen habe hervorbringen können. Allgemeine Betrachtung der Gestalt des festen Landes, der Richtung und des Abhanges der Gebirge, der Landesspitzen und Inseln, aus deren Analogie auf die Ursache ihres Ursprungs und ihrer Veränderungen geschlossen wird. Folgerung aus der Beschaffenheit der Erdschichten und dem, was sie in sich enthalten. Ob die Achse der Erde sich ehedem verändert habe. Beurtheilung der Hypothesen des Woodward, Burnet, Whiston, Leibniz, Buffon u. a. m. Resultat aus den verglichenen Beurtheilungen.

Achtes Hauptstück.
Von der Schifffahrt.

Von den Rhombis, der Loxodromie, der Schiffsrose, der Schätzung des Weges und Correction derselben. Von Erfindung der Länge und

Breite. Prüfung des Grundes. Andere Merkwürdigkeiten bei der Seefahrt. Von den merkwürdigsten Seereisen alter und neuer Zeiten. Von der Vermuthung neuer Länder und den Bemühungen sie zu entdecken.

II. Der physischen Geographie besonderer Theil.

1) Das Thierreich, darin der Mensch nach dem Unterschiede seiner natürlichen Bildung und Farbe in verschiedenen Gegenden der Erde auf eine vergleichende Art betrachtet wird; zweitens die merkwürdigsten Thiere, sowohl die auf dem Lande als in der Luft als auch im Wasser sich aufhalten, die Amphibien und merkwürdigste Insecten, nach der Geschichte ihrer Natur erwogen werden.

2) Das Pflanzenreich, davon alle diejenige Gewächse der Erde, die die Aufmerksamkeit entweder durch ihre Seltsamkeit oder besondern Nutzen vornehmlich auf sich ziehen, erklärt werden.

3) Das Mineralreich, dessen angenehmste und in den menschlichen Nutzen oder Vergnügen am meisten einfließende Merkwürdigkeiten auf eine historische und philosophische Art durchgegangen werden.

Ich trage dieses zuerst in der natürlichen Ordnung der Classen vor und gehe zuletzt in geographischer Lehrart alle Länder der Erde durch, um die Neigungen der Menschen, die aus dem Himmelsstriche, darin sie leben, herfließen, die Mannigfaltigkeit ihrer Vorurtheile und Denkungsart, in so fern dieses alles dazu dienen kann, den Menschen näher mit sich selbst bekannt zu machen, einen kurzen Begriff ihrer Künste, Handlung und Wissenschaft, eine Erzählung der oben schon erklärten Landesproducte an ihren gehörigen Orten, die Luftbeschaffenheit u. s. w., mit einem Worte, alles, was zur physischen Erdbetrachtung gehört, darzulegen.

Alles wird in schriftlichen summarischen Aufsätzen, welche zur leichteren Wiederholung dieser ohnedem durch ihre Annehmlichkeit die Aufmerksamkeit genug unterhaltenden Wissenschaft dienen sollen, zusammen gefaßt werden.

* * *

Die Wissenschaft, wovon gegenwärtiger Abriß einen Entwurf darlegt, wird in diesem Sommerhalbenjahre vorgetragen werden. Ich werde auch die Naturwissenschaft nach Anleitung des Handbuches des Herrn

D. Eberhard in besondern Vorlesungen erklären. Die Logik wird nach der Meierischen kurzen Einleitung und die Metaphysik nach der Anweisung des Baumeisters gelesen. Ich habe im verwichenen halben Jahre auf Verlangen einiger Herren diesen Wechsel mit dem zwar gründlichern, aber schwereren Baumgarten zu ihrer Befriedigung angestellt. Man wird indessen die Freiheit der Wahl haben, von welchem von beiden man sich größere Vortheile versprechen wird. In der Mathematik werden die alten Vorlesungen fortgesetzt und neue angefangen. Meine Bemühungen werden glücklich genug sein, wenn sie den Beifall derjenigen, die zwar nicht den größten, doch schätzbarsten Theil ausmachen, nämlich der Vernünftigen, erwerben können.

Anhang einer kurzen Betrachtung
über die Frage:
Ob die Westwinde in unseren Gegenden darum feucht seien, weil sie über ein großes Meer streichen.

Wenn man die Ursache der Naturbegebenheiten, die von der Himmelsgegend und Beschaffenheit der Erdstriche abhängen, einsehen will, so läuft man oft Gefahr sein System durch eine nicht vorhergesehene Instanz über den Haufen fallen zu sehen, wenn man nicht vorher verglichene Erscheinungen und Beobachtungen anderer Länder zu Rathe gezogen hat. Es fällt jedermann leicht ein, die nasse Witterung, die uns die Westwinde zuziehen, der Lage unseres Landes zuzuschreiben, welchem ein großes Meer gegen Abend liegt. Allein diese so leicht, so natürlich scheinende Erklärung wird durch Vergleichung mit der Witterung anderer Länder sehr zweifelhaft gemacht, wo nicht gänzlich aufgehoben. Musschenbroek, der sonst eben derselben Meinung zugethan ist, wird dennoch darin ein wenig ungewiß, wenn er erwägt, daß der Nordwind in den Niederlanden ein trockener Wind sei, ob er gleich über das große deutsche Meer und selbst über den nordischen Ocean streicht. Er schreibt seine Trockenheit der Kälte desselben zu. Allein wenn im Sommer die Sonne diesen Ocean hinlänglich erwärmt, so fällt dieser Vorwand weg, und der Wind bleibt dem ungeachtet trocken. Man findet aber in der physischen Geographie noch stärkere Gründe wider die gemeine Meinung.

In dem ganzen indischen Ocean vom Archipelagus der Philippinen an bis in das Arabische Meer herrschen das Jahr hindurch zwei Wechselwinde: der Nordostwind vom October bis in den Mai und der Südwestwind vom Mai bis in den October. Der erste führt eine heitere Luft mit sich, und der letzte ist die Ursache der Regenmonate in diesen Ländern, obgleich einer sowohl als der andere über große Meere streicht. Bei den philippinischen Inseln, in Mindanao und den übrigen, wird dieses noch sichtbarer. Der östliche Mousson kommt über das fast gränzenlose stille Meer her und bringt dennoch heiter Wetter zuwege; dagegen der westliche Wechselwind, der über Gegenden streicht, die mit Inseln und Landesspitzen besäet sind, die Regenzeit mit sich führt. Kolbe führt an, daß auf dem Vorgebirge der guten Hoffnung, sowohl auf der westlichen als östlichen dazu gehörigen Gegend, die Ostwinde das trockene Wetter, die Westwinde aber die nasse Jahreszeit zuwege bringen, obgleich nicht abzusehen ist, warum der Westwind lediglich feucht sein sollte, da gegen Osten ein ebenso weites Meer als gegen Westen liegt. In dem mexikanischen Meerbusen an der Landenge von Panama, in Carthagena und anderwärts wechseln so wie im indischen Meere die N.O.- und W.S.W.-Winde die zwei Jahreshälften hindurch. Die ersten, welche man Brisen nennt, sind trocken und machen eine heitere Luft. Die letzte, welche man Vendavalen nennt, sind feucht, und mit ihnen kommt die Regenzeit. Nun kommen aber die N.O.-Winde über den großen Atlantischen Ocean und sind nichtsdestoweniger trocken. Die W.S.W.-Winde aber können von keinem großen Striche des stillen Meeres herkommen, weil in einer mittelmäßigen Entfernung vom festen Lande beständige Ostwinde diese See beherrschen. Auf der Fahrt, die die manillische Gallion von Acapulco nach Manila anstellt, und da sie, um den Ostwind zu genießen, sich nicht weit vom Äquator entfernt, findet sie fast beständig heiteres Wetter. Allein bei der Reise von Manilla nach Acapulco, da sie auf eine gewisse Höhe über den nordlichen Wendezirkel steuret, fährt sie mit Hülfe der daselbst herrschenden Westwinde nach Amerika und ist so gewiß daselbst öftere Regen anzutreffen, daß sie sich auf diese lange Fahrt nicht einmal mit Wasser versorgt, und alle verloren sein würden, wenn sie ausbleiben sollten. Nun sage man mir, wenn man die gemeine Meinung behauptet, eine begreifliche Ursache, warum der Ostwind, der auf dem stillen Meere und zwar in der wärmsten Gegend streicht, allein trocken, der Westwind aber, der über denselben Ocean weht, feucht und regenhaft sein müsse.

Mich dünkt, dieses sei mehr als zureichend, den Gedanken zum wenigsten zweifelhaft zu machen: daß bei uns die Westwinde ihre Feuchtigkeit von dem gegen Westen gelegenen Meere entlehnen. Es scheint vielmehr, daß die Westwinde in allen Gegenden der Erde eine Ursache der feuchten Witterung abgeben, ob ich gleich nicht in Abrede sein will: daß die Beschaffenheit der Gegenden, darüber sie streichen, öfters diese Eigenschaft verringern könne; so wie in dem südlichen Theile von Persien geschieht, da die Südwestwinde, welche über die verbrannte Gegenden von Arabien ziehen, dürre und heiße Luft mit sich führen. Die Enge des Raumes hindert mich die Ursache von dieser Eigenschaft der Westwinde zu erklären. Sollten nicht dieselbe, da sie dem allgemeinen und natürlichen Zuge der Luft von Morgen gegen Abend, der in dem vierten Cap. der phys. Geographie erklärt wird, entgegen streichen, eben um deswillen die Dünste zusammen treiben und verdicken, damit die Luft jederzeit erfüllt ist? Zum wenigsten, wenn man die Luft als ein Auflösungsmittel (menstruum) der Feuchtigkeit auf der Erde ansieht, so ist es nicht genug sie mit dieser bis zur Sättigung angefüllt anzunehmen, wenn man erklären will, warum sie dieselbe fallen lasse, d. i. warum es regne, sondern man muß eine Ursache anzeigen, die sie niederschlägt (präcipitirt), das ist, die die Luft nöthigt, sie aus ihren Zwischenräumen fahren zu lassen, damit die Dünste sich vereinigen und herabfallen können.

M. Immanuel Kants

Neuer Lehrbegriff

der

Bewegung und Ruhe

und

der damit verknüpften Folgerungen

in den ersten

Gründen der Naturwissenschaft,

wodurch zugleich seine

Vorlesungen in diesem halben Jahre angekündigt werden.

———

Den 1 sten April 1758.

Wenn in einer philosophischen Frage das einstimmige Urtheil der Weltweisen ein Wall wäre, über welchen zu schreiten, es für ein gleich sträfliches Verbrechen mit demjenigen, welches Remus beging, müßte gehalten werden, so würde ich mir den Vorwitz wohl vergehen laßen, meinen
5 Einfällen wider das entscheidende Gutachten des ehrwürdigen großen Haufens diejenige Freiheit zu erlauben, die durch nichts weiter als durch die gesunde Vernunft gerechtfertigt ist. Ich würde, wenn es mir einfiele, ein Gesetz zu bestreiten, welches nach dem Rechte des Herkommens einen unangefochtenen Besitz in den Lehrbüchern der Weltweisen schon seit Jahr-
10 hunderten her behauptet hat, mich selbst bald bescheiden, daß ich entweder hätte eher kommen oder damit zurück bleiben sollen. Nun ich aber eine große Menge solcher unternehmenden Köpfe um mich erblicke, die mit dem Gesetze des Ansehens nichts wollen zu schaffen haben, und gegen die man doch so viel Nachsicht hat ihre Meinungen wohl gar zu prüfen und ihnen
15 nachzudenken, so wage ich es auf ein gleich günstiges Schicksal mich unter sie zu mengen und die Begriffe der Bewegung und der Ruhe, imgleichen der mit der letztern verbundenen Trägheitskraft zu untersuchen und zu verwerfen; ob ich gleich weiß, daß diejenige Herren, welche gewohnt sind, alle Gedanken als Spreu wegzuwerfen, die nicht auf die Zwangmühle des
20 Wolffischen oder eines andern berühmten Lehrgebäudes aufgeschüttet worden, bei dem ersten Anblick die Mühe der Prüfung für unnöthig und die ganze Betrachtung für unrichtig erklären werden.

Neue Begriffe der Bewegung und Ruhe.

Ich wünsche, daß sich meine Leser auf einen Augenblick in diejenige Verfassung des Gemüths versetzen könnten, welche Cartes für so unumgänglich nöthig zur Erlangung richtiger Einsichten hält, und worin ich mich jetzt befinde, nämlich sich so lange, als diese Betrachtung währt, aller erlernten Begriffe vergessen zu machen und den Weg zur Wahrheit ohne einen andern Führer als die bloße gesunde Vernunft von selber anzutreten.

In dieser Stellung erkenne ich, daß die Bewegung die Veränderung des Orts sei. Ich begreife aber auch bald: daß der Ort eines Dinges durch die Lage, durch die Stellung oder durch die äußere Beziehung desselben gegen andere, die um ihn sind, erkannt werde. Nun kann ich einen Körper in Beziehung auf gewisse äußere Gegenstände, die ihn zunächst umgeben, betrachten, und dann werde ich, wenn er diese Beziehung nicht ändert, sagen, er ruhe. So bald ich ihn aber in Verhältniß auf eine Sphäre von weiterem Umfange ansehe, so ist es möglich, daß eben der Körper zusammt seinen nahen Gegenständen seine Stellung in Ansehung jener ändert, und ich werde ihm aus diesem Gesichtspunkte eine Bewegung mittheilen. Nun stehts mir frei, meinen Gesichtskreis so sehr zu erweitern, als ich will, und meinen Körper in Beziehung auf immer entferntere Umkreise zu betrachten, und ich begreife, daß mein Urtheil von der Bewegung und der Ruhe dieses Körpers niemals beständig sei, sondern sich bei neuen Aussichten immer verändern könne. Setzet z. E., ich befinde mich in einem Schiffe, welches auf dem Pregel an der Rhede liegt. Ich habe eine Kugel vor mir auf dem Tische liegen; ich betrachte sie in Ansehung des Tisches, der Wände und anderer Theile des Schiffs und sage, sie ruhe. Bald darauf sehe ich aus dem Schiffe nach dem Ufer hin und merke, daß das

Tau, womit es befestigt war, aufgeknüpft sei, und das Schiff langsam den Strom herabtreibe; ich sage alsbald: die Kugel bewegt sich und zwar von Morgen gegen Abend nach der Richtung des Flusses. Jemand sagt mir aber, die Erde drehe sich in der täglichen Bewegung mit viel größerer
5 Geschwindigkeit von Abend gegen Morgen; alsbald werde ich anderes Sinnes und lege der Kugel eine ganz entgegen gesetzte Bewegung bei, mit einer Geschwindigkeit, die aus der Sternenwissenschaft leicht bestimmt wird. Aber man erinnert mich, daß die ganze Kugel der Erde in Ansehung des Planetengebäudes von Abend gegen Morgen in einer noch
10 schnellern Bewegung sei. Ich bin genöthigt dieselbe meiner Kugel beizulegen und ändere die Geschwindigkeit, die ich ihr vorher gab. Zuletzt lehrt mich Bradley, daß das ganze Planetengebäude zusammt der Sonne wahrscheinlicher Weise eine Verrückung in Ansehung des Fixsternenhimmels erleide. Ich frage: nach welcher Seite und mit welcher Ge-
15 schwindigkeit? Man antwortet mir nicht. Und nun werde ich schwindlicht, ich weiß nicht mehr, ob meine Kugel ruhe oder sich bewege, wohin und mit welcher Geschwindigkeit. Jetzt fange ich an einzusehen, daß mir in dem Ausdrucke der Bewegung und Ruhe etwas fehlt. Ich soll ihn niemals in absolutem Verstande brauchen, sondern immer respective. Ich soll nie-
20 mals sagen: Ein Körper ruht, ohne dazu zu setzen, in Ansehung welcher Dinge er ruhe, und niemals sprechen, er bewege sich, ohne zugleich die Gegenstände zu nennen, in Ansehung deren er seine Beziehung ändert. Wenn ich mir auch gleich einen mathematischen Raum leer von allen Geschöpfen als ein Behältniß der Körper einbilden wollte, so würde mir
25 dieses doch nichts helfen. Denn wodurch soll ich die Theile desselben und die verschiednen Plätze unterscheiden, die von nichts Körperlichem eingenommen sind?

Nun nehme ich zwei Körper an, deren der eine B in Ansehung aller mir zunächst bekannten Gegenstände ruht, der andere A aber gegen ihn
30 mit einer bestimmten Geschwindigkeit anrückt. Die Kugel B mag nun in einer noch so unveränderten Beziehung gegen andere äußere Gegenstände beharren, so ist sie darin doch nicht, wenn man sie in Ansehung der bewegten Kugel A betrachtet. Denn ihre Beziehung ist gegenseitig, die Veränderung derselben also auch. Die Kugel B, welche in Ansehung gewisser
35 Objecte ruhend genannt wird, nimmt an der Veränderung der gegenseitigen Relationen mit der Kugel A gleichen Antheil, sie kommen beide einander näher. Warum soll ich denn trotz allem Eigensinn der Sprache

nicht sagen: Die Kugel B, die zwar in Ansehung anderer äußerlichen Gegenstände in Ruhe ist, befindet sich doch in Ansehung der bewegten Kugel A in gleichmäßiger Bewegung?

Ihr werdet mir zugestehen: daß, wenn von der Wirkung, die die beide Körper im Zusammenstoße gegen einander ausüben, die Rede ist, die Beziehung auf andere äußere Dinge hiebei nichts zu schaffen habe. Wenn man also die Veränderung, die hier vorgeht, bloß in Ansehung der beiden Körper A und B betrachten muß, und man zieht seine Gedanken von allen äußeren Gegenständen ab, so sage man mir: ob man aus dem, was zwischen beiden vorgeht, abnehmen könne, daß einer von beiden ruhe und bloß der andere sich bewege, und welcher von ihnen ruhe oder sich bewege? Wird man die Bewegung nicht beiden und zwar beiden in gleichem Maße beilegen müssen? Die Annäherung derselben gegen einander kommt einem so gut als dem andern zu. Setzet, daß eine Kugel A von 3 ℔ Masse sich gegen eine andere B von 2 ℔, welche in Ansehung des umgebenden Raums ruht, bewege; der Raum von 5 Fuß, der zwischen beiden war, wird in einer Secunde zurückgelegt. Und wenn ich also bloß auf die Veränderung, die zwischen beiden Körpern vorgeht, sehe, so kann ich nichts weiter sagen, als: 3 ℔ Masse und 2 ℔ Masse kommen einander in einer Secunde um 5 Fuß näher. Da ich nun nicht die geringste Ursache habe dem einen von diesen Körpern vor dem andern einen größeren Antheil an dieser Veränderung beizulegen, so werde ich, um auf beiden Seiten eine vollkommene Gleichheit zu erhalten, die Geschwindigkeit von 5 Fuß in einer Secunde in umgekehrtem Verhältniß der Massen vertheilen müssen, d. i. der Körper von 3 ℔ wird 2 Grade Geschwindigkeit, der von 2 ℔ aber 3 Grade zu seinem Antheile bekommen, und mit diesen Kräften werden sie wirklich bei dem Stoße in einander wirken. Unerachtet aller Ruhe also, darin der Körper B in Ansehung der andern nächsten Gegenstände des Raumes sein mag, hat er dennoch eine wahrhafte Bewegung in Ansehung eines jeden Körpers, der gegen ihn anrückt, und zwar eine Bewegung, die jenes seiner gleich ist; so daß beider Bewegungen Summe derjenigen gleich ist, die in dem Körper A allein gedacht werden muß, wenn man sich B als in absoluter Ruhe vorstellt.

Wollte man sich diesem ungeachtet den Eigensinn der Sprache anfechten lassen, so gebe ich auf zu bedenken, ob man auch wohl bei einerlei Rede bleiben werde. Wenn eine 12pfündige Kanonenkugel in der Gegend von Paris vom Morgen gegen Abend wider eine Mauer geschossen wird, so sagt selbst der Philosoph, sie bewege sich mit 600 Fuß in einer Secunde Geschwindigkeit, ob er gleich zugesteht: daß, weil die Erde in dieser Breite beinahe eben die Bewegung von Abend gegen Morgen hat, die Kraft des Pulvers eigentlich nichts anders gethan hat als nur diese Bewegung der Kugel aufzuheben; gleichwohl, und ohne sich durch die tägliche oder jährliche Bewegung der Erde irren zu lassen, gesteht man heimlich: daß die Verhältnisse, die die Kugel und die Mauer in Ansehung des nahe oder weit umher umgebenden Raumes haben, hier nichts zur Sache thun, sondern es bloß auf die Beziehung ankomme, die diese zwei Körper gegen einander haben. Bei solchem Geständnisse aber, welchem von beiden wollte man respective auf den andern die Ruhe beilegen? da das Phänomenon der Veränderung nichts anders zu erkennen giebt, als daß beide einander genähert werden, wenn man nicht vielmehr zugiebt, daß beide sich gegen einander bewegen, die Kugel gegen die Mauer und die Mauer gegen die Kugel, und zwar eine mit so viel Kraft als die andere.

Man sehe nämlich den Raum, der zwischen beiden Körpern zurückgelegt wird, dividirt durch die Zeit, als die Summe der beiderseitigen Geschwindigkeiten an; man spreche: wie sich verhält die Summe der Massen A und B zu der Masse des Körpers A, so verhält sich die gegebene Geschwindigkeit zu der Geschwindigkeit des Körpers B, welche, wenn man sie von der gedachten Totalgeschwindigkeit abzieht, die Geschwindigkeit von A übrig läßt. Alsdann wird man die ganze vorgegangene Veränderung unter beide Körper gleich vertheilt haben, und mit diesen gleichen Kräften werden sie einander auch im Stoße treffen. Ich ziehe hieraus zu meinem Zwecke nur folgende 2 Corollarien.

1) Ein jeder Körper, in Ansehung dessen sich ein anderer bewegt, ist auch selber in Ansehung jenes in Bewegung, und es ist also unmöglich, daß ein Körper gegen einen anlaufen sollte, der in absoluter Ruhe ist.

2) Wirkung und Gegenwirkung ist in dem Stoße der Körper immer gleich.

Von der Trägheitskraft.

Es würde vielleicht niemals einem Menschen eingefallen sein vorzugeben: daß ein Körper, der, so lange ein gegen ihn anlaufender Körper ihn noch nicht berührt, völlig ruhig, oder wenn man es so will, im Gleichgewichte der Kraft ist, dennoch im Augenblicke des Stoßes plötzlich eine

Bewegung gegen den stoßenden von selber annehmen, oder sich in ein Übergewicht versetzen sollte, um in ihm eine entgegen gesetzte Kraft aufzuheben, wenn nicht aus der Erfahrung erhellte, daß in einem Zustande, den ein jeder für den Zustand der Ruhe hält, der Körper in einen jeglichen handelnden mit gleichem Grade entgegen wirkte. Nun ich aber bewiesen habe, daß, was man fälschlich für eine Ruhe in Ansehung des stoßenden Körpers gehalten hat, in der That beziehungsweise auf ihn eine Bewegung sei: so leuchtet von selber ein, daß diese Trägheitskraft ohne Noth erdacht sei und bei jedem Stoße eine Bewegung eines Körpers gegen einen andern, mit gleichem Grade ihm entgegen bewegten angetroffen werde, welches die Gleichheit der Wirkung und Gegenwirkung, ohne eine besondere Art der Naturkraft erdenken zu dürfen, ganz leicht und begreiflich erklärt. Gleichwohl dient diese angenommene Kraft ungemein geschickt dazu alle Bewegungsgesetze sehr richtig und leicht daraus herzuleiten. Aber hiezu dient sie nur eben so, wie die Newtonische Anziehungskraft aller Materie zu Erklärung der großen Bewegungen des Weltbaues, nämlich nur als das Gesetz einer durch die Erfahrung erkannten allgemeinen Erscheinung, wovon man die Ursache nicht weiß, und welche folglich man sich nicht übereilen muß sogleich auf eine dahin zielende innere Naturkraft zu schieben.

Ich kann, ohne etwas von dem Rechte meines Lehrgebäudes zu vergeben, in diesem Verstande ganz wohl zugestehen: daß alle Körper in Ansehung der gegen sie bewegten eine Trägheitskraft haben, d. i. eine Kraft, der Handlung im gleichen Grade entgegen zu wirken, denn dieses ist nichts als ein Erfahrungsgesetz; allein sie scheinen nur sie in völliger Ruhe als eine innere Kraft an sich zu haben, denn sie haben sie in der That bloß darum, weil sie gegen den anlaufenden in wirklicher und gleicher Bewegung sind, und sie haben solche nimmer, in so fern sie sich respective auf ihn in Ruhe befinden.

Es kann auch gar nicht schwer fallen die angenommene Begriffe der Trägheitskraft aus andern Gründen zu widerlegen.

Denn 1) es mag ein Körper noch so viel Kräfte haben, wenn er in Ruhe ist, so müssen sie doch alsdann gewiß in ihm im Gleichgewichte sein. Wie soll es denn zugehen, daß, so bald der stoßende Körper diesen ruhenden berührt, der letztere sich plötzlich selber in eine gegen die Seite des anlaufenden überwiegende Bewegung oder Bestrebung versetzen soll, um in ihm einen Theil seiner Kraft zu vertilgen? Denn würde seine innere Kraft

selbst im Augenblicke des Stoßes noch immer im Gleichgewichte sein, so würde sie dieser mit nichts Widerstand leisten. Und gesetzt auch daß
2) diese plötzlich entstandene Bestrebung möglich wäre, so würde der leidende Körper selbst von dem Stoße keine Bewegung bekommen; denn der Stoß und die Gegenwirkung würden sich einander aufheben, und es würde daraus nichts mehr folgen, als daß beide Körper aufhörten in einander zu wirken, nicht aber, daß der gestoßene sich nach diesem bewegen sollte. Und außer diesem, weil die Trägheitskraft eine natürliche Kraft ist, so müßte sie, wenn gleich das Gleichgewicht durch den Stoß aufgehoben worden, sich doch den Augenblick drauf von selber wieder herstellen, d. i. der gestoßene Körper müßte alsbald nach dem Stoße wieder ruhig sein.

Ich enthalte mich noch weit mehrerer Gründe, die ich wider den Begriff der Trägheitskraft in Bereitschaft habe anzuführen. Ich würde eben so wohl die metaphysische Beweise beleuchten können, die man davon vor sich findet. Allein ich habe hier nicht ein Buch, sondern einen Bogen zu schreiben, in dessen kleinen Inbegriff sich diese fruchtbare Materie muß beschränken lassen.

Von dem Gesetze der Continuität, in so fern es von dem Begriffe der Trägheitskraft unzertrennlich ist.

Was die Vertheidiger des gemeinen Begriffes von der Bewegung am meisten in Verlegenheit setzen muß, ist dieses, daß sie nicht umhin können, sich ein anderes, willkürliches Gesetz wider ihren Willen aufdringen zu lassen, wenn sie die Bewegungsgesetze nach ihrem Lehrbegriffe erklären wollen. Diese hülfleistende Hypothese ist das Gesetz der Continuität, wovon vielleicht die wenigsten Mechaniker bemerkt haben mögen, daß, so sehr sie auch selbigem entgegen sein wollen, sie es doch heimlich annehmen müssen, wenn sie den Stoß der Körper aus den angenommenen Begriffen der Bewegung erklären wollen. Ich verstehe aber hierunter nur das physische Gesetz der Continuität, welches sich niemals beweisen, aber wohl widerlegen läßt; denn was das im logischen Sinne*) anlangt, so ist es

---

*) Ich will, ohne die Formel dieser Regel hier hinzusetzen, nur einige Beispiele davon anführen. Was da überhaupt gilt, wenn ein Körper auf einen andern bewegten anstößt, das gilt auch, wenn er einen ruhenden trifft, denn die Ruhe ist als eine unendlich kleine Bewegung anzusehen. Wenn ein Kräftenmaß von der wirklichen Bewegung überhaupt gilt, so muß es auch vom bloßen Drucke gelten;

eine sehr schöne und richtige Regel zum Urtheilen, sie thut aber zu gegenwärtigem Vorwurfe nichts. Im physischen Verstande würde sie nach Leibnizens Meinung also lauten: Ein Körper theilt dem andern keine Kraft auf einmal mit, sondern so, daß er durch alle unendlich kleine Zwischengrade von der Ruhe an bis zur bestimmten Geschwindigkeit in ihn seine Kraft überträgt. Nun vernehme man, wie alle diejenige, die die Gesetze des Stoßes nach den angenommenen Begriffen der Bewegung erklären wollen, dieser Leibnizschen Regel sich durchaus bedienen müssen. Warum bringt ein völlig harter Körper in einem andern gleichartigen und gleichen nicht seine ganze Kraft durch den Stoß, warum nur immer die Hälfte, wie dieses aus der Statik bekannt ist? Man sagt, es geschehe, weil der stoßende Körper so lange den in seinem Wege liegenden drückt und treibt, bis beide gleiche Geschwindigkeit, nämlich, wenn beide Massen gleich sind, bis jeglicher die Hälfte von der Geschwindigkeit des stoßenden hat, denn alsdann flieht der gestoßene Körper alle fernere Handlung des stoßenden. Allein setzt man hiebei nicht voraus: daß alle Wirkung des anlaufenden in den ruhenden nach und nach vermittelst einer Folge von unendlich vielen kleinen Momenten der Drückung geschehe? Denn wirkte jener mit seiner ganzen Kraft auf einmal, so würde er seine ganze Bewegung diesem ertheilen und selbst in Ruhe bleiben, welches wider das Gesetz des Stoßes vollkommen harter Körper streitet. Der ruhende Körper liegt ja der ganzen Bewegung des stoßenden im Wege; wenn dieser also mit seiner ganzen Kraft auf einmal wirken kann, so wird er es gewiß thun, und was von der ganzen Kraft gilt, das gilt auch von der Hälfte, dem Viertheil ꝛc. derselben; also wird er mit gar keiner endlichen Kraft auf einmal wirken, sondern nur durch alle unendlich kleine Momente nach und nach, welches das Gesetz der Continuität besagt.

Da wir hieraus sehen, daß man das Gesetz der Continuität durchaus annehmen müsse, wenn man sich nicht des gemeinen Begriffes von der Bewegung und Ruhe entladen will, so will ich nur kürzlich zeigen, warum dennoch die berühmtesten Naturkündiger dasselbe nicht einmal als eine Hypothese wollen gelten lassen; denn für etwas Besseres kann man es nimmer ausgeben, weil man es nicht beweisen kann.

---

denn der Druck kann als eine wirkliche Bewegung durch einen unendlich kleinen Raum angesehen werden. Ich behalte mir vor, diese logische Regel der Continuität ein andermal ausführlich zu erläutern und in ihr gehöriges Licht zu setzen.

Wenn ich vorgebe, daß ein Körper in einen andern niemals mit einem Grade Kraft auf einmal wirken könne, ohne alle mögliche kleine Zwischengrade vorher durchzugehen, so, sage ich, werde er in ihn gar nicht wirken können. Denn es mag noch so ein unendlich kleines Moment sein, womit er in einem Augenblicke wirkt, und welches sich in einem bestimmten Zeittheilchen zu einer gegebenen Geschwindigkeit häuft, so ist dieses Moment immer eine plötzliche Wirkung, die nach dem Gesetze der Continuität erstlich hätte durch alle unendliche Grade der gringeren Momente durchgehen sollen und auch können; denn es läßt sich immer von einem gegebenen Moment ein anderes, kleineres denken, aus dessen Summirung jenes erwachsen ist. Z. E. das Moment der Schwere ist gewiß unendlich kleiner, als das Moment der Handlung bei dem Stoße der Körper, weil diese in einer ganz unmerklichen Zeit große Grade Geschwindigkeit zuwege bringen kann, welche die Schwere in weit längerer nur erzeugen könnte. Also ist selbst das Moment der Wirkung beim Stoße plötzlich und dem Gesetze der Continuität zuwider. Man darf auch nicht vorwenden, es gebe gar keine vollkommen harte Körper in der Natur. Denn es ist hier genug sie nur zu gedenken und die Bewegungsgesetze derselben zu bestimmen, weil nur vermittelst derselben diejenige, nach welchen biegsame Körper einander stoßen, gefunden werden können. Und überdem hat doch ein jeglicher weiche Körper einen gewissen Grad des Zusammenhanges, mit welchem er in Ansehung des ihm gleichen oder kleinern Moments in der Kraft des stoßenden als ein harter Körper kann angesehen werden, und wenn nur in Ansehung dieses eine plötzliche Wirkung möglich ist, so wird sie auch in Ansehung größerer Grade statt finden können.

Schlüssel zur Erläuterung der Gesetze des Stoßes nach dem neuen Begriffe der Bewegung und Ruhe.

Was in dem Stoße zwischen den beiden gegenseitig wirkenden Körpern vorgeht, ist nach unserm Lehrbegriffe aus dem vorigen schon klar. Es besteht nämlich bloß darin: daß Wirkung und Gegenwirkung beiderseitig gleich sind, und daß beide Körper nach dem Stoße beziehungsweise aufeinander ruhen, wenn sie einander nämlich gerade zu getroffen haben, und man von aller Federkraft abstrahirt. Allein unter der Benennung von Bewegungsgesetzen versteht man nicht bloß die Regeln der Beziehung, die die stoßende Körper einer in Ansehung des andern bekommen, sondern vornehmlich auch die Veränderung ihres äußeren Zustandes in Absicht auf den Raum, darin sie sich befinden. Dieses ist eigentlich zu reden nur das äußere Phänomenon dessen, was unmittelbar zwischen ihnen vorgegangen ist; und dieses verlangt man zu wissen.

Zu dem Ende nehme man erstlich zwei Körper A und B, den erstern von 3 ℔ Masse, den zweiten von 2 ℔. und diesen letztern in Ansehung des Raums, darin er sich befindet, als ruhend, den erstern aber in Absicht auf diesen Raum als bewegt mit einer Geschwindigkeit von 5 Graden an in einem geraden Anlaufe auf den Körper B. Weil man nun dem Körper B nach unsern Sätzen beziehungsweise auf A eine Geschwindigkeit von 3 Graden, dem A aber gegen B von 2 Graden beilegen muß, so werden durch den Stoß diese zwei gleiche Kräfte einander aufheben, und beide werden gegen einander respective ruhen. Weil aber B, welches beziehungsweise auf die andere Gegenstände ruhte, diesem zufolge eine respective Bewegung von 2 Graden auf A hat, so wird eben diese auch de m umgebenden Raume parallel und in gleicher Geschwindigkeit mit dem Körper B müssen zuerkannt werden. Nun hebt der Stoß von A diese Bewegung von 2 Graden in B auf, nicht aber in dem umgebenden Raume, als in welchem nicht gewirkt wird; also wird dieser fortfahren sich nach der vorigen Richtung des Körpers B zu bewegen, oder, welches einerlei ist, der Körper B wird in entgegengesetzter Richtung, nämlich in der Richtung des stoßenden A, mit 2 Graden Geschwindigkeit in Ansehung des umgebenden Raumes nach dem Stoße fortrücken, mithin auch der Körper A in derselben Richtung und mit derselben Geschwindigkeit, weil er in Ansehung B ruht. Also werden beide Körper nach dem Stoße mit 2 Graden Geschwindigkeit fortlaufen. Man sieht hieraus: daß eine in einem Körper aufgehobene Geschwindigkeit, welche nur respective auf den anlaufenden Körper in dem gestoßenen gesetzt worden, und die er nicht in Ansehung des Raumes hatte, in ihm eigentlich einen gleichen Grad der Bewegung in Absicht auf den Raum in der Richtung des Stoßes hervor bringt.

Wenn zwei Körper A und B von den Massen wie vorher, A aber mit 3 Graden und B mit 2 in entgegengesetzter Richtung gegen einander anlaufen, so müssen, wenn man nur das gegenseitige Verhältniß der Bewegung dieser Körper gegen einander betrachtet, die Geschwindigkeiten 3 und 2 summirt werden und nach dem obigen diese Summe unter sie in umgekehrtem Verhältniß der Massen vertheilt werden, so daß A 2 Grade Geschwindigkeit, B aber 3 bekommt, womit sie sich folglich durch die Gleichheit der entgegengesetzten Kräfte in respective Ruhe gegen einander versetzen. Weil nun durch die respective Bewegung der beiden Körper gegen einander in B eine Geschwindigkeit 3 gesetzt wurde, die B beziehungsweise auf den äußern Raum nicht gänzlich, sondern nur davon 2 Grade hat, so wird nach dem kurz zuvor Angemerkten, die Aufhebung einer Geschwindigkeit, die in dem Körper nicht in Ansehung des Raumes anzutreffen war, eine Bewegung in entgegengesetzter Richtung in Ansehung eben desselben Raumes festsetzen, d. i. B wird mit einem Grade Geschwindigkeit und A gleichfalls mit diesem Grade, weil es respective auf B ruht, in der Richtung, darin A den Stoß that, fortbewegt werden.

Es wäre leicht, die Gesetze der Bewegung bei dem Stoße der Körper, die mit ungleicher Geschwindigkeit nach einerlei Richtung fortlaufen, imgleichen die Regeln des Stoßes elastischer Körper aus den zum Grunde gelegten Begriffen herzuleiten. Es wäre auch noch nöthig, das Vorgetragene durch mehrere Erläuterungen in ein größer Licht zu setzen. Dieses alles könnte geschehen, wenn in einer so reichen Materie und bei so engen Gränzen des Raumes es möglich wäre vollständig in dem Inhalte und doch auch wortreich im Ausdrucke zu sein.

———

Der Entwurf von meinen Vorlesungen in dem gegenwärtigen halben Jahre ist folgender: Ich werde die Vernunftlehre über den Auszug des Meiers vortragen. Die Metaphysik gedenke ich jetzt nach dem Handbuche des Baumeisters zu erklären. In einer Mittwochs- und Sonnabendsstunde werde ich die in den vorigen Tagen abgehandelte Sätze polemisch betrachten, welches meiner Meinung nach eins der vorzüglichsten Mittel ist zu gründlichen Einsichten zu gelangen. Die Mathematik wird über Wolffens Auszug angefangen werden. Wenn einige Herren zu einem Collegio der Naturwissenschaft über Eberhards Handbuch Belieben haben, so werde ich ihrem Verlangen ein Gnüge zu leisten suchen. Ich habe in dem verwichenen halben Jahre die physische Geographie nach meinen eigenen Aufsätzen vorgelesen und gedenke diese nützliche und angenehme Wissenschaft aufs neue mit verschiedenen Erweiterungen vorzutragen.

———

Versuch

einiger Betrachtungen

über den

Optimismus

von

M. IMMANUEL KANT,

wodurch er zugleich seine Vorlesungen
auf das bevorstehende halbe Jahr ankündigt.

Den 7. October 1759.

Seitdem man sich von Gott einen geziemenden Begriff gemacht hat, ist vielleicht kein Gedanke natürlicher gewesen, als dieser, daß, wenn er wählt, er nur das Beste wähle. Wenn man vom Alexander sagte, daß er glaubte nichts gethan zu haben, so lange für ihn noch etwas zu thun übrig
5 war, so wird sich dieses mit einer unendlich größeren Richtigkeit von dem gütigsten und mächtigsten unter allen Wesen sagen lassen. Leibniz hat auch damit nichts Neues vorzutragen geglaubt, wenn er sagte: diese Welt sei unter allen möglichen die beste, oder welches eben so viel ist: der Inbegriff alles dessen, was Gott außer sich hervor gebracht hat, ist das Beste,
10 was nur hervor zu bringen möglich war; sondern das Neue bestand nur in der Anwendung, um bei den Schwierigkeiten, die man von dem Ursprunge des Bösen macht, den Knoten abzuhauen, der so schwer aufzulösen ist. Ein Gedanke, der so leicht, so natürlich ist, den man endlich so oft sagt, daß er gemein wird und Leute von zärtlichem Geschmacke ver-
15 ekelt, kann sich nicht lange im Ansehen erhalten. Was hat man denn für Ehre davon, mit dem großen Haufen mit zu denken und einen Satz zu behaupten, der so leicht zu beweisen ist? Subtile Irrthümer sind ein Reiz für die Eigenliebe, welche die eigene Stärke gerne fühlt; offenbare Wahrheiten hingegen werden so leicht und durch einen so gemeinen Verstand
20 eingesehen, daß es ihnen endlich so geht wie jenen Gesängen, welche man nicht mehr ertragen kann, so bald sie aus dem Munde des Pöbels erschallen. Mit einem Worte: man schätzt gewisse Erkenntnisse öfters nicht darum hoch, weil sie richtig sind, sondern weil sie uns was kosten, und man hat nicht gerne die Wahrheit gutes Kaufs. Diesemnach hat man es
25 erstlich außerordentlich, dann schön und endlich richtig gefunden, zu behaupten, daß es Gott beliebt habe unter allen möglichen Welten diese zu

wählen, nicht weil sie besser war als die übrige, die in seiner Gewalt waren, sondern weil es kurzum ihm so beliebte. Und warum beliebte es denn dir, du Ewiger, frage ich mit Demuth, das Schlechtere dem Bessern vorzuziehen? Und Menschen legen dem Allerhöchsten die Antwort in den Mund: Es gefiel mir also, und das ist genug.

Ich entwerfe jetzt mit einiger Eilfertigkeit Anmerkungen, die das Urtheil über die Streitigkeit erleichtern können, welche sich hierüber erhoben hat. Meine Herren Zuhörer werden sie vielleicht dienlich finden, den Vortrag, den ich über diesen Artikel in den Vorlesungen thue, in seinem Zusammenhange besser einzusehen. Ich fange demnach also an zu schließen.

Wenn keine Welt gedacht werden kann, über die sich nicht noch eine bessere denken ließe, so hat der höchste Verstand unmöglich die Erkenntniß aller möglichen Welten haben können; nun ist das letztere falsch, also auch das erstere. Die Richtigkeit des Obersatzes erhellt also: wenn ich es von einer jeden einzelnen Idee, die man sich nur von einer Welt machen mag, sagen kann, daß die Vorstellung einer noch bessern möglich sei, so kann dieses auch von allen Ideen der Welten im göttlichen Verstande gesagt werden; also sind bessere Welten möglich als alle, die so von Gott erkannt werden, und Gott hat nicht von allen möglichen Welten Kenntniß gehabt. Ich bilde mir ein, daß der Untersatz von jedem Rechtgläubigen werde eingeräumt werden, und schließe, daß es falsch sei, zu behaupten, es könne keine Welt gedacht werden, über die sich nicht noch eine bessere denken ließe, oder, welches einerlei ist, es ist eine Welt möglich, über die sich keine bessere denken läßt. Hieraus folgt nun zwar freilich nicht, daß eine unter allen möglichen Welten müsse die vollkommenste sein, denn wenn zwei oder mehrere derselben an Vollkommenheit gleich wären, so würde, wenn gleich keine bessere als eine von beiden könnte gedacht werden, doch keine die beste sein, weil beide einerlei Grad der Güte haben.

Um diesen zweiten Schluß machen zu können, stelle ich folgende Betrachtung an, die mir neu zu sein scheint. Man erlaube mir zuvörderst, daß ich die absolute Vollkommenheit*) eines Dinges, wenn man sie ohne

---

*) Die Vollkommenheit im respectiven Verstande ist die Zusammenstimmung des Mannigfaltigen zu einer gewissen Regel, diese mag sein, welche sie wolle. So ist mancher Betrug, manche Räuberrotte vollkommen in ihrer Art. Allein im absoluten Verstande ist etwas nur vollkommen, in so fern das Mannigfaltige in demselben den Grund einer Realität in sich enthält. Die Größe dieser Realität bestimmt den Grad der Vollkommenheit. Und weil Gott die höchste Realität ist, so würde

irgend eine Absicht für sich selbst betrachtet, in dem Grade der Realität setze. Ich habe in dieser Voraussetzung die Beistimmung der meisten Weltweisen auf meiner Seite und könnte sehr leicht diesen Begriff rechtfertigen. Nun behaupte ich, daß Realität und Realität niemals als solche können unterschieden sein. Denn wenn sich Dinge von einander unterscheiden, so geschieht es durch dasjenige, was in dem einen ist und in dem andern nicht ist. Wenn aber Realitäten als solche betrachtet werden, so ist ein jedes Merkmal in ihnen positiv; sollten sich nun dieselbe von einander als Realitäten unterscheiden, so müßte in der einen etwas Positives sein, was in der andern nicht wäre, also würde in der einen etwas Negatives gedacht werden, wodurch sie sich von der andern unterscheiden ließe, das heißt, sie werden nicht als Realitäten mit einander verglichen, welches doch gefordert wurde. Demnach unterscheiden sich Realität und Realität von einander durch nichts als durch die einer von beiden anhängende Negationen, Abwesenheiten, Schranken, das ist nicht in Ansehung ihrer Beschaffenheit (qualitate), sondern Größe (gradu).

Demnach wenn Dinge von einander unterschieden sind, so unterscheiden sie sich jederzeit nur durch den Grad ihrer Realität, und unterschiedliche Dinge können nie einerlei Grad der Realität haben. Also können ihn auch niemals zwei unterschiedene Welten haben; das heißt, es sind nicht zwei Welten möglich, welche gleich gut, gleich vollkommen wären. Herr Reinhard sagt in seiner Preisschrift vom Optimismus: eine Welt könne wohl eben die Summe von Realitäten, aber anderer Art haben als die andere, und alsdann wären es verschiedene Welten und doch von gleicher Vollkommenheit. Allein er irrt in dem Gedanken, als wenn Realitäten von gleichem Grad doch könnten in ihrer Beschaffenheit (qualitate) von einander uuterschieden sein. Denn um es nochmals zu sagen, man setze, daß sie es wären, so würde in einer etwas sein, was in der andern nicht ist, also würden sie sich durch die Bestimmungen A und non A unterscheiden, wovon die eine allemal eine wahrhafte Verneinung ist, mithin durch die Schranken derselben und den Grad, nicht aber durch ihre Beschaffenheit; denn die Verneinungen können niemals zu den Qualitäten einer Realität gezählt werden, sondern sie schränken sie ein und bestimmen ihren Grad. Diese Betrachtung ist abstract und würde wohl einiger Erläuterungen bedürfen, welche ich aber anderer Gelegenheit vorbehalte.

---

dieser Begriff mit demjenigen übereintreffen, da man sagte, es ist etwas vollkommen, in so fern es mit den göttlichen Eigenschaften zusammenstimmt.

Wir sind so weit gekommen gründlich einzusehen, daß unter allen möglichen Welten eine die vollkommenste sei, so daß ihr weder eine an Trefflichkeit vorgeht noch eine andere ihr gleich kommt. Ob dieses nun die wirkliche Welt sei oder nicht, wollen wir bald erwägen; jetzt wollen wir das Abgehandelte in ein größeres Licht zu setzen suchen.

Es giebt Größen, von denen sich keine denken läßt, daß nicht eine noch größere könnte gedacht werden. Die größte unter allen Zahlen, die geschwindeste unter allen Bewegungen sind von dieser Art. Selbst der göttliche Verstand denkt sie nicht, denn sie sind, wie Leibniz anmerkt, betrügliche Begriffe (notiones deceptrices), von denen es scheint, daß man etwas durch sie denkt, die aber in der That nichts vorstellen. Nun sagen die Gegner des Optimismus: eine vollkommenste unter allen Welten sei so wie die größte unter allen Zahlen ein widersprechender Begriff; denn man könne eben so wohl zu einer Summe der Realität in einer Welt einige mehrere hinzuthun, wie zu der Summe der Einheiten in einer Zahl andere Einheiten können hinzugethan werden, ohne daß jemals was Größtes herauskommt.

Ohne hier zu erwähnen, daß man nicht füglich den Grad der Realität eines Dinges in Vergleichung der kleinern als eine Zahl in Vergleichung mit ihren Einheiten ansehen kann, so führe ich nur folgendes an, um zu zeigen, daß die angeführte Instanz nicht wohl passe. Es ist gar keine größte Zahl möglich, es ist aber ein größter Grad der Realität möglich, und dieser befindet sich in Gott. Sehet da den ersten Grund, warum man hier sich fälschlich der Zahlbegriffe bedient. Der Begriff einer größten endlichen Zahl ist ein abstracter Begriff der Vielheit schlechthin, welche endlich ist, zu welcher aber gleichwohl mehr hinzugedacht werden kann, ohne daß sie aufhört endlich zu sein; in welcher also die Endlichkeit der Größe keine bestimmte, sondern nur allgemeine Schranken setzt, weswegen keiner von solchen Zahlen das Prädicat der größten zukommen kann; denn man mag eine bestimmte Menge gedenken, wie man will, so kann diese eine jede endliche Zahl ohne Nachtheil der Endlichkeit durch die Hinzuthuung vermehren. Der Grad der Realität einer Welt ist hingegen etwas durchgängig Bestimmtes; die Schranken, die der möglich größten Vollkommenheit einer Welt gesetzt sind, sind nicht bloß allgemein, sondern durch einen Grad, der nothwendig in ihr fehlen muß, festgesetzt. Die Unabhängigkeit, die Selbstgenugsamkeit, die Gegenwart an allen Orten, die Macht zu erschaffen u. s. w. sind Vollkommenheiten, die keine Welt haben kann. Hier ist es nicht so wie bei der mathematischen Unendlichkeit, daß das Endliche durch eine beständig fortgesetzte und immer mögliche Steigerung mit dem Unendlichen nach dem Gesetze der Continuität zusammenhängt. Hier ist der Abstand der unendlichen Realität und der endlichen durch eine bestimmte Größe, die ihren Unterschied ausmacht, festgesetzt. Und die Welt, die sich auf derjenigen Sprosse von der Leiter der Wesen befindet, wo die Kluft anhebt, die die unermeßlichen Grade der Vollkommenheit enthält, welche den Ewigen über jedes Geschöpf erheben, diese Welt, sage ich, ist das Vollkommenste unter allem, was endlich ist.

Mich deucht, man könne anjetzt mit einer Gewißheit, welcher die Gegner wenigstens nichts Größeres entgegen zu setzen haben, einsehen: es sei unter allem Endlichen, was möglich war, eine Welt von der größten Vortrefflichkeit das höchste endliche Gut, allein würdig von dem obersten unter allen Wesen gewählt zu werden, um mit dem Unendlichen zusammengenommen die größte Summe, die sein kann, auszumachen.

Wenn man mir das oben Bewiesene zugiebt, wenn man mit mir einstimmig ist, daß unter allen möglichen Welten eine nothwendig die vollkommenste sei, so verlange ich nicht ferner zu streiten. Nicht alle Ausschweifung in Meinungen kann uns zu der Bemühung verbindlich machen sie mit Sorgfalt zu beantworten. Wenn sich jemand aufwirft zu behaupten, die höchste Weisheit habe das Schlechtere besser finden können als das Beste, oder die höchste Güte habe sich ein kleiner Gut mehr belieben lassen als ein größeres, welches eben so wohl in ihrer Gewalt war, so halte ich mich nicht länger auf. Man bedient sich der Weltweisheit sehr schlecht, wenn man sie dazu gebraucht die Grundsätze der gesunden Vernunft umzukehren, und man thut ihr wenig Ehre an, wenn man, um solche Bemühungen zu widerlegen, es noch nöthig findet ihre Waffen aufzubieten.

Derjenige, welchem es zu weitläuftig wäre, sich in alle die feinen Fragen, die wir bis daher aufgeworfen und beantwortet haben, stückweise einzulassen, würde zwar mit etwas weniger Schulgelehrsamkeit, aber vielleicht mit eben so bündigem Urtheil eines richtigen Verstandes von derselben Wahrheit weit leichter können überzeugt werden. Er würde so schließen: Eine vollkommenste Welt ist möglich, weil sie wirklich ist, und sie ist wirklich, weil sie durch den weisesten und gütigsten Rathschluß ist hervorgebracht worden. Entweder ich kann mir gar keinen Begriff von einer Wahl machen, oder man wählt nach Belieben; was aber beliebt, das gefällt; gefallen aber und für gut halten, vorzüglich belieben, sich vorzüg-

Kant's Schriften. Werke. II.

lich gefallen lassen und für vorzüglich gut halten, sind meiner Meinung nach nur Unterschiede der Worte. Darum weil Gott diese Welt unter allen möglichen, die er kannte, allein wählte, muß er sie für die beste gehalten haben, und weil sein Urtheil niemals fehlt, so ist sie es auch in der That. Wenn es auch möglich wäre, das höchste Wesen könnte nach der erdichteten Art von Freiheit, die einige auf die Bahn gebracht haben, wählen und unter viel Besserem das Schlechtere vorziehen durch ich weiß nicht was für ein unbedingtes Belieben, so würde es doch dieses nimmer gethan haben. Man mag sich etwas von irgend einer Untergottheit der Fabel träumen lassen, aber dem Gott der Götter geziemt kein Werk, als welches seiner würdig ist, d. i. welches unter allem Möglichen das Beste ist. Vielleicht ist die größere Übereinstimmung mit den göttlichen Eigenschaften der Grund des Rathschlusses, der dieser Welt, ohne ihren besondern inneren Vorzug in Betrachtung zu ziehen, das Dasein gab. Wohlan, auch dann ist noch gewiß, daß sie vollkommener sei als alle andere mögliche. Denn weil aus der Wirkung zu sehen ist, daß alle andere in geringerer Übereinstimmung mit den Eigenschaften des Willens Gottes gewesen, in Gott aber alles Realität ist, mit dieser aber nichts in größerer Harmonie ist, als worin selbst eine größere Realität anzutreffen, so muß die größte Realität, die einer Welt zukommen kann, in keiner als in der gegenwärtigen befindlich sein. Es ist ferner dieses vielleicht ein Zwang des Willens und eine Nothwendigkeit, welche die Freiheit aufhebt, nicht umhin zu können, dasjenige zu wählen, was man deutlich und richtig fürs Beste erkennt. Gewiß, wenn das Gegentheil hievon Freiheit ist, wenn hier zwei Scheidewege in einem Labyrinth von Schwierigkeiten sind, wo ich auf die Gefahr zu irren mich zu einem entschließen soll, so besinne ich mich nicht lange. Dank für eine solche Freiheit, die das Beste unter dem, was zu schaffen möglich war, ins ewige Nichts verbannt, um trotz allem Ausspruche der Weisheit dem Übel zu gebieten, daß es Etwas sei. Wenn ich durchaus unter Irrthümern wählen soll, so lobe ich mir lieber jene gütige Nothwendigkeit, wobei man sich so wohl befindet, und woraus nichts anders als das Beste entspringen kann. Ich bin demnach und vielleicht ein Theil meiner Leser mit mir überzeugt, ich bin zugleich erfreut, mich als einen Bürger in einer Welt zu sehen, die nicht besser möglich war. Von dem besten unter allem Wesen zu dem vollkommensten unter allen möglichen Entwürfen als ein geringes Glied, an mir selbst unwürdig und um des Ganzen willen auserlesen, schätze ich mein Dasein desto höher, weil ich erkoren ward, in dem besten Plane eine Stelle einzunehmen. Ich rufe allem Geschöpfe zu, welches sich nicht selbst unwürdig macht so zu heißen: Heil uns, wir sind! und der Schöpfer hat an uns Wohlgefallen. Unermeßliche Räume und Ewigkeiten werden wohl nur vor dem Auge des Allwissenden die Reichthümer der Schöpfung in ihrem ganzen Umfange eröffnen, ich aber aus dem Gesichtspunkte, worin ich mich befinde, bewaffnet durch die Einsicht, die meinem schwachen Verstande verliehen ist, werde um mich schauen, so weit ich kann, und immer mehr einsehen lernen: **daß das Ganze das Beste sei, und alles um des Ganzen willen gut sei.**

* * *

Ich werde in dem bevorstehenden halben Jahre die Logik, wie ich gewohnt bin, über Meiern, die Metaphysik über Baumgarten, über eben denselben auch die Ethik, die physische Geographie über meine eigene Handschrift, die reine Mathematik, die ich anfange, in einer besondern, die mechanische Wissenschaften aber in einer andern Stunde, beide nach Wolffen vortragen. Die Eintheilung der Stunden wird besonders bekannt gemacht. Man weiß schon, daß ich jede dieser Wissenschaften in einem halben Jahre zu Ende bringe und; wenn dieses zu kurz ist, den Rest in einigen Stunden des folgenden nachhole.

Gedanken

bei dem frühzeitigen Ableben

des

Hochwohlgebornen Herrn,

HERRN

Johann Friedrich von Junk,

in einem Sendschreiben

an die

Hochwohlgeborne Frau,

FRAU

Agnes Elisabeth,

verwitt. Frau Rittmeisterin von Junk,

geborne von Dorthösen,

Erbfrau der Kaywenschen und Kahrenschen Güter in Kurland,

des selig Verstorbenen
Hochbetrübte Frau Mutter,

von

M. Immanuel Kant,

Lehrer der Weltweisheit auf der Akademie zu Königsberg.

Hochwohlgeborne Frau Rittmeisterin,

Gnädige Frau!

Wenn die Menschen unter das Getümmel ihrer Geschäfte und Zerstreuungen gewohnt wären bisweilen ernsthafte Augenblicke der lehrreichen Betrachtungen zu mengen, dazu sie das tägliche Beispiel der Eitelkeit unserer Absichten in dem Schicksale ihrer Mitbürger auffordert: so würden ihre Freuden vielleicht weniger rauschend sein, aber die Stelle derselben würde eine ruhige Heiterkeit der Seele einnehmen, der keine Zufälle mehr unerwartet sind, und selbst die sanfte Schwermuth, dieses zärtliche Gefühl, davon ein edles Herz aufschwillt, wenn es in einsamer Stille die Nichtswürdigkeit desjenigen erwägt, was bei uns gemeiniglich für groß und wichtig gilt, würde mehr wahre Glückseligkeit enthalten als die ungestüme Belustigung des Leichtsinnigen und das laute Lachen des Thoren.

So aber mengt sich der größte Haufe der Menschen sehr begierig in das Gedränge derjenigen, die auf der Brücke, welche die Vorsehung über einen Theil des Abgrundes der Ewigkeit geschlagen hat, und die wir Leben heißen, gewissen Wasserblasen nachlaufen und sich keine Mühe nehmen auf die Fallbretter Acht zu haben, die einen nach dem andern neben ihnen in die Tiefe herabsinken lassen, deren Maß Unendlichkeit ist, und wovon sie selbst endlich mitten in ihrem ungestümen Laufe verschlungen werden. Ein gewisser alter Dichter bringt in das Gemälde des menschlichen Lebens einen rührenden Zug, indem er den kaum gebornen Menschen abschildert. Das Kind, spricht er, erfüllt alsbald die Luft mit traurigem Winseln, wie es einer Person zusteht, die in eine Welt treten soll, wo so viel Drangsale auf sie warten. Allein in der Folge der Jahre verbindet dieser Mensch mit der Kunst sich elend zu machen noch diejenige, es vor sich selbst zu verbergen durch die Decke, die er auf die traurigen Gegenstände des Lebens wirft, und befleißigt sich einer leichtsinnigen Achtlosigkeit bei der

Menge der Übel, die ihn umgeben, und die ihn gleichwohl unwiderſetzlich zu einem weit ſchmerzhaftern Gefühl endlich zurück führen. Ob ihn gleich unter allen Übeln vor dem Tode am meiſten grauet, ſo ſcheint er doch auf das Beiſpiel deſſelben bei ſeinen Mitbürgern ſehr wenig Acht zu haben, außer wenn nähere Verbindungen ſeine Aufmerkſamkeit vorzüglich erwecken. Zu einer Zeit, da ein wüthender Krieg die Riegel des ſchwarzen Abgrundes eröffnet, um alle Trübſale über das menſchliche Geſchlecht hervorbrechen zu laſſen, da ſieht man wohl, wie der gewohnte Anblick der Noth und des Todes denen, die ſelbſt mit beiden bedroht werden, eine kaltſinnige Gleichgültigkeit einflößt, daß ſie auf das Schickſal ihrer Brüder wenig acht haben. Allein wenn in der ruhigen Stille des bürgerlichen Lebens aus dem Cirkel derer, die uns entweder nahe angehen oder die wir lieben, die ſo viel oder mehr verſprechende Hoffnungen hatten als wir, die mit eben dem Eifer ihren Abſichten und Entwürfen nachhingen, als wir thun, wenn dieſe, ſage ich, nach dem Rathſchluſſe deſſen, der allmächtig über alles gebietet, mitten in dem Laufe ihrer Beſtrebungen ergriffen werden, wenn der Tod in feierlicher Stille ſich dem Siechbette des Kranken nähert, wenn dieſer Rieſe, vor dem die Natur ſchaudert, mit langſamem Tritt herankommt, um ihn in eiſernen Armen einzuſchließen, alsdann erwacht wohl das Gefühl derer, die es ſonſt in Zerſtreuungen erſticken. Ein ſchwermüthiges Gefühl ſpricht aus dem Inwendigen des Herzens dasjenige, was in einer Verſammlung der Römer einsmals mit ſo viel Beifall gehört wurde, weil es unſerer allgemeinen Empfindung ſo gemäß iſt: Ich bin ein Menſch, und was Menſchen widerfährt, kann auch mich treffen. Der Freund oder auch der Verwandte ſpricht zu ſich ſelbſt: Ich befinde mich im Getümmel von Geſchäften und im Gedränge von Lebenspflichten, und mein Freund befand ſich vor kurzem auch in denſelben, ich genieße meines Lebens ruhig und unbekümmert, aber wer weiß, wie lange? Ich vergnüge mich mit meinen Freunden und ſuche ihn unter denſelben,

> Ihn aber hält am ernſten Orte,
> Der nichts zurücke läßt,
> Die Ewigkeit mit ſtarken Armen feſt.
>
> Haller.

Zu dieſen ernſthaften Gedanken erhebt mich, Gnädige Frau, das frühzeitige Abſterben Dero würdigen Herrn Sohnes, welches Sie anjetzt ſo billig beweinen. Ich empfinde als einer ſeiner ehmaligen Lehrer diesen Verlust mit schmerzlichem Beileid, ob ich gleich freilich die Größe der Betrübniß schwerlich ausdrücken kann, die diejenige betreffen muß, welche mit **diesem hoffnungsvollen jungen Herrn** durch nähere Bande verknüpft waren. Ew. Gnaden werden mir erlauben, daß ich zu diesen wenigen Zeilen, dadurch ich die Achtung auszudrücken trachte, die ich für diesen meinen ehemaligen Zuhörer gehegt habe, noch einige Gedanken beifüge, welche bei dem gegenwärtigen Zustande meines Gemüths in mir auffsteigen.

Ein jeder Mensch macht sich einen eigenen Plan seiner Bestimmung auf dieser Welt. Geschicklichkeiten, die er erwerben will, Ehre und Gemächlichkeit, die er sich davon aufs künftige verspricht, dauerhafte Glückseligkeiten im ehelichen Leben und eine lange Reihe von Vergnügen oder von Unternehmungen machen die Bilder der Zauberlaterne aus, die er sich sinnreich zeichnet und lebhaft nacheinander in seinen Einbildungen spielen läßt; der Tod, der dieses Schattenspiel schließt, zeigt sich nur in dunkeler Ferne und wird durch das Licht, das über die angenehmere Stellen verbreitet ist, verdunkelt und unkenntlich gemacht. Während diesen Träumereien führt uns unser wahres Schicksal ganz andere Wege. Das Loos, das uns wirklich zu theil wird, sieht demjenigen selten ähnlich, was wir uns versprachen, wir finden uns bei jedem Schritte, den wir thun, in unseren Erwartungen getäuscht; indessen verfolgt gleichwohl die Einbildung ihr Geschäfte und ermüdet nicht neue Entwürfe zu zeichnen, bis der Tod, der noch immer fern zu sein scheint, plötzlich dem ganzen Spiele ein Ende macht. Wenn der Mensch aus dieser Welt der Fabeln, davon er durch Einbildungen selbst Schöpfer ist und darin er sich so gerne aufhält, in diejenige durch den Verstand zurückgeführt wird, darin ihn die Vorsehung wirklich gesetzt hat, so wird er durch einen wundersamen Widerspruch in Verwirrung gesetzt, den er daselbst antrifft und der seine Plane gänzlich zu nichte macht, indem er seiner Einsicht unauflösliche Räthsel vorlegt. Aufkeimende Verdienste einer hoffnungsvollen Jugend verwelken oft frühzeitig unter der Last schwerer Krankheiten, und ein unwillkommener Tod durchstreicht den ganzen Entwurf der Hoffnung, darauf man gerechnet hatte. Der Mann von Geschicklichkeit, von Verdiensten, von Reichthum ist nicht immer derjenige, welchem die Vorsehung das weiteste Ziel des Lebens gesteckt hat, um die Früchte von allen diesen recht zu genießen. Die Freundschaften, die die zärtlichsten sind, die Ehen, die die meiste Glückseligkeit versprechen, werden oft durch den frühesten Tod unerbittlich zerrissen; indessen daß Armuth und Elend gemeiniglich an dem Rocken der Parzen einen langen Faden ziehen und viele nur scheinen sich oder andern zur Plage so lange zu leben. In diesem scheinbaren Widerspruche theilt gleichwohl der oberste Beherrscher einem jeden das Loos seines Schicksals mit weiser Hand aus. Er verbirgt das Ende unserer Bestimmung auf dieser Welt in unerforschliche Dunkelheit, macht uns durch Triebe geschäftig, durch Hoffnung getrost und durch die glückselige Unwissenheit des Künftigen eben so beflissen auf Absichten und Entwürfe zu sinnen, wenn sie bald alle sollen ein Ende haben, als wenn wir uns im Anfange derselben befänden:

Daß jeder seinen Kreis vollende, den ihm der Himmel auserseh'n.
Pope.

Unter diesen Betrachtungen richtet der Weise (aber wie selten findet sich ein solcher!) die Aufmerksamkeit vornehmlich auf seine große Bestimmung jenseit dem Grabe. Er verliert die Verbindlichkeit nicht aus den Augen, die ihm der Posten auferlegt, auf welchen ihn hier die Vorsehung gesetzt hat. Vernünftig in seinen Entwürfen, aber ohne Eigensinn, zuversichtlich auf die Erfüllung seiner Hoffnung, aber ohne Ungeduld, bescheiden in Wünschen, ohne vorzuschreiben, vertrauend, ohne zu pochen, ist er eifrig in Leistung seiner Pflichten, aber bereit mit einer christlichen Resignation sich in den Befehl des Höchsten zu ergeben, wenn es ihm gefällt, mitten unter allen diesen Bestrebungen ihn von der Bühne abzurufen, worauf er gestellt war. Wir finden die Wege der Vorsehung allemal weise und anbetungswürdig in den Stücken, wo wir sie einigermaßen einsehen können; sollten sie es da nicht noch weit mehr sein, wo wir es nicht können? Ein frühzeitiger Tod derer, von denen wir uns viel schmeichelnde Hoffnung machten, setzt uns in Schrecken; aber wie oft mag nicht dieses eben die größte Gunst des Himmels sein! Bestand nicht manches Menschen Unglück vornehmlich in der Verzögerung des Todes, der gar zu säumig war, nach den rühmlichsten Auftritten des Lebens zu rechter Zeit einen Abschnitt zu machen?

Es stirbt der hoffnungsvolle Jüngling, und wie viel glauben wir nicht abgebrochener Glückseligkeit bei so frühem Verluste zu vermissen? Allein im Buche der Schicksale lautet es vielleicht anders. Verführungen, die sich schon von fern erhoben, um eine noch nicht sehr bewährte Tugend zu stürzen, Trübsale und Widerwärtigkeiten, womit die Zukunft drohte, allem diesem entfloh dieser Glückselige, den ein früher Tod in einer geseg-

Gedanken bei dem frühzeitigen Ableben d. Herrn Joh. Friedr. v. Funk.

neten Stunde hinweg führte; indessen daß Freunde und Verwandte, unwissend des Künftigen, den Verlust derjenigen Jahre beweinen, von denen sie sich einbilden, daß sie das Leben ihres Angehörigen bereinst rühmlich würden gekrönt haben. Ich will, ehe ich diese wenige Zeilen schließe, eine kleine Zeichnung von dem Leben und dem Charakter des selig Verstorbenen entwerfen. Das, was ich anführe, ist mir aus der Nachricht seines getreuen Herrn Hofmeisters, der ihn zärtlich beweint, und aus meiner eigenen Kenntniß bekannt. Wie viel gute Eigenschaften giebt es nicht noch, die nur derjenige kennt, der ins Innerste der Herzen sieht, und die um desto edler sind, je weniger sie bestrebt sind, öffentlich in die Augen zu fallen!

Herr Johann Friedrich von Funk war den 4. Octobr. 1738 aus einem vornehmen adlichen Hause in Kurland geboren. Er hat von Kindheit an niemals einer vollkommenen Gesundheit genossen. Er wurde mit großer Sorgfalt erzogen, bezeigte viel Fleiß im Studiren und hatte ein Herz, welches von Natur dazu gemacht war, um zu edlen Eigenschaften gebildet zu werden. Er kam den 15. Juni 1759 nebst seinem jüngern Herrn Bruder unter der Anführung ihres Herrn Hofmeisters auf hiesige Akademie. Er unterwarf sich mit aller Bereitwilligkeit dem Examen des damaligen Herrn Decanus und machte seinem Fleiße und der Unterweisung seines Herrn Hofmeisters Ehre. Er wohnte den Vorlesungen des Herren Consistorialraths und Professors Teske, jetziger Zeit Rectoris Magnifici der Universität, imgleichen denen des Herren Doct. der Rechtsgelehrsamkeit Funk und den meinigen mit einer Unverdrossenheit bei, die zum Muster diente. Er lebte eingezogen und still, wodurch Er auch die wenige Kräfte seines zur Abzehrung geneigten Körpers noch erhielt, bis Er gegen das Ende des Februars dieses Jahres davon nach und nach so angegriffen wurde, daß Ihn weder die Pflege und Sorgfalt, die an Ihn gewandt war, noch der Fleiß eines geschickten Arztes länger erhalten konnte; so daß Er den 4. Mai dieses Jahres, nachdem Er sich mit der Standhaftigkeit und feurigen Andacht eines Christen zu einem erbaulichen Ende vorbereitet hatte, unter dem Beistande seines getreuen Seelsorgers sanft und selig verschied und in der hiesigen Kathedralkirche standesmäßig beerdigt ward.

Er war von sanfter und gelassener Gemüthsart, leutselig und bescheiden gegen jedermann, gütig und zum allgemeinen Wohlwollen geneigt, eifrig beflissen, um sich zur Zierde seines Hauses und zum Nutzen seines

Vaterlandes gehörig auszubilden. Er hat niemals jemand wodurch anders betrübt als durch seinen Tod. Er befliß sich einer ungeheuchelten Frömmigkeit. Er wäre ein rechtschaffener Bürger für die Welt geworden, allein der Rathschluß des Höchsten wollte, daß er einer im Himmel werden sollte. Sein Leben ist ein Fragment, welches uns das übrige hat wünschen lassen, dessen uns ein früher Tod beraubt hat.

Er würde verdienen denjenigen zum Muster vorgestellt zu werden, die die Jahre ihrer Erziehung und Jugend rühmlich zurückzulegen denken, wenn ein stilles Verdienst auf flatterhafte Gemüther eben den Eindruck der Nacheiferung wirkte, als die falsch schimmernde Eigenschaften derjenigen thun, deren Eitelkeit nur auf den Schein der Tugend geht, ohne sich um das Wesen derselben zu bekümmern. Er ist von denen, welchen er angehörte, von seinen Freunden und allen denen, die Ihn kannten, sehr bedauert worden.

Dieses sind, Gnädige Frau, die Züge von dem Charakter Dero vormals im Leben mit Recht so geliebten Herren Sohns, welche, so schwach sie auch entworfen worden, gleichwohl viel zu sehr die Wehmuth erneuern werden, die Sie über seinen Verlust empfinden. Aber eben diese bedauerte Eigenschaften sind es, die in solchem Verluste zu nicht geringem Troste gereichen; denn nur denen, welche die wichtigste unter allen Absichten leichtsinnig aus den Augen setzen, kann es gleich viel sein, in welchem Zustande sie die Ihrigen der Ewigkeit überliefern. Ich überhebe mich der Bemühung, Ew. Gnaden weitläuftige Trostgründe in dieser Betrübniß darzulegen. Die demüthige Entsagung unserer eigenen Wünsche, wenn es der weisesten Vorsehung gefällt ein anderes zu beschließen, und die christliche Sehnsucht nach einerlei seligem Ziele, zu welchem andere vor uns gelangt sind, vermögen mehr zur Beruhigung des Herzens, als alle Gründe einer trockenen und kraftlosen Beredsamkeit. Ich habe die Ehre mit größtem Respect zu sein,

Hochwohlgeborne Frau,
Gnädige Frau Rittmeisterin,

Ew. Gnaden

Königsberg,
den 6. Jun. 1760.

gehorsamster Diener

J. Kant.

Die falsche Spitzfindigkeit

der

vier syllogistischen Figuren

erwiesen

von

M. Immanuel Kant.

§ 1.
Allgemeiner Begriff von der Natur der Vernunftschlüsse.

Etwas als ein Merkmal mit einem Dinge vergleichen heißt urtheilen. Das Ding selber ist das Subject, das Merkmal das Prädicat. Die Vergleichung wird durch das Verbindungszeichen ist oder sind ausgedrückt, welches, wenn es schlechthin gebraucht wird, das Prädicat als ein Merkmal des Subjects bezeichnet, ist es aber mit dem Zeichen der Verneinung behaftet, das Prädicat als ein dem Subject entgegen gesetztes Merkmal zu erkennen giebt. In dem erstern Fall ist das Urtheil bejahend, im andern verneinend. Man versteht leicht, daß, wenn man das Prädicat ein Merkmal nennt, dadurch nicht gesagt werde, daß es ein Merkmal des Subjects sei; denn dieses ist nur in bejahenden Urtheilen also; sondern daß es als ein Merkmal von irgend einem Dinge angesehen werde, ob es gleich in einem verneinenden Urtheile dem Subjecte desselben widerspricht. So ist ein Geist das Ding, das ich gedenke; zusammengesetzt ein Merkmal von irgend etwas; das Urtheil: ein Geist ist nicht zusammengesetzt, stellt dieses Merkmal als widerstreitend dem Dinge selber vor.

Was ein Merkmal von dem Merkmale eines Dinges ist, das nennt man ein mittelbares Merkmal desselben. So ist nothwendig ein unmittelbares Merkmal Gottes, unveränderlich aber ein Merkmal des Nothwendigen und ein mittelbares Merkmal Gottes. Man sieht leicht: daß das unmittelbare Merkmal zwischen dem entfernten und der Sache selbst die Stelle eines Zwischenmerkmals (nota intermedia) vertrete, weil nur durch dasselbe das entfernte Merkmal mit der Sache selbst verglichen wird. Man kann aber auch ein Merkmal mit einer Sache durch ein Zwischenmerkmal verneinend vergleichen, dadurch daß man erkennt, daß etwas dem unmittelbaren Merkmal einer Sache widerstreite. Zufällig widerstreitet als ein Merkmal dem Nothwendigen; nothwendig aber ist ein Merkmal von Gott, und man erkennt also vermittelst eines Zwischenmerkmals, daß zufällig sein Gott widerspreche.

Nunmehr errichte ich meine Realerklärung von einem Vernunftschlusse. Ein jedes Urtheil durch ein mittelbares Merkmal ist ein Vernunftschluß, oder mit andern Worten: er ist die Vergleichung eines Merkmals mit einer Sache vermittelst eines Zwischenmerkmals. Dieses Zwischenmerkmal (nota intermedia) in einem Vernunftschluß heißt auch sonst der mittlere Hauptbegriff (terminus medius); welches die anderen Hauptbegriffe sind, ist genugsam bekannt.

Um die Beziehung des Merkmals zu der Sache in dem Urtheile: die menschliche Seele ist ein Geist, deutlich zu erkennen, bediene ich mich des Zwischenmerkmals vernünftig, so daß ich vermittelst desselben ein Geist zu sein als ein mittelbares Merkmal der menschlichen Seele ansehe. Es müssen nothwendig hier drei Urtheile vorkommen, nämlich:

1. Ein Geist sein ist ein Merkmal des Vernünftigen;
2. Vernünftig ist ein Merkmal der menschlichen Seele;
3. Ein Geist sein ist ein Merkmal der menschlichen Seele;

denn die Vergleichung eines entfernten Merkmals mit der Sache selbst ist nicht anders wie durch diese drei Handlungen möglich.

In der Form der Urtheile würden sie so lauten: Alles Vernünftige ist ein Geist, die Seele des Menschen ist vernünftig, folglich ist die Seele des Menschen ein Geist. Dieses ist nun ein bejahender Vernunftschluß. Was die verneinenden anlangt, so fällt es eben so leicht in die Augen, daß, weil ich den Widerstreit eines Prädicats und Subjects nicht jederzeit klar genug erkenne, ich mich, wenn ich kann, des Hülfsmittels bedienen müsse, meine Einsicht durch ein Zwischenmerkmal zu erleichtern. Setzet, man lege mir das verneinende Urtheil vor: Die Dauer Gottes ist durch keine Zeit zu messen, und ich finde nicht, daß mir dieses Prädicat, so unmittelbar mit dem Subjecte verglichen, eine genugsam klare Idee des Widerstreits gebe, so bediene ich mich eines Merkmals, das ich mir unmittelbar in diesem Subjecte vorstellen kann, und vergleiche das Prädicat damit und vermittelst desselben mit der Sache selbst. Durch die Zeit meßbar sein widerstreitet allem Unveränderlichen, unveränderlich aber ist ein Merkmal Gottes, also u. s. w. Dieses förmlich ausgedrückt würde so lauten: Nichts Unveränderliches ist meßbar durch die Zeit, die Dauer Gottes ist unveränderlich, folglich u. s. w.

§ 2.
Von den obersten Regeln aller Vernunftschlüsse.

Aus dem Angeführten erkennt man, daß die erste und allgemeine Regel aller bejahenden Vernunftschlüsse sei: Ein Merkmal vom Merkmal ist ein Merkmal der Sache selbst (nota notae est etiam nota rei ipsius); von allen verneinenden: Was dem Merkmal eines Dinges widerspricht, widerspricht dem Dinge selbst (repugnans notae repugnat rei ipsi). Keine dieser Regeln ist ferner eines Beweises fähig. Denn ein Beweis ist nur durch einen oder mehr Vernunftschlüsse möglich, die oberste Formel aller Vernunftschlüsse demnach beweisen wollen, würde heißen im Cirkel schließen. Allein daß diese Regeln den allgemeinen und letzten Grund aller vernünftigen Schlußart enthalten, erhellt daraus, weil diejenige, die sonst bis daher von allen Logikern für die erste Regeln aller Vernunftschlüsse gehalten worden, den einzigen Grund ihrer Wahrheit aus den unsrigen entlehnen müssen. Das Dictum de omni, der oberste Grund aller bejahenden Vernunftschlüsse, lautet also: Was von einem Begriff allgemein bejaht wird, wird auch von einem jeden bejaht, der unter ihm enthalten ist. Der Beweisgrund hievon ist klar. Derjenige Begriff, unter welchem andere enthalten sind, ist allemal als ein Merkmal von diesen abgesondert worden; was nun diesem Begriff zukommt, das ist ein Merkmal eines Merkmals, mithin auch ein Merkmal der Sachen selbst, von denen er ist abgesondert worden, d. i. er kommt den niedrigen zu, die unter ihm enthalten sind. Ein jeder, der nur einigermaßen in logischen Kenntnissen unterwiesen ist, sieht leicht ein: daß dieses Dictum lediglich um dieses Grundes willen wahr sei und daß es also unter unserer ersten Regel stehe. Das Dictum de nullo steht in eben solchem Verhältniß gegen unsere zweite Regel. Was von einem Begriffe allgemein verneint wird, das wird auch von allen demjenigen verneint, was unter demselben enthalten ist. Denn derjenige Begriff, unter welchem diese andere enthalten sind, ist nur ein von ihnen abgesondertes Merkmal. Was aber diesem Merkmal widerspricht, wiederspricht auch den Sachen selbst; folglich was den höhern Begriffen widerspricht, muß auch den niedrigen widerstreiten, die unter ihm stehen.

§ 3.
Von reinen und vermischten Vernunftschlüssen.

Es ist jedermann bekannt, daß es unmittelbare Schlüsse gebe, da aus einem Urtheil die Wahrheit eines andern ohne einen Mittelbegriff unmittelbar erkannt wird. Um beswillen sind dergleichen Schlüsse auch keine Vernunftschlüsse; z. E. aus dem Satze: Eine jede Materie ist veränderlich, folgt gerade zu: was nicht veränderlich ist, ist nicht Materie. Die Logiker zählen verschiedene Arten solcher unmittelbaren Schlußfolgen, worunter ohne Zweifel die durch die logische Umkehrung, imgleichen durch die Contraposition die vornehmsten sind.

Wenn nun ein Vernunftschluß nur durch drei Sätze geschieht, nach den Regeln, die von jedem Vernunftschlusse nur eben vorgetragen worden, so nenne ich ihn einen reinen Vernunftschluß (ratiocinium purum), ist er aber nur möglich, indem mehr wie drei Urtheile mit einander verbunden sind, so ist er ein vermengter Vernunftschluß (ratiocinium hybridum). Setzet nämlich, daß zwischen die drei Hauptsätze noch ein aus ihnen gefolgerter unmittelbarer Schluß müsse geschoben werden und also ein Satz mehr dazu komme, als ein reiner Vernunftschluß erlaubt, so ist es ratiocinium hybridum. Z. E. gedenket euch, es schlösse jemand also:

Nichts, was verweslich ist, ist einfach;
Mithin kein Einfaches ist verweslich;
Die Seele des Menschen ist einfach;
Also die Seele des Menschen ist nicht verweslich,

so würde er zwar keinen eigentlich zusammengesetzten Vernunftschluß haben, weil dieser aus mehreren Vernunftschlüssen bestehen soll; dieser aber enthält außer dem, was zu einem Vernunftschluß erfordert wird, noch einen unmittelbaren Schluß durch die Contraposition und enthält vier Sätze.

Wenn aber auch wirklich nur drei Urtheile ausgedrückt würden, allein die Folge des Schlußsatzes aus diesen Urtheilen wäre nur möglich kraft einer erlaubten logischen Umkehrung, Contraposition oder einer andern logischen Veränderung eines dieser Vorderurtheile, so wäre gleichwohl der Vernunftschluß ein ratiocinium hybridum; denn es kommt hier gar nicht darauf an, was man sagt, sondern was man unumgänglich nöthig hat, dabei zu denken, wenn eine richtige Schlußfolge soll vorhanden sein. Nehmet einmal an, in dem Vernunftschlusse:

Die falsche Spitzfindigkeit der vier syllogistischen Figuren.

> Nichts Verwesliches ist einfach;
> Die Seele des Menschen ist einfach;
> Also die Seele des Menschen ist nicht verweslich,

sei nur in so fern eine richtige Folge, als ich durch eine ganz richtige Um=
kehrung des Obersatzes sagen kann: nichts Verwesliches ist einfach, folg=
lich nichts Einfaches ist verweslich, so bleibt der Vernunftschluß immer ein
vermischter Schluß, weil seine Schlußkraft auf der geheimen Dazufügung
dieser unmittelbaren Folgerung beruht, die man wenigstens in Gedanken
haben muß.

§ 4.

**In der so genannten ersten Figur sind einzig und allein reine
Vernunftschlüsse möglich, in den drei übrigen lediglich
vermischte.**

Wenn ein Vernunftschluß unmittelbar nach einer von unsern zwei
oben angeführten obersten Regeln geführt wird, so ist er jederzeit in der
ersten Figur. Die erste Regel heißt also: ein Merkmal B von einem Merk=
mal C einer Sache A ist ein Merkmal der Sache A selbst. Hieraus ent=
springen drei Sätze:

	C B
C hat zum Merkmal B;	Was vernünftig ist, ist ein Geist;
	A C
A hat zum Merkmal C;	Die menschl. Seele ist vernünftig;
	A B
Also A hat z. Merkm. B.	Also ist die menschl. Seele ein Geist.

Es ist sehr leicht, mehr ähnliche Sätze und unter andern auch auf die
Regel der verneinenden Schlüsse anzuwenden, um sich zu überzeugen, daß,
wenn sie diesen gemäß sind, sie jederzeit in der ersten Figur stehen, so daß
ich hier mit Recht eine ekelhafte Weitläuftigkeit zu verhüten suche. Man
wird auch leichtlich gewahr, daß diese Regeln der Vernunftschlüsse nicht
erfordern, daß außer diesen Urtheilen irgend dazwischen eine unmittelbare
Schlußfolge aus einem oder andern derselben müsse geschoben werden,
wofern das Argument soll bündig sein, daher ist der Vernunftschluß in
der ersten Figur von reiner Art.

In der zweiten Figur sind keine andere als vermischte Vernunftschlüsse möglich.

Die Regel der zweiten Figur ist diese: Wem ein Merkmal eines Dinges widerspricht, das widerspricht dem Dinge selber. Dieser Satz ist nur darum wahr, weil dasjenige, dem ein Merkmal widerspricht, das widerspricht auch diesem Merkmal, was aber einem Merkmal widerspricht, widerstreitet der Sache selbst, also dasjenige, dem ein Merkmal einer Sache widerspricht, das widerstreitet der Sache selber. Hier ist nun offenbar, daß blos deswegen, weil ich den Obersatz als einen verneinenden Satz schlechthin umkehren kann, eine Schlußfolge vermittelst des Untersatzes auf die Conclusion möglich ist. Demnach muß diese Umkehrung dabei geheim gedacht werden, sonst schließen meine Sätze nicht. Der durch die Umkehrung heraus gebrachte Satz aber ist eine eingeschobene unmittelbare Folge aus dem ersteren, und der Vernunftschluß hat vier Urtheile und ist ein ratiocinium hybridum, z. E. wenn ich sage:

Kein Geist ist theilbar;
Alle Materie ist theilbar;
Folglich ist keine Materie ein Geist,

so schließe ich recht, nur die Schlußkraft steckt darin, weil aus dem ersten Satz: kein Geist ist theilbar, durch eine unmittelbare Folgerung fließt: folglich nichts Theilbares ist ein Geist, und nach diesem alles nach der allgemeinen Regel aller Vernunftschlüsse richtig folgt. Aber da nur kraft dieser daraus zu ziehenden unmittelbaren Folgerung eine Schlußfähigkeit in dem Argumente ist, so gehört dieselbe mit dazu; und er hat vier Urtheile:

Kein Geist ist theilbar;
Und daher nichts Theilbares ist ein Geist;
Alle Materie ist theilbar;
Mithin keine Materie ist ein Geist.

In der dritten Figur sind keine andere als vermischte Vernunftschlüsse möglich.

Die Regel der dritten Figur ist folgende: Was einer Sache zukommt oder widerspricht, das kommt auch zu oder widerspricht einigen, die unter einem andern Merkmale dieser Sache enthalten sind. Dieser Satz selber

Die falsche Spitzfindigkeit der vier syllogistischen Figuren.

ist nur darum wahr, weil ich das Urtheil, in welchem gesagt wird, daß ein anderes Merkmal dieser Sache zukommt, (per conversionem logicam) umkehren kann, wodurch es der Regel aller Vernunftschlüsse gemäß wird. Es heißt z. E.:

Alle Menschen sind Sünder;
Alle Menschen sind vernünftig;
Also einige Vernünftige sind Sünder.

Dieses schließt nur, weil ich durch eine Umkehrung per accidens aus dem Untersatz also schließen kann: folglich sind einige vernünftige Wesen Menschen, und alsdann werden die Begriffe nach der Regel aller Vernunftschlüsse verglichen, aber nur vermittelst eines eingeschobenen unmittelbaren Schlusses, und man hat ein ratiocinium hybridum:

Alle Menschen sind Sünder;
Alle Menschen sind vernünftig;
Mithin einige Vernünftige sind Menschen;
Also einige Vernünftige sind Sünder.

Eben dasselbe kann man sehr leicht in der verneinenden Art dieser Figur zeigen, welches ich um der Kürze willen weglasse.

In der vierten Figur sind keine andere wie vermischte Vernunftschlüsse möglich.

Die Schlußart in dieser Form ist so unnatürlich und gründet sich auf so viel mögliche Zwischenschlüsse, die als eingeschoben gedacht werden müssen, daß die Regel, die ich davon allgemein vortragen könnte, sehr dunkel und unverständlich sein würde. Um deswillen will ich nur sagen, um welcher Bedingungen willen eine Schlußkraft darin liegt. In den verneinenden Arten dieser Vernunftschlüsse ist darum, weil ich entweder durch logische Umkehrung oder Contraposition die Stellen der Hauptbegriffe verändern und also nach jedem Vordersatze seine unmittelbare Schlußfolge gedenken kann, so daß diese Schlußfolgen die Beziehung bekommen, die sie in einem Vernunftschlusse nach der allgemeinen Regel überhaupt haben müssen, eine richtige Folgerung möglich. Von den bejahenden aber werde ich zeigen, daß sie in der vierten Figur gar nicht möglich seien. Der verneinende Vernunftschluß nach dieser Figur wird, wie er eigentlich gedacht werden muß, sich auf folgende Art darstellen:

Kein Dummer ist gelehrt;

Folgl. kein Gelehrter ist dumm.

Einige Gelehrte sind fromm;

Folgl. einige Fromme sind gelehrt;

Also einige Fromme sind nicht dumm.

Es sei ein Syllogismus von der zweiten Art:

Ein jeder Geist ist einfach;
Alles Einfache ist unverweslich;
Also einiges Unverwesliche ist ein Geist.

Hier leuchtet deutlich in die Augen, daß das Schlußurtheil, so wie es da steht, aus den Vordersätzen gar nicht fließen könne. Man vernimmt dieses gleich, so bald man den mittlern Hauptbegriff damit vergleicht. Ich kann nämlich nicht sagen: einiges Unverwesliche ist ein Geist, weil es einfach ist; denn darum, weil etwas einfach ist, ist es nicht sofort ein Geist. Ferner so können durch alle mögliche logische Veränderungen die Vordersätze nicht so eingerichtet werden, daß der Schlußsatz oder auch nur ein anderer Satz, aus welchem derselbe als eine unmittelbare Folge fließt, könnte hergeleitet werden, wenn nämlich nach der in allen Figuren einmal festgesetzten Regel die Hauptbegriffe ihre Stellen so haben sollen, daß der größere Hauptbegriff im Obersatz, der kleinere im Untersatze vorkomme.*) Und obgleich, wenn ich die Stellen der Hauptbegriffe gänzlich verändere, so daß derjenige der kleinere wird, der vorher der größere war, und umgekehrt, ein Schlußsatz, aus dem die gegebene Conclusion fließt, kann gefolgert werden, so ist doch alsdann auch eine gänzliche Versetzung der Vordersätze nöthig, und der nach der vierten Figur erhaltene so genannte Vernunftschluß enthält wohl die Materialien, aber nicht die Form, wor-

---

*) Diese Regel gründet sich auf die synthetische Ordnung, nach welcher zuerst das entfernte und dann das nähere Merkmal mit dem Subjecte verglichen wird. Indessen wenn dieselbe gleich als blos willkürlich angesehen würde, so wird sie doch unumgänglich nöthig, so bald man vier Figuren haben will. Denn so bald es einerlei ist, ob ich das Prädicat der Conclusion in den Obersatz oder Untersatz bringe, so ist die erste Figur von der vierten gar nicht unterschieden. Einen dergleichen Fehler findet man in Crusii Logik Seite 600 die Anmerk.

nach geschlossen werden soll, und ist gar kein Vernunftschluß nach der logischen Ordnung, in der allein die Eintheilung der vier Figuren möglich ist, welches bei der verneinenden Schlußart in derselben Figur sich ganz anders befindet. Es wird nämlich so heißen müssen:

Ein jeder Geist ist einfach;
Alles Einfache ist unverweslich;
Also ein jeder Geist ist unverweslich;
Mithin einiges Unverwesliche ist ein Geist.

Dieses schließt ganz richtig, allein ein dergleichen Vernunftschluß ist von dem in der ersten Figur nicht durch eine andere Stelle des mittlern Hauptbegriffs unterschieden, sondern nur darin, daß die Stellen der Vordersätze verändert worden*) und in dem Schlußsatze die Stellen der Hauptbegriffe. Darin besteht aber gar nicht die Veränderung der Figur. Einen Fehler von dieser Art findet man an dem angeführten Orte der Crusischen Logik, wo man durch diese Freiheit, die Stelle der Vordersätze zu verändern, geglaubt hat in der vierten Figur und zwar natürlicher zu schließen. Es ist schade um die Mühe, die sich ein großer Geist giebt, an einer unnützen Sache bessern zu wollen. Man kann nur was Nützliches thun, wenn man sie vernichtigt.

§ 5.
Die logische Eintheilung der vier syllogistischen Figuren ist eine falsche Spitzfindigkeit.

Man kann nicht in Abrede sein, daß in allen diesen vier Figuren richtig geschlossen werden könne. Nun ist aber unstreitig, daß sie alle, die erste ausgenommen, nur durch einen Umschweif und eingemengte Zwischenschlüsse die Folge bestimmen, und daß eben derselbe Schlußsatz aus dem nämlichen Mittelbegriffe in der ersten Figur rein und unvermengt abfolgen würde. Hier könnte man nun denken, daß darum die drei andere Figuren höchstens unnütze, nicht aber falsch wären. Allein wenn man die

---

*) Denn wenn derjenige Satz der Obersatz ist, in dem das Prädicat der Conclusion vorkommt, so ist von der eigentlichen Conclusion, die hier aus den Vordersätzen unmittelbar fließt, der zweite Satz der Obersatz und der erste der Untersatz. Alsdann ist aber alles nach der ersten Figur geschlossen, nur so, daß der aufgegebene Schlußsatz aus dem, welcher zunächst aus gedachten Urtheilen folgt, durch eine logische Umkehrung gezogen wird.

Abſicht erwägt, in der ſie erfunden worden und noch immer vorgetragen werden, ſo wird man anders urtheilen. Wenn es darauf ankäme, eine Menge von Schlüſſen, die unter die Haupturtheile gemengt wären, mit dieſen ſo zu verwickeln, daß, indem einige ausgedrückt, andere verſchwiegen würden, es viele Kunſt koſtete, ihre Übereinſtimmung mit den Regeln zu ſchließen zu beurtheilen, ſo würde man wohl eben nicht mehr Figuren, aber doch mehr räthſelhafte Schlüſſe, die Kopfbrechens genug machen könnten, noch dazu erſinnen können. Es iſt aber der Zweck der Logik, nicht zu verwickeln, ſondern aufzulöſen, nicht verdeckt, ſondern augenſcheinlich etwas vorzutragen. Daher ſollen dieſe vier Schlußarten einfach, unvermengt und ohne verdeckte Nebenſchlüſſe ſein, ſonſt iſt ihnen die Freiheit nicht zugeſtanden, in einem logiſchen Vortrage als Formeln der deutlichſten Vorſtellung eines Vernunftſchluſſes zu erſcheinen. Es iſt auch gewiß, daß bis daher alle Logiker ſie für einfache Vernunftſchlüſſe ohne nothwendige Dazwiſchenſetzung von andern Urtheilen angeſehen haben, ſonſt würde ihnen niemals dieſes Bürgerrecht ſein ertheilt worden. Es ſind alſo die übrige drei Schlußarten als Regeln der Vernunftſchlüſſe überhaupt richtig, als ſolche aber, die einen einfachen und reinen Schluß enthielten, falſch. Dieſe Unrichtigkeit, welche es zu einem Rechte macht, Einſichten verwickeln zu dürfen, anſtatt daß die Logik zu ihrem eigenthümlichen Zwecke hat, alles auf die einfachſte Erkenntnißart zu bringen, iſt um deſto größer, je mehr beſondere Regeln (deren eine jede Figur etliche eigene hat) nöthig ſind, um bei dieſen Seitenſprüngen ſich nicht ſelbſt ein Bein unterzuſchlagen. In der That, wo jemals auf eine gänzlich unnütze Sache viel Scharfſinnigkeit verwandt und viel ſcheinbare Gelehrſamkeit verſchwendet worden iſt, ſo iſt es dieſe. Die ſo genannte **Modi**, die in jeder Figur möglich ſind, durch ſeltſame Wörter angedeutet, die zugleich mit viel geheimer Kunſt Buchſtaben enthalten, welche die Verwandlung in die erſte erleichtern, werden künftighin eine ſchätzbare Seltenheit von der Denkungsart des menſchlichen Verſtandes enthalten, wenn dereinſt der ehrwürdige Roſt des Alterthums einer beſſer unterwieſenen Nachkommenſchaft die emſige und vergebliche Bemühungen ihren Vorfahren an dieſen Überbleibſeln wird bewundern und bedauren lehren.

Es iſt auch leicht, die erſte Veranlaſſung zu dieſer Spitzfindigkeit zu entdecken. Derjenige ſo zuerſt einen Syllogismus in drei Reihen übereinander ſchrieb, ihn wie ein Schachbrett anſah, und verſuchte, was aus der Verſetzung der Stellen des Mittelbegriffs herauskommen möchte, der war

Die falsche Spitzfindigkeit der vier syllogistischen Figuren. 57

eben so betroffen, da er gewahr ward, daß ein vernünftiger Sinn heraus=
kam, als einer, der ein Anagramm im Namen findet. Es war eben so
kindisch sich über das eine wie über das andre zu erfreuen, vornehmlich da
man darüber vergaß, daß man nichts Neues in Ansehung der Deutlichkeit,
sondern nur eine Vermehrung der Undeutlichkeit aufbrächte. Allein es ist
einmal das Loos des menschlichen Verstandes so bewandt; entweder er ist
grüblerisch und geräth auf Fratzen, oder er hascht verwegen nach zu großen
Gegenständen und bauet Luftschlösser. Von dem großen Haufen der Denker
wählt der eine die Zahl 666, der andere den Ursprung der Thiere und
Pflanzen, oder die Geheimnisse der Vorsehung. Der Irrthum, darin beide
gerathen, ist von sehr verschiedenem Geschmack, so wie die Köpfe ver=
schieden sind.

Die wissenswürdige Dinge häufen sich zu unsern Zeiten. Bald wird
unsere Fähigkeit zu schwach und unsere Lebenszeit zu kurz sein, nur den
nützlichsten Theil daraus zu fassen. Es bieten sich Reichthümer im Über=
flusse dar, welche ein zu nehmen wir manchen unnützen Plunder wieder weg-
werfen müssen. Es wäre besser gewesen, sich niemals damit zu belästigen.

Ich würde mir zu sehr schmeicheln, wenn ich glaubte, daß die Arbeit
von einigen Stunden vermögend sein werde, den Kolossen umzustürzen, der
sein Haupt in die Wolken des Alterthums verbirgt und dessen Füße von
Thon sind. Meine Absicht ist nur, Rechenschaft zu geben, weswegen ich in
dem logischen Vortrage, in welchem ich nicht alles meiner Einsicht gemäß
einrichten kann, sondern manches dem herrschenden Geschmack zu Gefallen
thun muß, in diesen Materien nur kurz sein werde, um die Zeit, die ich
dabei gewinne, zur wirklichen Erweiterung nützlicher Einsichten zu ver=
wenden.

Es giebt noch eine gewisse andere Brauchbarkeit der Syllogistik, näm=
lich vermittelst ihrer in einem gelehrten Wortwechsel dem Unbehutsamen
den Rang abzulaufen. Da dieses aber zur Athletik der Gelehrten gehört,
einer Kunst, die sonst wohl sehr nützlich sein mag, nur daß sie nicht viel
zum Vortheil der Wahrheit beiträgt, so übergehe ich sie hier mit Still=
schweigen.

§ 6.
Schlußbetrachtung.

Wir sind demnach belehrt, daß die oberste Regeln aller Vernunft=
schlüsse unmittelbar auf diejenige Ordnung der Begriffe führen, die man

die erste Figur nennt, daß alle andre Versetzungen des Mittelbegriffs nur eine richtige Schlußfolge geben, indem sie durch leichte unmittelbare Folgerungen auf solche Sätze führen, die in der einfältigen Ordnung der ersten Figur verknüpft sind, daß es unmöglich sei, in mehr wie in einer Figur einfach und unvermengt zu schließen, weil doch immer nur die erste Figur, die durch versteckte Folgerungen in einem Vernunftschlusse verborgen liegt, die Schlußkraft enthält und die veränderte Stellung der Begriffe nur einen kleinen oder größern Umschweif verursacht, den man zu durchlaufen hat, um die Folge einzusehen, und daß die Eintheilung der Figuren überhaupt, in so fern sie reine und mit keinen Zwischenurtheilen vermischte Schlüsse enthalten sollen, falsch und unmöglich sei. Wie unsere allgemeine Grundregeln aller Vernunftschlüsse zugleich die besondern Regeln der so genannten ersten Figur enthalten, imgleichen wie man aus dem gegebenen Schlußsatze und dem mittlern Hauptbegriffe sogleich einen jeden Vernunft= schluß aus einer der übrigen Figuren ohne die unnütze Weitläufigkeit der Reductionsformeln in die erste und einfache Schlußart verändern könne, so daß entweder die Conclusion selber oder ein Satz, daraus diese durch unmittelbare Folgerung fließt, geschlossen wird, ist aus unserer Erläuterung so leicht abzunehmen, daß ich mich dabei nicht aufhalte.

Ich will diese Betrachtung nicht endigen, ohne einige Anmerkungen beigefügt zu haben, die auch anderweitig von erheblichem Nutzen sein könnten.

Ich sage demnach **erstlich**, daß ein **deutlicher** Begriff nur durch ein Urtheil, ein **vollständiger** aber nicht anders als durch einen Ver= nunftschluß möglich sei. Es wird nämlich zu einem deutlichen Begriff er= fordert, daß ich etwas als ein Merkmal eines Dinges klar erkenne, dieses aber ist ein Urtheil. Um einen deutlichen Begriff vom Körper zu haben, stelle ich mir die Undurchdringlichkeit als ein Merkmal desselben klar vor. Diese Vorstellung aber ist nichts anders als der Gedanke: ein **Körper ist undurchdringlich**. Hiebei ist nur zu merken, daß dieses Urtheil nicht der deutliche Begriff selber, sondern die Handlung sei, wodurch er wirklich wird; denn die Vorstellung, die nach dieser Handlung von der Sache selbst entspringt, ist deutlich. Es ist leicht zu zeigen, daß ein voll= ständiger Begriff nur durch einen Vernunftschluß möglich sei, man darf nur den ersten Parag. dieser Abhandlung nachsehen. Um deswillen könnte man einen deutlichen Begriff auch einen solchen nennen, der durch ein Ur= theil klar ist, einen vollständigen aber, der durch einen Vernunftschluß

deutlich ist. Ist die Vollständigkeit vom ersten Grade, so ist der Vernunft=
schluß ein einfacher, ist sie vom zweiten oder dritten, so ist sie nur durch
eine Reihe von Kettenschlüssen, die der Verstand nach der Art eines Sorites
verkürzt, möglich. Hieraus erhellt auch ein wesentlicher Fehler der Logik,
so wie sie gemeiniglich abgehandelt wird, daß von den deutlichen und voll=
ständigen Begriffen eher gehandelt wird, wie von Urtheilen und Vernunft=
schlüssen, obgleich jene nur durch diese möglich sind.

Zweitens eben so augenscheinlich wie es ist, daß zum vollständigen
Begriffe keine andere Grundkraft der Seele erfordert werde, wie zum deut=
lichen (indem eben dieselbe Fähigkeit, die etwas unmittelbar als ein Merk=
mal in einem Dinge erkennt, auch in diesem Merkmale wieder ein anderes
Merkmal vorzustellen und also die Sache durch ein entferntes Merkmal zu
denken gebraucht wird): eben so leicht fällt es auch in die Augen, daß
Verstand und Vernunft, d. i. das Vermögen, deutlich zu erkennen und
dasjenige, Vernunftschlüsse zu machen, keine verschiedene Grundfähig=
keiten seien. Beide bestehen im Vermögen zu urtheilen; wenn man aber
mittelbar urtheilt, so schließt man.

Drittens ist hieraus auch abzunehmen, daß die obere Erkenntnißkraft
schlechterdings nur auf dem Vermögen zu urtheilen beruhe. Demnach
wenn ein Wesen urtheilen kann, so hat es die obere Erkenntnißfähigkeit.
Findet man Ursache, ihm diese letztere abzusprechen, so vermag es auch
nicht zu urtheilen. Die Verabsäumung solcher Betrachtungen hat einen
berühmten Gelehrten veranlaßt, den Thieren deutliche Begriffe zuzustehn.
Ein Ochs, heißt es, hat in seiner Vorstellung vom Stalle doch auch eine
klare Vorstellung von seinem Merkmale der Thüre, also einen deutlichen
Begriff vom Stalle. Es ist leicht, hier die Verwirrung zu verhüten. Nicht
darin besteht die Deutlichkeit eines Begriffs, daß dasjenige, was ein Merk=
mal vom Dinge ist, klar vorgestellt werde, sondern daß es als ein Merkmal
des Dinges erkannt werde. Die Thüre ist zwar etwas zum Stalle Gehöriges
und kann zum Merkmal desselben dienen, aber nur derjenige, der das Ur=
theil abfaßt: diese Thüre gehört zu diesem Stalle, hat einen deut=
lichen Begriff von dem Gebäude, und dieses ist sicherlich über das Ver=
mögen des Viehes.

Ich gehe noch weiter und sage: es ist ganz was anders Dinge von
einander **unterscheiden** und den Unterschied der Dinge **erkennen**. Das
letztere ist nur durch Urtheilen möglich und kann von keinem unvernünftigen
Thiere geschehen. Folgende Eintheilung kann von großem Nutzen sein.

Logisch unterscheiden, heißt erkennen, daß ein Ding A nicht B sei, und ist jederzeit ein verneinendes Urtheil, physisch unterscheiden, heißt, durch verschiedene Vorstellungen zu verschiedenen Handlungen getrieben werden. Der Hund unterscheidet den Braten vom Brote, weil er anders vom Braten, als vom Brote gerührt wird (denn verschiedene Dinge verursachen verschiedne Empfindungen), und die Empfindungen vom erstern ist ein Grund einer andern Begierde in ihm als die vom letztern,*) nach der natürlichen Verknüpfung seiner Triebe mit seinen Vorstellungen. Man kann hieraus die Veranlassung ziehen, dem wesentlichen Unterschiede der vernünftigen und vernunftlosen Thiere besser nachzudenken. Wenn man einzusehen vermag, was denn dasjenige für eine geheime Kraft sei, wodurch das Urtheilen möglich wird, so wird man den Knoten auflösen. Meine jetzige Meinung geht dahin, daß diese Kraft oder Fähigkeit nichts anders sei als das Vermögen des innern Sinnes, d. i. seine eigene Vorstellungen zum Objecte seiner Gedanken zu machen. Dieses Vermögen ist nicht aus einem andern abzuleiten, es ist ein Grundvermögen im eigentlichen Verstande und kann, wie ich dafür halte, blos vernünftigen Wesen eigen sein. Auf demselben aber beruht die ganze obere Erkenntnißkraft. Ich schließe mit einer Vorstellung, die denjenigen angenehm sein muß, welche das Vergnügen über die Einheit in dem menschlichen Erkenntnisse empfinden können. Alle bejahende Urtheile stehen unter einer gemeinschaftlichen Formel, dem Satze der Einstimmung: Cuilibet subjecto competit praedicatum ipsi identicum; alle verneinende unter dem Satze des Widerspruchs: Nulli subjecto competit praedicatum ipsi oppositum. Alle bejahende Vernunftschlüsse sind unter der Regel enthalten: Nota notae est nota rei ipsius; alle verneinende unter dieser: Oppositum notae opponitur rei ipsi. Alle Urtheile, die unmittelbar unter den Sätzen der Einstimmung oder des Widerspruchs stehen, das ist, bei denen weder die Identität noch der Widerstreit durch ein Zwischenmerkmal (mithin nicht vermittelst der Zergliederung der Begriffe), sondern unmittelbar eingesehen wird, sind

---

*) Es ist in der That von der äußersten Erheblichkeit, bei der Untersuchung der thierischen Natur hierauf acht zu haben. Wir werden an ihnen lediglich äußere Handlungen gewahr, deren Verschiedenheit unterschiedliche Bestimmungen ihrer Begierde anzeigt. Ob in ihrem Innern diejenige Handlung der Erkenntnißkraft vorgeht, da sie sich der Übereinstimmung oder des Widerstreits desjenigen, was in einer Empfindung ist, mit dem, was in einer andern befindlich ist, bewußt sind und also urtheilen, das folgt gar nicht daraus.

unerweisliche Urtheile, diejenige, wo sie mittelbar erkannt werden kann, sind erweislich. Die menschliche Erkenntniß ist voll solcher unerweislicher Urtheile. Vor jeglicher Definition kommen deren etliche vor, so bald man, um zu ihr zu gelangen, dasjenige, was man zunächst und unmittelbar an einem Dinge erkennt, sich als ein Merkmal desselben vorstellt. Diejenige Weltweise irren, die so verfahren, als wenn es gar keine unerweisliche Grundwahrheiten außer einer gebe. Diejenigen irren eben so sehr, die ohne genugsame Gewährleistung zu freigebig sind, verschiedene ihrer Sätze dieses Vorzugs zu würdigen.

Der

einzig mögliche Beweisgrund

zu einer

Demonstration

des

Daseins Gottes

von

M. Immanuel Kant.

Vorrede.

Ne mea dona tibi studio disposta fideli,
Intellecta prius quam sint, contempta relinquas.
LUCRETIUS.

Ich habe keine so hohe Meinung von dem Nutzen einer Bemühung, wie die gegenwärtige ist, als wenn die wichtigste aller unserer Erkenntnisse: **Es ist ein Gott,** ohne Beihülfe tiefer metaphysischer Untersuchungen wanke und in Gefahr sei. Die Vorsehung hat nicht gewollt, daß unsre zur Glückseligkeit höchstnöthige Einsichten auf der Spitzfindigkeit feiner Schlüsse beruhen sollten, sondern sie dem natürlichen gemeinen Verstande unmittelbar überliefert, der, wenn man ihn nicht durch falsche Kunst verwirrt, nicht ermangelt uns gerade zum Wahren und Nützlichen zu führen, in so fern wir desselben äußerst bedürftig sind. Daher derjenige Gebrauch der gesunden Vernunft, der selbst noch innerhalb den Schranken gemeiner Einsichten ist, genugsam überführende Beweistümer von dem Dasein und den Eigenschaften dieses Wesens an die Hand giebt, obgleich der subtile Forscher allerwärts die Demonstration und die Abgemessenheit genau bestimmter Begriffe oder regelmäßig verknüpfter Vernunftschlüsse vermißt. Gleichwohl kann man sich nicht entbrechen diese Demonstration zu suchen, ob sie sich nicht irgendwo darböte. Denn ohne der billigen Begierde zu erwähnen, deren ein der Nachforschung gewohnter Verstand sich nicht entschlagen kann, in einer so wichtigen Erkenntniß etwas Vollständiges und deutlich Begriffenes zu erreichen, so ist noch zu hoffen, daß eine dergleichen Einsicht, wenn man ihrer mächtig geworden, viel mehreres in diesem Gegenstande aufklären könnte. Zu diesem Zwecke aber zu gelangen muß man sich auf den bodenlosen Abgrund der Metaphysik wagen. Ein finsterer Ocean ohne Ufer und ohne Leuchtthürme, wo man es wie der Seefahrer auf einem unbeschifften Meere anfangen muß, welcher, so bald er irgendwo Land betritt, seine Fahrt prüft und untersucht, ob nicht etwa unbemerkte Seeströme seinen Lauf verwirrt haben, aller Behutsamkeit ungeachtet, die die Kunst zu schiffen nur immer gebieten mag.

Diese Demonstration ist indessen noch niemals erfunden worden, welches schon von andern angemerkt ist. Was ich hier liefere, ist auch nur der Beweisgrund zu einer Demonstration, ein mühsam gesammeltes Baugeräth, welches der Prüfung des Kenners vor Augen gelegt ist, um aus dessen brauchbaren Stücken nach den Regeln der Dauerhaftigkeit und der Wohlgereimtheit das Gebäude zu vollführen. Eben so wenig wie ich dasjenige, was ich liefere, für die Demonstration selber will gehalten wissen, so wenig sind die Auflösungen der Begriffe, deren ich mich bediene, schon Definitionen. Sie sind, wie mich dünkt, richtige Merkmale der Sachen, wovon ich handele, tüchtig, um daraus zu abgemessenen Erklärungen zu gelangen, an sich selbst um der Wahrheit und Deutlichkeit willen brauchbar, aber sie erwarten noch die letzte Hand des Künstlers, um den Definitionen beigezählt zu werden. Es giebt eine Zeit, wo man in einer solchen Wissenschaft, wie die Metaphysik ist, sich getraut alles zu erklären und alles zu demonstriren, und wiederum eine andere, wo man sich nur mit Furcht und Mißtrauen an dergleichen Unternehmungen wagt.

Die Betrachtungen, die ich darlege, sind die Folge eines langen Nachdenkens, aber die Art des Vortrages hat das Merkmal einer unvollendeten Ausarbeitung an sich, in so fern verschiedene Beschäftigungen die dazu erforderliche Zeit nicht übrig gelassen haben. Es ist indessen eine sehr vergebliche Einschmeichlung, den Leser um Verzeihung zu bitten, daß man ihm, um welcher Ursache willen es auch sei, nur mit etwas Schlechtem habe aufwarten können. Er wird es niemals vergeben, man mag sich entschuldigen, wie man will. In meinem Falle ist die nicht völlig ausgebildete Gestalt des Werks nicht sowohl einer Vernachlässigung als einer Unterlassung aus Absichten beizumessen. Ich wollte nur die erste Züge eines Hauptrisses entwerfen, nach welchen, wie ich glaube, ein Gebäude von nicht geringer Vortrefflichkeit könnte aufgeführt werden, wenn unter geübtern Händen die Zeichnung in den Theilen mehr Richtigkeit und im Ganzen eine vollendete Regelmäßigkeit erhielte. In dieser Absicht wäre es unnöthig gewesen, gar zu viel ängstliche Sorgfalt zu verwenden, um in einzelnen Stücken alle Züge genau auszumalen, da der Entwurf im Ganzen allererst das strenge Urtheil der Meister in der Kunst abzuwarten hat. Ich habe daher öfters nur Beweisthümer angeführt, ohne mich anzumaßen, daß ich ihre Verknüpfung mit der Folgerung für jetzt deutlich zeigen könnte. Ich habe bisweilen gemeine Verstandesurtheile angeführt, ohne ihnen durch logische Kunst die Gestalt der Festigkeit zu geben, die ein Baustück in einem System haben muß, entweder weil ich es schwer fand, oder weil die Weitläuftigkeit der nöthigen Vorbereitung der Größe, die das Werk haben sollte, nicht gemäß war, oder auch weil ich mich berechtigt zu sein glaubte, da ich keine Demonstration ankündige, der Forderung, die man mit Recht an systematische Verfasser thut, entschlagen zu sein. Ein kleiner Theil derer, die sich das Urtheil über Werke des Geistes anmaßen, wirft kühne Blicke auf das Ganze eines Versuchs und betrachtet vornehmlich die Beziehung, die die Hauptstücke desselben zu einem tüchtigen Bau haben könnten, wenn man gewisse Mängel ergänzte oder Fehler verbesserte. Diese Art Leser ist es, deren Urtheil dem menschlichen Erkenntniß vornehmlich nutzbar ist. Was die übrige anlangt, welche, unvermögend eine Verknüpfung im Großen zu übersehen, an einem oder andern kleinen Theile grüblerisch geheftet sind, unbekümmert ob der Tadel, den er etwa verdiente, auch den Werth des Ganzen anfechte, und ob nicht Verbesserungen in einzelnen Stücken den Hauptplan, der nur in Theilen fehlerhaft ist, erhalten können, diese, die nur immer bestrebt sind, einen jeden angefangenen Bau in Trümmer zu verwandeln, können zwar um ihrer Menge willen zu fürchten sein, allein ihr Urtheil ist, was die Entscheidung des wahren Werthes anlangt, bei Vernünftigen von wenig Bedeutung.

 Ich habe mich an einigen Orten vielleicht nicht umständlich genug erklärt, um denen, die nur eine scheinbare Veranlassung wünschen, auf eine Schrift den bittern Vorwurf des Irrglaubens zu werfen, alle Gelegenheit dazu zu benehmen, allein welche Behutsamkeit hätte dieses auch wohl verhindern können; ich glaube indessen für diejenige deutlich genug geredet zu haben, die nichts anders in einer Schrift finden wollen, als was des Verfassers Absicht gewesen ist hinein zu legen. Ich habe mich so wenig wie möglich mit Widerlegungen eingelassen, so sehr auch meine Sätze von anderer ihren abweichen. Diese Entgegenstellung ist etwas, das ich dem Nachdenken des Lesers, der beide eingesehen hat, überlasse. Wenn man die Urtheile der unverstellten Vernunft in verschiedenen denkenden Personen mit der Aufrichtigkeit eines unbestochenen Sachwalters prüfte, der von zwei ſtrittigen Theilen die Gründe ſo abwiegt, daß er ſich in Gedanken in die Stelle derer, die ſie vorbringen, ſelbſt verſetzt, um ſie ſo ſtark zu finden, als ſie nur immer werden können, und dann allererſt auszumachen, welchem Theile er ſich widmen wolle, ſo würde viel weniger Uneinigkeit in den Meinungen der Philoſophen ſein, und eine ungeheuchelte Billigkeit, ſich ſelbſt der Sache des Gegentheils in dem Grade anzunehmen, als es möglich iſt, würde bald die forſchende Köpfe auf einem Wege vereinigen.

In einer ſchweren Betrachtung, wie die gegenwärtige iſt, kann ich mich wohl zum voraus darauf gefaßt machen, daß mancher Satz unrichtig, manche Erläuterung unzulänglich und manche Ausführung gebrechlich und mangelhaft ſein werde. Ich mache keine ſolche Forderung auf eine unbeſchränkte Unterzeichnung des Leſers, die ich ſelbſt ſchwerlich einem Verfaſſer bewilligen würde. Es wird mir daher nicht fremd ſein von andern in manchen Stücken eines beſſern belehrt zu werden, auch wird man mich gelehrig finden, ſolchen Unterricht anzunehmen. Es iſt ſchwer dem Anſpruche auf Richtigkeit zu entſagen, den man im Anfange zuverſichtlich äußerte, als man Gründe vortrug, allein es iſt nicht eben ſo ſchwer, wenn dieſer Anſpruch gelinde, unſicher und beſcheiden war. Selbſt die feinſte Eitelkeit, wenn ſie ſich wohl verſteht, wird bemerken, daß nicht weniger Verdienſt dazu gehört ſich überzeugen zu laſſen als ſelbſt zu überzeugen, und daß jene Handlung vielleicht mehr wahre Ehre macht, in ſo fern mehr Entſagung und Selbſtprüfung dazu als zu der andern erfordert wird. Es könnte ſcheinen eine Verletzung der Einheit, die man bei der Betrachtung ſeines Gegenſtandes vor Augen haben muß, zu ſein, daß hin und wieder ziemlich ausführliche phyſiſche Erläuterungen vorkommen; allein da meine Abſicht in dieſen Fällen vornehmlich auf die Methode, vermittelſt der Naturwiſſenſchaft zur Erkenntniß Gottes hinaufzuſteigen, gerichtet iſt, ſo habe ich dieſen Zweck ohne dergleichen Beiſpiele nicht wohl erreichen können. Die ſiebente Betrachtung der zweiten Abtheilung bedarf desfalls etwas mehr Nachſicht, vornehmlich da ihr Inhalt aus einem Buche, welches ich ehedem ohne Nennung meines Namens herausgab,*) gezogen worden, wo

---

*) Der Titel deſſelben iſt: **Allgemeine Naturgeſchichte und Theorie des Himmels.** Königsberg und Leipzig 1755. Dieſe Schrift, die wenig bekannt geworden, muß unter andern auch nicht zur Kenntniß des berühmten Herrn J. H. Lambert gelangt ſein, der ſechs Jahre hernach in ſeinen Kosmologiſchen Briefen 1761 eben dieſelbe Theorie von der ſyſtematiſchen Verfaſſung des Weltbaues im Großen, der Milchſtraße, den Nebelſternen u. ſ. f. vorgetragen hat, die

hievon ausführlicher, obzwar in Verknüpfung mit verschiedenen etwas gewagten Hypothesen gehandelt ward. Die Verwandtschaft indessen, die zum mindesten die erlaubte Freiheit sich an solche Erklärungen zu wagen mit meiner Hauptabsicht hat, imgleichen der Wunsch, einiges an dieser
5 Hypothese von Kennern beurtheilt zu sehen, haben veranlaßt diese Betrachtung einzumischen, die vielleicht zu kurz ist, um alle Gründe derselben zu verstehen, oder auch zu weitläuftig für diejenige, die hier nichts wie Metaphysik anzutreffen vermuthen, und von denen sie füglich kann überschlagen werden. Es wird vielleicht nöthig sein einige Druckfehler, die den
10 Sinn des Vortrages verändern könnten, und die man am Ende des Werks sieht, vorher zu verbessern, ehe man diese Schrift liest.

Das Werk selber besteht aus drei Abtheilungen, davon die erste den Beweisgrund selber, die zweite den weitläuftigen Nutzen desselben, die dritte aber Gründe vorlegt, um darzuthun, daß kein anderer zu einer
15 Demonstration vom Dasein Gottes möglich sei.

---

man in meiner gedachten Theorie des Himmels im ersten Theile, imgleichen in der Vorrede daselbst antrifft, und wovon etwas in einem kurzen Abrisse Seite 154 bis 158[1]) des gegenwärtigen Werks angezeigt wird. Die Übereinstimmung der Gedanken dieses sinnreichen Mannes mit denen, die ich damals vortrug, welche fast
20 bis auf die kleineren Züge untereinander übereinkommen, vergrößert meine Vermuthung: daß dieser Entwurf in der Folge mehrere Bestätigung erhalten werde.

[1]) Der Originalausgabe (1763). Vgl. unten S. 139—141.

Erste Abtheilung,

worin der
Beweisgrund zur Demonstration des Daseins Gottes
geliefert wird.

Erste Betrachtung.
Vom Dasein überhaupt.

Die Regel der Gründlichkeit erfordert es nicht allemal, daß selbst im tiefsinnigsten Vortrage ein jeder vorkommende Begriff entwickelt oder erklärt werde: wenn man nämlich versichert ist, daß der blos klare gemeine Begriff in dem Falle, da er gebraucht wird, keinen Mißverstand veranlassen könne; so wie der Meßkünstler die geheimsten Eigenschaften und Verhältnisse des Ausgedehnten mit der größten Gewißheit aufdeckt, ob er sich gleich hiebei lediglich des gemeinen Begriffs vom Raum bedient, und wie selbst in der allertiefsinnigsten Wissenschaft das Wort Vorstellung genau genug verstanden und mit Zuversicht gebraucht wird, wiewohl seine Bedeutung niemals durch eine Erklärung kann aufgelöset werden.

Ich würde mich daher in diesen Betrachtungen nicht bis zur Auflösung des sehr einfachen und wohlverstandnen Begriffs des Daseins versteigen, wenn nicht hier gerade der Fall wäre, wo diese Verabsäumung Verwirrung und wichtige Irrthümer veranlassen kann. Es ist sicher, daß er in der übrigen ganzen Weltweisheit so unentwickelt, wie er im gemeinen Gebrauch vorkommt, ohne Bedenken könne angebracht werden, die einzige Frage vom absolut nothwendigen und zufälligen Dasein ausgenommen, denn hier hat eine subtilere Nachforschung aus einem unglücklich gekünstelten, sonst sehr reinen Begriff irrige Schlüsse gezogen, die sich über einen der erhabensten Theile der Weltweisheit verbreitet haben.

Man erwarte nicht, daß ich mit einer förmlichen Erklärung des Daseins den Anfang machen werde. Es wäre zu wünschen, daß man dieses niemals thäte, wo es so unsicher ist, richtig erklärt zu haben, und dieses ist es öfter, als man wohl denkt. Ich werde so verfahren als einer, der die Definition sucht und sich zuvor von demjenigen versichert, was man mit Gewißheit bejahend oder verneinend von dem Gegenstande der Erklärung sagen kann, ob er gleich noch nicht ausmacht, worin der ausführlich bestimmte Begriff desselben bestehe. Lange vorher, ehe man eine Erklärung von seinem Gegenstande wagt, und selbst dann, wenn man sich gar nicht getraut sie zu geben, kann man viel von derselben Sache mit größter Gewißheit sagen. Ich zweifle, daß einer jemals richtig erklärt habe, was der Raum sei. Allein ohne mich damit einzulassen, bin ich gewiß, daß, wo er ist, äußere Beziehungen sein müssen, daß er nicht mehr als drei Abmessungen haben könne, u. s. w. Eine Begierde mag sein, was sie will, so gründet sie sich auf irgend eine Vorstellung, sie setzt eine Lust an dem Begehrten voraus u. s. f. Oft kann aus diesem, was man vor aller Definition von der Sache gewiß weiß, das, was zur Absicht unserer Untersuchung gehört, ganz sicher hergeleitet werden, und man wagt sich alsdann in unnöthige Schwierigkeiten, wenn man sich bis dahin versteigt. Die Methodensucht, die Nachahmung des Mathematikers, der auf einer wohlgebähnten Straße sicher fortschreitet, auf dem schlüpfrigen Boden der Metaphysik hat eine Menge solcher Fehltritte veranlaßt, die man beständig vor Augen sieht, und doch ist wenig Hoffnung, daß man dadurch gewarnt und behutsamer zu sein lernen werde. Diese Methode ist es allein, kraft welcher ich einige Aufklärungen hoffe, die ich vergeblich bei andern gesucht habe; denn was die schmeichelhafte Vorstellung anlangt, die man sich macht, daß man durch größere Scharfsinnigkeit es besser als andre treffen werde, so versteht man wohl, daß jederzeit alle so geredet haben, die uns aus einem fremden Irrthum in den ihrigen haben ziehen wollen.

1.
Das Dasein ist gar kein Prädicat oder Determination von irgend einem Dinge.

Dieser Satz scheint seltsam und widersinnig, allein er ist ungezweifelt gewiß. Nehmet ein Subject, welches ihr wollt, z. E. den Julius Cäsar. Fasset alle seine erdenkliche Prädicate, selbst die der Zeit und des Orts nicht ausgenommen, in ihm zusammen, so werdet ihr bald begreifen, daß er mit allen diesen Bestimmungen existiren, oder auch nicht existiren kann. Das Wesen, welches dieser Welt und diesem Helden in derselben das Dasein gab, konnte alle diese Prädicate, nicht ein einiges ausgenommen, erkennen und ihn doch als ein blos möglich Ding ansehen, das, seinen Rathschluß ausgenommen, nicht existirt. Wer kann in Abrede ziehen, daß Millionen von Dingen, die wirklich nicht dasind, nach allen Prädicaten, die sie enthalten würden, wenn sie existirten, blos möglich seien; daß in der Vorstellung, die das höchste Wesen von ihnen hat, nicht eine einzige Bestimmung ermangele, obgleich das Dasein nicht mit darunter ist, denn es erkennt sie nur als mögliche Dinge. Es kann also nicht statt finden, daß, wenn sie existiren, sie ein Prädicat mehr enthielten, denn bei der Möglichkeit eines Dinges nach seiner durchgängigen Bestimmung kann gar kein Prädicat fehlen. Und wenn es Gott gefallen hätte, eine andere Reihe der Dinge, eine andere Welt zu schaffen, so würde sie mit allen den Bestimmungen und keinen mehr existirt haben, die er an ihr doch erkennt, ob sie gleich blos möglich ist.

Gleichwohl bedient man sich des Ausdrucks vom Dasein als eines Prädicats, und man kann dieses auch sicher und ohne besorgliche Irrthümer thun, so lange man es nicht darauf aussetzt, das Dasein aus blos möglichen Begriffen herleiten zu wollen, wie man zu thun pflegt, wenn man die absolut nothwendige Existenz beweisen will. Denn alsdann sucht man umsonst unter den Prädicaten eines solchen möglichen Wesens, das Dasein findet sich gewiß nicht darunter. Es ist aber das Dasein in den Fällen, da es im gemeinen Redegebrauch als ein Prädicat vorkommt, nicht sowohl ein Prädicat von dem Dinge selbst, als vielmehr von dem Gedanken, den man davon hat. Z. E. dem Seeeinhorn kommt die Existenz zu, dem Landeinhorn nicht. Es will dieses nichts anders sagen, als: die Vorstellung des Seeeinhorns ist ein Erfahrungsbegriff, das ist, die Vorstellung eines existirenden Dinges. Daher man auch, um die Richtigkeit dieses Satzes von dem Dasein einer solchen Sache darzuthun, nicht in dem Begriffe des Subjects sucht, denn da findet man nur Prädicate der Möglichkeit, sondern in dem Ursprunge der Erkenntniß, die ich davon habe. Ich habe, sagt man, es gesehen, oder von denen vernommen, die es gesehen haben. Es ist daher kein völlig richtiger Ausdruck zu sagen: Ein Seeeinhorn ist ein existirend Thier, sondern umgekehrt: einem gewissen existirenden Seethiere kommen die Prädicate zu, die ich an einem Einhorn zusammen gedenke. Nicht: regelmäßige Sechsecke existiren in der Natur, sondern: gewissen Dingen in der Natur, wie den Bienenzellen oder dem Bergkrystall, kommen die Prädicate zu, die in einem Sechsecke beisammen gedacht werden. Eine jede menschliche Sprache hat von den Zufälligkeiten ihres Ursprungs einige nicht zu ändernde Unrichtigkeiten, und es würde grüblerisch und unnütz sein, wo in dem gewöhnlichen Gebrauche gar keine Mißdeutungen daraus erfolgen können, an ihr zu künsteln und einzuschränken, genug daß in den seltnern Fällen einer höher gesteigerten Betrachtung, wo es nöthig ist, diese Unterscheidungen beigefügt werden. Man wird von dem hier Angeführten nur allererst zureichend urtheilen können, wenn man das folgende wird gelesen haben.

2.

Das Dasein ist die absolute Position eines Dinges und unterscheidet sich dadurch auch von jeglichem Prädicate, welches als ein solches jederzeit blos beziehungsweise auf ein ander Ding gesetzt wird.

Der Begriff der Position oder Setzung ist völlig einfach und mit dem vom Sein überhaupt einerlei. Nun kann etwas als blos beziehungsweise gesetzt, oder besser blos die Beziehung (respectus logicus) von etwas als einem Merkmal zu einem Dinge gedacht werden, und dann ist das Sein, das ist die Position dieser Beziehung, nichts als der Verbindungsbegriff in einem Urtheile. Wird nicht blos diese Beziehung, sondern die Sache an und für sich selbst gesetzt betrachtet, so ist dieses Sein so viel als Dasein.

So einfach ist dieser Begriff, daß man nichts zu seiner Auswickelung sagen kann, als nur die Behutsamkeit anzumerken, daß er nicht mit den Verhältnissen, die die Dinge zu ihren Merkmalen haben, verwechselt werde.

Wenn man einsieht, daß unsere gesammte Erkenntniß sich doch zuletzt in unauflöslichen Begriffen endige, so begreift man auch, daß es einige geben werde, die beinahe unauflöslich sind, das ist, wo die Merkmale nur sehr wenig klärer und einfacher sind, als die Sache selbst. Dieses ist der Fall bei unserer Erklärung von der Existenz. Ich gestehe gerne, daß durch dieselbe der Begriff des Erklärten nur in einem sehr kleinen Grade deutlich werde. Allein die Natur des Gegenstandes in Beziehung auf die Vermögen unseres Verstandes verstattet auch keinen höhern Grad.

Wenn ich sage: Gott ist allmächtig, so wird nur diese logische Beziehung zwischen Gott und der Allmacht gedacht, da die letztere ein Merkmal des erstern ist. Weiter wird hier nichts gesetzt. Ob Gott sei, das ist, absolute gesetzt sei oder existire, das ist darin gar nicht enthalten. Daher auch dieses Sein ganz richtig selbst bei den Beziehungen gebraucht wird, die Undinge gegen einander haben. Z. E. Der Gott des Spinoza ist unaufhörlichen Veränderungen unterworfen.

Wenn ich mir vorstelle, Gott spreche über eine mögliche Welt sein allmächtiges Werde, so ertheilt er dem in seinem Verstande vorgestellten Ganzen keine neue Bestimmungen, er setzt nicht ein neues Prädicat hinzu, sondern er setzt diese Reihe der Dinge, in welcher alles sonst nur beziehungsweise auf dieses Ganze gesetzt war, mit allen Prädicaten absolute oder schlechthin. Die Beziehungen aller Prädicate zu ihren Subjecten bezeichnen niemals etwas Existirendes, das Subject müsse denn schon als existirend voraus gesetzt werden. Gott ist allmächtig, muß ein wahrer Satz auch in dem Urtheil desjenigen bleiben, der dessen Dasein nicht erkennt, wenn er mich nur wohl versteht, wie ich den Begriff Gottes nehme. Allein sein Dasein muß unmittelbar zu der Art gehören, wie sein Begriff gesetzt wird, denn in den Prädicaten selber wird es nicht gefunden. Und wenn nicht schon das Subject als existirend vorausgesetzt ist, so bleibt es bei jeglichem Prädicate unbestimmt, ob es zu einem existirenden oder blos möglichen Subjecte gehöre. Das Dasein kann daher selber kein Prädicat sein. Sage ich: Gott ist ein existirend Ding, so scheint es, als wenn ich die Beziehung eines Prädicats zum Subjecte ausdrückte. Allein es liegt auch eine Unrichtigkeit in diesem Ausdruck. Genau gesagt, sollte es heißen: Etwas Existirendes ist Gott, das ist, einem existirenden Dinge kommen diejenigen Prädicate zu, die wir zusammen genommen durch den Ausdruck: Gott, bezeichnen. Diese Prädicate sind beziehungsweise auf dieses Subject gesetzt, allein das Ding selber sammt allen Prädicaten ist schlechthin gesetzt.

Ich besorge durch zu weitläuftige Erläuterung einer so einfachen Idee unvernehmlich zu werden. Ich könnte auch noch befürchten die Zärtlichkeit derer, die vornehmlich über Trockenheit klagen, zu beleidigen. Allein ohne

diesen Tadel für etwas Geringes zu halten, muß ich mir diesmal hiezu
Erlaubniß ausbitten. Denn ob ich schon an der überfeinen Weisheit derjenigen, welche sichere und brauchbare Begriffe in ihrer logischen Schmelz-
küche so lange übertreiben, abziehen und verfeinern, bis sie in Dämpfen
und flüchtigen Salzen verrauchen, so wenig Geschmack als jemand anders
finde, so ist der Gegenstand der Betrachtung, den ich vor mir habe, doch
von der Art, daß man entweder gänzlich es aufgeben muß, eine demon-
strativische Gewißheit davon jemals zu erlangen, oder es sich muß gefallen
laffen, seine Begriffe bis in diese Atomen aufzulösen.

3.
Kann ich wohl sagen, daß im Dasein mehr als in der bloßen Möglichkeit sei?

Diese Frage zu beantworten, merke ich nur zuvor an, daß man unterscheiden müsse, was da gesetzt sei, und wie es gesetzt sei. Was das erstere
anlangt, so ist in einem wirklichen Dinge nicht mehr gesetzt als in einem
blos möglichen, denn alle Bestimmungen und Prädicate des wirklichen
können auch bei der bloßen Möglichkeit desselben angetroffen werden, aber
das letztere betreffend, so ist allerdings durch die Wirklichkeit mehr gesetzt.
Denn frage ich: wie ist alles dieses bei der bloßen Möglichkeit gesetzt?, so
werde ich inne, es geschehe nur beziehungsweise auf das Ding selber, d. i.
wenn ein Triangel ist, so sind drei Seiten, ein beschloffener Raum, drei
Winkel u. s. w., oder besser: die Beziehungen dieser Bestimmungen zu
einem solchen Etwas, wie ein Triangel ist, sind bloß gesetzt, aber existirt
er, so ist alles dieses absolute, d. i. die Sache selbst zusammt diesen Beziehungen, mithin mehr gesetzt. Um daher in einer so subtilen Vorstellung
alles zusammen zu faffen, was die Verwirrung verhüten kann, so sage ich:
in einem Existirenden wird nichts mehr gesetzt als in einem blos Möglichen (denn alsdann ist die Rede von den Prädicaten desselben), allein
durch etwas Existirendes wird mehr gesetzt als durch ein blos Mögliches,
denn dieses geht auch auf absolute Position der Sache selbst. Sogar ist in
der bloßen Möglichkeit nicht die Sache selbst, sondern es sind bloße Beziehungen von Etwas zu Etwas nach dem Satze des Widerspruchs gesetzt,
und es bleibt fest, daß das Dasein eigentlich gar kein Prädicat von irgend
einem Dinge sei. Obgleich meine Absicht hier gar nicht ist mit Widerlegungen mich einzulassen, und meiner Meinung nach, wenn ein Verfasser

mit vorurtheilfreier Denkungsart anderer Gedanken gelesen und durch damit verknüpftes Nachdenken sie sich eigen gemacht hat, er das Urtheil über seine neue und abweichende Lehrsätze ziemlich sicher dem Leser überlassen kann, so will ich doch nur mit wenig Worten darauf führen.

Die Wolffische Erklärung des Daseins, daß es eine Ergänzung der Möglichkeit sei, ist offenbar sehr unbestimmt. Wenn man nicht schon vorher weiß, was über die Möglichkeit in einem Dinge kann gedacht werden, so wird man es durch diese Erklärung nicht lernen. Baumgarten führt die durchgängige innere Bestimmung, in so fern sie dasjenige ergänzt, was durch die im Wesen liegende oder daraus fließende Prädicate unbestimmt gelassen ist, als dasjenige an, was im Dasein mehr als in der bloßen Möglichkeit ist; allein wir haben schon gesehen, daß in der Verbindung eines Dinges mit allen erdenklichen Prädicaten niemals ein Unterschied desselben von einem blos Möglichen liege. Überdem kann der Satz, daß ein mögliches Ding, als ein solches betrachtet, in Ansehung vieler Prädicate unbestimmt sei, wenn er so nach dem Buchstaben genommen wird, eine große Unrichtigkeit veranlassen. Denn die Regel der Ausschließung eines Mittlern zwischen zwei widersprechend entgegen Gesetzten verbietet dieses, und es ist daher z. E. ein Mensch, der nicht eine gewisse Statur, Zeit, Alter, Ort u. d. g. hätte, unmöglich. Man muß ihn vielmehr in diesem Sinne nehmen: durch die an einem Dinge zusammengedachte Prädicate sind viele andere ganz und gar nicht bestimmt, so wie durch dasjenige, was in dem Begriff eines Menschen als eines solchen zusammengenommen ist, in Ansehung der besondern Merkmale des Alters, Orts u. s. w. nichts ausgemacht wird. Aber diese Art der Unbestimmtheit ist alsdann eben so wohl bei einem existirenden als bei einem blos möglichen Dinge anzutreffen, weswegen dieselbe zu keinem Unterschiede beider kann gebraucht werden. Der berühmte Crusius rechnet das Irgendwo und Irgendwenn zu den untrüglichen Bestimmungen des Daseins. Allein ohne uns in die Prüfung des Satzes selber, daß alles, was da ist, irgendwo oder irgendwenn sein müsse, einzulassen, so gehören diese Prädicate noch immer auch zu blos möglichen Dingen. Denn so könnte an manchen bestimmten Orten mancher Mensch zu einer gewissen Zeit existiren, dessen alle Bestimmungen der Allwissende, so wie sie ihm beiwohnen würden, wenn er existirte, wohl kennt, und der gleichwohl wirklich nicht da ist; und der ewige Jude Ahasverus nach allen Ländern, die er durchwandern, oder allen Zeiten, die er durchleben soll, ist ohne Zweifel ein möglicher Mensch. Man wird doch hoffentlich nicht fordern, daß das

Irgendwo und Irgendwenn nur dann ein zureichend Merkmal des Daseins sei, wenn das Ding wirklich da oder alsdann ist, denn da würde man fordern, daß dasjenige schon eingeräumt werde, was man sich anheischig macht, durch ein taugliches Merkmal von selber kenntlich zu machen.

Zweite Betrachtung.
Von der innern Möglichkeit, in so fern sie ein Dasein voraussetzt.

1.
Nöthige Unterscheidung bei dem Begriffe der Möglichkeit.

Alles, was in sich selbst widersprechend ist, ist innerlich unmöglich. Dieses ist ein wahrer Satz, wenn man es gleich dahin gestellt sein läßt, daß es eine wahre Erklärung sei. Bei diesem Widerspruche aber ist klar, daß Etwas mit Etwas im logischen Widerstreit stehen müsse, das ist, dasjenige verneinen müsse, was in eben demselben zugleich bejaht ist. Selbst nach dem Herren Crusius, der diesen Streit nicht blos in einem innern Widerspruche setzt, sondern behauptet, daß er überhaupt durch den Verstand nach einem ihm natürlichen Gesetze wahrgenommen werde, ist im Unmöglichen allemal eine Verknüpfung mit Etwas, was gesetzt, und Etwas, wodurch es zugleich aufgehoben wird. Diese Repugnanz nenne ich das Formale der Undenklichkeit oder Unmöglichkeit; das Materiale, was hiebei gegeben ist, und welches in solchem Streite steht, ist an sich selber etwas und kann gedacht werden. Ein Triangel, der viereckicht wäre, ist schlechterdings unmöglich. Indessen ist gleichwohl ein Triangel, imgleichen etwas Viereckichtes an sich selber Etwas. Diese Unmöglichkeit beruht lediglich auf logischen Beziehungen von einem Denklichen zum andern, da eins nur nicht ein Merkmal des andern sein kann. Eben so muß in jeder Möglichkeit das Etwas, was gedacht wird, und dann die Übereinstimmung desjenigen, was in ihm zugleich gedacht wird, mit dem Satze des Widerspruchs unterschieden werden. Ein Triangel, der einen rechten Winkel hat, ist an sich selber möglich. Der Triangel sowohl, als der rechte Winkel sind die Data oder das Materiale in diesem Möglichen, die Übereinstimmung aber des einen mit dem andern nach dem Satze des Widerspruchs sind das Formale der Möglichkeit. Ich werde dieses letztere auch das Logische in der Möglichkeit nennen, weil die Vergleichung der Prädicate mit ihren Subjecten nach der Regel der Wahrheit nichts anders als eine logische Beziehung ist, das Etwas oder was in dieser Übereinstimmung steht, wird bisweilen das Reale der Möglichkeit heißen. Übrigens bemerke ich, daß hier jederzeit von keiner andern Möglichkeit oder Unmöglichkeit, als der innern oder schlechterdings und absolute so genannten die Rede sein wird.

2.
Die innere Möglichkeit aller Dinge setzt irgend ein Dasein voraus.

Es ist aus dem anjetzt Angeführten deutlich zu ersehen, daß die Möglichkeit wegfalle, nicht allein wenn ein innerer Widerspruch als das Logische der Unmöglichkeit anzutreffen, sondern auch wenn kein Materiale, kein Datum zu denken da ist. Denn alsdann ist nichts Denkliches gegeben, alles Mögliche aber ist etwas, was gedacht werden kann, und dem die logische Beziehung gemäß dem Satze des Widerspruchs zukommt.

Wenn nun alles Dasein aufgehoben wird, so ist nichts schlechthin gesetzt, es ist überhaupt gar nichts gegeben, kein Materiale zu irgend etwas Denklichem, und alle Möglichkeit fällt gänzlich weg. Es ist zwar kein innerer Widerspruch in der Verneinung aller Existenz. Denn da hiezu erfordert würde, daß etwas gesetzt und zugleich aufgehoben werden müßte, hier aber überall nichts gesetzt ist, so kann man freilich nicht sagen, daß diese Aufhebung einen innern Widerspruch enthalte. Allein daß irgend eine Möglichkeit sei und doch gar nichts Wirkliches, das widerspricht sich, weil, wenn nichts existirt, auch nichts gegeben ist, das da denklich wäre, und man sich selbst widerstreitet, wenn man gleichwohl will, daß etwas möglich sei. Wir haben in der Zergliederung des Begriffs vom Dasein verstanden, daß das Sein oder schlechthin Gesetzt sein, wenn man diese Worte dazu nicht braucht, logische Beziehungen der Prädicate zu Subjecten auszudrücken, ganz genau einerlei mit dem Dasein bedeute. Demnach zu sagen: es existirt nichts, heißt eben so viel, als: es ist ganz und gar nichts; und es widerspricht sich offenbar, dessen ungeachtet hinzuzufügen, es sei etwas möglich.

3.
Es ist schlechterdings unmöglich, daß gar nichts existire.

Wodurch alle Möglichkeit überhaupt aufgehoben wird, das ist schlechterdings unmöglich. Denn dieses sind gleichbedeutende Ausdrücke. Nun wird erstlich durch das, was sich selbst widerspricht, das Formale aller Möglichkeit, nämlich die Übereinstimmung mit dem Satze des Widerspruchs, aufgehoben, daher ist, was in sich selbst widersprechend ist, schlechterdings unmöglich. Dieses ist aber nicht der Fall, in dem wir die gänzliche Beraubung alles Daseins zu betrachten haben. Denn darin liegt, wie erwiesen ist, kein innerer Widerspruch. Allein wodurch das Materiale und die Data zu allem Möglichen aufgehoben werden, dadurch wird auch alle Möglichkeit verneint. Nun geschieht dieses durch die Aufhebung alles Daseins, also wenn alles Dasein verneint wird, so wird auch alle Möglichkeit aufgehoben. Mithin ist schlechterdings unmöglich, daß gar nichts existire.

4.
Alle Möglichkeit ist in irgend etwas Wirklichem gegeben, entweder in demselben als eine Bestimmung, oder durch dasselbe als eine Folge.

Es ist von aller Möglichkeit insgesammt und von jeder insonderheit darzuthun, daß sie etwas Wirkliches, es sei nun ein Ding oder mehrere, voraussetze. Diese Beziehung aller Möglichkeit auf irgend ein Dasein kann nun zwiefach sein. Entweder das Mögliche ist nur denklich, in so fern es selber wirklich ist, und dann ist die Möglichkeit in dem Wirklichen als eine Bestimmung gegeben; oder es ist möglich darum, weil etwas anders wirklich ist, d. i. seine innere Möglichkeit ist als eine Folge durch ein ander Dasein gegeben. Die erläuternde Beispiele können noch nicht füglich hier herbei geschafft werden. Die Natur desjenigen Subjects, welches das einzige ist, das zu einem Beispiele in dieser Betrachtung dienen kann, soll allererst erwogen werden. Indessen bemerke ich nur noch, daß ich dasjenige Wirkliche, durch welches als einen Grund die innere Möglichkeit anderer gegeben ist, den ersten Realgrund dieser absoluten Möglichkeit nennen werde, so wie der Satz des Widerspruchs der erste logische Grund derselben ist, weil in der Übereinstimmung mit ihm das

Formale der Möglichkeit liegt, so wie jenes die Data und das Materiale im Denklichen liefert.

Ich begreife wohl, daß Sätze von derjenigen Art, als in dieser Betrachtung vorgetragen werden, noch mancher Erläuterung bedürftig sind, um dasjenige Licht zu bekommen, das zur Augenscheinlichkeit erfordert wird. Indessen legt die so sehr abgezogene Natur des Gegenstandes selbst aller Bemühung der größeren Aufklärung Hindernisse, so wie die mikroskopischen Kunstgriffe des Sehens zwar das Bild des Gegenstandes bis zur Unterscheidung sehr kleiner Theile erweitern, aber auch in demselben Maße die Helligkeit und Lebhaftigkeit des Eindrucks vermindern. Gleichwohl will ich so viel, als ich vermag, den Gedanken von dem selbst bei der innren Möglichkeit jederzeit zum Grunde liegenden Dasein in eine etwas größere Nahheit zu den gemeinern Begriffen eines gesunden Verstandes zu bringen suchen.

Ihr erkennet, daß ein feuriger Körper, ein listiger Mensch oder dergleichen etwas möglich seien, und wenn ich nichts mehr als die innere Möglichkeit verlange, so werdet ihr gar nicht nöthig finden, daß ein Körper oder Feuer u. s. w. als die Data hiezu existiren müssen, denn sie sind einmal denklich, und das ist genug. Die Zusammenstimmung aber des Prädicats feurig mit dem Subjecte Körper nach dem Grunde des Widerspruchs liegt in diesen Begriffen selber, sie mögen wirkliche oder blos mögliche Dinge sein. Ich räume auch ein, daß weder Körper noch Feuer wirkliche Dinge sein dürfen, und gleichwohl ein feuriger Körper innerlich möglich sei. Allein ich fahre fort zu fragen: ist denn ein Körper selber an sich möglich? Ihr werdet mir, weil ihr hier euch nicht auf Erfahrung berufen müsset, die Data zu seiner Möglichkeit, nämlich Ausdehnung, Undurchdringlichkeit, Kraft und wer weiß was mehr, herzählen und dazu setzen, daß darin kein innerer Widerstreit sei. Ich räume noch alles ein, allein ihr müßt mir Rechenschaft geben, weswegen ihr den Begriff der Ausdehnung als ein Datum so gerade anzunehmen Recht habt, denn gesetzt, er bedeute nichts, so ist eure dafür ausgegebene Möglichkeit des Körpers ein Blendwerk. Es wäre auch sehr unrichtig, sich auf die Erfahrung wegen dieses Dati zu berufen, denn es ist jetzt eben die Frage, ob eine innere Möglichkeit des feurigen Körpers statt findet, wenn gleich gar nichts existirt. Gesetzt daß ihr anjetzt nicht mehr den Begriff der Ausdehnung in einfachere Data zerfällen könnt, um anzuzeigen, daß in ihm nichts Widerstreitendes sei, wie ihr denn nothwendig zuletzt auf etwas, dessen Möglichkeit nicht zergliedert werden kann, kommen müßt, so ist alsdann hier die Frage, ob Raum oder Ausdehnung leere Wörter sind, oder ob sie etwas bezeichnen. Der Mangel des Widerspruchs macht es hier nicht aus; ein leeres Wort bezeichnet niemals etwas Widersprechendes. Wenn nicht der Raum existirt, oder wenigstens durch etwas Existirendes gegeben ist als eine Folge, so bedeutet das Wort Raum gar nichts. So lange ihr noch die Möglichkeiten durch den Satz des Widerspruchs bewähret, so fußet ihr euch auf dasjenige, was euch in dem Dinge Denkliches gegeben ist, und betrachtet nur die Verknüpfung nach dieser logischen Regel; aber am Ende, wenn ihr bedenket, wie euch denn dieses gegeben sei, könnt ihr euch nimmer worauf anders, als auf ein Dasein berufen.

Allein wir wollen den Fortgang dieser Betrachtungen abwarten. Die Anwendung selber wird einen Begriff faßlicher machen, den, ohne sich selbst zu übersteigen, man kaum für sich allein deutlich machen kann, weil er von dem ersten, was beim Denklichen zum Grunde liegt, selber handelt.

Dritte Betrachtung.
Von dem schlechterdings nothwendigen Dasein.

1.
Begriff der absolut nothwendigen Existenz überhaupt.

Schlechterdings nothwendig ist, dessen Gegentheil an sich selbst unmöglich ist. Dieses ist eine ungezweifelt richtige Nominal=Erklärung. Wenn ich aber frage: worauf kommt es denn an, damit das Nichtsein eines Dinges schlechterdings unmöglich sei?, so ist das, was ich suche, die Realerklärung, die uns allein zu unserm Zwecke etwas nutzen kann. Alle unsere Begriffe von der inneren Nothwendigkeit in den Eigenschaften möglicher Dinge, von welcher Art sie auch sein mögen, laufen darauf hinaus, daß das Gegentheil sich selber widerspricht. Allein wenn es auf eine schlechterdings nothwendige Existenz ankommt, so würde man mit schlechtem Erfolg durch das nämliche Merkmal bei ihr etwas zu verstehen suchen. Das Dasein ist gar kein Prädicat und die Aufhebung des Daseins keine Verneinung eines Prädicats, wodurch etwas in einem Dinge sollte aufgehoben werden und ein innerer Widerspruch entstehen können. Die Aufhebung eines existirenden Dinges ist eine völlige Verneinung alle des=

jenigen, was schlechthin oder absolute durch sein Dasein gesetzt wurde. Die logische Beziehungen zwischen dem Dinge als einem Möglichen und seinen Prädicaten bleiben gleichwohl. Allein diese sind ganz was anders, als die Position des Dinges zusammt seinen Prädicaten schlechthin, als worin das Dasein besteht. Demnach wird nicht eben dasselbe, was in dem Dinge gesetzt wird, sondern was anders durch das Nichtsein aufgehoben, und ist demnach hierin niemals ein Widerspruch. In der letztern Betrachtung dieses Werks wird alles dieses in dem Falle, da man die absolutnothwendige Existenz wirklich vermeint hat durch den Satz des Widerspruchs zu begreifen, durch eine klare Entwickelung dieser Untauglichkeit überzeugender gemacht werden. Man kann indessen die Nothwendigkeit in den Prädicaten blos möglicher Begriffe die logische Nothwendigkeit nennen. Allein diejenige, deren Hauptgrund ich aufsuche, nämlich die des Daseins, ist die absolute Realnothwendigkeit. Ich finde zuerst: daß, was ich schlechterdings als nichts und unmöglich ansehen soll, das müsse alles Denkliche vertilgen. Denn bliebe dabei noch etwas zu denken übrig, so wäre es nicht gänzlich undenklich und schlechthin unmöglich.

Wenn ich nun einen Augenblick nachdenke, weswegen dasjenige, was sich widerspricht, schlechterdings nichts und unmöglich sei, so bemerke ich: daß, weil dadurch der Satz des Widerspruchs, der letzte logische Grund alles Denklichen, aufgehoben wird, alle Möglichkeit verschwinde, und nichts dabei mehr zu denken sei. Ich nehme daraus alsbald ab, daß, wenn ich alles Dasein überhaupt aufhebe, und hiedurch der letzte Realgrund alles Denklichen wegfällt, gleichfalls alle Möglichkeit verschwindet, und nichts mehr zu denken bleibt. Demnach kann etwas schlechterdings nothwendig sein, entweder wenn durch sein Gegentheil das Formale alles Denklichen aufgehoben wird, das ist, wenn es sich selbst widerspricht, oder auch wenn sein Nichtsein das Materiale zu allem Denklichen und alle Data dazu aufhebt. Das erste findet, wie gesagt, niemals beim Dasein statt, und weil kein drittes möglich ist, so ist entweder der Begriff von der schlechterdings nothwendigen Existenz gar ein täuschender und falscher Begriff, oder er muß darin beruhen, daß das Nichtsein eines Dinges zugleich die Verneinung von den Datis zu allem Denklichen sei. Daß aber dieser Begriff nicht erdichtet, sondern etwas Wahrhaftes sei, erhellt auf folgende Art.

2.
Es existirt ein schechterdings nothwendiges Wesen.

Alle Möglichkeit setzt etwas Wirkliches voraus, worin und wodurch alles Denkliche gegeben ist. Demnach ist eine gewisse Wirklichkeit, deren Aufhebung selbst alle innere Möglichkeit überhaupt aufheben würde. Dasjenige aber, dessen Aufhebung oder Verneinung alle Möglichkeit vertilgt, ist schlechterdings nothwendig. Demnach existirt etwas absolut nothwendiger Weise. Bis dahin erhellt, daß ein Dasein eines oder mehrerer Dinge selbst aller Möglichkeit zum Grunde liege, und daß dieses Dasein an sich selbst nothwendig sei. Man kann hieraus auch leichtlich den Begriff der Zufälligkeit abnehmen. Zufällig ist nach der Worterklärung, dessen Gegentheil möglich ist. Um aber die Sacherklärung davon zu finden, so muß man auf folgende Art unterscheiden. Im logischen Verstande ist dasjenige als ein Prädicat an einem Subjecte zufällig, dessen Gegentheil demselben nicht widerspricht. Z. E. Einem Triangel überhaupt ist es zufällig, daß er rechtwinklicht sei. Diese Zufälligkeit findet lediglich bei der Beziehung der Prädicate zu ihren Subjecten statt und leidet, weil das Dasein kein Prädicat ist, auch gar keine Anwendung auf die Existenz. Dagegen ist im Realverstande zufällig dasjenige, dessen Nichtsein zu denken ist, das ist, dessen Aufhebung nicht alles Denkliche aufhebt. Wenn demnach die innere Möglichkeit der Dinge ein gewisses Dasein nicht voraussetzt, so ist dieses zufällig, weil sein Gegentheil die Möglichkeit nicht aufhebt. Oder: Dasjenige Dasein, wodurch nicht das Materiale zu allem Denklichen gegeben ist, ohne welches also noch etwas zu denken, das ist, möglich ist, dessen Gegentheil ist im Realverstande möglich, und das ist in eben demselben Verstande auch zufällig.

3.
Das nothwendige Wesen ist einig.

Weil das nothwendige Wesen den letzten Realgrund aller andern Möglichkeit enthält, so wird ein jedes andere Ding nur möglich sein, in so fern es durch ihn als einen Grund gegeben ist. Demnach kann ein jedes andere Ding nur als eine Folge von ihm statt finden und ist also aller andern Dinge Möglichkeit und Dasein von ihm abhängend. Etwas aber, was selbst abhängend ist, enthält nicht den letzten Realgrund aller Möglichkeit und ist demnach nicht schlechterdings nothwendig. Mithin können nicht mehrere Dinge absolut nothwendig sein.

Setzet, A sei ein nothwendiges Wesen und B ein anderes. So ist vermöge der Erklärung B nur in so fern möglich, als es durch einen andern Grund A als die Folge desselben gegeben ist. Weil aber vermöge der Voraussetzung B selber nothwendig ist, so ist seine Möglichkeit in ihm als ein Prädicat und nicht als eine Folge aus einem andern und doch nur als eine Folge laut dem vorigen gegeben, welches sich widerspricht.

4.
Das nothwendige Wesen ist einfach.

Daß kein Zusammengesetztes aus viel Substanzen ein schlechterdings nothwendiges Wesen sein könne, erhellt auf folgende Art. Setzet, es sei nur eins seiner Theile schlechterdings nothwendig, so sind die andern nur insgesammt als Folgen durch ihn möglich und gehören nicht zu ihm als Nebentheile. Gedenket euch, es wären mehrere oder alle nothwendig, so widerspricht dieses der vorigen Nummer. Es bleibt demnach nichts übrig, als sie müssen ein jedes besonders zufällig, alle aber zusammen schlechterdings nothwendig existiren. Nun ist dieses aber unmöglich, weil ein Aggregat von Substanzen nicht mehr Nothwendigkeit im Dasein haben kann, als den Theilen zukommt, und da diesen gar keine zukommt, sondern ihre Existenz zufällig ist, so würde auch die des Ganzen zufällig sein. Wenn man gedächte, sich auf die Erklärung des nothwendigen Wesens berufen zu können, so daß man sagte, in jeglichem der Theile wären die letzten Data einiger innern Möglichkeit, in allen zusammen alles Mögliche gegeben, so würde man etwas ganz Ungereimtes nur auf eine verborgene Art vorgestellt haben. Denn wenn man sich alsdann die innere Möglichkeit so gedenkt, daß einige können aufgehoben werden, doch so, daß übrigens, was durch die andere Theile noch Denkliches gegeben worden, bliebe, so müßte man sich vorstellen, es sei an sich möglich, daß die innere Möglichkeit verneint oder aufgehoben werde. Es ist aber gänzlich undenklich und widersprechend, daß etwas nichts sei, und dieses will so viel sagen: eine innere Möglichkeit aufheben, ist alles Denkliche vertilgen, woraus erhellt, daß die Data zu jedem Denklichen in demjenigen Dinge müssen gegeben sein, dessen Aufhebung auch das Gegentheil aller Möglichkeit ist, daß also, was den letzten Grund von einer innern Möglichkeit enthält, ihn auch von aller überhaupt enthalte, mithin dieser Grund nicht in verschiedenen Substanzen vertheilt sein könne.

5.
Das nothwendige Wesen ist unveränderlich und ewig.

Weil selbst seine eigene Möglichkeit und jede andere dieses Dasein voraussetzt, so ist keine andere Art der Existenz desselben möglich, das heißt, es kann das nothwendige Wesen nicht auf vielerlei Art existiren. Nämlich alles, was da ist, ist durchgängig bestimmt; da dieses Wesen nun lediglich darum möglich ist, weil es existirt, so findet keine Möglichkeit desselben statt, außer in so fern es in der That da ist; es ist also auf keine andere Art möglich, als wie es wirklich ist. Demnach kann es nicht auf andere Art bestimmt oder verändert werden. Sein Nichtsein ist schlechterdings unmöglich, mithin auch sein Ursprung und Untergang, demnach ist es ewig.

6.
Das nothwendige Wesen enthält die höchste Realität.

Da die Data zu aller Möglichkeit in ihm anzutreffen sein müssen, entweder als Bestimmungen desselben, oder als Folgen, die durch ihn als den ersten Realgrund gegeben sind, so sieht man, daß alle Realität auf eine oder andere Art durch ihn begriffen sei. Allein eben dieselbe Bestimmungen, durch die dieses Wesen der höchste Grund ist von aller möglichen Realität, setzen in ihm selber den größten Grad realer Eigenschaften, der nur immer einem Dinge beiwohnen kann. Weil ein solches Wesen also das realste unter allen möglichen ist, indem sogar alle andere nur durch dasselbe möglich sind, so ist dieses nicht so zu verstehen, daß alle mögliche Realität zu seinen Bestimmungen gehöre. Dieses ist eine Vermengung der Begriffe, die bis dahin ungemein geherrscht hat. Man ertheilt alle Realitäten Gott oder dem nothwendigen Wesen ohne Unterschied als Prädicate, ohne wahrzunehmen, daß sie nimmermehr in einem einzigen Subject als Bestimmungen neben einander können statt finden. Die Undurchdringlichkeit der Körper, die Ausdehnung u. d. g. können nicht Eigenschaften von demjenigen sein, der da Verstand und Willen hat. Es ist auch umsonst eine Ausflucht darin zu suchen, daß man die gedachte Beschaffenheit nicht für wahre Realität halte. Es ist ohne allen Zweifel der Stoß eines Körpers oder die Kraft des Zusammenhanges etwas wahrhaftig Positives. Eben so ist der Schmerz in den Empfindungen eines Geistes nimmermehr eine bloße Beraubung. Ein irriger Gedanke hat eine solche Vorstellung dem Scheine nach gerechtfertigt. Es heißt: Realität und Realität widersprechen einander niemals, weil beides wahre Bejahungen sind; demnach widerstreiten sie auch einander nicht in einem Subjecte. Ob ich nun gleich einräume, daß hier kein logischer Widerstreit sei, so ist dadurch doch nicht die Realrepugnanz gehoben. Diese findet jederzeit statt, wenn etwas als ein Grund die Folge von etwas anderm durch eine reale Entgegensetzung vernichtigt. Die Bewegungskraft eines Körpers nach einer Direction und die Tendenz mit gleichem Grade in entgegengesetzter stehen nicht im Widerspruche. Sie sind auch wirklich zugleich in einem Körper möglich. Aber eine vernichtigt die Realfolge aus der andern, und da sonst von jeder insbesondere die Folge eine wirkliche Bewegung sein würde, so ist sie jetzt von beiden zusammen in einem Subjecte 0, das ist, die Folge von diesen entgegen gesetzten Bewegungskräften ist die Ruhe. Die Ruhe aber ist ohne Zweifel möglich, woraus man denn auch sieht, daß die Realrepugnanz ganz was anders sei als die logische oder der Widerspruch; denn das, was daraus folgt, ist schlechterdings unmöglich. Nun kann aber in dem allerrealsten Wesen keine Realrepugnanz oder positiver Widerstreit seiner eigenen Bestimmungen sein, weil die Folge davon eine Beraubung oder Mangel sein würde, welches seiner höchsten Realität widerspricht, und da, wenn alle Realitäten in demselben als Bestimmungen lägen, ein solcher Widerstreit entstehen müßte, so können sie nicht insgesammt als Prädicate in ihm sein, mithin weil sie doch alle durch ihn gegeben sind, so werden sie entweder zu seinen Bestimmungen oder Folgen gehören.

Es könnte auch beim ersten Anblick scheinen zu folgen: daß, weil das nothwendige Wesen den letzten Realgrund aller andern Möglichkeit enthält, in ihm auch der Grund der Mängel und Verneinungen der Wesen der Dinge liegen müsse, welches, wenn es zugelassen würde, auch den Schluß veranlassen dürfte, daß es selbst Negationen unter seinen Prädicaten haben müsse und nimmermehr nichts als Realität. Allein man richte nur seine Augen auf den einmal festgesetzten Begriff desselben. In seinem Dasein ist seine eigene Möglichkeit ursprünglich gegeben. Dadurch, daß es nun andere Möglichkeiten sind, wovon es den Realgrund enthält, folgt nach dem Satze des Widerspruchs, daß es nicht die Möglichkeit des realsten Wesens selber und daher solche Möglichkeiten, welche Verneinungen und Mängel enthalten, sein müssen,

Demnach beruht die Möglichkeit aller andern Dinge in Ansehung dessen, was in ihnen real ist, auf dem nothwendigen Wesen als einem Realgrunde, die Mängel aber darauf, weil es andere Dinge und nicht das Urwesen selber sind, als einem logischen Grunde. Die Möglichkeit des Körpers, in so fern er Ausdehnung, Kräfte u. d. g. hat, ist in dem obersten aller Wesen gegründet; in so fern ihm die Kraft zu denken gebricht, so liegt diese Verneinung in ihm selbst nach dem Satz des Widerspruchs.

In der That sind Verneinungen an sich selbst nicht Etwas, oder denklich, welches man sich leichtlich auf folgende Art faßlich machen kann. Setzet nichts als Negationen, so ist gar nichts gegeben und kein Etwas, das zu denken wäre. Verneinungen sind also nur durch die entgegengesetzte Positionen denklich, oder vielmehr, es sind Positionen möglich, die nicht die größte sind. Und hierin liegen schon nach dem Satze der Identität die Verneinungen selber. Es fällt auch leicht in die Augen, daß alle den Möglichkeiten anderer Dinge beiwohnende Verneinungen keinen Realgrund (weil sie nichts Positives sind), mithin lediglich einen logischen Grund voraussetzen.

Vierte Betrachtung.
Beweisgrund zu einer Demonstration des Daseins Gottes.

1.
Das nothwendige Wesen ist ein Geist.

Es ist oben bewiesen, daß das nothwendige Wesen eine einfache Substanz sei, imgleichen daß nicht allein alle andere Realität durch dasselbe als einen Grund gegeben sei, sondern auch die größt mögliche, die in einem Wesen als Bestimmung kann enthalten sein, ihm beiwohne. Nun können verschiedene Beweise geführt werden, daß hiezu auch die Eigenschaften des Verstandes und Willens gehören. Denn erstlich, beides ist wahre Realität, und beides kann mit der größt möglichen in einem Dinge beisammen bestehn, welches letztere man durch ein unmittelbares Urtheil des Verstandes einzuräumen sich gedrungen sieht, ob es zwar nicht füglich zu derjenigen Deutlichkeit gebracht werden kann, welche logisch vollkommene Beweise erfordern.

Zweitens sind die Eigenschaften eines Geistes, Verstand und Willen, von der Art, daß wir uns keine Realität denken können, die in Ermangelung derselben einem Wesen eine Ersetzung thun könnte, welche dem Abgang derselben gleich wäre. Und da diese Eigenschaften also diejenige sind, welche der höchsten Grade der Realität fähig sind, gleichwohl aber unter die möglichen gehören, so müßte durch das nothwendige Wesen, als einen Grund, Verstand und Wille und alle Realität der geistigen Natur an andern möglich sein, die gleichwohl in ihm selbst nicht als eine Bestimmung angetroffen würde. Es würde demnach die Folge größer sein als selbst der Grund. Denn es ist gewiß, daß, wenn das höchste Wesen nicht selbst Verstand und Willen hat, ein jedes andere, welches durch es mit diesen Eigenschaften gesetzt werde, unerachtet es abhängend wäre und mancherlei andere Mängel der Macht u. s. w. hätte, gleichwohl in Ansehung dieser Eigenschaften von der höchsten Art jenem in Realität vorgehen müßte. Weil nun die Folge den Grund nicht übertreffen kann, so müssen Verstand und Wille der nothwendigen einfachen Substanz als Eigenschaften beiwohnen, das ist, sie ist ein Geist.

Drittens, Ordnung, Schönheit, Vollkommenheit in allem, was möglich ist, setzen ein Wesen voraus, in dessen Eigenschaften entweder diese Beziehungen gegründet sind, oder doch wenigstens durch welches Wesen die Dinge diesen Beziehungen gemäß als aus einem Hauptgrunde möglich sind. Nun ist das nothwendige Wesen der hinlängliche Realgrund alles andern, was außer ihm möglich ist, folglich wird in ihm auch diejenige Eigenschaft, durch welche diesen Beziehungen gemäß alles außer ihm wirklich werden kann, anzutreffen sein. Es scheint aber, daß der Grund der äußern Möglichkeit, der Ordnung, Schönheit und Vollkommenheit nicht zureichend ist, wofern nicht ein dem Verstande gemäßer Wille voraus gesetzt ist. Also werden diese Eigenschaften dem obersten Wesen müssen beigemessen werden.

Jedermann erkennt, daß ungeachtet aller Gründe der Hervorbringung von Pflanzen und Bäumen dennoch regelmäßige Blumenstücke, Alleen u. d. g. nur durch einen Verstand, der sie entwirft, und durch einen Willen, der sie ausführt, möglich sind. Alle Macht oder Hervorbringungskraft, imgleichen alle andere Data zur Möglichkeit ohne einen Verstand sind unzulänglich die Möglichkeit solcher Ordnung vollständig zu machen.

Aus einem dieser hier angeführten Gründe, oder aus ihnen insgesammt wird der Beweis, daß das nothwendige Wesen Willen und Verstand haben, mithin ein Geist sein müsse, hergeleitet werden können. Ich begnüge mich blos, den Beweisgrund vollständig zu machen. Meine Absicht ist nicht eine förmliche Demonstration darzulegen.

2.
Es ist ein Gott.

Es existirt etwas schlechterdings nothwendig. Dieses ist einig in seinem Wesen, einfach in seiner Substanz, ein Geist nach seiner Natur, ewig in seiner Dauer, unveränderlich in seiner Beschaffenheit, allgenugsam in Ansehung alles Möglichen und Wirklichen. Es ist ein Gott. Ich gebe hier keine bestimmte Erklärung von dem Begriffe von Gott. Ich müßte dieses thun, wenn ich meinen Gegenstand systematisch betrachten wollte. Was ich hier darlege, soll die Analyse sein, dadurch man sich zur förmlichen Lehrverfassung tüchtig machen kann. Die Erklärung des Begriffs der Gottheit mag indessen angeordnet werden, wie man es für gut findet, so bin ich doch gewiß, daß dasjenige Wesen, dessen Dasein wir nur eben bewiesen haben, eben dasjenige göttliche Wesen sei, dessen Unterscheidungszeichen man auf eine oder die andere Art in die kürzeste Benennung bringen wird.

3.
Anmerkung.

Weil aus der dritten Betrachtung nichts mehr erhellt, als daß alle Realität entweder in dem nothwendigen Wesen als eine Bestimmung oder durch dasselbe als einen Grund müsse gegeben sein, so würde bis dahin unentschieden bleiben, ob die Eigenschaften des Verstandes und Willens in dem obersten Wesen als ihm beiwohnende Bestimmungen anzutreffen seien, oder blos durch dasselbe an anderen Dingen als Folgen anzusehen wären. Wäre das letztere, so würde unerachtet aller Vorzüge, die von diesem Urwesen aus der Zulänglichkeit, Einheit und Unabhängigkeit seines Daseins als eines großen Grundes in die Augen leuchten, doch seine Natur derjenigen weit nachstehen, die man sich denken muß, wenn man einen Gott denkt. Denn selber ohne Erkenntniß und Entschließung würde es ein blindlings nothwendiger Grund anderer Dinge und sogar anderer Geister sein und sich von dem ewigen Schicksale einiger Alten in nichts unterscheiden, als daß es begreiflicher beschrieben wäre. Dies ist die Ursache, weswegen in jeglicher Lehrverfassung auf diesen Umstand besonders gesehen werden muß, und warum wir ihn nicht haben aus den Augen setzen können.

Ich habe in dem ganzen Zusammenhange aller bisher vorgetragenen zu meinem Beweise gehörigen Gründe nirgend des Ausdrucks von Vollkommenheit gedacht. Nicht als wenn ich dafür hielte, alle Realität sei schon so viel wie alle Vollkommenheit, oder auch die größte Zusammenstimmung zu Einem mache sie aus. Ich habe wichtige Ursachen von diesem Urtheile vieler andern sehr abzugehen. Nachdem ich lange Zeit über den Begriff der Vollkommenheit insgemein oder insbesondere sorgfältige Untersuchungen angestellt habe, so bin ich belehrt worden, daß in einer genauern Kenntniß derselben überaus viel verborgen liege, was die Natur eines Geistes, unser eigen Gefühl und selbst die ersten Begriffe der praktischen Weltweisheit aufklären kann.

Ich bin inne geworden, daß der Ausdruck der Vollkommenheit zwar in einigen Fällen, nach der Unsicherheit jeder Sprache Ausartungen von dem eigenthümlichen Sinne leide, die ziemlich weit abweichen, daß er aber in der Bedeutung, darauf hauptsächlich jedermann selbst bei jenen Abirrungen acht hat, allemal eine Beziehung auf ein Wesen, welches Erkenntniß und Begierde hat, voraussetze. Da es nun viel zu weitläuftig geworden sein würde, den Beweisgrund von Gott, und der ihm beiwohnenden Realität bis zu dieser Beziehung hindurch zu führen, ob es zwar vermöge dessen, was zum Grunde liegt, gar wohl thunlich gewesen wäre, so habe ich es der Absicht dieser Blätter nicht gemäß befunden, durch die Herbeiziehung dieses Begriffs Anlaß zu einer allzugroßen Weitläuftigkeit zu geben.

4.

Beschluß.

Ein jeder wird sehr leicht nach dem wie gedacht geführten Beweise so offenbare Folgerungen hinzufügen können, als da sind: Ich, der ich denke, bin kein so schlechterdings nothwendiges Wesen, denn ich bin nicht der Grund aller Realität, ich bin veränderlich; kein ander Wesen, dessen Nichtsein möglich ist, das ist, dessen Aufhebung nicht zugleich alle Möglichkeit aufhebt, kein veränderliches Ding oder in welchem Schranken sind, mithin auch nicht die Welt ist von einer solchen Natur; die Welt ist nicht ein Accidens der Gottheit, weil in ihr Widerstreit, Mängel, Veränderlichkeit, alles Gegentheile der Bestimmungen einer Gottheit angetroffen werden;

Gott ist nicht die einige Substanz, die da existirt, und alle andre sind nur abhängend von ihm da u. s. w.

Ich bemerke hier nur noch folgendes. Der Beweisgrund von dem Dasein Gottes, den wir geben, ist lediglich darauf erbauet, weil etwas möglich ist. Demnach ist er ein Beweis, der vollkommen a priori geführt werden kann. Es wird weder meine Existenz noch die von andern Geistern noch die von der körperlichen Welt vorausgesetzt. Er ist in der That von dem innern Kennzeichen der absoluten Nothwendigkeit hergenommen. Man erkennt auf diese Weise das Dasein dieses Wesens aus demjenigen, was wirklich die absolute Nothwendigkeit desselben ausmacht, also recht genetisch.

Alle Beweise, die sonst von den Wirkungen dieses Wesens auf sein, als einer Ursache, Dasein geführt werden möchten, gesetzt daß sie auch so strenge beweisen möchten, als sie es nicht thun, können doch niemals die Natur dieser Nothwendigkeit begreiflich machen. Blos daraus, daß etwas schlechterdings nothwendig existirt, ist es möglich, daß etwas eine erste Ursache von anderem sei, aber daraus daß etwas eine erste, das ist, unabhängige Ursache ist, folgt nur, daß, wenn die Wirkungen da sind, sie auch existiren müsse, nicht aber daß sie schlechterdings nothwendiger Weise da sei.

Weil nun ferner aus dem angepriesnen Beweisgrunde erhellt, daß alle Wesen anderer Dinge und das Reale aller Möglichkeit in diesem einigen Wesen gegründet seien, in welchem die größte Grade des Verstandes und eines Willens, der der größtmögliche Grund ist, anzutreffen, und weil in einem solchen alles in der äußerst möglichen Übereinstimmung sein muß, so wird daraus schon zum voraus abzunehmen sein, daß, da ein Wille jederzeit die innere Möglichkeit der Sache selbst voraussetzt, der Grund der Möglichkeit, das ist, das Wesen Gottes, mit seinem Willen in der größten Zusammenstimmung sein werde, nicht als wenn Gott durch seinen Willen der Grund der inneren Möglichkeit wäre, sondern weil eben dieselbe unendliche Natur, die die Beziehung eines Grundes auf alle Wesen der Dinge hat, zugleich die Beziehung der höchsten Begierde auf die dadurch gegebene größte Folgen hat, und die letztere nur durch die Voraussetzung der erstern fruchtbar sein kann. Demnach werden die Möglichkeiten der Dinge selbst, die durch die göttliche Natur gegeben sind, mit seiner großen Begierde zusammenstimmen. In dieser Zusammenstimmung aber besteht das Gute und die Vollkommenheit. Und weil sie mit einem über=

einstimmen, so wird selbst in den Möglichkeiten der Dinge Einheit, Harmonie und Ordnung anzutreffen sein.

Wenn wir aber auch durch eine reife Beurtheilung der wesentlichen Eigenschaften der Dinge, die uns durch Erfahrung bekannt werden, selbst in den nothwendigen Bestimmungen ihrer innern Möglichkeit eine Einheit im Mannigfaltigen und Wohlgereimtheit in dem Getrennten wahrnehmen, so werden wir durch den Erkenntnißweg a posteriori auf ein einiges Principium aller Möglichkeit zurückschließen können und uns zuletzt bei demselben Grundbegriffe des schlechterdings nothwendigen Daseins befinden, von dem wir durch den Weg a priori anfänglich ausgegangen waren. Nunmehr soll unsere Absicht darauf gerichtet sein, zu sehen, ob selbst in der innern Möglichkeit der Dinge eine nothwendige Beziehung auf Ordnung und Harmonie und in diesem unermeßlichen Mannigfaltigen Einheit anzutreffen sei, damit wir daraus urtheilen können, ob die Wesen der Dinge selbst einen obersten gemeinschaftlichen Grund erkennen.

Zweite Abtheilung
von dem
weitläuftigen Nutzen, der dieser Beweisart
besonders eigen ist.

Erste Betrachtung,

Worin aus der wahrgenommenen Einheit in den Wesen der
Dinge auf das Dasein Gottes a posteriori geschlossen wird.

1.
Die Einheit in dem Mannigfaltigen der Wesen der Dinge
gewiesen an den Eigenschaften des Raums.

Die nothwendige Bestimmungen des Raums verschaffen dem Meß=
künstler ein nicht gemeines Vergnügen durch die Augenscheinlichkeit in der
Überzeugung und durch die Genauigkeit in der Ausführung, imgleichen
durch den weiten Umfang der Anwendung, wogegen das gesammte mensch=
liche Erkenntniß nichts aufzuzeigen hat, das ihm beikäme, vielweniger es
überträfe. Ich betrachte aber anjetzt den nämlichen Gegenstand in einem
ganz andern Gesichtspunkte. Ich sehe ihn mit einem philosophischen Auge
an und werde gewahr: daß bei so nothwendigen Bestimmungen Ordnung
und Harmonie und in einem ungeheuren Mannigfaltigen Zusammen=
passung und Einheit herrsche. Ich will z. E., daß ein Raum durch die
Bewegung einer geraden Linie um einen festen Punkt umgrenzt werde.
Ich begreife gar leicht, daß ich dadurch einen Kreis habe, der in allen
seinen Punkten von dem gedachten festen Punkt gleiche Entfernungen hat.

Allein ich finde gar keine Veranlassung unter einer so einfältigen Construction sehr viel Mannigfaltiges zu vermuthen, das eben dadurch großen Regeln der Ordnung unterworfen sei. Indessen entdecke ich, daß alle gerade Linien, die einander aus einem beliebigen Punkt innerhalb dem Cirkel durchkreuzen, indem sie an den Umkreis stoßen, jederzeit in geometrischer Proportion geschnitten sind; imgleichen daß alle diejenige, die von einem Punkt außerhalb dem Kreise diesen durchschneiden, jederzeit in solche Stücke zerlegt werden, die sich umgekehrt verhalten wie ihre Ganzen. Wenn man bedenkt, wie unendlich viel verschiedene Lagen diese Linien annehmen können, indem sie den Cirkel wie gedacht durchschneiden, und wahrnimmt, wie sie gleichwohl beständig unter dem nämlichen Gesetze stehen, von dem sie nicht abweichen können, so ist es unerachtet dessen, daß die Wahrheit davon leicht begriffen wird, dennoch etwas Unerwartetes, daß so wenig Anstalt in der Beschreibung dieser Figur und gleichwohl so viel Ordnung und in dem Mannigfaltigen eine so vollkommene Einheit daraus erfolgt.

Wenn aufgegeben wäre, daß schiefe Flächen in verschiedenen Neigungen gegen den Horizont, doch von solcher Länge angeordnet würden, damit frei herabrollende Körper darauf gerade in gleicher Zeit herab kämen, so wird ein jeder, der die mechanische Gesetze versteht, einsehen, daß hiezu mancherlei Veranstaltung gehöre. Nun findet sich aber diese Einrichtung im Cirkel von selber mit unendlich viel Abwechselung der Stellungen und doch in jedem Falle mit der größten Richtigkeit. Denn alle Sehnen, die an den Vertikaldurchmesser stoßen, sie mögen von dessen obersten oder untersten Punkte ausgehen, nach welchen Neigungen man auch will, haben insgesammt das gemein: daß der freie Fall durch dieselbe in gleichen Zeiten geschieht. Ich erinnere mich, daß ein verständiger Lehrling, als ihm dieser Satz mit seinem Beweise von mir vorgetragen wurde, nachdem er alles wohl verstand, dadurch nicht weniger, wie durch ein Naturwunder gerührt wurde. Und in der That wird man durch eine so sonderbare Vereinigung vom Mannigfaltigen nach so fruchtbaren Regeln in einer so schlecht und einfältig scheinenden Sache, als ein Cirkelkreis ist, überrascht und mit Recht in Bewunderung gesetzt. Es ist auch kein Wunder der Natur, welches durch die Schönheit oder Ordnung, die darin herrscht, mehr Ursache zum Erstaunen gäbe, es müßte denn sein, daß es deswegen geschähe, weil die Ursache derselben da nicht so deutlich einzusehen ist, und die Bewunderung eine Tochter der Unwissenheit ist.

Das Feld, darauf ich Denkwürdigkeiten sammle, ist davon so voll, daß, ohne einen Fuß weiter setzen zu dürfen, sich auf derselben Stelle, da wir uns befinden, noch unzählige Schönheiten barbieten. Es giebt Auflösungen der Geometrie, wo dasjenige, was nur durch weitläuftige Veranstaltung scheint möglich zu sein, sich gleichsam ohne alle Kunst in der Sache selbst darlegt. Diese werden von jedermann als artig empfunden und dieses um desto mehr, je weniger man selbst dabei zu thun hat, und je verwickelter gleichwohl die Auflösung zu sein scheint. Der Cirkelring zwischen zwei Kreisen, die einen gemeinschaftlichen Mittelpunkt haben, hat eine von einer Cirkelfläche sehr verschiedene Gestalt, und es kommt jederman anfänglich als mühsam und künstlich vor, ihn in diese Figur zu verwandeln. Allein so bald ich einsehe, daß die den inwendigen Cirkel berührende Linie, so weit gezogen, bis sie zu beiden Seiten den Umkreis des größern schneidet, der Durchmesser dieses Cirkels sei, dessen Fläche dem Inhalt des Cirkelringes gerade gleich ist, so kann ich nicht umhin einige Befremdung über die einfältige Art zu äußern, wie das Gesuchte in der Natur der Sache selbst sich so leicht offenbart, und meiner Bemühung hiebei fast nichts beizumessen ist.

Wir haben, um in den nothwendigen Eigenschaften des Raums Einheit bei der größten Mannigfaltigkeit und Zusammenhang in dem, was eine von dem andern ganz abgesonderte Nothwendigkeit zu haben scheint, zu bemerken, nur blos unsere Augen auf die Cirkelfigur gerichtet, welche deren noch unendliche hat, davon ein kleiner Theil bekannt ist. Hieraus läßt sich abnehmen, welche Unermeßlichkeit solcher harmonischen Beziehungen sonst in den Eigenschaften des Raums liege, deren viele die höhere Geometrie in den Verwandtschaften der verschiedenen Geschlechter der krummen Linien darlegt, und alle außer der Übung des Verstandes durch die denkliche Einsicht derselben das Gefühl auf eine ähnliche oder erhabnere Art wie die zufällige Schönheiten der Natur rühren.

Wenn man bei dergleichen Anordnungen der Natur berechtigt ist nach einem Grunde einer so weit erstreckten Übereinstimmung des Mannigfaltigen zu fragen, soll man es denn weniger sein bei Wahrnehmung des Ebenmaßes und der Einheit in den unendlich vielfältigen Bestimmungen des Raums? Ist diese Harmonie darum weniger befremdlich, weil sie nothwendig ist? Ich halte dafür, sie sei es darum nur desto mehr. Und weil dasjenige Viele, davon jedes seine besondere und unabhängige Nothwendigkeit hätte, nimmermehr Ordnung, Wohlgereimtheit und Einheit in den gegenseitigen Beziehungen haben könnte, wird man dadurch nicht eben sowohl, wie durch die Harmonie in den zufälligen Anstalten der Natur auf die Vermuthung eines obersten Grundes selbst der Wesen der Dinge geführt, da die Einheit des Grundes auch Einheit in dem Umfange aller Folgen veranlaßt?

2.
Die Einheit im Mannigfaltigen der Wesen der Dinge, gewiesen an demjenigen, was in den Bewegungsgesetzen nothwendig ist.

Wenn man in der Natur eine Anordnung entdeckt, die um eines besondern Zwecks willen scheint getroffen zu sein, indem sie sich nicht blos nach den allgemeinen Eigenschaften der Materie würde dargeboten haben, so sehen wir diese Anstalt als zufällig und als die Folge einer Wahl an. Zeigen sich nun neue Übereinstimmung, Ordnung und Nutzen und besonders dazu abgerichtete Mittelursachen, so beurtheilen wir dieselbe auf die ähnliche Art; dieser Zusammenhang ist der Natur der Sachen ganz fremd, und blos weil es jemand beliebt hat sie so zu verknüpfen, stehen sie in dieser Harmonie. Man kann keine allgemeine Ursache angeben, weswegen die Klauen der Katze, des Löwen u. a. m. so gebauet sind, daß sie sporen, das ist, sich zurücklegen können, als weil irgend ein Urheber sie zu dem Zwecke, um vor dem Abschleifen gesichert zu sein, so angeordnet hat, indem diese Thiere geschickte Werkzeuge haben müssen, ihren Raub zu ergreifen und zu halten. Allein wenn gewisse allgemeinere Beschaffenheiten, die der Materie beiwohnen, außer einem Vortheile, den sie schaffen, und um dessen willen man sich vorstellen kann, daß sie so geordnet worden, ohne die mindeste neue Vorkehrung gleichwohl eine besondere Tauglichkeit zu noch mehr Übereinstimmung zeigen, wenn ein einfältiges Gesetz, das jedermann um eines gewissen Guten willen allein schon nöthig finden würde, gleichwohl eine ausgebreitete Fruchtbarkeit an noch viel mehrerem zeigt, wenn die übrigen Nutzen und Wohlgereimtheiten daraus ohne Kunst, sondern vielmehr nothwendiger Weise fließen, wenn endlich dieses sich durch die ganze materiale Natur so befindet: so liegen offenbar selbst in den Wesen der Dinge durchgängige Beziehungen zur Einheit und zum Zusammenhange, und eine allgemeine Harmonie breitet sich über das Reich der Möglichkeit selber aus. Dieses veranlaßt eine Bewunderung über so viel Schicklichkeit und natürliche Zusammenpassung, die, indem sie die peinliche und erzwungene Kunst entbehrlich macht, gleichwohl selber nimmermehr dem Ungefähr beigemessen werden kann, sondern eine in den Möglichkeiten selbst liegende Einheit und die gemeinschaftliche Abhängigkeit selbst der Wesen aller Dinge von einem einigen großen Grunde anzeigt. Ich werde diese sehr große Merkwürdigkeit durch einige leichte Beispiele deutlich zu machen suchen, indem ich die Methode sorgfältig befolge, aus dem, was durch Beobachtung unmittelbar gewiß ist, zu dem allgemeinern Urtheile langsam hinauf zu steigen.

Man kann einen Nutzen unter tausend wählen, weswegen man es als nöthig ansehen kann, daß ein Luftkreis sei, wenn man durchaus einen Zweck zum Grunde zu haben verlangt, wodurch eine Anstalt in der Natur zuerst veranlaßt worden. Ich räume also dieses ein und nenne etwa das Athmen der Menschen und Thiere als die Endabsicht dieser Veranstaltung. Nun giebt diese Luft durch die nämliche Eigenschaften und keine mehr, die sie zum Athemholen allein bedürfte, zugleich Anlaß zu einer Unendlichkeit von schönen Folgen, die damit nothwendiger Weise begleitet sind und nicht dürfen durch besondere Anlagen befördert werden. Eben dieselbe elastische Kraft und Gewicht der Luft macht das Saugen möglich, ohne welches junge Thiere der Nahrung entbehren müßten, und die Möglichkeit der Pumpwerke ist davon eine nothwendige Folge. Durch sie geschieht es, daß Feuchtigkeit in Dünsten hinaufgezogen wird, welche sich oben in Wolken verdicken, die den Tag verschönern, öfters die übermäßige Hitze der Sonne mildern, vornehmlich aber dazu dienen, die trockene Gegenden der Erdfläche durch den Raub von den Wasserbetten der niedrigen milde zu befeuchten. Die Dämmerung, die den Tag verlängert und dem Auge durch allmählige Zwischengrade den Überschritt von der Nacht zum Tage unschädlich macht, und vornehmlich die Winde sind ganz natürliche und ungezwungene Folgen derselben.

Stellet euch vor, ein Mensch mache sich einen Entwurf, wie die Küsten der Länder des heißen Weltstrichs, die sonst heißer sein müßten als die tiefer im Lande liegende Gegenden, eine etwas erträglichere Wärme sollten genießen können, so wird er am natürlichsten auf einen Seewind verfallen, der zu dieser Absicht in den heißesten Tagesstunden wehen müßte. Weil aber, da es zur Nachtzeit über der See viel geschwinder kalt wird als über dem Lande, nicht zuträglich sein dürfte, daß derselbe Wind immer wehte, so würde er wünschen, daß es der Vorsehung gefallen hätte es so zu veranstalten, damit in den mittlern Stunden der Nacht der Wind vom Lande wieder zurück kehrte, welches auch viel andern Nutzen mit befördern könnte. Nun würde nur die Frage sein, durch welche Mechanik und künstliche Anordnung dieser Windeswechsel zu erhalten wäre, und hiebei würde man noch große Ursache haben zu besorgen: daß, da der Mensch nicht verlangen kann, daß alle Naturgesetze sich zu seiner Bequemlichkeit anschicken sollen, dieses Mittel zwar möglich, aber mit den übrigen nöthigen Anstalten so übel zusammenpassend sein dürfte, daß die oberste Weisheit es darum nicht zu verordnen gut fände. Alles dieses Bedenken ist indessen unnöthig. Was eine nach überlegter Wahl getroffene Anordnung thun würde, verrichtet hier die Luft nach den allgemeinen Bewegungsgesetzen, und eben dasselbe einfache Principium ihrer anderweitigen Nutzbarkeit bringt auch diese ohne neue und besondere Anstalten hervor. Die von der Tageshitze verdünnte Luft über dem brennenden Boden eines solchen Landes weicht nothwendiger Weise der dichtern und schwerern über dem kühlen Meere und verursacht den Seewind, der um deswillen von den heißesten Tagesstunden an bis spät in den Abend weht, und die Seeluft, die aus den nämlichen Ursachen am Tage so stark nicht erhitzt worden war, als die über dem Lande, verkühlt des Nachts geschwinder, zieht sich zusammen und veranlaßt den Rückzug der Landluft zur Nachtzeit. Jedermann weiß: daß alle Küsten des heißen Welttheils diesen Wechselwind genießen.

Ich habe, um die Beziehungen, welche einfache und sehr allgemeine Bewegungsgesetze durch die Nothwendigkeit ihres Wesens auf Ordnung und Wohlgereimtheit haben, zu zeigen, nur meinen Blick auf einen kleinen Theil der Natur, nämlich auf die Wirkungen der Luft, geworfen. Man wird leicht gewahr werden, daß die ganze unermeßliche Strecke der großen Naturordnung in eben demselben Betracht vor mir offen liege. Ich behalte mir vor, noch etwas in dem Folgenden zu Erweiterung dieser schönen Aussicht beizufügen. Anjetzt würde ich etwas Wesentliches aus der acht lassen, wenn ich nicht der wichtigen Entdeckung des Herrn v. Maupertuis gedächte, die er in Ansehung der Wohlgereimtheit der nothwendigen und allgemeinsten Bewegungsgesetze gemacht hat.

Das, was wir zum Beweise angeführt haben, betrifft zwar weit ausgebreitete und nothwendige Gesetze, allein nur von einer besondern Art der Materien der Welt. Der Herr v. Maupertuis bewies dagegen: daß selbst die allgemeinsten Gesetze, wornach die Materie überhaupt wirkt, sowohl im Gleichgewichte als beim Stoße, sowohl der elastischen als unelastischen

Körper, bei dem Anziehen des Lichts in der Brechung eben so gut, als beim Zurückstoßen desselben in der Abprallung, einer herrschenden Regel unterworfen sind, nach welcher die größte Sparsamkeit in der Handlung jederzeit beobachtet ist. Durch diese Entdeckung sind die Wirkungen der Materie ungeachtet der großen Verschiedenheiten, die sie an sich haben mögen, unter eine allgemeine Formel gebracht, die eine Beziehung auf Anständigkeit, Schönheit und Wohlgereimtheit ausdrückt. Gleichwohl sind die Gesetze der Bewegung selber so bewandt, daß sich nimmermehr eine Materie ohne sie denken läßt, und sie sind so nothwendig, daß sie auch ohne die mindeste Versuche aus der allgemeinen und wesentlichen Beschaffenheit aller Materie mit größter Deutlichkeit können hergeleitet werden. Der gedachte scharfsinnige Gelehrte empfand alsbald, daß, indem dadurch in dem unendlichen Mannigfaltigen des Universum Einheit und in dem blindlings Nothwendigen Ordnung verursacht wird, irgend ein oberstes Principium sein müsse, wovon alles dieses seine Harmonie und Anständigkeit her haben kann. Er glaubte mit Recht, daß ein so allgemeiner Zusammenhang in den einfachsten Naturen der Dinge einen weit tauglichern Grund an die Hand gebe, irgend in einem vollkommenen Urwesen die letzte Ursache von allem in der Welt mit Gewißheit anzutreffen, als alle Wahrnehmung verschiedener zufälligen und veränderlichen Anordnung nach besondern Gesetzen. Nunmehr kam es darauf an, welchen Gebrauch die höhere Weltweisheit von dieser wichtigen neuen Einsicht würde machen können, und ich glaube in der Muthmaßung nicht zu fehlen, wenn ich dafür halte, daß die königliche Akademie der Wissenschaften in Berlin dieses zur Absicht der Preisfrage gehabt habe: ob die Bewegungsgesetze nothwendig oder zufällig seien, und welche niemand der Erwartung gemäß beantwortet hat.

Wenn die Zufälligkeit im Realverstande genommen wird, daß sie in der Abhängigkeit der Materialen der Möglichkeit von einem andern besteht, so ist augenscheinlich, daß die Bewegungsgesetze und die allgemeine Eigenschaften der Materie, die ihnen gehorchen, irgend von einem großen gemeinschaftlichen Urwesen, dem Grunde der Ordnung und Wohlgereimtheit, abhängen müssen. Denn wer wollte dafür halten: daß in einem weitläuftigen Mannigfaltigen, worin jedes einzelne seine eigene völlig unabhängige Natur hätte, gleichwohl durch ein befremdlich Ungefähr sich alles sollte gerade so schicken, daß es wohl mit einander reimte und im Ganzen Einheit sich hervorfände. Allein daß dieses gemeinschaftliche Principium nicht blos auf das Dasein dieser Materie und der ihr ertheilten Eigenschaften gehen müsse, sondern selbst auf die Möglichkeit einer Materie überhaupt und auf das Wesen selbst, leuchtet dadurch deutlich in die Augen, weil das, was einen Raum erfüllen soll, was der Bewegung des Stoßes und Druckes soll fähig sein, gar nicht unter andern Bedingungen kann gedacht werden, als diejenige sind, woraus die genannten Gesetze nothwendiger Weise herfließen. Auf diesen Fuß sieht man ein: daß diese Bewegungsgesetze der Materie schlechterdings nothwendig seien, das ist, wenn die Möglichkeit der Materie voraus gesetzt wird, es ihr widerspreche, nach andern Gesetzen zu wirken, welches eine logische Nothwendigkeit von der obersten Art ist, daß gleichwohl die innere Möglichkeit der Materie selbst, nämlich die Data und das Reale, was diesem Denklichen zum Grunde liegt, nicht unabhängig oder für sich selbst gegeben sei, sondern durch irgend ein Principium, in welchem das Mannigfaltige Einheit und das Verschiedene Verknüpfung bekommt, gesetzt sei, welches die Zufälligkeit der Bewegungsgesetze im Realverstande beweiset.

Zweite Betrachtung.
Unterscheidung der Abhängigkeit aller Dinge von Gott in die moralische und unmoralische.

Ich nenne diejenige Abhängigkeit eines Dinges von Gott, da er ein Grund desselben durch seinen Willen ist, moralisch, alle übrige aber ist unmoralisch. Wenn ich demnach behaupte, Gott enthalte den letzten Grund selbst der innern Möglichkeit der Dinge, so wird ein jeder leicht verstehen, daß diese Abhängigkeit nur unmoralisch sein kann; denn der Wille macht nichts möglich, sondern beschließt nur, was als möglich schon vorausgesetzt ist. In so fern Gott den Grund von dem Dasein der Dinge enthält, so gestehe ich, daß diese Abhängigkeit jederzeit moralisch sei, das ist, daß sie darum existiren, weil er gewollt hat, daß sie sein sollten.

Es bietet nämlich die innere Möglichkeit der Dinge demjenigen, der ihr Dasein beschloß, Materialien dar, die eine ungemeine Tauglichkeit zur Übereinstimmung und eine in ihrem Wesen liegende Zusammenpassung zu einem auf vielfältige Art ordentlichen und schönen Ganzen enthalten. Daß ein Luftkreis existirt, kann um der daraus zu erreichenden Zwecke willen Gott als einem moralischen Grunde beigemessen werden. Allein daß eine so große Fruchtbarkeit in dem Wesen eines einzigen, so einfachen Grundes liegt, so viel schon in seiner Möglichkeit liegende Schicklichkeit und Harmonie, welche nicht neuer Vorkehrungen bedarf, um mit andern möglichen Dingen einer Welt mannigfaltigen Regeln der Ordnung gemäß sich zusammen zu schicken, das kann gewiß nicht wiederum einer freien Wahl beigemessen werden; weil aller Entschluß eines Willens die Erkenntniß der Möglichkeit des zu Beschließenden voraus setzt.

Alles dasjenige, dessen Grund in einer freien Wahl gesucht werden soll, muß in so fern auch zufällig sein. Nun ist die Vereinigung vieler und mannigfaltiger Folgen unter einander, die nothwendig aus einem einzigen Grunde fließen, nicht eine zufällige Vereinigung; mithin kann diese nicht einer freiwilligen Bestimmung zugeschrieben werden. So haben wir oben gesehn, daß die Möglichkeit der Pumpwerke, des Athmens, die Erhebung der flüssigen Materien, wenn welche da sind, in Dünste, die Winde ꝛc. von einander unzertrennlich sind, weil sie alle aus einem einzigen Grunde nämlich die Elasticität und Schwere der Luft, abhängen, und diese Übereinstimmung des Mannigfaltigen in Einem ist daher keinesweges zufällig und also nicht einem moralischen Grunde beizumessen.

Ich gehe hier nur immer auf die Beziehung, die das Wesen der Luft, oder eines jeden andern Dinges zu der möglichen Hervorbringung so vieler schönen Folgen hat, das ist, ich betrachte nur die Tauglichkeit ihrer Natur zu so viel Zwecken, und da ist die Einheit wegen der Übereinstimmung eines einigen Grundes zu so viel möglichen Folgen gewiß nothwendig, und diese mögliche Folgen sind in so fern von einander und von dem Dinge selbst unzertrennlich. Was die wirkliche Hervorbringung dieser Nutzen anlangt, so ist sie in so fern zufällig, als eins von den Dingen, darauf sich das Ding bezieht, fehlen, oder eine fremde Kraft die Wirkung hindern kann.

In den Eigenschaften des Raums liegen schöne Verhältnisse und in dem unermeßlich Mannigfaltigen seiner Bestimmungen eine bewundernswürdige Einheit. Das Dasein aller dieser Wohlgereimtheit, in so fern Materie den Raum erfüllen sollte, ist mit allen ihren Folgen der Willkür der ersten Ursache beizumessen; allein was die Vereinbarung so vieler Folgen, die alle mit den Dingen in der Welt in so großer Harmonie stehen, unter einander anlangt, so würde es ungereimt sein, sie wiederum in einem Willen zu suchen. Unter andern nothwendigen Folgen aus der

Natur der Luft ist auch diejenige zu zählen, da durch sie den darin bewegten Materien Widerstand geleistet wird. Die Regentropfen, indem sie von ungemeiner Höhe herabfallen, werden durch sie aufgehalten und kommen mit mäßiger Schnelligkeit herab, da sie ohne diese Verzögerung eine sehr verderbliche Gewalt im Herabstürzen von solcher Höhe würden erworben haben. Dieses ist ein Vortheil, der, weil ohne ihn die Luft nicht möglich ist, nicht durch einen besonderen Rathschluß mit den übrigen Eigenschaften derselben verbunden worden. Der Zusammenhang der Theile der Materie mag nun z. E. bei dem Wasser eine nothwendige Folge von der Möglichkeit der Materie überhaupt, oder eine besonders veranstaltete Anordnung sein, so ist die unmittelbare Wirkung davon die runde Figur kleiner Theile derselben, als der Regentropfen. Dadurch aber wird der schöne farbichte Bogen nach sehr allgemeinen Bewegungsgesetzen möglich, der mit einer rührenden Pracht und Regelmäßigkeit über dem Gesichtskreise steht, wenn die unverdeckte Sonne in die gegenüber herabfallende Regentropfen strahlt. Daß flüssige Materien und schwere Körper da sind, kann nur dem Begehren dieses mächtigen Urhebers beigemessen werden, daß aber ein Weltkörper in seinem flüssigen Zustande ganz nothwendiger Weise so allgemeinen Gesetzen zu Folge eine Kugelgestalt anzunehmen bestrebt ist, welche nachher besser, wie irgend eine andere mögliche mit den übrigen Zwecken des Universum zusammenstimmt, indem z. E. eine solche Oberfläche der gleichförmigsten Vertheilung des Lichts fähig ist, das liegt in dem Wesen der Sache selbst.

Der Zusammenhang der Materie und der Widerstand, den die Theile mit ihrer Trennbarkeit verbinden, macht die Reibung nothwendig, welche von so großem Nutzen ist und so wohl mit der Ordnung in allen mannigfaltigen Naturveränderungen zusammenstimmt, als irgend etwas, was nicht aus so allgemeinen Gründen geflossen wäre, sondern durch eine besondere Anstalt wäre hinzu gekommen. Wenn Reibung die Bewegungen nicht verzögerte, so würde die Aufbehaltung der einmal hervorgebrachten Kräfte durch die Mittheilung an andere, die Zurückschlagung und immer fortgesetzte Anstöße und Erschütterungen alles zuletzt in Verwirrung bringen. Die Flächen, worauf Körper liegen, müßten jederzeit vollkommen wagerecht sein (welches sie nur selten sein können), sonst würden diese jederzeit glitschen. Alle gedrehte Stricke halten nur durch Reibung. Denn die Fäden, welche nicht die ganze Länge des Stricks haben, würden mit der mindesten Kraft auseinandergezogen werden, wenn nicht die der Kraft, womit sie durch das Winden an einander gepreßt sind, gemäße Reibung sie zurück hielte.

Ich führe hier darum so wenig geachtete und gemeine Folgen aus den einfältigsten und allgemeinsten Naturgesetzen an, damit man daraus sowohl die große und unendlich weit ausgebreitete Zusammenstimmung, die die Wesen der Dinge überhaupt untereinander haben, und die große Folgen, die derselben beizumessen sind, auch in den Fällen abnehme, wo man nicht geschickt genug ist, manche Naturordnung bis auf solche einfältige und allgemeine Gründe zurück zu führen, als auch damit man das Widersinnige empfinde, was darin liegt, wenn man bei dergleichen Übereinstimmungen die Weisheit Gottes als den besondern Grund derselben nennt. Daß Dinge da sind, die so viel schöne Beziehung haben, ist der weisen Wahl desjenigen, der sie um dieser Harmonie willen hervorbrachte, beizumessen, daß aber ein jedes derselben eine so ausgebreitete Schicklichkeit zu vielfältiger Übereinstimmung durch einfache Gründe enthielte, und dadurch eine bewundernswürdige Einheit im Ganzen konnte erhalten werden, liegt selbst in der Möglichkeit der Dinge, und da hier das Zufällige, was bei jeder Wahl voraus gesetzt werden muß, verschwindet, so kann der Grund dieser Einheit zwar in einem weisen Wesen, aber nicht vermittelst seiner Weisheit gesucht werden.

Dritte Betrachtung.

Von der Abhängigkeit der Dinge der Welt von Gott vermittelst der Ordnung der Natur, oder ohne dieselbe.

1.

Eintheilung der Weltbegebenheiten, in so fern sie unter der Ordnung der Natur stehen oder nicht.

Es steht etwas unter der Ordnung der Natur, in so fern sein Dasein oder seine Veränderung in den Kräften der Natur zureichend gegründet ist. Hiezu wird erfordert erstlich, daß die Kraft der Natur davon die wirkende Ursache sei; zweitens, daß die Art, wie sie auf die Hervorbringung dieser Wirkung gerichtet ist, selbst in einer Regel der natürlichen Wirkungsgesetze hinreichend gegründet sei. Dergleichen Begebenheiten heißen auch schlechthin natürliche Weltbegebenheiten. Dagegen wo dieses nicht ist, so ist der Fall, der unter solchem Grunde nicht steht, etwas Übernatürliches, und dieses findet statt, entweder in so fern die nächste wirkende Ursache außer der Natur ist, das ist, in so fern die göttliche Kraft sie unmittelbar hervorbringt, oder zweitens wenn auch nur die Art, wie die Kräfte der Natur auf diesen Fall gerichtet worden, nicht unter einer Regel der Natur enthalten ist. Im erstern Fall nenne ich die Begebenheit materialiter, im andern formaliter übernatürlich. Da blos der letztere Fall einige Erläuterung zu bedürfen scheint, indem das übrige für sich klar ist, so will ich davon Beispiele anführen. Es sind viele Kräfte in der Natur, die das Vermögen haben, einzelne Menschen, oder Staaten, oder das ganze menschliche Geschlecht zu verderben: Erdbeben, Sturmwinde, Meersbewegungen, Kometen ꝛc. Es ist auch nach einem allgemeinen Gesetze genugsam in der Verfassung der Natur gegründet, daß einiges von diesen bisweilen geschieht. Allein unter den Gesetzen, wornach es geschieht, sind die Laster und das moralische Verderben der Menschengeschlechter gar keine natürliche Gründe, die damit in Verbindung ständen. Die Missethaten einer Stadt haben keinen Einfluß auf das verborgene Feuer der Erde, und die Üppigkeiten der ersten Welt gehörten nicht zu den wirkenden Ursachen, welche die Kometen in ihren Bahnen zu sich herab ziehen konnten. Und wenn sich ein solcher Fall ereignet, man mißt ihn aber einem natürlichen Gesetze bei, so will man damit sagen, daß es ein Unglück, nicht aber daß es eine Strafe sei, indem das moralische Verhalten der Menschen kein Grund der Erdbeben nach einem natürlichen Gesetze sein kann, weil hier keine Verknüpfung von Ursachen und Wirkungen statt findet. Z. E. Wenn das Erdbeben die Stadt Port Royal in Jamaica umkehrt,*) so wird derjenige, der dieses eine natürliche Begebenheit nennt, darunter verstehen: daß, ob zwar die Lasterthaten der Einwohner nach dem Zeugniß ihres Predigers eine solche Verwüstung wohl als ein Strafgericht verdient hätten, dennoch dieser Fall als einer von vielen anzusehen sei, der sich bisweilen nach einem allgemeinen Gesetze der Natur zuträgt, da Gegenden der Erde und unter diesen bisweilen Städte und unter diesen dann und wann auch sehr lasterhafte Städte erschüttert werden. Soll es dagegen als eine Strafe betrachtet werden, so müssen diese Kräfte der Natur, da sie nach einem natürlichen Gesetze den Zusammenhang mit der Führung der Menschen nicht haben können, auf jeden solchen einzelnen Fall durch

---

*) Siehe Raj von der Welt Anfang, Veränd. und Untergang.

das höchste Wesen besonders gerichtet sein; alsdann aber ist die Begebenheit im formalen Verstande übernatürlich, obgleich die Mittelursache eine Kraft der Natur war. Und wenn auch durch eine lange Reihe von Vorbereitungen, die dazu besonders in die wirksamen Kräfte der Welt angelegt waren, diese Begebenheit endlich als ein Strafgericht zu Stande kam, wenn man gleich annehmen wollte, daß schon bei der Schöpfung Gott alle Anstalten dazu gemacht hätte, daß sie nachher durch die darauf in der Natur gerichteten Kräfte zur rechten Zeit geschehen sollte (wie man dieses in Whistons Theorie von der Sündfluth, in so fern sie vom Kometen herrühren soll, sich so gedenken kann), so ist das Übernatürliche dadurch gar nicht verringert, sondern nur weit bis in die Schöpfung hinaus verschoben und dadurch unbeschreiblich vermehrt worden. Denn diese ganze Reihenfolge, in so fern die Art ihrer Anordnung sich auf den Ausgang bezog, indem sie in Ansehung desselben gar nicht als eine Folge aus allgemeinern Naturgesetzen anzusehen war, bezeichnet eine unmittelbare, noch größere göttliche Sorgfalt, die auf eine so lange Kette von Folgen gerichtet war, um auch den Hindernissen auszuweichen, die die genaue Erreichung der gesuchten Wirkungen konnten verfehlen machen.

Hingegen giebt es Strafen und Belohnungen nach der Ordnung der Natur, darum weil das moralische Verhalten der Menschen mit ihnen nach den Gesetzen der Ursachen und Wirkungen in Verknüpfung steht. Wilde Wollust und Unmäßigkeit endigen sich in einem siechen und martervollen Leben. Ränke und Arglist scheitern zuletzt und Ehrlichkeit ist doch am Ende die beste Politik. In allen diesem geschieht die Verknüpfung der Folgen nach den Gesetzen der Natur. So viel aber auch immer derjenigen Strafen oder Belohnungen oder jeder anderen Begebenheiten in der Welt sein mögen, davon die Richtung der Naturkräfte jederzeit außerordentlich auf jeden einzelnen Fall hat geschehen müssen, wenn gleich eine gewisse Einförmigkeit unter vielen derselben herrscht, so sind sie zwar einem unmittelbaren göttlichen Gesetze, nämlich demjenigen seiner Weisheit, aber keinem Naturgesetze untergeordnet.

2.

Eintheilung der natürlichen Begebenheiten, in so fern sie unter der nothwendigen oder zufälligen Ordnung der Natur stehen.

Alle Dinge der Natur sind zufällig in ihrem Dasein. Die Verknüpfung verschiedener Arten von Dingen, z. E. der Luft, der Erde, des Wassers, ist gleichfalls ohne Zweifel zufällig und in so fern blos der Willkür des obersten Urhebers beizumessen. Allein obgleich die Naturgesetze in so fern keine Nothwendigkeit zu haben scheinen, als die Dinge selbst, davon sie es sind, imgleichen die Verknüpfungen, darin sie ausgeübt werden können, zufällig sind, so bleibt gleichwohl eine Art der Nothwendigkeit übrig, die sehr merkwürdig ist. Es giebt nämlich viele Naturgesetze, deren Einheit nothwendig ist, das ist, wo eben derselbe Grund der Übereinstimmung zu einem Gesetze auch andere Gesetze nothwendig macht. Z. E. eben dieselbe elastische Kraft und Schwere der Luft, die ein Grund ist der Gesetze des Athemholens, ist nothwendiger Weise zugleich ein Grund von der Möglichkeit der Pumpwerke, von der Möglichkeit der zu erzeugenden Wolken, der Unterhaltung des Feuers, der Winde ꝛc. Es ist nothwendig, daß zu den übrigen der Grund anzutreffen sei, so bald auch nur zu einem einzigen derselben Grund da ist. Dagegen wenn der Grund einer gewissen Art ähnlicher Wirkungen nach einem Gesetze nicht zugleich der Grund einer andern Art Wirkungen nach einem andern Gesetze in demselben Wesen ist, so ist die Vereinbarung dieser Gesetze zufällig, oder es herrscht in diesen Gesetzen zufällige Einheit, und was sich darnach in dem Dinge zuträgt, geschieht nach einer zufälligen Naturordnung. Der Mensch sieht, hört, riecht, schmeckt u. s. w., aber nicht eben dieselbe Eigenschaften, die die Gründe des Sehens sind, sind auch die des Schmeckens. Er muß andere Organen zum Hören wie zum Schmecken haben. Die Vereinbarung so verschiedener Vermögen ist zufällig und, da sie zur Vollkommenheit abzielt, künstlich. Bei jedem Organe ist wiederum künstliche Einheit. In dem Auge ist der Theil, der Licht einfallen läßt, ein anderer als der, so es bricht, noch ein anderer, so das Bild auffängt. Dagegen sind es nicht andere Ursachen, die der Erde die Kugelrundung verschaffen, noch andere, die wider den Drehungsschwung die Körper der Erde zurück halten, noch eine andere, die den Mond im Kreise erhält, sondern die einzige Schwere ist eine Ursache, die nothwendiger Weise zu allem diesem zureicht. Nun ist es ohne Zweifel eine Vollkommenheit, daß zu allen diesen Wirkungen Gründe in der Natur angetroffen werden, und wenn der nämliche Grund, der die eine bestimmt, auch zu den andern hinreichend ist, um desto mehr Einheit wächst dadurch dem Ganzen zu. Diese Einheit aber und mit ihr die Vollkommenheit ist in dem hier angeführten Falle nothwendig und klebt dem Wesen der Sache an, und alle Wohlgereimtheit, Fruchtbarkeit und Schönheit, die ihr in so fern zu verdanken ist, hängt von Gott vermittelst der wesentlichen Ordnung der Natur ab, oder vermittelst desjenigen, was in der Ordnung der Natur nothwendig ist. Man wird mich hoffentlich schon verstehen, daß ich diese Nothwendigkeit nicht auf das Dasein dieser Dinge selber, sondern lediglich auf die in ihrer Möglichkeit liegende Übereinstimmung und Einheit als einen nothwendigen Grund einer so überaus großen Tauglichkeit und Fruchtbarkeit erstreckt wissen will. Die Geschöpfe des Pflanzen= und Thierreichs bieten durchgängig die bewundernswürdigste Beispiele einer zufälligen, aber mit großer Weisheit übereinstimmenden Einheit dar. Gefäße, die Saft saugen, Gefäße, die Luft saugen, diejenige, so den Saft ausarbeiten, und die, so ihn ausdünsten ꝛc., ein großes Mannigfaltige, davon jedes einzeln keine Tauglichkeit zu den Wirkungen des andern hat, und wo die Vereinbarung derselben zur gesammten Vollkommenheit künstlich ist, so daß die Pflanze selbst mit ihren Beziehungen auf so verschiedene Zwecke ein zufälliges und willkürliches Eine ausmacht.

Dagegen liefert vornehmlich die unorganische Natur unaussprechlich viel Beweisthümer einer nothwendigen Einheit in der Beziehung eines einfachen Grundes auf viele anständige Folgen, dermaßen daß man auch bewogen wird, zu vermuthen, daß vielleicht da, wo selbst in der organischen Natur manche Vollkommenheit scheinen kann ihre besondere Anstalt zu Grunde zu haben, sie wohl eine nothwendige Folge aus eben demselben Grunde sein mag, welcher sie mit vielen andern schönen Wirkungen schon in seiner wesentlichen Fruchtbarkeit verknüpft, so daß auch sogar in diesen Naturreichen mehr nothwendige Einheit sein mag als man wohl denkt.

Weil nun die Kräfte der Natur und ihre Wirkungsgesetze den Grund einer Ordnung der Natur enthalten, welche, in so fern sie mannigfaltige Harmonie in einer nothwendigen Einheit zusammenfaßt, veranlaßt, daß die Verknüpfung vieler Vollkommenheit in einem Grunde zum Gesetze wird, so hat man verschiedene Naturwirkungen in Ansehung ihrer Schönheit und Nützlichkeit unter der wesentlichen Naturordnung und vermittelst derselben unter Gott zu betrachten. Dagegen da auch manche Vollkommenheiten in einem Ganzen nicht durch die Fruchtbarkeit eines einzigen Grundes möglich sind, sondern verschiedene willkürlich zu dieser Absicht vereinbarte Gründe erheischen, so wird wiederum manche künstliche Anordnung die Ursache eines Gesetzes sein, und die Wirkungen, die darnach geschehen, stehen unter der zufälligen und künstlichen Ordnung der Natur, vermittelst ihrer aber unter Gott.

Vierte Betrachtung.
Gebrauch unseres Beweisgrundes in Beurtheilung der Vollkommenheit einer Welt nach dem Laufe der Natur.

1.
Was aus unserm Beweisgrunde zum Vorzuge der Ordnung der Natur vor dem übernatürlichen kann geschlossen werden.

Es ist eine bekannte Regel der Weltweisen oder vielmehr der gesunden Vernunft überhaupt: daß man ohne die erheblichste Ursache nichts für ein Wunder, oder eine übernatürliche Begebenheit halten solle. Diese Regel enthält erstlich, daß Wunder selten seien, zweitens, daß die gesammte Vollkommenheit des Universum auch ohne viele übernatürliche Einflüsse dem göttlichen Willen gemäß nach den Gesetzen der Natur erreicht werde; denn jedermann erkennt: daß, wenn ohne häufige Wunder die Welt des Zwecks ihres Daseins verfehlte, übernatürliche Begebenheiten etwas Gewöhnliches sein müßten. Einige stehen in der Meinung, daß das Formale der natürlichen Verknüpfung der Folgen mit ihren Gründen an sich selbst eine Vollkommenheit wäre, welcher allenfalls ein besserer Erfolg, wenn er nicht anders als übernatürlicher Weise zu erhalten stände, hintangesetzt werden müßte. Sie setzen in dem Natürlichen als einem solchen unmittelbar einen Vorzug, weil ihnen alles Übernatürliche als eine Unterbrechung einer Ordnung an sich selber scheint einen Übelstand zu erregen. Allein diese Schwierigkeit ist nur eingebildet. Das Gute steckt nur in Erreichung des Zweckes und wird den Mitteln nur um seinetwillen zugeeignet. Die natürliche Ordnung, wenn nach ihr nicht vollkommene Folgen entspringen, hat unmittelbar keinen Grund eines Vorzugs in sich, weil sie nur nach der Art eines Mittels kann betrachtet werden, welches keine eigene, sondern nur eine von der Größe des dadurch erreichten Zwecks entlehnte Schätzung verstattet. Die Vorstellung der Mühsamkeit, welche die Menschen bei ihren unmittelbaren Ausübungen empfinden, mengt sich hier ingeheim mit unter und giebt demjenigen, was man fremden Kräften anvertrauen kann, einen Vorzug, selbst da wo in dem Erfolg etwas von dem abgezweckten Nutzen vermißt würde. Indessen wenn ohne größere Beschwerde der, so das Holz an einer Schneidemühle anlegt, es eben so wohl unmittelbar in Bretter verwandeln könnte, so wäre alle Kunst dieser Maschine nur ein Spielwerk, weil der ganze Werth derselben nur an ihr als einem Mittel zu diesem Zwecke stattfinden kann. Demnach ist etwas nicht darum gut, weil es nach dem Laufe der Natur geschieht, sondern der Lauf der Natur ist gut, in so fern das, was daraus fließt, gut ist. Und da Gott eine Welt in seinem Rathschlusse begriff, in der alles mehrentheils durch einen natürlichen Zusammenhang die Regel des Besten erfüllte: so würdigte er sie seiner Wahl, nicht weil darin, daß es natürlich zusammenhing, das Gute bestand, sondern weil durch diesen natürlichen Zusammenhang ohne viele Wunder die vollkommenen Zwecke am richtigsten erreicht wurden.

Und nun entsteht die Frage: wie mag es zugehen, daß die allgemeine Gesetze der Natur dem Willen des Höchsten in dem Verlauf der Begebenheiten der Welt, die nach ihnen geschehen, so schön entsprechen, und welchen Grund hat man ihnen diese Schicklichkeit zuzutrauen, daß man nicht öfter, als man wahrnimmt, geheime übernatürliche Vorkehrungen zugeben müßte, die ihren Gebrechen unaufhörlich zu Hülfe kämen?*) Hier leistet uns unser Begriff von der Abhängigkeit selbst der Wesen aller Dinge von Gott einen noch ausgebreitetern Nutzen, als der ist, den man in dieser Frage erwartet. Die Dinge der Natur tragen sogar in den nothwendigsten Bestimmungen ihrer innern Möglichkeit das Merkmal der Abhängigkeit von

---

*) Diese Frage ist dadurch noch lange nicht genugsam beantwortet, wenn man sich auf die weise Wahl Gottes beruft, die den Lauf der Natur einmal schon so wohl eingerichtet hätte, daß öftere Ausbesserungen unnöthig waren. Denn die größte Schwierigkeit besteht darin, wie es auch nur hat möglich sein können in einer Verbindung der Weltbegebenheiten nach allgemeinen Gesetzen so große Vollkommenheit zu vereinbaren, vornehmlich wenn man die Menge der Naturdinge und die unermeßlich lange Reihe ihrer Veränderungen betrachtet, wie da nach allgemeinen Regeln ihrer gegenseitigen Wirksamkeit eine Harmonie hat entspringen können, die keiner öftern übernatürlichen Einflüsse bedürfe.

demjenigen Wesen an sich, in welchem alles mit den Eigenschaften der Weisheit und Güte zusammenstimmt. Man kann von ihnen Übereinstimmung und schöne Verknüpfung erwarten und eine nothwendige Einheit in den mancherlei vortheilhaften Beziehungen, die ein einziger Grund zu viel anständigen Gesetzen hat. Es wird nicht nöthig sein, daß daselbst, wo die Natur nach nothwendigen Gesetzen wirkt, unmittelbare göttliche Ausbesserungen dazwischen kommen, weil, in so fern die Folgen nach der Ordnung der Natur nothwendig sind, nimmermehr selbst nach den allgemeinsten Gesetzen sich was Gott Mißfälliges eräugnen kann. Denn wie sollten doch die Folgen der Dinge, deren zufällige Verknüpfung von dem Willen Gottes abhängt, ihre wesentliche Beziehungen aber als die Gründe des Nothwendigen in der Naturordnung von demjenigen in Gott herrühren, was mit seinen Eigenschaften überhaupt in der größten Harmonie steht, wie können diese, sage ich, seinem Willen entgegen sein? Und so müssen alle die Veränderungen der Welt, die mechanisch, mithin aus den Bewegungsgesetzen nothwendig sind, jederzeit darum gut sein, weil sie natürlicher Weise nothwendig sind, und es ist zu erwarten, daß die Folge unverbesserlich sein werde, so bald sie nach der Ordnung der Natur unausbleiblich ist.*) Ich bemerke aber, damit aller Mißverstand verhütet werde: daß die Veränderungen in der Welt entweder aus der ersten Anordnung des Universum und den allgemeinen und besondern Gesetzen der Natur nothwendig sind, dergleichen alles dasjenige ist, was in der körperlichen Welt mechanisch vorgeht, oder daß sie gleichwohl bei allem diesem eine nicht genugsam begriffene Zufälligkeit haben, wie die Handlungen aus der Freiheit, deren Natur nicht gehörig eingesehen wird. Die letztere Art der Weltveränderungen, in so fern sie scheinen eine Ungebundenheit in Ansehung bestimmender Gründe und nothwendiger Gesetze an sich zu haben, enthalten in so weit eine Möglichkeit in sich von der allgemeinen

---

*) Wenn es ein nothwendiger Ausgang der Natur ist, wie Newton vermeint, daß ein Weltsystem, wie dasjenige von unserer Sonne, endlich zum völligen Stillstand und allgemeiner Ruhe gelange, so würde ich nicht mit ihm hinzusetzen: daß es nöthig sei, daß Gott es durch ein Wunder wieder herstelle. Denn weil es ein Erfolg ist, darauf die Natur nach ihren wesentlichsten Gesetzen nothwendiger Weise bestimmt ist, so vermuthe ich hieraus, daß er auch gut sei. Es darf uns dieses nicht als ein bedauernswürdiger Verlust vorkommen, denn wir wissen nicht, welche Unermeßlichkeit die sich immerfort in andern Himmelsgegenden bildende Natur habe, um durch große Fruchtbarkeit diesen Abgang des Universum anderwärts reichlich zu ersetzen.

Abzielung der Naturdinge zur Vollkommenheit abzuweichen. Und um deswillen kann man erwarten, daß übernatürliche Ergänzungen nöthig sein dürften, weil es möglich ist, daß in diesem Betracht der Lauf der Natur mit dem Willen Gottes bisweilen widerstreitend sein könne. Indessen da selbst die Kräfte frei handlender Wesen in der Verknüpfung mit dem Übrigen des Universum nicht ganz allen Gesetzen entzogen sind, sondern immer, wenn gleich nicht nöthigenden Gründen, dennoch solchen, die nach den Regeln der Willkür die Ausübung auf eine andere Art gewiß machen, unterworfen sind, so ist die allgemeine Abhängigkeit der Wesen der Dinge von Gott auch hier noch jederzeit ein großer Grund, die Folgen, die selbst unter dieser Art von Dingen nach dem Laufe der Natur sich zutragen, (ohne daß die scheinbare Abweichung in einzelnen Fällen uns irre machen darf) im Ganzen für anständig und der Regel des Besten gemäß einzusehen: so daß nur selten die Ordnung der Natur einer unmittelbarn übernatürlichen Verbesserung oder Ergänzung benöthigt ist, wie denn auch die Offenbarung derselben nur in Ansehung gewisser Zeiten und gewisser Völker Erwähnung thut. Die Erfahrung stimmt auch mit dieser Abhängigkeit sogar der freiesten Handlungen von einer großen natürlichen Regel überein. Denn so zufällig wie auch immer die Entschließung zum Heirathen sein mag, so findet man doch in eben demselben Lande, daß das Verhältniß der Ehen zu der Zahl der Lebenden ziemlich beständig sei, wenn man große Zahlen nimmt, und daß z. E. unter 110 Menschen beiderlei Geschlechts sich ein Ehepaar findet. Jedermann weiß, wie viel die Freiheit der Menschen zu Verlängerung oder Verkürzung des Lebens beitrage. Gleichwohl müssen selbst diese freie Handlungen einer großen Ordnung unterworfen sein, weil im Durchschnitte, wenn man große Mengen nimmt, die Zahl der Sterbenden gegen die Lebenden sehr genau immer in eben demselben Verhältniß steht. Ich begnüge mich mit diesen wenigen Beweisthümern, um es einigermaßen verständlich zu machen, daß selbst die Gesetze der Freiheit keine solche Ungebundenheit in Ansehung der Regeln einer allgemeinen Naturordnung mit sich führen, daß nicht eben derselbe Grund, der in der übrigen Natur schon in den Wesen der Dinge selbst eine unausbleibliche Beziehung auf Vollkommenheit und Wohlgereimtheit befestigt, auch in dem natürlichen Laufe des freien Verhaltens wenigstens eine größere Lenkung auf ein Wohlgefallen des höchsten Wesens ohne vielfältige Wunder verursachen sollte. Mein Augenmerk ist aber mehr auf den Verlauf der Naturveränderungen gerichtet, in so fern sie durch eingepflanzte Gesetze nothwendig sind. Wunder werden in einer solchen Ordnung entweder gar nicht oder nur selten nöthig sein, weil es nicht füglich sein kann, daß sich solche Unvollkommenheiten natürlicher Weise hervorfänden, die ihrer bedürftig wären.

Wenn ich mir den Begriff von den Dingen der Natur machte, den man gemeiniglich von ihnen hat, daß ihre innere Möglichkeit für sich unabhängig und ohne einen fremden Grund sei, so würde ich es gar nicht unerwartet finden, wenn man sagte, eine Welt von einiger Vollkommenheit sei ohne viele übernatürliche Wirkungen unmöglich. Ich würde es vielmehr seltsam und unbegreiflich finden, wie ohne eine beständige Reihe von Wundern etwas Taugliches durch einen natürlichen großen Zusammenhang in ihr sollte geleistet werden können. Denn es müßte ein befremdliches Ungefähr sein: daß die Wesen der Dinge, die jegliches für sich seine abgesonderte Nothwendigkeit hätten, sich so sollten zusammenschicken, daß selbst die höchste Weisheit aus ihnen ein großes Ganze vereinbaren könnte, in welchem bei so vielfältiger Abhängigkeit dennoch nach allgemeinen Gesetzen unverbesserliche Harmonie und Schönheit hervorleuchtete. Dagegen da ich belehrt bin, daß darum nur, weil ein Gott ist, etwas anders möglich sei, so erwarte ich selbst von den Möglichkeiten der Dinge eine Zusammenstimmung, die ihrem großen Principium gemäß ist, und eine Schicklichkeit durch allgemeine Anordnungen zu einem Ganzen zusammen zu passen, das mit der Weisheit eben desselben Wesens richtig harmonirt, von dem sie ihren Grund entlehnen, und ich finde es sogar wunderbar: daß, so fern etwas nach dem Laufe der Natur gemäß allgemeinen Gesetzen geschieht, oder geschehen würde, es Gott mißfällig und eines Wunders zur Ausbesserung bedürftig sein sollte; und wenn es geschieht, so gehört selbst die Veranlassung dazu zu den Dingen, die sich bisweilen zutragen, von uns aber nimmermehr können begriffen werden.

Man wird es auch ohne Schwierigkeit verstehen, daß, wenn man den wesentlichen Grund einsieht, weswegen Wunder zur Vollkommenheit der Welt selten nöthig sein können, dieses auch von denjenigen gelte, die wir in der vorigen Betrachtung übernatürliche Begebenheiten im formalen Verstande genannt haben, und die man in gemeinen Urtheilen darum sehr häufig einräumt, weil man durch einen verkehrten Begriff darin etwas Natürliches zu finden glaubt.

2.
Was aus unserm Beweisgrunde zum Vorzuge einer oder anderer Naturordnung geschlossen werden kann.

In dem Verfahren der gereinigten Weltweisheit herrscht eine Regel, die, wenn sie gleich nicht förmlich gesagt, dennoch in der Ausübung jederzeit beobachtet wird: daß in aller Nachforschung der Ursachen zu gewissen Wirkungen man eine große Aufmerksamkeit bezeigen müsse, die Einheit der Natur so sehr wie möglich zu erhalten, das ist, vielerlei Wirkungen aus einem einzigen, schon bekannten Grunde herzuleiten und nicht zu verschiedenen Wirkungen wegen einiger scheinbaren größeren Unähnlichkeit sogleich neue und verschiedene wirkende Ursachen anzunehmen. Man präsumirt demnach, daß in der Natur große Einheit sei in Ansehung der Zulänglichkeit eines einigen Grundes zu mancherlei Art Folgen, und glaubt Ursache zu haben, die Vereinigung einer Art Erscheinungen mit denen von anderer Art mehrentheils als etwas Nothwendiges und nicht als eine Wirkung einer künstlichen und zufälligen Ordnung anzusehen. Wie vielerlei Wirkungen werden nicht aus der einigen Kraft der Schwere hergeleitet, dazu man ehedem verschiedene Ursachen glaubte nöthig zu finden: das Steigen einiger Körper und das Fallen anderer. Die Wirbel, um die Himmelskörper in Kreisen zu erhalten, sind abgestellt, so bald man die Ursache derselben in jener einfachen Naturkraft gefunden hat. Man präsumirt mit großem Grunde: daß die Ausdehnung der Körper durch die Wärme, das Licht, die elektrische Kraft, die Gewitter, vielleicht auch die magnetische Kraft vielerlei Erscheinungen einer und eben derselben wirksamen Materie, die in allen Räumen ausgebreitet ist, nämlich des Äthers, sei, und man ist überhaupt unzufrieden, wenn man sich genöthigt sieht ein neues Principium zu einer Art Wirkungen anzunehmen. Selbst da, wo ein sehr genaues Ebenmaß eine besondere künstliche Anordnung zu erheischen scheint, ist man geneigt, sie dem nothwendigen Erfolg aus allgemeinern Gesetzen beizumessen und noch immer die Regel der Einheit zu beobachten, ehe man eine künstliche Verfügung zum Grunde setze. Die Schneefiguren sind so regelmäßig und so weit über alles Plumpe, das der blinde Zufall zuwege bringen kann, zierlich, daß man fast ein Mißtrauen in die Aufrichtigkeit derer setzen sollte, die uns Abzeichnungen davon gegeben haben, wenn nicht ein jeder Winter unzählige Gelegenheit gäbe einen jeden durch eigene Erfahrung davon zu versichern. Man wird wenig

Blumen antreffen, welche, so viel man äußerlich wahrnehmen kann, mehr
Nettigkeit und Proportion zeigten, und man sieht gar nichts, was die
Kunst hervorbringen kann, das da mehr Richtigkeit enthielte, als diese
Erzeugungen, die die Natur mit so viel Verschwendung über die Erdfläche
ausstreuet. Und gleichwohl hat sich niemand in den Sinn kommen lassen
sie von einem besonderen Schneesamen herzuleiten und eine künstliche
Ordnung der Natur zu erfinnen, sondern man mißt sie als eine Nebenfolge allgemeineren Gesetzen bei, welche die Bildung dieses Products mit
nothwendiger Einheit zugleich unter sich befassen.*)

Gleichwohl ist die Natur reich an einer gewissen andern Art von Hervorbringungen, wo alle Weltweisheit, die über ihre Entstehungsart nach-
sinnt, sich genöthigt sieht, diesen Weg zu verlassen. Große Kunst und
eine zufällige Vereinbarung durch freie Wahl gewissen Absichten gemäß
ist daselbst augenscheinlich und wird zugleich der Grund eines besondern
Naturgesetzes, welches zur künstlichen Naturordnung gehört. Der Bau
der Pflanzen und Thiere zeigt eine solche Anstalt, wozu die allgemeine und
nothwendige Naturgesetze unzulänglich sind. Da es nun ungereimt sein
würde die erste Erzeugung einer Pflanze oder Thiers als eine mechanische
Nebenfolge aus allgemeinen Naturgesetzen zu betrachten, so bleibt gleichwohl noch eine doppelte Frage übrig, die aus dem angeführten Grunde
unentschieden ist: ob nämlich ein jedes Individuum derselben unmittelbar von Gott gebauet und also übernatürlichen Ursprungs sei, und nur
die Fortpflanzung, das ist, der Übergang von Zeit zu Zeit zur Auswickelung einem natürlichen Gesetze anvertrauet sei, oder ob einige Individuen
des Pflanzen- und Thierreichs zwar unmittelbar göttlichen Ursprungs
seien, jedoch mit einem uns nicht begreiflichen Vermögen, nach einem
ordentlichen Naturgesetze ihres gleichen zu erzeugen und nicht blos auszuwickeln. Von beiden Seiten zeigen sich Schwierigkeiten. Es ist vielleicht
unmöglich auszumachen, welche die größte sei; allein was uns hier angeht, ist nur das Übergewicht der Gründe, in so fern sie metaphysisch sind
zu bemerken. Wie z. E. ein Baum durch eine innere mechanische Verfassung soll vermögend sein den Nahrungssaft so zu formen und zu modeln,

---

*) Die ben Gewächsen ähnliche Figur des Schimmels hatte viele bewogen
denselben unter die Producte des Pflanzenreichs zu zählen. Indessen ist es nach
andern Beobachtungen viel wahrscheinlicher, daß die anscheinende Regelmäßigkeit
desselben nicht hindern könne, ihn so wie den Baum der Diane als eine Folge
aus den gemeinen Gesetzen der Sublimirung anzusehen.

daß in dem Auge der Blätter oder seinem Samen etwas entstände, das einen ähnlichen Baum im kleinen, oder woraus doch ein solcher werden könnte, enthielte, ist nach allen unsern Kenntnissen auf keine Weise einzusehen. Die innerliche Formen des Herrn von Buffon und die Elemente organischer Materie, die sich zu Folge ihrer Erinnerungen den Gesetzen der Begierden und des Abscheues gemäß nach der Meinung des Herrn von Maupertuis zusammenfügen, sind entweder eben so unverständlich als die Sache selbst, oder ganz willkürlich erdacht. Allein ohne sich an dergleichen Theorien zu kehren, muß man denn darum selbst eine andere dafür aufwerfen, die eben so willkürlich ist, nämlich daß alle diese Individuen übernatürlichen Ursprungs seien, weil man ihre natürliche Entstehungsart gar nicht begreift? Hat wohl jemals einer das Vermögen des Hefens seines gleichen zu erzeugen mechanisch begreiflich gemacht? und gleichwohl bezieht man sich deßfalls nicht auf einen übernatürlichen Grund.

Da in diesem Falle der Ursprung aller solcher organischen Producte als völlig übernatürlich angesehen wird, so glaubt man dennoch etwas für den Naturalphilosophen übrig zu lassen, wenn man ihn mit der Art der allmähligen Fortpflanzung spielen läßt. Allein man bedenke wohl: daß man dadurch das Übernatürliche nicht vermindert, denn es mag diese übernatürliche Erzeugung zur Zeit der Schöpfung oder nach und nach in verschiedenen Zeitpunkten geschehen, so ist in dem letzteren Falle nicht mehr Übernatürliches als im ersten, denn der ganze Unterschied läuft nicht auf den Grad der unmittelbaren göttlichen Handlung, sondern lediglich auf das Wenn hinaus. Was aber jene natürliche Ordnung der Auswickelung anlangt, so ist sie nicht eine Regel der Fruchtbarkeit der Natur, sondern eine Methode eines unnützen Umschweifs. Denn es wird dadurch nicht der mindeste Grad einer unmittelbaren göttlichen Handlung bespart. Demnach scheint es unvermeidlich: entweder bei jeder Begattung die Bildung der Frucht unmittelbar einer göttlichen Handlung beizumessen, oder der ersten göttlichen Anordnung der Pflanzen und Thiere eine Tauglichkeit zuzulassen, ihres Gleichen in der Folge nach einem natürlichen Gesetze nicht blos zu entwickeln, sondern wahrhaftig zu erzeugen.

Meine gegenwärtige Absicht ist nur hiedurch zu zeigen, daß man den Naturdingen eine größere Möglichkeit nach allgemeinen Gesetzen ihre Folgen hervorzubringen einräumen müsse, als man es gemeiniglich thut.

Fünfte Betrachtung,

Worin die Unzulänglichkeit der gewöhnlichen Methode der Physikotheologie gewiesen wird.

1.
Von der Physikotheologie überhaupt.

Alle Arten, das Dasein Gottes aus den Wirkungen desselben zu erkennen, lassen sich auf die drei folgende bringen. Entweder man gelangt zu dieser Erkenntniß durch die Wahrnehmung desjenigen, was die Ordnung der Natur unterbricht und diejenige Macht unmittelbar bezeichnet, welcher die Natur unterworfen ist, diese Überzeugung wird durch Wunder veranlaßt; oder die zufällige Ordnung der Natur, von der man deutlich einsieht, daß sie auf vielerlei andere Art möglich war, in der gleichwohl große Kunst, Macht und Güte hervorleuchtet, führt auf den göttlichen Urheber, oder drittens die nothwendige Einheit, die in der Natur wahrgenommen wird, und die wesentliche Ordnung der Dinge, welche großen Regeln der Vollkommenheit gemäß ist, kurz das, was in der Regelmäßigkeit der Natur Nothwendiges ist, leitet auf ein oberstes Principium nicht allein dieses Daseins, sondern selbst aller Möglichkeit.

Wenn Menschen völlig verwildert sind, oder eine halsstarrige Bosheit ihre Augen verschließt, alsdann scheint das erstere Mittel einzig und allein einige Gewalt an sich zu haben, sie vom Dasein des höchsten Wesens zu überführen. Dagegen findet die richtige Betrachtung einer wohlgearteten Seele an so viel zufälliger Schönheit und zweckmäßiger Verbindung, wie die Ordnung der Natur darbietet, Beweisthümer genug, einen mit großer Weisheit und Macht begleiteten Willen daraus abzunehmen, und es sind zu dieser Überzeugung, so fern sie zum tugendhaften Verhalten hinlänglich, das ist, moralisch gewiß sein soll, die gemeine Begriffe des Verstandes hinreichend. Zu der dritten Art zu schließen wird nothwendiger Weise Weltweisheit erfordert, und es ist auch einzig und allein ein höherer Grad derselben fähig, mit einer Klarheit und Überzeugung, die der Größe der Wahrheit gemäß ist, zu dem nämlichen Gegenstande zu gelangen.

Die beide letztere Arten kann man physikotheologische Methoden nennen; denn sie zeigen beide den Weg, aus den Betrachtungen über die Natur zur Erkenntniß Gottes hinauf zu steigen.

2.
Die Vortheile und auch die Fehler der gewöhnlichen Physikotheologie.

Das Hauptmerkmal der bis dahin gebräuchlichen physisch=theologischen Methode besteht darin: daß die Vollkommenheit und Regelmäßigkeit erstlich ihrer Zufälligkeit nach gehörig begriffen, und alsdann die künstliche Ordnung nach allen zweckmäßigen Beziehungen darin gewiesen wird, um daraus auf einen weisen und gütigen Willen zu schließen, nachher aber zugleich durch die hinzugefügte Betrachtung der Größe des Werks der Begriff der unermeßlichen Macht des Urhebers damit vereinigt wird.

Diese Methode ist vortrefflich: erstlich weil die Überzeugung überaus sinnlich und daher sehr lebhaft und einnehmend und demnach auch dem gemeinsten Verstande leicht und faßlich ist; zweitens weil sie natürlicher ist als irgend eine andere, indem ohne Zweifel ein jeder von ihr zuerst anfängt; drittens weil sie einen sehr anschauenden Begriff von der hohen Weisheit, Vorsorge oder auch der Macht des anbetungswürdigen Wesens verschafft, welcher die Seele füllt und die größte Gewalt hat auf Erstaunen, Demuth und Ehrfurcht zu wirken.*) Diese Beweisart ist viel praktischer als irgend eine andere selbst in Ansehung des Philosophen. Denn ob er gleich für seinen forschenden oder grüblenden Verstand hier nicht die bestimmte abgezogene Idee der Gottheit antrifft und die Gewiß-

---

*) Wenn ich unter andern die mikroskopische Beobachtungen des Doctor Hill, die man im Hamb. Magaz. antrifft, erwäge und sehe zahlreiche Thiergeschlechter in einem einzigen Wassertropfen, räuberische Arten, mit Werkzeugen des Verderbens ausgerüstet, die von noch mächtigern Tyrannen dieser Wasserwelt zerstört werden, indem sie geflissen sind andre zu verfolgen; wenn ich die Ränke, die Gewalt und die Scene des Aufruhrs in einem Tropfen Materie ansehe und erhebe von da meine Augen in die Höhe, um den unermeßlichen Raum von Welten wie von Stäubchen wimmeln zu sehen, so kann keine menschliche Sprache das Gefühl ausdrücken, was ein solcher Gedanke erregt, und alle subtile metaphysische Zergliederung weicht sehr weit der Erhabenheit und Würde, die einer solchen Anschauung eigen ist.

heit selbst nicht mathematisch, sondern moralisch ist, so bemächtigen sich doch so viel Beweisthümer, jeder von so großem Eindruck, seiner Seele, und die Speculation folgt ruhig mit einem gewissen Zutrauen einer Überzeugung, die schon Platz genommen hat. Schwerlich würde wohl jemand seine ganze Glückseligkeit auf die angemaßte Richtigkeit eines metaphysischen Beweises wagen, vornehmlich wenn ihm lebhafte sinnliche Überredungen entgegen ständen. Allein die Gewalt der Überzeugung, die hieraus erwächst, darum eben weil sie so sinnlich ist, ist auch so gesetzt und unerschütterlich, daß sie keine Gefahr von Schlußreden und Unterscheidungen besorgt und sich weit über die Macht spitzfündiger Einwürfe wegsetzt. Gleichwohl hat diese Methode ihre Fehler, die beträchtlich genug sind, ob sie zwar eigentlich nur dem Verfahren derjenigen zuzurechnen sind, die sich ihrer bedient haben.

1. Sie betrachtet alle Vollkommenheit, Harmonie und Schönheit der Natur als zufällig und als eine Anordnung durch Weisheit, da doch viele derselben mit nothwendiger Einheit aus den wesentlichsten Regeln der Natur abfließen. Das, was der Absicht der Physikotheologie hiebei am schädlichsten ist, besteht darin, daß sie diese Zufälligkeit der Naturvollkommenheit als höchstnöthig zum Beweise eines weisen Urhebers ansieht, daher alle nothwendige Wohlgereimtheiten der Dinge der Welt bei dieser Voraussetzung gefährliche Einwürfe werden.

Um sich von diesem Fehler zu überzeugen, merke man auf nachstehendes. Man sieht, wie die Verfasser nach dieser Methode geflissen sind, die an unzähligen Endabsichten reiche Producte des Pflanzen- und Thierreichs nicht allein der Macht des Ungefährs, sondern auch der mechanischen Nothwendigkeit nach allgemeinen Gesetzen der materialen Natur zu entreißen. Und hierin kann es ihnen auch nicht im mindesten schwer werden. Das Übergewicht der Gründe auf ihrer Seite ist gar zu sehr entschieden. Allein wenn sie sich von der organischen Natur zur unorganischen wenden, so beharren sie noch immer auf eben derselben Methode, allein sie finden sich daselbst fast jederzeit durch die veränderte Natur der Sachen in Schwierigkeiten befangen, denen sie nicht ausweichen können. Sie reden noch immer von der durch große Weisheit getroffenen Vereinbarung so vieler nützlichen Eigenschaften des Luftkreises, den Wolken, dem Regen, den Winden, der Dämmerung ꝛc. ꝛc., als wenn die Eigenschaft, wodurch die Luft zu Erzeugung der Winde auferlegt ist, mit derjenigen, wodurch sie Dünste aufzieht, oder wodurch sie in großen Höhen dünner wird, eben so vermittelst einer weisen Wahl wäre vereinigt worden, wie etwa bei einer Spinne die verschiedene Augen, womit sie ihrem Raube auflauert, mit den Warzen, woraus die Spinnenseide als durch Ziehlöcher gezogen wird, mit den feinen Klauen oder auch den Ballen ihrer Füße, dadurch sie sie zusammenklebt oder sich daran erhält, in einem Thiere verknüpft sind. In diesem letzteren Fall ist die Einheit bei allen verbundenen Nutzbarkeiten (als in welcher die Vollkommenheit besteht) offenbar zufällig und einer weisen Willkür beizumessen, da sie im Gegentheil im ersteren Fall nothwendig ist und, wenn nur eine Tauglichkeit von den erwähnten der Luft beigemessen wird, die andere unmöglich davon zu trennen ist. Eben dadurch, daß man keine andere Art die Vollkommenheit der Natur zu beurtheilen einräumt, als durch die Anstalt der Weisheit, so wird eine jede ausgebreitete Einheit, in so fern sie offenbar als nothwendig erkannt wird, einen gefährlichen Einwurf ausmachen. Wir werden bald sehen, daß nach unserer Methode aus einer solchen Einheit gleichwohl auch auf die göttliche Weisheit geschlossen wird, aber nicht so, daß sie von der weisen Wahl als ihrer Ursache, sondern von einem solchen Grunde in einem obersten Wesen hergeleitet wird, welcher zugleich ein Grund einer großen Weisheit in ihm sein muß, mithin wohl von einem weisen Wesen, aber nicht durch seine Weisheit.

2. Diese Methode ist nicht genugsam philosophisch und hat auch öfters die Ausbreitung der philosophischen Erkenntniß sehr gehindert. So bald eine Naturanstalt nützlich ist, so wird sie gemeiniglich unmittelbar aus der Absicht des göttlichen Willens, oder doch durch eine besonders durch Kunst veranstaltete Ordnung der Natur erklärt; entweder weil man einmal sich in den Kopf gesetzt hat, die Wirkungen der Natur gemäß ihren allgemeinsten Gesetzen könnten auf solche Wohlgereimtheit nicht auslaufen, oder wenn man einräumte, sie hätten auch solche Folgen, so würde dieses heißen die Vollkommenheit der Welt einem blinden Ungefähr zutrauen, wodurch der göttliche Urheber sehr würde verkannt werden. Daher werden in einem solchen Falle der Naturforschung Grenzen gesetzt. Die erniedrigte Vernunft steht gerne von einer weiteren Untersuchung ab, weil sie solche hier als Vorwitz ansieht, und das Vorurtheil ist desto gefährlicher, weil es den Faulen einen Vorzug vor dem unermüdeten Forscher giebt durch den Vorwand der Andacht und der billigen Unterwerfung unter den großen Urheber, in dessen Erkenntniß sich alle Weisheit vereinbaren muß. Man erzählt z. E. die Nutzen der Gebirge, deren es unzählige giebt, und

so bald man deren recht viel und unter diesen solche, die das menschliche Geschlecht nicht entbehren kann, zusammen gebracht hat, so glaubt man Ursache zu haben sie als eine unmittelbare göttliche Anstalt anzusehen. Denn sie als eine Folge aus allgemeinen Bewegungsgesetzen zu betrachten (weil man von diesen gar nicht vermuthet, daß sie auf schöne und nützliche Folgen sollten eine Beziehung haben, es müßte denn etwa von ungefähr sein), das würde ihrer Meinung nach heißen, einen wesentlichen Vortheil des Menschengeschlechts auf den blinden Zufall ankommen lassen. Eben so ist es mit der Betrachtung der Flüsse der Erde bewandt. Wenn man die physisch-theologischen Verfasser hört, so wird man dahin gebracht sich vorzustellen, ihre Laufrinnen wären alle von Gott ausgehöhlt. Es heißt auch nicht philosophiren: wenn man, indem man einen jeden einzelnen Berg oder jeden einzelnen Strom als eine besondere Absicht Gottes betrachtet, die nach allgemeinen Gesetzen nicht würde erreicht worden sein, wenn man, sage ich, alsdann sich diejenige Mittel ersinnt, deren besonderen Vorkehrung sich etwa Gott möchte bedient haben, um diese Individual-Wirkungen heraus zu bringen. Denn nach demjenigen, was in der dritten Betrachtung dieser Abtheilung gezeigt worden, ist dergleichen Product dennoch in so fern immer übernatürlich; ja, weil es nicht nach einer Ordnung der Natur (indem es nur als eine einzelne Begebenheit durch eigene Anstalten entstand) erklärt werden kann, so gründet sich ein solches Verfahren zu urtheilen auf eine verkehrte Vorstellung vom Vorzuge der Natur an sich selber, wenn sie auch durch Zwang auf einen einzelnen Fall sollte gelenkt werden müssen, welches nach aller unserer Einsicht als ein Mittel des Umschweifs und nicht als ein Verfahren der Weisheit kann angesehen werden.*) Als Newton durch untrügliche Beweise sich überzeugt hatte, daß der Erdkörper diejenige Figur habe, auf der alle durch den Drehungsschwung veränderte Richtungen der Schwere senkrecht ständen, so schloß er: die Erde sei im Anfange flüssig gewesen und habe nach den

---

*) Es wäre zu wünschen, daß in dergleichen Fällen, wo die Offenbarung Nachricht giebt, daß eine Weltbegebenheit ein außerordentliches, göttliches Verhältniß sei, der Vorwitz der Philosophen möchte gemäßigt werden ihre physische Einsichten auszukramen; denn sie thun der Religion gar keinen Dienst und machen es nur zweifelhaft, ob die Begebenheit nicht gar ein natürlicher Zufall sei; wie in demjenigen Fall, da man die Vertilgung des Heeres unter Sanherib dem Winde Samyel beimißt. Die Philosophie kommt hiebei gemeiniglich ins Gedränge, wie in der Whistonschen Theorie, die astronomische Kometenkenntniß zur Bibelerklärung zu gebrauchen.

Gesetzen der Statik vermittelst der Umdrehung gerade diese Gestalt angenommen. Er kannte so gut wie sonst jemand die Vortheile, die in der Kugelrundung eines Weltkörpers liegen, und auch die höchst nöthige Abplattung, um den nachtheiligen Folgen der Achsendrehung vorzubeugen. Dieses sind insgesammt Anordnungen, die eines weisen Urhebers würdig sind. Gleichwohl trug er kein Bedenken sie den nothwendigsten mechanischen Gesetzen als eine Wirkung beizumessen, und besorgte nicht, dabei den großen Regierer aller Dinge aus den Augen zu verlieren.

Es ist also auch sicher zu vermuthen, daß er nimmermehr in Ansehung des Baues der Planeten, ihrer Umläufe und der Stellung ihrer Kreise unmittelbar zu einer göttlichen Anstalt seine Zuflucht würde genommen haben, wenn er nicht geurtheilt hätte: daß hier ein mechanischer Ursprung unmöglich sei, nicht wegen der Unzulänglichkeit derselben zur Regelmäßigkeit und Ordnung überhaupt (denn warum besorgte er nicht diese Untauglichkeit in dem vorher erwähnten Falle?), sondern weil die Himmelsräume leer sind, und keine Gemeinschaft der Wirkungen der Planeten ineinander, ihre Kreise zu stellen, in diesem Zustande möglich ist. Wenn es ihm indessen beigefallen wäre zu fragen, ob sie denn auch jederzeit leer gewesen, und ob nicht wenigstens im allererften Zustande, da diese Räume vielleicht im Zusammenhange erfüllt waren, diejenige Wirkung möglich gewesen, deren Folgen sich seitdem erhalten haben, wenn er von dieser alleraltesten Beschaffenheit eine gegründete Vermuthung gehabt hätte, so kann man versichert sein, daß er auf eine der Philosophie geziemende Art in den allgemeinen mechanischen Gesetzen die Gründe von der Beschaffenheit des Weltbaues gesucht haben würde, ohne deßfalls in Sorgen zu sein, daß diese Erklärung den Ursprung der Welt aus den Händen des Schöpfers der Macht des Ungefährs überlieferte. Das berühmte Beispiel des Newton darf demnach nicht dem faulen Vertrauen zum Vorwande dienen, eine übereilte Berufung auf eine unmittelbare göttliche Anstalt für eine Erklärung in philosophischem Geschmacke auszugeben.

Überhaupt haben freilich unzählbare Anordnungen der Natur, da sie nach den allgemeinsten Gesetzen immer noch zufällig sind, keinen andern Grund als die weise Absicht desjenigen, der gewollt hat, daß sie so und nicht anders verknüpft werden sollten. Aber man kann nicht umgekehrt schließen: wo eine natürliche Verknüpfung mit demjenigen übereinstimmt, was einer weisen Wahl gemäß ist, da ist sie auch nach den allgemeinen

Wirkungsgesetzen der Natur zufällig und durch künstliche Fügung außerordentlich fest gesetzt worden. Es kann bei dieser Art zu denken sich öfters zutragen, daß die Zwecke der Gesetze, die man sich einbildet, unrichtig sind, und dann hat man außer diesem Irrthume noch den Schaden, daß man die wirkende Ursachen vorbeigegangen ist und sich unmittelbar an eine Absicht, die nur erdichtet ist, gehalten hat. Süßmilch hatte ehedem vermeint, den Grund, warum mehr Knäbchen als Mägdchen geboren werden, in dieser Absicht der Vorsehung zu finden, damit durch die größere Zahl derer vom Mannsgeschlechte der Verlust ergänzt werde, den dieses Geschlecht durch Krieg und gefährlichere Arten des Gewerbes vor dem andern erleidet. Allein durch spätere Beobachtungen wurde eben dieser sorgfältige und vernünftige Mann belehrt: daß dieser Überschuß der Knäbchen in den Jahren der Kindheit durch den Tod so weggenommen werde, daß noch eine geringere Zahl männlichen als die des weiblichen Geschlechts in die Jahre gelangen, wo die vorher erwähnte Ursachen allererst Gründe des Verlusts enthalten können. Man hat Ursache zu glauben, daß diese Merkwürdigkeit ein Fall sei, der unter einer viel allgemeinern Regel stehen mag, nämlich daß der stärkere Theil der Menschenarten auch einen größeren Antheil an der Zeugungsthätigkeit habe, um in den beiderseitigen Producten seine eigene Art überwiegend zu machen, daß aber dagegen, weil mehr dazu gehört, daß etwas, welches die Grundlage zu größerer Vollkommenheit hat, auch in der Ausbildung alle zu Erreichung derselben gehörige Umstände antreffe, eine größere Anzahl derer von minder vollkommener Art den Grad der Vollständigkeit erreichen werde, als derjenigen, zu deren Vollständigkeit mehr Zusammentreffung von Gründen erfordert wird. Es mag aber mit dieser Regel eine Beschaffenheit haben, welche es wolle, so kann man hiebei wenigstens die Anmerkung machen: daß es die Erweiterung der philosophischen Einsicht hindere, sich an die moralische Gründe, das ist, an die Erläuterung aus Zwecken, zu wenden, da wo es noch zu vermuthen ist, daß physische Gründe durch eine Verknüpfung mit nothwendigen allgemeineren Gesetzen die Folge bestimmen.

3. Diese Methode kann nur dazu dienen, einen Urheber der Verknüpfungen und künstlichen Zusammenfügungen der Welt, aber nicht der Materie selbst und den Ursprung der Bestandtheile des Universum zu beweisen. Dieser beträchtliche Fehler muß alle diejenige, die sich ihrer allein bedienen, in Gefahr desjenigen Irrthums lassen, den man den feineren Atheismus nennt, und nach welchem Gott im eigentlichen Verstande als

ein Werkmeister und nicht als ein Schöpfer der Welt, der zwar die Materie geordnet und geformt, nicht aber hervorgebracht und erschaffen hat, angesehen werde. Da ich diese Unzulänglichkeit in der nächsten Betrachtung erwägen werde, so begnüge ich mich sie hier nur angemerkt zu haben.

Übrigens bleibt die gedachte Methode jederzeit eine derjenigen, die sowohl der Würde als auch der Schwäche des menschlichen Verstandes am meisten gemäß sind. Es sind in der That unzählbare Anordnungen in der Natur, deren nächster Grund eine Endabsicht ihres Urhebers sein muß, und es ist der leichteste Weg, der auf ihn führt, wenn man diejenige Anstalten erwägt, die seiner Weisheit unmittelbar untergeordnet sind. Daher ist es billig seine Bemühungen vielmehr darauf zu wenden sie zu ergänzen als anzufechten, ihre Fehler zu verbessern als sie um deswillen geringschätzig zu halten. Die folgende Betrachtung soll sich mit dieser Absicht beschäftigen.

Sechste Betrachtung.
Verbesserte Methode der Physikotheologie.

1.
Ordnung und Anständigkeit, wenn sie gleich nothwendig ist, bezeichnet einen verständigen Urheber.

Es kann nichts dem Gedanken von einem göttlichen Urheber des Universum nachtheiliger und zugleich unvernünftiger sein, als wenn man bereit ist eine große und fruchtbare Regel der Anständigkeit, Nutzbarkeit und Übereinstimmung dem ungefähren Zufall beizumessen; dergleichen das Clinamen der Atomen in dem Lehrgebäude des Demokritus und Epikurs war. Ohne daß ich mich bei der Ungereimtheit und vorsetzlichen Verblendung dieser Art zu urtheilen verweile, da sie genugsam von andern ist augenscheinlich gemacht worden, so bemerke ich dagegen: daß die wahrgenommene Nothwendigkeit in Beziehung der Dinge auf regelmäßige Verknüpfungen und der Zusammenhang nützlicher Gesetze mit einer nothwendigen Einheit eben sowohl als die zufälligste und willkürlichste Anstalt einen Beweisthum von einem weisen Urheber abgebe; obgleich die Abhängigkeit von ihm in diesem Gesichtspunkte auf andere Art muß vorgestellt werden. Um dieses gehörig einzusehen, so merke ich an: daß die Ordnung und vielfältige vortheilhafte Zusammenstimmung überhaupt einen verständigen Urheber bezeichnet, noch ehe man daran benkt, ob diese Beziehung den Dingen nothwendig oder zufällig sei. Nach den Urtheilen der gemeinen gesunden Vernunft hat die Abfolge der Weltveränderungen, oder diejenige Verknüpfung, an deren Stelle eine andere möglich war, ob sie gleich einen klaren Beweisgrund der Zufälligkeit an die Hand giebt, wenig Wirkung, dem Verstande die Vermuthung eines Urhebers zu veranlassen. Es wird dazu Philosophie erfordert, und selbst deren Gebrauch ist in diesem Falle verwickelt und schlüpferig. Dagegen macht große Regelmäßigkeit und Wohlgereimtheit in einem vielstimmichten Harmonischen stutzig, und die gemeine Vernunft selbst kann sie ohne einen verständigen Urheber nimmer möglich finden. Die eine Regel der Anständigkeit mag in der andern schon wesentlich liegen, oder willkürlich damit verbunden sein, so findet man es gerade zu unmöglich, daß Ordnung und Regelmäßigkeit entweder von Ungefähr, oder auch unter viel Dingen, die ihr verschiedenes Dasein haben, so von selbst sollte statt finden, denn nimmermehr ist ausgebreitete Harmonie ohne einen verständigen Grund ihrer Möglichkeit nach zureichend gegeben. Und hier äußert sich alsbald ein großer Unterschied zwischen der Art, wie man die Vollkommenheit ihrem Ursprunge nach zu beurtheilen habe.

2.

Nothwendige Ordnung der Natur bezeichnet selbst einen Urheber der Materie, die so geordnet ist.

Die Ordnung in der Natur, in so fern sie als zufällig und aus der Willkür eines verständigen Wesens entspringend angesehen wird, ist gar kein Beweis davon, daß auch die Dinge der Natur, die in solcher Ordnung nach Weisheit verknüpft sind, selbst von diesem Urheber ihr Dasein haben. Denn lediglich diese Verbindung ist so bewandt, daß sie einen verständigen Plan voraussetzt, daher auch Aristoteles und viele andere Philosophen des Alterthums nicht die Materie oder den Stoff der Natur, sondern nur die Form von der Gottheit herleiteten. Vielleicht nur seit der Zeit, als uns die Offenbarung eine vollkommene Abhängigkeit der Welt von Gott gelehrt hat, hat auch allererst die Weltweisheit die gehörige Bemühung daran gewandt, den Ursprung der Dinge selbst, die den rohen Zeug der Natur ausmachen, als so etwas zu betrachten, was ohne einen Urheber nicht möglich sei. Ich zweifle, daß es jemanden hiemit gelungen sei, und ich werde in der letzten Abtheilung Gründe meines Urtheils anführen. Zum mindesten kann die zufällige Ordnung der Theile der Welt, in so fern sie einen Ursprung aus Willkür anzeigt, gar nichts zum Beweise davon beitragen. Z. E. An dem Bau eines Thiers sind Gliedmaßen der sinnlichen Empfindung mit denen der willkürlichen Bewegung und der Lebenstheile so künstlich verbunden, daß man boshaft sein muß (denn so unvernünftig kann ein Mensch nicht sein), so bald man darauf geführt wird einen weisen Urheber zu verkennen, der die Materie, daraus ein thierischer Körper zusammen gesetzt ist, in so vortreffliche Ordnung gebracht hat. Mehr folgt hieraus gar nicht. Ob diese Materie für sich ewig und unabhängig, oder auch von eben demselben Urheber hervorgebracht sei, das ist darin gar nicht entschieden. Ganz anders aber fällt das Urtheil aus, wenn man wahrnimmt, daß nicht alle Naturvollkommenheit künstlich, sondern Regeln von großer Nutzbarkeit auch mit nothwendiger Einheit verbunden sind, und diese Vereinbarung in den Möglichkeiten der Dinge selbst liegt. Was soll man bei dieser Wahrnehmung urtheilen? Ist diese Einheit, diese fruchtbare Wohlgereimtheit ohne Abhängigkeit von einem weisen Urheber möglich? Das Formale so großer und vielfältiger Regelmäßigkeit verbietet dieses. Weil indessen diese Einheit gleichwohl selbst in den Möglichkeiten der Dinge gegründet ist, so muß ein weises Wesen sein, ohne welches alle diese Naturdinge selbst nicht möglich sind, und in welchem als einem großen Grunde sich die Wesen so mancher Naturdinge zu so regelmäßigen Beziehungen vereinbaren. Alsdann aber ist klar, daß nicht allein die Art der Verbindung, sondern die Dinge selbst nur durch dieses Wesen möglich sind, das ist, nur als Wirkungen von ihm existieren können, welches die völlige Abhängigkeit der Natur von Gott allererst hinreichend zu erkennen giebt. Fragt man nun: wie hängen diese Naturen von solchem Wesen ab, damit ich daraus die Übereinstimmung mit den Regeln der Weisheit verstehen könne? Ich antworte: sie hängen von demjenigen in diesem Wesen ab, was, indem es den Grund der Möglichkeit der Dinge enthält, auch der Grund seiner eigenen Weisheit ist; denn diese setzt überhaupt jene voraus.*) Bei dieser Einheit aber des

---

*) Die Weisheit setzt voraus: daß Übereinstimmung und Einheit in den Beziehungen möglich sei. Dasjenige Wesen, welches von völlig unabhängiger Natur ist, kann nur weise sein, in so fern in ihm Gründe, selbst solcher möglichen Harmonie und Vollkommenheiten, die seiner Ausführung sich darbieten, enthalten sind. Wäre in den Möglichkeiten der Dinge keine solche Beziehung auf Ordnung und Vollkommen-

Grundes sowohl des Wesens aller Dinge, als der Weisheit, Güte und Macht ist es nothwendig: daß alle Möglichkeit mit diesen Eigenschaften harmonire.

3.
Regeln der verbesserten Methode der Physikotheologie.

Ich fasse sie in folgendem kurz zusammen: Durch das Zutrauen auf die Fruchtbarkeit der allgemeinen Naturgesetze wegen ihrer Abhängigkeit vom göttlichen Wesen geleitet, suche man

1. Die Ursache selbst der vortheilhaftesten Verfassungen in solchen allgemeinen Gesetzen, die mit einer nothwendigen Einheit außer andern anständigen Folgen auch auf die Hervorbringung dieser Wirkungen in Beziehung stehen.

2. Man bemerke das Nothwendige in dieser Verknüpfung verschiedener Tauglichkeiten in einem Grunde, weil sowohl die Art, um daraus auf die Abhängigkeit von Gott zu schließen, von derjenigen verschieden ist, welche eigentlich die künstliche und gewählte Einheit zum Augenmerk hat, als auch um den Erfolg nach beständigen und nothwendigen Gesetzen vom ungefähren Zufall zu unterscheiden.

3. Man vermuthe nicht allein in der unorganischen, sondern auch der organisierten Natur eine größere nothwendige Einheit, als so gerade zu in die Augen fällt. Denn selbst im Baue eines Thieres ist zu vermuthen: daß eine einzige Anlage eine fruchtbare Tauglichkeit zu viel vortheilhaften Folgen haben werde, wozu wir anfänglich vielerlei besondere Anstalten nöthig finden möchten. Diese Aufmerksamkeit ist sowohl der Philosophie sehr gemäß, als auch der physisch-theologischen Folgerung vortheilhaft.

4. Man bediene sich der offenbar künstlichen Ordnung, um daraus auf die Weisheit eines Urhebers als einen Grund, der wesentlichen und nothwendigen Einheit aber in den Naturgesetzen, um daraus auf ein weises Wesen als einen Grund, aber nicht vermittelst seiner Weisheit, sondern vermöge desjenigen in ihm, was mit dieser harmoniren muß, zu schließen.

5. Man schließe aus den zufälligen Verbindungen der Welt auf den Urheber der Art, wie das Universum zusammengefügt ist, von der

---

heit befindlich, so wäre Weisheit eine Chimäre. Wäre aber diese Möglichkeit in dem weisen Wesen nicht selbst gegründet, so könnte diese Weisheit nimmermehr in aller Absicht unabhängig sein.

nothwendigen Einheit aber auf eben dasselbe Wesen als einen Urheber sogar der Materie und des Grundstoffes aller Naturdinge.

6. Man erweitere diese Methode durch allgemeine Regeln, welche die Gründe der Wohlgereimtheit desjenigen, was mechanisch oder auch geometrisch nothwendig ist, mit dem Besten des Ganzen können verständlich machen, und verabsäume nicht, selbst die Eigenschaften des Raumes in diesem Gesichtspunkte zu erwägen und aus der Einheit in dem großen Mannigfaltigen desselben den nämlichen Hauptbegriff zu erläutern.

4.

Erläuterung dieser Regeln.

Ich will einige Beispiele anführen, um die gedachte Methode verständlicher zu machen. Die Gebirge der Erde sind eine der nützlichsten Verfassungen auf derselben, und Burnet, der sie für nichts Bessers, als eine wilde Verwüstung zur Strafe unserer Sünde ansieht, hat ohne Zweifel Unrecht. Nach der gewöhnlichen Methode der Physikotheologie werden die ausgebreitete Vortheile dieser Bergstrecken erzählt, und darauf werden sie als eine göttliche Anstalt durch große Weisheit um so vielfältig abgezielter Nutzen willen angesehen. Nach einer solchen Art zu urtheilen wird man auf die Gedanken gebracht: daß allgemeine Gesetze ohne eine eigene künstliche Anordnung auf diesen Fall eine solche Gestalt der Erdfläche nicht zuwege gebracht hätten, und die Berufung auf den allmächtigen Willen gebietet der forschenden Vernunft ein ehrerbietiges Schweigen. Dagegen ist nach einer besser unterwiesenen Denkungsart der Nutze und die Schönheit dieser Naturanstalt gar kein Grund, die allgemeine und einfältige Wirkungsgesetze der Materie vorbei zu gehen, um diese Verfassung nicht als eine Nebenfolge derselben anzusehen. Es möchte vielleicht schwer auszumachen sein: ob die Kugelfigur der Erde überhaupt nicht von noch beträchtlicherem Vortheile und wichtigern Folgen sei, als diejenigen Unebenheiten, die ihre Oberfläche von dieser abgemessenen Rundung etwas abweichen machen. Gleichwohl findet kein Philosoph einiges Bedenken sie als eine Wirkung der allgemeinsten statischen Gesetze in der allerältesten Epoche der Welt anzusehen. Warum sollten die Ungleichheiten und Hervorragungen nicht auch zu solchen natürlichen und ungekünstelten Wirkungen gehören? Es scheint: daß bei einem jeden großen Weltkörper der Zustand, da er aus der Flüssigkeit in die Festigkeit allmählig übergeht, sehr nothwendig mit der Erzeugung weitläuftiger Höhlen verbunden sei, die sich unter seiner schon gehärteten Rinde finden müssen, wenn die leichtesten Materien seines inwendigen, noch flüssigen Klumpens, darunter auch die Luft ist, mit allmähliger Absonderung unter diesen empor steigen, und daß, da die Weitläuftigkeit dieser Höhlen ein Verhältniß zu der Größe des Weltkörpers haben muß, die Einsinkungen der festen Gewölbe eben so weit ausgebreitet sein werden. Selbst eine Art von Regelmäßigkeit, wenigstens die Kettenreihe dieser Unebenheiten, darf bei einer solchen Erzeugungsart nicht fremd und unerwartet scheinen. Denn man weiß, daß das Aufsteigen der leichten Arten in einem großen Gemische an einem Orte einen Einfluß auf die nämliche Bewegung in dem benachbarten Theile des Gemengsels habe. Ich halte mich bei dieser Erklärungsart nicht lange auf, wie ich denn allhier keine Absicht habe, einige Ergebenheit in Ansehung derselben zu bezeigen, sondern nur eine kleine Erläuterung der Methode zu urtheilen durch dieselbe darzulegen.

Das ganze feste Land der Erde ist mit den Laufrinnen der Ströme als mit Furchen auf eine sehr vortheilhafte Art durchzogen. Es sind aber auch so viel Unebenheiten, Thäler und flache Gegenden auf allem festen Lande: daß es beim ersten Anblick scheint nothwendig zu sein, daß die Kanäle, darin die Wasser derselben rinnen, besonders gebauet und geordnet sein müssen, widrigenfalls nach der Unregelmäßigkeit alles übrigen Bodens die von den Höhen laufende Wasser weit und breit ausschweifen, viele Flächen überschwemmen, in Thälern Seen machen und das Land eher wild und unbrauchbar als schön und wohlgeordnet machen müßten. Wer wird nicht hier einen großen Anschein zu einer nöthigen außerordentlichen Veranstaltung gewahr? Indessen würde aller Naturforschung über die Ursache der Ströme durch eine angenommene übernatürliche Anordnung ein Ende gemacht werden. Weil ich mich hingegen diese Art der Regelmäßigkeit nicht irre machen lasse und nicht sogleich ihre Ursache außer dem Bezirk allgemeiner mechanischer Gesetze erwarte, so folge ich der Beobachtung, um daraus etwas auf die Erzeugungsart dieser Ströme abzunehmen. Ich werde gewahr: daß viele Fluthbetten der Ströme sich noch bis jetzt ausbilden, und daß sie ihre eigene Ufer erhöhen, bis sie das umliegende Land nicht mehr so sehr wie ehedem überschwemmen. Ich werde gewiß, daß alle Ströme vor Alters wirklich so ausgeschweift haben, als wir besorgten, daß sie es ohne eine außerordentliche Anstalt thun müßten, und ich nehme daraus ab, daß keine solche außerordentliche Einrichtung jemals vorgegangen sei. Der Amazonenstrom zeigt in einer Strecke von einigen hundert Meilen deutliche Spuren, daß er ehedem kein eingeschränktes Fluthbette gehabt, sondern weit und breit das Land überschwemmt haben müsse; denn das Erdreich zu beiden Seiten ist bis in große Weiten flach wie ein See und besteht aus Flußschlamm, wo ein Kiesel eben so selten ist wie ein Demant. Eben dasselbe findet man beim Missisippi. Und überhaupt zeigen der Nil und andere Ströme, daß diese Kanäle mit der Zeit viel weiter verlängert worden, und da wo der Strom seinen Ausfluß zu haben schien, weil er sich nahe zur See über den flachen Boden ausbreitete, bauet er allmählich seine Laufrinne aus und fließt weiter in einem verlängerten Fluthbette. Alsdann aber, nachdem ich durch Erfahrungen auf die Spur gebracht worden, glaube ich die ganze Mechanik von der Bildung der Fluthrinnen aller Ströme auf folgende einfältige Gründe bringen zu können. Das von den Höhen laufende Quell- oder Regenwasser ergoß sich anfänglich nach dem Abhang des Bodens unregelmäßig, füllte manche Thäler an und breitete sich über manche flache Gegenden aus. Allein in demjenigen Striche, wo irgend der Zug des Wassers am schnellsten war, konnte es der Geschwindigkeit wegen seinen Schlamm nicht so wohl absetzen, den es hergegen zu beiden Seiten viel häufiger fallen ließ. Dadurch wurden die Ufer erhöht, indessen daß der stärkste Zug des Wassers seine Rinne erhielt. Mit der Zeit, als der Zufluß des Wassers selber geringer wurde (welches in der Folge der Zeit endlich geschehen mußte aus Ursachen, die den Kennern der Geschichte der Erde bekannt sind), so überschritt der Strom diejenige Ufer nicht mehr, die er sich selbst aufgeführt hatte, und aus der wilden Unordnung entsprang Regelmäßigkeit und Ordnung. Man sieht offenbar, daß dieses noch bis auf diese Zeit, vornehmlich bei den Mündungen der Ströme, die ihre jüngsten Theile sind, vorgeht, und gleichwie nach diesem Plane das Absetzen des Schlammes nahe bei den Stellen, wo der Strom anfangs seine neue Ufer überschritt, häufiger als weiter davon geschehen mußte, so wird man auch noch gewahr, daß wirklich an vielen Orten, wo ein Strom durch flache Gegenden läuft, sein Rinnsal höher liegt als die umliegende Ebenen.

Es giebt gewisse allgemeine Regeln, nach denen die Wirkungen der Natur geschehen, und die einiges Licht in der Beziehung der mechanischen Gesetze auf Ordnung und Wohlgereimtheit geben können, deren eine ist: die Kräfte der Bewegung und des Widerstandes wirken so lange auf einander, bis sie sich die mindeste Hinderniß leisten. Die Gründe dieses Gesetzes lassen sich sehr leicht einsehen; allein die Beziehung, die dessen Folge auf Regelmäßigkeit und Vortheil hat, ist bis zur Bewunderung weitläuftig und groß. Die Epicykloide, eine algebraische Krümmung, ist von dieser Natur: daß Zähne und Getriebe, nach ihr abgerundet, die mindest mögliche Reibung an einander erleiden. Der berühmte Herr Prof. Kästner erwähnt an einem Orte: daß ihm von einem erfahrnen Bergwerksverständigen an den Maschinen, die lange im Gebrauche gewesen, gezeigt worden, daß sich wirklich diese Figur endlich durch lange Bewegung abschleife; eine Figur, die eine ziemlich verwickelte Construction zum Grunde hat, und die mit aller ihrer Regelmäßigkeit eine Folge von einem gemeinen Gesetze der Natur ist.

Um etwas aus den schlechten Naturwirkungen anzuführen, was, indem es unter dem eben erwähnten Gesetze steht, um deswillen einen Ausschlag auf Regelmäßigkeit an sich zeigt, führe ich eine von den Wirkungen der Flüsse an. Es ist wegen der großen Verschiedenheiten des Abschusses aller Gegenden des festen Landes sehr zu erwarten, daß die Ströme, die auf diesem Abhange laufen, hin und wieder steile Stürze und Wasserfälle haben würden, deren auch wirklich einige, obzwar selten, vorkommen und eine große Unregelmäßigkeit und Unbequemlichkeit enthalten. Allein es fällt leicht in die Augen: daß, wenn gleich (wie zu vermuthen) in dem ersten verwilderten Zustande dergleichen Wasserfälle häufig waren, dennoch die Gewalt des Absturzes das lockere Erdreich, ja selbst einige noch nicht genugsam gehärtete Felsarten werde eingegraben und weggewaschen haben, bis der Strom seinen Rinnsal zu einem ziemlich gleichförmichten Abhang gesenkt hatte, daher, wo auch noch Wasserfälle sind, der Boden felsicht ist und in sehr viel Gegenden der Strom zwischen zwei steil abgeschnittenen Ufern läuft, wozwischen er sein tiefliegendes Bette vermuthlich selbst eingeschnitten hat. Man findet es sehr nützlich, daß fast alle Ströme in dem größten Theile ihres Laufes einen gewissen Grad Geschwindigkeit nicht überschreiten, der ziemlich mäßig ist und wodurch sie schiffbar sind. Obgleich nun dieses im Anfange von der so sehr verschiedenen Abschießigkeit des Bodens, worüber sie laufen, kaum allein ohne besondere Kunst zu erwarten stände, so läßt sich doch leichtlich erachten, daß mit der Zeit ein gewisser Grad der Schnelligkeit sich von selbst habe finden müssen, den sie nicht leichtlich übertreffen können, der Boden des Landes mag abschießig sein, wie er will, wenn er nur locker ist. Denn sie werden ihn so lange abspühlen, sich hineinarbeiten und ihr Bette an einigen Orten senken, an andern erhöhen, bis dasjenige, was sie vom Grunde fortreißen, wenn sie angeschwollen sind, demjenigen, was sie in den Zeiten der trägeren Bewegung fallen lassen, ziemlich gleich ist. Die Gewalt wirkt hier so lange, bis sie sich selbst zum gemäßigtern Grade gebracht hat, und bis die Wechselwirkung des Anstoßes und des Widerstandes zur Gleichheit ausgeschlagen ist.

Die Natur bietet unzählige Beispiele von einer ausgebreiteten Nutzbarkeit einer und eben derselben Sache zu einem vielfältigen Gebrauche dar. Es ist sehr verkehrt diese Vortheile sogleich als Zwecke und als diejenigen Erfolge anzusehen, welche die Bewegungsgründe enthielten, weswegen die Ursachen derselben durch göttliche Willkür in der Welt angeordnet würden. Der Mond schafft unter andern Vortheilen auch diesen, daß Ebbe und Fluth Schiffe auch wider oder ohne Winde vermittelst der Ströme in den Straßen und nahe beim festen Lande in Bewegung setzen. Vermittelst seiner und der Jupiters-Trabanten findet man die Länge des Meers. Die Producte aus allen Naturreichen haben ein jedes eine große Nutzbarkeit, wovon man einige auch zum Gebrauche macht. Es ist eine widersinnige Art zu urtheilen, wenn man, wie es gemeiniglich geschieht, diese alle zu den Bewegungsgründen der göttlichen Wahl zählt und sich wegen des Vortheils der Jupitersmonde auf die weise Anstalt des Urhebers beruft, die den Menschen dadurch ein Mittel die Länge der Örter zu bestimmen hat an die Hand geben wollen. Man hüte sich, daß man die Spötterei eines Voltaire nicht mit Recht auf sich ziehe, der in einem ähnlichen Tone sagt: sehet da, warum wir Nasen haben; ohne Zweifel damit wir Brillen darauf stecken könnten. Durch die göttliche Willkür wird noch nicht genugsamer Grund angegeben, weswegen eben dieselbe Mittel, die einen Zweck zu erreichen allein nöthig wären, noch in so viel anderer Beziehung vortheilhaft seien. Diejenige bewundernswürdige Gemeinschaft, die unter den Wesen alles Erschaffenen herrscht, daß ihre Naturen einander nicht fremd sind, sondern, in vielfacher Harmonie verknüpft, sich zu einander von selbst schicken und eine ausgebreitete nothwendige Vereinbarung zur gesammten Vollkommenheit in ihren Wesen enthalten, das ist der Grund so mannigfaltiger Nutzbarkeiten, die man nach unserer Methode als Beweisthümer eines höchst weisen Urhebers, aber nicht in allen Fällen als Anstalten, die durch besondere Weisheit mit den übrigen um der besondern Nebenvortheile willen verbunden worden, ansehen kann. Ohne Zweifel sind die Bewegungsgründe, weswegen Jupiter Monde haben sollte, vollständig, wenn gleich niemals durch die Erfindung der Sehrohre dieselbe zu Messung der Länge genutzt würden. Diese Nutzen, die als Nebenfolgen anzusehen sind, kommen gleichwohl mit in Anschlag, um die unermeßliche Größe des Urhebers aller Dinge daraus abzunehmen. Denn sie sind nebst Millionen anderen ähnlicher Art Beweisthümer von der großen Kette, die selbst in den Möglichkeiten der Dinge die Theile der Schöpfung vereinbart, die einander nichts anzugehen scheinen; denn sonst kann man auch nicht allemal die Nutzen, die der Erfolg einer freiwilligen Anstalt nach sich zieht und die der Urheber kennt und in seinem Rathschlusse mit befaßt, um deswillen zu den Bewegungsgründen solcher Wahl zählen, wenn diese nämlich auch unangesehen solcher Nebenfolgen schon vollständig waren. Ohne Zweifel hat das Wasser darum nicht die Natur sich wagrecht zu stellen, damit man sich darin spiegeln könne. Dergleichen beobachtete Nutzbarkeiten können, wenn man mit Vernunft urtheilen will, nach der eingeschränkten physischtheologischen Methode, die im Gebrauche ist, gar nicht zu der Absicht, die man hier vor Augen hat, genutzt werden. Nur einzig und allein der Zusatz, den wir ihr zu geben gesucht haben, kann solche gesammelte Beobachtungen zu Gründen der wichtigen Folgerung auf die allgemeine Unterordnung aller Dinge unter ein höchst weises Wesen tüchtig machen. Erweitert eure Absichten, so viel ihr könnt, über die unermeßliche Nutzen, die ein Geschöpf in tausendfacher Beziehung wenigstens der Möglichkeit nach darbietet (der einzige Kokosbaum schafft dem Indianer unzählige), verknüpfet in dergleichen Beziehungen die entlegensten Glieder der Schöpfung mit einander. Wenn ihr die Producte der unmittelbar künstlichen Anstalten geziemend bewundert habt, so unterlasset nicht, auch in dem ergötzenden Anblick der fruchtbaren Beziehung, die die Möglichkeiten der erschaffenen Dinge auf durchgängige Harmonie haben, und der ungekünstelten Abfolge so mannigfaltiger Schönheit, die sich von selbst darbietet, diejenige Macht zu bewundern und anzubeten, in deren ewigen Grundquelle die Wesen der Dinge zu einem vortrefflichen Plane gleichsam bereit darliegen.

Ich merke im Vorübergehen an, daß das große Gegenverhältniß, das unter den Dingen der Welt in Ansehung des häufigen Anlasses, den sie zu Ähnlichkeiten, Analogien, Parallelen und, wie man sie sonst nennen will, geben, nicht so ganz flüchtig verdient übersehen zu werden. Ohne mich bei dem Gebrauch, den dieses auf Spiele des Witzes hat und der, mehrentheils nur eingebildet ist, aufzuhalten, liegt hierin noch für den

2. Abth. 6. Betr. Verbesserte Methode der Physikotheologie.

Philosophen ein, wie mir dünkt, wichtiger Gegenstand des Nachdenkens verborgen, wie solche Übereinkunft sehr verschiedener Dinge in einem gewissen gemeinschaftlichen Grunde der Gleichförmigkeit so groß und weitläuftig und doch zugleich so genau sein könne. Diese Analogien sind auch sehr nöthige Hülfsmittel unserer Erkenntniß, die Mathematik selber liefert deren einige. Ich enthalte mich Beispiele anzuführen, denn es ist zu besorgen, daß nach der verschiedenen Art, wie dergleichen Ähnlichkeiten empfunden werden, sie nicht dieselbe Wirkung über jeden andern Verstand haben möchten, und der Gedanke, den ich hier einstreue, ist ohnedem unvollendet und noch nicht genugsam verständlich.

Wenn man fragen sollte, welches denn der Gebrauch sei, den man von der großen Einheit in den mancherlei Verhältnissen des Raumes, welche der Meßkünstler erforscht, machen könnte, so vermuthe ich, daß allgemeine Begriffe von der Einheit der mathematischen Objecte auch die Gründe der Einheit und Vollkommenheit in der Natur könnten zu erkennen geben. Z. E. Es ist unter allen Figuren die Cirkelfigur diejenige, darin eben der Umkreis den größt möglichen Raum beschließt, den ein solcher Umfang nur befassen kann, darum nämlich, weil eine genaue Gleichheit in dem Abstande dieser Umgränzung von einem Mittelpunkte darin durchgängig herrscht. Wenn eine Figur durch gerade Linien soll eingeschlossen werden, so kann die größt mögliche Gleichheit in Ansehung des Abstandes derselben vom Mittelpunkte nur statt finden, wenn nicht allein die Entfernungen der Winkelpunkte von diesem Mittelpunkte untereinander, sondern auch die Perpendikel aus diesem auf die Seiten einander völlig gleich sind. Daraus wird nun ein regelmäßiges Polygon, und es zeigt sich durch die Geometrie, daß mit eben demselben Umkreise ein anderes Polygon von eben der Zahl Seiten jederzeit einen kleinern Raum einschließen würde als das reguläre. Noch ist eine und zwar die einfachste Art der Gleichheit in dem Abstande von einem Mittelpunkte möglich, nämlich wenn blos die Entfernung der Winkelpunkte des Vielecks von demselben Mittelpunkte durchgängig gleich ist, und da zeigt sich, daß ein jedes irreguläre Polygon, welches im Cirkel stehen kann, den größten Raum einschließt unter allen, der von eben denselben Seiten nur immer kann beschlossen werden. Außer diesem ist zuletzt dasjenige Polygon, in welchem noch überdem die Größe der Seite dem Abstande des Winkelpunkts vom Mittelpunkte gleich ist, das ist, das regelmäßige Sechseck, unter allen Figuren überhaupt diejenige, die mit dem kleinsten Umfange den größten Raum so einschließt, daß sie zugleich, äußerlich mit anderen gleichen Figuren zusammengesetzt, keine Zwischenräume übrig läßt. Es bietet sich hier sehr bald diese Bemerkung dar, daß das Gegenverhältniß des Größten und Kleinsten im Raume auf die Gleichheit ankomme. Und da die Natur sonst viel Fälle einer nothwendigen Gleichheit an die Hand giebt, so können die Regeln, die man aus den gedachten Fällen der Geometrie in Ansehung des allgemeinen Grundes solches Gegenverhältnisses des Größten und Kleinsten zieht, auch auf die nothwendige Beobachtung des Gesetzes der Sparsamkeit in der Natur angewandt werden. In den Gesetzen des Stoßes ist in so fern jederzeit eine gewisse Gleichheit nothwendig: daß nach dem Stoße, wenn sie unelastisch sind, beider Körper Geschwindigkeit jederzeit gleich sei, daß, wenn sie elastisch sind, beide durch die Federkraft immer gleich gestoßen werden und zwar mit einer Kraft, womit der Stoß geschah, daß der Mittelpunkt der Schwere beider Körper durch den Stoß in seiner Ruhe oder Bewegung gar nicht verändert wird 2c. 2c. Die Verhältnisse des Raums sind so unendlich mannigfaltig und verstatten gleichwohl eine so gewisse Erkenntniß und klare Anschauung, daß, gleichwie sie schon öfters zu Symbolen der Erkenntnisse von ganz anderer Art vortrefflich gedient haben (z. E. die Erwartungen in den Glücksfällen auszudrücken), also auch Mittel an die Hand geben können, die Regeln der Vollkommenheit in natürlich nothwendigen Wirkungsgesetzen, in so fern sie auf Verhältnisse ankommen, aus den einfachsten und allgemeinsten Gründen zu erkennen.

Ehe ich diese Betrachtung beschließe, will ich alle verschiedene Grade der philosophischen Erklärungsart der in der Welt vorkommenden Erscheinungen der Vollkommenheit, in so fern man sie insgesammt unter Gott betrachtet, anführen, indem ich von derjenigen Art zu urtheilen anfange, wo die Philosophie sich noch verbirgt, und bei derjenigen endige, wo sie ihre größte Bestrebung zeigt. Ich rede von der Ordnung, Schönheit und Anständigkeit, in so fern sie der Grund ist, die Dinge der Welt auf eine der Weltweisheit anständige Art einem göttlichen Urheber unter zu ordnen.

Erstlich, man kann eine einzelne Begebenheit in dem Verlaufe der Natur als etwas unmittelbar von einer göttlichen Handlung Herrührendes ansehen, und die Philosophie hat hier kein ander Geschäfte als nur einen Beweisgrund dieser außerordentlichen Abhängigkeit anzuzeigen.

Zweitens, man betrachtet eine Begebenheit der Welt als eine, worauf als auf einen einzelnen Fall die Mechanik der Welt von der

2. Abth. 6. Betr. Verbesserte Methode der Physikotheologie. 135

Schöpfung her besonders abgerichtet war, wie z. E. die Sündfluth nach dem Lehrgebäude verschiedener Neuern. Alsdann ist aber die Begebenheit nicht weniger übernatürlich. Die Naturwissenschaft, wovon die gedachte Weltweise hiebei Gebrauch machen, dient nur dazu ihre eigene Geschicklichkeit zu zeigen und etwas zu ersinnen, was sich etwa nach allgemeinen Naturgesetzen eräugnen könnte, und dessen Erfolg auf die vorgegebene außerordentliche Begebenheit hinausliefe. Denn sonst ist ein solches Verfahren der göttlichen Weisheit nicht gemäß, die niemals darauf abzielt mit unnützer Kunst zu prahlen, welche man selbst an einem Menschen tadeln würde, der, wenn ihn z. E. nichts abhielte eine Kanone unmittelbar abzufeuern, ein Feuerschloß mit einem Uhrwerk anbringen wollte, wodurch sie in dem gesetzten Augenblick durch mechanische sinnreiche Mittel losbrennen sollte.

Drittens, wenn gewisse Stücke der Natur als eine von der Schöpfung her daurende Anstalt, die unmittelbar von der Hand des großen Werkmeisters herrührt, angesehen werden; und zwar wie eine Anstalt, die als ein einzelnes Ding und nicht wie eine Anordnung nach einem beständigen Gesetze eingeführt worden; z. E. wenn man behauptet, Gott habe die Gebirge, die Flüsse, die Planeten und ihre Bewegung mit dem Anfange aller Dinge zugleich unmittelbar geordnet. Da ohne Zweifel ein Zustand der Natur der erste sein muß, in welchem die Form der Dinge eben so wohl wie die Materie unmittelbar von Gott abhängt, so hat diese Art zu urtheilen in so fern einen philosophischen Grund. Indessen weil es übereilt ist, ehe und bevor man die Tauglichkeit, die den Naturdingen nach allgemeinen Gesetzen eigen ist, geprüft hat, eine Anstalt unmittelbar der Schöpfungshandlung beizumessen, darum weil sie vortheilhaft und ordentlich ist, so ist sie in so weit nur in sehr kleinem Grade philosophisch.

Viertens, wenn man einer künstlichen Ordnung der Natur etwas beimißt, bevor die Unzulänglichkeit, die sie hiezu nach gemeinen Gesetzen hat, gehörig erkannt worden, z. E. wenn man etwas aus der Ordnung des Pflanzen- und Thierreichs erklärt, was vielleicht in gemeinen mechanischen Kräften liegt, blos deswegen weil Ordnung und Schönheit darin groß sind. Das Philosophische dieser Art zu urtheilen ist alsdann noch geringer, wenn ein jedes einzelne Thier oder Pflanze unmittelbar der Schöpfung untergeordnet wird, als wenn außer einigem unmittelbar Erschaffenen die andere Producte demselben nach einem Gesetze der Zeugungsfähigkeit (nicht blos des Auswickelungsvermögens) untergeordnet werden, weil im letztern Fall mehr nach der Ordnung der Natur erklärt wird; es müßte denn sein, daß dieser ihre Unzulänglichkeit in Ansehung dessen klar erwiesen werden könnte. Es gehört aber auch zu diesem Grade der philosophischen Erklärungsart eine jede Ableitung einer Anstalt in der Welt aus künstlichen und um einer Absicht willen errichteten Gesetzen überhaupt und nicht blos im Thier- und Pflanzenreiche;*) z. E. wenn man vom Schnee und den Nordscheinen so redet, als ob die Ordnung der Natur, die beide hervorbringt, um des Nutzens des Grönländers oder Lappen willen (damit er in den langen Nächten nicht ganz im Finstern sei) eingeführt wäre, obgleich es noch immer zu vermuthen ist, daß dieses eine wohlpassende Nebenfolge mit nothwendiger Einheit aus andern Gesetzen sei. Man ist fast jederzeit in Gefahr dieses Fehlers, wenn man einige Nutzen der Menschen zum Grunde einer besondern göttlichen Veranstaltung angiebt, z. E. daß Wald und Feld mehrentheils mit grüner Farbe bedeckt ist, weil diese unter allen Farben die mittlere Stärke hat, um das Auge in mäßiger Übung zu erhalten. Hiegegen kann man einwenden, daß der Bewohner der Davisstraße vom Schnee fast blind wird und seine Zuflucht zu den Schneebrillen nehmen muß. Es ist nicht tadelhaft, daß man die nützliche Folgen aufsucht und sie einem gütigen Urheber beimißt, sondern daß die Ordnung der Natur, darnach sie geschehen, als künstlich und willkürlich mit andern verbunden vorgestellt wird, da sie doch vielleicht mit andern in nothwendiger Einheit steht.

Fünftens. Am mehrsten enthält die Methode über die vollkommene Anstalten der Natur zu urtheilen den Geist wahrer Weltweisheit, wenn sie, jederzeit bereit, auch übernatürliche Begebenheiten zuzulassen, imgleichen die wahrhaftig künstliche Anordnungen der Natur nicht zu verkennen, hauptsächlich die Abzielung auf Vortheile und alle Wohlgereimtheit sich nicht hindern läßt, die Gründe davon in nothwendigen allgemeinen Gesetzen aufzusuchen, mit großer Achtsamkeit auf die Erhaltung der Einheit und mit einer vernünftigen Abneigung, die Zahl der Naturursachen um derentwillen zu vervielfältigen. Wenn hiezu noch die Aufmerksamkeit

---

*) Ich habe in der zweiten Nummer der dritten Betrachtung dieses Abschnittes unter den Beispielen der künstlichen Naturordnung blos die aus dem Pflanzen- und Thierreiche angeführt. Es ist aber zu merken, daß eine jede Anordnung eines Gesetzes um eines besonderen Nutzens willen, darum weil sie hiedurch von der nothwendigen Einheit mit andern Naturgesetzen ausgenommen wird, künstlich sei, wie aus einigen hier erwähnten Beispielen zu ersehen.

auf die allgemeine Regeln gefügt wird, welche den Grund der nothwendigen Verbindung desjenigen, was natürlicher Weise ohne besondere Anstalt vorgeht, mit den Regeln des Vortheils oder der Annehmlichkeit vernünftiger Wesen können begreiflich machen, und man alsdann zu dem göttlichen Urheber hinauf steigt, so erfüllt diese physischtheologische Art zu urtheilen ihre Pflichten gehörig.*)

Siebente Betrachtung.
Kosmogonie.

Eine Hypothese mechanischer Erklärungsart des Ursprungs der Weltkörper und der Ursachen ihrer Bewegungen gemäß den vorher erwiesenen Regeln.

Die Figur der Himmelskörper, die Mechanik, nach der sie sich bewegen und ein Weltsystem ausmachen, imgleichen die mancherlei Veränderungen, denen die Stellung ihrer Kreise in der Folge der Zeit unterworfen ist, alles dieses ist ein Theil der Naturwissenschaft geworden, der mit so großer Deutlichkeit und Gewißheit begriffen wird, daß man auch nicht eine einzige andere Einsicht sollte aufzeigen können, welche einen natürlichen Gegenstand (der nur einigermaßen dieses seiner Mannigfaltigkeit beikäme) auf eine so ungezweifelt richtige Art und mit solcher Augenscheinlichkeit erklärte. Wenn man dieses in Erwägung zieht, sollte man da nicht auch auf die Vermuthung gerathen, daß der Zustand der Natur, in welchem dieser Bau seinen Anfang nahm, und ihm die Bewegungen, die jetzt nach so einfältigen und begreiflichen Gesetzen fortdauern, zuerst eingedrückt worden, ebenfalls leichter einzusehen und faßlicher sein werde, als vielleicht das mehrste, wovon wir sonst in der Natur den Ursprung suchen. Die Gründe, die dieser Vermuthung günstig sind, liegen am Tage. Alle diese Himmelskörper sind runde Massen, so viel man weiß, ohne Organisation und geheime Kunstzubereitung. Die Kraft, dadurch sie gezogen

---

*) Ich will hiemit nur sagen, daß dieses der Weg für die menschliche Vernunft sein müsse. Denn wer wird es gleichwohl jemals verhüten können hiebei vielfältig zu irren, nach dem Pope:
Geh, schreibe Gottes weiser Ordnung des Regimentes Regeln vor,
Dann kehre wieder in dich selber zuletzt zurück und sei ein Thor.

werden, ist allem Ansehen nach eine der Materie eigene Grundkraft, darf also und kann nicht erklärt werden. Die Wurfsbewegung, mit welcher sie ihren Flug verrichten, und die Richtung, nach der dieser Schwung ihnen ertheilt worden, ist zusammt der Bildung ihrer Massen das Hauptsächlichste, ja fast das einzige, wovon man die erste natürliche Ursachen zu suchen hat: einfältige und bei weitem nicht so verwickelte Wirkungen, wie die meisten andere der Natur sind, bei welchen gemeiniglich die Gesetze gar nicht mit mathematischer Richtigkeit bekannt sind, nach denen sie geschehen, da sie im Gegentheil hier in dem begreiflichsten Plane vor Augen liegen. Es ist auch bei einem so großen Anschein eines glücklichen Erfolgs sonst nichts im Wege, als der Eindruck von der rührenden Größe eines solchen Naturstücks, als ein Sonnensystem ist, wo die natürlichen Ursachen alle verdächtig sind, weil ihre Zulänglichkeit viel zu nichtig und dem Schöpfungsrechte des obersten Urhebers entgegen zu sein scheint. Allein könnte man eben dieses nicht auch von der Mechanik sagen, wodurch ein großer Weltbau, nachdem er einmal da ist, seine Bewegungen forthin erhält? Die ganze Erhaltung derselben kommt auf eben dasselbe Gesetz an, wornach ein Stein, der in der Luft geworfen ist, seine Bahn beschreibt; ein einfältiges Gesetz, fruchtbar an den regelmäßigsten Folgen und würdig, daß ihm die Aufrechthaltung eines ganzen Weltbaues anvertraut werde.

Von der andern Seite, wird man sagen, ist man nicht vermögend die Naturursachen deutlich zu machen, wodurch das verächtlichste Kraut nach völlig begreiflichen mechanischen Gesetzen erzeugt werde, und man wagt sich an die Erklärung von dem Ursprunge eines Weltsystems im Großen. Allein ist jemals ein Philosoph auch im Stande gewesen, nur die Gesetze, wornach der Wachsthum oder die innere Bewegung in einer schon vorhandenen Pflanze geschieht, dermaßen deutlich und mathematisch sicher zu machen, wie diejenige gemacht sind, welchen alle Bewegungen der Weltkörper gemäß sind. Die Natur der Gegenstände ist hier ganz verändert. Das Große, das Erstaunliche ist hier unendlich begreiflicher als das Kleine und Bewundernswürdige, und die Erzeugung eines Planeten zusammt der Ursache der Wurfsbewegung, wodurch er geschleudert wird, um im Kreise zu laufen, wird allem Anscheine nach leichter und deutlicher einzusehen sein, als die Erzeugung einer einzigen Schneeflocke, in der die abgemessene Richtigkeit eines sechseckichten Sternes dem Ansehen nach genauer ist als die Rundung der Kreise, worin Planeten laufen, und an welcher die Strahlen viel richtiger sich auf eine Fläche beziehen, als die

Bahnen dieser Himmelskörper es gegen den gemeinschaftlichen Plan ihrer Kreisbewegungen thun.

Ich werde den Versuch einer Erklärung von dem Ursprunge des Weltbaues nach allgemeinen mechanischen Gesetzen darlegen, nicht von der gesammten Naturordnung, sondern nur von den großen Massen und ihren Kreisen, welche die roheste Grundlage der Natur ausmachen. Ich hoffe einiges zu sagen, was andern zu wichtigen Betrachtungen Anlaß geben kann, obgleich mein Entwurf grob und unausgearbeitet ist. Einiges davon hat in meiner Meinung einen Grad der Wahrscheinlichkeit, der bei einem kleinern Gegenstande wenig Zweifel übrig lassen würde, und der nur das Vorurtheil einer größern erforderlichen Kunst, als man den allgemeinen Naturgesetzen zutraut, entgegen stehen kann. Es geschieht oft: daß man dasjenige zwar nicht findet, was man eigentlich sucht, aber doch auf diesem Wege andere Vortheile, die man nicht vermuthet, antrifft. Auch ein solcher Nutze würde ein genugsamer Gewinn sein, wenn er sich dem Nachdenken anderer darböte, gesetzt auch daß die Hauptzwecke der Hypothese dabei verschwinden sollten. Ich werde die allgemeine Gravitation der Materie nach dem Newton oder seinen Nachfolgern hiebei voraussetzen. Diejenige, welche etwa durch eine Definition der Metaphysik nach ihrem Geschmacke glauben die Folgerung scharfsinniger Männer aus Beobachtung und mathematischer Schlußart zu vernichten, werden die folgende Sätze als etwas, das überdem mit der Hauptabsicht dieser Schrift nur eine entfernte Verwandtschaft hat, überschlagen können.

1.

Erweiterte Aussicht in den Inbegriff des Universum.

Die sechs Planeten mit ihren Begleitern bewegen sich in Kreisen, die nicht weit von einem gemeinschaftlichen Plane, nämlich der verlängerten Äquatorsfläche der Sonne, abweichen. Die Kometen dagegen laufen in Bahnen, die sehr weit davon abstehen, und schweifen nach allen Seiten weit von dieser Beziehungsfläche aus. Wenn nun anstatt so weniger Planeten oder Kometen einige tausend derselben in unserer Sonnenwelt gehörten, so würde der Thierkreis als eine von unzähligen Sternen erleuchtete Zone, oder wie ein Streif, der sich in einem blassen Schimmer verliert, erscheinen, in welchem einige nähere Planeten in ziemlichem Glanze, die entfernten aber durch ihre Menge und Mattigkeit des Lichts nur eine

neblichte Erscheinung darstellen würden. Denn es würden bei der Kreis=
bewegung, darin alle diese insgesammt um die Sonne ständen, jederzeit
in allen Theilen dieses Thierkreises einige sein, wenn gleich andre ihren
Platz verändert hätten. Dagegen würden die Kometen die Gegenden zu
beiden Seiten dieser lichten Zone in aller möglichen Zerstreuung bedecken.
Wenn wir, durch diese Erdichtung vorbereitet (in welcher wir nichts weiter
als die Menge der Körper unserer Planetenwelt in Gedanken vermehrt
haben), unsere Augen auf den weiteren Umfang des Universum richten,
so sehen wir wirklich eine lichte Zone, in welcher Sterne, ob sie zwar allem
Ansehen nach sehr ungleiche Weiten von uns haben, dennoch zu einer und
eben derselben Fläche dichter wie anderwärts gehäuft sind, dagegen die
Himmelsgegenden zu beiden Seiten mit Sternen nach aller Art der Zer=
streuung bedeckt sind. Die Milchstraße, die ich meine, hat sehr genau die
Richtung eines größten Zirkels, eine Bestimmung, die aller Aufmerksam=
keit werth ist, und daraus sich verstehen läßt, daß unsere Sonne und wir
mit ihr uns in demjenigen Heere der Sterne mit befinden, welches sich zu
einer gewissen gemeinschaftlichen Beziehungsfläche am meisten drängt,
und die Analogie ist hier ein sehr großer Grund zu vermuthen: daß diese
Sonnen, zu deren Zahl auch die unsrige gehört, ein Weltsystem ausmachen,
das im Großen nach ähnlichen Gesetzen geordnet ist, als unsre Planeten=
welt im Kleinen; daß alle diese Sonnen sammt ihren Begleitern irgend
einen Mittelpunkt ihrer gemeinschaftlichen Kreise haben mögen, und daß
sie nur um der unermeßlichen Entfernung willen und wegen der langen
Zeit ihrer Kreisläufe, ihre Örter gar nicht zu verändern scheinen, ob zwar
dennoch bei etlichen wirklich einige Verrückung ihrer Stellen ist beobachtet
worden; daß die Bahnen dieser großen Weltkörper sich eben so auf eine
gemeinschaftliche Fläche beziehen, von der sie nicht weit abweichen, und
daß diejenige, welche mit weit geringerer Häufung die übrige Gegenden
des Himmels einnehmen, den Kometen unserer Planetenwelt darin ähn=
lich sind.

Aus diesem Begriffe, der, wie mich dünkt, die größte Wahrscheinlich=
keit hat, läßt sich vermuthen, daß, wenn es mehr solche höhere Weltord=
nungen giebt, als diejenige, dazu unsre Sonne gehört, und die dem, der
in ihr seinen Stand hat, die Erscheinung der Milchstraße verschafft, in
der Tiefe des Weltraums einige derselben wie blasse, schimmernde Plätze
werden zu sehen sein und, wenn der Beziehungsplan einer solchen andern
Zusammenordnung der Firsterne schief gegen uns gestellt ist, wie elliptische

Figuren erscheinen werden, die in einem kleinen Raum aus großer Weite ein Sonnensystem, wie das von unsrer Milchstraße ist, darstellen. Und dergleichen Plätzchen hat wirklich die Astronomie schon vorlängst entdeckt, obgleich die Meinung, die man sich davon gemacht hat, sehr verschieden ist, wie man in des Herrn von Maupertuis Buche von der Figur der Sterne sehen kann.

Ich wünsche, daß diese Betrachtung mit einiger Aufmerksamkeit möchte erwogen werden; nicht allein weil der Begriff, der dadurch von der Schöpfung erwächst, erstaunlich viel rührender ist, als er sonst sein kann (indem ein unzählbares Heer Sonnen wie die unsrige ein System ausmacht, dessen Glieder durch Kreisbewegungen verbunden sind, diese Systeme selbst aber, deren vermuthlich wieder unzählige sind, wovon wir einige wahrnehmen können, selbst Glieder einer noch höhern Ordnung sein mögen), sondern auch weil selbst die Beobachtung der uns nahen Fixsterne oder vielmehr langsam wandelnden Sonnen, durch einen solchen Begriff geleitet, vielleicht manches entdecken kann, was der Aufmerksamkeit entwischt, in so fern nicht ein gewisser Plan zu untersuchen ist.

2.
Gründe für einen mechanischen Ursprung unserer Planetenwelt überhaupt.

Die Planeten bewegen sich um unsere Sonne insgesammt nach einerlei Richtung und nur mit geringer Abweichung von einem gemeinschaftlichen Beziehungsplane, welcher die Ekliptik ist, gerade so, als Körper, die durch eine Materie fortgerissen werden, die, indem sie den ganzen Raum anfüllt, ihre Bewegung wirbelnd um eine Achse verrichtet. Die Planeten sind insgesammt schwer zur Sonne hin, und die Größe des Seitenschwungs müßte eine genau abgemessene Richtigkeit haben, wenn sie dadurch in Cirkelkreisen zu laufen sollen gebracht werden; und wie bei dergleichen mechanischer Wirkung eine geometrische Genauigkeit nicht zu erwarten steht, so weichen auch alle Kreise, obzwar nicht viel, von der Cirkelrundung ab. Sie bestehen aus Materien, die nach Newtons Berechnungen, je entfernter sie von der Sonne sind, von desto minderer Dichtigkeit sind, so wie auch ein jeder es natürlich finden würde, wenn sie sich in dem Raume, darin sie schweben, von einem daselbst zerstreuten Weltstoff gebildet hätten. Denn bei der Bestrebung, womit alles zur Sonne sinkt, müssen die Materien dichterer Art sich mehr zur Sonne drängen und sich in der Nahheit zu ihr mehr häufen, als die von leichterer Art, deren Fall wegen ihrer mindern Dichtigkeit mehr verzögert wird. Die Materie der Sonne aber ist nach des v. Buffon Bemerkung an Dichtigkeit derjenigen, die die summirte Masse aller Planeten zusammen haben würde, ziemlich gleich, welches auch mit einer mechanischen Bildung wohl zusammen stimmt, nach welcher in verschiedenen Höhen aus verschiedenen Gattungen der Elemente die Planeten sich gebildet haben mögen, sonst alle übrige aber, die diesen Raum erfüllten, vermengt auf ihren gemeinschaftlichen Mittelpunkt, die Sonne, mögen niedergestürzt sein.

Derjenige, welcher diesem ungeachtet dergleichen Bau unmittelbar in die Hand Gottes will übergeben wissen, ohne desfalls den mechanischen Gesetzen etwas zuzutrauen, ist genöthigt etwas anzuführen, weswegen er hier dasjenige nothwendig findet, was er sonst in der Naturlehre nicht leicht zuläßt. Er kann gar keine Zwecke nennen, warum es besser wäre, daß die Planeten vielmehr nach einer Richtung als nach verschiedenen, nahe zu einem Beziehungsplane als nach allerlei Gegenden in Kreisen liefen. Der Himmelsraum ist anjetzt leer, und bei aller dieser Bewegung würden sie einander keine Hindernisse leisten. Ich bescheide mich gerne, daß es verborgene Zwecke geben könne, die nach der gemeinen Mechanik nicht wären erreicht worden und die kein Mensch einsieht; allein es ist keinem erlaubt sie voraus zu setzen, wenn er eine Meinung darauf gründen will, ohne daß er sie anzuzeigen vermag. Wenn denn endlich Gott unmittelbar den Planeten die Wurfskraft ertheilt und ihre Kreise gestellt hätte, so ist zu vermuthen, daß sie nicht das Merkmal der Unvollkommenheit und Abweichung, welches bei jedem Product der Natur anzutreffen, an sich zeigen würden. War es gut, daß sie sich auf eine Fläche beziehen sollten, so ist zu vermuthen, er würde ihre Kreise genau darauf gestellt haben, war es gut, daß sie der Cirkelbewegung nahe kämen, so kann man glauben, ihre Bahn würde genau ein Cirkelkreis geworden sein, und es ist nicht abzusehen, weswegen Ausnahmen von der genauesten Richtigkeit selbst bei demjenigen, was eine unmittelbare göttliche Kunsthandlung sein sollte, übrig bleiben mußten.

Die Glieder der Sonnenwelt aus den entferntesten Gegenden, die Kometen, laufen sehr eccentrisch. Sie könnten, wenn es auf eine unmittelbare göttliche Handlung ankäme, eben so wohl in Cirkelkreisen bewegt sein, wenn gleich ihre Bahnen von der Ekliptik noch so sehr abweichen.

Die Nutzen der so großen Eccentricität werden in diesem Fall mit großer Kühnheit ersonnen, denn es ist eher begreiflich, daß ein Weltkörper, in einer Himmelsregion, welche es auch sei, in gleichem Abstande immer bewegt, die dieser Weite gemäße Einrichtung habe, als daß er auf die große Verschiedenheit der Weiten gleich vortheilhaft eingerichtet sei; und was die Vortheile, die Newton anführt, anlangt, so ist sichtbar, daß sie sonst nicht die mindeste Wahrscheinlichkeit haben, außer daß bei der einmal voraus gesetzten unmittelbaren göttlichen Anordnung sie doch zum mindesten zu einigem Vorwande eines Zweckes dienen können.

Am deutlichsten fällt dieser Fehler, den Bau der Planetenwelt göttlichen Absichten unmittelbar unter zu ordnen, in die Augen, da wo man von der mit der Zunahme der Entfernungen umgekehrt abnehmenden Dichtigkeit der Planeten Bewegungsgründe erdichten will. Der Sonnen Wirkung, heißt es, nimmt in diesem Maße ab, und es war anständig, daß die Dichtigkeit der Körper, die durch sie sollten erwärmt werden, auch dieser proportionirlich eingerichtet würde. Nun ist bekannt, daß die Sonne nur eine geringe Tiefe unter die Oberfläche eines Weltkörpers wirkt, und aus ihrem Einflusse denselben zu erwärmen kann also nicht auf die Dichtigkeit des ganzen Klumpens geschlossen werden. Hier ist die Folgerung aus dem Zwecke viel zu groß. Das Mittel, nämlich die verminderte Dichtigkeit des ganzen Klumpens, begreift eine Weitläuftigkeit der Anstalt, welche für die Größe des Zwecks überflüssig und unnöthig ist.

In allen natürlichen Hervorbringungen, in so fern sie auf Wohlgereimtheit, Ordnung und Nutzen hinauslaufen, zeigen sich zwar Übereinstimmungen mit göttlichen Absichten, aber auch Merkmale des Ursprungs aus allgemeinen Gesetzen, deren Folgen sich noch viel weiter als auf solchen einzelnen Fall erstrecken und demnach in jeder einzelnen Wirkung Spuren von einer Vermengung solcher Gesetze an sich zeigen, die nicht lediglich auf dieses einzige Product gerichtet waren. Um deswillen finden auch Abweichungen von der größt möglichen Genauigkeit in Ansehung eines besondern Zwecks statt. Dagegen wird eine unmittelbar übernatürliche Anstalt, darum weil ihre Ausführung gar nicht die Folgen aus allgemeinern Wirkungsgesetzen der Materie voraus setzt, auch nicht durch besondere sich einmengende Nebenfolgen derselben entstellt werden, sondern den Plan der äußerst möglichen Richtigkeit genau zu Stande bringen. In den näheren Theilen der Planetenwelt zum gemeinschaftlichen Mittelpunkte ist eine größere Annäherung zur völligen Ordnung und abgemessenen Genauigkeit, die nach den Grenzen des Systems hinaus, oder weit von dem Beziehungsplane zu den Seiten in Regellosigkeit und Abweichungen ausartet, gerade so wie es von einer Verfassung zu erwarten ist, die mechanischen Ursprungs ist. Bei einer unmittelbar göttlichen Anordnung können niemals unvollständig erreichte Zwecke angetroffen werden, sondern allenthalben zeigt sich die größte Richtigkeit und Abgemessenheit, wie man unter andern am Bau der Thiere gewahr wird.

3.
Kurzer Abriß der wahrscheinlichsten Art, wie ein Planetensystem mechanisch hat gebildet werden können.

Die eben jetzt angeführte Beweisgründe für einen mechanischen Ursprung sind so wichtig, daß selbst nur einige derselben vorlängst alle Naturforscher bewogen haben, die Ursache der Planetenkreise in natürlichen Bewegkräften zu suchen, vornehmlich weil die Planeten in eben derselben Richtung, worin die Sonne sich um ihre Achse schwingt, um sie in Kreisen laufen, und ihre Bahnen so sehr nahe mit dieser ihrer Äquatorsfläche zusammen treffen. Newton war der große Zerstörer aller dieser Wirbel, an denen man gleichwohl noch lange nach seinen Demonstrationen hing, wie an dem Beispiel des berühmten Herrn von Mairan zu sehen ist. Die sichere und überzeugende Beweisthümer der Newtonischen Weltweisheit zeigten augenscheinlich, daß so etwas, wie die Wirbel sein sollten, welche die Planeten herum führten, gar nicht am Himmel angetroffen werde und daß so ganz und gar kein Strom solcher Flüssigkeit in diesen Räumen sei, daß selbst die Kometenschweife quer durch alle diese Kreise ihre unverrückte Bewegung fortsetzen. Es war sicher hieraus zu schließen: daß, so wie der Himmelsraum jetzt leer oder unendlich dünne ist, keine mechanische Ursache statt finden könne, die den Planeten ihre Kreisbewegung eindrückte. Allein sofort alle mechanische Gesetze vorbei gehen und durch eine kühne Hypothese Gott unmittelbar die Planeten werfen zu lassen, damit sie in Verbindung mit ihrer Schwere sich in Kreisen bewegen sollten, war ein zu weiter Schritt, als daß er innerhalb dem Bezirke der Weltweisheit hätte bleiben können. Es fällt alsbald in die Augen, daß noch ein Fall übrig bleibe, wo mechanische Ursachen dieser Verfassung möglich seien: wenn nämlich der Raum des Planetenbaues, der anjetzt leer ist, vorher erfüllt war, um eine Gemeinschaft der Bewegkräfte durch alle Gegenden dieses Bezirks, worin die Anziehung unserer Sonne herrscht, zu veranlassen.

Und hier kann ich diejenige Beschaffenheit anzeigen, welche die einzige mögliche ist, unter der eine mechanische Ursache der Himmelsbewegungen statt findet, welches zur Rechtfertigung einer Hypothese ein beträchtlicher Umstand ist, dessen man sich nur selten wird rühmen können. Da die Räume anjetzt leer sind, so müssen sie ehedem erfüllt gewesen sein, sonst hat niemals eine ausgebreitete Wirkung der in Kreisen treibenden Bewegkräfte statt finden können. Und es muß demnach diese verbreitete Materie sich hernach auf die Himmelskörper versammelt haben, das ist, wenn ich es näher betrachte, diese Himmelskörper selbst werden sich aus dem verbreiteten Grundstoffe in den Räumen des Sonnenbaues gebildet haben, und die Bewegung, die die Theilchen ihres Zusammensatzes im Zustande der Zerstreuung hatten, ist bei ihnen nach der Vereinbarung in abgesonderte Massen übrig geblieben. Seitdem sind diese Räume leer. Sie enthalten keine Materie, die unter diesen Körpern zur Mittheilung des Kreisschwunges dienen könnte. Aber sie sind es nicht immer gewesen, und wir werden Bewegungen gewahr, wovon jetzt keine natürliche Ursachen statt finden können, die aber Überbleibsel des allerältesten rohen Zustandes der Natur sind.

Von dieser Bemerkung will ich nur noch einen Schritt thun, um mich einem wahrscheinlichen Begriff von der Entstehungsart dieser großen Massen und der Ursache ihrer Bewegungen zu nähern, indem ich die gründlichere Vollführung eines geringen Schattenrisses dem forschenden Leser selbst überlasse. Wenn demnach der Stoff zu Bildung der Sonne und aller Himmelskörper, die ihrer mächtigen Anziehung zu Gebote stehen, durch den ganzen Raum der Planetenwelt zerstreut war, und es war irgend in dem Orte, den jetzt der Klumpe der Sonne einnimmt, Materie von stärkeren Anziehungskräften, so entstand eine allgemeine Senkung hiezu, und die Anziehung des Sonnenkörpers wuchs mit ihrer Masse. Es ist leicht zu vermuthen, daß in dem allgemeinen Fall der Partikeln selbst von den entlegensten Gegenden des Weltbaues die Materien dichterer Art in den tiefern Gegenden, wo sich alles zum gemeinschaftlichen Mittelpunkte hindrängte, sich nach dem Maße werden gehäuft haben, als sie dem Mittelpunkte näher waren, obzwar in allen Regionen Materien von allerlei Art der Dichtigkeit waren. Denn nur die Theilchen von der schwersten Gattung konnten das größte Vermögen haben in diesem Chaos durch das Gemenge der leichteren zu bringen, um in größerer Naheit zum Gravitationspunkte zu gelangen. In den Bewegungen, die von verschiedentlich hohem Fall in der Sphäre umher entsprangen, konnte niemals der Widerstand der einander hindernden Partikeln so vollkommen gleich sein, daß nicht nach irgend einer Seite die erworbene Geschwindigkeiten in eine Abbeugung ausschlagen sollten. Und in diesem Umstande zeigt sich eine sehr gemeine Regel der Gegenwirkung der Materien, daß sie einander so lange treiben oder lenken und einschränken, bis sie sich die mindeste Hinderniß leisten; welchem gemäß die Seitenbewegungen sich endlich in eine gemeinschaftliche Umdrehung nach einer und eben derselben Richtung vereinigen mußten. Die Partikeln demnach, woraus die Sonne gebildet wurde, kamen auf ihr schon mit dieser Seitenbewegung an, und die Sonne, aus diesem Stoffe gebildet, mußte eine Umdrehung in eben derselben Richtung haben.

Es ist aber aus den Gesetzen der Gravitation klar: daß in diesem herumgeschwungenen Weltstoffe alle Theile müssen bestrebt gewesen sein, den Plan, der in der Richtung ihres gemeinschaftlichen Umschwunges durch den Mittelpunkt der Sonne geht, und der nach unseren Schlüssen mit der Äquatorsfläche dieses Himmelskörpers zusammentrifft, zu durchschneiden, wofern sie nicht schon sich in demselben befanden. Demnach werden alle diese Theile vornehmlich nahe zur Sonne ihre größte Häufung in dem Raume haben, der der verlängerten Äquatorsfläche derselben nahe ist. Endlich ist es auch sehr natürlich, daß, da die Partikeln einander so lange hindern oder beschleunigen, mit einem Worte, einander stoßen oder treiben müssen, bis eines des andern Bewegung gar nicht mehr stören kann, zuletzt alles auf den Zustand ausschlage, daß nur diejenige Theilchen schweben bleiben, die gerade den Grad des Seitenschwunges haben, der erfordert wird in dem Abstande, darin sie von der Sonne sind, der Gravitation das Gleichgewicht zu leisten, damit ein jegliches sich in freier Bewegung in concentrischen Cirkeln herumschwinge. Diese Schnelligkeit ist eine Wirkung des Falles und die Bewegung zur Seiten eine Folge des so lange daurenden Gegenstoßes, bis alles in die Verfassung der mindesten Hindernisse sich von selbst geschickt hat. Die übrigen Theilchen, die eine solche abgemessene Genauigkeit nicht erreichen konnten, müssen bei allmählig abnehmender Bewegung zum Mittelpunkte der allgemeinen Gravitation gesunken sein, um den Klumpen der Sonne zu vermehren, der demnach eine Dichtigkeit haben wird, welche der von den übrigen Materien in dem um sie befindlichen Raume im Durchschnitte genommen ziemlich gleich ist; so doch, daß nach den angeführten Umständen ihre Masse nothwendig die Menge der Materie, die in dem Bezirke um sie schweben geblieben, weit übertreffen wird.

In diesem Zustande, der mir natürlich zu sein scheint, da ein verbreiteter Stoff zu Bildung verschiedener Himmelskörper in einem engen Raum zunächst der verlängerten Fläche des Sonnenäquators von desto mehrer Dichtigkeit, je näher dem Mittelpunkte, und allenthalben mit einem Schwunge, der in diesem Abstande zur freien Cirkelbewegung hinlänglich war, nach den Centralgesetzen bis in große Weiten um die Sonne sich herumschwang, wenn man da setzt, daß sich aus diesen Theilchen Planeten bildeten, so kann es nicht fehlen, daß sie nicht Schwungskräfte haben sollten, dadurch sie in Kreisen, die den Cirkeln sehr nahe kommen, sich bewegen sollten, ob sie gleich etwas davon abweichen, weil sie sich aus Theilchen von unterschiedlicher Höhe sammleten. Es ist eben so wohl sehr natürlich, daß diejenige Planeten, die sich in großen Höhen bilden, (wo der Raum um sie viel größer ist, der da veranlaßt, daß der Unterschied der Geschwindigkeit der Partikeln die Kraft, womit sie zum Mittelpunkte des Planeten gezogen werden, übertreffe) daselbst auch größere Klumpen als nahe zur Sonne gewinnen. Die Übereinstimmung mit vielen andern Merkwürdigkeiten der Planetenwelt übergehe ich, weil sie sich von selbst darbietet.*) In den entlegensten Theilen des Systems und vornehmlich in großen Weiten vom Beziehungsplane werden die sich bildende Körper, die Kometen, diese Regelmäßigkeit nicht haben können. Und so wird der Raum der Planetenwelt leer werden, nachdem sich alles in abgesonderte Massen vereinbart hat. Doch können noch in späterer Epoche Partikeln aus den äußersten Grenzen dieser Anziehungssphäre herabgesunken sein, die forthin jederzeit frei im Himmelsraume in Kreisen sich um die Sonne bewegen mögen: Materien von der äußersten Dünnigkeit und vielleicht der Stoff, woraus das Zodiakallicht besteht.

4.
Anmerkung.

Die Absicht dieser Betrachtung ist vornehmlich, um ein Beispiel von dem Verfahren zu geben, zu welchem uns unsere vorige Beweise berechtigt

---

*) Die Bildung eines kleineren Systems, das als ein Theil zu der Planetenwelt gehört, wie des Jupiters und Saturns, imgleichen die Achsendrehungen dieser Himmelskörper werden wegen der Analogie unter dieser Erklärung mit begriffen.

haben, da man nämlich die ungegründete Besorgniß wegschafft, als wenn eine jede Erklärung einer großen Anstalt der Welt aus allgemeinen Naturgesetzen den boshaften Feinden der Religion eine Lücke öffne, in ihre Bollwerke zu bringen. Meiner Meinung nach hat die angeführte Hypothese zum mindesten Gründe genug für sich, um Männer von ausgebreiteter Einsicht zu einer nähern Prüfung des darin vorgestellten Plans, der nur ein grober Umriß ist, einzuladen. Mein Zweck, in so fern er diese Schrift betrifft, ist erfüllt, wenn man, durch das Zutrauen zu der Regelmäßigkeit und Ordnung, die aus allgemeinen Naturgesetzen fließen kann, vorbereitet, nur der natürlichen Weltweisheit ein freieres Feld öffnet und eine Erklärungsart, wie diese oder eine andere als möglich und mit der Erkenntniß eines weisen Gottes wohl zusammenstimmend anzusehen kann bewogen werden.

Es wäre übrigens der philosophischen Bestrebung wohl würdig, nachdem die Wirbel, das beliebte Werkzeug so vieler Systeme, außerhalb der Sphäre der Natur auf des Miltons Limbus der Eitelkeit verwiesen worden, daß man gleichwohl gehörig forschte, ob nicht die Natur ohne Erdichtung besonderer Kräfte selber etwas darböte, was die durchgehends nach einerlei Gegend gerichtete Schwungsbewegung der Planeten erklären könnte, da die andere von den Centralkräften in der Gravitation als einem dauerhaften Verbande der Natur gegeben ist. Zum wenigsten entfernt sich der von uns entworfene Plan nicht von der Regel der Einheit, denn selbst diese Schwungskraft wird als eine Folge aus der Gravitation abgeleitet, wie es zufälligen Bewegungen anständig ist, denn diese sollen als Erfolge aus den der Materie auch in Ruhe beiwohnenden Kräften hergeleitet werden.

Überdies merke ich an, daß das atomistische System des Demokritus und Epikurs unerachtet des ersten Anscheins von Ähnlichkeit doch eine ganz verschiedene Beziehung zu der Folgerung auf einen Urheber der Welt habe, als der Entwurf des unsrigen. In jenem war die Bewegung ewig und ohne Urheber und der Zusammenstoß, der reiche Quell so vieler Ordnung, ein Ungefähr und ein Zufall, wozu sich nirgend ein Grund fand. Hier führt ein erkanntes und wahres Gesetz der Natur nach einer sehr begreiflichen Voraussetzung mit Nothwendigkeit auf Ordnung, und da hier ein bestimmender Grund eines Ausschlags auf Regelmäßigkeit angetroffen wird und etwas, was die Natur im Gleise der Wohlgereimtheit und Schönheit erhält, so wird man auf die Vermuthung eines Grundes geführt, aus dem die Nothwendigkeit der Beziehung zur Vollkommenheit kann verstanden werden.

Um indessen noch durch ein ander Beispiel begreiflich zu machen, wie die Wirkung der Gravitation in der Verbindung zerstreuter Elemente Regelmäßigkeit und Schönheit hervor zu bringen nothwendiger Weise bestimmt sei, so will ich eine Erklärung von der mechanischen Erzeugungsart des Saturnusringes beifügen, die, wie mir dünkt, so viel Wahrscheinlichkeit hat, als man es von einer Hypothese nur erwarten kann. Man räume mir nur ein: daß Saturn in dem ersten Weltalter mit einer Atmosphäre umgeben gewesen, dergleichen man an verschiednen Kometen gesehen, die sich der Sonne nicht sehr nähern und ohne Schweife erscheinen, daß die Theilchen des Dunstkreises von diesem Planeten (dem wir eine Achsendrehung zugestehen wollen) aufgestiegen sind, und daß in der Folge diese Dünste, es sei darum, weil der Planet verkühlte, oder aus andern Ursachen, anfingen sich wieder zu ihm nieder zu senken, so erfolgt das übrige mit mechanischer Richtigkeit. Denn da alle Theilchen von dem Punkte der Oberfläche, da sie aufgestiegen, eine diesem Orte gleiche Geschwindigkeit haben müssen, um die Achse des Planeten sich zu bewegen, so müssen alle vermittelst dieses Seitenschwungs bestrebt gewesen sein, nach den Regeln der Centralkräfte freie Kreise um den Saturn zu beschreiben.*) Es müssen aber alle diejenige Theilchen, deren Geschwindigkeit nicht gerade den Grad hat, die der Attraction der Höhe, wo sie schweben, durch Centrifugalkraft genau das Gleichgewicht leistet, einander nothwendig stoßen und verzögern, bis nur diejenige, die in freier Cirkelbewegung nach Centralgesetzen umlaufen können, um den Saturn in Kreisen bewegt, übrig bleiben, die übrige aber nach und nach auf dessen Oberfläche zurück fallen. Nun müssen nothwendig alle diese Cirkelbewegungen die verlängerte Fläche des Saturnusäquators durchschneiden, welches einem jeden, der die Centralgesetze weiß, bekannt ist; also werden sich endlich um den Saturn die übrige Theilchen seiner vormaligen Atmosphäre zu einer zirkelrunden Ebene drängen, die den verlängerten Äquator dieses Planeten einnimmt, und deren äußerster Rand durch eben dieselbe Ursache, die bei den Kometen die Grenze der Atmosphäre bestimmt, auch hier abgeschnitten ist. Dieser

---

*) Saturn bewegt sich um seine Achse, nach der Voraussetzung. Ein jedes Theilchen, das von ihm aufsteigt, muß daher eben dieselbe Seitenbewegung haben und sie, zu welcher Höhe es auch gelangt, daselbst fortsetzen.

Limbus von frei bewegtem Weltstoffe muß nothwendig ein Ring werden, oder vielmehr es können gedachte Bewegungen auf keine andere Figur als die eines Ringes ausschlagen. Denn da sie alle ihre Geschwindigkeit zur Cirkelbewegung nur von den Punkten der Oberfläche des Saturns haben können, von da sie aufgestiegen sind, so müssen diejenige, die von dessen Äquator sich erhoben haben, die größte Schnelligkeit besitzen. Da nun unter allen Weiten von dessen Mittelpunkte nur eine ist, wo diese Geschwindigkeit gerade zur Cirkelbewegung taugt, und in jeder kleinern Entfernung zu schwach ist, so wird ein Cirkelkreis in diesem Limbus aus dem Mittelpunkt des Saturns gezogen werden können, innerhalb welchem alle Partikeln zur Oberfläche dieses Planeten niederfallen müssen, alle übrige aber zwischen diesem gedachten Cirkel und dem seines äußersten Randes (folglich die in einem ringförmichten Raum enthaltene) werden forthin frei schwebend in Cirkelkreisen um ihn in Bewegung bleiben.

Nach einer solchen Auflösung gelangt man auf Folgen, durch die die Zeit der Achsendrehung des Saturns gegeben ist, und zwar mit so viel Wahrscheinlichkeit, als man diesen Gründen einräumt, wodurch sie zugleich bestimmt wird. Denn weil die Partikeln des inneren Randes eben dieselbe Geschwindigkeit haben wie diejenige, die ein Punkt des Saturnusäquators hat, und überdem diese Geschwindigkeit nach den Gesetzen der Gravitation den zur Cirkelbewegung gehörigen Grad hat, so kann man aus dem Verhältnisse des Abstandes eines der Saturnus-Trabanten zu dem Abstande des innern Randes des Ringes vom Mittelpunkte des Planeten, imgleichen aus der gegebenen Zeit des Umlaufs des Trabanten die Zeit des Umschwungs der Theilchen in dem inwendigen Rande finden, aus dieser aber und dem Verhältniß des kleinsten Durchmessers vom Ringe zu dem des Planeten dieses seine Achsendrehung. Und so findet sich durch Rechnung: daß Saturn sich in 5 Stunden und ungefähr 40 Minuten um seine Achse drehen müsse, welches, wenn man die Analogie mit den übrigen Planeten hiebei zu Rathe zieht, mit der Zeit der Umwendung derselben wohl zu harmoniren scheint.

Und so mag denn die Voraussetzung der kometischen Atmosphäre, die der Saturn im Anfange möchte gehabt haben, zugestanden werden oder nicht, so bleibt diejenige Folgerung, die ich zur Erläuterung meines Hauptsatzes daraus ziehe, wie mich dünkt, ziemlich sicher: daß, wenn ein solcher Dunstkreis um ihn gewesen, die mechanische Erzeugung eines schwebenden Ringes eine nothwendige Folge daraus hat sein müssen, und daß daher der Ausschlag der allgemeinen Gesetzen überlassenen Natur selbst aus dem Chaos auf Regelmäßigkeit abziele.

Achte Betrachtung.
Von der göttlichen Allgenugsamkeit.

Die Summe aller dieser Betrachtungen führt uns auf einen Begriff von dem höchsten Wesen, der alles in sich faßt, was man nur zu gedenken vermag, wenn Menschen, aus Staube gemacht, es wagen ausspähende Blicke hinter den Vorhang zu werfen, der die Geheimnisse des Unerforschlichen für erschaffene Augen verbirgt. Gott ist allgenugsam. Was da ist, es sei möglich oder wirklich, das ist nur etwas, in so fern es durch ihn gegeben ist. Eine menschliche Sprache kann den Unendlichen so zu sich selbst reden lassen: Ich bin von Ewigkeit zu Ewigkeit, außer mir ist nichts, ohne in so fern es durch mich etwas ist. Dieser Gedanke, der erhabenste unter allen, ist noch sehr vernachlässigt, oder mehrentheils gar nicht berührt worden. Das, was sich in den Möglichkeiten der Dinge zu Vollkommenheit und Schönheit in vortrefflichen Planen darbietet, ist als ein für sich nothwendiger Gegenstand der göttlichen Weisheit, aber nicht selbst als eine Folge von diesem unbegreiflichen Wesen angesehen worden. Man hat die Abhängigkeit anderer Dinge blos auf ihr Dasein eingeschränkt, wodurch ein großer Antheil an dem Grunde von so viel Vollkommenheit jener obersten Natur entzogen und ich weiß nicht welchem ewigen Undinge beigemessen wird.

Fruchtbarkeit eines einzigen Grundes an viel Folgen, Zusammenstimmung und Schicklichkeit der Naturen, nach allgemeinen Gesetzen ohne öftern Widerstreit in einem regelmäßigen Plane zusammen zu passen, müssen zuvörderst in den Möglichkeiten der Dinge angetroffen werden, und nur alsdann kann Weisheit thätig sein sie zu wählen. Welche Schranken, die dem Unabhängigen aus einem fremden Grunde gesetzt sein würden, wenn selbst diese Möglichkeiten nicht in ihm gegründet wären? Und was für ein unverständliches Ungefähr, daß sich in diesem Felde der Möglichkeit ohne Voraussetzung irgend eines Existirenden Einheit und fruchtbare Zusammenpassung findet, dadurch das Wesen von den höchsten Graden der Macht und Weisheit, wenn jene äußere Verhältnisse mit seinem innern Vermögen verglichen werden, sich im Stande sieht große Voll=

kommenheit zuwege zu bringen? Gewiß, eine solche Vorstellung überliefert nimmermehr den Ursprung des Guten ohne allen Abbruch in die Hand eines einzigen Wesens. Als Hugen die Pendeluhr erfand, so konnte er, wenn er daran dachte, sich diese Gleichförmigkeit, welche ihre Vollkommenheit ausmacht, nimmer gänzlich beimessen; die Natur der Cykloide, die es möglich macht, daß kleine und große Bogen durch freien Fall in derselben in gleicher Zeit beschrieben werden, konnte diese Ausführung lediglich in seine Gewalt setzen. Daß aus dem einfachen Grunde der Schwere so ein großer Umfang von schönen Folgen auch nur möglich ist, würde, wenn es nicht von dem, der durch wirkliche Ausübung allen diesen Zusammenhang hervor gebracht hat, selbst abhinge, seinen Antheil an der reizenden Einheit und dem großen Umfange so vieler, auf einem einzigen Grunde beruhender Ordnung offenbar schmälern und theilen.

Die Bewunderung über die Abfolge einer Wirkung aus einer Ursache hört auf, so bald ich die Zulänglichkeit der Ursache zu ihr deutlich und leicht einsehe. Auf diesen Fuß kann keine Bewunderung mehr statt finden, wenn ich den mechanischen Bau des menschlichen Körpers, oder welcher künstlichen Anordnung ich auch will, als ein Werk des Allmächtigen betrachte und blos auf die Wirklichkeit sehe, denn es ist leicht und deutlich zu verstehen: daß der, so alles kann, auch eine solche Maschine, wenn sie möglich ist, hervorbringen könne. Allein es bleibt gleichwohl Bewunderung übrig, man mag gleich dieses zur leichteren Begreifung angeführt haben, wie man will. Denn es ist erstaunlich, daß auch nur so etwas wie ein thierischer Körper möglich war. Und wenn ich gleich alle Federn und Röhren, alle Nervengefäße, Hebel und mechanische Einrichtung desselben völlig einsehen könnte, so bliebe doch immer Bewunderung übrig, wie es möglich sei, daß so vielfältige Verrichtungen in einem Bau vereinigt worden, wie sich die Geschäfte zu einem Zwecke mit denen, woburch ein anderer erreicht wird, so wohl paaren lassen, wie eben dieselbe Zusammenfügung außerdem noch dazu dient die Maschine zu erhalten und die Folgen aus zufälligen Verletzungen wieder zu verbessern, und wie es möglich war, daß ein Mensch konnte ein so feines Gewebe sein und unerachtet so vieler Gründe des Verderbens noch so lange dauren. Nachdem ich auch endlich mich belehrt habe, daß so viel Einheit und Harmonie darum möglich sei, weil ein Wesen da ist, welches nebst den Gründen der Wirklichkeit auch die von aller Möglichkeit enthält, so hebt dieses noch nicht den Grund der Bewunderung auf. Denn man kann sich zwar durch die Analogie dessen, was Menschen ausüben, einigen Begriff davon machen, wie ein Wesen die Ursache von etwas Wirklichem sein könne, nimmermehr aber, wie es den Grund der innern Möglichkeit von andern Dingen enthalte, und es scheint, als wenn dieser Gedanke viel zu hoch steigt, als daß ihn ein erschaffenes Wesen erreichen könnte.

Dieser hohe Begriff der göttlichen Natur, wenn wir sie nach ihrer Allgenugsamkeit gedenken, kann selbst in dem Urtheil über die Beschaffenheit möglicher Dinge, wo uns unmittelbar Gründe der Entscheidung fehlen, zu einem Hülfsmittel dienen, aus ihr als einem Grunde auf fremde Möglichkeit als eine Folge zu schließen. Es ist die Frage: ob nicht unter allen möglichen Welten eine Steigerung ohne Ende in den Graden der Vollkommenheit anzutreffen sei, da gar keine natürliche Ordnung möglich ist, über die nicht noch eine vortrefflichere könne gedacht werden; ferner, wenn ich auch hierin eine höchste Stufe zugäbe, ob nicht wenigstens selbst verschiedene Welten, die von keiner übertroffen werden, einander an Vollkommenheit gänzlich gleich wären. Bei dergleichen Fragen ist es schwer und vielleicht unmöglich aus der Betrachtung möglicher Dinge allein etwas zu entscheiden. Allein wenn ich beide Aufgaben in Verknüpfung mit dem göttlichen Wesen erwäge und erkenne, daß der Vorzug der Wahl, der einer Welt vor der andern zu Theil wird, ohne den Vorzug in dem Urtheile eben desselben Wesens, welches wählt, oder gar wider dieses Urtheil einen Mangel in der Übereinstimmung seiner verschiedenen thätigen Kräfte und eine verschiedene Beziehung seiner Wirksamkeit ohne eine proportionirte Verschiedenheit in den Gründen, mithin einen Übelstand in dem vollkommensten Wesen abnehmen lasse, so schließe ich mit großer Überzeugung: daß die vorgelegten Fälle erdichtet und unmöglich sein müssen. Denn ich begreife nach den gesammten Vorbereitungen, die man gesehen hat: daß man viel weniger Grund habe, aus vorausgesetzten Möglichkeiten, die man gleichwohl nicht genug bewähren kann, auf ein nothwendiges Betragen des vollkommensten Wesens zu schließen (welches so beschaffen ist, daß es den Begriff der größten Harmonie in ihm zu schmälern scheint), als aus der erkannten Harmonie, die die Möglichkeiten der Dinge mit der göttlichen Natur haben müssen, von demjenigen, was diesem Wesen am anständigsten zu sein erkannt wird, auf die Möglichkeit zu schließen. Ich werde also vermuthen, daß in den Möglichkeiten aller Welten keine solche Verhältnisse sein können, die einen Grund der Verlegenheit in der vernünftigen Wahl des höchsten Wesens enthalten müßten; denn eben dieses oberste Wesen enthält den letzten Grund aller dieser Möglichkeit, in welcher also niemals etwas anders, als was mit ihrem Ursprunge harmonirt, kann anzutreffen sein.

Es ist auch dieser über alles Mögliche und Wirkliche erweiterte Begriff der göttlichen **Allgenugsamkeit** ein viel richtigerer Ausdruck, die größte Vollkommenheit dieses Wesens zu bezeichnen, als der des **Unendlichen**, dessen man sich gemeiniglich bedient. Denn ob man diesen letztern zwar auslegen kann, wie man will, so ist er seiner eigentlichen Bedeutung nach doch offenbar mathematisch. Er bezeichnet das Verhältniß einer Größe zu einer andern als dem Maße, welches Verhältniß größer ist als alle Zahl. Daher in dem eigentlichen Wortverstande die göttliche Erkenntniß unendlich heißen würde, in so fern sie vergleichungsweise gegen irgend eine angebliche andere Erkenntniß ein Verhältniß hat, welches alle mögliche Zahl übersteigt. Da nun eine solche Vergleichung göttliche Bestimmungen mit denen der erschaffenen Dinge in eine Gleichartigkeit, die man nicht wohl behaupten kann, versetzt und überdem das, was man dadurch will, nämlich den unverringerten Besitz von aller Vollkommenheit, nicht gerade zu verstehen giebt, so findet sich dagegen alles, was man hiebei zu denken vermag, in dem Ausdrucke der Allgenugsamkeit beisammen. Die Benennung der Unendlichkeit ist gleichwohl schön und eigentlich ästhetisch. Die Erweiterung über alle Zahlbegriffe rührt und setzt die Seele durch eine gewisse Verlegenheit in Erstaunen. Dagegen ist der Ausdruck, den wir empfehlen, der logischen Richtigkeit mehr angemessen.

Dritte Abtheilung,

Worin dargethan wird: daß außer dem ausgeführten Beweis=
grunde kein anderer zu einer Demonstration vom Dasein
Gottes möglich sei.

1.
Eintheilung aller möglichen Beweisgründe vom Dasein Gottes.

Die Überzeugung von der großen Wahrheit: es ist ein Gott, wenn sie den höchsten Grad mathematischer Gewißheit haben soll, hat dieses Eigne: daß sie nur durch einen einzigen Weg kann erlangt werden, und giebt dieser Betrachtung den Vorzug, daß die philosophische Bemühungen sich bei einem einzigen Beweisgrunde vereinigen müssen, um die Fehler, die in der Ausführung desselben möchten eingelaufen sein, vielmehr zu verbessern als ihn zu verwerfen, so bald man überzeugt ist, daß keine Wahl unter mehr dergleichen möglich sei.

Um dieses darzuthun, so erinnere ich, daß man die Forderung nicht aus den Augen verlieren müsse, welche eigentlich zu erfüllen ist: nämlich nicht das Dasein einer sehr großen und sehr vollkommenen ersten Ursache, sondern des allerhöchsten Wesens, nicht die Existenz von einem oder meh=
reren derselben, sondern von einem einzigen und dieses nicht durch bloße Gründe der Wahrscheinlichkeit, sondern mit mathematischer Evidenz zu beweisen.

Alle Beweisgründe für das Dasein Gottes können nur entweder aus den Verstandsbegriffen des blos Möglichen, oder aus dem Erfahrungs=

begriffe des Existirenden, hergenommen werden. In dem ersteren Falle wird entweder von dem Möglichen als einem Grunde auf das Dasein Gottes als eine Folge, oder aus dem Möglichen als einer Folge auf die göttliche Existenz als einen Grund geschlossen. Im zweiten Falle wird wiederum entweder aus demjenigen, dessen Dasein wir erfahren, blos auf die Existenz einer ersten und unabhängigen Ursache, vermittelst der Zergliederung dieses Begriffs aber auf die göttlichen Eigenschaften derselben geschlossen, oder es werden aus dem, was die Erfahrung lehrt, sowohl das Dasein als auch die Eigenschaften desselben unmittelbar gefolgert.

2.
Prüfung der Beweisgründe der ersten Art.

Wenn aus dem Begriffe des blos Möglichen als einem Grunde das Dasein als eine Folgerung soll geschlossen werden, so muß durch die Zergliederung dieses Begriffes die gedachte Existenz darin können angetroffen werden; denn es giebt keine andere Ableitung einer Folge aus einem Begriffe des Möglichen als durch die logische Auflösung. Alsdann müßte aber das Dasein wie ein Prädicat in dem Möglichen enthalten sein. Da dieses nun nach der ersten Betrachtung der ersten Abtheilung nimmermehr statt findet, so erhellt: daß ein Beweis der Wahrheit, von der wir reden, auf die erwähnte Art unmöglich sei.

Indessen haben wir einen berühmten Beweis, der auf diesen Grund erbauet ist, nämlich den so genannten Cartesianischen. Man erdenkt sich zuvörderst einen Begriff von einem möglichen Dinge, in welchem man alle wahre Vollkommenheit sich vereinbart vorstellt. Nun nimmt man an, das Dasein sei auch eine Vollkommenheit der Dinge; also schließt man aus der Möglichkeit eines vollkommensten Wesens auf seine Existenz. Eben so könnte man aus dem Begriffe einer jeden Sache, welche auch nur als die vollkommenste ihrer Art vorgestellt wird, z. E. daraus allein schon, daß eine vollkommenste Welt zu gedenken ist, auf ihr Dasein schließen. Allein ohne mich in eine umständliche Widerlegung dieses Beweises einzulassen, welche man schon bei andern antrifft, so beziehe ich mich nur auf dasjenige, was im Anfange dieses Werks ist erklärt worden, daß nämlich das Dasein gar kein Prädicat, mithin auch kein Prädicat der Vollkommenheit sei, und daher aus einer Erklärung, welche eine willkürliche Vereinbarung verschiedener Prädicate enthält, um den Begriff von irgend einem möglichen Dinge aus zu machen, nimmermehr auf das Dasein dieses Dinges und folglich auch nicht auf das Dasein Gottes könne geschlossen werden.

Dagegen ist der Schluß von den Möglichkeiten der Dinge als Folgen auf das Dasein Gottes als einen Grund von ganz andrer Art. Hier wird untersucht, ob nicht dazu, daß etwas möglich sei, irgend etwas Existirendes vorausgesetzt sein müsse, und ob dasjenige Dasein, ohne welches selbst keine innere Möglichkeit statt findet, nicht solche Eigenschaften enthalte, als wir zusammen in dem Begriffe der Gottheit verbinden. In diesem Falle ist zuvorderst klar, daß ich nicht aus der bedingten Möglichkeit auf ein Dasein schließen könne, wenn ich nicht die Existenz dessen, was nur unter gewissen Bedingungen möglich ist, voraussetze, denn die bedingte Möglichkeit giebt lediglich zu verstehen, daß etwas nur in gewissen Verknüpfungen existiren könne, und das Dasein der Ursache wird nur in so fern dargethan, als die Folge existirt, hier aber soll sie nicht aus dem Dasein derselben geschlossen werden, daher ein solcher Beweis nur aus der innern Möglichkeit geführt werden kann, wofern er gar statt findet. Ferner wird man gewahr, daß er aus der absoluten Möglichkeit aller Dinge überhaupt entspringen müsse. Denn es ist nur die innere Möglichkeit selbst, von der erkannt werden soll, daß sie irgend ein Dasein voraus setze, und nicht die besondere Prädicate, dadurch sich ein Mögliches von dem andern unterscheidet; denn der Unterschied der Prädicate findet auch beim blos Möglichen statt und bezeichnet niemals etwas Existirendes. Demnach würde auf die erwähnte Art aus der innern Möglichkeit alles Denklichen ein göttliches Dasein müssen gefolgert werden. Daß dieses geschehen könne, ist in der ganzen ersten Abtheilung dieses Werks gewiesen worden.

3.
Prüfung der Beweisgründe der zweiten Art.

Der Beweis, da man aus den Erfahrungsbegriffen von dem, was da ist, auf die Existenz einer ersten und unabhängigen Ursache nach den Regeln der Causalschlüsse, aus dieser aber durch logische Zergliederung des Begriffes auf die Eigenschaften derselben, welche eine Gottheit bezeichnen, kommen will, ist berühmt und vornehmlich durch die Schule der Wolffischen Philosophen sehr in Ansehen gebracht worden, allein er ist gleichwohl ganz unmöglich. Ich räume ein, daß bis zu dem Satze: wenn etwas da ist, so existirt auch etwas, was von keinem andern Dinge abhängt, alles regelmäßig gefolgert sei, ich gebe also zu, daß das Dasein irgend eines oder mehrer Dinge, die weiter keine Wirkungen von einem andern sind, wohl erwiesen darliege. Nun ist der zweite Schritt zu dem Satze, daß dieses unabhängige Ding schlechterdings nothwendig sei, schon viel weniger zuverlässig, da er vermittelst des Satzes vom zureichenden Grunde, der noch immer angefochten wird, geführt werden muß; allein ich trage kein Bedenken auch bis so weit alles zu unterschreiben. Es existirt demnach etwas schlechterdings nothwendiger Weise. Aus diesem Begriffe des absolut nothwendigen Wesens sollen nun seine Eigenschaften der höchsten Vollkommenheit und Einheit hergeleitet werden. Der Begriff der absoluten Nothwendigkeit aber, der hier zum Grunde liegt, kann auf zwiefache Art genommen werden, wie in der ersten Abtheilung gezeigt ist. In der ersten Art, da sie die logische Nothwendigkeit von uns genannt worden, müßte gezeigt werden: daß das Gegentheil desjenigen Dinges sich selbst widerspreche, in welchem alle Vollkommenheit oder Realität anzutreffen, und also dasjenige Wesen einzig und allein schlechterdings nothwendig im Dasein sei, dessen Prädicate alle wahrhaftig bejahend sind. Und da aus eben derselben durchgängigen Vereinbarung aller Realität in einem Wesen soll geschlossen werden, daß es ein einziges sei, so ist klar, daß die Zergliederung der Begriffe des Nothwendigen auf solchen Gründen beruhen werde, nach denen ich auch umgekehrt müsse schließen können: worin alle Realität ist, das existirt nothwendiger Weise. Nun ist nicht allein diese Schlußart nach der vorigen Nummer unmöglich, sondern es ist insonderheit merkwürdig, daß auf diese Art der Beweis gar nicht auf den Erfahrungsbegriff, der ganz, ohne ihn zu brauchen, voraus gesetzt ist, erbauet wird, sondern eben so wie der Cartesianische lediglich auf Begriffe, in welchen man in der Identität oder dem Widerstreit der Prädicate das Dasein eines Wesens zu finden vermeint.*)

---

*) Dieses ist das Vornehmste, worauf ich hier ausgehe. Wenn ich die Nothwendigkeit eines Begriffes darin setze, daß sich das Gegentheil widerspricht, und alsdann behaupte, das Unendliche sei so beschaffen, so war es ganz unnöthig die Existenz des nothwendigen Wesens voraus zu setzen, indem sie schon aus dem Begriffe des Unendlichen folgt. Ja jene vorangeschickte Existenz ist in dem Beweise selbst völlig müßig. Denn da in dem Fortgang desselben der Begriff der Nothwendigkeit und Unendlichkeit als Wechselbegriffe angesehen werden, so wird wirklich darum aus der

Es ist meine Absicht nicht, die Beweise selber zu zergliedern, die man dieser Methode gemäß bei verschiedenen antrifft. Es ist leicht ihre Fehlschlüsse aufzudecken, und dieses ist auch schon zum Theil von andern geschehen. Indessen da man gleichwohl noch immer hoffen könnte, daß ihrem Fehler durch einige Verbesserungen abzuhelfen sei, so ersieht man aus unserer Betrachtung, daß, es mag auch aus ihnen werden, was da wolle, sie doch niemals etwas anders als Schlüsse aus Begriffen möglicher Dinge, nicht aber aus Erfahrung werden können und also allenfalls den Beweisen der ersten Art beizuzählen sind.

Was nun den zweiten Beweis von derjenigen Art anlangt, da aus Erfahrungsbegriffen von existirenden Dingen auf das Dasein Gottes und zugleich seine Eigenschaften geschlossen wird, so verhält es sich hiemit ganz anders. Dieser Beweis ist nicht allein möglich, sondern auch auf alle Weise würdig durch vereinigte Bemühungen zur gehörigen Vollkommenheit gebracht zu werden. Die Dinge der Welt, welche sich unsern Sinnen offenbaren, zeigen sowohl deutliche Merkmale ihrer Zufälligkeit, als auch durch die Größe, die Ordnung und zweckmäßige Anstalten, die man allenthalben gewahr wird, Beweisthümer eines vernünftigen Urhebers von großer Weisheit, Macht und Güte. Die große Einheit in einem so weitläuftigen Ganzen läßt abnehmen, daß nur ein einziger Urheber aller dieser Dinge sei, und wenn gleich in allen diesen Schlüssen keine geometrische Strenge hervorblickt, so enthalten sie doch unstrittig so viel Nachdruck, daß sie einen jeden Vernünftigen nach Regeln, die der natürliche gesunde Verstand befolgt, keinen Augenblick hierüber im Zweifel lassen.

4.
Es sind überhaupt nur zwei Beweise vom Dasein Gottes möglich.

Aus allen diesen Beurtheilungen ist zu ersehen: daß, wenn man aus Begriffen möglicher Dinge schließen will, kein ander Argument für das Dasein Gottes möglich sei, als dasjenige, wo selbst die innere Möglichkeit aller Dinge als etwas angesehen wird, was irgend ein Dasein voraussetzt, wie es von uns in der ersten Abtheilung dieses Werks geschehen ist.

Existenz des Nothwendigen auf die Unendlichkeit geschlossen, weil das Unendliche (und zwar allein) nothwendig existirt.

Imgleichen erhellt, daß, wenn von dem, was uns Erfahrung von existirenden Dingen lehrt, der Schluß zu eben derselben Wahrheit soll hinauf steigen, der Beweis nur durch die in den Dingen der Welt wahrgenommene Eigenschaften und die zufällige Anordnung des Weltganzen auf das Dasein sowohl als auch die Beschaffenheit der obersten Ursache kann geführt werden. Man erlaube mir, daß ich den ersten Beweis den ontologischen, den zweiten aber den kosmologischen nenne.

Dieser kosmologische Beweis ist, wie mich dünkt, so alt wie die menschliche Vernunft. Er ist so natürlich, so einnehmend und erweitert sein Nachdenken auch so sehr mit dem Fortgang unserer Einsichten, daß er so lange dauren muß, als es irgend ein vernünftig Geschöpf geben wird, welches an der edlen Betrachtung Theil zu nehmen wünscht, Gott aus seinen Werken zu erkennen. Derhams, Nieuwentyts und vieler anderer Bemühungen haben der menschlichen Vernunft in dieser Absicht Ehre gemacht, obgleich bisweilen viel Eitelkeit mit untergelaufen ist, allerlei physischen Einsichten oder auch Hirngespinsten durch die Losung des Religionseifers ein ehrwürdig Ansehen zu geben. Bei aller dieser Vortrefflichkeit ist diese Beweisart doch immer der mathematischen Gewißheit und Genauigkeit unfähig. Man wird jederzeit nur auf irgend einen unbegreiflich großen Urheber desjenigen Ganzen, was sich unsern Sinnen darbietet, schließen können, nicht aber auf das Dasein des vollkommensten unter allen möglichen Wesen. Es wird die größte Wahrscheinlichkeit von der Welt sein, daß nur ein einiger erster Urheber sei, allein dieser Überzeugung wird viel an der Ausführlichkeit, die der frechsten Zweifelsucht trotzt, ermangeln. Das macht: wir können nicht auf mehr oder größere Eigenschaften in der Ursache schließen, als wir gerade nöthig finden, um den Grad und Beschaffenheit der Wirkungen daraus zu verstehen; wenn wir nämlich von dem Dasein dieser Ursache keinen andern Anlaß zu urtheilen haben, als den, so uns die Wirkungen geben. Nun erkennen wir viel Vollkommenheit, Größe und Ordnung in der Welt und können daraus nichts mehr mit logischer Schärfe schließen, als daß die Ursache derselben viel Verstand, Macht und Güte besitzen müsse, keinesweges aber daß sie alles wisse, vermöge ꝛc. ꝛc. Es ist ein unermeßliches Ganze, in welchem wir Einheit und durchgängige Verknüpfung wahrnehmen, und wir können mit großem Grunde daraus ermessen, daß ein einiger Urheber desselben sei. Allein wir müssen uns bescheiden, daß wir nicht alles Erschaffene kennen, und daher urtheilen, daß, was uns bekannt ist, nur einen Urheber blicken lasse, woraus wir vermuthen, was uns auch nicht bekannt ist, werde eben so bewandt sein; welches zwar sehr vernünftig gedacht ist, aber nicht strenge schließt.

Dagegen wofern wir uns nicht zu sehr schmeicheln, so scheint unser entworfener ontologische Beweis derjenigen Schärfe fähig zu sein, die man in einer Demonstration fordert. Indessen wenn die Frage wäre, welcher denn überhaupt unter beiden der beste sei, so würde man antworten: so bald es auf logische Genauigkeit und Vollständigkeit ankommt, so ist es der ontologische, verlangt man aber Faßlichkeit für den gemeinen richtigen Begriff, Lebhaftigkeit des Eindrucks, Schönheit und Bewegkraft auf die moralische Triebfedern der menschlichen Natur, so ist dem kosmologischen Beweise der Vorzug zuzugestehen. Und da es ohne Zweifel von mehr Erheblichkeit ist, den Menschen mit hohen Empfindungen, die fruchtbar an edler Thätigkeit sind, zu beleben, indem man zugleich den gesunden Verstand überzeugt, als mit sorgfältig abgewogenen Vernunftschlüssen zu unterweisen, dadurch daß der feinern Speculation ein Gnüge gethan wird, so ist, wenn man aufrichtig verfahren will, dem bekannten kosmologischen Beweise der Vorzug der allgemeinern Nutzbarkeit nicht abzusprechen.

Es ist demnach kein schmeichlerischer Kunstgriff, der um fremden Beifall buhlt, sondern Aufrichtigkeit, wenn ich einer solchen Ausführung der wichtigen Erkenntniß von Gott und seinen Eigenschaften, als Reimarus in seinem Buche von der natürlichen Religion liefert, den Vorzug der Nutzbarkeit gerne einräume über einen jeden andern Beweis, in welchem mehr auf logische Schärfe gesehen worden, und über den meinigen. Denn ohne den Werth dieser und anderer Schriften dieses Mannes in Erwägung zu ziehen, der hauptsächlich in einem ungekünstelten Gebrauche einer gesunden und schönen Vernunft besteht, so haben dergleichen Gründe wirklich eine große Beweiskraft und erregen mehr Anschauung als die logisch abgezogene Begriffe, obgleich die letztere den Gegenstand genauer zu verstehen geben.

Gleichwohl da ein forschender Verstand, wenn er einmal auf die Spur der Untersuchung gerathen ist, nicht eher befriedigt wird, als bis alles um ihn licht ist und bis sich, wenn ich mich so ausdrücken darf, der Zirkel, der seine Frage umgrenzt, völlig schließt, so wird niemand eine Bemühung, die wie die gegenwärtige auf die logische Genauigkeit in einem so sehr wichtigen Erkenntnisse verwandt ist, für unnütz und überflüssig halten, vornehmlich weil es viele Fälle giebt, da ohne solche Sorgfalt die Anwendung seiner Begriffe unsicher und zweifelhaft bleiben würde.

5.

Es ist nicht mehr als eine einzige Demonstration vom Dasein Gottes möglich, wovon der Beweisgrund oben gegeben worden.

Aus dem bisherigen erhellt: daß unter den vier erdenklichen Beweisgründen, die wir auf zwei Hauptarten gebracht haben, der Cartesianische sowohl, als der, so aus dem Erfahrungsbegriffe vom Dasein vermittelst der Auflösung des Begriffes von einem unabhängigen Dinge geführt worden, falsch und gänzlich unmöglich seien, das ist, daß sie nicht etwa mit keiner gehörigen Schärfe, sondern gar nicht beweisen. Es ist ferner gezeigt worden, daß der Beweis aus den Eigenschaften der Dinge der Welt auf das Dasein und die Eigenschaften der Gottheit zu schließen einen tüchtigen und sehr schönen Beweisgrund enthalte, nur daß er nimmermehr der Schärfe einer Demonstration fähig ist. Nun bleibt nichts übrig, als daß entweder gar kein strenger Beweis hievon möglich sei, oder daß er auf demjenigen Beweisgrunde beruhen müsse, den wir oben angezeigt haben. Da von der Möglichkeit eines Beweises schlechthin die Rede ist, so wird niemand das erstere behaupten, und die Folge fällt demjenigen gemäß aus, was wir angezeigt haben. Es ist nur ein Gott und nur ein Beweisgrund, durch welchen es möglich ist, sein Dasein mit der Wahrnehmung derjenigen Nothwendigkeit einzusehen, die schlechterdings alles Gegentheil vernichtigt: ein Urtheil, darauf selbst die Beschaffenheit des Gegenstandes unmittelbar führen könnte. Alle andere Dinge, welche irgend da sind, könnten auch nicht sein. Die Erfahrung von zufälligen Dingen kann demnach keinen tüchtigen Beweisgrund abgeben, das Dasein desjenigen daraus zu erkennen, von dem es unmöglich ist, daß er nicht sei. Nur lediglich darin, daß die Verneinung der göttlichen Existenz völlig Nichts ist, liegt der Unterschied seines Daseins von anderer Dinge ihrem. Die innere Möglichkeit, die Wesen der Dinge sind nun dasjenige, dessen Aufhebung alles Denkliche vertilgt. Hierin wird also das eigene Merkmal von dem Dasein des Wesens aller Wesen bestehen. Hierin sucht den Beweisthum, und wenn ihr ihn nicht daselbst anzutreffen vermeint, so schlaget euch von diesem ungebähnten Fußsteige auf die große Heeresstraße der menschlichen Vernunft. Es ist durchaus nöthig, daß man sich vom Dasein Gottes überzeuge; es ist aber nicht eben so nöthig, daß man es demonstrire.

E n d e.

Versuch

den Begriff

der negativen Größen

in die Weltweisheit einzuführen

von

M. Immanuel Kant.

Vorrede.

Der Gebrauch, den man in der Weltweisheit von der Mathematik machen kann, besteht entweder in der Nachahmung ihrer Methode, oder in der wirklichen Anwendung ihrer Sätze auf die Gegenstände der Philosophie. Man sieht nicht, daß der erstere bis daher von einigem Nutzen gewesen sei, so großen Vortheil man sich auch anfänglich davon versprach; und es sind auch allmählich die vielbedeutende Ehrennamen weggefallen, mit denen man die philosophische Sätze aus Eifersucht gegen die Geometrie ausschmückte, weil man bescheidentlich einsah: daß es nicht wohl stehe in mittelmäßigen Umständen trotzig zu thun und das beschwerliche non liquet allem diesem Gepränge keinesweges weichen wollte.

Der zweite Gebrauch ist dagegen für die Theile der Weltweisheit, die er betroffen hat, desto vortheilhafter geworden, welche dadurch, daß sie die Lehren der Mathematik in ihren Nutzen verwandten, sich zu einer Höhe geschwungen haben, darauf sie sonst keinen Anspruch hätten machen können. Es sind dieses aber auch nur die zur Naturlehre gehörige Einsichten, man müßte denn etwa die Logik der Erwartungen in Glücksfällen auch zur Weltweisheit zählen wollen. Was die Metaphysik anlangt, so hat diese Wissenschaft, anstatt sich einige von den Begriffen oder Lehren der Mathematik zu Nutze zu machen, vielmehr sich öfters wider sie bewaffnet, und wo sie vielleicht sichere Grundlagen hätte entlehnen können, um ihre Betrachtungen darauf zu gründen, sieht man sie bemüht, aus den Begriffen des Mathematikers nichts als feine Erdichtungen zu machen, die außer seinem Felde wenig Wahres an sich haben. Man kann leicht errathen, auf welcher Seite der Vortheil sein werde in dem Streite zweier

Wissenschaften, deren die eine alle insgesammt an Gewißheit und Deutlichkeit übertrifft, die andere aber sich allererst bestrebt dazu zu gelangen.

Die Metaphysik sucht z. E. die Natur des Raumes und den obersten Grund zu finden, daraus sich dessen Möglichkeit verstehen läßt. Nun kann wohl hiezu nichts behülflicher sein, als wenn man zuverlässig erwiesene Data irgend woher entlehnen kann, um sie in seiner Betrachtung zum Grunde zu legen. Die Geometrie liefert deren einige, welche die allgemeinsten Eigenschaften des Raumes betreffen, z. E. daß der Raum gar nicht aus einfachen Theilen bestehe; allein man geht sie vorbei und setzt sein Zutrauen lediglich auf das zweideutige Bewußtsein dieses Begriffs, indem man ihn auf eine ganz abstracte Art denkt. Wenn dann die Speculation nach diesem Verfahren mit den Sätzen der Mathematik nicht übereinstimmen will, so sucht man seinen erkünstelten Begriff durch den Vorwurf zu retten, den man dieser Wissenschaft macht, als wenn die Begriffe, die sie zum Grunde legt, nicht von der wahren Natur des Raumes abgezogen, sondern willkürlich ersonnen worden. Die mathematische Betrachtung der Bewegung, verbunden mit der Erkenntniß des Raumes, geben gleicher Gestalt viel Data an die Hand, um die metaphysische Betrachtung von der Zeit in dem Gleise der Wahrheit zu erhalten. Der berühmte Herr Euler hat hiezu unter andern einige Veranlassung gegeben,[*] allein es scheint bequemer, sich in finstern und schwer zu prüfenden Abstractionen aufzuhalten, als mit einer Wissenschaft in Verbindung zu treten, welche nur an verständlichen und augenscheinlichen Einsichten Theil nimmt.

Der Begriff des unendlich Kleinen, darauf die Mathematik so öftern hinaus kommt, wird mit einer angemaßten Dreistigkeit so gerade zu als erdichtet verworfen, anstatt daß man eher vermuthen sollte, daß man noch nicht genug davon verstände, um ein Urtheil darüber zu fällen. Die Natur selbst scheint gleichwohl nicht undeutliche Beweisthümer an die Hand zu geben, daß dieser Begriff sehr wahr sei. Denn wenn es Kräfte giebt, welche eine Zeit hindurch continuirlich wirken, um Bewegungen hervorzubringen, wie allem Ansehen nach die Schwere ist, so muß die Kraft, die sie im Anfangsaugenblicke oder in Ruhe ausübt, gegen die, welche sie in einer Zeit mittheilt, unendlich klein sein. Es ist schwer, ich gestehe es, in die Natur dieser Begriffe hineinzudringen; aber diese

---

[*] Histoire de l'Acad. Royale des sc. et belles lettr. l'ann. 1748.

Schwierigkeit kann allenfalls nur die Behutsamkeit unsicherer Vermuthungen, aber nicht entscheidende Aussprüche der Unmöglichkeit rechtfertigen.

Ich habe für jetzt die Absicht, einen Begriff, der in der Mathematik bekannt genug, allein der Weltweisheit noch sehr fremde ist, in Beziehung auf diese zu betrachten. Es sind diese Betrachtungen nur kleine Anfänge, wie es zu geschehen pflegt, wenn man neue Aussichten eröffnen will, allein sie können vielleicht zu wichtigen Folgen Anlaß geben. Aus der Verabsäumung des Begriffs der negativen Größen sind eine Menge von Fehlern oder auch Mißdeutungen der Meinungen anderer in der Weltweisheit entsprungen. Wenn es z. E. dem berühmten Herren D. Crusius beliebt hätte, sich den Sinn der Mathematiker bei diesem Begriffe bekannt zu machen, so würde er die Vergleichung des Newton nicht bis zur Bewunderung falsch gefunden haben*), der die anziehende Kraft, welche in vermehrter Weite, doch nahe bei den Körpern, nach und nach in eine zurückstoßende ausartet, mit den Reihen vergleicht, in denen da, wo die positive Größen aufhören, die negative anfangen. Denn es sind die negative Größen nicht Negationen von Größen, wie die Ähnlichkeit des Ausdrucks ihn hat vermuthen lassen, sondern etwas an sich selbst wahrhaftig Positives, nur was dem andern entgegengesetzt ist. Und so ist die negative Anziehung nicht die Ruhe, wie er dafür hält, sondern die wahre Zurückstoßung.

Doch ich schreite zur Abhandlung selbst, um zu zeigen, welche Anwendung dieser Begriff überhaupt in der Weltweisheit haben könne.

---

*) Crusius Naturl. 2. Th. § 295.

Der Begriff der negativen Größen ist in der Mathematik lange im Gebrauch gewesen und daselbst auch von der äußersten Erheblichkeit. Indessen ist die Vorstellung, die sich die mehrste davon machten, und die Erläuterung, die sie gaben, wunderlich und widersprechend; obgleich daraus auf die Anwendung keine Unrichtigkeit abfloß, denn die besondere Regeln vertraten die Stelle der Definition und versicherten den Gebrauch; was aber in dem Urtheil über die Natur dieses abstracten Begriffs geirrt sein mochte, blieb müßig und hatte keine Folgen. Niemand hat vielleicht deutlicher und bestimmter gewiesen, was man sich unter den negativen Größen vorzustellen habe, als der berühmte Herr Professor Kästner,*) unter dessen Händen alles genau, faßlich und angenehm wird. Der Tadel, den er bei dieser Gelegenheit auf die Eintheilungssucht eines grundabstracten Philosophen wirft, ist viel allgemeiner, als er daselbst ausgedrückt wird, und kann als eine Aufforderung angesehen werden, die Kräfte der angemaßten Scharfsinnigkeit mancher Denker an einem wahren und brauchbaren Begriffe zu prüfen, um seine Beschaffenheit philosophisch festzusetzen, dessen Richtigkeit durch die Mathematik schon gesichert ist, welches ein Fall ist, dem die falsche Metaphysik gerne ausweicht: weil hier gelehrter Unsinn nicht so leicht wie sonst das Blendwerk von Gründlichkeit zu machen vermag. Indem ich es unternehme der Weltweisheit den Gewinn von einem annoch ungebrauchten, obzwar höchst nöthigen, Begriffe zu verschaffen, so wünsche ich auch keine andere Richter zu haben, als von der Art wie derjenige Mann von allgemeiner Einsicht ist, dessen Schriften mir hiezu die Veranlassung geben. Denn was die metaphysische Intelligenzen von vollendeter Einsicht anlangt, so müßte man sehr unerfahren sein, wenn man sich einbildete, daß zu ihrer Weisheit noch etwas könnte hinzugethan, oder von ihrem Wahne etwas könnte hinweg genommen werden.

---

*) Anfangsgr. d. Arithm. S. 59—62.

Erster Abschnitt.

Erläuterung des Begriffes von den negativen Größen überhaupt.

Einander entgegengesetzt ist: wovon eines dasjenige aufhebt, was durch das andre gesetzt ist. Diese Entgegensetzung ist zwiefach: entweder logisch durch den Widerspruch, oder real, d. i. ohne Widerspruch.

Die erste Opposition, nämlich die logische, ist diejenige, worauf man bis daher einzig und allein sein Augenmerk gerichtet hat. Sie besteht darin: daß von eben demselben Dinge etwas zugleich bejaht und verneint wird. Die Folge dieser logischen Verknüpfung ist gar nichts (nihil negativum irrepraesentabile), wie der Satz des Widerspruchs es aussagt. Ein Körper in Bewegung ist Etwas, ein Körper, der nicht in Bewegung ist, ist auch Etwas (cogitabile); allein ein Körper, der in Bewegung und in eben demselben Verstande zugleich nicht in Bewegung wäre, ist gar nichts.

Die zweite Opposition, nämlich die reale, ist diejenige: da zwei Prädicate eines Dinges entgegengesetzt sind, aber nicht durch den Satz des Widerspruchs. Es hebt hier auch eins dasjenige auf, was durch das andere gesetzt ist; allein die Folge ist Etwas (cogitabile). Bewegkraft eines Körpers nach einer Gegend und eine gleiche Bestrebung eben desselben in entgegengesetzter Richtung widersprechen einander nicht und sind als Prädicate in einem Körper zugleich möglich. Die Folge davon ist die Ruhe, welche Etwas (repraesentabile) ist. Es ist dieses gleichwohl eine wahre Entgegensetzung. Denn was durch die eine Tendenz, wenn sie allein wäre, gesetzt wird, wird durch die andere aufgehoben, und beide Tendenzen sind wahrhafte Prädicate eines und eben desselben Dinges, die ihm zugleich zukommen. Die Folge davon ist auch Nichts, aber in einem andern Verstande wie beim Widerspruch (nihil privativum, repraesentabile). Wir wollen dieses Nichts künftighin Zero = 0 nennen, und es ist dessen Bedeutung mit der von einer Verneinung (negatio), Mangel, Abwesenheit, die sonst bei Weltweisen im Gebrauch sind, einerlei, nur mit einer näheren Bestimmung, die weiter unten vorkommen wird.

Bei der logischen Repugnanz wird nur auf diejenige Beziehung gesehen, dadurch die Prädicate eines Dinges einander und ihre Folgen durch den Widerspruch aufheben. Welches von beiden wahrhaftig bejahend (realitas) und welches wahrhaftig verneinend (negatio) sei, darauf hat man hiebei gar nicht acht. Z. E. Finster und nicht finster in einerlei Verstande zugleich sein ist in eben demselben Subjecte ein Widerspruch. Das erstere Prädicat ist logisch bejahend, das andere logisch verneinend, obgleich jenes im metaphysischen Verstande eine Negation ist. Die Realrepugnanz beruht auch auf einer Beziehung zweier Prädicate eben desselben Dinges gegen einander; aber diese ist von ganz anderer Art. Durch eines derselben ist dasjenige nicht verneint, was durch das andre bejaht ist, denn dieses ist unmöglich, sondern beide Prädicate A und B sind bejahend; nur da von jedem besonders die Folgen a und b sein würden, so ist durch beide zusammen in einem Subject nicht eins, auch nicht das andre, also ist die Folge Zero. Setzet, jemand habe die Activschuld A = 100 Rthlr. gegen einen andern, so ist dieses ein Grund einer eben so großen Einnahme. Es habe aber eben derselbe auch eine Passivschuld B = 100 Rthlr., so ist dieses ein Grund, so viel wegzugeben. Beide Schulden zusammen sind ein Grund vom Zero, d. i. weder Geld zu geben noch zu bekommen. Man sieht leicht ein: daß dieses Zero ein verhältnißmäßiges Nichts sei, indem nämlich nur eine gewisse Folge nicht ist, wie in diesem Falle ein gewisses Capital und in dem oben angeführten eine gewisse Bewegung nicht ist; dagegen ist bei der Aufhebung durch den Widerspruch schlechthin Nichts. Demnach kann das nihil negativum nicht durch Zero = 0 ausgedrückt werden, denn dieses enthält keinen Widerspruch. Es läßt sich denken, daß eine gewisse Bewegung nicht sei, daß sie aber zugleich sei und nicht sei, läßt sich garnicht denken.

Die Mathematiker bedienen sich nun der Begriffe dieser realen Entgegensetzung bei ihren Größen, und um solche anzuzeigen, bezeichnen sie dieselbe mit + und —. Da eine jede solche Entgegensetzung gegenseitig ist, so sieht man leicht, daß eine die andere entweder ganz oder zum Theil aufhebe, ohne daß desfalls diejenigen, vor denen + steht, von denen, vor denen — steht, unterschieden sind. Ein Schiff reise von Portugal aus nach Brasilien. Man bezeichne alle die Strecken, die es mit dem Morgenwinde thut, mit + und die, so es durch den Abendwind zurücklegt, mit —. Die Zahlen selbst sollen Meilen bedeuten. So ist die Fahrt in sieben Tagen $+ 12 + 7 - 3 - 5 + 8 = 19$ Meilen, die es nach Westen gekommen ist. Diejenige Größen, vor denen — steht, haben dieses nur als ein Zeichen der Entgegensetzung, in so fern sie mit denen, die + vor sich haben, zusammen genommen werden sollen; stehen sie aber mit denen, vor welchen auch — ist, in Verbindung, so findet hier keine Entgegensetzung mehr statt, weil diese ein Gegenverhältniß ist, welches nur zwischen + und — angetroffen wird. Und da die Subtraction ein Aufheben ist, welches geschieht, wenn entgegengesetzte Größen zusammen genommen werden, so ist klar: daß das — eigentlich nicht ein Zeichen der Subtraction sein könne, wie es gemeiniglich vorgestellt wird, sondern daß + und — zusammen nur allererst eine Abziehung bezeichnen. Daher $- 4 - 5 = - 9$ gar keine Subtraction war, sondern eine wirkliche Vermehrung und Zusammenthuung von Größen einerlei Art. Aber $+ 9 - 5 = 4$ bedeutet eine Abziehung, indem die Zeichen der Entgegensetzung andeuten, daß die eine in der andern, so viel ihr gleich ist, aufhebe. Eben so bedeutet das Zeichen + für sich allein eigentlich keine Addition, sondern nur in so fern die Größe, davor es steht, mit einer andern, davor auch + steht, oder gedacht wird, soll verbunden werden. Soll sie aber mit einer, davor — steht, zusammen genommen werden, so kann dieses nicht anders als vermittelst der Entgegensetzung geschehen, und da bedeutet das Zeichen + sowohl als das — eine Subtraction, nämlich daß eine Größe in der andern, so viel ihr gleich ist, aufhebe, wie $- 9 + 4 = - 5$. Um deswillen bedeutet das Zeichen — in dem Falle $- 9 - 4 = - 13$ keine Subtraction, sondern eben sowohl eine Addition, wie das Zeichen + im Exempel $+ 9 + 4 = + 13$. Denn überhaupt, so fern die Zeichen einerlei sind, so müssen die bezeichnete Sachen schlechthin summirt werden, in so fern sie aber verschieden sind, können sie nur durch eine Entgegensetzung, d. i. vermittelst der Subtraction, zusammen genommen werden. Demnach dienen diese zwei Zeichen in der Größenwissenschaft nur, um diejenige zu unterscheiden, die einander entgegengesetzt sind, das ist, die einander in der Zusammennehmung ganz oder zum Theil aufheben: damit man erstlich dieses Gegenverhältniß daraus erkenne, und zweitens, nachdem man eine von der andern abgezogen hat, von der sie sich hat abziehen lassen, man wissen könne, zu welcher beiderlei Größen das Facit gehöre. So würde man in dem vorher erwähnten Falle einerlei herausbekommen, wenn der Gang mit dem Ostwinde durch — und die Fahrt mit dem Westwinde durch + wäre bezeichnet worden, nur daß das Facit alsdann — zum Zeichen gehabt hätte.

Hieraus entspringt der mathematische Begriff der **negativen Größen**. Eine Größe ist in Ansehung einer andern negativ, in so fern sie mit ihr nicht anders als durch die Entgegensetzung kann zusammen genommen werden, nämlich so, daß eine in der andern, so viel ihr gleich ist, aufhebt. Dieses ist nun freilich wohl ein Gegenverhältniß, und Größen, die einander so entgegengesetzt sind, heben gegenseitig von einander ein Gleiches auf, so daß man also eigentlich keine Größe schlechthin negativ nennen kann, sondern sagen muß, daß + a und — a eines die negative Größe der andern sei; allein, da dieses immer im Sinne kann hinzugedacht werden, so haben die Mathematiker einmal den Gebrauch angenommen die Größen, vor denen das — steht, negative Größen zu nennen, wobei man gleichwohl nicht aus der Acht lassen muß, daß diese Benennung nicht eine besondere Art Dinge ihrer inneren Beschaffenheit nach, sondern dieses Gegenverhältniß anzeige, mit gewissen andern Dingen, die durch + bezeichnet werden, in einer Entgegensetzung zusammen genommen zu werden.

Damit wir aus diesem Begriffe dasjenige, was eigentlich der Gegenstand für die Philosophie ist, herausnehmen, ohne besonders auf die Größe zu sehen, so bemerken wir zuerst, daß in ihm die Entgegensetzung enthalten sei, welche wir oben die reale genannt haben. Es seien + 8 Capitalien, — 8 Passivschulden, so widerspricht es sich nicht, daß beide einer Person zukommen. Indessen hebt die eine ein Gleiches auf, das durch die andre gesetzt war, und die Folge ist Zero. Ich werde demnach die Schulden negative Capitalien nennen. Hierunter aber werde ich nicht verstehen, daß sie Negationen oder bloße Verneinungen von Capitalien wären; denn alsdann hätten sie selber zum Zeichen das Zero, und dieses Capital und Schulden zusammen würden den Werth des Besitzes geben 8 + 0 = 8, welches falsch ist, sondern daß die Schulden positive Gründe der Verminderung der Capitalien seien. Da nun diese ganze Benennung jederzeit nur das Verhältniß gewisser Dinge gegen einander anzeigt, ohne welches dieser Begriff sogleich aufhört, so würde es ungereimt sein darum eine besondere Art von Dingen sich zu gedenken und sie negative Dinge zu nennen, denn selbst der Ausdruck der Mathematiker der negativen Größen ist nicht genau genug. Denn negative Dinge würden überhaupt Verneinungen (negationes) bedeuten, welches aber gar nicht der Begriff ist, den wir festsetzen wollen. Es ist vielmehr genug, daß wir die Gegenverhältnisse schon erklärt haben, die diesen ganzen Begriff ausmachen und die in der Realopposition bestehen. Um indessen sogleich in den Ausdrücken zu erkennen zu geben, daß das eine der Entgegengesetzten nicht das contradictorische Gegentheil des andern und, wenn dieses etwas Positives ist, daß jenes nicht eine bloße Verneinung desselben sei, sondern, wie wir bald sehen werden, als etwas Bejahendes ihm entgegengesetzt sei: so werden wir nach der Methode der Mathematiker das Untergehen ein negatives Aufgehen, Fallen ein negatives Steigen, Zurückgehen ein negatives Fortkommen nennen, damit zugleich aus dem Ausdrucke erhelle, daß z. E. Fallen nicht blos vom Steigen so unterschieden sei wie non a und a, sondern eben so positiv sei als das Steigen, nur mit ihm in Verbindung allererst den Grund von einer Verneinung enthalte. Es ist nun freilich klar: daß ich, da es alles hier auf das Gegenverhältniß ankommt, eben sowohl das Untergehen ein negatives Aufgehen, wie das Aufgehen ein negatives Untergehen nennen kann; imgleichen sind Capitalien eben sowohl negative Schulden, wie diese negative Capitalien sind. Allein es ist etwas wohlgereimter, demjenigen, worauf in jedem Falle die Absicht vorzüglich gerichtet ist, den Namen des Negativen beizufügen, wenn man sein reales Gegentheil bezeichnen will. Z. E. So ist es etwas schicklicher, Schulden negative Capitalien, als sie umgekehrt zu nennen, obzwar in dem Gegenverhältniß selbst kein Unterschied liegt, sondern in der Beziehung, die das Resultat dieses Gegenverhältnisses auf die übrige Absicht hat. Ich erinnere nur noch, daß ich bisweilen mich des Ausdrucks bedienen werde, daß ein Ding die Negative (Sache) von dem andern sei. Z. E. Die Negative des Aufgehens ist das Untergehen, wodurch ich nicht eine Negation des andern, sondern etwas, was in einer Realentgegensetzung mit dem andern steht, will verstanden wissen.

Bei dieser Realentgegensetzung ist folgender Satz als eine **Grundregel** zu bemerken. Die Realrepugnanz findet nur statt, in so fern zwei Dinge als **positive** Gründe eins die Folge des andern aufhebt. Es sei Bewegkraft ein positiver Grund: so kann ein realer Widerstreit nur statt finden, in so fern eine andere Bewegkraft mit ihr in Verknüpfung sich gegenseitig die Folge aufheben. Zum allgemeinen Beweise dient folgendes. Die einander widerstreitende Bestimmungen müssen erstlich in eben demselben Subjecte angetroffen werden. Denn gesetzt es sei eine Bestimmung in einem Dinge und eine andre, welche man will, in einem andern, so entspringt daraus keine wirkliche Entgegensetzung.*) Zweitens, es kann eine der opponirten Bestimmungen bei einer Realentgegensetzung nicht das contradictorische Gegentheil der andern sein; denn alsdann wäre der Widerstreit logisch und, wie oben gewiesen worden, unmöglich. Drittens, es kann eine Bestimmung nicht etwas anders verneinen, als was durch die andre gesetzt ist; denn darin liegt gar keine Entgegensetzung. Viertens, sie können, in so fern sie einander widerstreiten, nicht alle beide verneinend sein, denn alsdann wird durch keine etwas gesetzt, was durch die andre aufgehoben würde. Demnach müssen in jeder Realentgegensetzung die Prädicate alle beide positiv sein, doch so, daß in der Verknüpfung sich die Folgen in demselben Subjecte gegenseitig aufheben. Auf solche Weise sind Dinge, deren eins als die Negative des andern betrachtet wird, beide, für sich betrachtet, positiv, allein in einem Subjecte verbunden, ist die Folge davon das Zero. Die Fahrt gegen Abend ist eben sowohl eine positive Bewegung, als die gegen Morgen, nur in eben demselben Schiffe heben sich die dadurch zurückgelegte Wege einander ganz oder zum Theil auf.

Hiedurch will ich nun nicht gemeint haben, als ob diese einander realentgegengesetzte Dinge nicht übrigens viel Verneinungen in sich schlössen. Ein Schiff, das nach Westen bewegt wird, bewegt sich alsdann nicht nach Osten oder Süden ꝛc. ꝛc., es ist auch nicht in allen Orten zugleich: viele Negationen, die seiner Bewegung ankleben. Allein dasjenige was in der östlichen sowohl als westlichen Bewegung bei allen diesen Verneinungen noch Positives ist, dieses ist das einzige, was einander real widerstreiten kann und wovon die Folge Zero ist.

Man kann eben dieses durch allgemeine Zeichen auf folgende Art erläutern. Alle wahrhafte Verneinungen, die mithin möglich sind (denn die Verneinung eben desselben, was in dem Subject zugleich gesetzt ist, ist unmöglich), können durch das Zero = 0 ausgedrückt werden und die Bejahung durch ein jegliches positive Zeichen; die Verknüpfung aber in dem-

---

*) Wir werden in der Folge noch von einer potentialen Entgegensetzung handeln.

selben Subjecte durch + oder —. Hier erkennt man, daß A + 0 = A, A — 0 = A, 0 + 0 = 0, 0 — 0 = 0*) insgesammt keine Entgegensetzungen sind und daß in keinem etwas, was gesetzt war, aufgehoben wird. Imgleichen ist A + A keine Aufhebung, und es bleibt kein Fall übrig als dieser: A — A = 0, d. i. daß von Dingen, deren eines die Negative des andern ist, beide A und also wahrhaftig positiv sind, doch so, daß eines dasjenige aufhebt, was durchs andre gesetzt ist, welches hier durch das Zeichen — angedeutet wird.

Die **zweite Regel**, welche eigentlich die umgekehrte der ersten ist, lautet also: Allenthalben, wo ein positiver Grund ist und die Folge ist gleichwohl Zero, da ist eine Realentgegensetzung, d. i. dieser Grund ist mit einem andern positiven Grunde in Verknüpfung, welcher die Negative des ersteren ist. Wenn ein Schiff im freien Meer wirklich durch Morgenwind getrieben wird, und es kommt nicht von der Stelle, wenigstens nicht so viel, als der Wind dazu Grund enthält, so muß ein Seestrom ihm entgegenstreichen. Dieses will im allgemeinen Verstande so viel sagen: daß die Aufhebung der Folge eines positiven Grundes jederzeit auch einen positiven Grund erheische. Es sei ein beliebiger Grund zu einer Folge b, so kann niemals die Folge 0 sein, als in so fern ein Grund zu — b, d. i. zu etwas wahrhaftig Positivem, da ist, welches dem ersten entgegengesetzt ist: b — b = 0. Wenn jemands Verlassenschaft 10000 Rthlr. Capital enthält, so kann die ganze Erbschaft nicht blos 6000 Rthlr. ausmachen, außer in so fern 10000 — 4000 = 6000 ist, das ist, in so fern vier tausend Thaler Schulden oder anderer Aufwand damit verbunden ist. Das folgende wird zur Erläuterung dieser Gesetze viel beitragen.

Ich mache zu dieser Abtheilung noch folgende Anmerkung als zum Beschlusse. Die Verneinung, in so fern sie die Folge einer realen Entgegensetzung ist, will ich Beraubung (privatio) nennen; eine jede Verneinung aber, in so fern sie nicht aus dieser Art von Repugnanz entspringt,

---

*) Man könnte hier auf die Gedanken kommen: daß 0 — A noch ein Fall sei, der hier ausgelassen worden. Allein dieser ist im philosophischen Verstande unmöglich; denn von Nichts kann was Positives nimmermehr weggenommen werden. Wenn in der Mathematik dieser Ausdruck in der Anwendung richtig ist, so kommt es daher, weil das Zero weder die Vermehrung noch Verminderung durch andre Größen im geringsten etwas ändert. A + 0 — A ist noch immer A — A, und daher das Zero ganz müßig ist. Der Gedanke, welcher davon entlehnt worden, als wenn negative Größen weniger wie Nichts wären, ist daher nichtig und ungereimt.

soll hier ein Mangel (defectus, absentia) heißen. Die letztere erfordert keinen positiven Grund, sondern nur den Mangel desselben; die erstere aber hat einen wahren Grund der Position und einen eben so großen entgegengesetzten. Ruhe ist in einem Körper entweder bloß ein Mangel, d. i. eine Verneinung der Bewegung, in so fern keine Bewegkraft da ist: oder eine Beraubung, in so fern wohl Bewegkraft anzutreffen, aber die Folge, nämlich die Bewegung, durch eine entgegengesetzte Kraft aufgehoben wird.

Zweiter Abschnitt,

In welchem Beispiele aus der Weltweisheit angeführt werden, darin der Begriff der negativen Größen vorkommt.

1. Ein jeder Körper widersteht durch Undurchdringlichkeit der Bewegkraft eines andern in den Raum einzudringen, den er einnimmt. Da er bei der Kraft des andern zur Bewegung gleichwohl ein Grund seiner Ruhe ist, so folgt aus dem vorigen: daß die Undurchdringlichkeit eben so wohl eine wahre Kraft in den Theilen des Körpers voraussetze, vermittelst deren sie zusammen einen Raum einnehmen, als diejenige immer sein mag, womit ein anderer in diesen Raum sich zu bewegen bestrebt ist.

Stellet euch zur Erläuterung zwei Federn vor, die gegen einander streben. Ohne Zweifel halten sie sich durch gleiche Kräfte in Ruhe. Setzet zwischen beide eine Feder von gleicher Spannkraft: so wird diese durch ihre Bestrebung die nämliche Wirkung leisten und beide Federn nach der Regel der Gleichheit der Wirkung und Gegenwirkung in Ruhe erhalten. An die Stelle dieser Feder bringet dagegen einen jeden festen Körper dazwischen, so wird durch ihn eben dasselbe geschehen, und die vorher gedachte Federn werden durch seine Undurchdringlichkeit in Ruhe erhalten werden. Die Ursache der Undurchdringlichkeit ist demnach eine wahre Kraft, denn sie thut dasselbe, was eine wahre Kraft thut. Wenn ihr nun Anziehung eine Ursache, welche es auch sein mag, nennet, vermöge deren ein Körper andere nöthigt, gegen den Raum, den er einnimmt, zu drücken oder sich zu bewegen (es ist aber hier genug sich diese Anziehung nur zu gedenken), so ist die Undurchdringlichkeit eine negative Anziehung.

Dadurch wird alsdann angezeigt, daß sie ein eben so positiver Grund sei als eine jede andere Bewegkraft in der Natur, und da die negative Anziehung eigentlich eine wahre Zurückstoßung ist, so wird in den Kräften der Elemente, vermöge deren sie einen Raum einnehmen, doch aber so, daß sie diesem selbst Schranken setzen, durch den Conflictus zweier Kräfte, die einander entgegengesetzt sind, Anlaß zu vielen Erläuterungen gegeben, worin ich glaube zu einer deutlichen und zuverlässigen Erkenntniß gekommen zu sein, die ich in einer andern Abhandlung bekannt machen werde.

2. Wir wollen ein Beispiel aus der Seelenlehre nehmen. Es ist die Frage: ob Unlust lediglich ein Mangel der Lust, oder ein Grund der Beraubung derselben, der an sich selbst zwar was Positives, und nicht lediglich das contradictorische Gegentheil von Lust, ihr aber im Realverstande entgegengesetzt sei, und also ob die Unlust eine negative Lust könne genannt werden. Nun lehrt gleich anfangs die innere Empfindung: daß die Unlust mehr als eine bloße Verneinung sei. Denn was man auch nur für Lust haben mag, so fehlt hiebei doch immer einige mögliche Lust, so lange wir eingeschränkte Wesen sind. Derjenige, welcher ein Medicament, das wie das reine Wasser schmeckt, einnimmt, hat vielleicht eine Lust über die erwartete Gesundheit; in dem Geschmacke hingegen fühlt er eben keine Lust: dieser Mangel ist aber noch nicht Unlust. Gebet ihm ein Arzneimittel von Wermuth. Diese Empfindung ist sehr positiv. Hier ist nicht ein bloßer Mangel von Lust, sondern etwas, was ein wahrer Grund des Gefühls ist, welches man Unlust nennt.

Allein man kann aus der angeführten Erläuterung allenfalls nur erkennen: daß die Unlust nicht lediglich ein Mangel, sondern eine positive Empfindung sei; daß sie aber sowohl etwas Positives, als auch der Lust real entgegen gesetzt sei, erhellt am deutlichsten auf folgende Art. Man bringt einer spartanischen Mutter die Nachricht, daß ihr Sohn im Treffen für das Vaterland heldenmüthig gefochten habe. Das angenehme Gefühl der Lust bemächtigt sich ihrer Seele. Es wird hinzugefügt, er habe hiebei einen rühmlichen Tod erlitten. Dieses vermindert gar sehr jene Lust und setzt sie auf einen geringern Grad. Nennet die Grade der Lust aus dem ersten Grunde allein 4a, und die Unlust sei bloß eine Verneinung = 0, so ist, nachdem beides zusammen genommen worden, der Werth des Vergnügens $4a + 0 = 4a$, und also wäre die Lust durch die Nachricht des

Todes nicht vermindert worden, welches falsch ist. Es sei demnach die Lust aus seiner bewiesenen Tapferkeit $= 4a$ und, was da übrig bleibt, nachdem aus der andern Ursache die Unlust mitgewirkt hat, $= 3a$, so ist die Unlust $= a$, und sie ist die Negative der Lust, nämlich $- a$ und daher $4a - a = 3a$.

Die Schätzung des ganzen Werths der gesammten Lust in einem vermischten Zustande würde auch sehr ungereimt sein, wenn Unlust eine bloße Verneinung und dem Zero gleich wäre. Jemand hat ein Landgut gekauft, dessen Ertrag jährlich 2000 Rthlr. ist. Man drücke den Grad der Lust über diese Einnahme, in so fern sie rein ist, mit 2000 aus. Alles, was er aber von dieser Einnahme abgeben muß, ohne es zu genießen, ist ein Grund der Unlust: Grundzins 200 Rthlr., Gesindelohn 100 Rthlr., Reparatur 150 Rthlr. jährlich. Ist die Unlust eine bloße Verneinung $= 0$, so ist, alles in einander gerechnet, die Lust, die er an seinem Kauf hat, $2000 + 0 + 0 + 0 = 2000$, d. i. eben so groß, als wenn er den Ertrag ohne Abgaben genießen könnte. Nun ist aber offenbar, daß er sich nicht mehr über diese Einkünfte zu erfreuen hat, als in so fern ihm nach Abzug der Abgaben was übrig bleibt, und es ist der Grad des Wohlgefallens $2000 - 200 - 100 - 150 = 1550$. Es ist demnach die Unlust nicht bloß ein Mangel der Lust, sondern ein positiver Grund, diejenige Lust, die aus einem andern Grunde statt findet, ganz oder zum Theil aufzuheben, und ich nenne sie daher eine negative Lust. Der Mangel der Lust sowohl als der Unlust, in so fern er aus dem Mangel der Gründe hiezu herzuleiten ist, heißt Gleichgültigkeit (indifferentia). Der Mangel der Lust sowohl als Unlust, in so fern er eine Folge aus der Realopposition gleicher Gründe ist, heißt das Gleichgewicht (aequilibrium): beides ist Zero, das erstere aber eine Verneinung schlechthin, das zweite eine Beraubung. Der Zustand des Gemüths, in welchem bei ungleicher entgegengesetzter Lust und Unlust von einer dieser beiden Empfindungen etwas übrig bleibt, ist das Übergewicht der Lust oder Unlust (suprapondium voluptatis vel taedii). Nach dergleichen Begriffen suchte der Herr v. Maupertuis in seinem Versuche der moralischen Weltweisheit die Summe der Glückseligkeit des menschlichen Lebens zu schätzen, und sie kann auch nicht anders geschätzt werden, nur daß diese Aufgabe für Menschen unauflöslich ist, weil nur gleichartige Empfindungen können in Summen gezogen werden, das Gefühl aber in dem sehr verwickelten Zustande des Lebens nach der Mannigfaltigkeit der Rührungen sehr verschieben scheint. Der Calcul gab diesem gelehrten Manne ein negatives Factit, worin ich ihm gleichwohl nicht beistimme.

Aus diesen Gründen kann man die **Verabscheuung** eine **negative Begierde**, den **Haß** eine **negative Liebe**, die **Häßlichkeit** eine **negative Schönheit**, den **Tadel** einen **negativen Ruhm** ꝛc. nennen. Man könnte hiebei vielleicht denken: daß dieses alles nur eine Krämerei mit Worten sei. Allein nur diejenige werden so urtheilen, die nicht wissen, welcher Vortheil darin steckt, wenn die Ausdrücke zugleich das Verhältniß zu schon bekannten Begriffen anzeigen, wovon die mindeste Erfahrenheit in der Mathematik jedermann leicht belehren kann. Der Fehler, darin um dieser Vernachläßigung willen viele Philosophen verfallen sind, liegt am Tage. Man findet, daß sie mehrentheils die Übel wie bloße Verneinungen behandeln, ob es gleich nach unsern Erläuterungen offenbar ist: daß es Übel des Mangels (mala defectus) und Übel der Beraubung (mala privationis) giebt. Die erstern sind Verneinungen, zu deren entgegengesetzter Position kein Grund ist, die letztern setzen positive Gründe voraus, dasjenige Gute aufzuheben, wozu wirklich ein anderer Grund ist, und sind ein **negatives Gute**. Dieses letztere ist ein viel größeres Übel als das erstere. Nicht geben ist in Verhältniß auf den, der bedürftig ist, ein Übel, aber Nehmen, Erpressen, Stehlen ist in Absicht auf ihn ein viel größeres, und Nehmen ist ein **negatives Geben**. Man könnte ein Ähnliches bei logischen Verhältnissen zeigen. Irrthümer sind **negative Wahrheiten** (man vermenge dieses nicht mit der Wahrheit negativer Sätze), eine Widerlegung ist ein **negativer Beweis**; allein ich besorge mich hiebei zu lange aufzuhalten. Es ist meine Absicht nur diese Begriffe in den Gang zu bringen, der Nutze wird sich durch den Gebrauch finden, und ich werde davon im dritten Abschnitt einige Aussichten geben.

3. Die Begriffe der realen Entgegensetzung haben auch ihre nützliche Anwendung in der praktischen Weltweisheit. Untugend (demeritum) ist nicht lediglich eine Verneinung, sondern eine **negative Tugend** (meritum negativum). Denn Untugend kann nur Statt finden, in so fern als in einem Wesen ein inneres Gesetz ist (entweder bloß das Gewissen oder auch das Bewußtsein eines positiven Gesetzes), welchem entgegengehandelt wird. Dieses innere Gesetz ist ein positiver Grund einer guten Handlung, und die Folge kann bloß darum Zero sein, weil diejenige, welche aus dem Bewußtsein des Gesetzes allein fließen würde, aufgehoben wird. Es ist

also hier eine Beraubung, eine reale Entgegensetzung und nicht bloß ein Mangel. Man bilde sich nicht ein, daß dieses lediglich auf die Begehungsfehler (demerita commissionis) und nicht zugleich auf die Unterlassungsfehler (demerita omissionis) gehe. Ein unvernünftig Thier verübt keine Tugend. Es ist diese Unterlassung aber nicht Untugend (demeritum). Denn es ist keinem inneren Gesetze entgegen gehandelt worden. Es ward nicht durch inneres moralisches Gefühl zu einer guten Handlung getrieben, und dadurch, daß es ihm widerstanden, oder vermittelst eines Gegengewichts wurde das Zero oder die Unterlassung als eine Folge nicht bestimmt. Sie ist hier eine Verneinung schlechthin aus Mangel eines positiven Grundes und keine Beraubung. Setzet dagegen einen Menschen, der demjenigen, dessen Noth er sieht und dem er leicht helfen kann, nicht hilft. Hier ist, wie in dem Herzen eines jeden Menschen, so auch bei ihm ein positives Gesetz der Nächstenliebe. Dieses muß überwogen werden. Es gehört hiezu eine wirkliche innere Handlung aus Bewegungsursachen, damit die Unterlassung möglich sei. Dieses Zero ist die Folge einer realen Entgegensetzung. Es kostet auch wirklich einigen Menschen im Anfange merkliche Mühe einiges Gute zu unterlassen, wozu sie die positive Antriebe in sich bemerken; die Gewohnheit erleichtert alles, und diese Handlung wird zuletzt wenig mehr wahrgenommen. Es sind demnach die Begehungssünden von den Unterlassungssünden moralisch nicht der Art, sondern der Größe nach nur unterschieden. Physisch, nämlich den äußern Folgen nach, sind sie auch wohl der Art nach verschieden. Derjenige, der nichts bekommt, leidet ein Übel des Mangels und, dem genommen wird, ein Übel der Beraubung. Allein was den moralischen Zustand desjenigen, dem die Unterlassungssünde zukommt, anlangt, so wird zur Begehungssünde nur ein größerer Grad der Handlung erfordert: so wie das Gegengewicht am Hebel eine wahrhafte Kraft anwendet, um die Last bloß in Ruhe zu erhalten, und nur einiger Vermehrung bedarf, um sie auf die andere Seite wirklich zu bewegen. Eben also, wer nicht bezahlt, was er schuldig ist, der wird in gewissen Umständen betrügen, um zu gewinnen, und wer nicht hilft, wenn er kann, der wird, so bald sich die Bewegursachen vergrößern, den andern verderben. Liebe und Nicht=Liebe sind eins das contradictorische Gegentheil vom andern. Nicht=Liebe ist eine wahrhafte Verneinung, aber in Ansehung dessen, wozu man sich einer Verbindlichkeit zu lieben bewußt ist, ist diese Verneinung nur durch reale Entgegensetzung und mithin nur als eine

Beraubung möglich. Und in einem solchen Falle ist nicht zu lieben und zu hassen nur eine Verschiedenheit in Graden. Alle Unterlassungen, die zwar Mängel einer größeren moralischen Vollkommenheit sind, aber nicht Unterlassungssünden, sind dagegen nichts als Verneinungen schlechthin einer gewissen Tugend und nicht Beraubungen oder Untugend. Von dieser Art sind die Mängel der Heiligen und die Fehler edler Seelen. Es fehlt ein gewisser größerer Grund der Vollkommenheit, und der Mangel äußert sich nicht um der Entgegenwirkung willen.

Man könnte die Anwendung der angeführten Begriffe auf die Gegenstände der praktischen Weltweisheit noch sehr erweitern. Verbote sind negative Gebote, Strafen negative Belohnungen u. s. w. -Allein meine Absicht ist für jetzt erreicht, wenn nur der Gebrauch dieses Gedankens überhaupt verstanden wird. Ich bemerke wohl: daß Lesern von aufgeklärter Einsicht die bisherige Erläuterung weitläuftiger vorkommen werde, als nöthig ist. Allein man wird mich entschuldigen, so bald man bedenkt, daß es sonst noch ein sehr ungelehriges Geschlecht von Beurtheilern gebe, welche, indem sie ihr Leben nur mit einem einzigen Buche zubringen, nichts verstehen, als was darin enthalten ist, und in Ansehung deren die äußerste Weitläuftigkeit nicht überflüssig ist.

4. Wir wollen noch ein Beispiel aus der Naturwissenschaft entlehnen. In der Natur giebt es viel Beraubungen aus dem Conflictus zweier wirkenden Ursachen, deren eine die Folge der andern durch reale Entgegensetzung aufhebt. Es ist aber oftmals ungewiß, ob es nicht vielleicht bloß die Verneinung des Mangels sei, weil eine positive Ursache fehlt, oder ob es die Folge der Opposition wahrhafter Kräfte sei, so wie die Ruhe entweder der fehlenden Bewegursache, oder dem Streit zweier einander aufhaltenden Bewegkräfte beizumessen ist. Es ist z. E. eine berühmte Frage, ob die Kälte eine positive Ursache erheische, oder ob sie als ein Mangel schlechthin der Abwesenheit der Ursache der Wärme beizumessen sei. Ich halte mich, so weit es zu meinem Zwecke dient, hiebei ein wenig auf. Ohne Zweifel ist die Kälte selber nur eine Verneinung der Wärme, und es ist leicht einzusehen, daß sie an sich selbst auch ohne positiven Grund möglich sei. Eben so leicht ist es aber zu verstehen: daß sie auch von einer positiven Ursache herrühren könne und wirklich bisweilen daraus entspringe, was man auch für eine Meinung vom Ursprunge der Wärme annehmen mag. Man kennt keine absolute Kälte in der Natur, und wenn man von ihr redet, so versteht man sie nur vergleichungsweise. Nun stimmen Erfahrung

und Vernunftgründe zusammen, den Gedanken des berühmten v. Mus=
schenbroek zu bestätigen: daß die Erwärmung nicht in der innern Er=
schütterung, sondern in dem wirklichen Übergange des Elementarfeuers
aus einer Materie in die andere bestehe, obgleich dieser Übergang ver=
muthlich mit einer innern Erschütterung begleitet sein mag, imgleichen
diese erregte Erschütterung den Austritt des Elementarfeuers aus den
Körpern befördert. Auf diesen Fuß, wenn das Feuerelement unter den
Körpern in einem gewissen Raum im Gleichgewichte ist, so sind sie ver=
hältnißweise gegen einander weder kalt noch warm. Ist dieses Gleich=
gewicht gehoben, so ist diejenige Materie, in die das Elementarfeuer über=
geht, verhältnißweise gegen den Körper, der dadurch desselben beraubt
wird, kalt, dieser dagegen heißt, in so fern er in jene Materie diese Wärme
überläßt, in Ansehung derselben warm. Der Zustand in dieser Veränderung
heißt bei jenem Erwärmung, bei diesem Erkältung, bis alles wie=
derum im Gleichgewichte ist.

Nun ist wohl nichts natürlicher zu gedenken, als daß die Anziehungs=
kräfte der Materie dieses subtile und elastische Flüssige so lange in Be=
wegung setzen und die Masse der Körper damit anfüllen, bis es allerwärts
im Gleichgewichte ist, wenn nämlich die Räume in dem Verhältniß der
Anziehungen, die daselbst wirken, damit angefüllt sind. Und hier fällt es
deutlich in die Augen: daß eine Materie, die eine andere in der Berührung
erkältet, durch wahrhafte Kraft (der Anziehung) das Elementarfeuer
raube, womit die Masse der andern erfüllt war, und daß die Kälte jenes
Körpers eine negative Wärme genannt werden könne, weil die Ver=
neinung, die in den wärmeren Körper daraus folgt, eine Beraubung ist.
Allein hier würde die Einführung dieser Benennung ohne Nutzen und
nicht viel besser als ein Wortspiel sein. Meine Absicht ist hiebei nur auf
dasjenige, was folgt, gerichtet.

Es ist lange bekannt, daß die magnetische Körper zwei einander ent=
gegenstehende Enden haben, die man Pole nennt und deren der eine den
gleichnamigen Punkt an dem andern zurückstößt und den andern anzieht.
Allein der berühmte Prof. Äpinus zeigte in einer Abhandlung von der
Ähnlichkeit der elektrischen Kraft mit der magnetischen: daß elektrisirte
Körper bei einer gewissen Behandlung eben so wohl zwei Pole an sich
zeigen, deren einen er den positiven, den andern den negativen Pol
nennt, und wovon der eine dasjenige anzieht, was der andre zurückstößt.
Diese Erscheinung wird am deutlichsten wahrgenommen, wenn eine Röhre

einem elektrischen Körper nahe genug gebracht wird, doch so, daß sie keinen Funken aus ihm zieht. Ich behaupte nun, daß bei den Erwärmungen oder Erkältungen, d. i. bei allen Veränderungen der Wärme oder Kälte, vornehmlich den schnellen, die in einem zusammenhängenden Mittelraum oder in die Länge ausgebreiteten Körper an einem Ende geschehen, jederzeit gleichsam zwei Pole der Wärme anzutreffen sind, wovon der eine positiv, d. i. über den vorigen Grad des gedachten Körpers, der andere negativ, nämlich unter diesen Grad warm, d. i. kalt, wird. Man weiß, daß verschiedene Erdgrüfte inwendig desto stärkeren Frost zeigen, je mehr draußen die Sonne Luft und Erde erwärmt, und Mathias Bel, der die im karpatischen Gebürge beschreibt, fügt hinzu, daß es eine Gewohnheit der Bauren in Siebenbürgen sei ihr Getränk kalt zu machen, wenn sie es in die Erde verscharren und ein schnell brennendes Feuer drüber machen. Es scheint, daß die Erdschichte in dieser Zeit auf der oberen Fläche nicht positiv warm werden könne, ohne in etwas größerer Tiefe die Negative davon zu sein. Boerhave führt sonst an, daß das Feuer der Schmiedeherde in einem gewissen Abstande Kälte verursacht habe. In der freien Luft über der Erdfläche scheint eben so wohl diese Entgegensetzung, vornehmlich bei den schnellen Veränderungen, zu herrschen. Herr Jacobi führt irgendwo in dem Hamb. Magazin an: daß bei der strengen Kälte, die oftermals weit gestreckte Länder angreift, doch gemeiniglich in einem langen Striche ansehnliche Plätze zwischen inne liegen, wo es temperirt und gelinde ist. Eben so fand Herr Aepinus bei der Röhre, deren ich gedachte: daß von dem positiven Pol des einen Endes bis zum negativen des andern in gewissen Weiten die positiv- und negativ-elektrische Stellen abwechselten. Es scheint, es könne in irgend einer Region der Luft die Erwärmung nicht anheben, ohne in einer andern gleichsam die Wirkung eines negativen Pols, d. i. Kälte, eben dadurch zu veranlassen, und auf diesen Fuß wird umgekehrt die an einem Orte behende zunehmende Kälte die Wärme in einer andern Gegend zu vermehren dienen, gleichwie, wenn ein an einem Ende erhitzter metallner Stab plötzlich im Wasser abgekühlt wird, die Wärme des andern Endes zunimmt.*) Demnach hört der

---

*) Die Versuche, um sich der entgegengesetzten Pole der Wärme gewiß zu machen, würden, wie mich dünkt, leicht anzustellen sein. In einer blechernen horizontalen Röhre von der Länge eines Fußes, welche an beiden Enden ein paar Zoll senkrecht in die Höhe gebogen wäre, wenn sie mit Weingeist angefüllt und auf der einen Seite derselbe angesteckt würde, indem in dem andern Ende das Thermometer

Unterschied der Wärmpole alsbald auf, wenn die Mittheilung oder Beraubung Zeit genug gehabt hat sich durch die ganze Materie gleichförmig zu verbreiten, gleichwie die Röhre des Herren Professor Äpinus nur einerlei Elektricität zeigt, so bald sie den Funken gezogen hat. Vielleicht daß auch die große Kälte der obern Luftgegend nicht lediglich dem Mangel der Erwärmungsmittel, sondern einer positiven Ursache beizumessen ist, nämlich daß sie in Ansehung der Wärme nach dem Maße negativ wird, als die untere Luft und Boden es positiv sind. Überhaupt scheinen die magnetische Kraft, die Elektricität und die Wärme durch einerlei Mittelmaterie zu geschehen. Alle insgesammt können durch Reiben erregt werden, und ich vermuthe, daß die Verschiedenheit der Pole und die Entgegensetzung

stände, würde sich meinem Vermuthen nach diese negative Entgegensetzung bald zeigen; wie man denn, um durch einseitige Erkältung die Wirkung auf der andern Seite wahrzunehmen, sich des Salzwassers bedienen könnte, in welches auf der einen Seite gestoßen Eis geworfen werden könnte. Bei dieser Gelegenheit will ich nur noch bemerken, von welcher Beobachtung, die ich wünsche angestellt zu sehen, aller Wahrscheinlichkeit nach die Erklärung der künstlichen Kälte und Wärme bei den Auflösungen gewisser vermengten Materien viel Licht bekommen würde. Ich überrede mich nämlich: daß der Unterschied dieser Erscheinungen vornehmlich darauf beruhen werde, ob die vermengte Flüssigkeiten nach der völligen Vereinbarung mehr oder weniger Volumen einnehmen, als ihr Raumesinhalt zusammen genommen vor der Vermischung austrug. Im ersteren Falle, behaupte ich, werden sie Wärme, im zweiten Kälte am Thermometer zeigen. Denn in dem Falle, da sie nach der Vermengung ein dichteres Medium geben, ist nicht allein mehr attractivische Materie welche das Element des benachbarten Feuers in sich zieht, als vorher in einem gleichen Raum, sondern es ist auch zu vermuthen: daß das Anziehungsvermögen größer werde, als nach Proportion der zunehmenden Dichtigkeit, indessen daß vielleicht die Ausspannungskraft des verdichteten Äthers nur so wie bei der Luft in Verhältniß der Dichtigkeit zunimmt, weil nach dem Newton die Anziehungen in großer Naheit in viel größerer Proportion stehen als der umgekehrten der Entfernungen. Auf solche Weise wird die Mischung, wenn sie mehr Dichtigkeit hat, als beider mengbarer Sachen Dichtigkeit vor der Vermengung zusammen genommen, in Ansehung der benachbarten Körper das Übergewicht der Anziehung gegen das Elementarfeuer zeigen, und, indem sie das Thermometer desselben beraubt, Kälte blicken lassen. Alles aber wird umgekehrt vor sich gehen, wenn die Mischung ein dünneres Medium giebt. Denn indem sie eine Menge Elementarfeuers fahren läßt, so ziehen es benachbarte Materien an und zeigen das Phänomenon der Wärme. Der Ausgang der Versuche entspricht nicht immer den Vermuthungen. Wenn aber die Versuche nicht lediglich eine Sache des Ungefährs sein sollen, so müssen sie durch Vermuthung veranlaßt werden.

der positiven und negativen Wirksamkeit durch eine geschickte Behandlung eben so wohl bei den Erscheinungen der Wärme dürften bemerkt werden. Die schiefe Fläche des Galilei, der Perpendikel des Huygens, die Quecksilberröhre des Torricelli, die Luftpumpe des Otto Guericke und das gläserne Prisma des Newton haben uns den Schlüssel zu großen Naturgeheimnissen gegeben. Die negative und positive Wirksamkeit der Materien, vornehmlich bei der Elektricität, verbergen allem Ansehen nach wichtige Einsichten, und eine glücklichere Nachkommenschaft, in deren schöne Tage wir hinaussehen, wird hoffentlich davon allgemeine Gesetze erkennen, was uns für jetzt in einer noch zweideutigen Zusammenstimmung erscheint.

Dritter Abschnitt,

Enthält einige Betrachtungen, welche zu der Anwendung des gedachten Begriffs auf die Gegenstände der Weltweisheit vorbereiten können.

Was ich bis daher vorgetragen habe, sind nur die erste Blicke, die ich auf einen Gegenstand von Wichtigkeit, aber nicht minderer Schwierigkeit werfe. Wenn man von den angeführten Beispielen, die begreiflich genug sind, zu allgemeinen Sätzen hinaufsteigt, so hat man Ursache äußerst besorgt zu sein, daß sich auf einer unbetretenen Bahn Fehltritte zutragen können, die vielleicht nur im Fortgange bekannt werden. Ich gebe demnach dasjenige, was ich noch hierüber zu sagen habe, nur für einen Versuch aus, der sehr unvollkommen ist, ob ich mir gleich von der Aufmerksamkeit, die man darauf etwa verwenden möchte, mannigfaltigen Nutzen verspreche. Ich weiß wohl: daß ein dergleichen Geständniß eine sehr schlechte Empfehlung zum Beifalle ist für diejenige, die einen dreisten dogmatischen Ton verlangen, um sich in eine jede Richtung bringen zu lassen, darin man sie haben will. Aber ohne das mindeste Bedauren über den Verlust des Beifalls von dieser Art zu empfinden, sehe ich es einer so schlüpfrigen Erkenntniß, wie die metaphysische ist, für viel gemäßer an, seine Gedanken zuvörderst der öffentlichen Prüfung darzulegen in der Gestalt unsicherer Versuche, als sie sogleich mit allem Aufputz von angemaßter Gründlichkeit und vollständiger Überzeugung anzukündigen, weil alsdann gemeiniglich alle Besserung von der Hand gewiesen und ein jedes Übel, das darin anzutreffen ist, unheilbar wird.

1. Jedermann versteht leicht, warum etwas nicht ist, in so fern nämlich der positive Grund dazu mangelt, aber wie dasjenige, was da ist, aufhöre zu sein, dieses ist so leicht nicht verstanden. Es existirt z. E. anjetzt in meiner Seele die Vorstellung der Sonne durch die Kraft meiner Einbildung. Den folgenden Augenblick höre ich auf diesen Gegenstand zu gedenken. Diese Vorstellung, welche war, hört in mir auf zu sein, und der nächste Zustand ist das Zero vom vorigen. Wollte ich zum Grunde hievon angeben, daß darum der Gedanke aufgehört wäre, weil ich im folgenden Augenblicke unterlassen hätte ihn zu bewirken, so wäre die Antwort von der Frage gar nicht unterschieden; denn es ist eben hievon die Rede, wie eine Handlung, die wirklich geschieht, könne unterlassen werden, d. i. aufhören könne zu sein.

Ich sage demnach: **ein jedes Vergehen ist ein negatives Entstehen**, d. i. es wird, um etwas Positives, was da ist, aufzuheben, eben so wohl ein wahrer Realgrund erfordert, als um es hervorzubringen, wenn es nicht ist. Der Grund hievon ist in dem vorigen enthalten. Es sei **a** gesetzt: so ist nur $a - a = 0$, d. i. nur in so fern ein gleicher, aber entgegengesetzter Realgrund mit dem Grunde von **a** verbunden ist, kann **a** aufgehoben werden. Die körperliche Natur bietet allerwärts Beispiele davon dar. Eine Bewegung hört niemals gänzlich oder zum Theil auf, ohne daß eine Bewegkraft, welche derjenigen gleich ist, die die verlorene Bewegung hätte hervorbringen können, damit in der Entgegensetzung verbunden wird. Allein auch die innere Erfahrung über die Aufhebung der durch die Thätigkeit der Seele wirklich gewordenen Vorstellungen und Begierden stimmt damit sehr wohl zusammen. Man empfindet es in sich selbst sehr deutlich: daß, um einen Gedanken voll Gram bei sich vergehen zu lassen und aufzuheben, wahrhafte und gemeiniglich große Thätigkeit erfordert wird. Es kostet wirkliche Anstrengung eine zum Lachen reizende lustige Vorstellung zu vertilgen, wenn man sein Gemüth zur Ernsthaftigkeit bringen will. Eine jede Abstraction ist nichts anders, als eine Aufhebung gewisser klaren Vorstellungen, welche man gemeiniglich darum anstellt, damit dasjenige, was übrig ist, desto klärer vorgestellt werde. Jedermann weiß aber, wie viel Thätigkeit hiezu erfordert wird, und so kann man die Abstraction eine **negative Aufmerksamkeit** nennen, das ist, ein wahrhaftes Thun und Handlen, welches derjenigen Handlung, wodurch die Vorstellung klar wird, entgegengesetzt ist und durch die Verknüpfung mit ihr das Zero, oder den Mangel der klaren Vorstellung zuwege bringt. Denn sonst, wenn sie eine Verneinung und Mangel schlechthin wäre, so würde dazu eben so wenig Anstrengung einer Kraft erfordert werden, als dazu, daß ich etwas nicht weiß, weil niemals ein Grund dazu war, Kraft nöthig ist.

Eben dieselbe Nothwendigkeit eines positiven Grundes zu Aufhebung eines inneren Accidens der Seele zeigt sich in der Überwindung der Begierden, wobei man sich der oben angeführten Beispiele bedienen kann. Überhaupt aber, auch außer den Fällen, da man sich dieser entgegengesetzten Thätigkeit sogar bewußt ist und die wir angeführt haben, hat man keinen genugsamen Grund sie alsdann in Abrede zu ziehen, wenn wir sie nicht in uns klar bemerken. Ich gedenke z. E. anjetzt an den Tiger. Dieser Gedanke verliert sich, und es fällt mir dagegen der Schakal ein. Man kann freilich bei dem Wechsel der Vorstellungen eben keine besondere Bestrebung der Seele in sich wahrnehmen, die da wirkte, um eine von den gedachten Vorstellungen aufzuheben. Allein welche bewunderungswürdige Geschäftigkeit ist nicht in den Tiefen unsres Geistes verborgen, die wir mitten in der Ausübung nicht bemerken, darum weil der Handlungen sehr viel sind, jede einzelne aber nur sehr dunkel vorgestellt wird. Die Beweisthümer davon sind jedermann bekannt; man mag unter diesen nur die Handlungen in Erwägung ziehen, die unbemerkt in uns vorgehen, wenn wir lesen, so muß man darüber erstaunen. Man kann unter andern hierüber die Logik des Reimarus nachsehen, welcher hierüber Betrachtung anstellt. Und so ist zu urtheilen, daß das Spiel der Vorstellungen und überhaupt aller Thätigkeiten unserer Seele, in so fern ihre Folgen, nachdem sie wirklich waren, wieder aufhören, entgegengesetzte Handlungen voraussetzen, davon eine die Negative der andern ist, zu Folge den gewissen Gründen, die wir angeführt haben, ob uns gleich nicht immer die innere Erfahrung davon belehren kann.

Wenn man die Gründe in Erwägung zieht, auf welchen die hier angeführte Regel beruht, so wird man alsbald inne: daß, was die Aufhebung eines existirenden Etwas anlangt, unter den Accidenzien der geistigen Naturen deßfalls kein Unterschied sein könne von den Folgen wirksamer Kräfte in der körperlichen Welt, nämlich, daß sie niemals anders aufgehoben werden als durch eine wahre entgegengesetzte Bewegkraft eines andern, und ein inneres Accidens, ein Gedanke der Seele, kann nicht aufhören zu sein, ohne eine wahrhaftig thätige Kraft eben desselben denkenden Subjects. Der Unterschied betrifft hier nur die verschiedene Gesetze, welchen diese zweierlei Arten von Wesen untergeordnet sind, indem der Zustand der Materie niemals anders als durch äußere Ursache, der eines Geistes aber auch durch eine innere Ursache verändert werden kann; die Nothwendigkeit der Realentgegensetzung bleibt indessen bei diesem Unterschiede immer dieselbe.

Ich bemerke nochmals, daß es ein betrügerischer Begriff sei, wenn man die Aufhebung der positiven Folgen der Thätigkeit unserer Seele glaubt verstanden zu haben, wenn man sie Unterlassungen nennt. Es ist überaus merkwürdig: daß, je mehr man seine gemeinste und zuversichtlichste Urtheile durchforscht, desto mehr man solche Blendwerke entdeckt, da wir mit Worten zufrieden sind, ohne etwas von den Sachen zu verstehen. Daß ich jetzt einen gewissen Gedanken nicht habe, ist, wenn er vorher auch nicht gewesen ist, daraus freilich verständlich genug, wenn ich sage, ich unterlasse dieses zu denken; denn dieses Wort bedeutet alsdann den Mangel des Grundes, woraus der Mangel der Folge begriffen wird. Heißt es aber: woher ist ein Gedanke in mir nicht mehr, der kurz vorher war?, so ist die vorige Antwort ganz nichtig. Denn dieses Nichtsein ist nunmehr eine Beraubung, und das Unterlassen hat anjetzt einen ganz andern Sinn,*) nämlich die Aufhebung einer Thätigkeit, die kurz vorher war. Dieses ist aber die Frage, die ich thue und bei der ich mich durch ein Wort nicht so leicht abspeisen lasse. Bei der Anwendung der gedachten Regel auf allerlei Fälle der Natur hat man viel Behutsamkeit nöthig, damit man nicht fälschlich etwas Verneinendes für positiv halte, welches leicht geschieht. Denn der Sinn des Satzes, den ich hier angeführt habe, geht auf das Entstehen und Vergehen von etwas, das da positiv ist. Z. E. Das Vergehen einer Flamme, weil die Nahrung erschöpft ist, ist kein negatives Entstehen, d. i. es gründet sich nicht auf eine wahrhafte Bewegkraft, die derjenigen, wodurch sie entsteht, entgegengesetzt ist. Denn die Fortdauer einer Flamme ist nicht die Dauer einer Bewegung, die schon da ist, sondern die beständige Erzeugung neuer Bewegungen anderer brennbarer Dunsttheilchen.**) Demnach ist das Aufhören der Flamme nicht das Aufheben einer wirklichen Bewegung, sondern der Mangel neuer

---

*) Dieser Sinn selbst kommt dem Worte nicht einmal eigentlich zu.

**) Ein jeder Körper, dessen Theile sich plötzlich in Dunst verwandeln und also die Zurückstoßung ausüben, die dem Zusammenhange entgegengesetzt ist, sprüht Feuer von sich und brennt, weil das Elementarfeuer, das vorher im Stande der Zusammendrückung war, behende frei wird und sich ausbreitet.

Bewegungen und mehrerer Trennungen, darum weil die Ursache dazu fehlt, nämlich die fernere Nahrung des Feuers, welches alsdann nicht als ein Aufheben einer existirenden Sache, sondern als der Mangel des Grundes zu einer möglichen Position (der weiteren Absonderung) muß angesehen werden. Doch genug hievon. Ich schreibe dieses, um den Versuchten in dergleichen Art von Erkenntniß Anlaß zu weiterer Betrachtung zu geben; die Unerfahrenen würden freilich mehr Erläuterung zu fordern berechtigt sein.

2. Die Sätze, die ich in dieser Nummer vorzutragen gedenke, scheinen mir von der äußersten Wichtigkeit zu sein. Vorher aber muß ich noch zu dem allgemeinen Begriffe der negativen Größen eine Bestimmung hinzuthun, welche ich mit Bedacht oben bei Seite gesetzt habe, um die Gegenstände einer angestrengten Aufmerksamkeit nicht zu sehr zu häufen. Ich habe bisher die Gründe der realen Entgegensetzung nur erwogen, in so fern sie Bestimmungen, deren eine die Negative der andern ist, wirklich in einem und eben demselben Dinge setzen, z. E. Bewegkräfte eben desselben Körpers nach einander gerade entgegengesetzten Richtungen, und da heben die Gründe ihre beiderseitige Folgen, nämlich die Bewegungen, wirklich auf. Daher will ich für jetzt diese Entgegensetzung die wirkliche nennen (oppositio actualis). Dagegen nennt man mit Recht solche Prädicate, die zwar verschiedenen Dingen zukommen und eins die Folge des andern unmittelbar nicht aufheben, dennoch eins die Negative des andern, in so fern ein jedes so beschaffen ist, daß es doch entweder die Folge des andern, oder wenigstens etwas, was eben so bestimmt ist wie diese Folge und ihr gleich ist, aufheben könnte. Diese Entgegensetzung kann die mögliche heißen (oppositio potentialis). Beide sind real, d. i. von der logischen Opposition unterschieden, beide sind in der Mathematik beständig im Gebrauche, und beide verdienen es auch in der Philosophie zu sein. An zwei Körpern, die gegen einander in eben derselben geraden Linie mit gleichen Kräften bewegt sind, können diese Kräfte, da sie sich im Stoße beiden Körpern mittheilen, eine der andern Negative genannt werden und zwar im erstern Verstande durch die wirkliche Entgegensetzung. Bei zwei Körpern, die auf derselben geraden Linie in entgegenstehender Richtung sich mit gleichen Kräften von einander entfernen, ist eine der andern Negative; allein da sie ihre Kräfte sich in diesem Falle nicht mittheilen, so stehen sie nur in potentialer Entgegensetzung, weil ein jeder eben so viel Kraft, als in dem andern Körper ist, wenn er auf einen

solchen, der in derselben Richtung wie jener bewegt wäre, stieße, in ihm aufheben würde. So werde ich es auch in dem nächstfolgenden von allen Gründen der realen Entgegensetzung in der Welt und nicht blos von denen, die den Bewegkräften zukommen, verstehen. Um aber auch von den übrigen ein Beispiel zu geben, so würde man sagen können, daß die Lust, die ein Mensch hat, und eine Unlust, die ein anderer hat, in potentialer Entgegensetzung stehen, wie sie denn auch wirklich gelegentlich eine die Folge der andern aufheben, indem bei diesem realen Widerstreit oftmals einer dasjenige vernichtigt, was der andere seiner Lust gemäß schafft. Indem ich nun die Gründe, welche einander in beiderlei Verstande real entgegen gesetzt sind, ganz allgemein nehme, so verlange man von mir nicht, daß ich durch Beispiele in Concreto diese Begriffe jederzeit augenscheinlich mache. Denn eben so klar und faßlich wie alles, was zu den Bewegungen gehört, der Anschauung kann gemacht werden, so schwer und undeutlich sind bei uns die Realgründe, die nicht mechanisch sind, um die Verhältnisse derselben zu ihren Folgen in der Entgegensetzung oder Zusammenstimmung begreiflich zu machen. Ich begnüge mich demnach folgende Sätze in ihrem allgemeinen Sinne darzuthun.

Der erste Satz ist dieser. In allen natürlichen Veränderungen der Welt wird die Summe des Positiven, in so fern sie dadurch geschätzt wird, daß einstimmige (nicht entgegengesetzte) Positionen addirt und real entgegengesetzte von einander abgezogen werden, weder vermehrt noch vermindert.

Alle Veränderung besteht darin: daß entweder etwas Positives, was nicht war, gesetzt, oder dasjenige, was da war, aufgehoben wird. Natürlich aber ist die Veränderung, in so fern der Grund derselben, eben so wohl wie die Folge zur Welt gehört. In dem ersten Falle demnach, da eine Position, die nicht war, gesetzt wird, ist die Veränderung ein Entstehen. Der Zustand der Welt vor dieser Veränderung ist in Ansehung dieser Position dem Zero = 0 gleich, und durch dies Entstehen ist die reale Folge = A. Ich sage aber: daß, wenn A entspringt, in einer natürlichen Weltveränderung auch — A entspringen müsse, b. i. daß kein natürlicher Grund einer realen Folge sein könne, ohne zugleich ein Grund einer andern Folge zu sein, die die Negative von ihr ist.*) Denn biemeil die

---

*) So wie z. E. im Stoße eines Körpers auf einen andern die Hervorbringung einer neuen Bewegung mit der Aufhebung einer gleichen, die vorher war, zugleich

Folge Nichts = 0 ist, außer in so fern der Grund gesetzt ist, so enthält die Summe der Position in der Folge nicht mehr, als in dem Zustande der Welt enthalten war, in so fern sie den Grund dazu enthielte. Es enthielt aber dieser Zustand von derjenigen Position, die in der Folge ist, das Zero, das heißt, in dem vorigen Zustande war die Position nicht, die in der Folge anzutreffen ist, folglich kann die Veränderung, die daraus fließt, im Ganzen der Welt nach ihren wirklichen oder potentialen Folgen auch nicht anders als dem Zero gleich sein. Da nun einerseits die Folge positiv und = A ist, gleichwohl aber der ganze Zustand des Universum wie vorher in Ansehung der Veränderung A soll Zero = 0 sein, dieses aber unmöglich ist, außer in so fern A — A zusammenzunehmen ist, so fließt: daß niemals eine positive Veränderung natürlicher Weise in der Welt geschehe, deren Folge nicht im Ganzen in einer wirklichen oder potentialen Entgegensetzung, die sich aufhebt, bestehe. Diese Summe giebt aber Zero = 0, und vor der Veränderung war sie ebenfalls = 0, so daß sie dadurch weder vermehrt noch vermindert worden.

In dem zweiten Fall, da die Veränderung in dem Aufheben von etwas Positivem besteht, ist die Folge = 0. Es war aber der Zustand des gesammten Grundes nach der vorigen Nummer nicht bloß = A, sondern A — A = 0. Also ist nach der Art zu schätzen, die ich hier voraus setze, die Position in der Welt weder vermehrt noch vermindert worden.

Ich will diesen Satz, der mir wichtig zu sein scheint, zu erläutern suchen. In den Veränderungen der Körperwelt steht er als eine schon längst bewiesene mechanische Regel fest. Sie wird so ausgedrückt: Quantitas motus, summando vires corporum in easdem partes et subtrahendo eas quae vergunt in contrarias, per mutuam illorum actionem (conflictum, pressionem, attractionem) non mutatur. Aber ob man diese Regel gleich nicht in der reinen Mechanik unmittelbar aus dem metaphysischen Grunde herleitet, woraus wir den allgemeinen Satz abgeleitet haben, so beruht seine Richtigkeit doch in der That auf diesem Grunde. Denn das Gesetz der Trägheit, welches in dem gewöhnlichen Beweise die Grundlage ausmacht, entlehnt seine Wahrheit blos von dem angeführten Beweisgrunde, wie ich leicht zeigen könnte, wenn ich weitläuftig sein dürfte.

---

geschieht, und wie niemand aus einem Kahne einen andern schwimmenden Körper nach einer Gegend stoßen kann, ohne selbst nach der entgegengesetzten Richtung getrieben zu werden.

Die Erläuterung der Regel, mit der wir uns beschäftigen, in den Fällen der Veränderungen, die nicht mechanisch sind, z. E. derer in unserer Seele, oder die von ihr überhaupt abhängen, ist ihrer Natur nach schwer, wie überhaupt diese Wirkungen sowohl als ihre Gründe bei weitem so faßlich und anschauend deutlich nicht können dargestellt werden, als die in der Körperwelt. Gleichwohl will ich, so viel es mir möglich zu sein scheint, hierin Licht zu verschaffen suchen.

Die Verabscheuung ist eben so wohl was Positives als die Begierde. Die erste ist eine Folge einer positiven Unlust, wie diese die positive Folge einer Lust ist. Nur in so fern wir an eben demselben Gegenstande Lust und Unlust zugleich empfinden, so sind die Begierden und Verabscheuungen desselben in einer wirklichen Entgegensetzung. Allein in so fern eben derselbe Grund, der an einem Objecte Lust veranlaßt, zugleich der Grund einer wahren Unlust an andern wird, so sind die Gründe der Begierden zugleich Gründe der Verabscheuungen, und es ist der Grund einer Begierde zugleich der Grund von Etwas, das in einer realen Opposition damit steht, ob diese gleich nur potential ist. So wie die Bewegungen der Körper, die in derselben geraden Linie in entgegengesetzter Richtung sich von einander entfernen, ob sie gleich einer des andern Bewegung selber aufzuheben nicht bestrebt sind, dennoch eine als die Negative der andern angesehen wird, weil sie potential einander entgegen gesetzt sind. Diesemnach, ein so großer Grad der Begierde in jemand zum Ruhme entspringt, ein eben so großer Grad des Abscheues entsteht zugleich in Beziehung auf das Gegentheil, und dieser Abscheu ist zwar nur potential, so lange noch die Umstände nicht in der wirklichen Entgegensetzung in Ansehung der Ruhmbegierde stehen, gleichwohl ist durch eben dieselbe Ursache der Ruhmbegierde ein positiver Grund eines gleichen Grades der Unlust in der Seele festgesetzt, in so fern sich die Umstände der Welt denen entgegengesetzt zutragen möchten, die die erstere begünstigen.*) Wir werden bald sehen, daß es in dem vollkommensten Wesen nicht so bewandt sei, und daß der Grund seiner höchsten Lust sogar alle Möglichkeit der Unlust ausschließe.

Bei den Handlungen des Verstandes finden wir sogar, daß, in je höherem Grade eine gewisse Idee klar oder deutlich gemacht wird, desto

---

*) Um des willen mußte der stoische Weise alle dergleichen Triebe, die ein Gefühl großer sinnlicher Lust enthalten, ausrotten, weil man mit ihnen zugleich Gründe großer Unzufriedenheit und Mißvergnügens pflanzt, die nach dem abwechselnden Spiel des Weltlaufs den ganzen Werth der erstern aufheben können.

mehr werden die übrige verdunkelt und ihre Klarheit verringert, so daß das Positive, was bei einer solchen Veränderung wirklich wird, mit einer realen und wirklichen Entgegensetzung verbunden ist, die, wenn man alles nach der erwähnten Art zu schätzen zusammen nimmt, den Grad des Positiven durch die Veränderung weder vermehrt noch vermindert.

Der zweite Satz ist folgender: Alle Realgründe des Universum, wenn man diejenige summirt, welche einstimmig sind und die von einander abzieht, die einander entgegengesetzt sind, geben ein Facit, das dem Zero gleich ist. Das Ganze der Welt ist an sich selbst Nichts, außer in so fern es durch den Willen eines andern Etwas ist. Es ist demnach die Summe aller existirenden Realität, in so fern sie in der Welt gegründet ist, für sich selbst betrachtet dem Zero = 0 gleich. Ob nun gleich alle mögliche Realität in Verhältniß auf den göttlichen Willen ein Facit giebt, das positiv ist, so wird gleichwohl dadurch das Wesen einer Welt nicht aufgehoben. Aus diesem Wesen aber fließt nothwendiger Weise, daß die Existenz desjenigen, was in ihr gegründet ist, an und für sich allein dem Zero gleich sei. Also ist die Summe des Existirenden in der Welt in Verhältniß auf denjenigen Grund, der außer ihr ist, positiv, aber in Verhältniß der inneren Realgründe gegen einander dem Zero gleich. Da nun in dem ersten Verhältnisse niemals eine Entgegensetzung der Realgründe der Welt gegen den göttlichen Willen statt finden kann, so ist in dieser Absicht keine Aufhebung, und die Summe ist positiv. Weil aber in dem zweiten Verhältnisse das Facit Zero ist, so folgt, daß die positiven Gründe in einer Entgegensetzung stehen müssen, in welcher sie betrachtet und summirt Zero geben.

Anmerkung zur zweiten Nummer.

Ich habe diese zwei Sätze in der Absicht vorgetragen, um den Leser zum Nachdenken über diesen Gegenstand einzuladen. Ich gestehe auch, daß sie für mich selbst nicht licht genug, noch mit genugsamer Augenscheinlichkeit aus ihren Gründen einzusehen sind. Indessen bin ich gar sehr überführt, daß unvollendete Versuche, im abstracten Erkenntnisse problematisch vorgetragen, dem Wachsthum der höhern Weltweisheit sehr zuträglich sein können: weil ein anderer sehr oft den Aufschluß in einer tief verborgenen Frage leichter antrifft, als derjenige, der ihm dazu Anlaß giebt und dessen Bestrebungen vielleicht nur die Hälfte der Schwierigkeiten haben überwinden können. Der Inhalt dieser Sätze scheint mir eine gewisse Würde an sich zu haben, welche wohl zu einer genauen Prüfung derselben aufmuntern kann, wofern man nur ihren Sinn wohl begreift, welches in dergleichen Art von Erkenntniß nicht so leicht ist.

Ich will indessen noch einigen Mißdeutungen vorzukommen suchen. Man würde mich ganz und gar nicht verstehen, wenn man sich einbildete, ich hätte durch den ersten Satz sagen wollen: daß überhaupt die Summe der Realität durch die Weltveränderungen gar nicht vermehrt noch vermindert werde. Dieses ist so ganz und gar nicht mein Sinn, daß auch die zum Beispiel angeführte mechanische Regel gerade das Gegentheil verstattet. Denn durch den Stoß der Körper wird die Summe der Bewegungen bald vermehrt, bald vermindert, wenn man sie für sich betrachtet, allein das Facit, nach der zugleich beigefügten Art geschätzt, ist dasjenige, was einerlei bleibt. Denn die Entgegensetzungen sind in vielen Fällen nur potential, wo die Bewegkräfte einander wirklich nicht aufheben und wo also eine Vermehrung statt findet. Allein nach der einmal zur Richtschnur angenommenen Schätzung müssen doch auch diese von einander abgezogen werden.

Eben so muß man bei der Anwendung dieses Satzes auf unmechanische Veränderungen urtheilen. Ein gleicher Mißverstand würde es sein, wenn man sich einfallen ließe, daß nach eben demselben Satze die Vollkommenheit der Welt gar nicht wachsen könnte. Denn es wird ja durch diesen Satz gar nicht geleugnet, daß die Summe der Realität überhaupt nicht natürlicher Weise sollte vermehrt werden können. Überdem besteht in diesem Conflictus der entgegengesetzten Realgründe gar sehr die Vollkommenheit der Welt überhaupt, gleichwie der materiale Theil derselben ganz offenbar blos durch den Streit der Kräfte in einem regelmäßigen Laufe erhalten wird. Und es ist immer ein großer Mißverstand, wenn man die Summe der Realität mit der Größe der Vollkommenheit als einerlei ansieht. Wir haben oben gesehen, daß Unlust eben so wohl positiv sei wie Lust, wer würde sie aber eine Vollkommenheit nennen?

3. Wir haben schon angemerkt, daß es oftmals schwer sei auszumachen, ob gewisse Verneinungen der Natur bloße Mängel um eines fehlenden Grundes willen, oder Beraubungen seien aus der Realentgegensetzung zweier positiven Gründe. In der materialen Welt sind die Beispiele hievon häufig. Die zusammenhängende Theile eines jeden Körpers drücken gegen einander mit wahren Kräften (der Anziehung), und die

Folge dieser Bestrebungen würde die Verringerung des Raumesinhalts sein, wenn nicht eben so wahrhafte Thätigkeiten ihnen im gleichen Grade entgegenwirkten durch die Zurückstoßung der Elemente, deren Wirkung der Grund der Undurchdringlichkeit ist. Hier ist Ruhe, nicht weil Bewegkräfte fehlen, sondern weil sie einander entgegen wirken. Eben so ruhen die Gewichte an beiden Wagearmen, wenn sie nach den Gesetzen des Gleichgewichts am Hebel angebracht sind. Man kann diesen Begriff weit über die Grenzen der materialen Welt ausdehnen. Es ist eben nicht nöthig, daß, wenn wir glauben in einer gänzlichen Unthätigkeit des Geistes zu sein, die Summe der Realgründe des Denkens und Begehrens kleiner sei als in dem Zustande, da sich einige Grade dieser Wirksamkeit dem Bewußtsein offenbaren. Saget dem gelehrtesten Manne in den Augenblicken, da er müßig und ruhig ist, daß er etwas erzählen und von seiner Einsicht soll hören lassen! Er weiß nichts, und ihr findet ihn in diesem Zustande leer, ohne bestimmte Erwägungen oder Beurtheilungen. Gebt ihm nur Anlaß durch eine Frage, oder durch eure eigene Urtheile! Seine Wissenschaft offenbart sich in einer Reihe von Thätigkeiten, die eine solche Richtung haben, daß sie ihm und euch das Bewußtsein dieser seiner Einsicht möglich machen. Ohne Zweifel waren die Realgründe dazu lange in ihm anzutreffen, aber da die Folge in Ansehung des Bewußtseins Zero war, so mußten sie einander in so fern entgegen gesetzt gewesen sein. So liegt derjenige Donner, den die Kunst zum Verderben erfand, in dem Zeughause eines Fürsten aufbehalten zu einem künftigen Kriege, in drohender Stille, bis, wenn ein verrätherischer Zunder ihn berührt, er im Blitze auffährt und um sich her alles verwüstet. Die Spannfedern, die unaufhörlich bereit waren aufzuspringen, lagen in ihm durch mächtige Anziehung gebunden und erwarteten den Reiz eines Feuerfunkens, um sich zu befreien. Es steckt etwas Großes und, wie mich dünkt, sehr Richtiges in dem Gedanken des Herrn von Leibniz: Die Seele befaßt das ganze Universum mit ihrer Vorstellungskraft, obgleich nur ein unendlich kleiner Theil dieser Vorstellungen klar ist. In der That müssen alle Arten von Begriffen nur auf der innern Thätigkeit unsers Geistes, als auf ihrem Grunde, beruhen. Äußere Dinge können wohl die Bedingung enthalten, unter welcher sie sich auf eine oder andere Art hervorthun, aber nicht die Kraft sie wirklich hervorzubringen. Die Denkungskraft der Seele muß Realgründe zu ihnen allen enthalten, so viel ihrer natürlicher Weise in ihr entspringen sollen, und die Erscheinungen der entstehenden und vergehenden Kenntn niſſe ſind allem Anſehen nach nur der Einſtimmung oder Entgegenſetzung aller dieſer Thätigkeit beizumeſſen. Man kann dieſe Urtheile als Erläuterungen des erſten Satzes der vorigen Nummer anſehen.

In moraliſchen Dingen iſt das Zero gleichfalls nicht immer als eine Verneinung des Mangels zu betrachten und eine poſitive Folge von mehr Größe nicht jederzeit ein Beweis von einer größeren Thätigkeit, die in der Richtung auf dieſe Folge angewandt worden. Gebet einem Menſchen zehn Grade Leidenſchaft, die in einem gewiſſen Falle den Regeln der Pflicht widerſtreitet, z. E. Geldgeiz! Laſſet ihn zwölf Grade Beſtrebung nach Grundſätzen der Nächſtenliebe anwenden; die Folge iſt von zwei Graden, ſo viel als er wohlthätig und hülfreich ſein wird. Gedenket euch einen andern von drei Graden Geldbegierde und von ſieben Graden Vermögen nach Grundſätzen der Verbindlichkeit zu handeln! Die Handlung wird vier Grade groß ſein, als ſo viel nach dem Streite ſeiner Begierde er einem andern Menſchen nützlich ſein wird. Es iſt aber unſtreitig: daß, in ſo fern die gedachte Leidenſchaft als natürlich und unwillkürlich kann angeſehen werden, der moraliſche Werth der Handlung des erſteren größer ſei als des zweiten, obzwar, wenn man ſie durch die lebendige Kraft ſchätzen wollte, die Folge in dem letzteren Fall jene übertrifft. Um des willen iſt es Menſchen unmöglich den Grad der tugendhaften Geſinnung anderer aus ihren Handlungen ſicher zu ſchließen, und es hat auch derjenige das Richten ſich allein vorbehalten, der in das Innerſte der Herzen ſieht.

4. Wenn man es wagen will dieſe Begriffe auf das ſo gebrechliche Erkenntniß anzuwenden, welches Menſchen von der unendlichen Gottheit haben können, welche Schwierigkeiten umgeben alsdann nicht unſere äußerſte Beſtrebungen? Da wir die Grundlage zu dieſen Begriffen nur von uns ſelbſt hernehmen können, ſo iſt es in den mehrſten Fällen dunkel, ob wir dieſe Idee eigentlich oder nur vermittelſt einiger Analogie auf dieſen unbegreiflichen Gegenſtand übertragen ſollen. Simonides iſt noch immer ein Weiſer, der nach vielfältiger Zögerung und Aufſchub ſeinem Fürſten die Antwort gab: Je mehr ich über Gott nachſinne, deſto weniger vermag ich ihn einzuſehen. So lautet nicht die Sprache des gelehrten Pöbels. Er weiß nichts, er verſteht nichts, aber er redet von allem, und was er redet, darauf pocht er. In dem höchſten Weſen können keine Gründe der Beraubung oder einer Realentgegenſetzung ſtatt finden. Denn weil in ihm und durch ihn alles gegeben iſt, ſo iſt durch den Allbeſitz der Beſtimmungen in ſeinem eigenen Daſein keine innere Aufhebung möglich.

Um deswillen ist das Gefühl der Unlust kein Prädicat, welches der Gottheit geziemend ist. Der Mensch hat niemals eine Begierde zu einem Gegenstande, ohne das Gegentheil positiv zu verabscheuen, d. i. nicht allein so, daß die Beziehung seines Willens das contradictorische Gegentheil der Begierde, sondern ihr Realentgegengesetztes (Abscheu), nämlich eine Folge aus positiver Unlust, ist. Bei jeder Begierde, die ein treuer Führer hat seinen Schüler wohl zu ziehen, ist ein jeder Erfolg, der seinem Begehren nicht gemäß ist, ihm positiv entgegen und ein Grund der Unlust. Die Verhältnisse der Gegenstände auf den göttlichen Willen sind von ganz anderer Art. Eigentlich ist kein äußeres Ding ein Grund weder der Lust noch Unlust in demselben; denn er hängt nicht im mindesten von etwas anderm ab, und es wohnt dem durch sich selbst Seligen nicht diese reine Lust bei, weil das Gute außer ihm existirt, sondern es existirt dieses Gute darum, weil die ewige Vorstellung seiner Möglichkeit und die damit verbundene Lust ein Grund der vollzogenen Begierde ist. Wenn man die concrete Vorstellung von der Natur des Begehrens alles Erschaffenen hiemit vergleicht, so wird man gewahr, daß der Wille des Unerschaffenen wenig Ähnliches damit haben könne; welches denn auch in Ansehung der übrigen Bestimmungen demjenigen nicht unerwartet sein wird, welcher dieses wohl faßt, daß der Unterschied in der Qualität unermeßlich sein müsse, wenn man Dinge vergleicht, deren die einen für sich selbst Nichts sind, das andre aber dasjenige, durch welches allein Alles ist.

Allgemeine Anmerkung.

Da der gründlichen Philosophen, wie sie sich selbst nennen, täglich mehr werden, indem sie so tief in alle Sachen einschauen, daß ihnen auch nichts verborgen bleibt, was sie nicht erklären und begreifen könnten, so sehe ich schon voraus, daß der Begriff der Realentgegensetzung, welcher im Anfange dieser Abhandlung von mir zum Grunde gelegt worden, ihnen sehr seicht und der Begriff der negativen Größen, der darauf gebauet worden, nicht gründlich genug vorkommen werde. Ich, der ich aus der Schwäche meiner Einsicht kein Geheimniß mache, nach welcher ich gemeiniglich dasjenige am wenigsten begreife, was alle Menschen leicht zu verstehen glauben, schmeichle mir durch mein Unvermögen ein Recht zu dem Beistande dieser großen Geister zu haben, daß ihre hohe Weisheit die Lücke ausfüllen möge, die meine mangelhafte Einsicht hat übrig lassen müssen.

Ich verstehe sehr wohl, wie eine Folge durch einen Grund nach der Regel der Identität gesetzt werde, darum weil sie durch die Zergliederung der Begriffe in ihm enthalten befunden wird. So ist die Nothwendigkeit ein Grund der Unveränderlichkeit, die Zusammensetzung ein Grund der Theilbarkeit, die Unendlichkeit ein Grund der Allwissenheit ꝛc. ꝛc., und diese Verknüpfung des Grundes mit der Folge kann ich deutlich einsehen, weil die Folge wirklich einerlei ist mit einem Theilbegriffe des Grundes und, indem sie schon in ihm befaßt wird, durch denselben nach der Regel der Einstimmung gesetzt wird. Wie aber etwas aus etwas anderm, aber nicht nach der Regel der Identität fließe, das ist etwas, welches ich mir gerne möchte deutlich machen lassen. Ich nenne die erstere Art eines Grundes den logischen Grund, weil seine Beziehung auf die Folge logisch, nämlich deutlich nach der Regel der Identität, kann eingesehen werden, den Grund aber der zweiten Art nenne ich den Realgrund, weil diese Beziehung wohl zu meinen wahren Begriffen gehört, aber die Art derselben auf keinerlei Weise kann beurtheilt werden.

Was nun diesen Realgrund und dessen Beziehung auf die Folge anlangt, so stellt sich meine Frage in dieser einfachen Gestalt dar: wie soll ich es verstehen, daß, **weil Etwas ist, etwas anders sei?** Eine logische Folge wird eigentlich nur darum gesetzt, weil sie einerlei ist mit dem Grunde. Der Mensch kann fehlen; der Grund dieser Fehlbarkeit liegt in der Endlichkeit seiner Natur, denn wenn ich den Begriff eines endlichen Geistes auflöse, so sehe ich, daß die Fehlbarkeit in demselben liege, das ist, einerlei sei mit demjenigen, was in dem Begriffe eines Geistes enthalten ist. Allein der Wille Gottes enthält den Realgrund vom Dasein der Welt. Der göttliche Wille ist etwas. Die existirende Welt ist etwas **ganz anderes**. Indessen durch das eine wird das andre gesetzt. Der Zustand, in welchem ich den Namen **Stagirit** höre, ist etwas, dadurch wird etwas anders, nämlich mein Gedanke von einem Philosoph, gesetzt. Ein Körper A ist in Bewegung, ein anderer B in der geraden Linie derselben in Ruhe. Die Bewegung von A ist etwas, die von B ist etwas anders, und doch wird durch die eine die andre gesetzt. Ihr möget nun den Begriff vom göttlichen Wollen zergliedern, so viel euch beliebt, so werdet ihr niemals eine existirende Welt darin antreffen, als wenn sie darin enthalten und um der Identität willen dadurch gesetzt sei, und so in den übrigen Fällen. Ich lasse mich auch durch die Wörter Ursache und Wirkung, Kraft und Handlung nicht abspeisen. Denn wenn ich etwas schon als eine Ursache wovon ansehe, oder ihr den Begriff einer Kraft beilege, so habe ich in ihr schon die Beziehung des Realgrundes zu der Folge gedacht, und dann ist es leicht die Position der Folge nach der Regel der Identität einzusehen. Z. E. Durch den allmächtigen Willen Gottes kann man ganz deutlich das Dasein der Welt verstehen. Allein hier bedeutet die Macht dasjenige Etwas in Gott, wodurch andre Dinge gesetzt werden. Dieses Wort aber bezeichnet schon die Beziehung eines Realgrundes auf die Folge, die ich mir gerne möchte erklären lassen. Gelegentlich merke ich nur an, daß die Eintheilung des Herrn Crusius in den Ideal- und Realgrund von der meinigen gänzlich unterschieden sei. Denn sein Idealgrund ist einerlei mit dem Erkenntnißgrunde, und da ist leicht einzusehen, daß, wenn ich etwas schon als einen Grund ansehe, ich daraus die Folge schließen kann. Daher nach seinen Sätzen der Abendwind ein Realgrund von Regenwolken ist und zugleich ein Idealgrund, weil ich sie daraus erkennen und voraus vermuthen kann. Nach unsern Begriffen aber ist der Realgrund niemals ein logischer Grund, und durch den Wind wird der Regen nicht zu folge der Regel der Identität gesetzt. Die von uns oben vorgetragene Unterscheidung der logischen und realen Entgegensetzung ist der jetzt gedachten vom logischen und Realgrunde parallel.

Die erstere sehe ich deutlich ein vermittelst des Satzes vom Widerspruche, und ich begreife, wie, wenn ich die Unendlichkeit Gottes setze, dadurch das Prädicat der Sterblichkeit aufgehoben wird, weil es nämlich jener widerspricht. Allein wie durch die Bewegung eines Körpers die Bewegung eines andern aufgehoben werde, da diese mit jener doch nicht im Widerspruche steht, das ist eine andere Frage. Wenn ich die Undurchdringlichkeit voraussetze, welche mit einer jeden Kraft, die in den Raum, den ein Körper einnimmt, einzudringen trachtet, in realer Entgegensetzung steht, so kann ich die Aufhebung der Bewegungen schon verstehen; alsdann habe ich aber eine Realentgegensetzung auf eine andere gebracht. Man versuche nun, ob man die Realentgegensetzung überhaupt erklären und deutlich könne zu erkennen geben, wie darum, weil etwas ist, etwas anders aufgehoben werde, und ob man etwas mehr sagen könne, als was ich davon sagte, nämlich lediglich daß es nicht durch den Satz des Widerspruchs geschehe. Ich habe über die Natur unseres Erkenntnisses in Ansehung unserer Urtheile von Gründen und Folgen nachgedacht, und ich werde das Resultat dieser Betrachtungen bereinst ausführlich darlegen. Aus demselben findet sich, daß die Beziehung eines Realgrundes auf etwas, das dadurch gesetzt oder aufgehoben wird, gar nicht durch ein Urtheil, sondern bloß durch einen Begriff könne ausgedrückt werden, den man wohl durch Auflösung zu einfacheren Begriffen von Realgründen bringen kann, so doch, daß zuletzt alle unsre Erkenntnisse von dieser Beziehung sich in einfachen und unauflöslichen Begriffen der Realgründe endigen, deren Verhältniß zur Folge gar nicht kann deutlich gemacht werden. Bis dahin werden diejenige, deren angemaßte Einsicht keine Schranken kennt, die Methoden ihrer Philosophie versuchen, bis wie weit sie in dergleichen Frage gelangen können.

Beobachtungen

über

das Gefühl

des

Schönen und Erhabenen.

Von

M. Immanuel Kant.

Erster Abschnitt.

Von den unterschiedenen Gegenständen des Gefühls vom Erhabenen und Schönen.

Die verschiedene Empfindungen des Vergnügens oder des Verdrusses beruhen nicht so sehr auf der Beschaffenheit der äußeren Dinge, die sie erregen, als auf dem jedem Menschen eigenen Gefühle dadurch mit Lust oder Unlust gerührt zu werden. Daher kommen die Freuden einiger Menschen, woran andre einen Ekel haben, die verliebte Leidenschaft, die öfters jedermann ein Räthsel ist, oder auch der lebhafte Widerwille, den der eine woran empfindet, was dem andern völlig gleichgültig ist. Das Feld der Beobachtungen dieser Besonderheiten der menschlichen Natur erstreckt sich sehr weit und verbirgt annoch einen reichen Vorrath zu Entdeckungen, die eben so anmuthig als lehrreich sind. Ich werfe für jetzt meinen Blick nur auf einige Stellen, die sich in diesem Bezirke besonders auszunehmen scheinen, und auch auf diese mehr das Auge eines Beobachters als des Philosophen.

Weil ein Mensch sich nur in so fern glücklich findet, als er eine Neigung befriedigt, so ist das Gefühl, welches ihn fähig macht große Vergnügen zu genießen, ohne dazu ausnehmende Talente zu bedürfen, gewiß nicht eine Kleinigkeit. Wohlbeleibte Personen, deren geistreichster Autor ihr Koch ist und deren Werke von feinem Geschmack sich in ihrem Keller befinden, werden bei gemeinen Zoten und einem plumpen Scherz in eben so lebhafte Freude gerathen, als diejenige ist, worauf Personen von edeler Empfindung so stolz thun. Ein bequemer Mann, der die Vorlesung der

Bücher liebt, weil es sich sehr wohl dabei einschlafen läßt, der Kaufmann, dem alle Vergnügen läppisch scheinen, dasjenige ausgenommen, was ein kluger Mann genießt, wenn er seinen Handlungsvortheil überschlägt, derjenige, der das andre Geschlecht nur in so fern liebt, als er es zu den genießbaren Sachen zählt, der Liebhaber der Jagd, er mag nun Fliegen jagen wie Domitian oder wilde Thiere wie A..., alle diese haben ein Gefühl, welches sie fähig macht Vergnügen nach ihrer Art zu genießen, ohne daß sie andere beneiden dürfen oder auch von andern sich einen Begriff machen können; allein ich wende für jetzt darauf keine Aufmerksamkeit. Es giebt noch ein Gefühl von feinerer Art, welches entweder darum so genannt wird, weil man es länger ohne Sättigung und Erschöpfung genießen kann, oder weil es so zu sagen eine Reizbarkeit der Seele voraussetzt, die diese zugleich zu tugendhaften Regungen geschickt macht, oder weil es Talente und Verstandesvorzüge anzeigt, da im Gegentheil jene bei völliger Gedankenlosigkeit statt finden können. Dieses Gefühl ist es, wovon ich eine Seite betrachten will. Doch schließe ich hievon die Neigung aus, welche auf hohe Verstandes-Einsichten geheftet ist, und den Reiz, dessen ein Kepler fähig war, wenn er, wie Bayle berichtet, eine seiner Erfindungen nicht um ein Fürstenthum würde verkauft haben. Diese Empfindung ist gar zu fein, als daß sie in gegenwärtigen Entwurf gehören sollte, welcher nur das sinnliche Gefühl berühren wird, dessen auch gemeinere Seelen fähig sind.

Das feinere Gefühl, was wir nun erwägen wollen, ist vornehmlich zwiefacher Art: das Gefühl des **Erhabenen** und des **Schönen**. Die Rührung von beiden ist angenehm, aber auf sehr verschiedene Weise. Der Anblick eines Gebirges, dessen beschneite Gipfel sich über Wolken erheben, die Beschreibung eines rasenden Sturms, oder die Schilderung des höllischen Reichs von Milton erregen Wohlgefallen, aber mit Grausen; dagegen die Aussicht auf blumenreiche Wiesen, Thäler mit schlängelnden Bächen, bedeckt von weidenden Heerden, die Beschreibung des Elysium, oder Homers Schilderung von dem Gürtel der Venus veranlassen auch eine angenehme Empfindung, die aber fröhlich und lächlelnd ist. Damit jener Eindruck auf uns in gehöriger Stärke geschehen könne, so müssen wir ein Gefühl des **Erhabenen** und, um die letztere recht zu genießen, ein Gefühl für das **Schöne** haben. Hohe Eichen und einsame Schatten im heiligen Haine sind erhaben, Blumenbetten, niedrige Hecken und in Figuren geschnittene Bäume sind schön. Die Nacht ist erhaben, der Tag

1. Abschnitt.

ist schön. Gemüthsarten, die ein Gefühl für das Erhabene besitzen, werden durch die ruhige Stille eines Sommerabendes, wenn das zitternde Licht der Sterne durch die braune Schatten der Nacht hindurch bricht und der einsame Mond im Gesichtskreise steht, allmählig in hohe Empfindungen gezogen, von Freundschaft, von Verachtung der Welt, von Ewigkeit. Der glänzende Tag flößt geschäftigen Eifer und ein Gefühl von Lustigkeit ein. Das Erhabene **rührt**, das Schöne **reizt**. Die Miene des Menschen, der im vollen Gefühl des Erhabnen sich befindet, ist ernsthaft, bisweilen starr und erstaunt. Dagegen kündigt sich die lebhafte Empfindung des Schönen durch glänzende Heiterkeit in den Augen, durch Züge des Lächelns und oft durch laute Lustigkeit an. Das Erhabene ist wiederum verschiedener Art. Das Gefühl desselben ist bisweilen mit einigem Grausen oder auch Schwermuth, in einigen Fällen blos mit ruhiger Bewunderung und in noch andern mit einer über einen erhabenen Plan verbreiteten Schönheit begleitet. Das erstere will ich das **Schreckhaft-Erhabene,** das zweite das **Edle** und das dritte das **Prächtige** nennen. Tiefe Einsamkeit ist erhaben, aber auf eine schreckhafte Art.*) Daher große, weitge-

---

*) Ich will nur ein Beispiel von dem edlen Grausen geben, welches die Beschreibung einer gänzlichen Einsamkeit einflößen kann, und ziehe um deswillen einige Stellen aus Carazans Traum im Brem. Magazin, Band IV, Seite 539 aus. Dieser karge Reiche hatte nach dem Maße, als seine Reichtümer zunahmen, sein Herz dem Mitleiden und der Liebe gegen jeden andern verschlossen. Indessen, so wie die Menschenliebe in ihm erkaltete, nahm die Emsigkeit seiner Gebeter und der Religionshandlungen zu. Nach diesem Geständnisse fährt er also fort zu reden: An einem Abende, da ich bei meiner Lampe meine Rechnungen zog und den Handlungsvortheil überschlug, überwältigte mich der Schlaf. In diesem Zustande sah ich den Engel des Todes wie einen Wirbelwind über mich kommen, er schlug mich, ehe ich den schrecklichen Streich abbitten konnte. Ich erstarrte, als ich gewahr ward, daß mein Loos für die Ewigkeit geworfen sei, und daß zu allem Guten, das ich verübt, nichts konnte hinzugethan und von allem Bösen, das ich gethan, nichts konnte hinweggenommen werden. Ich ward vor den Thron dessen, der in dem britten Himmel wohnt, geführt. Der Glanz, der vor mir flammte, redete mich also an: Carazan, dein Gottesdienst ist verworfen. Du hast dein Herz der Menschenliebe verschlossen und deine Schätze mit einer eisernen Hand gehalten. Du hast nur für dich selbst gelebt, und darum sollst du auch künftig in Ewigkeit allein und von aller Gemeinschaft mit der ganzen Schöpfung ausgestoßen leben. In diesem Augenblicke ward ich durch eine unsichtbare Gewalt fortgerissen und durch das glänzende Gebäude der Schöpfung getrieben. Ich ließ bald unzählige Welten hinter mir. Als ich mich dem äußersten Ende der Natur näherte, merkte ich, daß die Schatten des grenzenlosen Leeren sich

ſtreckte Einöden, wie die ungeheure Wüſte Schamo in der Tartarei, jeder=
zeit Anlaß gegeben haben fürchterliche Schatten, Kobolde und Geſpenſter=
larven dahin zu verſetzen.

Das Erhabene muß jederzeit groß, das Schöne kann auch klein ſein.
Das Erhabene muß einfältig, das Schöne kann geputzt und geziert ſein.
Eine große Höhe iſt eben ſo wohl erhaben als eine große Tiefe; allein
dieſe iſt mit der Empfindung des Schauderns begleitet, jene mit der Be=
wunderung; daher dieſe Empfindung ſchreckhaft erhaben und jene edel
ſein kann. Der Anblick einer ägyptiſchen Pyramiden rührt, wie Haſſel=
quiſt berichtet, weit mehr, als man ſich aus aller Beſchreibung es vor=
ſtellen kann, aber ihr Bau iſt einfältig und edel. Die Peterskirche in Rom
iſt prächtig. Weil auf dieſen Entwurf, der groß und einfältig iſt, Schön=
heit, z. E. Gold, moſaiſche Arbeit ꝛc. ꝛc. ſo verbreitet iſt, daß die Empfin=
dung des Erhabenen doch am meiſten hindurch wirkt, ſo heißt der Gegen=
ſtand prächtig. Ein Arſenal muß edel und einfältig, ein Reſidenzſchloß
prächtig und ein Luſtpalaſt ſchön und geziert ſein.

Eine lange Dauer iſt erhaben. Iſt ſie von vergangener Zeit, ſo iſt
ſie edel; wird ſie in einer unabſehlichen Zukunft voraus geſehen, ſo hat
ſie etwas vom Schreckhaften an ſich. Ein Gebäude aus dem entfernteſten
Alterthum iſt ehrwürdig. Hallers Beſchreibung von der künftigen Ewig=
keit flößt ein ſanftes Grauſen und von der vergangenen ſtarre Bewun=
derung ein.

---

in die Tiefe vor mich herabſenkten. Ein fürchterliches Reich von ewiger Stille, Ein=
ſamkeit und Finſterniß! Unausſprechliches Grauſen überfiel mich bei dieſem Anblick.
Ich verlor allgemach die letzten Sterne aus dem Geſichte, und endlich erloſch der
letzte glimmernde Schein des Lichts in der äußerſten Finſterniß. Die Todesängſte
der Verzweiflung nahmen mit jedem Augenblicke zu, ſo wie jeder Augenblick meine
Entfernung von der letzten bewohnten Welt vermehrte. Ich bedachte mit unleidlicher
Herzensangſt, daß, wenn zehntauſendmal tauſend Jahre mich jenſeit den Grenzen
alles Erſchaffenen würden weiter gebracht haben, ich doch noch immerhin in den uner=
meßlichen Abgrund der Finſterniß vorwärts ſchauen würde ohne Hülfe oder Hoffnung
einiger Rückkehr. — — In dieſer Betäubung ſtreckte ich meine Hände mit ſolcher
Heftigkeit nach Gegenſtänden der Wirklichkeit aus, daß ich darüber erwachte. Und
nun bin ich belehrt worden, Menſchen hochzuſchätzen; denn auch der Geringſte von
denjenigen, die ich im Stolze meines Glücks von meiner Thüre gewieſen hatte, würde
in jener erſchrecklichen Einöde von mir allen Schätzen von Golconda weit ſein vor=
gezogen worden. — —

Zweiter Abschnitt.

Von den Eigenschaften des Erhabenen und Schönen am Menschen überhaupt.

Verstand ist erhaben, Witz ist schön. Kühnheit ist erhaben und groß, List ist klein, aber schön. Die Behutsamkeit, sagte Cromwell, ist eine Bürgermeistertugend. Wahrhaftigkeit und Redlichkeit ist einfältig und edel, Scherz und gefällige Schmeichelei ist fein und schön. Artigkeit ist die Schönheit der Tugend. Uneigennütziger Dienstreifer ist edel, Geschliffenheit (Politesse) und Höflichkeit sind schön. Erhabene Eigenschaften flößen Hochachtung, schöne aber Liebe ein. Leute, deren Gefühl vornehmlich auf das Schöne geht, suchen ihre redliche, beständige und ernsthafte Freunde nur in der Noth auf; den scherzhaften, artigen und höflichen Gesellschafter aber erwählen sie sich zum Umgange. Man schätzt manchen viel zu hoch, als daß man ihn lieben könne. Er flößt Bewunderung ein, aber er ist zu weit über uns, als daß wir mit der Vertraulichkeit der Liebe uns ihm zu nähern getrauen.

Diejenige, welche beiderlei Gefühl in sich vereinbaren, werden finden: daß die Rührung von dem Erhabenen mächtiger ist wie die vom Schönen, nur daß sie ohne Abwechselung oder Begleitung der letzteren ermüdet und nicht so lange genossen werden kann.*) Die hohen Empfindungen, zu denen die Unterredung in einer Gesellschaft von guter Wahl sich bisweilen erhebt, müssen sich dazwischen in heitern Scherz auflösen, und die lachende Freuden sollen mit der gerührten, ernsthaften Miene den schönen Contrast machen, welcher beide Arten von Empfindung ungezwungen abwechseln läßt. Freundschaft hat hauptsächlich den Zug des Erhabenen, Geschlechterliebe aber des Schönen an sich. Doch geben Zärtlichkeit und

---

*) Die Empfindungen des Erhabenen spannen die Kräfte der Seele stärker an und ermüden daher eher. Man wird ein Schäfergedicht länger in einer Folge lesen können als Miltons verlorenes Paradies und den de la Bruyere länger wie den Young. Es scheint mir sogar ein Fehler des letzteren als eines moralischen Dichters zu sein, daß er gar zu einförmig im erhabenen Tone anhält; denn die Stärke des Eindrucks kann nur durch Abstechungen mit sanfteren Stellen erneuert werden. Bei dem Schönen ermüdet nichts mehr als mühsame Kunst, die sich dabei verräth. Die Bemühung zu reizen wird peinlich und mit Beschwerlichkeit empfunden.

tiefe Hochachtung der letzteren eine gewisse Würde und Erhabenheit, dagegen gaukelhafter Scherz und Vertraulichkeit das Colorit des Schönen in dieser Empfindung erhöhen. Das Trauerspiel unterscheidet sich meiner Meinung nach vom Lustspiele vornehmlich darin: daß in dem ersteren das Gefühl fürs Erhabene, im zweiten für das Schöne gerührt wird. In dem ersteren zeigen sich großmüthige Aufopferung für fremdes Wohl, kühne Entschlossenheit in Gefahren und geprüfte Treue. Die Liebe ist daselbst schwermüthig, zärtlich und voll Hochachtung; das Unglück anderer bewegt in dem Busen des Zuschauers theilnehmende Empfindungen und läßt sein großmüthig Herz für fremde Noth klopfen. Er wird sanft gerührt und fühlt die Würde seiner eigenen Natur. Dagegen stellt das Lustspiel feine Ränke, wunderliche Verwirrungen und Witzige, die sich herauszuziehen wissen, Narren, die sich betrügen lassen, Spaße und lächerliche Charaktere vor. Die Liebe ist hier nicht so grämisch, sie ist lustig und vertraulich. Doch können so wie in andern Fällen, also auch in diesen das Edle mit dem Schönen in gewissem Grade vereinbart werden.

Selbst die Laster und moralische Gebrechen führen öfters gleichwohl einige Züge des Erhabenen oder Schönen bei sich; wenigstens so wie sie unserem sinnlichen Gefühl erscheinen, ohne durch Vernunft geprüft zu sein. Der Zorn eines Furchtbaren ist erhaben, wie Achilles' Zorn in der Iliade. Überhaupt ist der Held des Homers schrecklich erhaben, des Virgils seiner dagegen edel. Offenbare dreiste Rache nach großer Beleidigung hat etwas Großes an sich, und so unerlaubt sie auch sein mag, so rührt sie in der Erzählung gleichwohl mit Grausen und Wohlgefallen. Als Schach Nadir zur Nachtzeit von einigen Verschwornen in seinem Zelte überfallen ward, so rief er, wie Hanway erzählt, nachdem er schon einige Wunden bekommen und sich voll Verzweifelung wehrte: Erbarmung! ich will euch allen vergeben. Einer unter ihnen antwortete, indem er den Säbel in die Höhe hob: Du hast keine Erbarmung bewiesen und verdienst auch keine. Entschlossene Verwegenheit an einem Schelmen ist höchst gefährlich, aber sie rührt doch in der Erzählung, und selbst wenn er zu einem schändlichen Tode geschleppt wird, so veredelt er ihn noch gewissermaßen dadurch, daß er ihm trotzig und mit Verachtung entgegen geht. Von der andern Seite hat ein listig ausgedachter Entwurf, wenn er gleich auf ein Bubenstück ausgeht, etwas an sich, was fein ist und belacht wird. Buhlerische Neigung (Coquetterie) im feinen Verstande, nämlich eine Geflissenheit einzunehmen und zu reizen, an einer sonst artigen Person ist vielleicht tadelhaft, aber doch schön und wird gemeiniglich dem ehrbaren, ernsthaften Anstande vorgezogen.

Die Gestalt der Personen, die durch ihr äußeres Ansehen gefallen, schlägt bald in eine, bald in die andere Art des Gefühls ein. Eine große Statur erwirbt sich Ansehen und Achtung, eine kleine mehr Vertraulichkeit. Selbst die bräunliche Farbe und schwarze Augen sind dem Erhabenen, blaue Augen und blonde Farbe dem Schönen näher verwandt. Ein etwas größeres Alter vereinbart sich mehr mit den Eigenschaften des Erhabenen, Jugend aber mit denen des Schönen. So ist es auch mit dem Unterschiede der Stände bewandt, und in allen diesen nur erwähnten Beziehungen müssen sogar die Kleidungen auf diesen Unterschied des Gefühls eintreffen. Große, ansehnliche Personen müssen Einfalt, höchstens Pracht in ihrer Kleidung beobachten, kleine können geputzt und geschmückt sein. Dem Alter geziemen dunklere Farben und Einförmigkeit im Anzuge, die Jugend schimmert durch hellere und lebhaft abstechende Kleidungsstücke. Unter den Ständen muß bei gleichem Vermögen und Range der Geistliche die größte Einfalt, der Staatsmann die meiste Pracht zeigen. Der Cicisbeo kann sich ausputzen, wie es ihm beliebt.

Auch in äußerlichen Glücksumständen ist etwas, das wenigstens nach dem Wahne der Menschen in diese Empfindungen einschlägt. Geburt und Titel finden die Menschen gemeiniglich zur Achtung geneigt. Reichthum auch ohne Verdienste wird selbst von Uneigennützigen geehrt, vermuthlich weil sich mit seiner Vorstellung Entwürfe von großen Handlungen vereinbaren, die dadurch könnten ausgeführt werden. Diese Achtung trifft gelegentlich auch manchen reichen Schurken, der solche Handlungen niemals ausüben wird und von dem edlen Gefühl keinen Begriff hat, welches Reichthümer einzig und allein schätzbar machen kann. Was das Übel der Armuth vergrößert, ist die Geringschätzung, welche auch nicht durch Verdienste gänzlich kann überwogen werden, wenigstens nicht vor gemeinen Augen, wo nicht Rang und Titel dieses plumpe Gefühl täuschen und einigermaßen zu dessen Vortheil hintergehen.

In der menschlichen Natur finden sich niemals rühmliche Eigenschaften, ohne daß zugleich Abartungen derselben durch unendliche Schattirungen bis zur äußersten Unvollkommenheit übergehen sollten. Die Eigenschaft des Schrecklich-Erhabenen, wenn sie ganz unnatürlich

wird, ist abenteuerlich.*) Unnatürliche Dinge, in so fern das Erhabene
darin gemeint ist, ob es gleich wenig oder gar nicht angetroffen wird, sind
Frazen. Wer das Abenteuerliche liebt und glaubt, ist ein Phantast,
die Neigung zu Frazen macht den Grillenfänger. Andererseits artet
das Gefühl des Schönen aus, wenn das Edle dabei gänzlich mangelt,
und man nennt es läppisch. Eine Mannsperson von dieser Eigenschaft,
wenn sie jung ist, heißt ein Laffe; ist sie im mittleren Alter, so ist es ein
Geck. Weil dem höheren Alter das Erhabene am nothwendigsten ist, so
ist ein alter Geck das verächtlichste Geschöpf in der Natur, so wie ein
junger Grillenfänger das widrigste und unleidlichste ist. Scherze und
Munterkeit schlagen in das Gefühl des Schönen ein. Gleichwohl kann
noch ziemlich viel Verstand hindurchscheinen, und in so fern können sie
mehr oder weniger dem Erhabenen verwandt sein. Der, in dessen Mun=
terkeit diese Dazumischung unmerklich ist, faselt. Der beständig faselt,
ist albern. Man merkt leicht, daß auch kluge Leute bisweilen faseln, und
daß nicht wenig Geist dazu gehöre den Verstand eine kurze Zeit von sei=
nem Posten abzurufen, ohne daß dabei etwas versehen wird. Derjenige,
dessen Reden oder Handlungen weder belustigen noch rühren, ist lang=
weilig. Der Langweilige, in so fern er gleichwohl beides zu thun ge=
schäftig ist, ist abgeschmackt. Der Abgeschmackte, wenn er aufgeblasen
ist, ist ein Narr.**)

Ich will diesen wunderlichen Abriß der menschlichen Schwachheiten
durch Beispiele etwas verständlicher machen; denn der, welchem Hogarths
Grabstichel fehlt, muß, was der Zeichnung am Ausdrucke mangelt, durch
Beschreibung ersetzen. Kühne Übernehmung der Gefahren für unsere, des
Vaterlandes, oder unserer Freunde Rechte ist erhaben. Die Kreuzzüge,
die alte Ritterschaft waren abenteuerlich; die Duelle, ein elender Rest

---

*) In so fern die Erhabenheit oder Schönheit das bekannte Mittelmaß über=
schreitet, so pflegt man sie romanisch zu nennen.

**) Man bemerkt bald, daß diese ehrwürdige Gesellschaft sich in zwei Logen
theile, in die der Grillenfänger und die der Gecken. Ein gelehrter Grillenfänger wird
bescheidentlich ein Pedant genannt. Wenn er die tropige Weisheitsmiene annimmt,
wie die Dunse alter und neuer Zeiten, so steht ihm die Kappe mit Schellen gut
zum Gesichte. Die Classe der Gecken wird mehr in der großen Welt angetroffen.
Sie ist vielleicht noch besser als die erstere. Man hat an ihnen viel zu verdienen
und viel zu lachen. In dieser Caricatur macht gleichwohl einer dem andern ein
schief Maul und stößt mit seinem leeren Kopf an den Kopf seines Bruders.

der letztern aus einem verkehrten Begriff des Ehrenrufs, sind Fratzen. Schwermüthige Entfernung von dem Geräusche der Welt aus ei nem rechtmäßigen Überdrusse ist edel. Der alten Eremiten einsiedlerische Andacht war abenteuerlich. Klöster und dergleichen Gräber, um lebendige Heilige einzusperren, sind Fratzen. Bezwingung seiner Leidenschaften durch Grundsätze ist erhaben. Kasteiungen, Gelübde und andere Mönchstugenden mehr sind Fratzen. Heilige Knochen, heiliges Holz und aller dergleichen Plunder, den heiligen Stuhlgang des großen Lama von Tibet nicht ausgeschlossen, sind Fratzen. Von den Werken des Witzes und des feinen Gefühls fallen die epische Gedichte des Virgils und Klopstocks ins Edle, Homers und Miltons ins Abenteuerliche. Die Verwandelungen des Ovids sind Fratzen, die Feenmärchen des französischen Aberwitzes sind die elendesten Fratzen, die jemals ausgeheckt worden. Anakreontische Gedichte sind gemeiniglich sehr nahe beim Läppischen.

Die Werke des Verstandes und Scharfsinnigkeit, in so fern ihre Gegenstände auch etwas für das Gefühl enthalten, nehmen gleichfalls einigen Antheil an den gedachten Verschiedenheiten. Die mathematische Vorstellung von der unermeßlichen Größe des Weltbaues, die Betrachtungen der Metaphysik von der Ewigkeit, der Vorsehung, der Unsterblichkeit unserer Seele enthalten eine gewisse Erhabenheit und Würde. Hingegen wird die Weltweisheit auch durch viel leere Spitzfindigkeiten entstellt, und der Anschein der Gründlichkeit hindert nicht, daß die vier syllogistischen Figuren nicht zu Schulfratzen gezählt zu werden verdienten.

In moralischen Eigenschaften ist wahre Tugend allein erhaben. Es giebt gleichwohl gute sittliche Qualitäten, die liebenswürdig und schön sind und, in so fern sie mit der Tugend harmoniren, auch als edel angesehen werden, ob sie gleich eigentlich nicht zur tugendhaften Gesinnung gezählt werden können. Das Urtheil hierüber ist fein und verwickelt. Man kann gewiß die Gemüthsverfassung nicht tugendhaft nennen, die ein Quell solcher Handlungen ist, auf welche zwar auch die Tugend hinauslaufen würde, allein aus einem Grunde, der nur zufälliger Weise damit übereinstimmt, seiner Natur nach aber den allgemeinen Regeln der Tugend auch öfters widerstreiten kann. Eine gewisse Weichmüthigkeit, die leichtlich in ein warmes Gefühl des Mitleidens gesetzt wird, ist schön und liebenswürdig; denn es zeigt eine gütige Theilnehmung an dem Schicksale anderer Menschen an, worauf Grundsätze der Tugend gleichfalls hinausführen. Allein diese gutartige Leidenschaft ist gleichwohl schwach und

jederzeit blind. Denn setzet, diese Empfindung bewege euch, mit eurem
Aufwande einem Nothleidenden aufzuhelfen, allein ihr seid einem andern
schuldig und setzt euch dadurch außer Stand, die strenge Pflicht der Gerechtigkeit zu erfüllen, so kann offenbar die Handlung aus keinem tugendhaften Vorsatze entspringen, denn ein solcher könnte euch unmöglich an-
reizen eine höhere Verbindlichkeit dieser blinden Bezauberung aufzuopfern.
Wenn dagegen die allgemeine Wohlgewogenheit gegen das menschliche
Geschlecht in euch zum Grundsatze geworden ist, welchem ihr jederzeit eure
Handlungen unterordnet, alsdann bleibt die Liebe gegen den Nothleidenden noch, allein sie ist jetzt aus einem höhern Standpunkte in das wahre
Verhältniß gegen eure gesammte Pflicht versetzt worden. Die allgemeine
Wohlgewogenheit ist ein Grund der Theilnehmung an seinem Übel, aber
auch zugleich der Gerechtigkeit, nach deren Vorschrift ihr jetzt diese Handlung unterlassen müsset. So bald nun dieses Gefühl zu seiner gehörigen
Allgemeinheit gestiegen ist, so ist es erhaben, aber auch kälter. Denn es
ist nicht möglich, daß unser Busen für jedes Menschen Antheil von Zärtlichkeit aufschwelle und bei jeder fremden Noth in Wehmuth schwimme, sonst
würde der Tugendhafte, unaufhörlich in mitleidigen Thränen wie Heraklit
schmelzend, bei aller dieser Gutherzigkeit gleichwohl nichts weiter als ein
weichmüthiger Müßiggänger werden.*)

Die zweite Art des gütigen Gefühls, welches zwar schön und liebenswürdig, aber noch nicht die Grundlage einer wahren Tugend ist, ist die
Gefälligkeit, eine Neigung, andern durch Freundlichkeit, durch Ein-
willigung in ihr Verlangen und durch Gleichförmigkeit unseres Betragens
mit ihren Gesinnungen angenehm zu werden. Dieser Grund einer reizenden Geselligkeit ist schön und die Biegsamkeit eines solchen Herzens gut-
artig. Allein sie ist so gar keine Tugend, daß, wo nicht höhere Grundsätze

---

*) Bei näherer Erwägung findet man, daß, so liebenswürdig auch die mit-
leidige Eigenschaft sein mag, sie doch die Würde der Tugend nicht an sich habe.
Ein leidendes Kind, ein unglückliches und artiges Frauenzimmer wird unser Herz
mit dieser Wehmuth anfüllen, indem wir zu gleicher Zeit die Nachricht von einer
großen Schlacht mit Kaltsinn vernehmen, in welcher, wie leicht zu erachten, ein
ansehnlicher Theil des menschlichen Geschlechts unter grausamen Übeln unverschuldet
erliegen muß. Mancher Prinz, der sein Gesicht von Wehmuth für eine einzige unglückliche Person wegwandte, gab gleichwohl aus einem ofters eitlen Bewegungsgrunde zu gleicher Zeit den Befehl zum Kriege. Es ist hier gar keine Proportion
in der Wirkung, wie kann man denn sagen, daß die allgemeine Menschenliebe die
Ursache sei?

ihr Schranken setzen und sie schwächen, alle Laster daraus entspringen können. Denn nicht zu gedenken, daß diese Gefälligkeit gegen die, mit welchen wir umgehen, sehr oft eine Ungerechtigkeit gegen andre ist, die sich außer diesem kleinen Zirkel befinden, so wird ein solcher Mann, wenn man diesen Antrieb allein nimmt, alle Laster haben können, nicht aus unmittelbarer Neigung, sondern weil er gerne zu gefallen lebt. Er wird aus liebreicher Geselligkeit ein Lügner, ein Müßiggänger, ein Säufer 2c. 2c. sein, denn er handelt nicht nach den Regeln, die auf das Wohlverhalten überhaupt gehen, sondern nach einer Neigung, die an sich schön, aber, indem sie ohne Haltung und ohne Grundsätze ist, läppisch wird.

Demnach kann wahre Tugend nur auf Grundsätze gepfropft werden, welche, je allgemeiner sie sind, desto erhabener und edler wird sie. Diese Grundsätze sind nicht speculativische Regeln, sondern das Bewußtsein eines Gefühls, das in jedem menschlichen Busen lebt und sich viel weiter als auf die besondere Gründe des Mitleidens und der Gefälligkeit erstreckt. Ich glaube, ich fasse alles zusammen, wenn ich sage, es sei das **Gefühl von der Schönheit und der Würde der menschlichen Natur.** Das erstere ist ein Grund der allgemeinen Wohlgewogenheit, das zweite der allgemeinen Achtung, und wenn dieses Gefühl die größte Vollkommenheit in irgend einem menschlichen Herzen hätte, so würde dieser Mensch sich zwar auch selbst lieben und schätzen, aber nur in so fern er einer von allen ist, auf die sein ausgebreitetes und edles Gefühl sich ausdehnt. Nur indem man einer so erweiterten Neigung seine besondere unterordnet, können unsere gütige Triebe proportionirt angewandt werden und den edlen Anstand zuwege bringen, der die Schönheit der Tugend ist.

In Ansehung der Schwäche der menschlichen Natur und der geringen Macht, welche das allgemeine moralische Gefühl über die mehrste Herzen ausüben würde, hat die Vorsehung dergleichen hülfleistende Triebe als Supplemente der Tugend in uns gelegt, die, indem sie einige auch ohne Grundsätze zu schönen Handlungen bewegen, zugleich andern, die durch diese letztere regiert werden, einen größeren Stoß und einen stärkern Antrieb dazu geben können. Mitleiden und Gefälligkeit sind Gründe von schönen Handlungen, die vielleicht durch das Übergewicht eines gröberen Eigennutzes insgesammt würden erstickt werden, allein nicht unmittelbare Gründe der Tugend, wie wir gesehen haben, obgleich, da sie durch die Verwandtschaft mit ihr geadelt werden, sie auch ihren Namen erwerben. Ich kann sie daher adoptirte Tugenden nennen, diejenige aber, die auf

Grundsätzen beruht, die ächte Tugend. Jene sind schön und reizend, diese allein ist erhaben und ehrwürdig. Man nennt ein Gemüth, in welchem die erstere Empfindungen regieren, ein gutes Herz und den Menschen von solcher Art gutherzig; dagegen man mit Recht dem Tugendhaften aus Grundsätzen ein edles Herz beilegt, ihn selber aber einen rechtschaffenen nennt. Diese adoptirte Tugenden haben gleichwohl mit den wahren Tugenden große Ähnlichkeit, indem sie das Gefühl einer unmittelbaren Lust an gütigen und wohlwollenden Handlungen enthalten. Der Gutherzige wird ohne weitere Absicht aus unmittelbarer Gefälligkeit friedsam und höflich mit euch umgehen und aufrichtiges Beileid bei der Noth eines andern empfinden.

Allein da diese moralische Sympathie gleichwohl noch nicht genug ist, die träge menschliche Natur zu gemeinnützigen Handlungen anzutreiben, so hat die Vorsehung in uns noch ein gewisses Gefühl gelegt, welches fein ist und uns in Bewegung setzen, oder auch dem gröberen Eigennutze und der gemeinen Wollust das Gleichgewicht leisten kann. Dieses ist das Gefühl für Ehre und dessen Folge die Scham. Die Meinung, die andere von unserm Werthe haben mögen, und ihr Urtheil von unsern Handlungen ist ein Bewegungsgrund von großem Gewichte, der uns manche Aufopferungen ablockt, und was ein guter Theil der Menschen weder aus einer unmittelbar aufsteigenden Regung der Gutherzigkeit, noch aus Grundsätzen würde gethan haben, geschieht oft genug bloß um des äußeren Scheines willen aus einem Wahne, der sehr nützlich, obzwar an sich selbst sehr seicht ist, als wenn das Urtheil anderer den Werth von uns und unsern Handlungen bestimmte. Was aus diesem Antriebe geschieht, ist nicht im mindesten tugendhaft, weswegen auch ein jeder, der für einen solchen gehalten werden will, den Bewegungsgrund der Ehrbegierde wohlbedächtig verhehlt. Es ist auch diese Neigung nicht einmal so nahe wie die Gutherzigkeit der ächten Tugend verwandt, weil sie nicht unmittelbar durch die Schönheit der Handlungen, sondern durch den in fremde Augen fallenden Anstand derselben bewegt werden kann. Ich kann demnach, da gleichwohl das Gefühl für Ehre fein ist, das Tugendähnliche, was dadurch veranlaßt wird, den Tugendschimmer nennen.

Vergleichen wir die Gemüthsarten der Menschen, in so fern eine von diesen drei Gattungen des Gefühls in ihnen herrscht und den moralischen Charakter bestimmt, so finden wir, daß eine jede derselben mit einem der gewöhnlichermaßen eingetheilten Temperamente in näherer Verwandt=

schaft stehe, doch so, daß über dieses ein größerer Mangel des moralischen Gefühls dem phlegmatischen zum Antheil werden würde. Nicht als wenn das Hauptmerkmal in dem Charakter dieser verschiedenen Gemüthsarten auf die gedachte Züge ankäme; denn das gröbere Gefühl, z. E. des Eigen=
nutzes, der gemeinen Wolluft ꝛc. ꝛc., erwägen wir in dieser Abhandlung gar nicht, und auf dergleichen Neigungen wird bei der gewöhnlichen Ein= theilung gleichwohl vorzüglich gesehen; sondern weil die erwähnte feinere moralische Empfindungen sich leichter mit einem oder dem andern dieser Temperamente vereinbaren lassen und wirklich meistentheils damit ver=
einigt sind.

Ein inniglicher Gefühl für die Schönheit und Würde der menschlichen Natur und eine Fassung und Stärke des Gemüths, hierauf als auf einen allgemeinen Grund seine gesammte Handlungen zu beziehen, ist ernsthaft und gesellt sich nicht wohl mit einer flatterhaften Lustigkeit, noch mit dem
Unbestand eines Leichtsinnigen. Es nähert sich sogar der Schwermuth, einer sanften und edlen Empfindung, in so fern sie sich auf dasjenige Grausen gründet, das eine eingeschränkte Seele fühlt, wenn sie, von einem großen Vorsatze voll, die Gefahren sieht, die sie zu überstehen hat, und den schweren, aber großen Sieg der Selbstüberwindung vor Augen hat. Die
ächte Tugend also aus Grundsätzen hat etwas an sich, was am meisten mit der **melancholischen** Gemüthsverfassung im gemilderten Verstande zusammenzustimmen scheint.

Die Gutherzigkeit, eine Schönheit und feine Reizbarkeit des Herzens, nach dem Anlaß, der sich vorfindet, in einzelnen Fällen mit Mitleiden
oder Wohlwollen gerührt zu werden, ist dem Wechsel der Umstände sehr unterworfen, und indem die Bewegung der Seele nicht auf einem allge= meinen Grundsatze beruht, so nimmt sie leichtlich veränderte Gestalten an, nachdem die Gegenstände eine oder die andere Seite darbieten. Und da diese Neigung auf das Schöne hinausläuft, so scheint sie sich mit derjenigen
Gemüthsart, die man **sanguinisch** nennt, welche flatterhaft und den Be= lustigungen ergeben ist, am natürlichsten zu vereinbaren. In diesem Tempe= ramente werden wir die beliebte Eigenschaften, die wir adoptirte Tugenden nannten, zu suchen haben.

Das Gefühl für die Ehre ist sonst schon gewöhnlich als ein Merkmal
der cholerischen Complexion angenommen worden, und wir können da= durch Anlaß nehmen die moralische Folgen dieses feinen Gefühls, welche

mehrenteils nur aufs Schimmern abgezielt sind, zu Schilderung eines solchen Charakters aufzusuchen.

Niemals ist ein Mensch ohne alle Spuren der feineren Empfindung, allein ein größerer Mangel derselben, der vergleichungsweise auch Fühllosigkeit heißt, kommt in den Charakter des **phlegmatischen**, den man sonst auch sogar der gröbern Triebfedern, als der Geldbegierde 2c. 2c., beraubt, die wir aber zusammt andern, verschwisterten Neigungen ihm allenfalls lassen können, weil sie gar nicht in diesen Plan gehören.

Laßt uns anjetzt die Empfindungen des Erhabenen und Schönen, vornehmlich so fern sie moralisch sind, unter der angenommenen Eintheilung der Temperamente näher betrachten.

Der, dessen Gefühl ins **Melancholische** einschlägt, wird nicht darum so genannt, weil er, der Freuden des Lebens beraubt, sich in finsterer Schwermuth härmt, sondern weil seine Empfindungen, wenn sie über einen gewissen Grad vergrößert würden, oder durch einige Ursachen eine falsche Richtung bekämen, auf dieselbe leichter als einen andern Zustand auslaufen würden. Er hat vorzüglich ein **Gefühl für das Erhabene**. Selbst die Schönheit, für welche er eben so wohl Empfindung hat, muß ihn nicht allein reizen, sondern, indem sie ihm zugleich Bewunderung einflößt, rühren. Der Genuß der Vergnügen ist bei ihm ernsthafter, aber um deswillen nicht geringer. Alle Rührungen des Erhabenen haben mehr Bezauberndes an sich als die gaukelnde Reize des Schönen. Sein Wohlbefinden wird eher Zufriedenheit als Lustigkeit sein. Er ist standhaft. Um deswillen ordnet er seine Empfindungen unter Grundsätze. Sie sind desto weniger dem Unbestande und der Veränderung unterworfen, je allgemeiner dieser Grundsatz ist, welchem sie untergeordnet werden, und je erweiterter also das hohe Gefühl ist, welches die niedere unter sich befaßt. Alle besondere Gründe der Neigungen sind vielen Ausnahmen und Änderungen unterworfen, wofern sie nicht aus einem solchen oberen Grunde abgeleitet sind. Der muntere und freundliche Alcest sagt: Ich liebe und schätze meine Frau, denn sie ist schön, schmeichelhaft und klug. Wie aber, wenn sie nun durch Krankheit entstellt, durch Alter mürrisch und, nachdem die erste Bezauberung verschwunden, euch nicht klüger scheinen würde wie jede andere? Wenn der Grund nicht mehr da ist, was kann aus der Neigung werden? Nehmet dagegen den wohlwollenden und gesetzten Adrast, welcher bei sich denkt: Ich werde dieser Person liebreich und mit Achtung begegnen, denn sie ist meine Frau. Diese Gesinnung ist edel und großmüthig. Nunmehr mögen die zufällige Reize sich ändern, sie ist gleichwohl noch immer seine Frau. Der edle Grund bleibt und ist nicht dem Unbestande äußerer Dinge so sehr unterworfen. Von solcher Beschaffenheit sind Grundsätze in Vergleichung der Regungen, die blos bei einzelnen Veranlassungen aufwallen, und so ist der Mann von Grundsätzen in Gegenhalt mit demjenigen, welchem gelegentlich eine gutherzige und liebreiche Bewegung anwandelt. Wie aber wenn sogar die geheime Sprache seines Herzens also lautete: Ich muß jenem Menschen da zu Hülfe kommen, denn er leidet; nicht daß er etwa mein Freund oder Gesellschafter wäre, oder daß ich ihn fähig hielte dereinst Wohlthat mit Dankbarkeit zu erwidern. Es ist jetzt keine Zeit zu vernünfteln und sich bei Fragen aufzuhalten: er ist ein Mensch, und was Menschen widerfährt, das trifft auch mich. Alsdann stützt sich sein Verfahren auf den höchsten Grund des Wohlwollens in der menschlichen Natur und ist äußerst erhaben, sowohl seiner Unveränderlichkeit nach, als um der Allgemeinheit seiner Anwendung willen.

Ich fahre in meinen Anmerkungen fort. Der Mensch von melancholischer Gemüthsverfassung bekümmert sich wenig darum, was andere urtheilen, was sie für gut oder für wahr halten, er stützt sich desfalls blos auf seine eigene Einsicht. Weil die Bewegungsgründe in ihm die Natur der Grundsätze annehmen, so ist er nicht leicht auf andere Gedanken zu bringen; seine Standhaftigkeit artet auch bisweilen in Eigensinn aus. Er sieht den Wechsel der Moden mit Gleichgültigkeit und ihren Schimmer mit Verachtung an. Freundschaft ist erhaben und daher für sein Gefühl. Er kann vielleicht einen veränderlichen Freund verlieren, allein dieser verliert ihn nicht eben so bald. Selbst das Andenken der erloschenen Freundschaft ist ihm noch ehrwürdig. Gesprächigkeit ist schön, gedankenvolle Verschwiegenheit erhaben. Er ist ein guter Verwahrer seiner und anderer Geheimnisse. Wahrhaftigkeit ist erhaben, und er haßt Lügen oder Verstellung. Er hat ein hohes Gefühl von der Würde der menschlichen Natur. Er schätzt sich selbst und hält einen Menschen für ein Geschöpf, das da Achtung verdient. Er erduldet keine verworfene Unterthänigkeit und athmet Freiheit in einem edlen Busen. Alle Ketten von den vergoldeten an, die man am Hofe trägt, bis zu dem schweren Eisen des Galeerensklaven sind ihm abscheulich. Er ist ein strenger Richter seiner selbst und anderer und nicht selten seiner sowohl als der Welt überdrüssig.

In der Ausartung dieses Charakters neigt sich die Ernsthaftigkeit zur Schwermuth, die Andacht zur Schwärmerei, der Freiheitseifer zum Enthusiasmus. Beleidigung und Ungerechtigkeit zünden in ihm Rachbegierde an. Er ist alsdann sehr zu fürchten. Er trotzt der Gefahr und verachtet den Tod. Bei der Verkehrtheit seines Gefühls und dem Mangel einer aufgeheiterten Vernunft verfällt er aufs Abenteuerliche. Eingebungen, Erscheinungen, Anfechtungen. Ist der Verstand noch schwächer, so geräth er auf Fratzen. Bedeutende Träume, Ahndungen und Wunderzeichen. Er ist in Gefahr ein **Phantast** oder ein **Grillenfänger** zu werden.

Der von **sanguinischer** Gemüthsverfassung hat ein herrschendes Gefühl für das Schöne. Seine Freuden sind daher lachend und lebhaft. Wenn er nicht lustig ist, so ist er mißvergnügt und kennt wenig die zufriedene Stille. Mannigfaltigkeit ist schön, und er liebt die Veränderung. Er sucht die Freude in sich und um sich, belustigt andere und ist ein guter Gesellschafter. Er hat viel moralische Sympathie. Anderer Fröhlichkeit macht ihn vergnügt und ihr Leid weichherzig. Sein sittliches Gefühl ist schön, allein ohne Grundsätze und hängt jederzeit unmittelbar von dem gegenwärtigen Eindrucke ab, den die Gegenstände auf ihn machen. Er ist ein Freund von allen Menschen oder, welches einerlei sagen will, eigentlich niemals ein Freund, ob er zwar gutherzig und wohlwollend ist. Er verstellt sich nicht. Er wird euch heute mit seiner Freundlichkeit und guten Art unterhalten, morgen, wenn ihr krank oder im Unglücke seid, wahres und ungeheucheltes Beileid empfinden, aber sich sachte davon schleichen, bis sich die Umstände geändert haben. Er muß niemals Richter sein. Die Gesetze sind ihm gemeiniglich zu strenge, und er läßt sich durch Thränen bestechen. Er ist ein schlimmer Heiliger, niemals recht gut und niemals recht böse. Er schweift öfters aus und ist lasterhaft, mehr aus Gefälligkeit als aus Neigung. Er ist freigebig und wohlthätig, aber ein schlechter Zahler dessen, was er schuldig ist, weil er wohl viel Empfindung für Güte, aber wenig für Gerechtigkeit hat. Niemand hat eine so gute Meinung von seinem eigenen Herzen als er. Wenn ihr ihn gleich nicht hochachtet, so werdet ihr ihn doch lieben müssen. In dem größeren Verfall seines Charakters geräth er ins Läppische, er ist tändelnd und kindisch. Wenn nicht das Alter noch etwa die Lebhaftigkeit mindert, oder mehr Verstand herbeibringt, so ist er in Gefahr, ein alter Geck zu werden.

Der, welchen man unter der **cholerischen** Gemüthsbeschaffenheit meint, hat ein herrschendes Gefühl für diejenige Art des Erhabenen, welche man das **Prächtige** nennen kann. Sie ist eigentlich nur der Schimmer der Erhabenheit und eine stark abstechende Farbe, welche den inneren Gehalt der Sache oder Person, der vielleicht nur schlecht und gemein ist, verbirgt und durch den Schein täuscht und rührt. So wie ein Gebäude durch eine Übertünchung, welche gehauene Steine vorstellt, einen eben so edlen Eindruck macht, als wenn es wirklich daraus bestände, und geklebte Gesimse und Pilastern die Meinung von Festigkeit geben, ob sie gleich wenig Haltung haben und nichts unterstützen: also glänzen auch tombackene Tugenden, Flittergold von Weisheit und gemaltes Verdienst.

Der Cholerische betrachtet seinen eigenen Werth und den Werth seiner Sachen und Handlungen aus dem Anstande oder dem Scheine, womit er in die Augen fällt. In Ansehung der innern Beschaffenheit und der Bewegungsgründe, die 'der Gegenstand selber enthält, ist er kalt, weder erwärmt durch wahres Wohlwollen, noch gerührt durch Achtung.*) Sein Betragen ist künstlich. Er muß allerlei Standpunkte zu nehmen wissen, um seinen Anstand aus der verschiedenen Stellung der Zuschauer zu beurtheilen; denn er frägt wenig darnach, was er sei, sondern nur was er scheine. Um deswillen muß er die Wirkung auf den allgemeinen Geschmack und die mancherlei Eindrücke wohl kennen, die sein Verhalten außer ihm haben wird. Da er in dieser schlauen Aufmerksamkeit durchaus kalt Blut bedarf und nicht durch Liebe, Mitleiden und Theilnehmung seines Herzens sich muß blenden lassen, so wird er auch vielen Thorheiten und Verdrießlichkeiten entgehen, in welche ein Sanguinischer geräth, der durch seine unmittelbare Empfindung bezaubert wird. Um deswillen scheint er gemeiniglich verständiger, als er wirklich ist. Sein Wohlwollen ist Höflichkeit, seine Achtung Ceremonie, seine Liebe ausgesonnene Schmeichelei. Er ist jederzeit voll von sich selbst, wenn er den Anstand eines Liebhabers oder eines Freundes annimmt, und ist niemals weder das eine noch das andere. Er sucht durch Moden zu schimmern; aber weil alles an ihm künstlich und gemacht ist, so ist er darin steif und ungewandt. Er handelt weit mehr nach Grundsätzen als der Sanguinische, der bloß durch gelegentliche Eindrücke bewegt wird; aber diese sind nicht Grundsätze der Tugend, sondern der Ehre, und er hat kein Gefühl für die Schönheit oder den Werth der Handlungen, sondern für das Urtheil der Welt, das sie davon fällen möchte. Weil sein Verfahren, in so fern man nicht auf die Quelle sieht, daraus es entspringt, übrigens fast eben so gemeinnützig als die Tugend

---

*) Er hält sich auch sogar nur in so fern für glücklich, als er vermuthet, daß er dafür von andern gehalten wird.

selbst ist, so erwirbt er vor gemeinen Augen eben die Hochschätzung als der Tugendhafte, aber vor feineren Augen verbirgt er sich sorgfältig, weil er wohl weiß, daß die Entdeckung der geheimen Triebfeder der Ehrbegierde ihn um die Achtung bringen würde. Er ist daher der Verstellung sehr ergeben, in der Religion heuchlerisch, im Umgange ein Schmeichler, in Staatsparteien wetterwendisch nach den Umständen. Er ist gerne ein Sklave der Großen, um dadurch ein Tyrann über Geringere zu werden. Die Naivetät, diese edle oder schöne Einfalt, welche das Siegel der Natur und nicht der Kunst auf sich trägt, ist ihm gänzlich fremde. Daher wenn sein Geschmack ausartet, so wird sein Schimmer schreiend, d. i. auf eine widrige Art prahlend. Er geräth alsdann sowohl seinem Stil als dem Ausputze nach in den Gallimathias (das Übertriebene), eine Art Fratzen, die in Ansehung des Prächtigen dasjenige ist, was das Abenteuerliche oder Grillenhafte in Ansehung des Ernsthaft-Erhabenen. In Beleidigungen fällt er alsdann auf Zweikämpfe oder Processe und in dem bürgerlichen Verhältnisse auf Ahnen, Vortritt und Titel. So lange er nur noch eitel ist, d. i. Ehre sucht und bemüht ist in die Augen zu fallen, so kann er noch wohl geduldet werden, allein wenn bei gänzlichem Mangel wirklicher Vorzüge und Talente er aufgeblasen wird, so ist er das, wofür er am mindesten gerne möchte gehalten werden, nämlich ein Narr.

Da in der phlegmatischen Mischung keine Ingredienzien vom Erhabenen oder Schönen in sonderlich merklichem Grade hineinzukommen pflegen, so gehört diese Gemüthseigenschaft nicht in den Zusammenhang unserer Erwägungen.

Von welcher Art auch diese feinere Empfindungen sein mögen, von denen wir bis daher gehandelt haben, es mögen erhabene oder schöne sein, so haben sie doch das Schicksal gemein, daß sie in dem Urtheil desjenigen, der kein darauf gestimmtes Gefühl hat, jederzeit verkehrt und ungereimt scheinen. Ein Mensch von einer ruhigen und eigennützigen Emsigkeit hat so zu reden gar nicht die Organen, um den edlen Zug in einem Gedichte oder in einer Heldentugend zu empfinden, er liest lieber einen Robinson als einen Grandison und hält den Cato für einen eigensinnigen Narren. Eben so scheint Personen von etwas ernsthafter Gemüthsart dasjenige läppisch, was andern reizend ist, und die gaukelnde Naivetät einer Schäferhandlung ist ihnen abgeschmackt und kindisch. Auch selbst wenn das Gemüth nicht gänzlich ohne ein einstimmiges feineres Gefühl ist, sind doch die Grade der Reizbarkeit desselben sehr verschieden, und man sieht, daß

der eine etwas edel und anständig findet, was dem andern zwar groß, aber abenteuerlich vorkommt. Die Gelegenheiten, die sich darbieten, bei unmoralischen Dingen etwas von dem Gefühl des andern auszuspähen, können uns Anlaß geben mit ziemlicher Wahrscheinlichkeit auch auf seine
5 Empfindung in Ansehung der höheren Gemüthseigenschaften und selbst derer des Herzens zu schließen. Wer bei einer schönen Musik lange Weile hat, giebt starke Vermuthung, daß die Schönheiten der Schreibart und die feine Bezauberungen der Liebe wenig Gewalt über ihn haben werden.

Es ist ein gewisser Geist der Kleinigkeiten (esprit des bagatelles),
10 welcher eine Art von feinem Gefühl anzeigt, welches aber gerade auf das Gegentheil von dem Erhabenen abzielt. Ein Geschmack für etwas, weil es sehr künstlich und mühsam ist, Verse, die sich vor- und rückwärts lesen lassen, Räthsel, Uhren in Ringen, Flohketten ꝛc. ꝛc. Ein Geschmack für alles, was abgezirkelt und auf peinliche Weise ordentlich, obzwar ohne
15 Nutzen ist, z. E. Bücher, die fein zierlich in langen Reihen im Bücher= schranke stehen, und ein leerer Kopf, der sie ansieht und sich erfreuet, Zim= mer, die wie optische Kasten geziert und überaus sauber gewaschen sind, zusammt einem ungastfreien und mürrischen Wirte, der sie bewohnt. Ein Geschmack an allem demjenigen, was selten ist, so wenig wie es auch sonst
20 innern Wert haben mag. Epiktets Lampe, ein Handschuh von König Karl dem Zwölften; in gewisser Art schlägt die Münzensucht mit hierauf ein. Solche Personen stehen sehr im Verdacht, daß sie in den Wissenschaften Grübler und Grillenfänger, in den Sitten aber für alle das, was auf freie Art schön oder edel ist, ohne Gefühl sein werden.

25 Man thut einander zwar Unrecht, wenn man denjenigen, der den Werth, oder die Schönheit dessen, was uns rührt, oder reizt, nicht einsieht, damit abfertigt, daß er es nicht verstehe. Es kommt hiebei nicht so sehr darauf an, was der Verstand einsehe, sondern was das Gefühl empfinde. Gleichwohl haben die Fähigkeiten der Seele einen so großen Zusammen=
30 hang: daß man mehrentheils von der Erscheinung der Empfindung auf die Talente der Einsicht schließen kann. Denn es würden demjenigen, der viele Verstandesvorzüge hat, diese Talente vergeblich ertheilt sein, wenn er nicht zugleich starke Empfindung für das wahrhaftig Edle oder Schöne hätte, welche die Triebfeder sein muß, jene Gemüthsgaben wohl und regel=
35 mäßig anzuwenden.*)

---

*) Man sieht auch, daß eine gewisse Feinigkeit des Gefühls einem Menschen zum Verdienste angerechnet wird. Daß jemand in Fleisch oder Kuchen eine gute

Es ist einmal gebräuchlich, nur dasjenige nützlich zu nennen, was unserer gröberen Empfindung ein Gnüge leisten kann, was uns Überfluß im Essen und Trinken, Aufwand in Kleidung und in Hausgeräthe, imgleichen Verschwendung in Gastereien verschaffen kann, ob ich gleich nicht sehe, warum nicht alles, was nur immer meinem lebhaftesten Gefühl erwünscht ist, eben so wohl den nützlichen Dingen sollte beigezählt werden. Allein alles gleichwohl auf diesen Fuß genommen, so ist derjenige, welchen der Eigennutz beherrscht, ein Mensch, mit welchem man über den feineren Geschmack niemals vernünfteln muß. Ein Huhn ist freilich in solchem Betracht besser als ein Papagei, ein Kochtopf nützlicher als ein Porcellaingeschirr, alle witzige Köpfe in der Welt gelten nicht den Werth eines Bauren, und die Bemühung die Weite der Firsterne zu entdecken kann so lange ausgesetzt bleiben, bis man übereingekommen sein wird, wie der Pflug auf das vortheilhafteste könne geführt werden. Allein welche Thorheit ist es, sich in einen solchen Streit einzulassen, wo es unmöglich ist sich einander auf einstimmige Empfindungen zu führen, weil das Gefühl gar nicht einstimmig ist! Gleichwohl wird doch ein Mensch von der gröbsten und gemeinsten Empfindung wahrnehmen können: daß die Reize und Annehmlichkeiten des Lebens, welche die entbehrlichste zu sein scheinen, unsere meiste Sorgfalt auf sich ziehen, und daß wir wenig Triebfedern zu so vielfältigen Bemühungen übrig haben würden, wenn wir jene ausschließen wollten. Imgleichen ist wohl niemand so grob, daß er nicht empfinde, daß eine sittliche Handlung wenigstens an einem andern um desto mehr rühre, je weiter sie vom Eigennutze ist, und je mehr jene edlere Antriebe in ihr hervorstechen.

Wenn ich die edele und schwache Seite der Menschen wechselsweise bemerke, so verweise ich es mir selbst, daß ich nicht denjenigen Standpunkt zu nehmen vermag, von wo diese Abstechungen das große Gemälde der ganzen menschlichen Natur gleichwohl in einer rührenden Gestalt darstellen. Denn ich bescheide mich gerne: daß, so fern es zu dem Entwurfe

---

Mahlzeit thun kann, imgleichen daß er unvergleichlich wohl schläft, das wird man ihm wohl als ein Zeichen eines guten Magens, aber nicht als ein Verdienst auslegen. Dagegen wer einen Theil seiner Mahlzeit dem Anhören einer Musik aufopfert oder bei einer Schilderei sich in eine angenehme Zerstreuung vertiefen kann, oder einige witzige Sachen, wenn es auch nur poetische Kleinigkeiten wären, gerne liest, hat doch fast in jedermanns Augen den Anstand eines feineren Menschen, von dem man eine vortheilhaftere und für ihn rühmlichere Meinung hat.

der großen Natur gehört, diese groteske Stellungen nicht anders als einen edelen Ausdruck geben können, ob man schon viel zu kurzsichtig ist, sie in diesem Verhältnisse zu übersehen. Um indessen doch einen schwachen Blick hierauf zu werfen: so glaube ich folgendes anmerken zu können. Derjenigen unter den Menschen, die nach Grundsätzen verfahren, sind nur sehr wenige, welches auch überaus gut ist, da es so leicht geschehen kann, daß man in diesen Grundsätzen irre und alsdann der Nachtheil, der daraus erwächst, sich um desto weiter erstreckt, je allgemeiner der Grundsatz und je standhafter die Person ist, die ihn sich vorgesetzt hat. Derer, so aus gutherzigen Trieben handeln, sind weit mehrere, welches äußerst vortrefflich ist, ob es gleich einzeln nicht als ein sonderliches Verdienst der Person kann angerechnet werden; denn diese tugendhafte Instincte fehlen wohl bisweilen, allein im Durchschnitte leisten sie eben so wohl die große Absicht der Natur, wie die übrige Instincte, die so regelmäßig die thierische Welt bewegen. Derer, die ihr allerliebstes Selbst als den einzigen Beziehungspunkt ihrer Bemühungen starr vor Augen haben, und die um den Eigennutz als um die große Achse alles zu drehen suchen, giebt es die meiste, worüber auch nichts Vortheilhafteres sein kann, denn diese sind die emsigsten, ordentlichsten und behutsamsten; sie geben dem Ganzen Haltung und Festigkeit, indem sie auch ohne ihre Absicht gemeinnützig werden, die nothwendigen Bedürfnisse herbeischaffen und die Grundlage liefern, über welche feinere Seelen Schönheit und Wohlgereimtheit verbreiten können. Endlich ist die Ehrliebe in aller Menschen Herzen, obzwar in ungleichem Maße, verbreitet worden, welches dem Ganzen eine bis zur Bewunderung reizende Schönheit geben muß. Denn wiewohl die Ehrbegierde ein thörichter Wahn ist, so fern er zur Regel wird, der man die übrigen Neigungen unterordnet, so ist sie doch als ein begleitender Trieb äußerst vortrefflich. Denn indem ein jeder auf der großen Bühne seinen herrschenden Neigungen gemäß die Handlungen verfolgt, so wird er zugleich durch einen geheimen Antrieb bewogen, in Gedanken außer sich selbst einen Standpunkt zu nehmen, um den Anstand zu beurtheilen, den sein Betragen hat, wie es aussehe und dem Zuschauer in die Augen falle. Dadurch vereinbaren sich die verschiedene Gruppen in ein Gemälde von prächtigem Ausdruck, wo mitten unter großer Mannigfaltigkeit Einheit hervorleuchtet, und das Ganze der moralischen Natur Schönheit und Würde an sich zeigt.

Dritter Abschnitt.

Von dem Unterschiede des Erhabenen und Schönen in dem Gegenverhältniß beider Geschlechter.

Derjenige, so zuerst das Frauenzimmer unter dem Namen des schönen Geschlechts begriffen hat, kann vielleicht etwas Schmeichelhaftes haben sagen wollen, aber er hat es besser getroffen, als er wohl selbst geglaubt haben mag. Denn ohne in Erwägung zu ziehen, daß ihre Gestalt überhaupt feiner, ihre Züge zärter und sanfter, ihre Miene im Ausdrucke der Freundlichkeit, des Scherzes und der Leutseligkeit bedeutender und einnehmender ist, als bei dem männlichen Geschlecht, ohne auch dasjenige zu vergessen, was man für die geheime Zauberkraft abrechnen muß, wodurch sie unsere Leidenschaft zum vortheilhaften Urtheile für sie geneigt machen, so liegen vornehmlich in dem Gemüthscharakter dieses Geschlechts eigenthümliche Züge, die es von dem unseren deutlich unterscheiden und die darauf hauptsächlich hinauslaufen, sie durch das Merkmal des Schönen kenntlich zu machen. Andererseits könnten wir auf die Benennung des edlen Geschlechts Anspruch machen, wenn es nicht auch von einer edlen Gemüthsart erfordert würde, Ehrennamen abzulehnen und sie lieber zu ertheilen als zu empfangen. Hieburch wird nun nicht verstanden: daß das Frauenzimmer edeler Eigenschaften ermangelte, oder das männliche Geschlecht der Schönheiten gänzlich entbehren müßte, vielmehr erwartet man, daß ein jedes Geschlecht beide vereinbare, doch so, daß von einem Frauenzimmer alle andere Vorzüge sich nur dazu vereinigen sollen, um den Charakter des Schönen zu erhöhen, welcher der eigentliche Beziehungspunkt ist, und dagegen unter den männlichen Eigenschaften das Erhabene als das Kennzeichen seiner Art deutlich hervorsteche. Hierauf müssen alle Urtheile von diesen zwei Gattungen, sowohl die rühmliche als die des Tadels, sich beziehen, alle Erziehung und Unterweisung muß dieses vor Augen haben und alle Bemühung, die sittliche Vollkommenheit des einen oder des andern zu befördern, wo man nicht den reizenden Unterschied unkenntlich machen will, den die Natur zwischen zwei Menschengattungen hat treffen wollen. Denn es ist hier nicht genug sich vorzustellen, daß man Menschen vor sich habe, man muß zugleich nicht aus der Acht lassen, daß diese Menschen nicht von einerlei Art sind.

Das Frauenzimmer hat ein angebornes stärkeres Gefühl für alles, was schön, zierlich und geschmückt ist. Schon in der Kindheit sind sie gerne geputzt und gefallen sich, wenn sie geziert sind. Sie sind reinlich und sehr zärtlich in Ansehung alles dessen, was Ekel verursacht. Sie lieben den Scherz und können durch Kleinigkeiten, wenn sie nur munter und lachend sind, unterhalten werden. Sie haben sehr früh ein sittsames Wesen an sich, wissen sich einen feinen Anstand zu geben und besitzen sich selbst; und dieses in einem Alter, wenn unsere wohlerzogene männliche Jugend noch unbändig, tölpisch und verlegen ist. Sie haben viel theilnehmende Empfindungen, Gutherzigkeit und Mitleiden, ziehen das Schöne dem Nützlichen vor und werden den Überfluß des Unterhalts gerne in Sparsamkeit verwandeln, um den Aufwand auf das Schimmernde und den Putz zu unterstützen. Sie sind von sehr zärtlicher Empfindung in Ansehung der mindesten Beleidigung und überaus fein, den geringsten Mangel der Aufmerksamkeit und Achtung gegen sie zu bemerken. Kurz, sie enthalten in der menschlichen Natur den Hauptgrund der Abstechung der schönen Eigenschaften mit den edelen und verfeinern selbst das männliche Geschlecht.

Man wird mir hoffentlich die Herzählung der männlichen Eigenschaften, in so fern sie jenen parallel sind, schenken und sich befriedigen beide nur in der Gegeneinanderhaltung zu betrachten. Das schöne Geschlecht hat eben so wohl Verstand als das männliche, nur es ist ein schöner Verstand, der unsrige soll ein tiefer Verstand sein, welches ein Ausdruck ist, der einerlei mit dem Erhabenen bedeutet.

Zur Schönheit aller Handlungen gehört vornehmlich, daß sie Leichtigkeit an sich zeigen und ohne peinliche Bemühung scheinen vollzogen zu werden; dagegen Bestrebungen und überwundene Schwierigkeiten Bewunderung erregen und zum Erhabenen gehören. Tiefes Nachsinnen und eine lange fortgesetzte Betrachtung sind edel, aber schwer und schicken sich nicht wohl für eine Person, bei der die ungezwungene Reize nichts anders als eine schöne Natur zeigen sollen. Mühsames Lernen oder peinliches Grübeln, wenn es gleich ein Frauenzimmer darin hoch bringen sollte, vertilgen die Vorzüge, die ihrem Geschlechte eigenthümlich sind, und können dieselbe wohl um der Seltenheit willen zum Gegenstande einer kalten Bewunderung machen, aber sie werden zugleich die Reize schwächen, wodurch sie ihre große Gewalt über das andere Geschlecht ausüben. Ein Frauenzimmer, das den Kopf voll Griechisch hat, wie die Frau Dacier, oder über die Mechanik gründliche Streitigkeiten führt, wie die Marquisin von

Chastelet, mag nur immerhin noch einen Bart dazu haben; denn dieser würde vielleicht die Miene des Tiefsinns noch kenntlicher ausdrücken, um welchen sie sich bewerben. Der schöne Verstand wählt zu seinen Gegenständen alles, was mit dem feineren Gefühl nahe verwandt ist, und überläßt abstracte Speculationen oder Kenntnisse, die nützlich, aber trocken sind, dem emsigen, gründlichen und tiefen Verstande. Das Frauenzimmer wird demnach keine Geometrie lernen; es wird vom Satze des zureichenden Grundes, oder den Monaden nur so viel wissen, als da nöthig ist, um das Salz in den Spottgedichten zu vernehmen, welche die seichte Grübler unseres Geschlechts durchgezogen haben. Die Schönen können den Cartesius seine Wirbel immer drehen lassen, ohne sich darum zu bekümmern, wenn auch der artige Fontenelle ihnen unter den Wandelsternen Gesellschaft leisten wollte, und die Anziehung ihrer Reize verliert nichts von ihrer Gewalt, wenn sie gleich nichts von allem dem wissen, was Algarotti zu ihrem Besten von den Anziehungskräften der groben Materien nach dem Newton aufzuzeichnen bemüht gewesen. Sie werden in der Geschichte sich nicht den Kopf mit Schlachten und in der Erdbeschreibung nicht mit Festungen anfüllen; denn es schickt sich für sie eben so wenig, daß sie nach Schießpulver, als für die Mannspersonen, daß sie nach Bisam riechen sollen.

Es scheint eine boshafte List der Mannspersonen zu sein, daß sie das schöne Geschlecht zu diesem verkehrten Geschmacke haben verleiten wollen. Denn wohl bewußt ihrer Schwäche in Ansehung der natürlichen Reize desselben, und daß ein einziger schalkhafter Blick sie mehr in Verwirrung setze als die schwerste Schulfrage, sehen sie sich, so bald das Frauenzimmer in diesen Geschmack einschlägt, in einer entschiedenen Überlegenheit und sind in dem Vortheile, den sie sonst schwerlich haben würden, mit einer großmüthigen Nachsicht den Schwächen ihrer Eitelkeit aufzuhelfen. Der Inhalt der großen Wissenschaft des Frauenzimmers ist vielmehr der Mensch und unter den Menschen der Mann. Ihre Weltweisheit ist nicht Vernünfteln, sondern Empfinden. Bei der Gelegenheit, die man ihnen geben will ihre schöne Natur auszubilden, muß man dieses Verhältniß jederzeit vor Augen haben. Man wird ihr gesammtes moralisches Gefühl und nicht ihr Gedächtniß zu erweitern suchen und zwar nicht durch allgemeine Regeln, sondern durch einiges Urtheil über das Betragen, welches sie um sich sehen. Die Beispiele, die man aus andern Zeiten entlehnt, um den Einfluß einzusehen, den das schöne Geschlecht in die Weltgeschäfte gehabt hat, die mancherlei Verhältnisse, darin es in andern Zeitaltern oder in fremden Landen gegen das männliche gestanden, der Charakter beider, so fern er sich hiedurch erläutern läßt, und der veränderliche Geschmack der Vergnügungen machen ihre ganze Geschichte und Geographie aus. Es ist schön, daß einem Frauenzimmer der Anblick einer Karte, die entweder den ganzen Erdkreis oder die vornehmste Theile der Welt vorstellt, angenehm gemacht werde. Dieses geschieht dadurch, daß man sie nur in der Absicht vorlegt, um die unterschiedliche Charaktere der Völker, die sie bewohnen, die Verschiedenheiten ihres Geschmacks und sittlichen Gefühls, vornehmlich in Ansehung der Wirkung, die diese auf die Geschlechterverhältnisse haben, dabei zu schildern, mit einigen leichten Erläuterungen aus der Verschiedenheit der Himmelsstriche, ihrer Freiheit oder Sklaverei. Es ist wenig daran gelegen, ob sie die besondere Abtheilungen dieser Länder, ihr Gewerbe, Macht und Beherrscher wissen oder nicht. Eben so werden sie von dem Weltgebäude nichts mehr zu kennen nöthig haben, als nöthig ist, den Anblick des Himmels an einem schönen Abende ihnen rührend zu machen, wenn sie einigermaßen begriffen haben, daß noch mehr Welten und daselbst noch mehr schöne Geschöpfe anzutreffen sind. Gefühl für Schildereien von Ausdruck und für die Tonkunst, nicht in so fern sie Kunst, sondern Empfindung äußert, alles dieses verfeinert oder erhebt den Geschmack dieses Geschlechts und hat jederzeit einige Verknüpfung mit sittlichen Regungen. Niemals ein kalter und speculativer Unterricht, jederzeit Empfindungen, und zwar die so nahe wie möglich bei ihrem Geschlechtverhältnisse bleiben. Diese Unterweisung ist darum so selten, weil sie Talente, Erfahrenheit und ein Herz voll Gefühl erfordert, und jeder andern kann das Frauenzimmer sehr wohl entbehren, wie es denn auch ohne diese sich von selbst gemeiniglich sehr wohl ausbildet.

Die Tugend des Frauenzimmers ist eine schöne Tugend.*) Die des männlichen Geschlechts soll eine edele Tugend sein. Sie werden das Böse vermeiden, nicht weil es unrecht, sondern weil es häßlich ist, und tugendhafte Handlungen bedeuten bei ihnen solche, die sittlich schön sind. Nichts von Sollen, nichts von Müssen, nichts von Schuldigkeit. Das Frauenzimmer ist aller Befehle und alles mürrischen Zwanges unleidlich.

---

*) Diese wurde oben, S. 24 [217], in einem strengen Urtheil adoptirte Tugend genannt; hier, da sie um des Geschlechtscharakters willen eine günstige Rechtfertigung verdient, heißt sie überhaupt eine schöne Tugend.

Sie thun etwas nur darum, weil es ihnen so beliebt, und die Kunst besteht darin zu machen, daß ihnen nur dasjenige beliebe, was gut ist. Ich glaube schwerlich, daß das schöne Geschlecht der Grundsätze fähig sei, und ich hoffe dadurch nicht zu beleidigen, denn diese sind auch äußerst selten beim männlichen. Dafür aber hat die Vorsehung in ihren Busen gütige und wohlwollende Empfindungen, ein feines Gefühl für Anständigkeit und eine gefällige Seele gegeben. Man fordere ja nicht Aufopferungen und großmüthigen Selbstzwang. Ein Mann muß es seiner Frauen niemals sagen, wenn er einen Theil seines Vermögens um einen Freund in Gefahr setzt. Warum will er ihre muntere Gesprächigkeit fesseln, dadurch daß er ihr Gemüth mit einem wichtigen Geheimnisse belästigt, dessen Aufbewahrung ihm allein obliegt? Selbst viele von ihren Schwachheiten sind so zu reden schöne Fehler. Beleidigung oder Unglück bewegen ihre zarte Seele zur Wehmuth. Der Mann muß niemals andre als großmüthige Thränen weinen. Die, so er in Schmerzen oder über Glücksumstände vergießt, machen ihn verächtlich. Die Eitelkeit, die man dem schönen Geschlechte so vielfältig vorrückt, wofern sie ja an demselben ein Fehler ist, so ist sie nur ein schöner Fehler. Denn zu geschweigen, daß die Mannspersonen, die dem Frauenzimmer so gerne schmeicheln, übel daran sein würden, wenn dieses nicht geneigt wäre es wohl aufzunehmen, so beleben sie dadurch wirklich ihre Reize. Diese Neigung ist ein Antrieb, Annehmlichkeiten und den guten Anstand zu zeigen, ihren munteren Witz spielen zu lassen, imgleichen durch die veränderliche Erfindungen des Putzes zu schimmern und ihre Schönheit zu erhöhen. Hierin ist nun so gar nichts Beleidigendes für andere, sondern vielmehr, wenn es mit gutem Geschmacke gemacht wird, so viel Artiges, daß es sehr ungezogen ist dagegen mit mürrischem Tadel loszuziehen. Ein Frauenzimmer, das hierin gar zu flatterhaft und gaukelnd ist, heißt eine Närrin; welcher Ausdruck gleichwohl keine so harte Bedeutung hat, als mit veränderter Endsilbe beim Manne, so gar daß, wenn man sich untereinander versteht, es wohl bisweilen eine vertrauliche Schmeichelei anzeigen kann. Wenn die Eitelkeit ein Fehler ist, der an einem Frauenzimmer sehr wohl Entschuldigung verdient, so ist das aufgeblasene Wesen an ihnen nicht allein, so wie an Menschen überhaupt tadelhaft, sondern verunstaltet gänzlich ihren Geschlechtscharakter. Denn diese Eigenschaft ist überaus dumm und häßlich und dem einnehmenden bescheidenen Reize gänzlich entgegen gesetzt. Alsdann ist eine solche Person in einer schlüpfrigen Stellung. Sie wird sich gefallen laſſen ohne alle Nachſicht und ſcharf beurtheilt zu werden; denn wer auf Hochachtung pocht, fordert alles um ſich zum Tadel auf. Eine jede Entdeckung auch des mindeſten Fehlers macht jedermann eine wahre Freude, und das Wort Närrin verliert hier ſeine gemilderte Bedeutung. Man muß Eitelkeit und Aufgeblaſenheit jederzeit unterſcheiden. Die erſtere ſucht Beifall und ehrt gewiſſermaßen diejenige, um deren willen ſie ſich dieſe Bemühung giebt, die zweite glaubt ſich ſchon in dem völligen Beſitze deſſelben, und indem ſie keinen zu erwerben beſtrebt, ſo gewinnt ſie auch keinen.

Wenn einige Ingredienzien von Eitelkeit ein Frauenzimmer in den Augen des männlichen Geſchlechts gar nicht verunzieren, ſo dienen ſie doch, je ſichtbarer ſie ſind, um deſto mehr das ſchöne Geſchlecht unter einander zu verunreinigen. Sie beurtheilen einander alsdann ſehr ſcharf, weil eine der anderen Reize zu verdunkeln ſcheint, und es ſind auch wirklich diejenige, die noch ſtarke Anmaßungen auf Eroberung machen, ſelten Freundinnen von einander im wahren Verſtande.

Dem Schönen iſt nichts ſo ſehr entgegengeſetzt als der Ekel, ſo wie nichts tiefer unter das Erhabene ſinkt als das Lächerliche. Daher kann einem Manne kein Schimpf empfindlicher ſein, als daß er ein Narr, und einem Frauenzimmer, daß ſie ekelhaft genannt werde. Der engliſche Zuſchauer hält dafür: daß einem Manne kein Vorwurf könne gemacht werden, der kränkender ſei, als wenn er für einen Lügner, und einem Frauenzimmer kein bittrerer, als wenn ſie für unkeuſch gehalten wird. Ich will dieſes, in ſo fern es nach der Strenge der Moral beurtheilt wird, in ſeinem Werthe laſſen. Allein hier iſt die Frage nicht, was an ſich ſelbſt den größten Tadel verdiene, ſondern was wirklich am allerhärteſten empfunden werde. Und da frage ich einen jeden Leſer, ob, wenn er ſich in Gedanken auf dieſen Fall ſetzt, er nicht meiner Meinung beiſtimmen müſſe. Die Jungfer Ninon Lenclos machte nicht die mindeſten Anſprüche auf die Ehre der Keuſchheit, und gleichwohl würde ſie unerbittlich beleidigt worden ſein, wenn einer ihrer Liebhaber ſich in ſeinem Urtheile ſo weit ſollte vergangen haben: und man weiß das grauſame Schickſal des Monaldeschi um eines beleidigenden Ausdrucks willen von ſolcher Art bei einer Fürſtin, die eben keine Lucretia hat vorſtellen wollen. Es iſt unausſtehlich, daß man nicht einmal ſollte Böſes thun können, wenn man gleich wollte, weil auch die Unterlaſſung deſſelben alsdann jederzeit nur eine ſehr zweideutige Tugend iſt.

Um von diesem Ekelhaften sich so weit als möglich zu entfernen, gehört die Reinlichkeit, die zwar einem jeden Menschen wohl ansteht, bei dem schönen Geschlechte unter die Tugenden vom ersten Range und kann schwerlich von demselben zu hoch getrieben werden, da sie gleichwohl an einem Manne bisweilen zum Übermaße steigt und alsdann läppisch wird.

Die Schamhaftigkeit ist ein Geheimniß der Natur sowohl einer Neigung Schranken zu setzen, die sehr unbändig ist und, indem sie den Ruf der Natur für sich hat, sich immer mit guten, sittlichen Eigenschaften zu vertragen scheint, wenn sie gleich ausschweift. Sie ist demnach als ein Supplement der Grundsätze höchst nöthig; denn es giebt keinen Fall, da die Neigung so leicht zum Sophisten wird, gefällige Grundsätze zu erklügeln, als hier. Sie dient aber auch zugleich, um einen geheimnißvollen Vorhang selbst vor die geziemendsten und nöthigsten Zwecke der Natur zu ziehen, damit die gar zu gemeine Bekanntschaft mit denselben nicht Ekel oder zum mindesten Gleichgültigkeit veranlasse in Ansehung der Endabsichten eines Triebes, worauf die feinsten und lebhaftesten Neigungen der menschlichen Natur gepfropft sind. Diese Eigenschaft ist dem schönen Geschlecht vorzüglich eigen und ihm sehr anständig. Es ist auch eine plumpe und verächtliche Ungezogenheit, durch die Art pöbelhafter Scherze, welche man Zoten nennt, die zärtliche Sittsamkeit desselben in Verlegenheit oder Unwillen zu setzen. Weil indessen, man mag nun um das Geheimniß so weit herumgehen, als man immer will, die Geschlechterneigung doch allen den übrigen Reizen endlich zum Grunde liegt, und ein Frauenzimmer immer als ein Frauenzimmer der angenehme Gegenstand einer wohlgesitteten Unterhaltung ist, so möchte daraus vielleicht zu erklären sein, warum sonst artige Mannspersonen sich bisweilen die Freiheit nehmen, durch den kleinen Muthwillen ihrer Scherze einige feine Anspielungen durchscheinen zu lassen, welche machen, daß man sie lose oder schalkhaft nennt, und wo, indem sie weder durch ausspähende Blicke beleidigen, noch die Achtung zu verletzen gedenken, sie glauben berechtigt zu sein, die Person, die es mit unwilliger oder spröder Miene aufnimmt, eine Ehrbarkeitspedantin zu nennen. Ich führe dieses nur an, weil es gemeiniglich als ein etwas kühner Zug vom schönen Umgange angesehen wird, auch in der That von je her viel Witz darauf ist verschwendet worden; was aber das Urtheil nach moralischer Strenge anlangt, so gehört das nicht hieher, da ich in der Empfindung des Schönen nur die Erscheinungen zu beobachten und zu erläutern habe.

3. Abschnitt.

Die edle Eigenschaften dieses Geschlechts, welche jedoch, wie wir schon angemerkt haben, niemals das Gefühl des Schönen unkenntlich machen müssen, kündigen sich durch nichts deutlicher und sicherer an als durch die Bescheidenheit einer Art von edler Einfalt und Naivetät bei großen Vorzügen. Aus derselben leuchtet eine ruhige Wohlgewogenheit und Achtung gegen andere hervor, zugleich mit einem gewissen edlen Zutrauen auf sich selbst und einer billigen Selbstschätzung verbunden, welche bei einer erhabenen Gemüthsart jederzeit anzutreffen ist. Indem diese feine Mischung zugleich durch Reize einnimmt und durch Achtung rührt, so stellt sie alle übrige schimmernde Eigenschaften wider den Muthwillen des Tadels und der Spottsucht in Sicherheit. Personen von dieser Gemüthsart haben auch ein Herz zur Freundschaft, welches an einem Frauenzimmer niemals kann hoch genug geschätzt werden, weil es so gar selten ist und zugleich so überaus reizend sein muß.

Da unsere Absicht ist über Empfindungen zu urtheilen, so kann es nicht unangenehm sein die Verschiedenheit des Eindrucks, den die Gestalt und Gesichtszüge des schönen Geschlechts auf das männliche machen, wo möglich unter Begriffe zu bringen. Diese ganze Bezauberung ist im Grunde über den Geschlechtertrieb verbreitet. Die Natur verfolgt ihre große Absicht, und alle Feinigkeiten, die sich hinzugesellen, sie mögen nun so weit davon abzustehen scheinen, wie sie wollen, sind nur Verbrämungen und entlehnen ihren Reiz doch am Ende aus eben derselben Quelle. Ein gesunder und derber Geschmack, der sich jederzeit sehr nahe bei diesem Triebe hält, wird durch die Reize des Anstandes, der Gesichtszüge, der Augen 2c. 2c. an einem Frauenzimmer wenig angefochten, und indem er eigentlich nur aufs Geschlecht geht, so sieht er mehrentheils die Delicatesse anderer als leere Tändelei an.

Wenn dieser Geschmack gleich nicht fein ist, so ist er deswegen doch nicht zu verachten. Denn der größte Theil der Menschen befolgt vermittelst desselben die große Ordnung der Natur auf eine sehr einfältige und sichere Art.*) Dadurch werden die meisten Ehen bewirkt und zwar von dem emsigsten Theile des menschlichen Geschlechts, und indem der Mann

---

*) Wie alle Dinge in der Welt auch ihre schlimme Seite haben, so ist bei diesem Geschmacke nur zu bedauren, daß er leichter wie ein anderer in Lüderlichkeit ausartet. Denn weil das Feuer, das eine Person entzündet hat, eine jede andre wieder löschen kann, so sind nicht genug Schwierigkeiten da, die eine unbändige Neigung einschränken könnten.

den Kopf nicht von bezaubernden Mienen, schmachtenden Augen, edlem Anstande ꝛc. ꝛc. voll hat, auch nichts von allem diesem versteht, so wird er desto aufmerksamer auf haushälterische Tugenden, Sparsamkeit ꝛc. ꝛc. und auf das Eingebrachte. Was den etwas feineren Geschmack anlangt, um dessentwillen es nöthig sein möchte einen Unterschied unter den äußerlichen Reizen des Frauenzimmers zu machen, so ist derselbe entweder auf das, was in der Gestalt und dem Ausdrucke des Gesichts moralisch ist, oder auf das Unmoralische geheftet. Ein Frauenzimmer wird in Ansehung der Annehmlichkeiten von der letzteren Art hübsch genannt. Ein proportionirlicher Bau, regelmäßige Züge, Farben von Auge und Gesicht, die zierlich abstechen, lauter Schönheiten, die auch an einem Blumenstrauße gefallen und einen kalten Beifall erwerben. Das Gesicht selber sagt nichts, ob es gleich hübsch ist, und redet nicht zum Herzen. Was den Ausdruck der Züge, der Augen und der Mienen anlangt, der moralisch ist, so geht er entweder auf das Gefühl des Erhabenen, oder des Schönen. Ein Frauenzimmer, an welchem die Annehmlichkeiten, die ihrem Geschlecht geziemen, vornehmlich den moralischen Ausdruck des Erhabenen hervorstechen lassen, heißt schön im eigentlichen Verstande, diejenige, deren moralische Zeichnung, so fern sie in den Mienen oder Gesichtszügen sich kennbar macht, die Eigenschaften des Schönen ankündigt, ist annehmlich und, wenn sie es in einem höhern Grade ist, reizend. Die erstere läßt unter einer Miene von Gelassenheit und einem edlen Anstande den Schimmer eines schönen Verstandes aus bescheidenen Blicken hervorspielen, und indem sich in ihrem Gesicht ein zärtlich Gefühl und wohlwollendes Herz abmalt, so bemächtigt sie sich sowohl der Neigung als der Hochachtung eines männlichen Herzens. Die zweite zeigt Munterkeit und Witz in lachenden Augen, etwas feinen Muthwillen, das Schäkerhafte der Scherze und schalkhafte Sprödigkeit. Sie reizt, wenn die erstere rührt, und das Gefühl der Liebe, dessen sie fähig ist und welche sie anderen einflößt, ist flatterhaft, aber schön, dagegen die Empfindung der ersteren zärtlich, mit Achtung verbunden und beständig ist. Ich mag mich nicht in gar zu ausführliche Zergliederungen von dieser Art einlassen; denn in solchen Fällen scheint der Verfasser jederzeit seine eigene Neigung zu malen. Indessen berühre ich noch: daß der Geschmack, den viele Damen an einer gesunden, aber blassen Farbe finden, sich hier verstehen lasse. Denn diese begleitet gemeiniglich eine Gemüthsart von mehr innerem Gefühl und zärtlicher Empfindung, welches zur Eigenschaft des Erhabenen gehört, dagegen die rothe und blühende Farbe weniger von der ersteren, allein mehr von der fröhlichen und muntern Gemüthsart ankündigt; es ist aber der Eitelkeit gemäßer zu rühren und zu fesseln als zu reizen und anzulocken. Es können dagegen Personen ohne alles moralische Gefühl und ohne einigen Ausdruck, der auf Empfindungen deutete, sehr hübsch sein, allein sie werden weder rühren noch reizen, es sei denn denjenigen derben Geschmack, von dem wir Erwähnung gethan haben, welcher sich bisweilen etwas verfeinert und dann nach seiner Art auch wählt. Es ist schlimm, daß dergleichen schöne Geschöpfe leichtlich in den Fehler der Aufgeblasenheit verfallen durch das Bewußtsein der schönen Figur, die ihnen ihr Spiegel zeigt, und aus einem Mangel feinerer Empfindungen; da sie dann alles gegen sich kaltsinnig machen, den Schmeichler ausgenommen, der auf Absichten ausgeht und Ränke schmiedet.

Man kann nach diesen Begriffen vielleicht etwas von der so verschiedenen Wirkung verstehen, die die Gestalt eben desselben Frauenzimmers auf den Geschmack der Männer thut. Dasjenige, was in diesem Eindrucke sich zu nahe auf den Geschlechtertrieb bezieht und mit dem besondern wollüstigen Wahne, darin sich eines jeden Empfindung einkleidet, einstimmig sein mag, berühre ich nicht, weil es außer dem Bezirke des feinern Geschmackes ist; und es kann vielleicht richtig sein, was der Herr v. Buffon vermuthet, daß diejenige Gestalt, die den ersten Eindruck macht, zu der Zeit, wenn dieser Trieb noch neu ist und sich zu entwickeln anfängt, das Urbild bleibe, worauf in der künftigen Zeit alle weibliche Bildungen mehr oder weniger einschlagen müssen, welche die phantastische Sehnsucht rege machen können, dadurch eine ziemlich grobe Neigung unter den verschiedenen Gegenständen eines Geschlechts zu wählen genöthigt wird. Was den etwas feineren Geschmack anlangt, so behaupte ich, daß diejenige Art von Schönheit, welche wir die hübsche Gestalt genannt haben, von allen Männern ziemlich gleichförmig beurtheilt werde, und daß darüber die Meinungen nicht so verschieden seien, wie man wohl gemeiniglich dafür hält. Die circassische und georgische Mädchen sind von allen Europäern, die durch ihre Länder reisen, jederzeit für überaus hübsch gehalten worden. Die Türken, die Araber, die Perser müssen wohl mit diesem Geschmacke sehr einstimmig sein, weil sie sehr begierig sind ihre Völkerschaft durch so feines Blut zu verschönern, und man merkt auch an, daß der persischen Race dieses wirklich gelungen ist. Die Kaufleute von Indostan ermangeln gleichfalls nicht, von einem boshaften

Handel mit so schönen Geschöpfen großen Vortheil zu ziehen, indem sie solche den leckerhaften Reichen ihres Landes zuführen, und man sieht, daß, so sehr auch der Eigensinn des Geschmacks in diesen verschiedenen Weltgegenden abweichend sein mag, dennoch dasjenige, was einmal in einer derselben als vorzüglich hübsch erkannt wird, in allen übrigen auch dafür gehalten werde. Wo aber sich in das Urtheil über die feine Gestalt dasjenige einmengt, was in den Zügen moralisch ist, so ist der Geschmack bei verschiedenen Mannspersonen jederzeit sehr verschieden, sowohl nachdem ihr sittliches Gefühl selbst unterschieden ist, als auch nach der verschiedenen Bedeutung, die der Ausdruck des Gesichts in eines jeden Wahne haben mag. Man findet, daß diejenige Bildungen, die beim ersten Anblicke nicht sonderliche Wirkung thun, weil sie nicht auf eine entschiedene Art hübsch sind, gemeiniglich, so bald sie bei näherer Bekanntschaft zu gefallen anfangen, auch weit mehr einnehmen und sich beständig zu verschönern scheinen; dagegen das hübsche Ansehen, was sich auf einmal ankündigt, in der Folge mit größerem Kaltsinn wahrgenommen wird, welches vermuthlich daher kommt, daß moralische Reize, wo sie sichtbar werden, mehr fesseln, imgleichen weil sie sich nur bei Gelegenheit sittlicher Empfindungen in Wirksamkeit setzen und sich gleichsam entdecken lassen, jede Entdeckung eines neuen Reizes aber immer noch mehr derselben vermuthen läßt; anstatt daß alle Annehmlichkeiten, die sich gar nicht verhehlen, nachdem sie gleich Anfangs ihre ganze Wirkung ausgeübt haben, in der Folge nichts weiter thun können, als den verliebten Vorwitz abzukühlen und ihn allmählig zur Gleichgültigkeit zu bringen.

Unter diesen Beobachtungen bietet sich ganz natürlich folgende Anmerkung dar. Das ganz einfältige und grobe Gefühl in den Geschlechterneigungen führt zwar sehr grade zum großen Zwecke der Natur, und indem es ihre Forderungen erfüllt, ist es geschickt die Person selbst ohne Umschweife glücklich zu machen, allein um der großen Allgemeinheit willen artet es leichtlich in Ausschweifung und Lüderlichkeit aus. An der anderen Seite dient ein sehr verfeinerter Geschmack zwar dazu, einer ungestümen Neigung die Wildheit zu benehmen und, indem er solche nur auf sehr wenig Gegenstände einschränkt, sie sittsam und anständig zu machen, allein sie verfehlt gemeiniglich die große Endabsicht der Natur, und da sie mehr fordert oder erwartet, als diese gemeiniglich leistet, so pflegt sie die Person von so delicater Empfindung sehr selten glücklich zu machen. Die erstere Gemüthsart wird ungeschlacht, weil sie auf alle von einem Geschlechte geht, die zweite grüblerisch, indem sie eigentlich auf keinen geht; sondern nur mit einem Gegenstande beschäftigt ist, den die verliebte Neigung sich in Gedanken schafft und mit allen edlen und schönen Eigenschaften ausziert, welche die Natur selten in einem Menschen vereinigt und noch seltner demjenigen zuführt, der sie schätzen kann und der vielleicht eines solchen Besitzes würdig sein würde. Daher entspringt der Aufschub und endlich die völlige Entsagung auf die eheliche Verbindung, oder, welches vielleicht eben so schlimm ist, eine grämische Reue nach einer getroffenen Wahl, welche die großen Erwartungen nicht erfüllt, die man sich gemacht hatte; denn nicht selten findet der äsopische Hahn eine Perle, welchem ein gemeines Gerstenkorn besser würde geziemt haben.

Wir können hiebei überhaupt bemerken, daß, so reizend auch die Eindrücke des zärtlichen Gefühls sein mögen, man doch Ursache habe in der Verfeinigung desselben behutsam zu sein, wofern wir uns nicht durch übergroße Reizbarkeit nur viel Unmuth und eine Quelle von Übel erklügeln wollen. Ich möchte edleren Seelen wohl vorschlagen, das Gefühl in Ansehung der Eigenschaften, die ihnen selbst zukommen, oder der Handlungen, die sie selber thun, so sehr zu verfeinern, als sie können, dagegen in Ansehung dessen, was sie genießen, oder von andern erwarten, den Geschmack in seiner Einfalt zu erhalten: wenn ich nur einsähe, wie dieses zu leisten möglich sei. In dem Falle aber, daß es anginge, würden sie andere glücklich machen und auch selbst glücklich sein. Es ist niemals aus den Augen zu lassen: daß, in welcher Art es auch sei, man keine sehr hohe Ansprüche auf die Glückseligkeiten des Lebens und die Vollkommenheit der Menschen machen müsse; denn derjenige, welcher jederzeit nur etwas Mittelmäßiges erwartet, hat den Vortheil, daß der Erfolg selten seine Hoffnung widerlegt, dagegen bisweilen ihn auch wohl unvermuthete Vollkommenheiten überraschen.

Allen diesen Reizen droht endlich das Alter, der große Verwüster der Schönheit, und es müssen, wenn es nach der natürlichen Ordnung gehen soll, allmählig die erhabenen und edlen Eigenschaften die Stelle der schönen einnehmen, um eine Person, so wie sie nachläßt liebenswürdig zu sein, immer einer größeren Achtung werth zu machen. Meiner Meinung nach sollte in der schönen Einfalt, die durch ein verfeinertes Gefühl an allem, was reizend und edel ist, erhoben worden, die ganze Vollkommenheit des schönen Geschlechts in der Blüthe der Jahre bestehen. Allmählig, so wie die Ansprüche auf Reizungen nachlassen, könnte das Lesen der Bücher und die Erweiterung der Einsicht unvermerkt die erledigte Stelle der Grazien durch die Musen ersetzen, und der Ehemann sollte der erste Lehrmeister sein. Gleichwohl wenn selbst die allem Frauenzimmer so schreckliche Epoche des Altwerdens herankommt, so gehört es doch auch alsdann noch immer zum schönen Geschlecht, und es verunziert sich selbst, wenn es in einer Art von Verzweiflung diesen Charakter länger zu erhalten sich einer mürrischen und grämischen Laune überläßt.

Eine bejahrte Person, welche mit einem sittsamen und freundlichen Wesen der Gesellschaft beiwohnt, auf eine muntere und vernünftige Art gesprächig ist, die Vergnügen der Jugend, darin sie selbst nicht Antheil nimmt, mit Anstand begünstigt und, indem sie für alles sorgt, Zufriedenheit und Wohlgefallen an der Freude, die um sie vorgeht, verräth, ist noch immer eine feinere Person, als ein Mann in gleichem Alter und vielleicht noch liebenswürdiger als ein Mädchen, wiewohl in einem anderen Verstande. Zwar möchte die platonische Liebe wohl etwas zu mystisch sein, welche ein alter Philosoph vorgab, wenn er von dem Gegenstande seiner Neigung sagte: Die Grazien residiren in ihren Runzeln, und meine Seele scheint auf meinen Lippen zu schweben, wenn ich ihren welken Mund küsse; allein dergleichen Ansprüche müssen alsdann auch aufgegeben werden. Ein alter Mann, der verliebt thut, ist ein Geck, und die ähnliche Anmaßungen des andern Geschlechts sind alsdann ekelhaft. An der Natur liegt es niemals, wenn wir nicht mit einem guten Anstande erscheinen, sondern daran, daß man sie verkehren will.

Damit ich meinen Text nicht aus den Augen verliere, so will ich noch einige Betrachtungen über den Einfluß anstellen, den ein Geschlecht aufs andere haben kann, dessen Gefühl zu verschöneren oder zu veredlen. Das Frauenzimmer hat ein vorzügliches Gefühl für das Schöne, so fern es ihnen selbst zukommt, aber für das Edle, in so weit es am männlichen Geschlechte angetroffen wird. Der Mann dagegen hat ein entschiedenes Gefühl für das Edle, was zu seinen Eigenschaften gehört, für das Schöne aber, in so fern es an dem Frauenzimmer anzutreffen ist. Daraus muß folgen, daß die Zwecke der Natur darauf gehen, den Mann durch die Geschlechterneigung noch mehr zu veredlen und das Frauenzimmer durch eben dieselbe noch mehr zu verschönern. Ein Frauenzimmer ist darüber wenig verlegen, daß sie gewisse hohe Einsichten nicht besitzt, daß sie furchtsam und zu wichtigen Geschäften nicht auferlegt ist ꝛc. ꝛc., sie ist schön und nimmt ein, und das ist genug. Dagegen fordert sie alle diese Eigenschaften am Manne, und die Erhabenheit ihrer Seele zeigt sich nur darin, daß sie diese edle Eigenschaften zu schätzen weiß, so fern sie bei ihm anzutreffen sind. Wie würde es sonst wohl möglich sein, daß so viel männliche Fratzengesichter, ob sie gleich Verdienste besitzen mögen, so artige und feine Frauen bekommen könnten! Dagegen ist der Mann viel delicater in Ansehung der schönen Reize des Frauenzimmers. Er ist durch die feine Gestalt desselben, die muntere Naivetät und die reizende Freundlichkeit genugsam schadlos gehalten wegen des Mangels von Büchergelehrsamkeit und wegen anderer Mängel, die er durch seine eigene Talente ersetzen muß. Eitelkeit und Moden können wohl diesen natürlichen Trieben eine falsche Richtung geben und aus mancher Mannsperson einen süßen Herren, aus dem Frauenzimmer aber eine Pedantin oder Amazone machen, allein die Natur sucht doch jederzeit zu ihrer Ordnung zurückzuführen. Man kann daraus urtheilen, welche mächtige Einflüsse die Geschlechterneigung vornehmlich auf das männliche Geschlecht haben könnte, um es zu veredlen, wenn anstatt vieler trockenen Unterweisungen das moralische Gefühl des Frauenzimmers zeitig entwickelt würde, um dasjenige gehörig zu empfinden, was zu der Würde und den erhabenen Eigenschaften des anderen Geschlechts gehört, und dadurch vorbereitet würde, den läppischen Zieraffen mit Verachtung anzusehen und sich keinen andern Eigenschaften als den Verdiensten zu ergeben. Es ist auch gewiß, daß die Gewalt ihrer Reize dadurch überhaupt gewinnen würde; denn es zeigt sich, daß die Bezauberung derselben mehrentheils nur auf edlere Seelen wirke, die andere sind nicht fein genug, sie zu empfinden. Eben so sagte der Dichter Simonides, als man ihm rieth vor den Thessaliern seine schöne Gesänge hören zu lassen: Diese Kerle sind zu dumm dazu, als daß sie von einem solchen Manne, wie ich bin, könnten betrogen werden. Man hat es sonst schon als eine Wirkung des Umganges mit dem schönen Geschlecht angesehen, daß die männliche Sitten sanfter, ihr Betragen artiger und geschliffener und ihr Anstand zierlicher geworden; allein dieses ist nur ein Vortheil in der Nebensache.*) Es liegt

---

*) Dieser Vortheil selbst wird gar sehr gemindert durch die Beobachtung, welche man gemacht haben will, daß diejenige Mannspersonen, welche zu früh und zu häufig in solchen Gesellschaften eingeflochten sind, denen das Frauenzimmer den Ton giebt, gemeiniglich etwas läppisch werden und im männlichen Umgange langweilig oder auch verächtlich sind, weil sie den Geschmack an einer Unterhaltung verloren haben,

am meisten daran, daß der Mann als Mann vollkommner werde und die Frau als ein Weib, d. i. daß die Triebfedern der Geschlechterneigung dem Winke der Natur gemäß wirken, den einen noch mehr zu veredlen und die Eigenschaften der andren zu verschönern. Wenn alles aufs Äußerste kommt, so wird der Mann, dreist auf seine Verdienste, sagen können: Wenn ihr mich gleich nicht liebt, so will ich euch zwingen mich hochzuachten, und das Frauenzimmer, sicher der Macht ihrer Reize, wird antworten: Wenn ihr uns gleich nicht innerlich hochschätzet, so zwingen wir euch doch uns zu lieben. In Ermangelung solcher Grundsätze sieht man Männer Weiblichkeiten annehmen, um zu gefallen, und Frauenzimmer bisweilen (wiewohl viel seltner) einen männlichen Anstand künsteln, um Hochachtung einzuflößen; was man aber wider den Dank der Natur macht, das macht man jederzeit sehr schlecht.

In dem ehelichen Leben soll das vereinigte Paar gleichsam eine einzige moralische Person ausmachen, welche durch den Verstand des Mannes und den Geschmack der Frauen belebt und regiert wird. Denn nicht allein daß man jenem mehr auf Erfahrung gegründete Einsicht, diesem aber mehr Freiheit und Richtigkeit in der Empfindung zutrauen kann, so ist eine Gemüthsart, je erhabener sie ist, auch, um desto geneigter die größte Absicht der Bemühungen in der Zufriedenheit eines geliebten Gegenstandes zu setzen, und anderseits je schöner sie ist, desto mehr sucht sie durch Gefälligkeit diese Bemühung zu erwiedern. Es ist also in einem solchen Verhältnisse ein Vorzugsstreit läppisch und, wo er sich eräugnet, das sicherste Merkmal eines plumpen oder ungleich gepaarten Geschmackes. Wenn es dahin kommt, daß die Rede vom Rechte des Befehlshabers ist, so ist die Sache schon äußerst verderbt; denn wo die ganze Verbindung eigentlich nur auf Neigung errichtet ist, da ist sie schon halb zerrissen, so bald sich das Sollen anfängt hören zu lassen. Die Anmaßung des Frauenzimmers in diesem harten Tone ist äußerst häßlich und des Mannes im höchsten Grade unedel und verächtlich. Indessen bringt es die weise Ordnung der Dinge so mit sich: daß alle diese Feinigkeiten und Zärtlichkeiten der Empfindung nur im Anfange ihre ganze Stärke haben, in der Folge aber durch Gemeinschaft und häusliche Angelegenheit allmählig stumpfer werden und dann in vertrauliche Liebe ausarten, wo endlich die große

---

die zwar munter, aber doch auch von wirklichem Gehalt, zwar scherzhaft, aber auch durch ernsthafte Gespräche nützlich sein muß.

Kunst darin besteht, noch genugsame Reste von jenen zu erhalten, damit Gleichgültigkeit und Überdruß nicht den ganzen Werth des Vergnügens aufheben, um deffentwillen es einzig und allein verlohnt hat eine solche Verbindung einzugehen.

Vierter Abschnitt.

Von den Nationalcharaktern,*) in so fern sie auf dem unterschiedlichen Gefühl des Erhabenen und Schönen beruhen.

Unter den Völkerschaften unseres Welttheils sind meiner Meinung nach die Italiäner und Franzosen diejenige, welche im Gefühl des Schönen, die Deutsche aber, Engländer und Spanier, die durch das Gefühl des Erhabenen sich unter allen übrigen am meisten ausnehmen. Holland kann für dasjenige Land gehalten werden, wo dieser feinere Geschmack ziemlich unmerklich wird. Das Schöne selbst ist entweder bezaubernd und rührend, oder lachend und reizend. Das erstere hat etwas von dem Erhabenen an sich, und das Gemüth in diesem Gefühl ist tiefsinnig und entzückt, in dem Gefühl der zweiten Art aber lächlend und fröhlich. Den Italiänern scheint die erstere, den Franzosen die zweite Art des schönen Gefühls vorzüglich angemessen zu sein. In dem Nationalcharaktere, der den Ausdruck des Erhabenen an sich hat, ist dieses entweder das von der schreckhaftern Art, das sich ein wenig zum Abenteuerlichen neigt, oder es ist ein Gefühl für das Edle, oder für das Prächtige. Ich glaube Gründe zu haben das Gefühl der ersteren Art dem Spanier,

---

*) Meine Absicht ist gar nicht, die Charaktere der Völkerschaften ausführlich zu schildern, sondern ich entwerfe nur einige Züge, die das Gefühl des Erhabenen und Schönen an ihnen ausdrücken. Man kann leicht erachten, daß an dergleichen Zeichnung nur eine leibliche Richtigkeit könne verlangt werden, daß die Urbilder davon nur in dem großen Haufen derjenigen, die auf ein feineres Gefühl Anspruch machen, hervorstechen, und daß es keiner Nation an Gemüthsarten fehle, welche die vortrefflichste Eigenschaften von dieser Art vereinbaren. Um beswillen kann der Tadel, der gelegentlich auf ein Volk fallen möchte, keinen beleidigen, wie er denn von solcher Natur ist, daß ein jeglicher ihn wie einen Ball auf seinen Nachbar schlagen kann. Ob diese Nationalunterschiede zufällig seien und von den Zeitläuften und der Regierungsart abhängen, oder mit einer gewissen Nothwendigkeit an das Klima gebunden seien, das untersuche ich hier nicht.

der zweiten dem Engländer und der britten dem Deutschen beilegen zu können. Das Gefühl fürs Prächtige ist seiner Natur nach nicht original, so wie die übrigen Arten des Geschmacks, und obgleich ein Nachahmungsgeist mit jedem andern Gefühl kann verbunden sein, so ist er doch dem für das Schimmernd=Erhabene mehr eigen, denn es ist dieses eigentlich ein gemischtes Gefühl aus dem des Schönen und des Edlen, wo jedes, für sich betrachtet, kälter ist, und daher das Gemüth frei genug ist, bei der Verknüpfung desselben auf Beispiele zu merken, und auch deren Antrieb vonnöthen hat. Der Deutsche wird demnach weniger Gefühl in Ansehung des Schönen haben als der Franzose und weniger von demjenigen, was auf das Erhabene geht, als der Engländer, aber in den Fällen, wo beides verbunden erscheinen soll, wird es seinem Gefühl mehr gemäß sein, wie er denn auch die Fehler glücklich vermeiden wird, in die eine ausschweifende Stärke einer jeden dieser Arten des Gefühls allein gerathen könnte.

Ich berühre nur flüchtig die Künste und die Wissenschaften, deren Wahl den Geschmack der Nationen bestätigen kann, welchen wir ihnen beigemessen haben. Das italiänische Genie hat sich vornehmlich in der Tonkunst, der Malerei, Bildhauerkunst und der Architektur hervorgethan. Alle diese schöne Künste finden einen gleich feinen Geschmack in Frankreich für sich, obgleich die Schönheit derselben hier weniger rührend ist. Der Geschmack in Ansehung der dichterischen oder rednerischen Vollkommenheit fällt in Frankreich mehr in das Schöne, in England mehr in das Erhabene. Die feine Scherze, das Lustspiel, die lachende Satire, das verliebte Tändeln und die leicht und natürlich fließende Schreibart sind dort original. In England dagegen Gedanken von tiefsinnigem Inhalt, das Trauerspiel, das epische Gedicht und überhaupt schweres Gold von Witze, welches unter französischem Hammer zu dünnen Blättchen von großer Oberfläche kann gedehnt werden. In Deutschland schimmert der Witz noch sehr durch die Folie. Ehedem war er schreiend, durch Beispiele aber und den Verstand der Nation ist er zwar reizender und edler geworden, aber jenes mit weniger Naivetät, dieses mit einem minder kühnen Schwunge, als in den erwähnten Völkerschaften. Der Geschmack der holländischen Nation an einer peinlichen Ordnung und einer Zierlichkeit, die in Bekümmerniß und Verlegenheit setzt, läßt auch wenig Gefühl in Ansehung der ungekünstelten und freien Bewegungen des Genies vermuthen, dessen Schönheit durch die ängstliche Verhütung der Fehler nur würde entstellt werden. Nichts kann allen Künsten und Wissenschaften mehr entgegen sein als ein abenteuerlicher Geschmack, weil dieser die Natur verdreht, welche das Urbild alles Schönen und Edlen ist. Daher hat die spanische Nation auch wenig Gefühl für die schönen Künste und Wissenschaften an sich gezeigt.

Die Gemüthscharaktere der Völkerschaften sind am kenntlichsten bei demjenigen, was an ihnen moralisch ist; um deswillen wollen wir noch das verschiedene Gefühl derselben in Ansehung des Erhabenen und Schönen aus diesem Gesichtspunkte in Erwägung ziehen.*)

Der Spanier ist ernsthaft, verschwiegen und wahrhaft. Es giebt wenig redlichere Kaufleute in der Welt als die spanischen. Er hat eine stolze Seele und mehr Gefühl für große als für schöne Handlungen. Da in seiner Mischung wenig von dem gütigen und sanften Wohlwollen anzutreffen ist, so ist er öfters hart und auch wohl grausam. Das Auto da Fe erhält sich nicht sowohl durch den Aberglauben, als durch die abenteuerliche Neigung der Nation, welche durch einen ehrwürdig-schrecklichen Aufzug gerührt wird, worin es den mit Teufelsgestalten bemalten San Benito den Flammen, die eine wüthende Andacht entzündet hat, überliefern sieht. Man kann nicht sagen, der Spanier sei hochmüthiger, oder verliebter als jemand aus einem andern Volke, allein er ist beides auf eine abenteuerliche Art, die seltsam und ungewöhnlich ist. Den Pflug stehen lassen und mit einem langen Degen und Mantel so lange auf dem Ackerfelde spazieren, bis der vorüber reisende Fremde vorbei ist, oder in einem Stiergefechte, wo die Schönen des Landes einmal unverschleiert gesehen werden, seine Beherrscherin durch einen besonderen Gruß ankündigen und dann ihr zu Ehren sich in einen gefährlichen Kampf mit einem wilden Thiere wagen, sind ungewöhnliche und seltsame Handlungen, die von dem Natürlichen weit abweichen.

Der Italiäner scheint ein gemischtes Gefühl zu haben von dem eines Spaniers und dem eines Franzosen; mehr Gefühl für das Schöne als der erstere und mehr für das Erhabene als der letztere. Auf diese Art können, wie ich meine, die übrige Züge seines moralischen Charakters erklärt werden.

---

*) Es ist kaum nöthig, daß ich hier meine vorige Entschuldigung wiederhole. In jedem Volke enthält der feinste Theil rühmliche Charaktere von aller Art, und wen ein oder anderer Tadel treffen sollte, der wird, wenn er fein genug ist, seinen Vortheil verstehen, der darauf ankommt, daß er jeden andern seinem Schicksale überläßt, sich selbst aber ausnimmt.

Der Franzose hat ein herrschendes Gefühl für das moralisch Schöne. Er ist artig, höflich und gefällig. Er wird sehr geschwinde vertraulich, ist scherzhaft und frei im Umgange, und der Ausdruck ein Mann oder eine Dame von gutem Tone hat nur eine verständliche Bedeutung für den, der das artige Gefühl eines Franzosen erworben hat. Selbst seine erhabene Empfindungen, deren er nicht wenige hat, sind dem Gefühle des Schönen untergeordnet und bekommen nur ihre Stärke durch die Zusammenstimmung mit dem letzteren. Er ist sehr gerne witzig und wird einem Einfalle ohne Bedenken etwas von der Wahrheit aufopfern. Dagegen, wo man nicht witzig sein kann,*) zeigt er eben so wohl gründliche Einsicht, als jemand aus irgend einem andern Volke z. E. in der Mathematik und in den übrigen trockenen oder tiefsinnigen Künsten und Wissenschaften. Ein Bon Mot hat bei ihm nicht den flüchtigen Werth als anderwärts, es wird begierig verbreitet und in Büchern aufbehalten, wie die wichtigste Begebenheit. Er ist ein ruhiger Bürger und rächt sich wegen der Bedrückungen der Generalpächter durch Satiren, oder durch Parlaments-Remonstrationen, welche, nachdem sie ihrer Absicht gemäß den Vätern des Volks ein schönes patriotisches Ansehen gegeben haben, nichts weiter thun, als daß sie durch eine rühmliche Verweisung gekrönt und in sinnreichen Lobgedichten besungen werden. Der Gegenstand, auf welchen sich die Verdienste und Nationalfähigkeiten dieses Volks am meisten beziehen, ist das Frauenzimmer.**) Nicht als wenn es hier mehr als

---

*) In der Metaphysik, der Moral und den Lehren der Religion kann man bei den Schriften dieser Nation nicht behutsam genug sein. Es herrscht darin gemeiniglich viel schönes Blendwerk, welches in einer kalten Untersuchung die Probe nicht hält. Der Franzose liebt das Kühne in seinen Aussprüchen; allein um zur Wahrheit zu gelangen, muß man nicht kühn, sondern behutsam sein. In der Geschichte hat er gerne Anekdoten, denen nichts weiter fehlt, als daß zu wünschen ist, daß sie nur wahr wären.

**) Das Frauenzimmer giebt in Frankreich allen Gesellschaften und allem Umgange den Ton. Nun ist wohl nicht zu läugnen, daß die Gesellschaften ohne das schöne Geschlecht ziemlich schmacklos und langweilig sind; allein wenn die Dame darin den schönen Ton angiebt, so sollte der Mann seinerseits den edlen angeben. Widrigenfalls wird der Umgang eben so wohl langweilig, aber aus einem entgegengesetzten Grunde: weil nichts so sehr verekelt als lauter Süßigkeit. Nach dem französischen Geschmacke heißt es nicht: Ist der Herr zu Hause?, sondern: Ist Madame zu Hause? Madame ist vor der Toilette, Madame hat Vapeurs (eine Art schöner Grillen); kurz, mit Madame und von Madame beschäftigen sich alle Unterredungen und alle Lust-

anderwärts geliebt oder geschätzt würde, sondern weil es die beste Veran=
lassung giebt die beliebteste Talente des Witzes, der Artigkeit und der
guten Manieren in ihrem Lichte zu zeigen; übrigens liebt eine eitele Per=
son eines jeden Geschlechts jederzeit nur sich selbst; die andere ist blos ihr
5 Spielwerk. Da es den Franzosen an edlen Eigenschaften gar nicht ge=
bricht, nur daß diese durch die Empfindung des Schönen allein können
belebt werden, so würde das schöne Geschlecht hier einen mächtigern Ein=
fluß haben können, die edelste Handlungen des männlichen zu erwecken
und rege zu machen, als irgend sonst in der Welt, wenn man bedacht
10 wäre, diese Richtung des Nationalgeistes ein wenig zu begünstigen. Es
ist Schade, daß die Lilien nicht spinnen.

Der Fehler, woran dieser Nationalcharakter am nächsten gränzt, ist
das Läppische, oder mit einem höflicheren Ausdrucke das Leichtsinnige.
Wichtige Dinge werden als Spaße behandelt, und Kleinigkeiten dienen
15 zur ernsthaftesten Beschäftigung. Im Alter singt der Franzose alsbann
noch lustige Lieder und ist, so viel er kann, auch galant gegen das Frauen=
zimmer. Bei diesen Anmerkungen habe ich große Gewährsmänner aus
eben derselben Völkerschaft auf meiner Seite und ziehe mich hinter einen
Montesquieu und D'Alembert, um wider jeden besorglichen Unwillen
20 sicher zu sein.

Der Engländer ist im Anfange einer jeden Bekanntschaft kaltsinnig
und gegen einen Fremden gleichgültig. Er hat wenig Neigung zu kleinen
Gefälligkeiten; dagegen wird er, so bald er ein Freund ist, zu großen
Dienstleistungen aufgelegt. Er bemüht sich wenig im Umgange witzig zu
25 sein, oder einen artigen Anstand zu zeigen, dagegen ist er verständig und
gesetzt. Er ist ein schlechter Nachahmer, frägt nicht viel darnach, was an=
dere urtheilen, und folgt lediglich seinem eigenen Geschmacke. Er ist in
Verhältniß auf das Frauenzimmer nicht von französischer Artigkeit, aber
bezeigt gegen dasselbe weit mehr Achtung und treibt diese vielleicht zu weit,

---

30 barkeiten. Indessen ist das Frauenzimmer badurch gar nicht mehr geehrt. Ein Mensch,
welcher tändelt, ist jederzeit ohne Gefühl sowohl der wahren Achtung als auch der
zärtlichen Liebe. Ich möchte wohl, um wer weiß wie viel, dasjenige nicht gesagt haben,
was Rousseau so verwegen behauptet: daß ein Frauenzimmer niemals etwas mehr als ein großes Kind werde. Allein der scharfsichtige Schweizer
35 schrieb dieses in Frankreich, und vermuthlich empfand er es als ein so großer Vertheidiger des schönen Geschlechts mit Entrüstung, daß man demselben nicht mit mehr
wirklicher Achtung daselbst begegnet.

indem er im Eheſtande ſeiner Frauen gemeiniglich ein unumſchränktes Anſehen einräumt. Er iſt ſtandhaft, bisweilen bis zur Hartnäckigkeit, kühn und entſchloſſen, oft bis zur Vermeſſenheit und handelt nach Grund=ſätzen gemeiniglich bis zum Eigenſinne. Er wird leichtlich ein Sonder=ling, nicht aus Eitelkeit, ſondern weil er ſich wenig um andre bekümmert und ſeinem Geſchmacke aus Gefälligkeit oder Nachahmung nicht leichtlich Gewalt thut; um deswillen wird er ſelten ſo ſehr geliebt als der Franzoſe, aber, wenn er gekannt iſt, gemeiniglich mehr hochgeachtet.

Der Deutſche hat ein gemiſchtes Gefühl aus dem eines Engländers und dem eines Franzoſen, ſcheint aber dem erſteren am nächſten zu kom=men, und die größere Ähnlichkeit mit dem letzteren iſt nur gekünſtelt und nachgeahmt. Er hat eine glückliche Miſchung in dem Gefühle ſowohl des Erhabenen und des Schönen; und wenn er in dem erſteren es nicht einem Engländer, im zweiten aber dem Franzoſen nicht gleich thut, ſo übertrifft er ſie beide, in ſo fern er ſie verbindet. Er zeigt mehr Gefälligkeit im Um=gange als der erſtere, und wenn er gleich nicht ſo viel angenehme Lebhaftig=keit und Witz in die Geſellſchaft bringt, als der Franzoſe, ſo äußert er doch darin mehr Beſcheidenheit und Verſtand. Er iſt, ſo wie in aller Art des Geſchmacks, alſo auch in der Liebe ziemlich methodiſch, und indem er das Schöne mit dem Edlen verbindet, ſo iſt er in der Empfindung beider kalt genug, um ſeinen Kopf mit den Überlegungen des Anſtandes, der Pracht und des Aufſehens zu beſchäftigen. Daher ſind Familie, Titel und Rang bei ihm ſowohl im bürgerlichen Verhältniſſe als in der Liebe Sachen von großer Bedeutung. Er frägt weit mehr als die vorige darnach, was die Leute von ihm urtheilen möchten, und wo etwas in ſeinem Cha=raktere iſt, das den Wunſch einer Hauptverbeſſerung rege machen könnte, ſo iſt es dieſe Schwachheit, nach welcher er ſich nicht erkühnt original zu ſein, ob er gleich dazu alle Talente hat, und daß er ſich zu viel mit der Meinung anderer einläßt, welches den ſittlichen Eigenſchaften alle Hal=tung nimmt, indem es ſie wetterwendiſch und falſch gekünſtelt macht.

Der Holländer iſt von einer ordentlichen und emſigen Gemüthsart, und indem er lediglich auf das Nützliche ſieht, ſo hat er wenig Gefühl für dasjenige, was im feineren Verſtande ſchön oder erhaben iſt. Ein großer Mann bedeutet bei ihm eben ſo viel als ein reicher Mann, unter dem Freunde verſteht er ſeinen Correſpondenten, und ein Beſuch iſt ihm ſehr langweilig, der ihm nichts einbringt. Er macht den Contraſt ſowohl gegen den Franzosen als den Engländer und ist gewissermaßen ein sehr phlegmatisirter Deutsche.

Wenn wir den Versuch dieser Gedanken in irgend einem Falle anwenden, um z. E. das Gefühl der Ehre zu erwägen, so zeigen sich folgende Nationalunterschiede. Die Empfindung für die Ehre ist am Franzosen **Eitelkeit**, an dem Spanier **Hochmuth**, an dem Engländer **Stolz**, an dem Deutschen **Hoffart** und an dem Holländer **Aufgeblasenheit**. Diese Ausdrücke scheinen beim ersten Anblicke einerlei zu bedeuten, allein sie bemerken nach dem Reichthum unserer deutschen Sprache sehr kenntliche Unterschiede. Die **Eitelkeit** buhlt um Beifall, ist flatterhaft und veränderlich, ihr äußeres Betragen aber ist **höflich**. Der Hochmüthige ist voll von fälschlich eingebildeten großen Vorzügen und bewirbt sich nicht viel um den Beifall anderer, seine Aufführung ist steif und **hochtrabend**. Der **Stolz** ist eigentlich nur ein größeres Bewußtsein seines eigenen Werthes, der öfters sehr richtig sein kann (um deswillen er auch bisweilen ein edler Stolz heißt; niemals aber kann ich jemanden einen edlen Hochmuth beilegen, weil dieser jederzeit eine unrichtige und übertriebene Selbstschätzung anzeigt), das Betragen des Stolzen gegen andere ist **gleichgültig und kaltsinnig**. Der Hoffärtige ist ein Stolzer, der zugleich eitel ist.*) Der Beifall aber, den er bei andern sucht, besteht in Ehrenbezeugungen. Daher schimmert er gerne durch Titel, Ahnenregister und Gepränge. Der Deutsche ist vornehmlich von dieser Schwachheit angesteckt. Die Wörter: Gnädig, Hochgeneigt, Hoch- und Wohlgeb. und dergleichen Bombast mehr, machen seine Sprache steif und ungewandt und verhindern gar sehr die schöne Einfalt, welche andere Völker ihrer Schreibart geben können. Das Betragen eines Hoffärtigen in dem Umgange ist **Ceremonie**. Der Aufgeblasene ist ein Hochmüthiger, welcher deutliche Merkmale der Verachtung anderer in seinem Betragen äußert. In der Aufführung ist er **grob**. Diese elende Eigenschaft entfernt sich am weitesten vom feineren Geschmacke, weil sie offenbar dumm ist; denn das ist gewiß nicht das Mittel, dem Gefühl für Ehre ein Gnüge zu leisten, daß man durch offenbare Verachtung alles um sich zum Hasse und zur beißenden Spötterei auffordert.

---

*) Es ist nicht nöthig, daß ein Hoffärtiger zugleich hochmüthig sei, d. i. sich eine übertriebene, falsche Einbildung von seinen Vorzügen mache, sondern er kann vielleicht sich nicht höher schätzen, als er werth ist, er hat aber nur einen falschen Geschmack, diesen seinen Werth äußerlich geltend zu machen.

In der Liebe haben der Deutsche und der Engländer einen ziemlich guten Magen, etwas fein von Empfindung, mehr aber von gesundem und derbem Geschmacke. Der Italiäner ist in diesem Punkte grüblerisch, der Spanier phantastisch, der Franzose vernascht.

Die Religion unseres Welttheils ist nicht die Sache eines eigenwilligen Geschmacks, sondern von ehrwürdigerem Ursprunge. Daher können auch nur die Ausschweifungen in derselben und das, was darin den Menschen eigenthümlich angehört, Zeichen von den verschiedenen Nationaleigenschaften abgeben. Ich bringe diese Ausschweifungen unter folgende Hauptbegriffe: Leichtgläubigkeit (Credulität), Aberglaube (Superstition), Schwärmerei (Fanaticism) und Gleichgültigkeit (Indifferentism). Leichtgläubig ist mehrentheils der unwissende Theil einer jeden Nation, ob er gleich kein merkliches feineres Gefühl hat. Die Überredung kommt lediglich auf das Hörensagen und das scheinbare Ansehen an, ohne daß einige Art des feinern Gefühls dazu die Triebfeder enthielte. Die Beispiele ganzer Völker von dieser Art muß man in Norden suchen. Der Leichtgläubige, wenn er von abenteuerlichem Geschmack ist, wird abergläubisch. Dieser Geschmack ist sogar an sich selbst ein Grund etwas leichter zu glauben*), und von zwei Menschen, deren der eine von diesem Gefühl angesteckt, der andere aber von kalter und gemäßigter Gemüthsart ist, wird der erstere, wenn er gleich wirklich mehr Verstand hat, dennoch durch seine herrschende Neigung eher verleitet werden etwas Unnatürliches zu glauben, als der andere, welchen nicht seine Einsicht, sondern sein gemeines und phlegmatisches Gefühl vor dieser Ausschweifung bewahrt. Der Abergläubische in der Religion stellt zwischen sich und dem höchsten Gegenstande der Verehrung gerne gewisse mächtige und erstaunliche Menschen, Riesen so zu reden der Heiligkeit, denen die Natur gehorcht und deren beschwörende Stimme die eisernen Thore des Tartarus auf- oder zuschließt, die, indem sie mit ihrem Haupte den Himmel berühren, ihren

---

*) Man hat sonst bemerkt, daß die Engländer als ein so kluges Volk gleichwohl leichtlich durch eine dreiste Ankündigung einer wunderlichen und ungereimten Sache können berückt werden sie anfänglich zu glauben; wovon man viele Beispiele hat. Allein eine kühne Gemüthsart, vorbereitet durch verschiedene Erfahrungen, in welchen manche seltsame Dinge gleichwohl wahr befunden worden, bricht geschwinde durch die kleine Bedenklichkeiten, von denen ein schwacher und mißtrauischer Kopf bald aufgehalten wird und so ohne sein Verdienst bisweilen vor dem Irrthum verwahrt wird.

Fuß noch auf der niederen Erde stehen haben. Die Unterweisung der gesunden Vernunft wird demnach in Spanien große Hindernisse zu überwinden haben, nicht darum weil sie die Unwissenheit daselbst zu vertreiben hat, sondern weil ein seltsamer Geschmack ihr entgegensteht, welchem das Natürliche gemein ist, und der niemals glaubt in einer erhabenen Empfindung zu sein, wenn sein Gegenstand nicht abenteuerlich ist. Die Schwärmerei ist so zu sagen eine andächtige Vermessenheit und wird durch einen gewissen Stolz und ein gar zu großes Zutrauen zu sich selbst veranlaßt, um den himmlischen Naturen näher zu treten und sich durch einen erstaunlichen Flug über die gewöhnliche und vorgeschriebene Ordnung zu erheben. Der Schwärmer redet nur von unmittelbarer Eingebung und vom beschaulichen Leben, indessen daß der Abergläubische vor den Bildern großer wunderthätiger Heiligen Gelübde thut und sein Zutrauen auf die eingebildete und unnachahmliche Vorzüge anderer Personen von seiner eigenen Natur setzt. Selbst die Ausschweifungen führen, wie wir oben bemerkt haben, Zeichen des Nationalgefühls bei sich, und so ist der Fanaticismus*) wenigstens in den vorigen Zeiten am meisten in Deutschland und England anzutreffen gewesen und ist gleichsam ein unnatürlicher Auswuchs des edlen Gefühls, welches zu dem Charakter dieser Völker gehört, und überhaupt bei weitem nicht so schädlich, als die abergläubische Neigung, wenn er gleich im Anfange ungestüm ist, weil die Erhitzung eines schwärmerischen Geistes allmählig verkühlt und seiner Natur nach endlich zur ordentlichen Mäßigung gelangen muß, anstatt daß der Aberglaube sich in einer ruhigen und leidenden Gemüthsbeschaffenheit unvermerkt tiefer einwurzelt und dem gefesselten Menschen das Zutrauen gänzlich benimmt, sich von einem schädlichen Wahne jemals zu befreien. Endlich ist ein Eiteler und Leichtsinniger jederzeit ohne stärkeres Gefühl für das Erhabene, und seine Religion ist ohne Rührung, mehrentheils nur eine Sache der Mode, welche er mit aller Artigkeit begeht und kalt bleibt. Dieses ist der praktische Indifferentismus, zu welchem der französische Nationalgeist am meisten geneigt zu sein scheint, wovon bis zur

---

*) Der Fanaticism muß vom Enthusiasmus jederzeit unterschieden werden. Jener glaubt eine unmittelbare und außerordentliche Gemeinschaft mit einer höheren Natur zu fühlen, dieser bedeutet den Zustand des Gemüths, da dasselbe durch irgend einen Grundsatz über den geziemenden Grad erhitzt worden, es sei nun durch die Maxime der patriotischen Tugend, oder der Freundschaft, oder der Religion, ohne daß hiebei die Einbildung einer übernatürlichen Gemeinschaft etwas zu schaffen hat.

frevelhaften Spötterei nur ein Schritt ist und der im Grunde, wenn auf den inneren Werth gesehen wird, von einer gänzlichen Absagung wenig voraus hat.

Gehen wir mit einem flüchtigen Blicke noch die andere Welttheile durch, so treffen wir den Araber als den edelsten Menschen im Oriente an, doch von einem Gefühl, welches sehr in das Abenteuerliche ausartet. Er ist gastfrei, großmüthig und wahrhaft; allein seine Erzählung und Geschichte und überhaupt seine Empfindung ist jederzeit mit etwas Wunderbarem durchflochten. Seine erhitzte Einbildungskraft stellt ihm die Sachen in unnatürlichen und verzogenen Bildern dar, und selbst die Ausbreitung seiner Religion war ein großes Abenteuer. Wenn die Araber gleichsam die Spanier des Orients sind, so sind die Perser die Franzosen von Asien. Sie sind gute Dichter, höflich und von ziemlich feinem Geschmacke. Sie sind nicht so strenge Befolger des Islam und erlauben ihrer zur Luftigkeit aufgelegten Gemüthsart eine ziemlich milde Auslegung des Koran. Die Japoneser könnten gleichsam als die Engländer dieses Welttheils angesehen werden, aber kaum in einer andern Eigenschaft, als ihrer Standhaftigkeit, die bis zur äußersten Halsstarrigkeit ausartet, ihrer Tapferkeit und Verachtung des Todes. Übrigens zeigen sie wenig Merkmale eines feineren Gefühls an sich. Die Indianer haben einen herrschenden Geschmack von Fratzen von derjenigen Art, die ins Abenteuerliche einschlägt. Ihre Religion besteht aus Fratzen. Götzenbilder von ungeheurer Gestalt, der unschätzbare Zahn des mächtigen Affen Hanuman, die unnatürliche Büßungen der Fakirs (heidnischer Bettelmönche) u. s. w. sind in diesem Geschmacke. Die willkürliche Aufopferung der Weiber in eben demselben Scheiterhaufen, der die Leiche ihres Mannes verzehrt, ist ein scheusliches Abenteuer. Welche läppische Fratzen enthalten nicht die weitschichtige und ausstudirte Complimente der Chineser; selbst ihre Gemälde sind fratzenhaft und stellen wunderliche und unnatürliche Gestalten vor, dergleichen nirgend in der Welt anzutreffen sind. Sie haben auch ehrwürdige Fratzen, darum weil sie von uraltem Gebrauch sind,*) und keine Völkerschaft in der Welt hat deren mehr als diese.

---

*) Man begeht noch in Peking die Ceremonie, bei einer Sonnen- oder Mondfinsterniß durch großes Geräusch den Drachen zu verjagen, der diese Himmelskörper verschlingen will, und behält einen elenden Gebrauch aus den ältesten Zeiten der Unwissenheit bei, ob man gleich jetzt besser belehrt ist.

4. Abschnitt.

Die Negers von Afrika haben von der Natur kein Gefühl, welches über das Läppische stiege. Herr Hume fordert jedermann auf, ein einziges Beispiel anzuführen, da ein Neger Talente gewiesen habe, und behauptet: daß unter den hunderttausenden von Schwarzen, die aus ihren Ländern anderwärts verführt werden, obgleich deren sehr viele auch in Freiheit gesetzt werden, dennoch nicht ein einziger jemals gefunden worden, der entweder in Kunst oder Wissenschaft, oder irgend einer andern rühmlichen Eigenschaft etwas Großes vorgestellt habe, obgleich unter den Weißen sich beständig welche aus dem niedrigsten Pöbel empor schwingen und durch vorzügliche Gaben in der Welt ein Ansehen erwerben. So wesentlich ist der Unterschied zwischen diesen zwei Menschengeschlechtern, und er scheint eben so groß in Ansehung der Gemüthsfähigkeiten, als der Farbe nach zu sein. Die unter ihnen weit ausgebreitete Religion der Fetische ist vielleicht eine Art von Götzendienst, welcher so tief ins Läppische sinkt, als es nur immer. von der menschlichen Natur möglich zu sein scheint. Eine Vogelfeder, ein Kuhhorn, eine Muschel, oder jede andere gemeine Sache, so bald sie durch einige Worte eingeweihet worden, ist ein Gegenstand der Verehrung und der Anrufung in Eidschwüren. Die Schwarzen sind sehr eitel, aber auf Negerart und so plauderhaft, daß sie mit Prügeln müssen aus einander gejagt werden.

Unter allen Wilden ist keine Völkerschaft, welche einen so erhabenen Gemüthscharakter an sich zeigte, als die von Nordamerika. Sie haben ein starkes Gefühl für Ehre, und indem sie, um sie zu erjagen, wilde Abenteuer hunderte von Meilen weit aufsuchen, so sind sie noch äußerst aufmerksam den mindesten Abbruch derselben zu verhüten, wenn ihr eben so harter Feind, nachdem er sie ergriffen hat, durch grausame Qualen feige Seufzer von ihnen zu erzwingen sucht. Der canadische Wilde ist übrigens wahrhaft und redlich. Die Freundschaft, die er errichtet, ist eben so abenteuerlich und enthusiastisch, als was jemals aus den ältesten und fabelhaften Zeiten davon gemeldet worden. Er ist äußerst stolz, empfindet den ganzen Werth der Freiheit und erduldet selbst in der Erziehung keine Begegnung, welche ihm eine niedrige Unterwerfung empfinden ließe. Lykurgus hat wahrscheinlicher Weise eben dergleichen Wilden Gesetze gegeben, und wenn ein Gesetzgeber unter den sechs Nationen aufstände, so würde man eine spartanische Republik sich in der neuen Welt erheben sehen; wie denn die Unternehmung der Argonauten von den Kriegeszügen dieser Indianer wenig unterschieden ist, und Jason vor dem Attakakullakulla nichts als die Ehre eines griechischen Namens voraus hat. Alle diese Wilde haben wenig Gefühl für das Schöne im moralischen Verstande, und die großmüthige Vergebung einer Beleidigung, die zugleich edel und schön ist, ist als Tugend unter den Wilden völlig unbekannt, sondern wird wie eine elende Feigheit verachtet. Tapferkeit ist das größte Verdienst des Wilden und Rache seine süßeste Wolluft. Die übrigen Eingeborne dieses Welttheils zeigen wenig Spuren eines Gemüthscharakters, welcher zu feineren Empfindungen aufgelegt wäre, und eine außerordentliche Fühllosigkeit macht das Merkmal dieser Menschengattungen aus.

Betrachten wir das Geschlechter-Verhältniß in diesen Welttheilen, so finden wir, daß der Europäer einzig und allein das Geheimniß gefunden hat, den sinnlichen Reiz einer mächtigen Neigung mit so viel Blumen zu schmücken und mit so viel Moralischem zu durchflechten, daß er die Annehmlichkeiten desselben nicht allein überaus erhöht, sondern auch sehr anständig gemacht hat. Der Bewohner des Orients ist in diesem Punkte von sehr falschem Geschmacke. Indem er keinen Begriff hat von dem sittlich Schönen, das mit diesem Triebe kann verbunden werden, so büßt er auch sogar den Werth des sinnlichen Vergnügens ein, und sein Haram ist ihm eine beständige Quelle von Unruhe. Er geräth auf allerlei verliebte Fratzen, worunter das eingebildete Kleinod eins der vornehmsten ist, dessen er sich vor allem zu versichern sucht, dessen ganzer Werth nur darin besteht, daß man es zerbricht, und von welchem man überhaupt in unserem Welttheil viel hämischen Zweifel hegt, und zu dessen Erhaltung er sich sehr unbilliger und öfters ekelhafter Mittel bedient. Daher ist die Frauensperson daselbst jederzeit im Gefängnisse, sie mag nun ein Mädchen sein, oder einen barbarischen, untüchtigen und jederzeit argwöhnischen Mann haben. In den Ländern der Schwarzen was kann man da Besseres erwarten, als was durchgängig daselbst angetroffen wird, nämlich das weibliche Geschlecht in der tiefsten Sklaverei? Ein Verzagter ist allemal ein strenger Herr über den Schwächeren, so wie auch bei uns derjenige Mann jederzeit ein Tyrann in der Küche ist, welcher außer seinem Hause sich kaum erkühnt jemanden unter die Augen zu treten. Der Pater Labat meldet zwar, daß ein Negerzimmermann, dem er das hochmüthige Verfahren gegen seine Weiber vorgeworfen, geantwortet habe: Ihr Weiße seid rechte Narren, denn zuerst räumet ihr euren Weibern so viel ein, und hernach klagt ihr, wenn sie euch den Kopf toll machen; es ist auch, als wenn hierin so etwas wäre, was vielleicht ver-

diente in Überlegung gezogen zu werden, allein kurzum, dieser Kerl war vom Kopf bis auf die Füße ganz schwarz, ein deutlicher Beweis, daß das, was er sagte, dumm war. Unter allen Wilden sind keine, bei denen das weibliche Geschlecht in größerem wirklichen Ansehen stände, als die von
5 Canada. Vielleicht übertreffen sie darin sogar unseren gesitteten Welttheil. Nicht als wenn man den Frauen daselbst demüthige Aufwartungen machte; das sind nur Complimente. Nein sie haben wirklich zu befehlen. Sie versammlen sich und berathschlagen über die wichtigste Anordnungen der Nation, über Krieg und Frieden. Sie schicken darauf ihre Abgeordnete
10 an den männlichen Rath, und gemeiniglich ist ihre Stimme diejenige, welche entscheidet. Aber sie erkaufen diesen Vorzug theuer genug. Sie haben alle häußliche Angelegenheiten auf dem Halse und nehmen an allen Beschwerlichkeiten der Männer mit Antheil.

Wenn wir zuletzt noch einige Blicke auf die Geschichte werfen, so
15 sehen wir den Geschmack der Menschen wie einen Proteus stets wandelbare Gestalten annehmen. Die alten Zeiten der Griechen und Römer zeigten deutliche Merkmale eines ächten Gefühls für das Schöne sowohl als das Erhabene in der Dichtkunst, der Bildhauerkunst, der Architektur, der Gesetzgebung und selbst in den Sitten. Die Regierung der römischen
20 Kaiser veränderte die edle sowohl als die schöne Einfalt in das Prächtige und dann in den falschen Schimmer, wovon uns noch die Überbleibsel ihrer Beredsamkeit, Dichtkunst und selbst die Geschichte ihrer Sitten belehren können. Allmählig erlosch auch dieser Rest des feinern Geschmacks mit dem gänzlichen Verfall des Staats. Die Barbaren, nachdem sie
25 ihrerseits ihre Macht befestigten, führten einen gewissen verkehrten Geschmack ein, den man den gothischen nennt, und der auf Fratzen auslief. Man sah nicht allein Fratzen in der Baukunst, sondern auch in den Wissenschaften und den übrigen Gebräuchen. Das verunartete Gefühl, da es einmal durch falsche Kunst geführt ward, nahm eher eine jede andere na-
30 türliche Gestalt, als die alte Einfalt der Natur an und war entweder beim Übertriebenen, oder beim Läppischen. Der höchste Schwung, den das menschliche Genie nahm, um zu dem Erhabenen aufzusteigen, bestand in Abenteuern. Man sah geistliche und weltliche Abenteurer und oftmals eine widrige und ungeheure Bastardart von beiden. Mönche mit dem Meß-
35 buch in einer und der Kriegesfahne in der andern Hand, denen ganze Heere betrogener Schlachtopfer folgten, um in andern Himmelsgegenden und in einem heiligeren Boden ihre Gebeine verscharren zu lassen, einge-

weihte Krieger, durch feierliche Gelübbe zur Gewaltthätigkeit und Missethaten geheiligt, in der Folge eine seltsame Art von heroischen Phantasten,
welche sich Ritter nannten und Abenteuer aufsuchten, Turniere, Zweikämpfe und romanische Handlungen. Während dieser Zeit ward die Religion zusammt den Wissenschaften und Sitten durch elende Fratzen entstellt, und man bemerkt, daß der Geschmack nicht leichtlich auf einer Seite
ausartet, ohne auch in allem übrigen, was zum feineren Gefühl gehört,
deutliche Zeichen seiner Verderbniß darzulegen. Die Klostergelübbe machten aus einem großen Theil nutzbarer Menschen zahlreiche Gesellschaften
emsiger Müßiggänger, deren grüblerische Lebensart sie geschickt machte,
tausend Schulfratzen auszuhecken, welche von da in größere Welt ausgingen und ihre Art verbreiteten. Endlich nachdem das menschliche Genie
von einer fast gänzlichen Zerstörung sich durch eine Art von Palingenesie
glücklich wiederum erhoben hat, so sehen wir in unsern Tagen den richtigen
Geschmack des Schönen und Edlen sowohl in den Künsten und Wissenschaften als in Ansehung des Sittlichen aufblühen, und es ist nichts mehr
zu wünschen, als daß der falsche Schimmer, der so leichtlich täuscht, uns
nicht unvermerkt von der edlen Einfalt entferne, vornehmlich aber, daß
das noch unentdeckte Geheimniß der Erziehung dem alten Wahne ent-
rissen werde, um das sittliche Gefühl frühzeitig in dem Busen eines jeden
jungen Weltbürgers zu einer thätigen Empfindung zu erhöhen, damit
nicht alle Feinigkeit blos auf das flüchtige und müßige Vergnügen hin-
auslaufe, dasjenige, was außer uns vorgeht, mit mehr oder weniger Geschmacke zu beurtheilen.

Versuch
über die Krankheiten des Kopfes.

Versuch
über die Krankheiten des Kopfes.

Die Einfalt und Gnügsamkeit der Natur fordert und bildet an dem Menschen nur gemeine Begriffe und eine plumpe Redlichkeit, der künstliche Zwang und die Üppigkeit der bürgerlichen Verfassung heckt Witzlinge und Vernünftler, gelegentlich aber auch Narren und Betrüger aus und gebiert den weisen oder sittsamen Schein, bei dem man sowohl des Verstandes als der Rechtschaffenheit entbehren kann, wenn nur der schöne Schleier dichte genug gewebt ist, den die Anständigkeit über die geheime Gebrechen des Kopfes oder des Herzens ausbreitet. Nach dem Maße, als die Kunst hoch steigt, werden Vernunft und Tugend endlich das allgemeine Losungswort, doch so, daß der Eifer von beiden zu sprechen wohl unterwiesene und artige Personen überheben kann sich mit ihrem Besitze zu belästigen. Die allgemeine Achtung, darin beide gepriesene Eigenschaften stehen, macht gleichwohl diesen merklichen Unterschied, daß jedermann weit eifersüchtiger auf die Verstandesvorzüge als auf die guten Eigenschaften des Willens ist, und daß in der Vergleichung zwischen Dummheit und Schelmerei niemand einen Augenblick ansteht, sich zum Vortheil der letzteren zu erklären; welches auch gewiß sehr wohl ausgedacht ist, weil, wenn alles überhaupt auf Kunst ankommt, die feine Schlauigkeit nicht kann entbehrt werden, wohl aber die Redlichkeit, die in solchem Verhältnisse nur hinderlich ist. Ich lebe unter weisen und wohlgesitteten Bürgern, nämlich unter denen, die sich darauf verstehen so zu scheinen, und ich schmeichle mir, man werde so billig sein, mir von dieser Feinigkeit auch so viel zuzutrauen, daß, wenn ich gleich in dem Besitze der bewährtesten Heilungsmittel wäre, die Krankheiten des Kopfes und des Herzens aus dem Grunde zu heben, ich doch Bedenken tragen würde diesen altväterischen Plunder dem öffentlichen Gewerbe in den Weg zu legen, wohlbewußt, daß die beliebte Modecur des Verstandes und des Herzens schon in erwünschtem Fortgange sei und daß vornehmlich die Ärzte des ersteren, die sich Logiker nennen, sehr gut dem allgemeinen Verlangen Gnüge leisten, seitdem sie die wichtige Entdeckung gemacht haben: daß der menschliche Kopf eigentlich eine Trommel sei, die nur darum klingt, weil sie leer ist. Ich sehe demnach nichts Besseres für mich, als die Methode der Ärzte nachzuahmen, welche glauben, ihrem Patienten sehr viel genutzt zu haben, wenn sie seiner Krankheit einen Namen geben, und entwerfe eine kleine Onomastik der Gebrechen des Kopfes von der Lähmung desselben an in der Blödsinnigkeit bis zu dessen Verzuckungen in der Tollheit; aber um diese ekelhafte Krankheiten in ihrer allmählichen Abstammung zu erkennen, finde ich nöthig, zum voraus die mildere Grade derselben von der Dummköpfigkeit an bis zur Narrheit zu erläutern, weil diese Eigenschaften im bürgerlichen Verhältnisse gangbarer sind und dennoch zu den ersteren führen.

Der stumpfe Kopf ermangelt des Witzes, der Dummkopf des Verstandes. Die Behendigkeit etwas zu fassen und sich zu erinnern, imgleichen die Leichtigkeit, es geziemend auszudrücken, kommen gar sehr auf den Witz an; daher derjenige, welcher nicht dumm ist, gleichwohl sehr stumpf sein kann, in sofern ihm schwerlich etwas in den Kopf will, ob er es gleich nachher mit größerer Reife des Urtheils einsehen mag, und die Schwierigkeit sich ausdrücken zu können beweiset nichts minder als die Verstandesfähigkeit, sondern nur, daß der Witz nicht gnugsame Beihülfe leiste, den Gedanken in die mancherlei Zeichen einzukleiden, deren einige ihm am geschicktesten anpassen. Der berühmte Jesuit Clavius wurde als unfähig aus den Schulen gejagt (denn nach der Verstandesprobe der Orbile ist ein Knabe zu gar nichts nütze, wenn er weder Verse noch Schulchrien machen kann), er gerieth nachher zufälliger Weise auf die Mathematik, das Spiel änderte sich, und seine vormaligen Lehrer waren gegen ihn nur Dummköpfe. Das praktische Urtheil über Sachen, so wie es der Landmann, der Künstler oder Seefahrer 2c. bedarf, ist von demjenigen sehr unterschieden, welches man über die Handgriffe fällt, wonach sich Menschen unter einander behandeln. Das letztere ist nicht sowohl Verstand, als vielmehr Verschmitztheit, und der liebenswürdige Mangel dieser so sehr gepriesenen Fähigkeit heißt Einfalt. Ist die Ursache derselben in der Schwäche der Urtheilskraft überhaupt zu suchen, so heißt ein solcher Mensch ein Tropf, Einfaltspinsel ꝛc. Da die Ränke und falsche Kunstgriffe in der bürgerlichen Gesellschaft allmählich zu gewöhnlichen Maximen werden und das Spiel der menschlichen Handlungen sehr verwickeln, so ist es kein Wunder, wenn ein sonst verständiger und redlicher Mann, dem entweder alle diese Schlauigkeit zu verächtlich ist, als daß er sich damit beschäftige, oder der sein ehrliches und wohlwollendes Herz nicht dazu bewegen kann, sich von der menschlichen Natur einen so verhaßten Begriff zu machen, unter Betrügern allerwärts in Schlingen gerathen und ihnen viel zu lachen geben müsse, so daß zuletzt der Ausdruck: ein guter Mann, nicht mehr auf eine verblümte Art, sondern so gerade zu einen Einfaltspinsel, gelegentlich auch einen H— — bedeute; denn in der Schelmensprache ist niemand ein verständiger Mann, als der alle andere für nichts Bessers hält, als was er selbst ist, nämlich für Betrüger.

Die Triebe der menschlichen Natur, welche, wenn sie von viel Graden sind, Leidenschaften heißen, sind die Bewegkräfte des Willens; der Verstand kommt nur dazu, sowohl das ganze Facit der Befriedigung aller Neigungen insgesammt aus dem vorgestellten Zwecke zu schätzen, als auch die Mittel zu diesem auszufinden. Ist etwa eine Leidenschaft besonders mächtig, so hilft die Verstandesfähigkeit dagegen nur wenig; denn der bezauberte Mensch sieht zwar die Gründe wider seine Lieblingsneigung sehr gut, allein er fühlt sich ohnmächtig ihnen den thätigen Nachdruck zu geben. Wenn diese Neigung an sich gut ist, wenn die Person übrigens vernünftig ist, nur daß der überwiegende Hang die Aussicht in Ansehung der schlimmen Folgen verschließt, so ist dieser Zustand der gefesselten Vernunft **Thorheit.** Ein Thor kann viel Verstand haben selbst in dem Urtheil über diejenige Handlungen, darin er thöricht ist, er muß sogar ziemlich viel Verstand und ein gut Herz besitzen, damit er zu dieser gemilderten Benennung seiner Ausschweifungen berechtigt sei. Der Thor kann allenfalls einen vortrefflichen Rathgeber für andere abgeben, wenn gleich sein Rath bei ihm selbst ohne Wirkung ist. Er wird nur durch Schaden oder durch Alter gescheut, welches aber öfters nur eine Thorheit verdränget, um einer andern Platz zu machen. Die verliebte Leidenschaft, oder ein großer Grad der Ehrbegierde haben von je her viele vernünftige Leute zu Thoren gemacht. Ein Mädchen nöthigt den furchtbaren **Alcides** den Faden am Rocken zu ziehen, und **Athens** müßige Bürger schicken durch ihr läppisches Lob den **Alexander** an das Ende der Welt. Es giebt auch Neigungen von minderer Heftigkeit und Allgemeinheit, welche gleichwohl nicht ermangeln ihre Thorheit zu erzeugen: der Baugeist, die Bilderneigung, die Büchersucht. Der ausgeartete Mensch ist aus seiner natürlichen Stelle gewichen und wird von allem gezogen und von allem gehalten. Dem Thoren ist der gescheute Mann entgegengesetzt; wer aber ohne Thorheit ist, ist ein Weiser. Dieser Weise kann etwa im Monde gesucht werden; vielleicht daß man daselbst ohne Leidenschaft ist und unendlich viel Vernunft hat. Der Unempfindliche ist durch seine Dummheit wider Thorheit gesichert; vor gemeinen Augen aber hat er die Miene eines Weisen. Pyrrho sah auf einem Schiffe im Sturm, da jedermann ängstlich beschäftigt war, ein Schwein ruhig aus seinem Troge fressen und sagte, indem er auf dasselbe wies: „So soll die Ruhe eines Weisen sein." Der Unempfindliche ist der Weise des Pyrrho.

Wenn die herrschende Leidenschaft an sich selbst hassenswürdig und zugleich abgeschmackt genug ist, um dasjenige, was der natürlichen Absicht derselben gerade entgegen gesetzt ist, für die Befriedigung derselben zu halten, so ist dieser Zustand der verkehrten Vernunft Narrheit. Der Thor versteht die wahre Absicht seiner Leidenschaft sehr wohl, wenn er gleich ihr eine Stärke einräumt, welche die Vernunft zu fesseln vermag. Der Narr aber ist dadurch zugleich so dumm gemacht, daß er alsdann nur glaubt im Besitze zu sein, wenn er sich des Begehrten wirklich beraubt. Pyrrhus wußte sehr wohl, daß Tapferkeit und Macht allgemeine Bewunderung erwerben; er befolgte den Trieb der Ehrsucht ganz richtig und war nichts weiter, als wofür ihn Cineas hielt, nämlich ein Thor. Wenn aber Nero sich dem öffentlichen Gespötte aussetzt, indem er von einer Bühne elende Verse abliest, um den Dichterpreis zu erlangen, und noch am Ende seines Lebens sagt: quantus artifex morior!, so sehe ich an diesem gefürchteten und ausgelachten Beherrscher von Rom nichts Besseres, als einen Narren. Ich halte dafür, daß alle Narrheit eigentlich auf zwei Leidenschaften gepfropft sei, den Hochmuth und den Geiz. Beide Neigungen sind ungerecht und werden daher gehaßt, beide sind ihrer Natur nach abgeschmackt, und ihr Zweck zerstört sich selbst. Der Hochmüthige äußert eine unverdeckte Anmaßung des Vorzuges vor anderen durch eine deutliche Geringschätzung derselben. Er glaubt geehrt zu sein, indem er ausgepfiffen wird, denn es ist nichts klärer, als daß die Verachtung anderer dieser ihre eigene Eitelkeit gegen den Anmaßer empöre. Der Geizige hat seiner Meinung nach sehr viel nöthig und kann unmöglich das mindeste seiner Güter entbehren; er entbehrt indessen wirklich ihrer aller, indem er durch Kargheit einen Beschlag auf dieselbe legt. Die Verblendung des Hochmuthes macht theils alberne, theils aufgeblasene Narren, nachdem entweder läppische Flatterhaftigkeit oder steife Dummheit in dem leeren Kopfe Besitz genommen hat. Die filzige Habsucht hat von je her zu viel lächerlichen Geschichten Anlaß gegeben, die schwerlich wunderlicher können ausgesonnen werden, als sie wirklich geschehen. Der Thor ist nicht weise, der Narr ist nicht klug. Der Spott, den der Thor auf sich zieht, ist lustig und schonend, der Narr verdient die schärfste Geißel des Satyrs, allein er fühlt sie gleichwohl nicht. Man darf nicht gänzlich verzweifeln, daß ein Thor noch einmal gescheut werden könne, wer aber einen Narren klug zu machen gedenkt, wäscht einen Mohren. Die Ursache ist, daß bei jenem doch eine wahre und natürliche Neigung herrscht, welche die Vernunft allenfalls nur fesselt, bei diesem aber ein albernes Hirngespenst, das ihre Grundsätze umkehrt. Ich überlasse es andern auszumachen, ob man wirklich Ursache habe über die wunderliche Wahrsagung des Holbergs bekümmert zu sein: daß nämlich der tägliche Anwachs der Narren bedenklich sei und fürchten lasse, sie könnten es sich wohl noch in den Kopf setzen, die fünfte Monarchie zu stiften. Gesetzt aber, daß sie dieses auch im Schilde führten, so dürften sie sich gleichwohl nicht so sehr beeifern; denn einer könnte dem andern füglich ins Ohr sagen, was der bekannte Possenreißer eines benachbarten Hofes, als er in Narrenkleidern durch eine polnische Stadt ritt, den Studenten zurief, die ihm nachliefen: „Ihr Herren, seid fleißig, lernet etwas, denn wenn unser zu viel sind, so können wir nimmermehr alle Brod haben."

Ich komme von den Gebrechen des Kopfes, welche verachtet und gehöhnt werden, zu denen, die man gemeiniglich mit Mitleiden ansieht, von denen, welche die freie bürgerliche Gemeinschaft nicht aufheben, zu denjenigen, deren sich die obrigkeitliche Vorsorge annimmt und um welcher willen sie Verfügungen macht. Ich theile diese Krankheiten zwiefach ein, in die der Ohnmacht und in die der Verkehrtheit. Die erstere stehen unter der allgemeinen Benennung der Blödsinnigkeit, die zweite unter dem Namen des gestörten Gemüths. Der Blödsinnige befindet sich in einer großen Ohnmacht des Gedächtnisses, der Vernunft und gemeiniglich auch sogar der sinnlichen Empfindungen. Dieses Übel ist mehrentheils unheilbar, denn wenn es schwer ist die wilde Unordnungen des gestörten Gehirns zu heben, so muß es beinahe unmöglich sein in seine erstorbene Organen ein neues Leben zu gießen. Die Erscheinungen dieser Schwachheit, welche den Unglücklichen niemals aus dem Stande der Kindheit herausgehen läßt, sind zu bekannt, als daß es nöthig wäre sich dabei lange aufzuhalten.

Die Gebrechen des gestörten Kopfes lassen sich auf so viel verschiedene Hauptgattungen bringen, als Gemüthsfähigkeiten sind, die dadurch angegriffen worden. Ich vermeine sie insgesammt unter folgende drei Eintheilungen ordnen zu können: erstlich die Verkehrtheit der Erfahrungsbegriffe in der Verrückung, zweitens die in Unordnung gebrachte Urtheilskraft zunächst bei dieser Erfahrung in dem Wahnsinn, drittens die in Ansehung allgemeinerer Urtheile verkehrt gewordene Vernunft in dem Wahnwitze. Alle übrige Erscheinungen des kranken Gehirns können, wie mich dünkt, entweder als verschiedene Grade der erwähnten Zufälle, oder als eine unglückliche Vereinbarung dieser Übel unter einander, oder endlich als die Einpfropfung derselben auf mächtige Leidenschaften angesehen und den angeführten Classen untergeordnet werden.

Was das erste Übel, nämlich die Verrückung, anlangt, so erläutere ich die Erscheinungen derselben auf folgende Art. Die Seele eines jeden Menschen ist selbst in dem gesundesten Zustande geschäftig, allerlei Bilder von Dingen, die nicht gegenwärtig sind, zu malen, oder auch an der Vorstellung gegenwärtiger Dinge einige unvollkommene Ähnlichkeit zu vollenden durch einen oder andern chimärischen Zug, den die schöpferische Dichtungsfähigkeit mit in die Empfindung einzeichnet. Man hat gar nicht Ursache zu glauben: daß in dem Zustande des Wachens unser Geist hiebei andere Gesetze befolge als im Schlafe, es ist vielmehr zu vermuthen, daß nur die lebhaften sinnlichen Eindrücke in dem ersten Falle die zärtere Bilder der Chimären verdunkeln und unkenntlich machen, anstatt daß diese im Schlafe ihre ganze Stärke haben, in welchem allen äußerlichen Eindrücken der Zugang zu der Seele verschlossen ist. Es ist daher kein Wunder, daß Träume, so lange sie dauern, für wahrhafte Erfahrungen wirklicher Dinge gehalten werden. Denn da sie alsdann in der Seele die stärkste Vorstellungen sind, so sind sie in diesem Zustande eben das, was im Wachen die Empfindungen sind. Man setze nun, daß gewisse Chimären, durch welche Ursache es auch sei, gleichsam eine oder andere Organe des Gehirnes verletzt hätten, dermaßen daß der Eindruck auf dieselbe eben so tief und zugleich eben so richtig geworden wäre, als ihn eine sinnliche Empfindung nur machen kann, so wird dieses Hirngespenst selbst im Wachen bei guter, gesunder Vernunft bennoch für eine wirkliche Erfahrung gehalten werden müssen. Denn es wäre umsonst, einer Empfindung, oder derjenigen Vorstellung, die ihr an Stärke gleich kommt, Vernunftgründe entgegen zu setzen, weil von wirklichen Dingen die Sinne weit größere Überzeugung geben als ein Vernunftschluß; zum wenigsten kann derjenige, den diese Chimäre bezaubert, niemals durch Vernünfteln dahin gebracht werden, an der Wirklichkeit seiner vermeinten Empfindung zu zweifeln. Man findet auch: daß Personen, die in andern Fällen gnug reife Vernunft zeigen, gleichwohl fest darauf beharren, mit aller Achtsamkeit wer weiß was für Gespenstergestalten und Fratzengesichter gesehen zu haben, und daß sie wohl gar fein genug sind, ihre eingebildete Erfahrung mit manchem subtilen Vernunfturtheil in Zusammenhang zu bringen. Diese Eigenschaft des Gestörten, nach welcher er ohne einen besonders merklichen Grad einer heftigen Krankheit im wachenden Zustande gewohnt ist, gewisse Dinge als klar empfunden sich vorzustellen, von denen gleichwohl nichts gegenwärtig ist, heißt die Verrückung. Der Verrückte ist also ein Träumer im Wachen. Ist das gewöhnliche Blendwerk seiner Sinne nur zum Theil eine Chimäre, größten Theils aber eine wirkliche Empfindung, so ist der, so im höheren Grade zu solcher Verkehrtheit aufgelegt ist, ein Phantast. Wenn wir nach dem Erwachen in einer lässigen und sanften Zerstreuung liegen, so zeichnet unsere Einbildung die unregelmäßigen Figuren etwa der Bettvorhänge, oder gewisser Flecke einer nahen Wand zu Menschengestalten aus mit einer scheinbaren Richtigkeit, welche uns auf eine nicht unangenehme Art unterhält, wovon wir aber das Blendwerk den Augenblick, wenn wir wollen, zerstreuen. Wir träumen alsdann nur zum Theil und haben die Chimäre in unserer Gewalt. Geschieht etwas dem Ähnliches in einem höheren Grade, ohne daß die Aufmerksamkeit des Wachenden das Blendwerk in der täuschenden Einbildung abzusondern vermag, so läßt diese Verkehrtheit einen Phantasten vermuthen. Dieser Selbstbetrug in den Empfindungen ist übrigens sehr gemein, und so lange er nur mittelmäßig ist, wird er mit einer solchen Benennung verschont, obzwar, wenn eine Leidenschaft hinzukommt, dieselbe Gemüthsschwäche in wirkliche Phantasterei ausarten kann. Sonst sehen durch eine gewöhnliche Verblendung die Menschen nicht, was da ist, sondern was ihnen ihre Neigung vormalt, der Naturaliensammler im Florentinerstein Städte, der Andächtige im gefleckten Marmor die Passionsgeschichte, jene Dame durch ein Sehrohr im Monde die Schatten zweier Verliebten, ihr Pfarrer aber zwei

Kirchthürme. Der Schrecken macht aus den Strahlen des Norblichts Spieße und Schwerter und bei der Dämmerung aus einem Wegweiser ein Riesengespenst.

Die phantastische Gemüthsbeschaffenheit ist nirgend gemeiner als in der Hypochondrie. Die Chimären, welche diese Krankheit aushecket, täuschen eigentlich nicht die äußeren Sinne, sondern machen nur dem Hypochondristen ein Blendwerk von einer Empfindung seines eigenen Zustandes, entweder des Körpers oder der Seele, die größtentheils eine leere Grille ist. Der Hypochondrist hat ein Übel, das, an welchem Orte es auch seinen Hauptsitz haben mag, dennoch wahrscheinlicher Weise das Nervengewebe in allerlei Theilen des Körpers unstätig durchwandert. Es zieht aber vornehmlich einen melancholischen Dunst um den Sitz der Seele, dermaßen daß der Patient das Blendwerk fast aller Krankheiten, von denen er nur hört, an sich selbst fühlt. Er redet daher von nichts lieber als von seiner Unpäßlichkeit, lieset gerne medicinische Bücher, findet allenthalben seine eigenen Zufälle, in Gesellschaft wandelt ihn auch wohl unvermerkt seine gute Laune an, und alsdann lacht er viel, speiset gut und hat gemeiniglich das Ansehen eines gesunden Menschen. Die innere Phantasterei desselben anlangend, so bekommen die Bilder in seinem Gehirne öfters eine Stärke und Dauer, die ihm beschwerlich ist. Wenn ihm eine lächerliche Figur im Kopfe ist (ob er sie gleich selber nur für ein Bild der Phantasie erkennt), wenn diese Grille ihm ein ungeziemendes Lachen in anderer Gegenwart ablockt, ohne daß er die Ursache davon anzeigt, oder wenn allerhand finstere Vorstellungen in ihm einen gewaltsamen Trieb rege machen, irgend etwas Böses zu stiften, vor dessen Ausbruch er selbst ängstlich besorgt ist, und der gleichwohl niemals zur That kommt: alsdann hat sein Zustand viel Ähnliches mit dem eines Verrückten, allein es hat keine Noth. Das Übel ist nicht tief gewurzelt und hebt sich, in so weit es das Gemüth angeht, gemeiniglich entweder von selbst, oder durch einige Arzeneimittel. Einerlei Vorstellung wirkt nach dem verschiedenen Gemüthszustande der Menschen in ganz unterschiedlichen Graden auf die Empfindung. Es giebt daher eine Art von Phantasterei, die jemanden blos deswegen beigemessen wird, weil der Grad des Gefühls, dadurch er von gewissen Gegenständen gerührt wird, für die Mäßigung eines gesunden Kopfes ausschweifend zu sein geurtheilt wird. Auf diesen Fuß ist der Melancholicus ein Phantast in Ansehung der Übel des Lebens. Die Liebe hat überaus viel phantastische Entzückungen, und das feine Kunststück der alten Staaten bestand darin, die Bürger für die Empfindung der öffentlichen Wohlfahrt zu Phantasten zu machen. Wer durch eine moralische Empfindung als durch einen Grundsatz mehr erhitzt wird, als es andere nach ihrem matten und öfters unedlen Gefühl sich vorstellen können, ist in ihrer Vorstellung ein Phantast. Ich stelle den Aristides unter Wucherer, den Epiktet unter Hofleute und den Johann Jacob Rousseau unter die Doctoren der Sorbonne. Mich deucht, ich höre ein lautes Hohngelächter, und hundert Stimmen rufen: Welche Phantasten! Dieser zweideutige Anschein von Phantasterei in an sich guten, moralischen Empfindungen ist der Enthusiasmus, und es ist niemals ohne denselben in der Welt etwas Großes ausgerichtet worden. Ganz anders ist es mit dem Fanatiker (Visionär, Schwärmer) bewandt. Dieser ist eigentlich ein Verrückter von einer vermeinten unmittelbaren Eingebung und einer großen Vertraulichkeit mit den Mächten des Himmels. Die menschliche Natur kennt kein gefährlicheres Blendwerk. Wenn der Ausbruch davon neu ist, wenn der betrogene Mensch Talente hat und der große Haufe vorbereitet ist dieses Gährungsmittel innigst aufzunehmen, alsdann erduldet bisweilen sogar der Staat Verzuckungen. Die Schwärmerei führt den Begeisterten auf das Äußerste, den Mahomet auf den Fürstenthron und den Johann von Leyden aufs Blutgerüst. Ich kann noch in gewisser Maße zu der Verkehrtheit des Kopfes, so fern dieselbe die Erfahrungsbegriffe betrifft, das gestörte Erinnerungsvermögen zählen. Denn dieses täuscht den Elenden, der damit angefochten ist, durch eine chimärische Vorstellung, wer weiß was für eines vormaligen Zustandes, der wirklich niemals gewesen ist. Derjenige, welcher von den Gütern redet, die er ehedem besessen haben will, oder von dem Königreiche, das er gehabt hat, und sich übrigens in Ansehung seines jetzigen Zustandes nicht merklich betrügt, ist ein Verrückter in Ansehung der Erinnerung. Der bejahrte Murrkopf, welcher fest glaubt, daß in seiner Jugend die Welt viel ordentlicher und die Menschen besser gewesen wären, ist ein Phantast in Ansehung der Erinnerung.

Bis dahin nun ist in dem gestörten Kopfe die Verstandeskraft eigentlich nicht angegriffen, zum wenigsten ists nicht nothwendig, daß sie es sei; denn der Fehler steckt eigentlich nur in den Begriffen, die Urtheile selber, wenn man die verkehrte Empfindung als wahr annehmen wollte, können ganz richtig, so sogar ungemein vernünftig sein. Eine Störung des Verstandes dagegen besteht darin: daß man aus allenfalls richtigen Erfahrungen ganz verkehrt urtheilt: und von dieser Krankheit ist der erste Grad der Wahnsinn, welcher in den nächsten Urtheilen aus der Erfahrung der gemeinen Verstandesregel entgegen handelt. Der Wahnsinnige sieht oder erinnert sich der Gegenstände so richtig wie jeder Gesunde, nur er deutet gemeiniglich das Betragen anderer Menschen durch einen ungereimten Wahn auf sich aus, und glaubt daraus wer weiß was für bedenkliche Absichten lesen zu können, die jenen niemals in den Sinn kommen. Wenn man ihn hört, so sollte man glauben, die ganze Stadt beschäftige sich mit ihm. Die Marktleute, welche mit einander handeln und ihn etwa ansehen, schmieden Anschläge wider ihn, der Nachtwächter ruft ihm zum Possen, und kurz, er sieht nichts als eine allgemeine Verschwörung wider sich. Der Melancholische, welcher in Ansehung seiner traurigen oder kränkenden Vermuthungen wahnsinnig ist, ist ein Trübsinniger. Es giebt aber auch allerlei ergötzenden Wahnsinn, und die verliebte Leidenschaft schmeichelt oder quält sich mit manchen wunderlichen Deutungen, die dem Wahnsinn ähnlich sind. Ein Hochmüthiger ist in gewisser Maße ein Wahnsinniger, welcher aus dem Betragen anderer, die ihn spöttisch angaffen, schließt, daß sie ihn bewundern. Der zweite Grad des in Ansehung der oberen Erkenntnißkraft gestörten Kopfes ist eigentlich die in Unordnung gebrachte Vernunft, in so fern sie sich in eingebildeten feineren Urtheilen über allgemeine Begriffe auf eine ungereimte Art verirrt, und kann der Wahnwitz genannt werden. In dem höheren Grade dieser Störung schwärmen durch das verbrannte Gehirn allerlei angemaßte überfeine Einsichten: die erfundene Länge des Meeres, die Auslegung von Prophezeiungen, oder wer weiß was für ein Mischmasch von unkluger Kopfbrecherei. Wenn der Unglückliche hiebei zugleich die Erfahrungsurtheile vorbei geht, so heißt er aberwitzig. In dem Falle aber, daß er viele richtige Erfahrungsurtheile zum Grunde liegen habe, nur daß seine Empfindung durch die Neuigkeit und Menge der Folgen, die sein Witz ihm darbietet, dergestalt berauscht ist, daß er nicht mehr auf die Richtigkeit der Verbindung acht hat, so entspringt daraus öfters ein sehr schimmernder Anschein von Wahnwitz, welcher mit einem großen Genie zusammen bestehen kann, in so fern die langsame Vernunft den empörten Witz nicht mehr zu begleiten vermag. Der Zustand des gestörten Kopfes, der ihn gegen die äußeren Empfindungen fühllos macht, ist Unsinnigkeit; diese, so fern der Zorn darin herrscht, heißt die Raserei. Die Verzweifelung ist ein vorübergehender Unsinn eines Hoffnungslosen. Die brausende Heftigkeit eines Gestörten heißt überhaupt die Tobsucht. Der Tobsüchtige, in so fern er unsinnig ist, ist toll.

Der Mensch im Zustande der Natur kann nur wenig Thorheiten und schwerlich einiger Narrheit unterworfen sein. Seine Bedürfnisse halten ihn jederzeit nahe an der Erfahrung und geben seinem gesunden Verstande eine so leichte Beschäftigung, daß er kaum bemerkt, er habe zu seinen Handlungen Verstand nöthig. Seinen groben und gemeinen Begierden giebt die Trägheit eine Mäßigung, welche der wenigen Urtheilskraft, die er bedarf, Macht genug läßt, über sie seinem größten Vortheile gemäß zu herrschen. Wo sollte er wohl zur Narrheit Stoff hernehmen, da er, um anderer Urtheil unbekümmert, weder eitel noch aufgeblasen sein kann? Indem er von dem Werthe ungenossener Güter gar keine Vorstellung hat, so ist er vor der Ungereimtheit der filzigen Habsucht gesichert, und weil in seinen Kopf niemals einiger Witz Eingang findet, so ist er eben so wohl gegen allen Aberwitz gut verwahrt. Gleichergestalt kann die Störung des Gemüths in diesem Stande der Einfalt nur selten statt finden. Wenn das Gehirn des Wilden einigen Anstoß erlitten hätte, so weiß ich nicht, wo die Phantasterei herkommen sollte, um die gewöhnliche Empfindungen, die ihn allein unablässig beschäftigen, zu verdrängen. Welcher Wahnsinn kann ihm wohl anwandeln, da er niemals Ursache hat, sich in seinem Urtheile weit zu versteigen? Der Wahnwitz aber ist gewiß ganz und gar über seine Fähigkeit. Er wird, wenn er im Kopfe krank ist, entweder blödsinnig oder toll sein, und auch dieses muß höchst selten geschehen, denn er ist mehrentheils gesund, weil er frei ist und Bewegung hat. In der bürgerlichen Verfassung finden sich eigentlich die Gährungsmittel zu allem diesem Verderben, die, wenn sie es gleich nicht hervorbringen, gleichwohl es zu unterhalten und zu vergrößeren dienen. Der Verstand, in so fern er zu den Nothwendigkeiten und den einfältigen Vergnügungen des Lebens zureicht, ist ein gesunder Verstand, in wie fern er aber zu der gekünstelten Üppigkeit, es sei im Genusse oder in den Wissenschaften, erfordert wird, ist der feine Verstand. Der gesunde Verstand des Bürgers wäre also schon ein sehr feiner Verstand für den natürlichen Menschen, und die Begriffe, die in gewissen Ständen einen feinen Verstand voraussetzen, schicken sich nicht mehr für diejenigen, welche der Einfalt der Natur zum wenigsten in Einsichten näher sind, und machen, wenn sie zu diesen übergehen, aus ihnen gemeiniglich Narren. Der Abt Terrasson unterscheidet irgendwo die von gestörtem Gemüthe in solche, welche aus falschen Vorstellungen richtig schließen, und in diejenige, die aus richtigen Vorstellungen auf eine verkehrte Art schließen. Diese Eintheilung stimmt mit den vorgetragenen Sätzen wohl überein. Bei denen von der ersteren Art, den Phantasten, oder Verrückten, leidet der Verstand eigentlich nicht, sondern nur das Vermögen, welches in der Seele die Begriffe erweckt, deren die Urtheilskraft nachher sich bedient, um sie zu vergleichen. Diesen Kranken kann man sehr wohl Vernunfturtheile entgegensetzen, wenn gleich nicht ihr Übel zu heben, dennoch wenigstens es zu mildern. Da aber bei denen von der zweiten Art, den Wahnsinnigen und Wahnwitzigen, der Verstand selbst angegriffen ist, so ist es nicht allein thöricht mit ihnen zu vernünfteln (weil sie nicht wahnsinnig sein würden, wenn sie diese Vernunftgründe fassen könnten), sondern es ist auch höchstschädlich. Denn man giebt ihrem verkehrten Kopfe nur dadurch neuen Stoff Ungereimtheiten auszuhecken; der Widerspruch bessert sie nicht, sondern erhitzt sie, und es ist durchaus nöthig, in dem Umgange gegen sie ein kaltsinniges und gütiges Wesen anzunehmen, gleich als wenn man gar nicht bemerkte, daß ihrem Verstande etwas fehle.

Ich habe die Gebrechen der Erkenntnißkraft Krankheiten des Kopfes genannt, so wie man das Verderben des Willens eine Krankheit des Herzens nennt. Ich habe auch nur auf die Erscheinungen derselben im Gemüthe acht gehabt, ohne die Wurzel derselben ausspähen zu wollen, die eigentlich wohl im Körper liegt und zwar ihren Hauptsitz mehr in den Verdauungstheilen, als im Gehirne haben mag, wie die beliebte Wochenschrift, die unter dem Namen des Arztes allgemein bekannt ist, es im 150, 151, 152ten Stücke wahrscheinlich darthut. Ich kann mich sogar auf keinerlei Weise überreden: daß die Störung des Gemüths, wie man gemeiniglich glaubt, aus Hochmuth, Liebe, aus gar zu starkem Nachsinnen und wer weiß, was für einem Mißbrauch der Seelenkräfte entspringen solle. Dieses Urtheil, welches dem Kranken aus seinem Unglücke einen Grund zu spöttischen Vorwürfen macht, ist sehr lieblos und wird durch einen gemeinen Irrthum veranlaßt, nach welchem man Ursache und Wirkung zu verwechseln pflegt. Wenn man nur ein wenig auf die Beispiele acht hat, so wird man gewahr: daß zuerst der Körper leide, daß im Anfange, da der Keim der Krankheit sich unvermerkt entwickelt, eine zweideutige Verkehrtheit gespürt wird, die noch keine Vermuthung einer Störung des Gemüths giebt, und die sich in wunderlichen Liebesgrillen, oder einem aufgeblasenen Wesen, oder in vergeblichem tiefsinnigem Grübeln äußert. Mit der Zeit bricht die Krankheit aus und giebt Anlaß ihren Grund in dem nächstvorhergehenden Zustande des Gemüths zu setzen. Man sollte aber vielmehr sagen, der Mensch sei hochmüthig geworden, weil er schon in einigem Grade gestört war, als, er sei gestört worden, weil er so hochmüthig gewesen ist. Diese traurigen Übel, wenn sie nur nicht erblich sind, lassen noch eine glückliche Genesung hoffen, und derjenige, dessen Beistand man hiebei vornehmlich zu suchen hat, ist der Arzt. Doch möchte ich ehrenhalber den Philosophen nicht gerne ausschließen, welcher die Diät des Gemüths verordnen könnte; nur unter dem Beding, daß er hiefür, wie für seine mehrste andere Beschäftigung keine Bezahlung fordere. Zur Erkenntlichkeit würde der Arzt seinen Beistand dem Philosophen auch nicht versagen, wenn dieser bisweilen die große, aber immer vergebliche Cur der Narrheit versuchte. Er würde z. E. in der Tobsucht eines gelehrten Schreiers in Betrachtung ziehen: ob nicht katharktische Mittel, in verstärkter Dose genommen, dagegen etwas verfangen sollten. Denn da nach den Beobachtungen des Swifts ein schlecht Gedicht blos eine Reinigung des Gehirns ist, durch welches viele schädliche Feuchtigkeiten zur Erleichterung des kranken Poeten abgezogen werden, warum sollte eine elende grüblerische Schrift nicht auch dergleichen sein? In diesem Falle aber wäre es rathsam, der Natur einen andern Weg der Reinigung anzuweisen, damit das Übel gründlich und in aller Stille abgeführt werde, ohne das gemeine Wesen dadurch zu beunruhigen.

Recension

von

Silberschlags Schrift:

Theorie der am 23. Juli 1762 erschienenen Feuerkugel.

Untersuchung
über die
Deutlichkeit der Grundsätze
der
natürlichen Theologie und der Moral.

Zur
Beantwortung der Frage,
welche die
Königl. Akademie der Wissenschaften zu Berlin
auf das Jahr 1763
aufgegeben hat.

Verum animo satis haec vestigia parva sagaci
Sunt, per quae possis cognoscere caetera tute.

Magdeburg, Stendal u. Leipzig.

Hechtel und Compagnie haben verlegt: „Theorie der am 23. Julii 1762 erschienenen Feuerkugel, abgehandelt von Johann Esaias Silberschlag, Pastore an der Heiligen Geistkirche zu Magdeburg und Mitgliede der Königl. Preuß. Akademie der Wissenschaften zu Berlin. Mit Kupfern. 1764. 135 Quartseiten." Dieser ungeheure Feuerballen erleuchtete beinahe den vierten Theil von Deutschland mit einem Glanze, der das Licht des Vollmondes weit übertraf, und war zu der Zeit, als er in der scheinbaren Größe einer Sternschnuppe zuerst entdeckt wurde, nach den Beobachtungen des gelehrten Verfassers wenigstens 19 deutsche Meilen über die Erdfläche erhaben. Das prächtige Meteor durchstrich mit einer Schnelligkeit, gegen die der Flug einer Kanonenkugel nicht in Vergleichung kommt, in etwa zwei Minuten einen Raum von beinahe 80000 Toisen horizontal von dem Verticalpunkt über Röcke unweit Leipzig bis seitwärts Potsdam und Falkenreh und barst in einer Höhe von vier deutschen Meilen nach einem Fall von 15 Meilen mit einem Knalle, der spät gehört wurde und den Donner übertraf. Die Größe dieser Feuerkugel war allen diesen Erscheinungen gemäß und hielt nach unseres Verfassers geometrischer Bestimmung im Durchmesser wenigstens 3036 Pariser Fuß, d. i. mehr als die Hälfte von dem Viertheil einer deutschen Meile. Ein jeder Zuschauer der Welt, der einiger edlen Empfindung fähig ist, muß es dem gelehrten und würdigen Herrn Verfasser Dank wissen, daß er durch seine Nachforschung und Betrachtungen unseres noch wenig gekannten Luftkreises diese Riesengeburt (glänzend und erschrecklich wie bisweilen kolossische Menschen, aber auch eben so schnell verschlungen im weiten Abgrunde des Nichts) hat der Vergessenheit entreißen wollen. Die Naturforscher aber werden in den vortrefflichen Betrachtungen und Anmerkungen unseres scharfsinnigen Verfassers vielfältigen Anlaß zu neuem Unterricht und zur Erweiterung ihrer Natureinsicht antreffen. Diese Schrift besteht aus zwei Haupttheilen, deren der erstere von dem Dunstkreise, der zweite von der

Feuerkugel handelt, dem noch Beilagen von eingelaufenen Nachrichten und Wahrnehmungen angehängt sind. Da der gelehrte Herr Pastor in der gemeinen Theorie vom Dunstkreise keine Befriedigung findet, so trägt er seine eigene Gedanken davon vor und sieht sich genöthigt, einen den Naturforschern ungewöhnlichen Schwung bis auf die Höhen der Metaphysik zu nehmen. Er sucht durch Gründe, welche von viel Bedeutung, aber nicht gnugsam ausgewickelt scheinen, darzuthun: daß die Gegenwart der körperlichen Substanzen im Raume eigentlich eine Sphäre der Wirksamkeit sei, die ihren dynamischen Umkreis und Mittelpunkt hat. Aus der Verschiedenheit dieser Sphären und der Kräfte, die darin wirken, nach dem Unterschiede der Substanzen leitet er die Spannkraft, die Verdichtung, die Zitterung der Luft und des Äthers, den Schall, den Ton, Licht, Farben und Wärme, imgleichen auch die Anziehung der Materien her. Alles dieses wird im ersten Abschnitte des ersten Theils auf die Luft und ihre Veränderungen angewandt. Im zweiten Abschnitte wird das Luftmeer als ein Dunstkreis betrachtet und außer verschiedenen beträchtlichen Anmerkungen über Dämpfe, Nebel, Wolken und Regen eine neue Eintheilung der Luftregionen vorgetragen. Die erste ist die Staub-Atmosphäre, darauf folgt die wässerichte, die schon weit höher reicht, dann die schleimichte und phosphorescirende, welche öhlichte, harzige und gummichte Theile enthält und die Werkstatt der Sternschnuppen, der Feuerkugeln und fliegenden Drachen ist; zuletzt die geistige Atmosphäre, welche sich bis an die Grenze des Luftkreises ausbreitet, worin die weit erstreckte Luftfeuer, wie die Nordlichter, erzeugt werden. Allenthalben trifft man neue und sehr wahrscheinliche Vermuthungen an, welche wohl verdienen mit den Erscheinungen, die schon bekannt sind, oder noch beobachtet werden sollten, mehrmals verglichen zu werden. Der zweite Theil handelt in drei Abschnitten von der Bahn, der Erzeugung und dem Nutzen dieses Meteors. Die drei Kupferplatten erläutern die Theorie, die Gestalt und den Weg, den dieser Feuerklumpe genommen hat. Die rühmliche Achtsamkeit des würdigen Herrn Pastors auf die an Wundern reiche Natur giebt der studirenden Jugend, die sich zu geistlichen Ämtern geschickt macht, einen Wink, das vor ihren Augen weit aufgeschlagene große Buch der Schöpfung bei Zeiten lesen zu lernen und auch anderen den Verstand der darin enthaltenen Geheimnisse bereinst erleichtern zu können. Kostet in der Kanterischen Buchhandlung allhier wie auch in Elbing und Mitau 3 fl.

Einleitung.

Die vorgelegte Frage ist von der Art, daß, wenn sie gehörig aufgelöset wird, die höhere Philosophie dadurch eine bestimmte Gestalt bekommen muß. Wenn die Methode fest steht, nach der die höchstmögliche Gewißheit in dieser Art der Erkenntniß kann erlangt werden, und die Natur dieser Überzeugung wohl eingesehen wird, so muß an statt des ewigen Unbestands der Meinungen und Schulsecten eine unwandelbare Vorschrift der Lehrart die denkende Köpfe zu einerlei Bemühungen vereinbaren; so wie Newtons Methode in der Naturwissenschaft die Ungebundenheit der physischen Hypothesen in ein sicheres Verfahren nach Erfahrung und Geometrie veränderte. Welche Lehrart wird aber diese Abhandlung selber haben sollen, in welcher der Metaphysik ihr wahrer Grad der Gewißheit sammt dem Wege, auf welchem man dazu gelangt, soll gewiesen werden? Ist dieser Vortrag wiederum Metaphysik, so ist das Urtheil desselben eben so unsicher, als die Wissenschaft bis dahin gewesen ist, welche dadurch hofft einigen Bestand und Festigkeit zu bekommen, und es ist alles verloren. Ich werde daher sichere Erfahrungssätze und daraus gezogene unmittelbare Folgerungen den ganzen Inhalt meiner Abhandlung sein lassen. Ich werde mich weder auf die Lehren der Philosophen, deren Unsicherheit eben die Gelegenheit zu gegenwärtiger Aufgabe ist, noch auf Definitionen, die so oft trügen, verlassen. Die Methode, deren ich mich bediene, wird einfältig und behutsam sein. Einiges, welches man noch unsicher finden möchte, wird von der Art sein, daß es nur zur Erläuterung, nicht aber zum Beweise gebraucht wird.

Erste Betrachtung.

Allgemeine Vergleichung der Art zur Gewißheit im mathe=
matischen Erkenntnisse zu gelangen mit der im philosophischen.

§ 1.

**Die Mathematik gelangt zu allen ihren Definitionen
synthetisch, die Philosophie aber analytisch.**

Man kann zu einem jeden allgemeinen Begriffe auf zweierlei Wege
kommen, entweder durch die willkürliche Verbindung der Begriffe,
oder durch Absonderung von demjenigen Erkenntnisse, welches durch Zer=
gliederung ist deutlich gemacht worden. Die Mathematik faßt niemals
anders Definitionen ab als auf die erstere Art. Man gedenkt sich z. E.
willkürlich vier gerade Linien, die eine Ebene einschließen, so daß die ent=
gegenstehende Seiten nicht parallel sind, und nennt diese Figur ein Tra=
pezium. Der Begriff, den ich erkläre, ist nicht vor der Definition gegeben,
sondern er entspringt allererst durch dieselbe. Ein Kegel mag sonst be=
deuten, was er wolle; in der Mathematik entsteht er aus der willkürlichen
Vorstellung eines rechtwinklichten Triangels, der sich um eine Seite dreht.
Die Erklärung entspringt hier und in allen andern Fällen offenbar durch
die Synthesin.

Mit den Definitionen der Weltweisheit ist es ganz anders bewandt.
Es ist hier der Begriff von einem Dinge schon gegeben, aber verworren
oder nicht genugsam bestimmt. Ich muß ihn zergliedern, die abgeson=
derte Merkmale zusammen mit dem gegebenen Begriffe in allerlei Fällen
vergleichen und diesen abstracten Gedanken ausführlich und bestimmt
machen. Jedermann hat z. E. einen Begriff von der Zeit; dieser soll er=

klärt werden. Ich muß diese Idee in allerlei Beziehungen betrachten, um Merkmale derselben durch Zergliederung zu entdecken, verschiedene abstrahirte Merkmale verknüpfen, ob sie einen zureichenden Begriff geben, und unter einander zusammenhalten, ob nicht zum Theil eins die andre in sich schließe. Wollte ich hier synthetisch auf eine Definition der Zeit zu kommen suchen, welch ein glücklicher Zufall müßte sich ereignen, wenn dieser Begriff gerade derjenige wäre, der die uns gegebene Idee völlig ausdrückte!

Indessen, wird man sagen, erklären die Philosophen bisweilen auch synthetisch und die Mathematiker analytisch: z. E. wenn der Philosoph eine Substanz mit dem Vermögen der Vernunft sich willkürlicher Weise gedenkt und sie einen Geist nennt. Ich antworte aber: dergleichen Bestimmungen einer Wortbedeutung sind niemals philosophische Definitionen, sondern wenn sie ja Erklärungen heißen sollen, so sind es nur grammatische. Denn dazu gehört gar nicht Philosophie, um zu sagen, was für einen Namen ich einem willkürlichen Begriffe will beigelegt wissen. Leibniz dachte sich eine einfache Substanz, die nichts als dunkle Vorstellungen hätte, und nannte sie eine schlummernde Monade. Hier hatte er nicht diese Monas erklärt, sondern erdacht; denn der Begriff derselben war ihm nicht gegeben, sondern von ihm erschaffen worden. Die Mathematiker haben dagegen bisweilen analytisch erklärt, ich gestehe es, aber es ist auch jederzeit ein Fehler gewesen. So hat Wolff die Ähnlichkeit in der Geometrie mit philosophischem Auge erwogen, um unter dem allgemeinen Begriffe derselben auch die in der Geometrie vorkommende zu befassen. Er hätte es immer können unterwegens lassen; denn wenn ich mir Figuren denke, in welchen die Winkel, die die Linien des Umkreises einschließen, gegenseitig gleich sind, und die Seiten, die sie einschließen, einerlei Verhältniß haben, so kann dieses allemal als die Definition der Ähnlichkeit der Figuren angesehen werden, und so mit den übrigen Ähnlichkeiten der Räume. Dem Geometra ist an der allgemeinen Definition der Ähnlichkeit überhaupt gar nichts gelegen. Es ist ein Glück für die Mathematik, daß, wenn bisweilen durch eine übelverstandene Obliegenheit der Meßkünstler sich mit solchen analytischen Erklärungen einläßt, doch in der That bei ihm nichts daraus gefolgert wird, oder auch seine nächste Folgerungen im Grunde die mathematische Definition ausmachen; sonst würde diese Wissenschaft eben demselben unglücklichen Zwiste ausgesetzt sein als die Weltweisheit.

Der Mathematiker hat mit Begriffen zu thun, die öfters noch einer philosophischen Erklärung fähig sind wie z. E. mit dem Begriffe vom

Raume überhaupt. Allein er nimmt einen solchen Begriff als gegeben nach seiner klaren und gemeinen Vorstellung an. Bisweilen werden ihm philosophische Erklärungen aus andern Wissenschaften gegeben, vornehmlich in der angewandten Mathematik, z. E. die Erklärung der Flüssigkeit. Allein alsdann entspringt dergleichen Definition nicht in der Mathematik, sondern wird daselbst nur gebraucht. Es ist das Geschäfte der Weltweisheit, Begriffe, die als verworren gegeben sind, zu zergliedern, ausführlich und bestimmt zu machen, der Mathematik aber, gegebene Begriffe von Größen, die klar und sicher sind, zu verknüpfen und zu vergleichen, um zu sehen, was hieraus gefolgert werden könne.

§ 2.

Die Mathematik betrachtet in ihren Auflösungen, Beweisen und Folgerungen das Allgemeine unter den Zeichen in concreto, die Weltweisheit das Allgemeine durch die Zeichen in abstracto.

Da wir hier unsere Sätze nur als unmittelbare Folgerungen aus Erfahrungen abhandeln, so berufe ich mich wegen des gegenwärtigen zuerst auf die Arithmetik, sowohl die allgemeine von den unbestimmten Größen, als diejenige von den Zahlen, wo das Verhältniß der Größe zur Einheit bestimmt ist. In beiden werden zuerst anstatt der Sachen selbst ihre Zeichen mit den besondern Bezeichnungen ihrer Vermehrung oder Verminderung, ihrer Verhältnisse u. s. w. gesetzt und hernach mit diesen Zeichen nach leichten und sichern Regeln verfahren durch Versetzung, Verknüpfung oder Abziehen und mancherlei Veränderung, so daß die bezeichnete Sachen selbst hiebei gänzlich aus den Gedanken gelassen werden, bis endlich beim Beschlusse die Bedeutung der symbolischen Folgerung entziffert wird. Zweitens, in der Geometrie, um z. E. die Eigenschaften aller Zirkel zu erkennen, zeichnet man einen, in welchem man statt aller möglichen sich innerhalb demselben schneidenden Linien zwei zieht. Von diesen beweiset man die Verhältnisse und betrachtet in denselben die allgemeine Regel der Verhältnisse der sich in allen Zirkeln durchkreuzenden Linien in concreto.

Vergleicht man hiemit das Verfahren der Weltweisheit, so ist es davon gänzlich unterschieden. Die Zeichen der philosophischen Betrachtung sind niemals etwas anders als Worte, die weder in ihrer Zusammensetzung die Theilbegriffe, woraus die ganze Idee, welche das Wort andeutet,

besteht, anzeigen, noch in ihren Verknüpfungen die Verhältnisse der philo=
sophischen Gedanken zu bezeichnen vermögen. Daher man bei jedem Nach=
denken in dieser Art der Erkenntniß die Sache selbst vor Augen haben muß
und genöthigt ist, sich das Allgemeine in abstracto vorzustellen, ohne dieser
wichtigen Erleichterung sich bedienen zu können, daß man einzelne Zeichen
statt der allgemeinen Begriffe der Sachen selbst behandle. Wenn z. E. der
Meßkünstler darthun will, daß der Raum ins unendliche theilbar sei, so
nimmt er etwa eine gerade Linie, die zwischen zwei Parallelen senkrecht
steht, und zieht aus einem Punkt einer dieser gleichlaufenden Linien andere,
die solche schneiden. Er erkennt an diesem Symbolo mit größter Gewiß=
heit, daß die Zertheilung ohne Ende fortgehen müsse. Dagegen wenn der
Philosoph etwa darthun will, daß ein jeder Körper aus einfachen Sub=
stanzen bestehe, so wird er sich erstlich versichern, daß er überhaupt ein
Ganzes aus Substanzen sei, daß bei diesen die Zusammensetzung ein zu=
fälliger Zustand sei, ohne den sie gleichwohl existiren können, daß mithin
alle Zusammensetzung in einem Körper in Gedanken könne aufgehoben
werden, so doch, daß die Substanzen, daraus er besteht, existiren; und da
dasjenige, was von einem Zusammengesetzten bleibt, wenn alle Zusam=
mensetzung überhaupt aufgehoben worden, einfach ist, daß der Körper aus
einfachen Substanzen bestehen müsse. Hier können weder Figuren noch
sichtbare Zeichen die Gedanken noch deren Verhältnisse ausdrücken, auch
läßt sich keine Versetzung der Zeichen nach Regeln an die Stelle der ab=
stracten Betrachtung setzen, so daß man die Vorstellung der Sachen selbst
in diesem Verfahren mit der kläreren und leichteren der Zeichen vertauschte,
sondern das Allgemeine muß in abstracto erwogen werden.

§ 3.

**In der Mathematik sind nur wenig unauflösliche Begriffe
und unerweisliche Sätze, in der Philosophie aber unzählige.**

Der Begriff der Größe überhaupt, der Einheit, der Menge, des
Raums u. s. w. sind zum mindesten in der Mathematik unauflöslich, näm=
lich ihre Zergliederung und Erklärung gehört gar nicht für diese Wissen=
schaft. Ich weiß wohl, daß manche Meßkünstler die Grenzen der Wissen=
schaften vermengen und in der Größenlehre bisweilen philosophiren wollen,
weswegen sie dergleichen Begriffe noch zu erklären suchen, obgleich die
Definition in solchem Falle gar keine mathematische Folge hat. Allein es

ist gewiß, daß ein jeder Begriff in Ansehung einer Disciplin unauflöslich ist, der, er mag sonst können erklärt werden oder nicht, es in dieser Wissenschaft wenigstens nicht bedarf. Und ich habe gesagt, daß deren in der Mathematik nur wenige wären. Ich gehe aber noch weiter und behaupte, daß eigentlich gar keine in ihr vorkommen können, nämlich in dem Verstande: daß ihre Erklärung durch Zergliederung der Begriffe zur mathematischen Erkenntniß gehörte; gesetzt, daß sie auch sonst möglich wäre. Denn die Mathematik erklärt niemals durch Zergliederung einen gegebenen Begriff, sondern durch willkürliche Verbindung ein Object, dessen Gedanke eben dadurch zuerst möglich wird.

Vergleicht man hiemit die Weltweisheit, welcher Unterschied leuchtet da in die Augen? In allen ihren Disciplinen, vornehmlich in der Metaphysik ist eine jede Zergliederung, die geschehen kann, auch nöthig, denn sowohl die Deutlichkeit der Erkenntniß als die Möglichkeit sicherer Folgerungen hängt davon ab. Allein man sieht gleich zum voraus, daß es unvermeidlich sei, in der Zergliederung auf unauflösliche Begriffe zu kommen, die es entweder an und für sich selbst oder für uns sein werden, und daß es deren ungemein viel geben werde, nachdem es unmöglich ist, daß allgemeine Erkenntnisse von so großer Mannigfaltigkeit nur aus wenigen Grundbegriffen zusammengesetzt sein sollten. Daher viele beinahe gar nicht aufgelöset werden können, z. E. der Begriff einer Vorstellung, das Neben einander oder Nach einander sein, andere nur zum Theil, wie der Begriff vom Raume, von der Zeit, von dem mancherlei Gefühle der menschlichen Seele, dem Gefühl des Erhabenen, des Schönen, des Ekelhaften u. s. w., ohne deren genaue Kenntniß und Auflösung die Triebfedern unserer Natur nicht genug bekannt sind, und wo gleichwohl ein sorgfältiger Aufmerker gewahr wird, daß die Zergliederung bei weitem nicht zulänglich sei. Ich gestehe, daß die Erklärungen von der Lust und Unlust, der Begierde und dem Abscheu und dergleichen unzählige niemals durch hinreichende Auflösungen sind geliefert worden, und ich wundere mich über diese Unauflöslichkeit nicht. Denn bei Begriffen von so verschiedener Art müssen wohl unterschiedliche Elementarbegriffe zum Grunde liegen. Der Fehler, den einige begangen haben, alle dergleichen Erkenntnisse als solche zu behandeln, die in einige wenige einfache Begriffe insgesammt sich zerlegen ließen, ist demjenigen ähnlich, darin die alten Naturlehrer fielen: daß alle Materie der Natur aus den sogenannten vier Elementen bestehe, welcher Gedanke durch bessere Beobachtung ist aufgehoben worden.

1. Betrachtung.

Ferner liegen in der Mathematik nur wenig unerweisliche Sätze zum Grunde, welche, wenn sie gleich anderwärts noch eines Beweises fähig wären, dennoch in dieser Wissenschaft als unmittelbar gewiß angesehen werden: Das Ganze ist allen Theilen zusammen genommen gleich; zwischen zwei Punkten kann nur eine gerade Linie sein u. s. w. Dergleichen Grundsätze sind die Mathematiker gewohnt im Anfange ihrer Disciplinen aufzustellen, damit man gewahr werde, daß keine andere als so augenscheinliche Sätze gerade zu als wahr vorausgesetzt werden, alles übrige aber strenge bewiesen werde.

Vergleicht man hiermit die Weltweisheit und namentlich die Metaphysik, so möchte ich nur gerne eine Tafel von den unerweislichen Sätzen, die in diesen Wissenschaften durch ihre ganze Strecke zum Grunde liegen, aufgezeichnet sehen. Sie würde gewiß einen Plan ausmachen, der unermeßlich wäre; allein in der Aufsuchung dieser unerweislichen Grundwahrheiten besteht das wichtigste Geschäfte der höhern Philosophie, und diese Entdeckungen werden niemals ein Ende nehmen, so lange sich eine solche Art der Erkenntniß erweitern wird. Denn welches Object es auch sei, so sind diejenige Merkmale, welche der Verstand an ihm zuerst und unmittelbar wahrnimmt, die Data zu eben so viel unerweislichen Sätzen, welche denn auch die Grundlage ausmachen, woraus die Definitionen können erfunden werden. Ehe ich noch mich anschicke zu erklären, was der Raum sei, so sehe ich deutlich ein, daß, da mir dieser Begriff gegeben ist, ich zuvörderst durch Zergliederung diejenige Merkmale, welche zuerst und unmittelbar hierin gedacht werden, aufsuchen müsse. Ich bemerke demnach, daß darin vieles außerhalb einander sei, daß dieses Viele nicht Substanzen seien, denn ich will nicht die Dinge im Raume, sondern den Raum selber erkennen, daß der Raum nur drei Abmessungen haben könne u. s. w. Dergleichen Sätze lassen sich wohl erläutern, indem man sie in concreto betrachtet, um sie anschauend zu erkennen; allein sie lassen sich niemals beweisen. Denn woraus sollte dieses auch geschehen können, da sie die erste und einfachste Gedanken ausmachen, die ich von meinem Objecte nur haben kann, wenn ich ihn anfange zu gedenken? In der Mathematik sind die Definitionen der erste Gedanke, den ich von dem erklärten Dinge haben kann, darum weil mein Begriff des Objects durch die Erklärung allererst entspringt, und da ist es schlechterdings ungereimt, sie als erweislich anzusehen. In der Weltweisheit, wo mir der Begriff der Sache, die ich erklären soll, gegeben ist, muß dasjenige, was unmittelbar und zuerst in ihm wahrgenommen wird, zu einem unerweislichen Grundurtheile dienen. Denn da ich den ganzen deutlichen Begriff der Sache noch nicht habe, sondern allererst suche, so kann er aus diesem Begriffe so gar nicht bewiesen werden, daß er vielmehr dazu dient, diese deutliche Erkenntniß und Definition dadurch zu erzeugen. Also werde ich erste Grundurtheile vor aller philosophischen Erklärung der Sachen haben müssen, und es kann hiebei nur der Fehler vorgehen, daß ich dasjenige für ein uranfängliches Merkmal ansehe, was noch ein abgeleitetes ist. In der folgenden Betrachtung werden Dinge vorkommen, die dieses außer Zweifel setzen werden.

§ 4.
Das Object der Mathematik ist leicht und einfältig, der Philosophie aber schwer und verwickelt.

Da die Größe den Gegenstand der Mathematik ausmacht, und in Betrachtung derselben nur darauf gesehen wird, wie vielmal etwas gesetzt sei, so leuchtet deutlich in die Augen, daß diese Erkenntniß auf wenigen und sehr klaren Grundlehren der allgemeinen Größenlehre (welches eigentlich die allgemeine Arithmetik ist) beruhen müsse. Man sieht auch daselbst die Vermehrung und Verminderung der Größen, ihre Zerfällung in gleiche Factoren bei der Lehre von den Wurzeln aus einfältigen und wenig Grundbegriffen entspringen. Einige wenige Fundamentalbegriffe vom Raume vermitteln die Anwendung dieser allgemeinen Größenkenntniß auf die Geometrie. Man darf zum Beispiel nur die leichte Faßlichkeit eines arithmetischen Gegenstandes, der eine ungeheure Vielheit in sich begreift, mit der viel schwereren Begreiflichkeit einer philosophischen Idee, darin man nur wenig zu erkennen sucht, zusammenhalten, um sich davon zu überzeugen. Das Verhältniß einer Trillion zur Einheit wird ganz deutlich verstanden, indessen daß die Weltweisen den Begriff der Freiheit aus ihren Einheiten, d. i. ihren einfachen und bekannten Begriffen, noch bis jetzt nicht haben verständlich machen können. Das ist: der Qualitäten, die das eigentliche Objekt der Philosophie ausmachen, sind unendlich vielerlei, deren Unterscheidung überaus viel erfordert; imgleichen ist es weit schwerer, durch Zergliederung verwickelte Erkenntnisse aufzulösen, als durch die Synthesin gegebene einfache Erkenntnisse zu verknüpfen und so auf Folgerungen zu kommen. Ich weiß, daß es viele giebt, welche die Weltweisheit in Vergleichung mit der höhern Mathesis sehr leicht finden. Allein diese

nennen alles Weltweisheit, was in den Büchern steht, welche diesen Titel führen. Der Unterschied zeigt sich durch den Erfolg. Die philosophischen Erkenntnisse haben mehrentheils das Schicksal der Meinungen und sind wie die Meteoren, deren Glanz nichts für ihre Dauer verspricht. Sie ver=
5 schwinden, aber die Mathematik bleibt. Die Metaphysik ist ohne Zweifel die schwerste unter allen menschlichen Einsichten; allein es ist noch niemals eine geschrieben worden. Die Aufgabe der Akademie zeigt, daß man Ur= sache habe, sich nach dem Wege zu erkundigen, auf welchem man sie aller= erst zu suchen gedenkt.

10 **Zweite Betrachtung.**

Die einzige Methode, zur höchstmöglichen Gewißheit in der Metaphysik zu gelangen.

Die Metaphysik ist nichts anders als eine Philosophie über die ersten Gründe unseres Erkenntnisses; was demnach in der vorigen Be=
15 trachtung von der mathematischen Erkenntniß in Vergleichung mit der Philosophie dargethan worden, das wird auch in Beziehung auf die Me= taphysik gelten. Wir haben namhafte und wesentliche Unterschiede gesehen, die zwischen der Erkenntniß in beiden Wissenschaften anzutreffen sind, und in Betracht dessen kann man mit dem Bischof Warburton sagen: daß
20 nichts der Philosophie schädlicher gewesen sei als die Mathematik, nämlich die Nachahmung derselben in der Methode zu denken, wo sie unmöglich kann gebraucht werden; denn was die Anwendung derselben in den Theilen der Weltweisheit anlangt, wo die Kenntniß der Größen vorkommt, so ist dieses etwas ganz anders, und die Nutzbarkeit davon ist unermeßlich.
25 In der Mathematik fange ich mit der Erklärung meines Objects, z. E. eines Triangels, Zirkels u. s. w., an, in der Metaphysik muß ich nie= mals damit anfangen, und es ist so weit gefehlt, daß die Definition hier das erste sei, was ich von dem Dinge erkenne, daß sie vielmehr fast jeder= zeit das letzte ist. Nämlich in der Mathematik habe ich ehe gar keinen
30 Begriff von meinem Gegenstande, bis die Definition ihn giebt; in der Metaphysik habe ich einen Begriff, der mir schon gegeben worden, obzwar verworren, ich soll den deutlichen, ausführlichen und bestimmten davon aufsuchen. Wie kann ich denn davon anfangen? Augustinus sagte: Ich weiß wohl, was die Zeit sei, aber wenn mich jemand frägt, weiß ichs nicht.

Hier müssen viel Handlungen der Entwicklung dunkler Ideen, der Vergleichung, Unterordnung und Einschränkung vor sich gehen, und ich getraue mir zu sagen: daß, ob man gleich viel Wahres und Scharfsinniges von der Zeit gesagt hat, dennoch die Realerklärung derselben niemals gegeben worden; denn was die Namenerklärung anlangt, so hilft sie uns wenig oder nichts, denn auch ohne sie versteht man dieses Wort genug, um es nicht zu verwechseln. Hätte man so viele richtige Definitionen, als in Büchern unter diesem Namen vorkommen, mit welcher Sicherheit würde man nicht schließen und Folgerungen daraus ableiten können! Allein die Erfahrung lehrt das Gegentheil.

In der Philosophie und namentlich in der Metaphysik kann man oft sehr viel von einem Gegenstande deutlich und mit Gewißheit erkennen, auch sichere Folgerungen daraus ableiten, ehe man die Definition desselben besitzt, auch selbst dann, wenn man es gar nicht unternimmt, sie zu geben. Von einem jeden Dinge können mir nämlich verschiedene Prädicate unmittelbar gewiß sein, ob ich gleich deren noch nicht genug kenne, um den ausführlich bestimmten Begriff der Sache, d. i. die Definition, zu geben. Wenn ich gleich niemals erklärte, was eine Begierde sei, so würde ich doch mit Gewißheit sagen können, daß eine jede Begierde eine Vorstellung des Begehrten voraussetze, daß diese Vorstellung eine Vorhersehung des Künftigen sei, daß mit ihr das Gefühl der Lust verbunden sei u. s. w. Alles dieses nimmt ein jeder in dem unmittelbaren Bewußtsein der Begierde beständig wahr. Aus dergleichen verglichenen Bemerkungen könnte man vielleicht endlich auf die Definition der Begierde kommen. Allein so lange auch ohne sie dasjenige, was man sucht, aus einigen unmittelbar gewissen Merkmalen desselben Dinges kann gefolgert werden, so ist es unnöthig, eine Unternehmung, die so schlüpfrig ist, zu wagen. In der Mathematik ist dieses, wie man weiß, ganz anders.

In der Mathematik ist die Bedeutung der Zeichen sicher, weil man sich leichtlich bewußt werden kann, welche man ihnen hat ertheilen wollen. In der Philosophie überhaupt und der Metaphysik insonderheit haben die Worte ihre Bedeutung durch den Redegebrauch, außer in so fern sie ihnen durch logische Einschränkung genauer ist bestimmt worden. Weil aber bei sehr ähnlichen Begriffen, die dennoch eine ziemliche Verschiedenheit versteckt enthalten, öfters einerlei Worte gebraucht werden, so muß man hier bei jedesmaliger Anwendung des Begriffs, wenn gleich die Benennung desselben nach dem Redegebrauch sich genau zu schicken scheint, mit großer Behutsamkeit Acht haben, ob es auch wirklich einerlei Begriff sei, der hier mit eben demselben Zeichen verbunden worden. Wir sagen: ein Mensch unterscheidet das Gold vom Messing, wenn er erkennt, daß in einem Metalle z. E. nicht diejenige Dichtigkeit sei, die in dem andern ist. Man sagt außerdem: das Vieh unterscheidet ein Futter vom andern, wenn es das eine verzehrt und das andre liegen läßt. Hier wird in beiden Fällen das Wort: unterscheiden, gebraucht, ob es gleich im erstern Falle so viel heißt, als: den Unterschied erkennen, welches niemals geschehen kann, ohne zu urtheilen; im zweiten aber nur anzeigt, daß bei unterschiedlichen Vorstellungen unterschiedlich gehandelt wird, wo eben nicht nöthig ist, daß ein Urtheil vorgehe. Wie wir denn am Viehe nur gewahr werden, daß es durch verschiedene Empfindungen zu verschiedenen Handlungen getrieben werde, welches ganz wohl möglich ist, ohne daß es im mindesten über die Übereinstimmung oder Verschiedenheit urtheilen darf.

Aus allem diesem fließen die Regeln derjenigen Methode, nach welcher die höchstmögliche metaphysische Gewißheit einzig und allein kann erlangt werden, ganz natürlich. Sie sind von denen sehr verschieden, die man bis daher befolgt hat, und verheißen einen dermaßen glücklichen Ausgang, wenn man sie zur Anwendung bringen wird, dergleichen man auf einem andern Wege niemals hat erwarten können. Die erste und vornehmste Regel ist diese: daß man ja nicht von Erklärungen anfange, es müßte denn etwa blos die Worterklärung gesucht werden, z. E.: nothwendig ist, dessen Gegentheil unmöglich ist. Aber auch da sind nur wenig Fälle, wo man so zuversichtlich den deutlich bestimmten Begriff gleich zu Anfange festsetzen kann. Vielmehr suche man in seinem Gegenstande zuerst dasjenige mit Sorgfalt auf, dessen man von ihm unmittelbar gewiß ist, auch ehe man die Definition davon hat. Man ziehe daraus Folgerungen und suche hauptsächlich nur wahre und ganz gewisse Urtheile von dem Objecte zu erwerben, auch ohne sich noch auf eine verhoffte Erklärung Staat zu machen, welche man niemals wagen, sondern dann, wenn sie sich aus den augenscheinlichsten Urtheilen deutlich darbietet, allererst einräumen muß. Die zweite Regel ist: daß man die unmittelbare Urtheile von dem Gegenstande in Ansehung desjenigen, was man zuerst in ihm mit Gewißheit antrifft, besonders auszeichnet und, nachdem man gewiß ist, daß das eine in dem andern nicht enthalten sei, sie so wie die Axiomen der Geometrie als die Grundlage zu allen Folgerungen voranschickt. Hieraus folgt, daß man in den Betrachtungen der Metaphysik jederzeit dasjenige besonders auszeichne, was man gewiß weiß, wenn es auch wenig wäre, obgleich man auch Versuche von ungewissen Erkenntnissen machen kann, um zu sehen, ob sie nicht auf die Spur der gewissen Erkenntniß führen dürften, so doch, daß man sie nicht mit den ersteren vermengt. Ich führe die andre Verhaltungsregeln nicht an, die diese Methode mit jeder andern vernünftigen gemein hat, und schreite nur dazu, sie durch Beispiele deutlich zu machen.

Die ächte Methode der Metaphysik ist mit derjenigen im Grunde einerlei, die Newton in die Naturwissenschaft einführte, und die daselbst von so nutzbaren Folgen war. Man soll, heißt es daselbst, durch sichere Erfahrungen, allenfalls mit Hülfe der Geometrie die Regeln aufsuchen, nach welchen gewisse Erscheinungen der Natur vorgehen. Wenn man gleich den ersten Grund davon in den Körpern nicht einsieht, so ist gleichwohl gewiß, daß sie nach diesem Gesetze wirken, und man erklärt die verwickelte Naturbegebenheiten, wenn man deutlich zeigt, wie sie unter diesen wohlerwiesenen Regeln enthalten seien. Eben so in der Metaphysik: suchet durch sichere innere Erfahrung, d. i. ein unmittelbares augenscheinliches Bewußtsein, diejenige Merkmale auf, die gewiß im Begriffe von irgend einer allgemeinen Beschaffenheit liegen, und ob ihr gleich das ganze Wesen der Sache nicht kennet, so könnt ihr euch doch derselben sicher bedienen, um vieles in dem Dinge daraus herzuleiten.

Beispiel
der einzig sichern Methode der Metaphysik an der Erkenntniß der Natur der Körper.

Ich beziehe mich um der Kürze willen auf einen Beweis, der in der ersten Betrachtung am Ende des zweiten §phs mit wenigem angezeigt wird, um den Satz zuerst hier zum Grunde zu legen: daß ein jeder Körper aus einfachen Substanzen bestehen müsse. Ohne daß ich ausmache, was ein Körper sei, weiß ich doch gewiß, daß er aus Theilen besteht, die existiren würden, wenn sie gleich nicht verbunden wären; und wenn der Begriff einer Substanz ein abstrahirter Begriff ist, so ist er es ohne Zweifel von den körperlichen Dingen der Welt. Allein es ist auch nicht einmal nöthig, sie Substanzen zu nennen, genug, daß hieraus mit größter Gewißheit gefolgert werden kann, ein Körper bestehe aus einfachen Theilen, wovon die augenscheinliche Zergliederung leicht, aber hier zu weitläuftig ist. Nun kann ich vermittelst untrüglicher Beweise der Geometrie darthun, daß der Raum nicht aus einfachen Theilen bestehe, wovon die Argumente genugsam bekannt sind. Demnach ist eine bestimmte Menge der Theile eines jeden Körpers, die alle einfach sind, und eine gleiche Menge Theile des Raums, den er einnimmt, die alle zusammengesetzt sind. Hieraus folgt, daß ein jeder einfache Theil (Element) im Körper einen Raum einnehme. Frage ich nun: was heißt einen Raum einnehmen?, so werde ich, ohne mich um das Wesen des Raums zu bekümmern, inne, daß, wenn ein Raum von jedem Dinge durchdrungen werden kann, ohne daß etwas da ist, das da widersteht, man allenfalls, wenn es beliebte, sagen möchte, es wäre etwas in diesem Raume, niemals aber, dieser Raum werde wovon eingenommen. Woraus ich erkenne: daß ein Raum wovon eingenommen ist, wenn etwas da ist, was einem bewegten Körper widersteht bei der Bestrebung in denselben einzudringen. Dieser Widerstand aber ist die Undurchdringlichkeit. Demnach nehmen die Körper den Raum ein durch Undurchdringlichkeit. Es ist aber die Impenetrabilität eine Kraft. Denn sie äußert einen Widerstand, d. i. eine einer äußern Kraft entgegengesetzte Handlung. Und die Kraft, die einem Körper zukommt, muß seinen einfachen Theilen zukommen. Demnach erfüllen die Elemente eines jeden Körpers ihren Raum durch die Kraft der Undurchdringlichkeit. Ich frage aber ferner, ob denn die ersten Elemente darum nicht ausgedehnt sind, weil ein jegliches im Körper einen Raum erfüllt? Hier kann ich einmal eine Erklärung anbringen, die unmittelbar gewiß ist, nämlich: dasjenige ist ausgedehnt, was für sich (absolute) gesetzt einen Raum erfüllt, so wie ein jeder einzelne Körper, wenn ich gleich mir vorstelle, daß sonst außer ihm nichts wäre, einen Raum erfüllen würde. Allein betrachte ich ein schlechterdings einfaches Element, so ist, wenn es allein (ohne Verknüpfung mit andern) gesetzt wird, unmöglich, daß in ihm vieles sich außerhalb einander befände, und es absolute einen Raum einnehme. Daher kann es nicht ausgedehnt sein. Da aber eine gegen viel äußerliche Dinge angewandte Kraft der Undurchdringlichkeit die Ursache ist, daß das Element einen Raum einnimmt, so sehe ich, daß daraus wohl eine Vielheit in seiner äußern Handlung, aber keine Vielheit in Ansehung innerer Theile fließe, mithin es darum nicht ausgedehnt sei, weil es in dem Körper (in nexu cum aliis) einen Raum einnimmt.

Ich will noch einige Worte darauf verwenden, um es augenscheinlich zu machen, wie seicht die Beweise der Metaphysiker seien, wenn sie aus ihrer einmal zum Grunde gelegten Erklärung der Gewohnheit gemäß getrost Schlüsse machen, welche verloren sind, so bald die Definition trügt. Es ist bekannt: daß die meisten Newtonianer noch weiter als Newton gehen und behaupten, daß die Körper einander auch in der Entfernung unmittelbar (oder, wie sie es nennen, durch den leeren Raum) anziehen. Ich lasse die Richtigkeit dieses Satzes, der gewiß viel Grund für sich hat, dahin gestellt sein. Allein ich behaupte, daß die Metaphysik zum mindesten ihn nicht widerlegt habe. Zuerst sind Körper von einander entfernt, wenn sie einander nicht berühren. Dieses ist ganz genau die Bedeutung des Worts. Frage ich nun: was verstehe ich unter dem Berühren?, so werde ich inne, daß, ohne mich um die Definition zu bekümmern, ich doch jederzeit aus dem Widerstande der Undurchbringlichkeit eines andern Körpers urtheile, daß ich ihn berühre. Denn ich finde, daß dieser Begriff ursprünglich aus dem Gefühl entspringt, wie ich auch durch das Urtheil der Augen nur vermuthe, daß eine Materie die andre berühren werde, allein bei dem vermerkten Widerstande der Impenetrabilität es allererst gewiß weiß. Auf diese Weise, wenn ich sage: ein Körper wirkt in einen entfernten unmittelbar, so heißt dieses soviel: er wirkt in ihn unmittelbar, aber nicht vermittelst der Undurchbringlichkeit. Es ist aber hiebei garnicht abzusehen, warum dieses unmöglich sein soll, es müßte denn jemand darthun, die Undurchbringlichkeit sei entweder die einzige Kraft eines Körpers, oder er könne wenigstens mit keiner andern unmittelbar wirken, ohne es zugleich vermittelst der Impenetrabilität zu thun. Da dieses aber niemals bewiesen ist und dem Ansehen nach auch schwerlich wird bewiesen werden, so hat zum wenigsten die Metaphysik gar keinen tüchtigen Grund, sich wider die unmittelbare Anziehung in die Ferne zu empören. Indessen lasset die Beweisgründe der Metaphysiker auftreten. Zuvörderst erscheint die Definition: Die unmittelbare gegenseitige Gegenwart zweier Körper ist die Berührung. Hieraus folgt: wenn zwei Körper in einander unmittelbar wirken, so berühren sie einander. Dinge, die sich berühren, sind nicht entfernt. Mithin wirken zwei Körper niemals in der Entfernung unmittelbar in einander u. s. w. Die Definition ist erschlichen. Nicht jede unmittelbare Gegenwart ist eine Berührung, sondern nur die vermittelst der Impenetrabilität, und alles übrige ist in den Wind gebauet.

Ich fahre in meiner Abhandlung weiter fort. Es erhellt aus dem angeführten Beispiele: daß man viel von einem Gegenstande mit Gewißheit sowohl in der Metaphysik, wie in andern Wissenschaften sagen könne, ohne ihn erklärt zu haben. Denn hier ist weder, was ein Körper, noch was der Raum sei, erklärt worden, und von beiden hat man dennoch zuverlässige Sätze. Das Vornehmste, worauf ich gehe, ist dieses: daß man in der Metaphysik durchaus analytisch verfahren müsse, denn ihr Geschäfte ist in der That, verworrene Erkenntnisse aufzulösen. Vergleicht man hiemit das Verfahren der Philosophen, so wie es in allen Schulen im Schwange ist, wie verkehrt wird man es nicht finden! Die allerabgezogenste Begriffe, darauf der Verstand natürlicher Weise zuletzt hinausgeht, machen bei ihnen den Anfang, weil ihnen einmal der Plan des Mathematikers im Kopfe ist, den sie durchaus nachahmen wollen. Daher findet sich ein sonderbarer Unterschied zwischen der Metaphysik und jeder andern Wissenschaft. In der Geometrie und andern Erkenntnissen der Größenlehre fängt man von dem Leichteren an und steigt langsam zu schwereren Ausübungen. In der Metaphysik wird der Anfang vom Schwersten gemacht: von der Möglichkeit und dem Dasein überhaupt, der Nothwendigkeit und Zufälligkeit u. s. w., lauter Begriffe, zu denen eine große Abstraction und Aufmerksamkeit gehört, vornehmlich da ihre Zeichen in der Anwendung viele unmerkliche Abartungen erleiden, deren Unterschied nicht muß aus der Acht gelassen werden. Es soll durchaus synthetisch verfahren werden. Man erklärt daher gleich anfangs und folgert daraus mit Zuversicht. Die Philosophen in diesem Geschmacke wünschen einander Glück, daß sie das Geheimniß gründlich zu denken dem Meßkünstler abgelernt hätten, und bemerken gar nicht, daß diese durchs Zusammensetzen Begriffe erwerben, da jene es durch Auflösen allein thun können, welches die Methode zu denken ganz verändert.

So bald dagegen die Philosophen den natürlichen Weg der gesunden Vernunft einschlagen werden, zuerst dasjenige, was sie gewiß von dem abgezogenen Begriffe eines Gegenstandes (z. E. dem Raume oder Zeit) wissen, aufzusuchen, ohne noch einigen Anspruch auf die Erklärungen zu machen; wenn sie nur aus diesen sichern Datis schließen, wenn sie bei jeder veränderten Anwendung eines Begriffs Acht haben, ob der Begriff selber, unerachtet sein Zeichen einerlei ist, nicht hier verändert sei; so werden sie vielleicht nicht so viel Einsichten feil zu bieten haben, aber diejenige, die sie darlegen, werden von einem sichern Werthe sein. Von dem letzteren will ich noch ein Beispiel anführen. Die mehrste Philosophen führen als ein Exempel dunkler Begriffe diejenige an, die wir im tiefen

Schlafe haben mögen. Dunkle Vorstellungen sind diejenigen, deren man sich nicht bewußt ist. Nun zeigen einige Erfahrungen, daß wir auch im tiefen Schlafe Vorstellungen haben, und da wir uns deren nicht bewußt sind, so sind sie dunkel gewesen. Hier ist das Bewußtsein von zwiefacher Bedeutung. Man ist sich entweder einer Vorstellung nicht bewußt, daß man sie habe, oder, daß man sie gehabt habe. Das erstere bezeichnet die Dunkelheit der Vorstellung, so wie sie in der Seele ist; das zweite zeigt weiter nichts an, als daß man sich ihrer nicht erinnere. Nun giebt die angeführte Instanz lediglich zu erkennen, daß es Vorstellungen geben könne, deren man sich im Wachen nicht erinnert, woraus aber gar nicht folgt, daß sie im Schlafe nicht sollten mit Bewußtsein klar gewesen sein; wie in dem Exempel des Herrn Sauvage von der starrsüchtigen Person, oder bei den gemeinen Handlungen der Schlafwanderer. Indessen wird dadurch, daß man gar zu leicht ans Schließen geht, ohne vorher durch Aufmerksamkeit auf verschiedene Fälle jedesmal dem Begriffe seine Bedeutung gegeben zu haben, in diesem Falle ein vermuthlich großes Geheimniß der Natur mit Achtlosigkeit übergangen: nämlich daß vielleicht im tiefsten Schlafe die größte Fertigkeit der Seele im vernünftigen Denken möge ausgeübt werden; denn man hat keinen andern Grund zum Gegentheil, als daß man dessen sich im Wachen nicht erinnert, welcher Grund aber nichts beweist.

Es ist noch lange die Zeit nicht, in der Metaphysik synthetisch zu verfahren; nur wenn die Analysis uns wird zu deutlich und ausführlich verstandenen Begriffen verholfen haben, wird die Synthesis den einfachsten Erkenntnissen die zusammengesetzte, wie in der Mathematik, unterordnen können.

Dritte Betrachtung.
Von der Natur der metaphysischen Gewißheit.

§ 1.
Die philosophische Gewißheit ist überhaupt von anderer Natur als die mathematische.

Man ist gewiß, in so fern man erkennt, daß es unmöglich sei, daß eine Erkenntniß falsch sei. Der Grad dieser Gewißheit, wenn er objective genommen wird, kommt auf das Zureichende in den Merkmalen von der

Nothwendigkeit einer Wahrheit an, in so fern er aber subjective betrachtet wird, so ist er in so fern größer, als die Erkenntniß dieser Nothwendigkeit mehr Anschauung hat. In beider Betrachtung ist die mathematische Gewißheit von anderer Art als die philosophische. Ich werde dieses auf das augenscheinlichste darthun.

Der menschliche Verstand ist so wie jede andre Kraft der Natur an gewisse Regeln gebunden. Man irrt nicht deswegen, weil der Verstand die Begriffe regellos verknüpft, sondern weil man dasjenige Merkmal, was man in einem Dinge nicht wahrnimmt, auch von ihm verneint und urtheilt, daß dasjenige nicht sei, wessen man sich in einem Dinge nicht bewußt ist. Nun gelangt erstlich die Mathematik zu ihren Begriffen synthetisch und kann sicher sagen: was sie sich in ihrem Objecte durch die Definition nicht hat vorstellen wollen, das ist darin auch nicht enthalten. Denn der Begriff des Erklärten entspringt allererst durch die Erklärung und hat weiter gar keine Bedeutung als die, so ihm die Definition giebt. Vergleicht man hiemit die Weltweisheit und namentlich die Metaphysik, so ist sie in ihren Erklärungen weit unsicherer, wenn sie welche wagen will. Denn der Begriff des zu Erklärenden ist gegeben. Bemerkt man nun ein oder das andre Merkmal nicht, was gleichwohl zu seiner hinreichenden Unterscheidung gehört, und urtheilt, daß zu dem ausführlichen Begriffe kein solches Merkmal fehle, so wird die Definition falsch und trüglich. Wir könnten dergleichen Fehler durch unzählige Beispiele vor Augen legen, ich beziehe mich aber desfalls nur auf das oben Angeführte von der Berührung. Zweitens betrachtet die Mathematik in ihren Folgerungen und Beweisen ihre allgemeine Erkenntniß unter den Zeichen in concreto, die Weltweisheit aber neben den Zeichen noch immer in abstracto. Dieses macht einen namhaften Unterschied aus in der Art beider zur Gewißheit zu gelangen. Denn da die Zeichen der Mathematik sinnliche Erkenntnißmittel sind, so kann man mit derselben Zuversicht, wie man dessen, was man mit Augen sieht, versichert ist, auch wissen, daß man keinen Begriff aus der Acht gelassen, daß eine jede einzelne Vergleichung nach leichten Regeln geschehen sei u. s. w. Wobei die Aufmerksamkeit dadurch sehr erleichtert wird, daß sie nicht die Sachen in ihrer allgemeinen Vorstellung, sondern die Zeichen in ihrer einzelnen Erkenntniß, die da sinnlich ist, zu gedenken hat. Dagegen helfen die Worte, als die Zeichen der philosophischen Erkenntniß, zu nichts als der Erinnerung der bezeichneten allgemeinen Begriffe. Man muß ihre Bedeutung jederzeit unmittelbar vor

Augen haben. Der reine Verstand muß in der Anstrengung erhalten werden, und wie unmerklich entwischt nicht ein Merkmal eines abgesonderten Begriffs, da nichts Sinnliches uns dessen Verabsäumung offenbaren kann; alsdann aber werden verschiedene Dinge für einerlei gehalten, und man gebiert irrige Erkenntnisse.

Hier ist nun dargethan worden: daß die Gründe, daraus man abnehmen kann, daß es unmöglich sei, in einem gewissen philosophischen Erkenntnisse geirrt zu haben, an sich selber niemals denen gleich kommen, die man im mathematischen vor sich hat. Allein außer diesem ist auch die Anschauung dieser Erkenntniß, soviel die Richtigkeit anlangt, größer in der Mathematik als in der Weltweisheit: da in der erstern das Object in sinnlichen Zeichen in concreto, in der letztern aber immer nur in allgemeinen abgezogenen Begriffen betrachtet wird, deren klarer Eindruck bei weitem nicht so groß sein kann als der ersteren. In der Geometrie, wo die Zeichen mit den bezeichneten Sachen überdem eine Ähnlichkeit haben, ist daher diese Evidenz noch größer, obgleich in der Buchstabenrechnung die Gewißheit eben so zuverlässig ist.

§ 2.
Die Metaphysik ist einer Gewißheit, die zur Überzeugung hinreicht, fähig.

Die Gewißheit in der Metaphysik ist von eben derselben Art, wie in jeder andern philosophischen Erkenntniß, wie diese denn auch nur gewiß sein kann, in so fern sie den allgemeinen Gründen, die die erstere liefert, gemäß ist. Es ist aus Erfahrung bekannt: daß wir durch Vernunftgründe auch außer der Mathematik in vielen Fällen bis zur Überzeugung völlig gewiß werden können. Die Metaphysik ist nur eine auf allgemeinere Vernunfteinsichten angewandte Philosophie, und es kann mit ihr unmöglich anders bewandt sein.

Irrthümer entspringen nicht allein daher, weil man gewisse Dinge nicht weiß, sondern weil man sich zu urtheilen unternimmt, ob man gleich noch nicht alles weiß, was dazu erfordert wird. Eine große Menge Falschheiten, ja fast alle insgesammt haben diesem letztern Vorwitz ihren Ursprung zu danken. Ihr wißt einige Prädicate von einem Dinge gewiß. Wohlan, legt diese zum Grunde eurer Schlüsse, und ihr werdet nicht irren. Allein ihr wollt durchaus eine Definition haben; gleichwohl seid ihr nicht sicher, daß ihr alles wißt, was dazu erfordert wird, und da ihr sie dessen ungeachtet wagt, so gerathet ihr in Irrthümer. Daher ist es möglich, den Irrthümern zu entgehen, wenn man gewisse und deutliche Erkenntnisse aufsucht, ohne gleichwohl sich der Definitionen so leicht anzumaßen. Ferner, ihr könnt mit Sicherheit auf einen beträchtlichen Theil einer gewissen Folge schließen. Erlaubt euch ja nicht, den Schluß auf die ganze Folge zu ziehen, so gering als auch der Unterschied zu sein scheint. Ich gebe zu, daß der Beweis gut sei, in dessen Besitze man ist, darzuthun, daß die Seele nicht Materie sei. Hütet euch aber, daraus zu schließen, daß die Seele nicht von materialer Natur sei. Denn hierunter versteht jedermann nicht allein, daß die Seele keine Materie sei, sondern auch nicht eine solche einfache Substanz, die ein Element der Materie sein könne. Dieses erfordert einen besondern Beweis, nämlich, daß dieses denkende Wesen nicht so, wie ein körperliches Element im Raume sei, durch Undurchdringlichkeit, noch mit andern zusammen ein Ausgedehntes und einen Klumpen ausmachen könne; wovon wirklich noch kein Beweis gegeben worden, der, wenn man ihn ausfindig machte, die unbegreifliche Art anzeigen würde, wie ein Geist im Raume gegenwärtig sei.

§ 3.

Die Gewißheit der ersten Grundwahrheiten in der Metaphysik ist von keiner andern Art, als in jeder andern vernünftigen Erkenntniß außer der Mathematik.

In unsern Tagen hat die Philosophie des Herrn Crusius*) vermeint, der metaphysischen Erkenntniß eine ganz andre Gestalt zu geben, dadurch daß er dem Satze des Widerspruchs nicht das Vorrecht einräumte, der allgemeine und oberste Grundsatz aller Erkenntniß zu sein, daß er viel andre unmittelbar gewisse und unerweisliche Grundsätze einführte und behauptete, es würde ihre Richtigkeit aus der Natur unseres Verstandes

---

*) Ich habe nöthig gefunden, der Methode dieser neuen Weltweisheit hier Erwähnung zu thun. Sie ist in kurzem so berühmt geworden, sie hat auch in Ansehung der besseren Aufklärung mancher Einsichten ein so zugestandenes Verdienst, daß es ein wesentlicher Mangel sein würde, wo von der Metaphysik überhaupt die Rede ist, sie mit Stillschweigen übergangen zu haben. Was ich hier berühre, ist lediglich die ihr eigene Methode, denn der Unterschied in einzelnen Sätzen ist noch nicht genug, einen wesentlichen Unterschied einer Philosophie von der andern zu bezeichnen.

begriffen nach der Regel: was ich nicht anders als wahr denken kann, das ist wahr. Zu solchen Grundsätzen wird unter andern gezählt: was ich nicht existirend denken kann, das ist einmal nicht gewesen; ein jedes Ding muß irgendwo und irgendwenn sein u. d. g. Ich werde in wenig Worten die wahre Beschaffenheit der ersten Grundwahrheiten der Metaphysik, imgleichen den wahren Gehalt dieser Methode des Herrn Crusius anzeigen, die nicht so weit von der Denkungsart der Philosophie in diesem Stücke abweicht, als man wohl denkt. Man wird auch überhaupt den Grad der möglichen Gewißheit der Metaphysik hieraus abnehmen können.

Alle wahre Urtheile müssen entweder bejahend oder verneinend sein. Weil die Form einer jeden Bejahung darin besteht, daß etwas als ein Merkmal von einem Dinge, d. i. als einerlei mit dem Merkmale eines Dinges, vorgestellt werde, so ist ein jedes bejahende Urtheil wahr, wenn das Prädicat mit dem Subjecte identisch ist. Und da die Form einer jeden Verneinung darin besteht, daß etwas einem Dinge als widerstreitend vorgestellt werde, so ist ein verneinendes Urtheil wahr, wenn das Prädicat dem Subjecte widerspricht. Der Satz also, der das Wesen einer jeden Bejahung ausdrückt und mithin die oberste Formel aller bejahenden Urtheile enthält, heißt: Einem jeden Subjecte kommt ein Prädicat zu, welches ihm identisch ist. Dieses ist der Satz der Identität. Und da der Satz, welcher das Wesen aller Verneinung ausdrückt: keinem Subjecte kommt ein Prädicat zu, welches ihm widerspricht, der Satz des Widerspruchs ist, so ist dieser die erste Formel aller verneinenden Urtheile. Beide zusammen machen die oberste und allgemeine Grundsätze im formalen Verstande von der ganzen menschlichen Vernunft aus. Und hierin haben die meisten geirrt, daß sie dem Satz des Widerspruchs den Rang in Ansehung aller Wahrheiten eingeräumt haben, den er doch nur in Betracht der verneinenden hat. Es ist aber ein jeder Satz unerweislich, der unmittelbar unter einem dieser obersten Grundsätze gedacht wird, aber nicht anders gedacht werden kann: nämlich wenn entweder die Identität oder der Widerspruch unmittelbar in den Begriffen liegt und nicht durch Zergliederung kann oder darf vermittelst eines Zwischenmerkmals eingesehen werden. Alle andere sind erweislich. Ein Körper ist theilbar, ist ein erweislicher Satz, denn man kann durch Zergliederung und also mittelbar die Identität des Prädicats und Subjects zeigen: der Körper ist zusammengesetzt, was aber zusammengesetzt ist, ist theilbar, folglich ist ein Körper theilbar. Das vermittelnde Merkmal ist hier zusam=

mengesetzt sein. Nun giebt es in der Weltweisheit viel unerweisliche Sätze, wie auch oben angeführt worden. Diese stehen zwar alle unter den formalen ersten Grundsätzen, aber unmittelbar; in so fern sie indessen zugleich Gründe von andern Erkenntnissen enthalten, so sind sie die ersten materiale Grundsätze der menschlichen Vernunft. Z. E. Ein Körper ist zusammengesetzt, ist ein unerweislicher Satz, in so fern das Prädicat als ein unmittelbares und erstes Merkmal in dem Begriffe des Körpers nur kann gedacht werden. Solche materiale Grundsätze machen, wie Crusius mit Recht sagt, die Grundlage und Festigkeit der menschlichen Vernunft aus. Denn wie wir oben erwähnt haben, sind sie der Stoff zu Erklärungen und die Data, woraus sicher kann geschlossen werden, wenn man auch keine Erklärung hat.

Und hierin hat Crusius Recht, wenn er andere Schulen der Weltweisen tadelt, daß sie diese materiale Grundsätze vorbei gegangen seien und sich blos an die formale gehalten haben. Denn aus diesen allein kann wirklich gar nichts bewiesen werden, weil Sätze erfordert werden, die den Mittelbegriff enthalten, wodurch das logische Verhältniß anderer Begriffe soll in einem Vernunftschlusse erkannt werden können, und unter diesen Sätzen müssen einige die ersten sein. Allein man kann nimmermehr einigen Sätzen den Werth materialer oberster Grundsätze einräumen, wenn sie nicht für jeden menschlichen Verstand augenscheinlich sind. Ich halte aber dafür, daß verschiedene von denen, die Crusius anführt, sogar ansehnliche Zweifel verstatten.

Was aber die oberste Regel aller Gewißheit, die dieser berühmte Mann aller Erkenntniß und also auch der metaphysischen vorzusetzen gedenkt, anlangt: was ich nicht anders als wahr denken kann, das ist wahr u. s. w., so ist leicht einzusehen, daß dieser Satz niemals ein Grund der Wahrheit von irgend einem Erkenntnisse sein könne. Denn wenn man gesteht, daß kein anderer Grund der Wahrheit könne angegeben werden, als weil man es unmöglich anders als für wahr halten könne, so giebt man zu verstehen, daß gar kein Grund der Wahrheit weiter angeblich sei, und daß die Erkenntniß unerweislich sei. Nun giebt es freilich wohl viele unerweisliche Erkenntnisse, allein das Gefühl der Überzeugung in Ansehung derselben ist ein Geständniß, aber nicht ein Beweisgrund davon, daß sie wahr sind.

Die Metaphysik hat demnach keine formale oder materiale Gründe der Gewißheit, die von anderer Art wären als die der Meßkunst. In bei=

ben geschieht das Formale der Urtheile nach den Sätzen der Einstimmung und des Widerspruchs. In beiden sind unerweisliche Sätze, die die Grundlage zu Schlüssen machen. Nur da die Definitionen in der Mathematik die ersten unerweislichen Begriffe der erklärten Sachen sind, so müssen an deren Statt verschiedene unerweisliche Sätze in der Metaphysik die ersten Data angeben, die aber eben so sicher sein können, und welche entweder den Stoff zu Erklärungen oder den Grund sicherer Folgerungen darbieten. Es ist eben sowohl eine zur Überzeugung nöthige Gewißheit, deren die Metaphysik, als welcher die Mathematik fähig ist, nur die letztere ist leichter und einer größern Anschauung theilhaftig.

Vierte Betrachtung.

Von der Deutlichkeit und Gewißheit, deren die erste Gründe der natürlichen Gottesgelahrtheit und Moral fähig sind.

§ 1.

Die erste Gründe der natürlichen Gottesgelahrtheit sind der größten philosophischen Evidenz fähig.

Es ist erstlich die leichteste und deutlichste Unterscheidung eines Dinges von allen andern möglich, wenn dieses Ding ein einziges mögliche seiner Art ist. Das Object der natürlichen Religion ist die alleinige erste Ursache; seine Bestimmungen werden so bewandt sein, daß sie nicht leichtlich mit anderer Dinge ihren können verwechselt werden. Die größte Überzeugung aber ist möglich, wo es schlechterdings nothwendig ist, daß diese und keine andere Prädicate einem Dinge zukommen. Denn bei zufälligen Bestimmungen ist es mehrentheils schwer, die wandelbaren Bedingungen seiner Prädicate aufzufinden. Daher das schlechterdings nothwendige Wesen ein Object von der Art ist, daß, sobald man einmal auf die ächte Spur seines Begriffes gekommen ist, es noch mehr Sicherheit als die mehrste andere philosophische Kenntnisse zu versprechen scheint. Ich kann bei diesem Theil der Aufgabe nichts anders thun, als die mögliche philosophische Erkenntniß von Gott überhaupt in Erwägung ziehen; denn es würde viel zu weitläuftig sein, die wirklich vorhandenen Lehren der Weltweisen über diesen Gegenstand zu prüfen. Der Hauptbegriff, der sich hier dem Metaphysiker darbietet, ist die schlechterdings nothwendige Existenz eines Wesens. Um darauf zu kommen, könnte er zuerst fragen: ob es möglich sei, daß ganz und gar nichts existire. Wenn er nun inne wird, daß alsdann gar kein Dasein gegeben ist, auch nichts zu denken, und keine Möglichkeit statt finde, so darf er nur den Begriff von dem Dasein desjenigen, was aller Möglichkeit zum Grunde liegen muß, unter= suchen. Dieser Gedanke wird sich erweitern und den bestimmten Begriff des schlechterdings nothwendigen Wesens festsetzen. Allein ohne mich in diesen Plan besonders einzulassen, so bald das Dasein des einigen voll= kommensten und nothwendigen Wesens erkannt ist, so werden die Begriffe von dessen übrigen Bestimmungen viel abgemessener, weil sie immer die größten und vollkommensten sind, und viel gewisser, weil nur diejenige eingeräumt werden können, die da nothwendig sind. Ich soll z. E. den Be= griff der göttlichen Allgegenwart bestimmen. Ich erkenne leicht, daß dasjenige Wesen, von welchem alles andre abhängt, indem es selbst unab= hängig ist, durch seine Gegenwart zwar allen andern der Welt den Ort bestimmen werde, sich selber aber keinen Ort unter ihnen, indem es als= dann mit zur Welt gehören würde. Gott ist also eigentlich an keinem Orte, aber er ist allen Dingen gegenwärtig in allen Orten, wo die Dinge sind. Eben so sehe ich ein, daß, indem die auf einander folgende Dinge der Welt unter seiner Gewalt sind, er dadurch sich nicht selbst einen Zeitpunkt in dieser Reihe bestimme, mithin daß in Ansehung seiner nichts vergangen oder künftig ist. Wenn ich also sage: Gott sieht das Künftige vorher, so heißt dieses nicht so viel: Gott sieht dasjenige, was in Anseh= ung seiner künftig ist, sondern: was gewissen Dingen der Welt künftig ist, d. i. auf einen Zustand derselben folgt. Hieraus ist zu erkennen, daß die Erkenntniß des Künftigen, Vergangenen und Gegenwärtigen in An= sehung der Handlung des göttlichen Verstandes gar nicht verschieden sei, sondern daß er sie alle als wirkliche Dinge des Universum erkenne; und man kann viel bestimmter und deutlicher dieses Vorhersehen sich an Gott vor= stellen, als an einem Dinge, welches zu dem Ganzen der Welt mit gehörte.

In allen Stücken demnach, wo nicht ein Analogon der Zufälligkeit anzutreffen, kann die metaphysische Erkenntniß von Gott sehr gewiß sein. Allein das Urtheil über seine freie Handlungen, über die Vorsehung, über das Verfahren seiner Gerechtigkeit und Güte, da selbst in den Begriffen, die wir von diesen Bestimmungen an uns haben, noch viel Unentwickeltes ist, können in dieser Wissenschaft nur eine Gewißheit durch Annäherung haben, oder eine, die moralisch ist.

§ 2.

Die ersten Gründe der Moral sind nach ihrer gegenwärtigen Beschaffenheit noch nicht aller erforderlichen Evidenz fähig.

Um dieses deutlich zu machen, will ich nur zeigen, wie wenig selbst der erste Begriff der Verbindlichkeit noch bekannt ist, und wie entfernt man also davon sein müsse, in der praktischen Weltweisheit die zur Evidenz nöthige Deutlichkeit und Sicherheit der Grundbegriffe und Grundsätze zu liefern. Man soll dieses oder jenes thun und das andre lassen; dies ist die Formel, unter welcher eine jede Verbindlichkeit ausgesprochen wird. Nun drückt jedes Sollen eine Nothwendigkeit der Handlung aus und ist einer zwiefachen Bedeutung fähig. Ich soll nämlich entweder etwas thun (als ein Mittel), wenn ich etwas anders (als einen Zweck) will, oder ich soll unmittelbar etwas anders (als einen Zweck) thun und wirklich machen. Das erstere könnte man die Nothwendigkeit der Mittel (necessitatem problematicam), das zweite die Nothwendigkeit der Zwecke (necessitatem legalem) nennen. Die erstere Art der Nothwendigkeit zeigt gar keine Verbindlichkeit an, sondern nur die Vorschrift als die Auflösung in einem Problem, welche Mittel diejenige sind, deren ich mich bedienen müsse, wie ich einen gewissen Zweck erreichen will. Wer einem andern vorschreibt, welche Handlungen er ausüben oder unterlassen müsse, wenn er seine Glückseligkeit befördern wollte, der könnte wohl zwar vielleicht alle Lehren der Moral darunter bringen, aber sie sind alsdann nicht mehr Verbindlichkeiten, sondern etwa so, wie es eine Verbindlichkeit wäre, zwei Kreuzbogen zu machen, wenn ich eine gerade Linie in zwei gleiche Theile zerfällen will, d. i. es sind gar nicht Verbindlichkeiten, sondern nur Anweisungen eines geschickten Verhaltens, wenn man einen Zweck erreichen will. Da nun der Gebrauch der Mittel keine andere Nothwendigkeit hat, als diejenige, so dem Zwecke zukommt, so sind so lange alle Handlungen, die die Moral unter der Bedingung gewisser Zwecke vorschreibt, zufällig und können keine Verbindlichkeiten heißen, so lange sie nicht einem an sich nothwendigen Zwecke untergeordnet werden. Ich soll z. E. die gesammte größte Vollkommenheit befördern, oder ich soll dem Willen Gottes gemäß handeln; welchem auch von diesen beiden Sätzen die ganze praktische Weltweisheit untergeordnet würde, so muß dieser Satz, wenn er eine Regel und Grund der Verbindlichkeit sein soll, die Handlung als unmittelbar nothwendig und nicht unter der Bedingung eines gewissen Zwecks gebieten. Und hier finden wir, daß eine solche unmittelbare oberste Regel aller Verbindlichkeit schlechterdings unerweislich sein müsse. Denn es ist aus keiner Betrachtung eines Dinges oder Begriffes, welche es auch sei, möglich zu erkennen und zu schließen, was man thun solle, wenn dasjenige, was vorausgesetzt ist, nicht ein Zweck und die Handlung ein Mittel ist. Dieses aber muß es nicht sein, weil es alsdann keine Formel der Verbindlichkeit, sondern der problematischen Geschicklichkeit sein würde.

Und nun kann ich mit wenigem anzeigen, daß, nachdem ich über diesen Gegenstand lange nachgedacht habe, ich bin überzeugt worden, daß die Regel: Thue das Vollkommenste, was durch dich möglich ist, der erste formale Grund aller Verbindlichkeit zu handeln sei, so wie der Satz: Unterlasse das, wodurch die durch dich größtmögliche Vollkommenheit verhindert wird, es in Ansehung der Pflicht zu unterlassen ist. Und gleichwie aus den ersten formalen Grundsätzen unserer Urtheile vom Wahren nichts fließt, wo nicht materiale erste Gründe gegeben sind, so fließt allein aus diesen zwei Regeln des Guten keine besonders bestimmte Verbindlichkeit, wo nicht unerweisliche materiale Grundsätze der praktischen Erkenntniß damit verbunden sind.

Man hat es nämlich in unsern Tagen allererst einzusehen angefangen: daß das Vermögen, das Wahre vorzustellen, die Erkenntniß, dasjenige aber, das Gute zu empfinden, das Gefühl sei, und daß beide ja nicht mit einander müssen verwechselt werden. Gleichwie es nun unzergliederliche Begriffe des Wahren, d. i. desjenigen, was in den Gegenständen der Erkenntniß, für sich, betrachtet angetroffen wird, giebt, also giebt es auch ein unauflösliches Gefühl des Guten (dieses wird niemals in einem Dinge schlechthin, sondern immer beziehungsweise auf ein empfindendes Wesen angetroffen). Es ist ein Geschäfte des Verstandes, den zusammengesetzten und verworrenen Begriff des Guten aufzulösen und deutlich zu machen, indem er zeigt, wie er aus einfachern Empfindungen des Guten entspringe. Allein ist dieses einmal einfach, so ist das Urtheil: dieses ist gut, völlig unerweislich und eine unmittelbare Wirkung von dem Bewußtsein des Gefühls der Lust mit der Vorstellung des Gegenstandes. Und da in uns ganz sicher viele einfache Empfindungen des Guten anzutreffen sind, so giebt es viele dergleichen unauflösliche Vorstellungen. Demnach wenn eine Handlung unmittelbar als gut vorgestellt wird, ohne daß sie auf eine versteckte Art ein gewisses andre Gut, welches durch Zergliederung darin kann erkannt werden, und warum sie vollkommen heißt, enthält, so ist die

Nothwendigkeit dieser Handlung ein unerweislicher materialer Grundsatz der Verbindlichkeit. Z. E. Liebe den, der dich liebt, ist ein praktischer Satz, der zwar unter der obersten formalen und bejahenden Regel der Verbindlichkeit steht, aber unmittelbar. Denn da es nicht weiter durch Zergliederung kann gezeigt werden, warum eine besondere Vollkommenheit in der Gegenliebe stecke, so wird diese Regel nicht praktisch, d. i. vermittelst der Zurückführung auf die Nothwendigkeit einer andern vollkommenen Handlung, bewiesen, sondern unter der allgemeinen Regel guter Handlungen unmittelbar subsumirt. Vielleicht daß mein angezeigtes Beispiel nicht deutlich und überzeugend genug die Sache darthut; allein die Schranken einer Abhandlung, wie die gegenwärtige ist, die ich vielleicht schon überschritten habe, erlauben mir nicht diejenige Vollständigkeit, die ich wohl wünschte. Es ist eine unmittelbare Häßlichkeit in der Handlung, die dem Willen desjenigen, von dem unser Dasein und alles Gute herkommt, widerstreitet. Diese Häßlichkeit ist klar, wenn gleich nicht auf die Nachtheile gesehen wird, die als Folgen ein solches Verfahren begleiten können. Daher der Satz: thue das, was dem Willen Gottes gemäß ist, ein materialer Grundsatz der Moral wird, der gleichwohl formaliter unter der schon erwähnten obersten und allgemeinen Formel, aber unmittelbar steht. Man muß eben sowohl in der praktischen Weltweisheit, wie in der theoretischen nicht so leicht etwas für unerweislich halten, was es nicht ist. Gleichwohl können diese Grundsätze nicht entbehrt werden, welche als Postulata die Grundlagen zu den übrigen praktischen Sätzen enthalten. Hutcheson und andere haben unter dem Namen des moralischen Gefühls hievon einen Anfang zu schönen Bemerkungen geliefert.

Hieraus ist zu ersehen, daß, ob es zwar möglich sein muß, in den ersten Gründen der Sittlichkeit den größten Grad philosophischer Evidenz zu erreichen, gleichwohl die obersten Grundbegriffe der Verbindlichkeit allererst sicherer bestimmt werden müssen, in Ansehung dessen der Mangel der praktischen Weltweisheit noch größer als der speculativen ist, indem noch allererst ausgemacht werden muß, ob lediglich das Erkenntnißvermögen oder das Gefühl (der erste, innere Grund des Begehrungsvermögens) die erste Grundsätze dazu entscheide.

Nachschrift.

Dieses sind die Gedanken, die ich dem Urtheile der Königl. Akademie der Wissenschaften überliefere. Ich getraue mich zu hoffen, daß die Gründe, welche vorgetragen worden, zur verlangten Aufklärung des Objects von einiger Bedeutung seien. Was die Sorgfalt, Abgemessenheit und Zierlichkeit der Ausführung anlangt, so habe ich lieber etwas in Ansehung derselben verabsäumen wollen, als mich dadurch hindern zu lassen, sie zur gehörigen Zeit der Prüfung zu übergeben, vornehmlich da dieser Mangel auf den Fall der günstigen Aufnahme leichtlich kann ergänzt werden.

M. Immanuel Kants

Nachricht

von der

Einrichtung seiner Vorlesungen

in dem Winterhalbenjahre

von 1765—1766.

Alle Unterweisung der Jugend hat dieses Beschwerliche an sich, daß man genöthigt ist, mit der Einsicht den Jahren vorzueilen, und, ohne die Reife des Verstandes abzuwarten, solche Erkenntnisse ertheilen soll, die nach der natürlichen Ordnung nur von einer geübteren und versuchten
5 Vernunft könnten begriffen werden. Daher entspringen die ewige Vorurtheile der Schulen, welche hartnäckichter und öfters abgeschmackter sind als die gemeinen, und die frühkluge Geschwätzigkeit junger Denker, die blinder ist als irgend ein anderer Eigendünkel und unheilbarer als die Unwissenheit. Gleichwohl ist diese Beschwerlichkeit nicht gänzlich zu ver=
10 meiden, weil in dem Zeitalter einer sehr ausgeschmückten bürgerlichen Verfassung die feinere Einsichten zu den Mitteln des Fortkommens gehören und Bedürfnisse werden, die ihrer Natur nach eigentlich nur zur Zierde des Lebens und gleichsam zum Entbehrlich=Schönen desselben gezählt werden sollten. Indessen ist es möglich den öffentlichen Unterricht
15 auch in diesem Stücke nach der Natur mehr zu bequemen, wo nicht mit ihr gänzlich einstimmig zu machen. Denn da der natürliche Fortschritt der menschlichen Erkenntniß dieser ist, daß sich zuerst der Verstand ausbildet, indem er durch Erfahrung zu anschauenden Urtheilen und durch diese zu Begriffen gelangt, daß darauf diese Begriffe in Verhältniß mit
20 ihren Gründen und Folgen durch Vernunft und endlich in einem wohlgeordneten Ganzen vermittelst der Wissenschaft erkannt werden, so wird die Unterweisung eben denselben Weg zu nehmen haben. Von einem Lehrer wird also erwartet, daß er an seinem Zuhörer erstlich den verständigen, dann den vernünftigen Mann und endlich den Gelehr=
25 ten bilde. Ein solches Verfahren hat den Vortheil, daß, wenn der Lehrling gleich niemals zu der letzten Stufe gelangen sollte, wie es gemeinig=

lich geschieht, er dennoch durch die Unterweisung gewonnen hat und, wo nicht für die Schule, doch für das Leben geübter und klüger geworden.

Wenn man diese Methode umkehrt, so erschnappt der Schüler eine Art von Vernunft, ehe noch der Verstand an ihm ausgebildet wurde, und trägt erborgte Wissenschaft, die an ihm gleichsam nur geklebt und nicht gewachsen ist, wobei seine Gemüthsfähigkeit noch so unfruchtbar wie jemals, aber zugleich durch den Wahn von Weisheit viel verderbter geworden ist. Dieses ist die Ursache, weswegen man nicht selten Gelehrte (eigentlich Studirte) antrifft, die wenig Verstand zeigen, und warum die Akademien mehr abgeschmackte Köpfe in die Welt schicken als irgend ein anderer Stand des gemeinen Wesens.

Die Regel des Verhaltens also ist diese: zuvörderst den Verstand zu zeitigen und seinen Wachsthum zu beschleunigen, indem man ihn in Erfahrungsurtheilen übt und auf dasjenige achtsam macht, was ihm die verglichene Empfindungen seiner Sinne lehren können. Von diesen Urtheilen oder Begriffen soll er zu den höheren und entlegnern keinen kühnen Schwung unternehmen, sondern dahin durch den natürlichen und gebähnten Fußsteig der niedrigern Begriffe gelangen, die ihn allgemach weiter führen; alles aber derjenigen Verstandesfähigkeit gemäß, welche die vorhergehende Übung in ihm nothwendig hat hervorbringen müssen, und nicht nach derjenigen, die der Lehrer an sich selbst wahrnimmt, oder wahrzunehmen glaubt, und die er auch bei seinem Zuhörer fälschlich voraussetzt. Kurz, er soll nicht Gedanken, sondern denken lernen; man soll ihn nicht tragen, sondern leiten, wenn man will, daß er in Zukunft von sich selbst zu gehen geschickt sein soll.

Eine solche Lehrart erfordert die der Weltweisheit eigene Natur. Da diese aber eigentlich nur eine Beschäftigung für das Mannesalter ist, so ist kein Wunder, daß sich Schwierigkeiten hervorthun, wenn man sie der ungeübteren Jugendfähigkeit bequemen will. Der den Schulunterweisungen entlassene Jüngling war gewohnt zu lernen. Nunmehr denkt er, er werde Philosophie lernen, welches aber unmöglich ist, denn er soll jetzt philosophiren lernen. Ich will mich deutlicher erklären. Alle Wissenschaften, die man im eigentlichen Verstande lernen kann, lassen sich auf zwei Gattungen bringen: die historische und mathematische. Zu den erstern gehören außer der eigentlichen Geschichte auch die Naturbeschreibung, Sprachkunde, das positive Recht ꝛc. ꝛc. Da nun in allem, was historisch ist, eigene Erfahrung oder fremdes Zeugniß, in dem aber,

was mathematisch ist, die Augenscheinlichkeit der Begriffe und die Unfehl=
barkeit der Demonstration etwas ausmachen, was in der That gegeben
und mithin vorräthig und gleichsam nur aufzunehmen ist: so ist es in
beiden möglich zu lernen, d. i. entweder in das Gedächtniß, oder den Ver=
stand dasjenige einzudrücken, was als eine schon fertige Disciplin uns
vorgelegt werden kann. Um also auch Philosophie zu lernen, müßte aller=
erst eine wirklich vorhanden sein. Man müßte ein Buch vorzeigen und
sagen können: sehet, hier ist Weisheit und zuverlässige Einsicht; lernet es
verstehen und fassen, bauet künftighin darauf, so seid ihr Philosophen.
Bis man mir nun ein solches Buch der Weltweisheit zeigen wird, worauf
ich mich berufen kann, wie etwa auf den Polyb, um einen Umstand der
Geschichte, oder auf den Euklides, um einen Satz der Größenlehre zu
erläutern: so erlaube man mir zu sagen: daß man des Zutrauens des ge=
meinen Wesens mißbrauche, wenn man, anstatt die Verstandesfähigkeit
der anvertrauten Jugend zu erweitern und sie zur künftig reifern eigenen
Einsicht auszubilden, sie mit einer dem Vorgeben nach schon fertigen Welt=
weisheit hintergeht, die ihnen zu gute von andern ausgedacht wäre, wor=
aus ein Blendwerk von Wissenschaft entspringt, das nur an einem gewissen
Orte und unter gewissen Leuten für ächte Münze gilt, allerwärts sonst
aber verrufen ist. Die eigenthümliche Methode des Unterrichts in der
Weltweisheit ist zetetisch, wie sie einige Alte nannten (von ζητεῖν), d. i.
forschend, und wird nur bei schon geübterer Vernunft in verschiedenen
Stücken dogmatisch, d. i. entschieden. Auch soll der philosophische
Verfasser, den man etwa bei der Unterweisung zum Grunde legt, nicht
wie das Urbild des Urtheils, sondern nur als eine Veranlassung selbst
über ihn, ja sogar wider ihn zu urtheilen angesehen werden, und die Me=
thode selbst nachzudenken und zu schließen ist es, deren Fertigkeit der
Lehrling eigentlich sucht, die ihm auch nur allein nützlich sein kann, und
wovon die etwa zugleich erworbene entschiedene Einsichten als zufällige
Folgen angesehen werden müssen, zu deren reichem Überflusse er nur die
fruchtbare Wurzel in sich zu pflanzen hat.

Vergleicht man hiemit das davon so sehr abweichende gemeine Ver=
fahren, so läßt sich verschiedenes begreifen, was sonst befremdlich in die
Augen fällt. Als z. E. warum es keine Art Gelehrsamkeit vom Handwerke
giebt, darin so viele Meister angetroffen werden als in der Philosophie,
und, da viele von denen, welche Geschichte, Rechtsgelahrtheit, Mathematik
u. d. m. gelernt haben, sich selbst bescheiden, daß sie gleichwohl noch nicht

gnug gelernt hätten, um solche wiederum zu lehren: warum andererseits selten einer ist, der sich nicht in allem Ernste einbilden sollte, daß außer seiner übrigen Beschäftigung es ihm ganz möglich wäre etwa Logik, Moral u. d. g. vorzutragen, wenn er sich mit solchen Kleinigkeiten bemengen wollte. Die Ursache ist, weil in jenen Wissenschaften ein gemeinschaftlicher Maßstab da ist, in dieser aber ein jeder seinen eigenen hat. Imgleichen wird man deutlich einsehen, daß es der Philosophie sehr unnatürlich sei eine Brodkunst zu sein, indem es ihrer wesentlichen Beschaffenheit widerstreitet, sich dem Wahne der Nachfrage und dem Gesetze der Mode zu bequemen, und daß nur die Nothdurft, deren Gewalt noch über die Philosophie ist, sie nöthigen kann, sich in die Form des gemeinen Beifalls zu schmiegen.

Diejenige Wissenschaften, welche ich in dem jetzt angefangenen halben Jahre durch Privatvorlesungen vorzutragen und völlig abzuhandeln gedenke, sind folgende:

1. **Metaphysik.** Ich habe in einer kurzen und eilfertig abgefaßten Schrift*) zu zeigen gesucht: daß diese Wissenschaft unerachtet der großen Bemühungen der Gelehrten um deswillen noch so unvollkommen und unsicher sei, weil man das eigenthümliche Verfahren derselben verkannt hat, indem es nicht synthetisch, wie das von der Mathematik, sondern analytisch ist. Diesem zufolge ist das Einfache und Allgemeinste in der Größenlehre auch das Leichteste, in der Hauptwissenschaft aber das Schwerste, in jener muß es seiner Natur nach zuerst, in dieser zuletzt vorkommen. In jener fängt man die Doctrin mit den Definitionen an, in dieser endigt man sie mit denselben und so in andern Stücken mehr. Ich habe seit geraumer Zeit nach diesem Entwurfe gearbeitet, und indem mir ein jeglicher Schritt auf diesem Wege die Quellen der Irrthümer und das Richtmaß des Urtheils entdeckt hat, wodurch sie einzig und allein vermieden werden können, wenn es jemals möglich ist sie zu vermeiden, so hoffe ich in kurzem dasjenige vollständig darlegen zu können, was mir zur Grundlegung meines Vortrages in der genannten Wissenschaft dienen kann. Bis dahin aber kann ich sehr wohl durch eine kleine Biegung den Verfasser, dessen Lesebuch ich vornehmlich um des Reichthums und der Präcision seiner Lehrart willen gewählt habe, den A. G. Baumgarten, in

---

*) Die zweite von den Abhandlungen, welche die K. A. d. W. in Berlin bei Gelegenheit des Preises auf das Jahr 1763 herausgegeben hat.

denselben Weg lenken. Ich fange demnach nach einer kleinen Einleitung von der empirischen Psychologie an, welche eigentlich die metaphysische Erfahrungswissenschaft vom Menschen ist; denn was den Ausdruck der Seele betrifft, so ist es in dieser Abtheilung noch nicht erlaubt zu behaupten, daß er eine habe. Die zweite Abtheilung, die von der körperlichen Natur überhaupt handeln soll, entlehne ich aus den Hauptstücken der Kosmologie, da von der Materie gehandelt wird, die ich gleichwohl durch einige schriftliche Zusätze vollständig machen werde. Da nun in der ersteren Wissenschaft (zu welcher um der Analogie willen auch die empirische Zoologie, d. i. die Betrachtung der Thiere, hinzugefügt wird) alles Leben, was in unsere Sinne fällt, in der zweiten aber alles Leblose überhaupt erwogen worden, und da alle Dinge der Welt unter diese zwei Classen gebracht werden können: so schreite ich zu der Ontologie, nämlich zur Wissenschaft von den allgemeinern Eigenschaften aller Dinge, deren Schluß den Unterschied der geistigen und materiellen Wesen, imgleichen beider Verknüpfung oder Trennung und also die rationale Psychologie enthält. Hier habe ich nunmehr den großen Vortheil, nicht allein den schon geübten Zuhörer in die schwerste unter allen philosophischen Untersuchungen zu führen, sondern auch, indem ich das Abstracte bei jeglicher Betrachtung in demjenigen Concreto erwäge, welches mir die vorhergegangene Disciplinen an die Hand geben, alles in die größte Deutlichkeit zu stellen, ohne mir selbst vorzugreifen, d. i. etwas zur Erläuterung anführen zu dürfen, was allererst künftig vorkommen soll, welches der gemeine und unvermeidliche Fehler des synthetischen Vortrages ist. Zuletzt kommt die Betrachtung der Ursache aller Dinge, das ist die Wissenschaft von Gott und der Welt. Ich kann nicht umhin noch eines Vortheils zu gedenken, der zwar nur auf zufälligen Ursachen beruht, aber gleichwohl nicht gring zu schätzen ist, und den ich aus dieser Methode zu ziehen gedenke. Jedermann weiß, wie eifrig der Anfang der Collegien von der muntern und unbeständigen Jugend gemacht wird, und wie darauf die Hörsäle allmählig etwas geräumiger werden. Setze ich nun, daß dasjenige, was nicht geschehen soll, gleichwohl alles Erinnerns ungeachtet künftig noch immer geschehen wird: so behält die gedachte Lehrart eine ihr eigene Nutzbarkeit. Denn der Zuhörer, dessen Eifer auch selbst schon gegen das Ende der empirischen Psychologie ausgedunstet wäre (welches doch bei einer solchen Art des Verfahrens kaum zu vermuthen ist), würde gleichwohl etwas gehört haben, was ihm durch seine Leichtigkeit faßlich, durch das Interessante annehmlich und durch die häufige Fälle der Anwendung im Leben brauchbar wäre; da im Gegentheil, wenn die Ontologie, eine schwer zu fassende Wissenschaft, ihn von der Fortsetzung abgeschreckt hätte, das, was er etwa möchte begriffen haben, ihm zu gar nichts weiterhin nutzen kann.

2. **Logik.** Von dieser Wissenschaft sind eigentlich zwei Gattungen. Die von der ersten ist eine Kritik und Vorschrift des gesunden Verstandes, so wie derselbe einerseits an die grobe Begriffe und die Unwissenheit, andererseits aber an die Wissenschaft und Gelehrsamkeit angrenzt. Die Logik von dieser Art ist es, welche man im Anfange der akademischen Unterweisung aller Philosophie voranschicken soll, gleichsam die Quarantaine (wofern es mir erlaubt ist mich also auszudrücken), welche der Lehrling halten muß, der aus dem Lande des Vorurtheils und des Irrthums in das Gebiet der aufgeklärteren Vernunft und der Wissenschaften übergehen will. Die zweite Gattung von Logik ist die Kritik und Vorschrift der eigentlichen Gelehrsamkeit und kann niemals anders als nach den Wissenschaften, deren Organon sie sein soll, abgehandelt werden, damit das Verfahren regelmäßiger werde, welches man bei der Ausübung gebraucht hat, und die Natur der Disciplin zusammt den Mitteln ihrer Verbesserung eingesehen werde. Auf solche Weise füge ich zu Ende der Metaphysik eine Betrachtung über die eigenthümliche Methode derselben bei, als ein Organon dieser Wissenschaft, welches im Anfange derselben nicht an seiner rechten Stelle sein würde, indem es unmöglich ist die Regeln deutlich zu machen, wenn noch keine Beispiele bei der Hand sind, an welchen man sie in concreto zeigen kann. Der Lehrer muß freilich das Organon vorher inne haben, ehe er die Wissenschaft vorträgt, damit er sich selbst darnach richte, aber dem Zuhörer muß er es niemals anders als zuletzt vortragen. Die Kritik und Vorschrift der gesammten Weltweisheit als eines Ganzen, diese vollständige Logik, kann also ihren Platz bei der Unterweisung nur am Ende der gesammten Philosophie haben, da die schon erworbene Kenntnisse derselben und die Geschichte der menschlichen Meinungen es einzig und allein möglich machen, Betrachtungen über den Ursprung ihrer Einsichten sowohl, als ihrer Irrthümer anzustellen und den genauen Grundriß zu entwerfen, nach welchem ein solches Gebäude der Vernunft dauerhaft und regelmäßig soll aufgeführt werden.

Ich werde die Logik von der ersten Art vortragen und zwar nach dem Handbuche des Hrn. Prof. Meier, weil dieser die Grenzen der jetzt ge=

dachten Absichten wohl vor Augen hat und zugleich Anlaß giebt, neben
der Cultur der feineren und gelehrten Vernunft die Bildung des zwar ge=
meinen, aber thätigen und gesunden Verstandes zu begreifen, jene für
das betrachtende, diese für das thätige und bürgerliche Leben. Wobei zu=
gleich die sehr nahe Verwandtschaft der Materien Anlaß giebt, bei der
Kritik der Vernunft einige Blicke auf die Kritik des Geschmacks,
d. i. die Ästhetik, zu werfen, davon die Regeln der einen jederzeit dazu
dienen, die der andern zu erläutern, und ihre Abstechung ein Mittel ist,
beide besser zu begreifen.

3. **Ethik.** Die moralische Weltweisheit hat dieses besondere Schick=
sal, daß sie noch eher wie die Metaphysik den Schein der Wissenschaft und
einiges Ansehen von Gründlichkeit annimmt, wenn gleich keine von beiden
bei ihr anzutreffen ist; wovon die Ursache darin liegt: daß die Unterschei=
dung des Guten und Bösen in den Handlungen und das Urtheil über die
sittliche Rechtmäßigkeit gerade zu und ohne den Umschweif der Beweise
von dem menschlichen Herzen durch dasjenige, was man Sentiment nennt,
leicht und richtig erkannt werden kann; daher, weil die Frage mehren=
theils schon vor den Vernunftgründen entschieden ist, welches in der Meta=
physik sich nicht so verhält, kein Wunder ist, daß man sich nicht sonderlich
schwierig bezeigt, Gründe, die nur einigen Schein der Tüchtigkeit haben,
als tauglich durchgehen zu lassen. Um deswillen ist nichts gemeiner, als
der Titel eines Moralphilosophen und nichts seltener, als einen solchen
Namen zu verdienen.

Ich werde für jetzt die allgemeine praktische Weltweisheit und
die Tugendlehre, beide nach Baumgarten, vortragen. Die Versuche
des Shaftesbury, Hutcheson und Hume, welche, obzwar unvollendet
und mangelhaft, gleichwohl noch am weitesten in der Aufsuchung der ersten
Gründe aller Sittlichkeit gelangt sind, werden diejenige Präcision und
Ergänzung erhalten, die ihnen mangelt; und indem ich in der Tugend=
lehre jederzeit dasjenige historisch und philosophisch erwäge, was ge=
schieht, ehe ich anzeige, was geschehen soll, so werde ich die Methode
deutlich machen, nach welcher man den Menschen studiren muß, nicht
allein denjenigen, der durch die veränderliche Gestalt, welche ihm sein zu=
fälliger Zustand eindrückt, entstellt und als ein solcher selbst von Philo=
sophen fast jederzeit verkannt worden; sondern die Natur des Menschen,
die immer bleibt, und deren eigenthümliche Stelle in der Schöpfung, da=
mit man wisse, welche Vollkommenheit ihm im Stande der rohen und

welche im Stande der weisen Einfalt angemessen sei, was dagegen die Vorschrift seines Verhaltens sei, wenn er, indem er aus beiderlei Grenzen herausgeht, die höchste Stufe der physischen oder moralischen Vortrefflichkeit zu berühren trachtet, aber von beiden mehr oder weniger abweicht. Diese Methode der sittlichen Untersuchung ist eine schöne Entdeckung unserer Zeiten und ist, wenn man sie in ihrem völligen Plane erwägt, den Alten gänzlich unbekannt gewesen.

4. **Physische Geographie.** Als ich gleich zu Anfange meiner akademischen Unterweisung erkannte, daß eine große Vernachlässigung der studirenden Jugend vornehmlich darin bestehe, daß sie frühe vernünfteln lernt, ohne gnugsame historische Kenntnisse, welche die Stelle der Erfahrenheit vertreten können, zu besitzen: so faßte ich den Anschlag, die Historie von dem jetzigen Zustande der Erde oder die Geographie im weitesten Verstande zu einem angenehmen und leichten Inbegriff desjenigen zu machen, was sie zu einer praktischen Vernunft vorbereiten und dienen könnte, die Lust rege zu machen, die darin angefangene Kenntnisse immer mehr auszubreiten. Ich nannte eine solche Disciplin von demjenigen Theile, worauf damals mein vornehmstes Augenmerk gerichtet war: physische Geographie. Seitdem habe ich diesen Entwurf allmählig erweitert, und jetzt gedenke ich, indem ich diejenige Abtheilung mehr zusammenziehe, welche auf die physische Merkwürdigkeiten der Erde geht, Zeit zu gewinnen, um den Vortrag über die andern Theile derselben, die noch gemeinnütziger sind, weiter auszubreiten. Diese Disciplin wird also eine physische, moralische und politische Geographie sein, worin zuerst die Merkwürdigkeiten der Natur durch ihre drei Reiche angezeigt werden, aber mit der Auswahl derjenigen unter unzählig andern, welche sich durch den Reiz ihrer Seltenheit, oder auch durch den Einfluß, welchen sie vermittelst des Handels und der Gewerbe auf die Staaten haben, vornehmlich der allgemeinen Wißbegierde darbieten. Dieser Theil, welcher zugleich das natürliche Verhältniß aller Länder und Meere und den Grund ihrer Verknüpfung enthält, ist das eigentliche Fundament aller Geschichte, ohne welches sie von Märchenerzählungen wenig unterschieden ist. Die zweite Abtheilung betrachtet den Menschen nach der Mannigfaltigkeit seiner natürlichen Eigenschaften und dem Unterschiede desjenigen, was an ihm moralisch ist, auf der ganzen Erde; eine sehr wichtige und eben so reizende Betrachtung, ohne welche man schwerlich allgemeine Urtheile vom Menschen fällen kann, und wo die unter einander und mit dem

moralischen Zustande älterer Zeiten geschehene Vergleichung uns eine große Karte des menschlichen Geschlechts vor Augen legt. Zuletzt wird dasjenige, was als eine Folge aus der Wechselwirkung beider vorher erzählten Kräfte angesehen werden kann, nämlich der Zustand der Staaten und Völkerschaften auf der Erde, erwogen, nicht sowohl wie er auf den zufälligen Ursachen der Unternehmung und des Schicksales einzelner Menschen als etwa der Regierungsfolge, den Eroberungen und Staatsränken beruht, sondern in Verhältniß auf das, was beständiger ist und den entfernten Grund von jenen enthält, nämlich die Lage ihrer Länder, die Producte, Sitten, Gewerbe, Handlung und Bevölkerung. Selbst die Verjüngung, wenn ich es so nennen soll, einer Wissenschaft von so weitläuftigen Aussichten nach einem kleineren Maßstabe hat ihren großen Nutzen, indem dadurch allein die Einheit der Erkenntniß, ohne welche alles Wissen nur Stückwerk ist, erlangt wird. Darf ich nicht auch in einem geselligen Jahrhunderte, als das jetzige ist, den Vorrath, den eine große Mannigfaltigkeit angenehmer und belehrender Kenntnisse von leichter Faßlichkeit zum Unterhalt des Umganges darbietet, unter den Nutzen rechnen, welchen vor Augen zu haben, es für die Wissenschaft keine Erniedrigung ist? Zum wenigsten kann es einem Gelehrten nicht angenehm sein, sich öfters in der Verlegenheit zu sehen, worin sich der Redner Isokrates befand, welcher, als man ihn in einer Gesellschaft aufmunterte, doch auch etwas zu sprechen, sagen mußte: Was ich weiß, schickt sich nicht, und was sich schickt, weiß ich nicht.

Dieses ist die kurze Anzeige der Beschäftigungen, welche ich für das angefangene halbe Jahr der Akademie widme, und die ich nur darum nöthig zu sein erachtet, damit man sich einigen Begriff von der Lehrart machen könne, worin ich jetzt einige Veränderung zu treffen nützlich gefunden habe. Mihi sic est usus: Tibi ut opus facto est, face. *Terentius.*

Träume eines Geistersehers,

erläutert

durch

Träume der Metaphysik.

velut aegri somnia, vanae
Finguntur species.
HOR.

Ein Vorbericht,

der sehr wenig für die Ausführung verspricht.

Das Schattenreich ist das Paradies der Phantasten. Hier finden sie ein unbegränztes Land, wo sie sich nach Belieben anbauen können. Hypochondrische Dünste, Ammenmärchen und Klosterwunder lassen es ihnen an Bauzeug nicht ermangeln. Die Philosophen zeichnen den Grundriß und ändern ihn wiederum oder verwerfen ihn, wie ihre Gewohnheit ist. Nur das heilige Rom hat daselbst einträgliche Provinzen; die zwei Kronen des unsichtbaren Reichs stützen die dritte, als das hinfällige Diadem seiner irdischen Hoheit, und die Schlüssel, welche die beide Pforten der andern Welt aufthun, öffnen zugleich sympathetisch die Kasten der gegenwärtigen. Dergleichen Rechtsame des Geisterreichs, in so fern es durch die Gründe der Staatsklugheit bewiesen ist, erheben sich weit über alle ohnmächtige Einwürfe der Schulweisen, und ihr Gebrauch oder Mißbrauch ist schon zu ehrwürdig, als daß er sich einer so verworfenen Prüfung auszusetzen nöthig hätte. Allein die gemeine Erzählungen, die so viel Glauben finden und wenigstens so schlecht bestritten sind, weswegen laufen die so ungenützt oder ungeahndet umher und schleichen sich selbst in die Lehrverfassungen ein, ob sie gleich den Beweis vom Vortheil hergenommen (argumentum ab utili) nicht für sich haben, welcher der überzeugendste unter allen ist? Welcher Philosoph hat nicht einmal zwischen den Betheurungen eines vernünftigen und fest überredeten Augenzeugen und der inneren Gegenwehr eines unüberwindlichen Zweifels die einfältigste Figur gemacht, die man sich vorstellen kann? Soll er die Richtigkeit aller solcher Geistererscheinungen gänzlich abläugnen? Was kann er für Gründe anführen, sie zu widerlegen?

Soll er auch nur eine einzige dieser Erzählungen als wahrscheinlich einräumen? Wie wichtig wäre ein solches Geständniß, und in welche erstaunliche Folgen sieht man hinaus, wenn auch nur eine solche Begebenheit als bewiesen vorausgesetzt werden könnte! Es ist wohl noch ein dritter Fall übrig, nämlich sich mit dergleichen vorwitzigen oder müßigen Fragen gar nicht zu bemengen und sich an das Nützliche zu halten. Weil dieser Anschlag aber vernünftig ist, so ist er jederzeit von gründlichen Gelehrten durch die Mehrheit der Stimmen verworfen worden.

Da es eben so wohl ein dummes Vorurtheil ist, von vielem, das mit einigem Schein der Wahrheit erzählt wird, ohne Grund Nichts zu glauben, als von dem, was das gemeine Gerücht sagt, ohne Prüfung Alles zu glauben, so ließ sich der Verfasser dieser Schrift, um dem ersten Vorurtheile auszuweichen, zum Theil von dem letzteren fortschleppen. Er bekennt mit einer gewissen Demüthigung, daß er so treuherzig war, der Wahrheit einiger Erzählungen von der erwähnten Art nachzuspüren. Er fand — — — wie gemeiniglich, wo man nichts zu suchen hat — — — er fand nichts. Nun ist dieses wohl an sich selbst schon eine hinlängliche Ursache, ein Buch zu schreiben; allein es kam noch dasjenige hinzu, was bescheidenen Verfassern schon mehrmals Bücher abgedrungen hat, das ungestüme Anhalten bekannter und unbekannter Freunde. Überdem war ein großes Werk gekauft und, welches noch schlimmer ist, gelesen worden, und diese Mühe sollte nicht verloren sein. Daraus entstand nun die gegenwärtige Abhandlung, welche, wie man sich schmeichelt, den Leser nach der Beschaffenheit der Sache völlig befriedigen soll, indem er das Vornehmste nicht verstehen, das andere nicht glauben, das übrige aber belachen wird.

Der erste Theil,
welcher dogmatisch ist.

Erstes Hauptstück.
Ein verwickelter metaphysischer Knoten, den man nach Belieben auflösen oder abhauen kann.

Wenn alles dasjenige, was von Geistern der Schulknabe herbetet, der große Haufe erzählt und der Philosoph demonstrirt, zusammen genommen wird, so scheint es keinen kleinen Theil von unserm Wissen auszumachen. Nichts destoweniger getraue ich mich zu behaupten, daß, wenn es jemand einfiele, sich bei der Frage etwas zu verweilen, was denn das eigentlich für ein Ding sei, wovon man unter dem Namen eines Geistes so viel zu verstehen glaubt, er alle diese Vielwisser in die beschwerlichste Verlegenheit versetzen würde. Das methodische Geschwätz der hohen Schulen ist oftmals nur ein Einverständniß, durch veränderliche Wortbedeutungen einer schwer zu lösenden Frage auszuweichen, weil das bequeme und mehrentheils vernünftige: Ich weiß nicht, auf Akademien nicht leichtlich gehört wird. Gewisse neuere Weltweisen, wie sie sich gerne nennen lassen, kommen sehr leicht über diese Frage hinweg. Ein Geist, heißt es, ist ein Wesen, welches Vernunft hat. So ist es denn also keine Wundergabe Geister zu sehen; denn wer Menschen sieht, der sieht Wesen, die Vernunft haben. Allein, fährt man fort, dieses Wesen, was im Menschen Vernunft hat, ist nur ein Theil vom Menschen, und dieser Theil, der ihn belebt, ist ein Geist. Wohlan denn: ehe ihr also beweiset, daß nur ein geistiges Wesen Vernunft haben könne, so sorget doch, daß ich zuvörderst verstehe, was ich mir unter einem geistigen Wesen für einen Begriff zu machen habe. Diese Selbsttäuschung, ob sie gleich grob genug ist, um mit halb offenen Augen bemerkt zu werden, ist doch von sehr begreiflichem Ursprunge.

Denn wovon man frühzeitig als ein Kind sehr viel weiß, davon ist man sicher, später hin und im Alter nichts zu wissen, und der Mann der Gründlichkeit wird zuletzt höchstens der Sophist seines Jugendwahnes.

Ich weiß also nicht, ob es Geister gebe, ja was noch mehr ist, ich weiß nicht einmal, was das Wort Geist bedeute. Da ich es indessen oft selbst gebraucht oder andere habe brauchen hören, so muß doch etwas darunter verstanden werden, es mag nun dieses Etwas ein Hirngespinst oder was Wirkliches sein. Um diese versteckte Bedeutung auszuwickeln, so halte ich meinen schlecht verstandenen Begriff an allerlei Fälle der Anwendung, und dadurch, daß ich bemerke, auf welchen er trifft und welchem er zuwider ist, verhoffe ich dessen verborgenen Sinn zu entfalten.*)

Nehmet etwa einen Raum von einem Kubikfuß und setzet, es sei etwas, das diesen Raum erfüllt, d. i. dem Eindringen jedes andern Dinges widersteht, so wird niemand das Wesen, was auf solche Weise im Raum ist, geistig nennen. Es würde offenbar materiell heißen, weil es ausgedehnt, undurchbringlich und wie alles Körperliche der Theilbarkeit und den Gesetzen des Stoßes unterworfen ist. Bis dahin sind wir noch auf dem gebähnten Gleise anderer Philosophen. Allein denket euch ein einfaches Wesen und gebet ihm zugleich Vernunft; wird dies alsdann die Bedeutung des Wortes Geist gerade ausfüllen? Damit ich dieses ent-

---

*) Wenn der Begriff eines Geistes von unsern eignen Erfahrungsbegriffen abgesondert wäre, so würde das Verfahren ihn deutlich zu machen leicht sein, indem man nur diejenigen Merkmale anzuzeigen hätte, welche uns die Sinne an dieser Art Wesen offenbarten, und wodurch wir sie von materiellen Dingen unterscheiden. Nun aber wird von Geistern geredet, selbst alsdann, wenn man zweifelt, ob es gar dergleichen Wesen gebe. Also kann der Begriff von der geistigen Natur nicht als ein von der Erfahrung abstrahirter behandelt werden. Fragt ihr aber: Wie ist man denn zu diesem Begriff überhaupt gekommen, wenn es nicht durch Abstraction geschehen ist? Ich antworte: Viele Begriffe entspringen durch geheime und dunkele Schlüsse bei Gelegenheit der Erfahrungen und pflanzen sich nachher auf andere fort ohne Bewußtsein der Erfahrung selbst oder des Schlusses, welcher den Begriff über dieselbe errichtet hat. Solche Begriffe kann man erschlichene nennen. Dergleichen sind viele, die zum Theil nichts als ein Wahn der Einbildung, zum Theil auch wahr sind, indem auch dunkele Schlüsse nicht immer irren. Der Redegebrauch und die Verbindung eines Ausdrucks mit verschiedenen Erzählungen, in denen jederzeit einerlei Hauptmerkmal anzutreffen ist, geben ihm eine bestimmte Bedeutung, welche folglich nur dadurch kann entfaltet werden, daß man diesen versteckten Sinn durch eine Vergleichung mit allerlei Fällen der Anwendung, die mit ihm einstimmig sind, oder ihm widerstreiten, aus seiner Dunkelheit hervorzieht.

decke, so will ich die Vernunft dem besagten einfachen Wesen als eine innere Eigenschaft laſſen, für jetzt es aber nur in äußeren Verhältniſſen betrachten. Und nunmehr frage ich: wenn ich dieſe einfache Subſtanz in jenen Raum vom Kubikfuß, der voll Materie iſt, ſetzen will, wird alsdann ein einfaches Element derſelben den Platz räumen müſſen, damit ihn dieſer Geiſt erfülle? Meinet ihr, ja? Wohlan, ſo wird der gedachte Raum, um einen zweiten Geiſt einzunehmen, ein zweites Elementartheilchen verlieren müſſen, und ſo wird endlich, wenn man fortfährt, ein Kubikfuß Raum von Geiſtern erfüllt ſein, deren Klumpe eben ſo wohl durch Undurchdringlichkeit widerſteht, als wenn er voll Materie wäre, und eben ſo wie dieſe der Geſetze des Stoßes fähig ſein muß. Nun würden aber dergleichen Subſtanzen, ob ſie gleich in ſich Vernunftkraft haben mögen, doch äußerlich von den Elementen der Materie gar nicht unterſchieden ſein, bei denen man auch nur die Kräfte ihrer äußeren Gegenwart kennt und, was zu ihren inneren Eigenſchaften gehören mag, gar nicht weiß. Es iſt alſo außer Zweifel, daß eine ſolche Art einfacher Subſtanzen nicht geiſtige Weſen heißen würden, davon Klumpen zuſammengeballt werden könnten. Ihr werdet alſo den Begriff eines Geiſtes nur beibehalten können, wenn ihr euch Weſen gedenkt, die ſogar in einem von Materie erfüllten Raume gegenwärtig ſein können;*) Weſen alſo, welche die Eigenſchaft der Undurchdringlichkeit nicht an ſich haben, und deren ſo viele, als man auch will, vereinigt niemals ein ſolides Ganze ausmachen. Einfache Weſen von dieſer Art werden immaterielle Weſen und, wenn ſie Vernunft haben, Geiſter genannt werden. Einfache Subſtanzen aber, deren Zuſammenſetzung ein undurchdringliches und ausgedehntes Ganze giebt, werden materielle Einheiten, ihr Ganzes aber Materie heißen. Entweder der Name eines Geiſtes iſt ein Wort ohne allen Sinn, oder ſeine Bedeutung iſt die angezeigte.

---

*) Man wird hier leichtlich gewahr: daß ich nur von Geiſtern, die als Theile zum Weltganzen gehören, und nicht von dem unendlichen Geiſte rede, der der Urheber und Erhalter deſſelben iſt. Denn der Begriff von der geiſtigen Natur des letzteren iſt leicht, weil er lediglich negativ iſt und darin beſteht, daß man die Eigenſchaften der Materie an ihm verneint, die einer unendlichen und ſchlechterdings nothwendigen Subſtanz widerſtreiten. Dagegen bei einer geiſtigen Subſtanz, die mit der Materie in Vereinigung ſein ſoll, wie z. E. der menſchlichen Seele, äußert ſich die Schwierigkeit: daß ich eine wechſelſeitige Verknüpfung derſelben mit körperlichen Weſen zu einem Ganzen denken und dennoch die einzige bekannte Art der Verbindung, welche unter materiellen Weſen ſtatt findet, aufheben ſoll.

Von der Erklärung, was der Begriff eines Geistes enthalte, ist der Schritt noch ungemein weit zu dem Satze, daß solche Naturen wirklich, ja auch nur möglich seien. Man findet in den Schriften der Philosophen recht gute Beweise, darauf man sich verlassen kann: daß alles, was da denkt, einfach sein müsse, daß eine jede vernünftigdenkende Substanz eine Einheit der Natur sei, und das untheilbare Ich nicht könne in einem Ganzen von viel verbundenen Dingen vertheilt sein. Meine Seele wird also eine einfache Substanz sein. Aber es bleibt durch diesen Beweis noch immer unausgemacht, ob sie von der Art derjenigen sei, die in dem Raume vereinigt ein ausgedehntes und undurchdringliches Ganze geben, und also materiell, oder ob sie immateriell und folglich ein Geist sei, ja sogar, ob eine solche Art Wesen als diejenige, so man **geistige** nennt, nur möglich sei.

Und hiebei kann ich nicht umhin vor übereilten Entscheidungen zu warnen, welche in den tiefsten und dunkelsten Fragen sich am leichtesten eindringen. Was nämlich zu den gemeinen Erfahrungsbegriffen gehört, das pflegt man gemeiniglich so anzusehen, als ob man auch seine Möglichkeit einsehe. Dagegen was von ihnen abweicht und durch keine Erfahrung auch nicht einmal der Analogie nach verständlich gemacht werden kann, davon kann man sich freilich keinen Begriff machen, und darum pflegt man es gerne als unmöglich sofort zu verwerfen. Alle Materie widersteht in dem Raume ihrer Gegenwart und heißt darum undurchdringlich. Daß dieses geschehe, lehrt die Erfahrung, und die Abstraction von dieser Erfahrung bringt in uns auch den allgemeinen Begriff der Materie hervor. Dieser Widerstand aber, den Etwas in dem Raume seiner Gegenwart leistet, ist auf solche Weise wohl **erkannt**, allein darum nicht **begriffen**. Denn es ist derselbe, so wie alles, was einer Thätigkeit entgegenwirkt, eine wahre Kraft, und da ihre Richtung derjenigen entgegen steht, wornach die fortgezogne Linien der Annäherung zielen, so ist sie eine Kraft der Zurückstoßung, welche der Materie und folglich auch ihren Elementen muß beigelegt werden. Nun wird sich ein jeder Vernünftige bald bescheiden, daß hier die menschliche Einsicht zu Ende sei. Denn nur durch die Erfahrung kann man inne werden, daß Dinge der Welt, welche wir **materiell** nennen, eine solche Kraft haben, niemals aber die Möglichkeit derselben begreifen. Wenn ich nun Substanzen anderer Art setze, die mit andern Kräften im Raume gegenwärtig sind, als mit jener **treibenden Kraft**, deren Folge die Undurchdringlichkeit ist, so kann ich freilich eine Thätigkeit derselben, welche keine Analogie mit meinen Erfahrungsvorstellungen hat, gar nicht in concreto denken, und indem ich ihnen die Eigenschaft nehme, den Raum, in dem sie wirken, zu erfüllen, so steht mir ein Begriff ab, wodurch mir sonst die Dinge denklich sind, welche in meine Sinne fallen, und es muß daraus nothwendig eine Art von Undenklichkeit entspringen. Allein diese kann darum nicht als eine erkannte Unmöglichkeit angesehen werden, eben darum weil das Gegentheil seiner Möglichkeit nach gleichfalls uneingesehen bleiben wird, obzwar dessen Wirklichkeit in die Sinne fällt.

Man kann demnach die Möglichkeit immaterieller Wesen annehmen ohne Besorgniß widerlegt zu werden, wiewohl auch ohne Hoffnung, diese Möglichkeit durch Vernunftgründe beweisen zu können. Solche geistige Naturen würden im Raume gegenwärtig sein, so daß derselbe dem ungeachtet für körperliche Wesen immer durchdringlich bliebe, weil ihre Gegenwart wohl eine Wirksamkeit im Raume, aber nicht dessen Erfüllung, d. i. einen Widerstand, als den Grund der Solidität enthielte. Nimmt man nun eine solche einfache geistige Substanz an, so würde man unbeschadet ihrer Untheilbarkeit sagen können: daß der Ort ihrer unmittelbaren Gegenwart nicht ein Punkt, sondern selbst ein Raum sei. Denn um die Analogie zu Hülfe zu rufen, so müssen nothwendig selbst die einfachen Elemente der Körper ein jegliches ein Räumchen in dem Körper erfüllen, der ein proportionirter Theil seiner ganzen Ausdehnung ist, weil Punkte gar nicht Theile, sondern Grenzen des Raumes sind. Da diese Erfüllung des Raumes vermittelst einer wirksamen Kraft (der Zurückstoßung) geschieht und also nur einen Umfang der größeren Thätigkeit, nicht aber eine Vielheit der Bestandtheile des wirksamen Subjects anzeigt, so widerstreitet sie gar nicht der einfachen Natur desselben, obgleich freilich die Möglichkeit hievon nicht weiter kann deutlich gemacht werden, welches niemals bei den ersten Verhältnissen der Ursachen und Wirkungen angeht. Eben so wird mir zum wenigsten keine erweisliche Unmöglichkeit entgegen stehen, obschon die Sache selbst unbegreiflich bleibt, wenn ich behaupte: daß eine geistige Substanz, ob sie gleich einfach ist, dennoch einen Raum einnehme (d. i. in ihm unmittelbar thätig sein könne), ohne ihn zu erfüllen (d. i. materiellen Substanzen darin Widerstand zu leisten). Auch würde eine solche immaterielle Substanz nicht ausgedehnt genannt werden müssen, so wenig wie es die Einheiten der Materie sind; denn nur dasjenige, was abgesondert von allem und für sich allein existirend einen

Raum einnimmt, ist ausgedehnt; die Substanzen aber, welche Elemente der Materie sind, nehmen einen Raum nur durch die äußere Wirkung in andere ein, für sich besonders aber, wo keine andre Dinge in Verknüpfung mit ihnen gedacht werden, und da in ihnen selbst auch nichts außer einander Befindliches anzutreffen ist, enthalten sie keinen Raum. Dieses gilt von Körperelementen. Dieses würde auch von geistigen Naturen gelten. Die Grenzen der Ausdehnung bestimmen die Figur. An ihnen würde also keine Figur gedacht werden können. Dieses sind schwer einzusehende Gründe der vermutheten Möglichkeit immaterieller Wesen in dem Weltganzen. Wer im Besitze leichterer Mittel ist, die zu dieser Einsicht führen können, der versage seinen Unterricht einem Lehrbegierigen nicht, vor dessen Augen im Fortschritt der Untersuchung sich öfters Alpen erheben, wo andere einen ebenen und gemächlichen Fußsteig vor sich sehen, den sie fortwandern oder zu wandern glauben.

Gesetzt nun, man hätte bewiesen, die Seele des Menschen sei ein Geist (wiewohl aus dem vorigen zu sehen ist, daß ein solcher Beweis noch niemals geführt worden), so würde die nächste Frage, die man thun könnte, etwa diese sein: Wo ist der Ort dieser menschlichen Seele in der Körperwelt? Ich würde antworten: Derjenige Körper, dessen Veränderungen meine Veränderungen sind, dieser Körper ist mein Körper, und der Ort desselben ist zugleich mein Ort. Setzt man die Frage weiter fort: Wo ist denn dein Ort (der Seele) in diesem Körper?, so würde ich etwas Verfängliches in dieser Frage vermuthen. Denn man bemerkt leicht, daß darin etwas schon vorausgesetzt werde, was nicht durch Erfahrung bekannt ist, sondern vielleicht auf eingebildeten Schlüssen beruht: nämlich daß mein denkendes Ich in einem Orte sei, der von den Örtern anderer Theile desjenigen Körpers, der zu meinem Selbst gehört, unterschieden wäre. Niemand aber ist sich eines besondern Orts in seinem Körper unmittelbar bewußt, sondern desjenigen, den er als Mensch in Ansehung der Welt umher einnimmt. Ich würde mich also an der gemeinen Erfahrung halten und vorläufig sagen: Wo ich empfinde, da bin ich. Ich bin eben so unmittelbar in der Fingerspitze wie in dem Kopfe. Ich bin es selbst, der in der Ferse leidet und welchem das Herz im Affecte klopft. Ich fühle den schmerzhaften Eindruck nicht an einer Gehirnnerve, wenn mich mein Leichdorn peinigt, sondern am Ende meiner Zehen. Keine Erfahrung lehrt mich einige Theile meiner Empfindung von mir für entfernt zu halten, mein untheilbares Ich in ein mikroskopisch kleines Plätzchen des Gehirnes

Erster Theil. 1. Hauptstück.

zu versperren, um von da aus den Hebezeug meiner Körpermaschine in Bewegung zu setzen, oder dadurch selbst getroffen zu werden. Daher würde ich einen strengen Beweis verlangen, um dasjenige ungereimt zu finden, was die Schullehrer sagten: **Meine Seele ist ganz im ganzen Körper und ganz in jedem seiner Theile.** Der gesunde Verstand bemerkt oft die Wahrheit eher, als er die Gründe einsieht, dadurch er sie beweisen oder erläutern kann. Der Einwurf würde mich auch nicht gänzlich irre machen, wenn man sagte, daß ich auf solche Art die Seele ausgedehnt und durch den ganzen Körper verbreitet gedächte, so ungefähr wie sie den Kindern in der gemalten Welt abgebildet wird. Denn ich würde diese Hinderniß dadurch wegräumen, daß ich bemerkte: die unmittelbare Gegenwart in einem ganzen Raume beweise nur eine Sphäre der äußeren Wirksamkeit, aber nicht eine Vielheit innerer Theile, mithin auch keine Ausdehnung oder Figur, als welche nur statt finden, wenn in einem Wesen **für sich allein gesetzt ein Raum ist, d. i. Theile anzutreffen sind, die sich außerhalb einander befinden.** Endlich würde ich entweder dieses wenige von der geistigen Eigenschaft meiner Seele wissen, oder, wenn man es nicht einwilligte, auch zufrieden sein, davon gar nichts zu wissen.

Wollte man diesen Gedanken die Unbegreiflichkeit, oder, welches bei den meisten für einerlei gilt, ihre Unmöglichkeit vorrücken, so könnte ich es auch geschehen lassen. Alsdann würde ich mich zu den Füßen dieser Weisen niederlassen, um sie also reden zu hören: Die Seele des Menschen hat ihren Sitz im Gehirne, und ein unbeschreiblich kleiner Platz in demselben ist ihr Aufenthalt.*) Daselbst empfindet sie wie die Spinne im

---

*) Man hat Beispiele von Verletzungen, dadurch ein guter Theil des Gehirns verloren worden, ohne daß es dem Menschen das Leben oder die Gedanken gekostet hat. Nach der gemeinen Vorstellung, die ich hier anführe, würde ein Atomus desselben haben dürfen entführt, oder aus der Stelle gerückt werden, um in einem Augenblick den Menschen zu entseelen. Die herrschende Meinung der Seele einen Platz im Gehirne anzuweisen, scheint hauptsächlich ihren Ursprung darin zu haben, daß man bei starkem Nachsinnen deutlich fühlt, daß die Gehirnnerven angestrengt werden. Allein wenn dieser Schluß richtig wäre, so würde er auch noch andere Örter der Seele beweisen. In der Bangigkeit oder der Freude scheint die Empfindung ihren Sitz im Herzen zu haben. Viele Affecten, ja die mehrsten äußern ihre Hauptstärke im Zwerchfell. Das Mitleiden bewegt die Eingeweide, und andre Instincte äußern ihren Ursprung und Empfindsamkeit in andern Organen. Die Ursache, die da macht, daß man die nachdenkende Seele vornehmlich im Gehirne zu empfinden glaubt, ist vielleicht diese. Alles Nachsinnen erfordert die Vermittelung

Mittelpunkte ihres Gewebes. Die Nerven des Gehirnes stoßen oder erschüttern sie, dadurch verursachen sie aber, daß nicht dieser unmittelbare Eindruck, sondern der, so auf ganz entlegene Theile des Körpers geschieht, jedoch als ein außerhalb dem Gehirne gegenwärtiges Object vorgestellt wird. Aus diesem Sitze bewegt sie auch die Seile und Hebel der ganzen Maschine und verursacht willkürliche Bewegungen nach ihrem Belieben. Dergleichen Sätze lassen sich nur sehr seichte, oder gar nicht beweisen und, weil die Natur der Seele im Grunde nicht bekannt gnug ist, auch nur eben so schwach widerlegen. Ich würde also mich in keine Schulgezänke einlassen, wo gemeiniglich beide Theile alsdann am meisten zu sagen haben, wenn sie von ihrem Gegenstande gar nichts verstehen; sondern ich würde lediglich den Folgerungen nachgehen, auf die mich eine Lehre von dieser Art leiten kann. Weil also nach den mir angepriesenen Sätzen meine Seele, in der Art wie sie im Raume gegenwärtig ist, von jedem Element der Materie nicht unterschieden wäre, und die Verstandeskraft eine innere Eigenschaft ist, welche ich in diesen Elementen doch nicht wahrnehmen könnte, wenn gleich selbige in ihnen allen angetroffen würde, so könnte kein tauglicher Grund angeführt werden, weswegen nicht meine Seele eine von den Substanzen sei, welche die Materie ausmachen, und warum nicht ihre besondere Erscheinungen lediglich von dem Orte herrühren sollten, den sie in einer künstlichen Maschine, wie der thierische Körper ist, einnimmt, wo die Nervenvereinigung der inneren Fähigkeit des Denkens und der Willkür zu statten kommt. Alsdann aber würde man kein eigenthümliches Merkmal der Seele mehr mit Sicherheit erkennen, welches sie von dem rohen Grundstoffe der körperlichen Naturen unterschiede,

---

der Zeichen für die zu erweckende Ideen, um in deren Begleitung und Unterstützung diesen den erforderlichen Grad Klarheit zu geben. Die Zeichen unserer Vorstellungen aber sind vornehmlich solche, die entweder durchs Gehör oder das Gesicht empfangen sind, welche beide Sinne durch die Eindrücke im Gehirne bewegt werden, indem ihre Organen auch diesem Theile am nächsten liegen. Wenn nun die Erweckung dieser Zeichen, welche Cartesius ideas materiales nennt, eigentlich eine Reizung der Nerven zu einer ähnlichen Bewegung mit derjenigen ist, welche die Empfindung ehedem hervorbrachte, so wird das Gewebe des Gehirns im Nachdenken vornehmlich genöthigt werden mit vormaligen Eindrücken harmonisch zu beben und dadurch ermüdet werden. Denn wenn das Denken zugleich affectvoll ist, so empfindet man nicht allein Anstrengungen des Gehirnes, sondern zugleich Angriffe der reizbaren Theile, welche sonst mit den Vorstellungen der in Leidenschaft versetzten Seele in Sympathie stehen.

und Leibnizens scherzhafter Einfall, nach welchem wir vielleicht im Kaffee Atomen verschluckten, woraus Menschenleben werden sollen, wäre nicht mehr ein Gedanke zum Lachen. Würde aber auf solchen Fall dieses denkende Ich nicht dem gemeinen Schicksale materieller Naturen unterworfen sein, und, wie es durch den Zufall aus dem Chaos aller Elemente gezogen worden, um eine thierische Maschine zu beleben, warum sollte es, nachdem diese zufällige Vereinigung aufgehört hat, nicht auch künftig dahin wiederum zurückkehren? Es ist bisweilen nöthig den Denker, der auf unrechtem Wege ist, durch die Folgen zu erschrecken, damit er aufmerksamer auf die Grundsätze werde, durch welche er sich gleichsam träumend hat fortführen lassen.

Ich gestehe, daß ich sehr geneigt sei das Dasein immaterieller Naturen in der Welt zu behaupten und meine Seele selbst in die Klasse dieser Wesen zu versetzen.*) Alsdann aber, wie geheimnißvoll wird nicht die Gemeinschaft zwischen einem Geiste und einem Körper? Aber wie natürlich ist nicht zugleich diese Unbegreiflichkeit, da unsere Begriffe äußerer Handlungen von denen der Materie abgezogen worden und jederzeit mit den Bedingungen des Druckes oder Stoßes verbunden sind, die hier nicht statt finden? Denn wie sollte wohl eine immaterielle Substanz der Materie im Wege liegen, damit diese in ihrer Bewegung auf einen Geist stoße, und wie können körperliche Dinge Wirkungen auf ein fremdes Wesen ausüben, das ihnen nicht Undurchdringlichkeit entgegen stellt, oder

---

*) Der Grund hievon, der mir selbst sehr dunkel ist und wahrscheinlicher Weise auch wohl so bleiben wird, trifft zugleich auf das empfindende Wesen in den Thieren. Was in der Welt ein Principium des Lebens enthält, scheint immaterieller Natur zu sein. Denn alles Leben beruht auf dem inneren Vermögen, sich selbst nach Willkür zu bestimmen. Da hingegen das wesentliche Merkmal der Materie in der Erfüllung des Raumes durch eine nothwendige Kraft besteht, die durch äußere Gegenwirkung beschränkt ist; daher der Zustand alles dessen, was materiell ist, äußerlich abhängend und gezwungen ist, diejenige Naturen aber, die selbst thätig und aus ihrer innern Kraft wirksam den Grund des Lebens enthalten sollen, kurz diejenige, deren eigene Willkür sich von selber zu bestimmen und zu verändern vermögend ist, schwerlich materieller Natur sein können. Man kann vernünftiger Weise nicht verlangen, daß eine so unbekannte Art Wesen, die man mehrentheils nur hypothetisch erkennt, in den Abtheilungen ihrer verschiedenen Gattungen sollte begriffen werden; zum wenigsten sind diejenige immateriellen Wesen, die den Grund des thierischen Lebens enthalten, von denjenigen unterschieden, die in ihrer Selbstthätigkeit Vernunft begreifen und Geister genannt werden.

welches sie auf keine Weise hindert, sich in demselben Raume, darin es gegenwärtig ist, zugleich zu befinden? Es scheint, ein geistiges Wesen sei der Materie innigst gegenwärtig, mit der es verbunden ist, und wirke nicht auf diejenige Kräfte der Elemente, womit diese untereinander in Verhältnissen sind, sondern auf das innere Principium ihres Zustandes. Denn eine jede Substanz, selbst ein einfaches Element der Materie muß doch irgend eine innere Thätigkeit als den Grund der äußerlichen Wirksamkeit haben, wenn ich gleich nicht anzugeben weiß, worin solche bestehe.*) Andererseits würde bei solchen Grundsätzen die Seele auch in diesen inneren Bestimmungen als Wirkungen den Zustand des Universum anschauend erkennen, der die Ursache derselben ist. Welche Nothwendigkeit aber verursache, daß ein Geist und ein Körper zusammen Eines ausmache, und welche Gründe bei gewissen Zerstörungen diese Einheit wiederum aufheben, diese Fragen übersteigen nebst verschiedenen andern sehr weit meine Einsicht, und wie wenig ich auch sonst dreiste bin, meine Verstandesfähigkeit an den Geheimnissen der Natur zu messen, so bin ich gleichwohl zuversichtlich gnug, keinen noch so fürchterlich ausgerüsteten Gegner zu scheuen (wenn ich sonst einige Neigung zum Streiten hätte), um in diesem Falle mit ihm den Versuch der Gegengründe im Widerlegen zu machen, der bei den Gelehrten eigentlich die Geschicklichkeit ist, einander das Nichtwissen zu demonstriren.

---

*) Leibniz sagte, dieser innere Grund aller seiner äußeren Verhältnisse und ihrer Veränderungen sei eine Vorstellungskraft, und spätere Philosophen empfingen diesen unausgeführten Gedanken mit Gelächter. Sie hätten aber nicht übel gethan, wenn sie vorher bei sich überlegt hätten, ob denn eine Substanz, wie ein einfacher Theil der Materie ist, ohne allen inneren Zustand möglich sei, und wenn sie dann diesen etwa nicht ausschließen wollten, so würde ihnen obgelegen haben irgend einen andern möglichen innern Zustand zu ersinnen, als den der Vorstellungen und der Thätigkeiten, die von ihnen abhängend sind. Jedermann sieht von selber, daß, wenn man auch den einfachen Elementartheilen der Materie ein Vermögen dunkler Vorstellungen zugesteht, daraus noch keine Vorstellungskraft der Materie selbst erfolge, weil viel Substanzen von solcher Art, in einem Ganzen verbunden, doch niemals eine denkende Einheit ausmachen können.

Zweites Hauptstück.

Ein Fragment der geheimen Philosophie, die Gemeinschaft mit der Geisterwelt zu eröffnen.

Der Initiat hat schon den groben und an den äußerlichen Sinnen klebenden Verstand zu höhern und abgezogenen Begriffen gewöhnt, und nun kann er geistige und von körperlichem Zeuge enthüllte Gestalten in derjenigen Dämmerung sehen, womit das schwache Licht der Metaphysik das Reich der Schatten sichtbar macht. Wir wollen daher nach der beschwerlichen Vorbereitung, welche überstanden ist, uns auf den gefährlichen Weg wagen.

> Ibant obscuri sola sub nocte per umbras,
> Perque domos Ditis vacuas et inania regna.
> VIRGILIUS.

Die todte Materie, welche den Weltraum erfüllt, ist ihrer eigenthümlichen Natur nach im Stande der Trägheit und der Beharrlichkeit in einerlei Zustande, sie hat Solidität, Ausdehnung und Figur, und ihre Erscheinungen, die auf allen diesen Gründen beruhen, lassen eine physische Erklärung zu, die zugleich mathematisch ist, und zusammen mechanisch genannt wird. Wenn man andererseits seine Achtsamkeit auf diejenige Art Wesen richtet, welche den Grund des Lebens in dem Weltganzen enthalten, die um deswillen nicht von der Art sind, daß sie als Bestandtheile den Klumpen und die Ausdehnung der leblosen Materie vermehren, noch von ihr nach den Gesetzen der Berührung und des Stoßes leiden, sondern vielmehr durch innere Thätigkeit sich selbst und überdem den todten Stoff der Natur rege machen, so wird man, wo nicht mit der Deutlichkeit einer Demonstration, doch wenigstens mit der Vorempfindung eines nicht ungeübten Verstandes sich von dem Dasein immaterieller Wesen überredet finden, deren besondere Wirkungsgesetze pneumatisch und, so fern die körperliche Wesen Mittelursachen ihrer Wirkungen in der materiellen Welt sind, organisch genannt werden. Da diese immaterielle Wesen selbstthätige Principien sind, mithin Substanzen und für sich bestehende Naturen, so ist diejenige Folge, auf die man zunächst geräth, diese: daß sie untereinander, unmittelbar vereinigt, vielleicht ein großes Ganze ausmachen mögen, welches man die immaterielle Welt (mundus intelligibilis) nennen kann. Denn mit welchem Grunde der Wahrscheinlichkeit wollte man wohl behaupten, daß dergleichen Wesen von einander ähnlicher Natur nur vermittelst anderer (körperlichen Dinge) von fremder Beschaffenheit in Gemeinschaft stehen könnten, indem dieses letztere noch viel räthselhafter als das erste ist?

Diese immaterielle Welt kann also als ein für sich bestehendes Ganze angesehen werden, deren Theile untereinander in wechselseitiger Verknüpfung und Gemeinschaft stehen, auch ohne Vermittelung körperlicher Dinge, so daß dieses letztere Verhältniß zufällig ist und nur einigen zukommen darf, ja, wo es auch angetroffen wird, nicht hindert, daß nicht eben die immaterielle Wesen, welche durch die Vermittelung der Materie ineinander wirken, außer diesem noch in einer besondern und durchgängigen Verbindung stehen und jederzeit untereinander als immaterielle Wesen wechselseitige Einflüsse ausüben, so daß das Verhältniß derselben vermittelst der Materie nur zufällig und auf einer besonderen göttlichen Anstalt beruht, jene hingegen natürlich und unauflöslich ist.

Indem man denn auf solche Weise alle Principien des Lebens in der ganzen Natur als so viel unkörperliche Substanzen untereinander in Gemeinschaft, aber auch zum Theil mit der Materie vereinigt zusammennimmt, so gedenkt man sich ein großes Ganze der immateriellen Welt, eine unermeßliche, aber unbekannte Stufenfolge von Wesen und thätigen Naturen, durch welche der todte Stoff der Körperwelt allein belebt wird. Bis auf welche Glieder aber der Natur Leben ausgebreitet sei, und welche diejenigen Grade desselben seien, die zunächst an die völlige Leblosigkeit grenzen, ist vielleicht unmöglich jemals mit Sicherheit auszumachen. Der Hylozoismus belebt alles, der Materialismus dagegen, wenn er genau erwogen wird, tödtet alles. Maupertuis maß den organischen Nahrungstheilchen aller Thiere den niedrigsten Grad Leben bei; andere Philosophen sehen an ihnen nichts als todte Klumpen, welche nur dienen, den Hebezeug der thierischen Maschinen zu vergrößern. Das ungezweifelte Merkmal des Lebens an dem, was in unsere äußere Sinne fällt, ist wohl die freie Bewegung, die da blicken läßt, daß sie aus Willkür entsprungen sei; allein der Schluß ist nicht sicher, daß, wo dieses Merkmal nicht angetroffen wird, auch kein Grad des Lebens befindlich sei. Boerhaave sagt an einem Orte: Das Thier ist eine Pflanze, die ihre Wurzel im Magen (inwendig) hat. Vielleicht könnte ein anderer eben so ungetadelt mit diesen Begriffen spielen und sagen: Die Pflanze ist ein Thier, das seinen Magen in der Wurzel (äußerlich) hat. Daher auch den letzteren die Organen der willkürlichen Bewegung und mit ihnen die äußerliche Merkmale des Lebens fehlen können, die doch den ersteren nothwendig sind, weil ein Wesen, welches die Werkzeuge seiner Ernährung in sich hat, sich selbst seinem Bedürfniß gemäß muß bewegen können, dasjenige aber, an welchem dieselbe außerhalb und in dem Elemente seiner Unterhaltung eingesenkt sind, schon gnugsam durch äußere Kräfte erhalten wird und, wenn es gleich ein Principium des inneren Lebens in der Vegetation enthält, doch keine organische Einrichtung zur äußerlichen willkürlichen Thätigkeit bedarf. Ich verlange nichts von allem diesem auf Beweisgründen, denn außerdem daß ich sehr wenig zum Vortheil von dergleichen Muthmaßungen würde zu sagen haben, so haben sie noch als bestäubte veraltete Grillen den Spott der Mode wider sich. Die Alten glaubten nämlich dreierlei Art vom Leben annehmen zu können, das pflanzenartige, das thierische und das vernünftige. Wenn sie die drei immaterielle Principien derselben in dem Menschen vereinigten, so möchten sie wohl Unrecht haben, wenn sie aber solche unter die dreierlei Gattungen der wachsenden und ihres Gleichen erzeugenden Geschöpfe vertheilten, so sagten sie freilich wohl etwas Unerweisliches, aber darum noch nicht Ungereimtes, vornehmlich in dem Urtheile desjenigen, der das besondere Leben der von einigen Tieren abgetrennten Theile, die Irritabilität, diese so wohl erwiesene, aber auch zugleich so unerklärliche Eigenschaft der Fasern eines thierischen Körpers und einiger Gewächse, und endlich die nahe Verwandtschaft der Polypen und anderer Zoophyten mit den Gewächsen in Betracht ziehen wollte. Übrigens ist die Berufung auf immaterielle Principien eine Zuflucht der faulen Philosophie und darum auch die Erklärungsart in diesem Geschmacke nach aller Möglichkeit zu vermeiden, damit diejenigen Gründe der Welterscheinungen, welche auf den Bewegungsgesetzen der bloßen Materie beruhen, und welche auch einzig und allein der Begreiflichkeit fähig sind, in ihrem ganzen Umfange erkannt werden. Gleichwohl bin ich überzeugt, daß Stahl, welcher die thierische Veränderungen gerne organisch erklärt, oftmals der Wahrheit näher sei, als Hofmann, Boerhaave u. a. m., welche die immaterielle Kräfte aus dem Zusammenhange lassen, sich an die mechanische Gründe halten und hierin einer mehr philosophischen Methode folgen, die wohl bisweilen fehlt, aber mehrmals zutrifft, und die auch allein in der Wissenschaft von nützlicher Anwendung ist, wenn anderseits von dem Einflusse der Wesen von unkörperlicher Natur höchstens nur erkannt werden kann, daß er da sei, niemals aber, wie er zugehe und wie weit sich seine Wirksamkeit erstrecke.

So würde denn also die immaterielle Welt zuerst alle erschaffene Intelligenzen, deren einige mit der Materie zu einer Person verbunden sind, andere aber nicht, in sich befassen, überdem die empfindende Subjecte in allen Thierarten und endlich alle Principien des Lebens, welche sonst noch in der Natur wo sein mögen, ob dieses sich gleich durch keine äußerliche Kennzeichen der willkürlichen Bewegung offenbarte. Alle diese immaterielle Naturen, sage ich, sie mögen nun ihre Einflüsse in der Körperwelt ausüben oder nicht, alle vernünftige Wesen, deren zufälliger Zustand thierisch ist, es sei hier auf der Erde oder in andern Himmelskörpern, sie mögen den rohen Zeug der Materie jetzt oder künftig beleben, oder ehedem belebt haben, würden nach diesen Begriffen in einer ihrer Natur gemäßen Gemeinschaft stehen, die nicht auf den Bedingungen beruht, wodurch das Verhältniß der Körper eingeschränkt ist, und wo die Entfernung der Örter oder der Zeitalter, welche in der sichtbaren Welt die große Kluft ausmacht, die alle Gemeinschaft aufhebt, verschwindet. Die menschliche Seele würde daher schon in dem gegenwärtigen Leben als verknüpft mit zwei Welten zugleich müssen angesehen werden, von welchen sie, so fern sie zu persönlicher Einheit mit einem Körper verbunden ist, die materielle allein klar empfindet, dagegen als ein Glied der Geisterwelt die reine Einflüsse immaterieller Naturen empfängt und ertheilt, so daß, so bald jene Verbindung aufgehört hat, die Gemeinschaft, darin sie jederzeit mit geistigen Naturen steht, allein übrig bleibt und sich ihrem Bewußtsein zum klaren Anschauen eröffnen müßte.*)

---

*) Wenn man von dem Himmel als dem Sitze der Seligen redet, so setzt die gemeine Vorstellung ihn gerne über sich, hoch in dem unermeßlichen Weltraume. Man bedenkt aber nicht, daß unsre Erde, aus diesen Gegenden gesehen, auch als einer von den Sternen des Himmels erscheine, und daß die Bewohner anderer Welten mit eben so gutem Grunde nach uns hin zeigen könnten und sagen: Sehet da den Wohnplatz ewiger Freuden und einen himmlischen Aufenthalt, welcher zubereitet ist, uns bereinst zu empfangen. Ein wunderlicher Wahn nämlich macht, daß der hohe Flug, den die Hoffnung nimmt, immer mit dem Begriffe des Steigens verbunden ist, ohne zu bedenken, daß, so hoch man auch gestiegen ist, man doch wieder sinken müsse, um allenfalls in einer andern Welt festen Fuß zu fassen. Nach den angeführten Begriffen aber würde der Himmel eigentlich die Geisterwelt sein, oder, wenn man will, der selige Theil derselben, und diese würde man weder über sich noch unter sich zu suchen haben, weil ein solches immaterielle Ganze nicht nach den Entfernungen oder Naheiten gegen körperliche Dinge, sondern in geistigen

Es wird nachgerade beschwerlich, immer die behutsame Sprache der Vernunft zu führen. Warum sollte es mir nicht auch erlaubt sein im akademischen Tone zu reden, der entscheidender ist und sowohl den Verfasser als den Leser des Nachdenkens überhebt, welches über lang oder kurz beide nur zu einer verdrießlichen Unentschlossenheit führen muß. Es ist demnach so gut als demonstrirt, oder es könnte leichtlich bewiesen werden, wenn man weitläuftig sein wollte, oder noch besser, es wird künftig, ich weiß nicht wo oder wenn, noch bewiesen werden: daß die menschliche Seele auch in diesem Leben in einer unauflöslich verknüpften Gemeinschaft mit allen immateriellen Naturen der Geisterwelt stehe, daß sie wechselweise in diese wirke und von ihnen Eindrücke empfange, deren sie sich aber als Mensch nicht bewußt ist, so lange alles wohl steht. Andererseits ist es auch wahrscheinlich, daß die geistige Naturen unmittelbar keine sinnliche Empfindung von der Körperwelt mit Bewußtsein haben können, weil sie mit keinem Theil der Materie zu einer Person verbunden sind, um sich vermittelst desselben ihres Orts in dem materiellen Weltganzen und durch künstliche Organen des Verhältnisses der ausgedehnten Wesen gegen sich und gegen einander bewußt zu werden, daß sie aber wohl in die Seelen der Menschen als Wesen von einerlei Natur einfließen können und auch wirklich jederzeit mit ihnen in wechselseitiger Gemeinschaft stehen, doch so, daß in der Mittheilung der Vorstellungen diejenige, welche die Seele als ein von der Körperwelt abhängendes Wesen in sich enthält, nicht in andere geistige Wesen und die Begriffe der letzteren, als anschauende Vorstellungen von immateriellen Dingen, nicht in das klare Bewußtsein des Menschen übergehen können, wenigstens nicht in ihrer eigentlichen Beschaffenheit, weil die Materialien zu beiderlei Ideen von verschiedener Art sind.

Es würde schön sein, wenn eine dergleichen systematische Verfassung der Geisterwelt, als wir sie vorstellen, nicht lediglich aus dem Begriffe von der geistigen Natur überhaupt, der gar zu sehr hypothetisch ist, sondern aus irgend einer wirklichen und allgemein zugestandenen Beobachtung könnte geschlossen, oder auch nur wahrscheinlich vermuthet werden. Daher wage ich es auf die Nachsicht des Lesers, einen Versuch von dieser Art hier einzuschalten, der zwar etwas außer meinem Wege liegt und auch von der

---

35 Verknüpfungen seiner Theile untereinander vorgestellt werden muß, wenigstens die Glieder derselben sich nur nach solchen Verhältnissen ihrer selbst bewußt sind.

Evidenz weit gnug entfernt ist, gleichwohl aber zu nicht unangenehmen Vermuthungen Anlaß zu geben scheint.

* * *

Unter den Kräften, die das menschliche Herz bewegen, scheinen einige der mächtigsten außerhalb demselben zu liegen, die also nicht etwa als bloße Mittel sich auf die Eigennützigkeit und Privatbedürfniß als auf ein Ziel, das **innerhalb** dem Menschen selbst liegt, beziehen, sondern welche machen, daß die Tendenzen unserer Regungen den Brennpunkt ihrer Vereinigung **außer uns** in andere vernünftige Wesen versetzen; woraus ein Streit zweier Kräfte entspringt, nämlich der Eigenheit, die alles auf sich bezieht, und der Gemeinnützigkeit, dadurch das Gemüth gegen andere außer sich getrieben oder gezogen wird. Ich halte mich bei dem Triebe nicht auf, vermöge dessen wir so stark und so allgemein am Urtheile anderer hängen und fremde Billigung oder Beifall zur Vollendung des unsrigen von uns selbst so nöthig zu sein erachten, woraus, wenn gleich bisweilen ein übelverstandener Ehrenwahn entspringt, dennoch selbst in der uneigennützigsten und wahrhaftesten Gemüthsart ein geheimer Zug verspürt wird, dasjenige, was man für sich selbst als **gut** oder **wahr** erkennt, mit dem Urtheil anderer zu vergleichen, um beide einstimmig zu machen, imgleichen eine jede menschliche Seele auf dem Erkenntnißwege gleichsam anzuhalten, wenn sie einen andern Fußsteig zu gehen scheint, als den wir eingeschlagen haben, welches alles vielleicht eine empfundene Abhängigkeit unserer eigenen Urtheile vom **allgemeinen menschlichen Verstande** ist und ein Mittel wird, dem Ganzen denkender Wesen eine Art von Vernunfteinheit zu verschaffen.

Ich übergehe aber diese sonst nicht unerhebliche Betrachtung und halte mich für jetzt an eine andere, welche einleuchtender und beträchtlicher ist, so viel es unsere Absicht betrifft. Wenn wir äußere Dinge auf unser Bedürfniß beziehen, so können wir dieses nicht thun, ohne uns zugleich durch eine gewisse Empfindung gebunden und eingeschränkt zu fühlen, die uns merken läßt, daß in uns gleichsam ein fremder Wille wirksam sei, und unser eigen Belieben die Bedingung von äußerer Beistimmung nöthig habe. Eine geheime Macht nöthigt uns unsere Absicht zugleich auf anderer Wohl oder nach fremder Willkür zu richten, ob dieses gleich öfters ungern geschieht und der eigennützigen Neigung stark widerstreitet, und der Punkt,

Erster Theil. 2. Hauptstück. 335

wohin die Richtungslinien unserer Triebe zusammenlaufen, ist also nicht
bloß in uns, sondern es sind noch Kräfte, die uns bewegen, in dem Wollen
anderer außer uns. Daher entspringen die sittlichen Antriebe, die uns oft
wider den Dank des Eigennutzes fortreißen, das starke Gesetz der Schul=
5 digkeit und das schwächere der Gütigkeit, deren jedes uns manche Aufopfe=
rung abbringt, und obgleich beide dann und wann durch eigennützige
Neigungen überwogen werden, doch nirgend in der menschlichen Natur
ermangeln, ihre Wirklichkeit zu äußern. Dadurch sehen wir uns in
den geheimsten Beweggründen abhängig von der Regel des allge=
10 meinen Willens, und es entspringt daraus in der Welt aller denkenden
Naturen eine moralische Einheit und systematische Verfassung nach
bloß geistigen Gesetzen. Will man diese in uns empfundene Nöthigung
unseres Willens zur Einstimmung mit dem allgemeinen Willen das sitt=
liche Gefühl nennen, so redet man davon nur als von einer Erscheinung
15 dessen, was in uns wirklich vorgeht, ohne die Ursachen desselben auszu=
machen. So nannte Newton das sichere Gesetz der Bestrebungen aller
Materie sich einander zu nähern die Gravitation derselben, indem er
seine mathematische Demonstrationen nicht in eine verdrießliche Theil=
nehmung an philosophischen Streitigkeiten verflechten wollte, die sich über
20 die Ursache derselben eräugnen könnten. Gleichwohl trug er kein Beden=
ken diese Gravitation als eine wahre Wirkung einer allgemeinen Thätig=
keit der Materie ineinander zu behandeln und gab ihr daher auch den
Namen der Anziehung. Sollte es nicht möglich sein die Erscheinung
der sittlichen Antriebe in den denkenden Naturen, wie solche sich auf ein=
25 ander wechselsweise beziehen, gleichfalls als die Folge einer wahrhaftig
thätigen Kraft, dadurch geistige Naturen ineinander einfließen, vorzu=
stellen, so daß das sittliche Gefühl diese empfundene Abhängigkeit
des Privatwillens vom allgemeinen Willen wäre und eine Folge der na=
türlichen und allgemeinen Wechselwirkung, dadurch die immaterielle Welt
30 ihre sittliche Einheit erlangt, indem sie sich nach den Gesetzen dieses ihr
eigenen Zusammenhanges zu einem System von geistiger Vollkommenheit
bildet? Wenn man diesen Gedanken so viel Scheinbarkeit zugesteht, als
erforderlich ist, um die Mühe zu verdienen sie an ihren Folgen zu messen,
so wird man vielleicht durch den Reiz derselben unvermerkt in einige Par=
35 teilichkeit gegen sie verflochten werden. Denn es scheinen in diesem Falle
die Unregelmäßigkeiten mehrentheils zu verschwinden, die sonst bei dem
Widerspruch der moralischen und physischen Verhältnisse der Menschen

hier auf der Erde so befremdlich in die Augen fallen. Alle Moralität der Handlungen kann nach der Ordnung der Natur niemals ihre vollständige Wirkung in dem leiblichen Leben des Menschen haben, wohl aber in der Geisterwelt nach pneumatischen Gesetzen. Die wahre Absichten, die geheime Beweggründe vieler aus Ohnmacht fruchtlosen Bestrebungen, der Sieg über sich selbst, oder auch bisweilen die verborgene Tücke bei scheinbarlich guten Handlungen sind mehrentheils für den physischen Erfolg in dem körperlichen Zustande verloren, sie würden aber auf solche Weise in der immateriellen Welt als fruchtbare Gründe angesehen werden müssen und in Ansehung ihrer nach pneumatischen Gesetzen zu Folge der Verknüpfung des Privatwillens und des allgemeinen Willens, d. i. der Einheit und des Ganzen der Geisterwelt, eine der sittlichen Beschaffenheit der freien Willkür angemessene Wirkung ausüben oder auch gegenseitig empfangen. Denn weil das Sittliche der That den inneren Zustand des Geistes betrifft, so kann es auch natürlicher Weise nur in der unmittelbaren Gemeinschaft der Geister die der ganzen Moralität adäquate Wirkung nach sich ziehen. Dadurch würde es nun geschehen, daß die Seele des Menschen schon in diesem Leben dem sittlichen Zustande zufolge ihre Stelle unter den geistigen Substanzen des Universum einnehmen müßte, so wie nach den Gesetzen der Bewegung die Materien des Weltraums sich in solche Ordnung gegeneinander setzen, die ihren Körperkräften gemäß ist.*) Wenn denn endlich durch den Tod die Gemeinschaft der Seele mit der Körperwelt aufgehoben worden, so würde das Leben in der andern Welt nur eine natürliche Fortsetzung derjenigen Verknüpfung sein, darin sie mit ihr schon in diesem Leben gestanden war, und die gesammte Folgen der hier ausgeübten Sittlichkeit würden sich dort in den Wirkungen wieder finden, die ein mit der ganzen Geisterwelt in unauflöslicher Gemeinschaft stehendes Wesen schon vorher daselbst nach pneumatischen Gesetzen ausgeübt hat. Die Gegenwart und die Zukunft würden also gleichsam aus einem Stücke sein und ein stetiges Ganze ausmachen, selbst nach der Ord-

---

*) Die aus dem Grunde der Moralität entspringende Wechselwirkungen des Menschen und der Geisterwelt nach den Gesetzen des pneumatischen Einflusses könnte man darin setzen, daß daraus natürlicher Weise eine nähere Gemeinschaft einer guten oder bösen Seele mit guten und bösen Geistern entspringe, und jene dadurch sich selbst dem Theile der geistigen Republik zugesellten, der ihrer sittlichen Beschaffenheit gemäß ist, mit der Theilnehmung an allen Folgen, die daraus nach der Ordnung der Natur entstehen mögen.

nung der Natur. Dieser letztere Umstand ist von besonderer Erheblichkeit. Denn in einer Vermuthung nach bloßen Gründen der Vernunft ist es eine große Schwierigkeit, wenn man, um den Übelstand zu heben, der aus der unvollendeten Harmonie zwischen der Moralität und ihren Folgen in dieser Welt entspringt, zu einem außerordentlichen göttlichen Willen seine Zuflucht nehmen muß: weil, so wahrscheinlich auch das Urtheil über denselben nach unseren Begriffen von der göttlichen Weisheit sein mag, immer ein starker Verdacht übrig bleibt, daß die schwache Begriffe unseres Verstandes vielleicht auf den Höchsten sehr verkehrt übertragen worden, da des Menschen Obliegenheit nur ist, von dem göttlichen Willen zu urtheilen aus der Wohlgereimtheit, die er wirklich in der Welt wahrnimmt, oder welche er nach der Regel der Analogie gemäß der Naturordnung darin vermuthen kann, nicht aber nach dem Entwurfe seiner eigenen Weisheit, den er zugleich dem göttlichen Willen zur Vorschrift macht, befugt ist, neue und willkürliche Anordnungen in der gegenwärtigen oder künftigen Welt zu ersinnen.

* * *

Wir lenken nunmehr unsere Betrachtung wiederum in den vorigen Weg ein und nähern uns dem Ziele, welches wir uns vorgesetzt hatten. Wenn es sich mit der Geisterwelt und dem Antheile, den unsere Seele an ihr hat, so verhält, wie der Abriß, den wir ertheilten, ihn vorstellt: so scheint fast nichts befremdlicher zu sein, als daß die Geistergemeinschaft nicht eine ganz allgemeine und gewöhnliche Sache ist, und das Außerordentliche betrifft fast mehr die Seltenheit der Erscheinungen, als die Möglichkeit derselben. Diese Schwierigkeit läßt sich indessen ziemlich gut heben und ist zum Theil auch schon gehoben worden. Denn die Vorstellung, die die Seele des Menschen von sich selbst als einem Geiste durch ein immaterielles Anschauen hat, indem sie sich in Verhältniß gegen Wesen von ähnlicher Natur betrachtet, ist von derjenigen ganz verschieden, da ihr Bewußtsein sich selbst als einen Menschen vorstellt durch ein Bild, das seinen Ursprung aus dem Eindrucke körperlicher Organen hat, und welches in Verhältniß gegen keine andere als materielle Dinge vorgestellt wird. Es ist demnach zwar einerlei Subject, was der sichtbaren und unsichtbaren Welt zugleich als ein Glied angehört, aber nicht eben dieselbe Person, weil die Vorstellungen der einen ihrer verschiedenen Beschaffenheit wegen keine begleitende Ideen von denen der andern Welt sind, und daher, was ich als Geist denke, von mir als Mensch nicht erinnert wird, und umgekehrt mein Zustand als eines Menschen in die Vorstellung meiner selbst als eines Geistes gar nicht hinein kommt. Übrigens mögen die Vorstellungen von der Geisterwelt so klar und anschauend sein, wie man will,*) so ist dieses doch nicht hinlänglich, um mich deren als Mensch bewußt zu werden; wie denn sogar die Vorstellung seiner selbst (d. i. der Seele) als eines Geistes wohl durch Schlüsse erworben wird, bei keinem Menschen aber ein anschauender und Erfahrungsbegriff ist.

Diese Ungleichartigkeit der geistigen Vorstellungen und derer, die zum leiblichen Leben des Menschen gehören, darf indessen nicht als eine so große Hinderniß angesehen werden, daß sie alle Möglichkeit aufhebe, sich bisweilen der Einflüsse von Seiten der Geisterwelt sogar in diesem Leben bewußt zu werden. Denn sie können in das persönliche Bewußtsein des Menschen zwar nicht unmittelbar, aber doch so übergehen, daß sie nach dem Gesetz der vergesellschafteten Begriffe diejenige Bilder rege

---

*) Man kann dieses durch eine gewisse Art von zwiefacher Persönlichkeit, die der Seele selbst in Ansehung dieses Lebens zukommt, erläutern. Gewisse Philosophen glauben, sich ohne den mindesten besorglichen Einspruch auf den Zustand des festen Schlafes berufen zu können, wenn sie die Wirklichkeit dunkeler Vorstellungen beweisen wollen, da sich doch nichts weiter hievon mit Sicherheit sagen läßt, als daß wir uns im Wachen keiner von denjenigen erinnern, die wir im festen Schlafe etwa mochten gehabt haben, und daraus nur so viel folgt, daß sie beim Erwachen nicht klar vorgestellt werden, nicht aber, daß sie auch damals, als wir schliefen, dunkel waren. Ich vermuthe vielmehr, daß dieselbe klärer und ausgebreiteter sein mögen, als selbst die klärsten im Wachen: weil dieses bei der völligen Ruhe äußerer Sinne von einem so thätigen Wesen, als die Seele ist, zu erwarten ist, wiewohl, da der Körper des Menschen zu der Zeit nicht mit empfunden ist, beim Erwachen die begleitende Idee desselben ermangelt, welche den vorigen Zustand der Gedanken als zu eben derselben Person gehörig zum Bewußtsein verhelfen könnte. Die Handlungen einiger Schlafwanderer, welche bisweilen in solchem Zustande mehr Verstand als sonst zeigen, ob sie gleich nichts davon beim Erwachen erinnern, bestätigen die Möglichkeit dessen, was ich vom festen Schlafe vermuthe. Die Träume dagegen, das ist, die Vorstellungen des Schlafenden, deren er sich beim Erwachen erinnert, gehören nicht hieher. Denn alsdann schläft der Mensch nicht völlig; er empfindet in einem gewissen Grade klar und webt seine Geisteshandlungen in die Eindrücke der äußeren Sinne. Daher er sich ihrer zum Theil nachher erinnert, aber auch an ihnen lauter wilde und abgeschmackte Chimären antrifft, wie sie es denn nothwendig sein müssen, da in ihnen Ideen der Phantasie und die der äußeren Empfindung untereinander geworfen werden.

machen, die mit ihnen verwandt sind und analogische Vorstellungen unserer Sinne erwecken, die wohl nicht der geistige Begriff selber, aber doch deren Symbolen sind. Denn es ist doch immer eben dieselbe Substanz, die zu dieser Welt sowohl als zu der andern wie ein Glied gehört, und beiderlei Art von Vorstellungen gehören zu demselben Subjecte und sind mit einander verknüpft. Die Möglichkeit hievon können wir einigermaßen dadurch faßlich machen, wenn wir betrachten, wie unsere höhere Vernunftbegriffe, welche sich den geistigen ziemlich nähern, gewöhnlichermaßen gleichsam ein körperlich Kleid annehmen, um sich in Klarheit zu setzen. Daher die moralische Eigenschaften der Gottheit unter den Vorstellungen des Zorns, der Eifersucht, der Barmherzigkeit, der Rache, u. d. g. vorgestellt werden; daher personificiren Dichter die Tugenden, Laster oder andere Eigenschaften der Natur, doch so, daß die wahre Idee des Verstandes hindurchscheint; so stellt der Geometra die Zeit durch eine Linie vor, obgleich Raum und Zeit nur eine Übereinkunft in Verhältnissen haben und also wohl der Analogie nach, niemals aber der Qualität nach mit einander übereintreffen; daher nimmt die Vorstellung der göttlichen Ewigkeit selbst bei Philosophen den Schein einer unendlichen Zeit an, so sehr wie man sich auch hütet beide zu vermengen, und eine große Ursache, weswegen die Mathematiker gemeiniglich abgeneigt sind, die Leibnizische Monaden einzuräumen, ist wohl diese, daß sie nicht umhin können sich an ihnen kleine Klümpchen vorzustellen. Daher ist es nicht unwahrscheinlich, daß geistige Empfindungen in das Bewußtsein übergehen könnten, wenn sie Phantasien erregen, die mit ihnen verwandt sind. Auf diese Art würden Ideen, die durch einen geistigen Einfluß mitgetheilt sind, sich in die Zeichen derjenigen Sprache einkleiden, die der Mensch sonst im Gebrauch hat, die empfundene Gegenwart eines Geistes in das Bild einer menschlichen Figur, Ordnung und Schönheit der immateriellen Welt in Phantasien, die unsere Sinne sonst im Leben vergnügen, u. s. w.

Diese Art der Erscheinungen kann gleichwohl nicht etwas Gemeines und Gewöhnliches sein, sondern sich nur bei Personen eräugnen, deren Organen*) eine ungewöhnlich große Reizbarkeit haben, die Bilder der

---

*) Ich verstehe hierunter nicht die Organen der äußeren Empfindung, sondern das Sensorium der Seele, wie man es nennt, d. i. denjenigen Theil des Gehirnes, dessen Bewegung die mancherlei Bilder und Vorstellungen der denkenden Seele zu begleiten pflegt, wie die Philosophen dafür halten.

Phantasie dem innern Zustande der Seele gemäß durch harmonische Bewegung mehr zu verstärken, als gewöhnlicher Weise bei gesunden Menschen geschieht und auch geschehen soll. Solche seltsame Personen würden in gewissen Augenblicken mit der Apparenz mancher Gegenstände als außer ihnen angefochten sein, welche sie für eine Gegenwart von geistigen Naturen halten würden, die auf ihre körperliche Sinne fiele, obgleich hiebei nur ein Blendwerk der Einbildung vorgeht, doch so, daß die Ursache davon ein wahrhafter geistiger Einfluß ist, der nicht unmittelbar empfunden werden kann, sondern sich nur durch verwandte Bilder der Phantasie, welche den Schein der Empfindungen annehmen, zum Bewußtsein offenbart.

Die Erziehungsbegriffe, oder auch mancherlei sonst eingeschlichene Wahn würden hiebei ihre Rolle spielen, wo Verblendung mit Wahrheit untermengt wird, und eine wirkliche geistige Empfindung zwar zum Grunde liegt, die doch in Schattenbilder der sinnlichen Dinge umgeschaffen worden. Man wird aber auch zugeben, daß die Eigenschaft auf solche Weise die Eindrücke der Geisterwelt in diesem Leben zum klaren Anschauen auszuwickeln schwerlich wozu nützen könne; weil dabei die geistige Empfindung nothwendig so genau in das Hirngespenst der Einbildung verwebt wird, daß es unmöglich sein muß in derselben das Wahre von den groben Blendwerken, die es umgeben, zu unterscheiden. Imgleichen würde ein solcher Zustand, da er ein verändertes Gleichgewicht in den Nerven voraussetzt, welche sogar durch die Wirksamkeit der bloß geistig empfindenden Seele in unnatürliche Bewegung versetzt werden, eine wirkliche Krankheit anzeigen. Endlich würde es gar nicht befremdlich sein, an einem Geisterseher zugleich einen Phantasten anzutreffen, zum wenigsten in Ansehung der begleitenden Bilder von diesen seinen Erscheinungen, weil Vorstellungen, die ihrer Natur nach fremd und mit denen im leiblichen Zustande des Menschen unvereinbar sind, sich hervordrängen, und übelgepaarte Bilder in die äußere Empfindung hereinziehen, wodurch wilde Chimären und wunderliche Fratzen ausgeheckt werden, die in langem Geschleppe den betrogenen Sinnen vorgaukeln, ob sie gleich einen wahren geistigen Einfluß zum Grunde haben mögen.

Nunmehr kann man nicht verlegen sein, von den Gespenstererzählungen, die den Philosophen so oft in den Weg kommen, imgleichen allerlei Geistereinflüssen, von denen hie oder da die Rede geht, scheinbare Vernunftgründe anzugeben. Abgeschiedene Seelen und reine Geister können zwar niemals unsern äußeren Sinnen gegenwärtig sein, noch sonst mit der Materie in Gemeinschaft stehen, aber wohl auf den Geist des Menschen, der mit ihnen zu einer großen Republik gehört, wirken, so daß die Vorstellungen, welche sie in ihm erwecken, sich nach dem Gesetze seiner Phantasie in verwandte Bilder einkleiden und die Apparenz der ihnen gemäßen Gegenstände als außer ihm erregen. Diese Täuschung kann einen jeden Sinn betreffen, und so sehr dieselbe auch mit ungereimten Hirngespinsten untermengt wäre, so dürfte man sich dieses nicht abhalten lassen, hierunter geistige Einflüsse zu vermuthen. Ich würde der Scharfsichtigkeit des Lesers zu nahe treten, wenn ich mich bei der Anwendung dieser Erklärungsart noch aufhalten wollte. Denn metaphysische Hypothesen haben eine so ungemeine Biegsamkeit an sich, daß man sehr ungeschickt sein müßte, wenn man die gegenwärtige nicht einer jeden Erzählung bequemen könnte, sogar ehe man ihre Wahrhaftigkeit untersucht hat, welches in vielen Fällen unmöglich und in noch mehreren sehr unhöflich ist.

Wenn indessen die Vortheile und Nachtheile in einander gerechnet werden, die demjenigen erwachsen können, der nicht allein für die sichtbare Welt, sondern auch für die unsichtbare in gewissem Grade organisirt ist (wofern es jemals einen solchen gegeben hat), so scheint ein Geschenk von dieser Art demjenigen gleich zu sein, womit Juno den Tiresias beehrte, die ihn zuvor blind machte, damit sie ihm die Gabe zu weissagen ertheilen könnte. Denn nach den obigen Sätzen zu urtheilen, kann die anschauende Kenntniß der andern Welt allhier nur erlangt werden, indem man etwas von demjenigen Verstande einbüßt, welchen man für die gegenwärtige nöthig hat. Ich weiß auch nicht, ob selbst gewisse Philosophen gänzlich von dieser harten Bedingung frei sein sollten, welche so fleißig und vertieft ihre metaphysische Gläser nach jenen entlegenen Gegenden hinrichten und Wunderdinge von daher zu erzählen wissen, zum wenigsten mißgönne ich ihnen keine von ihren Entdeckungen; nur besorge ich: daß ihnen irgend ein Mann von gutem Verstande und wenig Feinigkeit eben dasselbe dürfte zu verstehen geben, was dem Tycho de Brahe sein Kutscher antwortete, als jener meinte zur Nachtzeit nach den Sternen den kürzesten Weg fahren zu können: Guter Herr, auf den Himmel mögt ihr euch wohl verstehen, hier aber auf der Erde seid ihr ein Narr.

Drittes Hauptstück.
Antikabbala. Ein Fragment der gemeinen Philosophie, die Gemeinschaft mit der Geisterwelt aufzuheben.

Aristoteles sagt irgendwo: Wenn wir wachen, so haben wir eine gemeinschaftliche Welt, träumen wir aber, so hat ein jeder seine eigne. Mich dünkt, man sollte wohl den letzteren Satz umkehren und sagen können: wenn von verschiedenen Menschen ein jeglicher seine eigene Welt hat, so ist zu vermuthen, daß sie träumen. Auf diesen Fuß, wenn wir die Luftbaumeister der mancherlei Gedankenwelten betrachten, deren jeglicher die seinige mit Ausschließung anderer ruhig bewohnt, denjenigen etwa, welcher die Ordnung der Dinge, so wie sie von Wolffen aus wenig Bauzeug der Erfahrung, aber mehr erschlichenen Begriffen gezimmert, oder die, so von Crusius durch die magische Kraft einiger Sprüche vom Denklichen und Undenklichen aus Nichts hervorgebracht worden, bewohnt, so werden wir uns bei dem Widerspruche ihrer Visionen gedulden, bis diese Herren ausgeträumt haben. Denn wenn sie einmal, so Gott will, völlig wachen, d. i. zu einem Blicke, der die Einstimmung mit anderem Menschenverstande nicht ausschließt, die Augen aufthun werden, so wird niemand von ihnen etwas sehen, was nicht jedem andern gleichfalls bei dem Lichte ihrer Beweisthümer augenscheinlich und gewiß erscheinen sollte, und die Philosophen werden zu derselbigen Zeit eine gemeinschaftliche Welt bewohnen, dergleichen die Größenlehrer schon längst inne gehabt haben, welche wichtige Begebenheit nicht lange mehr anstehen kann, wofern gewissen Zeichen und Vorbedeutungen zu trauen ist, die seit einiger Zeit über dem Horizonte der Wissenschaften erschienen sind.

In gewisser Verwandtschaft mit den Träumern der Vernunft stehen die Träumer der Empfindung, und unter dieselbe werden gemeiniglich diejenige, so bisweilen mit Geistern zu thun haben, gezählt und zwar aus dem nämlichen Grunde wie die vorigen, weil sie etwas sehen, was kein anderer gesunder Mensch sieht, und ihre eigene Gemeinschaft mit Wesen haben, die sich niemanden sonst offenbaren, so gute Sinne er auch haben mag. Es ist auch die Benennung der Träumereien, wenn man voraussetzt, daß die gedachte Erscheinungen auf bloße Hirngespenster auslaufen, in so fern passend, als die eine so gut wie die andere selbst ausgeheckte Bilder sind, die gleichwohl als wahre Gegenstände die Sinne betrügen; allein wenn man sich einbildet, daß beide Täuschungen übrigens in ihrer Entstehungsart sich ähnlich gnug wären, um die Quelle der einen auch zur Erklärung der andern zureichend zu finden, so betrügt man sich sehr. Derjenige, der im Wachen sich in Erdichtungen und Chimären, welche seine stets fruchtbare Einbildung aushecht, dermaßen vertieft, daß er auf die Empfindung der Sinne wenig Acht hat, die ihm jetzt am meisten angelegen sind, wird mit Recht ein wachender Träumer genannt. Denn es dürfen nur die Empfindungen der Sinne noch etwas mehr in ihrer Stärke nachlassen, so wird er schlafen, und die vorige Chimären werden wahre Träume sein. Die Ursache, weswegen sie es nicht schon im Wachen sind, ist diese, weil er sie zu der Zeit als in sich, andere Gegenstände aber, die er empfindet, als außer sich vorstellt, folglich jene zu Wirkungen seiner eignen Thätigkeit, diese aber zu demjenigen zählt, was er von außen empfängt und erleidet. Denn hiebei kommt es alles auf das Verhältniß an, darin die Gegenstände auf ihn selbst als einen Menschen, folglich auch auf seinen Körper gedacht werden. Daher können die nämliche Bilder ihn im Wachen wohl sehr beschäftigen, aber nicht betrügen, so klar sie auch sein mögen. Denn ob er gleich alsdann eine Vorstellung von sich selbst und seinem Körper auch im Gehirne hat, gegen die er seine phantastische Bilder in Verhältniß setzt, so macht doch die wirkliche Empfindung seines Körpers durch äußere Sinne gegen jene Chimären einen Contrast oder Abstechung, um jene als von sich ausgeheckt, diese aber als empfunden anzusehen. Schlummert er hiebei ein, so erlischt die empfundene Vorstellung seines Körpers, und es bleibt bloß die selbstgedichtete übrig, gegen welche die andre Chimären als in äußerem Verhältniß gedacht werden und auch, so lange man schläft, den Träumenden betrügen müssen, weil keine Empfindung da ist, die in Vergleichung mit jener das Urbild vom Schattenbilde, nämlich das Äußere vom Innern, unterscheiden ließe.

Von wachenden Träumern sind demnach die Geisterseher nicht bloß dem Grade, sondern der Art nach gänzlich unterschieden. Denn diese referiren im Wachen und oft bei der größten Lebhaftigkeit anderer Empfindungen gewisse Gegenstände unter die äußerliche Stellen der andern Dinge, die sie wirklich um sich wahrnehmen, und die Frage ist hier nur, wie es zugehe, daß sie das Blendwerk ihrer Einbildung außer sich versetzen und zwar in Verhältniß auf ihren Körper, den sie auch durch äußere

Sinne empfinden. Die große Klarheit ihres Hirngespinstes kann hievon nicht die Ursache sein, denn es kommt hier auf den Ort an, wohin es als ein Gegenstand versetzt ist, und daher verlange ich, daß man zeige, wie die Seele ein solches Bild, was sie doch als in sich enthalten vorstellen sollte, in ein ganz ander Verhältniß, nämlich in einen Ort äußerlich und unter die Gegenstände, versetze, die sich ihrer wirklichen Empfindung darbieten. Auch werde ich mich durch die Anführung anderer Fälle, die einige Ähnlichkeit mit solcher Täuschung haben und etwa im fieberhaften Zustande vorfallen, nicht abfertigen lassen; denn gesund oder krank, wie der Zustand des Betrogenen auch sein mag, so will man nicht wissen, ob dergleichen auch sonst geschehe, sondern wie dieser Betrug möglich sei.

Wir finden aber bei dem Gebrauch der äußeren Sinne, daß über die Klarheit, darin die Gegenstände vorgestellt werden, man in der Empfindung auch ihren Ort mit begreife, vielleicht bisweilen nicht allemal mit gleicher Richtigkeit, dennoch als eine nothwendige Bedingung der Empfindung, ohne welche es unmöglich wäre die Dinge als außer uns vorzustellen. Hiebei wird es sehr wahrscheinlich: daß unsere Seele das empfundene Object dahin in ihrer Vorstellung versetze, wo die verschiedene Richtungslinien des Eindrucks, die dasselbe gemacht hat, wenn sie fortgezogen werden, zusammenstoßen. Daher sieht man einen strahlenden Punkt an demjenigen Orte, wo die von dem Auge in der Richtung des Einfalls der Lichtstrahlen zurückgezogene Linien sich schneiden. Dieser Punkt, welchen man den Sehepunkt nennt, ist zwar in der Wirkung der Zerstreuungspunkt, aber in der Vorstellung der Sammlungspunkt der Directionslinien, nach welchen die Empfindung eingedrückt wird (focus imaginarius). So bestimmt man selbst durch ein einziges Auge einem sichtbaren Objecte den Ort, wie unter andern geschieht, wenn das Spectrum eines Körpers vermittelst eines Hohlspiegels in der Luft gesehen wird, gerade da, wo die Strahlen, welche aus einem Punkte des Objects ausfließen, sich schneiden, ehe sie ins Auge fallen.*)

---

*) So wird das Urtheil, welches wir von dem scheinbaren Orte naher Gegenstände fällen, in der Sehekunst gemeiniglich vorgestellt, und es stimmt auch sehr gut mit der Erfahrung. Indessen treffen eben dieselbe Lichtstrahlen, die aus einem Punkte auslaufen, vermöge der Brechung in den Augenfeuchtigkeiten nicht divergirend auf den Sehenerven, sondern vereinigen sich daselbst in einem Punkte. Daher, wenn die Empfindung lediglich in diesem Nerven vorgeht, der focus imaginarius nicht außer dem Körper, sondern im Boden des Auges gesetzt werden müßte, welches eine

Vielleicht kann man eben so bei den Eindrücken des Schalles, weil dessen Stöße auch nach geraden Linien geschehen, annehmen: daß die Empfindung desselben zugleich mit der Vorstellung eines foci imaginarii begleitet sei, der dahin gesetzt wird, wo die gerade Linien des in Bebung gesetzten Nervengebäudes, im Gehirne äußerlich fortgezogen, zusammenstoßen. Denn man bemerkt die Gegend und Weite eines schallenden Objects einigermaßen, wenn der Schall gleich leise ist und hinter uns gesteht, obschon die gerade Linien, die von da gezogen werden können, eben nicht die Eröffnung des Ohrs treffen, sondern auf andere Stellen des Haupts fallen, so daß man glauben muß, die Richtungslinien der Erschütterung werden in der Vorstellung der Seele äußerlich fortgezogen und das schallende Object in den Punkt ihres Zusammenstoßes versetzt. Eben dasselbe kann, wie mich dünkt, auch von den übrigen drei Sinnen gesagt werden, welche sich darin von dem Gesichte und dem Gehör unterscheiden, daß der Gegenstand der Empfindung mit den Organen in unmittelbarer Berührung steht, und die Richtungslinien des sinnlichen Reizes daher in diesen Organen selbst ihren Punkt der Vereinigung haben.

Um dieses auf die Bilder der Einbildung anzuwenden, so erlaube man mir dasjenige, was Cartesius annahm und die mehrsten Philosophen nach ihm billigten, zum Grunde zu legen: nämlich daß alle Vorstellungen der Einbildungskraft zugleich mit gewissen Bewegungen in dem Nervengewebe oder Nervengeiste des Gehirnes begleitet sind, welche man ideas materiales nennt, d. i. vielleicht mit der Erschütterung oder Bebung des feinen Elements, welches von ihnen abgesondert wird, und die derjenigen Bewegung ähnlich ist, welche der sinnliche Eindruck machen könnte, wovon er die Copie ist. Nun verlange ich aber mir einzuräumen: daß der vornehmste Unterschied der Nervenbewegung in den Phantasien von der in der Empfindung darin bestehe, daß die Richtungslinien der Bewegung bei jener sich innerhalb dem Gehirne, bei dieser aber außerhalb schneiden; daher, weil der focus imaginarius, darin das Object vorgestellt wird, bei den klaren Empfindungen des Wachens außer mir, der von den Phantasien aber, die ich zu der Zeit etwa habe, in mir gesetzt wird, ich, so lange ich wache, nicht fehlen kann die Einbildungen als meine eigene Hirngespinste von dem Eindruck der Sinne zu unterscheiden.

---

35 Schwierigkeit macht, die ich jetzt nicht auflösen kann, und die mit den obigen Sätzen sowohl als mit der Erfahrung unvereinbar scheint.

Wenn man dieses einräumt, so dünkt mich, daß ich über diejenige Art von Störung des Gemüths, die man den Wahnsinn und im höhern Grade die Verrückung nennt, etwas Begreifliches zur Ursache anführen könne. Das Eigenthümliche dieser Krankheit besteht darin: daß der verworrene Mensch bloße Gegenstände seiner Einbildung außer sich versetzt und als wirklich vor ihm gegenwärtige Dinge ansieht. Nun habe ich gesagt: daß nach der gewöhnlichen Ordnung die Directionslinien der Bewegung, die in dem Gehirne als materielle Hülfsmittel die Phantasie begleiten, sich innerhalb demselben durchschneiden müssen, und mithin der Ort, darin er sich seines Bildes bewußt ist, zur Zeit des Wachens in ihm selbst gedacht werde. Wenn ich also setze, daß durch irgend einen Zufall oder Krankheit gewisse Organen des Gehirnes so verzogen und aus ihrem gehörigen Gleichgewicht gebracht seien, daß die Bewegung der Nerven, die mit einigen Phantasien harmonisch beben, nach solchen Richtungslinien geschieht, welche fortgezogen sich außerhalb dem Gehirne durchkreuzen würden, so ist der focus imaginarius außerhalb dem denkenden Subject gesetzt,*) und das Bild, welches ein Werk der bloßen Einbildung ist, wird als ein Gegenstand vorgestellt, der den äußeren Sinnen gegenwärtig wäre. Die Bestürzung über die vermeinte Erscheinung einer Sache, die nach der natürlichen Ordnung nicht zugegen sein sollte, wird, obschon auch anfangs ein solches Schattenbild der Phantasie nur schwach wäre, bald die Aufmerksamkeit rege machen und der Scheinempfindung eine so große Lebhaftigkeit geben, die den betrogenen Menschen an der Wahrhaf-

---

*) Man könnte als eine entfernte Ähnlichkeit mit dem angeführten Zufalle die Beschaffenheit der Trunkenen anführen, die in diesem Zustande mit beiden Augen doppelt sehen: darum weil durch die Anschwellung der Blutgefäße eine Hinderniß entspringt, die Augenachsen so zu richten, daß ihre verlängerte Linien sich im Punkte, worin das Object ist, schneiden. Eben so mag die Verziehung der Hirngefäße, die vielleicht nur vorübergehend ist und, so lange sie dauert, nur einige Nerven betrifft, dazu dienen, daß gewisse Bilder der Phantasie selbst im Wachen als außer uns erscheinen. Eine sehr gemeine Erfahrung kann mit dieser Täuschung verglichen werden. Wenn man nach vollbrachtem Schlafe mit einer Gemächlichkeit, die einem Schlummer nahe kommt, und gleichsam mit gebrochnen Augen die mancherlei Fäden der Bettvorhänge oder des Bezuges oder die kleinen Flecken einer nahen Wand ansieht, so macht man sich daraus leichtlich Figuren von Menschengesichtern und dergleichen. Das Blendwerk hört auf, so bald man will und die Aufmerksamkeit anstrengt. Hier ist die Versetzung des foci imaginarii der Phantasien der Willkür einigermaßen unterworfen, da sie bei der Verrückung durch keine Willkür kann gehindert werden.

tigkeit nicht zweifeln läßt. Dieser Betrug kann einen jeden äußeren Sinn betreffen, denn von jeglichem haben wir copirte Bilder in der Einbildung, und die Verrückung des Nervengewebes kann die Ursache werden, den focum imaginarium dahin zu versetzen, von wo der sinnliche Eindruck eines wirklich vorhandenen körperlichen Gegenstandes kommen würde. Es ist alsdann kein Wunder, wenn der Phantast manches sehr deutlich zu sehen oder zu hören glaubt, was niemand außer ihm wahrnimmt, imgleichen wenn diese Hirngespenster ihm erscheinen und plötzlich verschwinden, oder indem sie etwa einem Sinne, z. E. dem Gesichte, vorgaukeln, durch keinen andern, wie z. E. das Gefühl, können empfunden werden und daher durchbringlich scheinen. Die gemeine Geistererzählungen laufen so sehr auf dergleichen Bestimmungen hinaus, daß sie den Verdacht ungemein rechtfertigen, sie könnten wohl aus einer solchen Quelle entsprungen sein. Und so ist auch der gangbare Begriff von geistigen Wesen, den wir oben aus dem gemeinen Redegebrauche herauswickelten, dieser Täuschung sehr gemäß und verläugnet seinen Ursprung nicht: weil die Eigenschaft einer durchbringlichen Gegenwart im Raume das wesentliche Merkmal dieses Begriffes ausmachen soll.

Es ist auch sehr wahrscheinlich, daß die Erziehungsbegriffe von Geistergestalten dem kranken Kopfe die Materialien zu den täuschenden Einbildungen geben, und daß ein von allen solchen Vorurtheilen leeres Gehirn, wenn ihm gleich eine Verkehrtheit anwandelte, wohl nicht so leicht Bilder von solcher Art aushecken würde. Ferner sieht man daraus auch, daß, da die Krankheit des Phantasten nicht eigentlich den Verstand, sondern die Täuschung der Sinne betrifft, der Unglückliche seine Blendwerke durch kein Vernünfteln heben könne: weil die wahre oder scheinbare Empfindung der Sinne selbst vor allem Urtheil des Verstandes vorhergeht und eine unmittelbare Evidenz hat, die alle andre Überredung weit übertrifft.

Die Folge, die sich aus diesen Betrachtungen ergiebt, hat dieses Ungelegene an sich, daß sie die tiefe Vermuthungen des vorigen Hauptstücks ganz entbehrlich macht, und daß der Leser, so bereitwillig er auch sein mochte, den idealischen Entwürfen desselben einigen Beifall einzuräumen, dennoch den Begriff vorziehen wird, welcher mehr Gemächlichkeit und Kürze im Entscheiden bei sich führt und sich einen allgemeineren Beifall versprechen kann. Denn außer dem, daß es einer vernünftigen Denkungsart gemäßer zu sein scheint, die Gründe der Erklärung aus dem Stoffe herzunehmen, den die Erfahrung uns darbietet, als sich in schwindlichten Begriffen einer halb dichtenden, halb schließenden Vernunft zu verlieren, so äußert sich noch dazu auf dieser Seite einiger Anlaß zum Gespötte, welches, es mag nun gegründet sein oder nicht, ein kräftigeres Mittel ist als irgend ein anderes, eitele Nachforschungen zurückzuhalten. Denn auf eine ernsthafte Art über die Hirngespenster der Phantasten Auslegungen machen zu wollen, giebt schon eine schlimme Vermuthung, und die Philosophie setzt sich in Verdacht, welche sich in so schlechter Gesellschaft betreffen läßt. Zwar habe ich oben den Wahnsinn in dergleichen Erscheinung nicht bestritten, vielmehr ihn, zwar nicht als die Ursache einer eingebildeten Geistergemeinschaft, doch als eine natürliche Folge derselben damit verknüpft; allein was für eine Thorheit giebt es doch, die nicht mit einer bodenlosen Weltweisheit könnte in Einstimmung gebracht werden? Daher verdenke ich es dem Leser keinesweges, wenn er, anstatt die Geisterseher für Halbbürger der andern Welt anzusehen, sie kurz und gut als Candidaten des Hospitals abfertigt und sich dadurch alles weiteren Nachforschens überhebt. Wenn nun aber alles auf solchen Fuß genommen wird, so muß auch die Art dergleichen Adepten des Geisterreichs zu behandeln von derjenigen nach den obigen Begriffen sehr verschieden sein, und da man es sonst nöthig fand, bisweilen einige derselben zu brennen, so wird es jetzt gnug sein, sie nur zu purgiren. Auch wäre es bei dieser Lage der Sachen eben nicht nöthig gewesen, so weit auszuholen und in dem fieberhaften Gehirne betrogener Schwärmer durch Hülfe der Metaphysik Geheimnisse aufzusuchen. Der scharfsichtige Hudibras hätte uns allein das Räthsel auflösen können, denn nach seiner Meinung: wenn ein hypochondrischer Wind in den Eingeweiden tobt, so kommt es darauf an, welche Richtung er nimmt, geht er abwärts, so wird daraus ein F—, steigt er aber aufwärts, so ist es eine Erscheinung oder eine heilige Eingebung.

Viertes Hauptstück.

Theoretischer Schluß aus den gesammten Betrachtungen des ersten Theils.

Die Trüglichkeit einer Wage, die nach bürgerlichen Gesetzen ein Maß der Handlung sein soll, wird entdeckt, wenn man Waare und Gewichte ihre Schalen vertauschen läßt, und die Parteilichkeit der Verstandeswage offenbart sich durch eben denselben Kunstgriff, ohne welchen man auch in philosophischen Urtheilen nimmermehr ein einstimmiges Facit aus den verglichenen Abwiegungen herausbekommen kann. Ich habe meine Seele von Vorurtheilen gereinigt, ich habe eine jede blinde Ergebenheit vertilgt, welche sich jemals einschlich, um manchem eingebildeten Wissen in mir Eingang zu verschaffen. Jetzt ist mir nichts angelegen, nichts ehrwürdig, als was durch den Weg der Aufrichtigkeit in einem ruhigen und für alle Gründe zugänglichen Gemüthe Platz nimmt; es mag mein voriges Urtheil bestätigen oder aufheben, mich bestimmen oder unentschieden lassen. Wo ich etwas antreffe, das mich belehrt, da eigne ich es mir zu. Das Urtheil desjenigen, der meine Gründe widerlegt, ist mein Urtheil, nachdem ich es vorerst gegen die Schale der Selbstliebe und nachher in derselben gegen meine vermeintliche Gründe abgewogen und in ihm einen größeren Gehalt gefunden habe. Sonst betrachtete ich den allgemeinen menschlichen Verstand blos aus dem Standpunkte des meinigen: jetzt setze ich mich in die Stelle einer fremden und äußeren Vernunft und beobachte meine Urtheile sammt ihren geheimsten Anlässen aus dem Gesichtspunkte anderer. Die Vergleichung beider Beobachtungen giebt zwar starke Parallaxen, aber sie ist auch das einzige Mittel, den optischen Betrug zu verhüten und die Begriffe an die wahre Stellen zu setzen, darin sie in Ansehung der Erkenntnißvermögen der menschlichen Natur stehen. Man wird sagen, daß dieses eine sehr ernsthafte Sprache sei für eine so gleichgültige Aufgabe, als wir abhandeln, die mehr ein Spielwerk als eine ernstliche Beschäftigung genannt zu werden verdient, und man hat nicht Unrecht so zu urtheilen. Allein ob man zwar über eine Kleinigkeit keine große Zurüstung machen darf, so kann man sie doch gar wohl bei Gelegenheit derselben machen, und die entbehrliche Behutsamkeit beim Entscheiden in Kleinigkeiten kann zum Beispiele in wichtigen Fällen dienen. Ich finde nicht, daß irgend eine Anhänglichkeit, oder sonst eine vor der Prüfung eingeschlichene Neigung meinem Gemüthe die Lenksamkeit nach allerlei Gründen für oder dawider benehme, eine einzige ausgenommen. Die Verstandeswage ist doch nicht ganz unparteiisch, und ein Arm derselben, der die Aufschrift führt: Hoffnung der Zukunft, hat einen mechanischen Vortheil, welcher macht, daß auch leichte Gründe, welche in die ihm angehörige Schale fallen, die Speculationen von an sich größerem Gewichte auf der andern Seite in die Höhe ziehen. Dieses ist die einzige Unrichtigkeit, die ich nicht wohl heben kann, und die ich in der That auch niemals heben will. Nun gestehe ich, daß alle Erzählungen vom Erscheinen abgeschiedener Seelen oder von Geistereinflüssen und alle Theorien von der muthmaßlichen Natur geistiger Wesen und ihrer Verknüpfung mit uns nur in der Schale der Hoffnung merklich wiegen; dagegen in der der Speculation aus lauter Luft zu bestehen scheinen. Wenn die Ausmittelung der aufgegebenen Frage nicht mit einer vorher schon entschiedenen Neigung in Sympathie stände, welcher Vernünftige würde wohl unschlüssig sein, ob er mehr Möglichkeit darin finden sollte, eine Art Wesen anzunehmen, die mit allem, was ihm die Sinne lehren, gar nichts Ähnliches haben, als einige angebliche Erfahrungen dem Selbstbetruge und der Erdichtung beizumessen, die in mehreren Fällen nicht ungewöhnlich sind.

Ja dieses scheint auch überhaupt von der Beglaubigung der Geistererzählungen, welche so allgemeinen Eingang finden, die vornehmste Ursache zu sein, und selbst die erste Täuschungen von vermeinten Erscheinungen abgeschiedener Menschen sind vermuthlich aus der schmeichelhaften Hoffnung entsprungen, daß man noch auf irgend eine Art nach dem Tode übrig sei, da denn bei nächtlichen Schatten oftmals der Wahn die Sinne betrog und aus zweideutigen Gestalten Blendwerke schuf, die der vorhergehenden Meinung gemäß waren, woraus denn endlich die Philosophen Anlaß nahmen die Vernunftidee von Geistern auszudenken und sie in Lehrverfassung zu bringen. Man sieht es auch wohl meinem anmaßlichen Lehrbegriff von der Geistergemeinschaft an, daß er eben dieselbe Richtung nehme, in den die gemeine Neigung einschlägt. Denn die Sätze vereinbaren sich sehr merklich nur dahin, um einen Begriff zu geben, wie der Geist des Menschen aus dieser Welt herausgehe,*) d. i. vom Zustande nach dem Tode; wie er aber hineinkomme, d. i. von der Zeugung und Fortpflanzung, davon erwähne ich nichts; ja sogar nicht einmal, wie er in dieser Welt gegenwärtig sei, d. i. wie eine immaterielle Natur in

---

*) Das Sinnbild der alten Ägypter für die Seele war ein Papillon, und die griechische Benennung bedeutete eben dasselbe. Man sieht leicht, daß die Hoffnung, welche aus dem Tode nur eine Verwandlung macht, eine solche Idee sammt ihren Zeichen veranlaßt habe. Indessen hebt dieses keinesweges das Zutrauen zu der Richtigkeit der hieraus entsprungenen Begriffe. Unsere innere Empfindung und die darauf gegründete Urtheile des Vernunftähnlichen führen, so lange sie unverderbt sind, eben dahin, wo die Vernunft hin leiten würde, wenn sie erleuchteter und ausgebreiteter wäre.

einem Körper und durch denselben wirksam sein könne; alles um einer sehr gültigen Ursache willen, welche diese ist, daß ich hievon insgesammt nichts verstehe und folglich mich wohl hätte bescheiden können, eben so unwissend in Ansehung des künftigen Zustandes zu sein, wofern nicht die Parteilichkeit einer Lieblingsmeinung den Gründen, die sich darboten, so schwach sie auch sein mochten, zur Empfehlung gedient hätte.

Eben dieselbe Unwissenheit macht auch, daß ich mich nicht unterstehe so gänzlich alle Wahrheit an den mancherlei Geistererzählungen abzuleugnen, doch mit dem gewöhnlichen, obgleich wunderlichen Vorbehalt, eine jede einzelne derselben in Zweifel zu ziehen, allen zusammen genommen aber einigen Glauben beizumessen. Dem Leser bleibt das Urtheil frei; was mich aber anlangt, so ist zum wenigsten der Ausschlag auf die Seite der Gründe des zweiten Hauptstücks bei mir groß gnug, mich bei Anhörung der mancherlei befremdlichen Erzählungen dieser Art ernsthaft und unentschieden zu erhalten. Indessen da es niemals an Gründen der Rechtfertigung fehlt, wenn das Gemüth vorher eingenommen ist, so will ich dem Leser mit keiner weiteren Vertheidigung dieser Denkungsart beschwerlich fallen.

Da ich mich jetzt beim Schlusse der Theorie von Geistern befinde, so unterstehe ich mir noch zu sagen: daß diese Betrachtung, wenn sie von dem Leser gehörig genutzt wird, alle philosophische Einsicht von dergleichen Wesen vollende, und daß man davon vielleicht künftighin noch allerlei meinen, niemals aber mehr wissen könne. Dieses Vorgeben klingt ziemlich ruhmräthig. Denn es ist gewiß kein den Sinnen bekannter Gegenstand der Natur, von dem man sagen könnte, man habe ihn durch Beobachtung oder Vernunft jemals erschöpft, wenn es auch ein Wassertropfen, ein Sandkorn oder etwas noch Einfacheres wäre; so unermeßlich ist die Mannigfaltigkeit desjenigen, was die Natur in ihren geringsten Theilen einem so eingeschränkten Verstande, wie der menschliche ist, zur Auflösung darbietet. Allein mit dem philosophischen Lehrbegriff von geistigen Wesen ist es ganz anders bewandt. Er kann vollendet sein, aber im negativen Verstande, indem er nämlich die Grenzen unserer Einsicht mit Sicherheit festsetzt und uns überzeugt: daß die verschiedene Erscheinungen des Lebens in der Natur und deren Gesetze alles seien, was uns zu erkennen vergönnt ist, das Principium dieses Lebens aber, d. i. die geistige Natur, welche man nicht kennt, sondern vermuthet, niemals positiv könne gedacht werden, weil keine data hiezu in unseren gesammten Empfindungen anzutreffen seien, und daß man sich mit Verneinungen behelfen müsse, um etwas von allem Sinnlichen so sehr Unterschiedenes zu denken, daß aber selbst die Möglichkeit solcher Verneinungen weder auf Erfahrung, noch auf Schlüssen, sondern auf einer Erdichtung beruhe, zu der eine von allen Hülfsmitteln entblößte Vernunft ihre Zuflucht nimmt. Auf diesen Fuß kann die Pneumatologie der Menschen ein Lehrbegriff ihrer nothwendigen Unwissenheit in Absicht auf eine vermuthete Art Wesen genannt werden und als ein solcher der Aufgabe leichtlich adäquat sein.

Nunmehr lege ich die ganze Materie von Geistern, ein weitläuftig Stück der Metaphysik, als abgemacht und vollendet bei Seite. Sie geht mich künftig nichts mehr an. Indem ich den Plan meiner Nachforschung auf diese Art besser zusammenziehe und mich einiger gänzlich vergeblichen Untersuchungen entschlage, so hoffe ich meine geringe Verstandesfähigkeit auf die übrige Gegenstände vortheilhafter anlegen zu können. Es ist mehrentheils umsonst das kleine Maß seiner Kraft auf alle windichte Entwürfe ausdehnen zu wollen. Daher gebeut die Klugheit sowohl in diesem als in andern Fällen, den Zuschnitt der Entwürfe den Kräften angemessen zu machen und, wenn man das Große nicht füglich erreichen kann, sich auf das Mittelmäßige einzuschränken.

Der zweite Theil,
welcher historisch ist.

Erstes Hauptstück.
Eine Erzählung, deren Wahrheit der beliebigen Erkundigung
des Lesers empfohlen wird.

Sit mihi fas audita loqui. — — —
VIRG.

Die Philosophie, deren Eigendünkel macht, daß sie sich selbst allen eiteln Fragen bloß stellt, sieht sich oft bei dem Anlasse gewisser Erzählungen in schlimmer Verlegenheit, wenn sie entweder an einigem in denselben ungestraft nicht zweifeln oder manches davon unausgelacht nicht glauben darf. Beide Beschwerlichkeiten finden sich in gewisser Maße bei den herumgehenden Geistergeschichten zusammen, die erste bei Anhörung desjenigen, der sie betheuret, und die zweite in Betracht derer, auf die man sie weiter bringt. In der That ist auch kein Vorwurf dem Philosophen bitterer, als der der Leichtgläubigkeit und der Ergebenheit in den gemeinen Wahn, und da diejenigen, welche sich darauf verstehen, gutes Kaufs klug zu scheinen, ihr spöttisches Gelächter auf alles werfen, was die Unwissenden und die Weisen gewissermaßen gleich macht, indem es beiden unbegreiflich ist: so ist kein Wunder, daß die so häufig vorgegebene Erscheinungen großen Eingang finden, öffentlich aber entweder abgeleugnet oder doch verhehlt werden. Man kann sich daher darauf verlassen: daß niemals eine Akademie der Wissenschaften diese Materie zur Preisfrage machen werde; nicht als wenn die Glieder derselben gänzlich von aller Ergebenheit in die gedachte Meinung frei wären, sondern weil die Regel der Klugheit den Fragen, welche der Vorwitz und die eitle Wißbegierde ohne Unterschied aufwirft, mit Recht Schranken setzt. Und so werden die Erzählungen von dieser Art wohl jederzeit nur heimliche Gläubige haben, öffentlich aber durch die herrschende Mode des Unglaubens verworfen werden.

Da mir indessen diese ganze Frage weder wichtig noch vorbereitet gnug scheint, um über dieselbe etwas zu entscheiden, so trage ich kein Bedenken hier eine Nachricht der erwähnten Art anzuführen und sie mit völliger Gleichgültigkeit dem geneigten oder ungeneigten Urtheile der Leser preis zu geben.

Es lebt zu Stockholm ein gewisser Herr Schwedenberg ohne Amt oder Bedienung von seinem ziemlich ansehnlichen Vermögen. Seine ganze Beschäftigung besteht darin, daß er, wie er selbst sagt, schon seit mehr als zwanzig Jahren mit Geistern und abgeschiedenen Seelen im genauesten Umgange steht, von ihnen Nachrichten aus der andern Welt einholt und ihnen dagegen welche aus der gegenwärtigen ertheilt, große Bände über seine Entdeckungen abfaßt und bisweilen nach London reiset, um die Ausgabe derselben zu besorgen. Er ist eben nicht zurückhaltend mit seinen Geheimnissen, spricht mit jedermann frei davon, scheint vollkommen von dem, was er vorgiebt, überredet zu sein ohne einigen Anschein eines angelegten Betruges oder Charlatanerei. So wie er, wenn man ihm selbst glauben darf, der Erzgeisterseher unter allen Geistersehern ist, so ist er auch sicherlich der Erzphantast unter allen Phantasten, man mag ihn nun aus der Beschreibung derer, welche ihn kennen, oder aus seinen Schriften beurtheilen. Doch kann dieser Umstand diejenige, welche den Geistereinflüssen sonst günstig sind, nicht abhalten, hinter solcher Phantasterei noch etwas Wahres zu vermuthen. Weil indessen das Creditiv aller Bevollmächtigten aus der andern Welt in den Beweisthümern besteht, die sie durch gewisse Proben in der gegenwärtigen von ihrem außerordentlichen Beruf ablegen, so muß ich von demjenigen, was zur Beglaubigung der außerordentlichen Eigenschaft des gedachten Mannes herumgetragen wird, wenigstens dasjenige anführen, was noch bei den meisten einigen Glauben findet.

Gegen das Ende des Jahres 1761 wurde Herr Schwedenberg zu einer Fürstin gerufen, deren großer Verstand und Einsicht es beinahe unmöglich machen sollte in dergleichen Fällen hintergangen zu werden. Die Veranlassung dazu gab das allgemeine Gerücht von den vorgegebenen Visionen dieses Mannes. Nach einigen Fragen, die mehr darauf abzielten sich mit seinen Einbildungen zu belustigen, als wirkliche Nachrichten aus der andern Welt zu vernehmen, verabschiedete ihn die Fürstin, indem

sie ihm vorher einen geheimen Auftrag that, der in seine Geistergemein=
schaft einschlug. Nach einigen Tagen erschien Herr Schwedenberg mit der
Antwort, welche von der Art war, daß solche die Fürstin ihrem eigenen
Geständnisse nach in das größte Erstaunen versetzte, indem sie solche wahr
befand, und ihm gleichwohl solche von keinem lebendigen Menschen konnte
ertheilt sein. Diese Erzählung ist aus dem Berichte eines Gesandten an
dem dortigen Hofe, der damals zugegen war, an einen andern fremden
Gesandten in Kopenhagen gezogen worden, stimmt auch genau mit dem,
was die besondere Nachfrage darüber hat erkundigen können, zusammen.

Folgende Erzählungen haben keine andere Gewährleistung als die
gemeine Sage, deren Beweis sehr mißlich ist. Madame Marteville, die
Wittwe eines holländischen Envoyé an dem schwedischen Hofe, wurde von
den Angehörigen eines Goldschmiedes um die Bezahlung des Rückstandes
für ein verfertigtes Silberservice gemahnt. Die Dame, welche die regel=
mäßige Wirtschaft ihres verstorbenen Gemahls kannte, war überzeugt,
daß diese Schuld schon bei seinem Leben abgemacht sein müßte; allein sie
fand in seinen hinterlassenen Papieren gar keinen Beweis. Das Frauen=
zimmer ist vorzüglich geneigt den Erzählungen der Wahrsagerei, der
Traumdeutung und allerlei anderer wunderbarer Dinge Glauben beizu=
messen. Sie entdeckte daher ihr Anliegen dem Herrn Schwedenberg mit
dem Ersuchen, wenn es wahr wäre, was man von ihm sagte, daß er mit
abgeschiedenen Seelen im Umgange stehe, ihr aus der andern Welt von
ihrem verstorbenen Gemahl Nachricht zu verschaffen, wie es mit der gedach=
ten Anforderung bewandt sei. Herr Schwedenberg versprach solches zu thun
und stellte der Dame nach wenig Tagen in ihrem Hause den Bericht ab,
daß er die verlangte Kundschaft eingezogen habe, daß in einem Schrank,
den er anzeigte und der ihrer Meinung nach völlig ausgeräumt war, sich
noch ein verborgenes Fach befinde, welches die erforderliche Quittungen
enthielte. Man suchte sofort seiner Beschreibung zufolge und fand nebst
der geheimen holländischen Correspondence die Quittungen, wodurch alle
gemachte Ansprüche völlig getilgt wurden.

Die dritte Geschichte ist von der Art, daß sich sehr leicht ein vollstän=
diger Beweis ihrer Richtigkeit oder Unrichtigkeit muß geben lassen. Es
war, wo ich recht berichtet bin, gegen das Ende des 1759ten Jahres, als
Herr Schwedenberg, aus England kommend, an einem Nachmittage zu
Gothenburg ans Land trat. Er wurde denselben Abend zu einer Ge=
sellschaft bei einem dortigen Kaufmann gezogen und gab ihr nach einigem

Aufenthalt mit allen Zeichen der Bestürzung die Nachricht, daß eben jetzt in Stockholm im Südermalm eine erschreckliche Feuersbrunst wüthe. Nach Verlauf einiger Stunden, binnen welchen er sich dann und wann entfernte, berichtete er der Gesellschaft, daß das Feuer gehemmt sei, imgleichen wie weit es um sich gegriffen habe. Eben denselben Abend verbreitete sich schon diese wunderliche Nachricht und war den andern Morgen in der ganzen Stadt herumgetragen; allein nach zwei Tagen allererst kam der Bericht davon aus Stockholm in Gothenburg an, völlig einstimmig, wie man sagt, mit Schwedenbergs Visionen.

Man wird vermuthlich fragen, was mich doch immer habe bewegen können ein so verachtetes Geschäfte zu übernehmen, als dieses ist, Märchen weiter zu bringen, die ein Vernünftiger Bedenken trägt mit Geduld anzuhören, ja solche gar zum Text philosophischer Untersuchungen zu machen. Allein da die Philosophie, welche wir voranschickten, eben so wohl ein Märchen war aus dem Schlaraffenlande der Metaphysik, so sehe ich nichts Unschickliches darin, beide in Verbindung auftreten zu lassen; und warum sollte es auch eben rühmlicher sein, sich durch das blinde Vertrauen in die Scheingründe der Vernunft, als durch unbehutsamen Glauben an betrügliche Erzählungen hintergehen zu lassen?

Thorheit und Verstand haben so unkenntlich bezeichnete Grenzen, daß man schwerlich in dem einen Gebiete lange fortgeht, ohne bisweilen einen kleinen Streif in das andre zu thun; aber was die Treuherzigkeit anlangt, die sich bereden läßt, vielen festen Betheurungen selbst wider die Gegenwehr des Verstandes bisweilen etwas einzuräumen, so scheint sie ein Rest der alten Stammehrlichkeit zu sein, die freilich auf den jetzigen Zustand nicht recht paßt und daher oft zur Thorheit wird, aber darum doch eben nicht als ein natürliches Erbstück der Dummheit angesehen werden muß. Daher überlasse ich es dem Belieben des Lesers bei der wunderlichen Erzählung, mit welcher ich mich bemenge, jene zweideutige Mischung von Vernunft und Leichtgläubigkeit in ihre Elemente aufzulösen und die Proportion beider Ingredientien für meine Denkungsart auszurechnen. Denn da es bei einer solchen Kritik doch nur um die Anständigkeit zu thun ist, so halte ich mich gnugsam vor dem Spott gesichert, dadurch daß ich mit dieser Thorheit, wenn man sie so nennen will, mich gleichwohl in recht guter und zahlreicher Gesellschaft befinde, welches schon gnug ist, wie Fontenelle glaubt, um wenigstens nicht für unklug gehalten zu werden. Denn es ist zu allen Zeiten so gewesen und wird auch wohl künftighin so bleiben, daß gewisse widersinnige Dinge selbst bei Vernünftigen Eingang finden, bloß darum weil allgemein davon gesprochen wird. Dahin gehören die Sympathie, die Wünschelruthe, die Ahndungen, die Wirkung der Einbildungskraft schwangerer Frauen, die Einflüsse der Mondwechsel auf Thiere und Pflanzen u. d. g. Ja hat nicht vor kurzem das gemeine Landvolk den Gelehrten die Spötterei gut vergolten, welche sie gemeiniglich auf dasselbe der Leichtgläubigkeit wegen zu werfen pflegen? Denn durch vieles Hörensagen brachten Kinder und Weiber endlich einen großen Theil kluger Männer dahin, daß sie einen gemeinen Wolf für eine Hyäne hielten, obgleich jetzt ein jeder Vernünftige leicht einsieht, daß in den Wäldern von Frankreich wohl kein afrikanisches Raubthier herumlaufen werde. Die Schwäche des menschlichen Verstandes in Verbindung mit seiner Wißbegierde macht, daß man anfänglich Wahrheit und Betrug ohne Unterschied aufrafft. Aber nach und nach läutern sich die Begriffe, ein kleiner Theil bleibt, das übrige wird als Auskehricht weggeworfen.

Wem also jene Geistererzählungen eine Sache von Wichtigkeit zu sein scheinen, der kann immerhin, im Fall er Geld gnug und nichts Besseres zu thun hat, eine Reise auf eine nähere Erkundigung derselben wagen, so wie Artemidor zum Besten der Traumdeutung in Kleinasien herumzog. Es wird ihm auch die Nachkommenschaft von ähnlicher Denkungsart dafür höchlich verbunden sein, daß er verhütete, damit nicht dereinst ein anderer Philostrat aufstände, der nach Verlauf vieler Jahre aus unserm Schwedenberg einen neuen Apollonius von Thane machte, wenn das Hörensagen zu einem förmlichen Beweise wird gereift sein, und das ungelegene, obzwar höchstnöthige Verhör der Augenzeugen bereinst unmöglich geworden sein wird.

Zweites Hauptstück.

Ekstatische Reise eines Schwärmers durch die Geisterwelt.

Somnia, terrores magicos, miracula, sagas,
Nocturnos lemures, portentaque Thessala —.
HORATIUS.

Ich kann es dem behutsamen Leser auf keinerlei Weise übel nehmen, wenn sich im Fortgange dieser Schrift einiges Bedenken bei ihm geregt hätte über das Verfahren, das der Verfasser für gut gefunden hat darin zu beobachten. Denn da ich den dogmatischen Theil vor dem historischen und also die Vernunftgründe vor der Erfahrung voranschickte, so gab ich Ursache zu dem Argwohn, als wenn ich mit Hinterlist umginge und, da ich die Geschichte schon vielleicht zum Voraus im Kopfe gehabt haben mochte, mich nur so angestellt hätte, als wüßte ich von nichts, als von reinen, abgesonderten Betrachtungen, damit ich den Leser, der sich nichts dergleichen besorgt, am Ende mit einer erfreulichen Bestätigung aus der Erfahrung überraschen könnte. Und in der That ist dieses auch ein Kunstgriff, dessen die Philosophen sich mehrmals sehr glücklich bedient haben. Denn man muß wissen, daß alle Erkenntniß zwei Enden habe, bei denen man sie fassen kann, das eine a priori, das andere a posteriori. Zwar haben verschiedene Naturlehrer neuerer Zeiten vorgegeben, man müsse es bei dem letzteren anfangen, und glauben den Aal der Wissenschaft beim Schwanze zu erwischen, indem sie sich gnugsamer Erfahrungskenntnisse versichern und dann so allmählig zu allgemeinen und höheren Begriffen hinaufrücken. Allein ob dieses zwar nicht unklug gehandelt sein möchte: so ist es doch bei weitem nicht gelehrt und philosophisch gnug, denn man ist auf diese Art bald bei einem Warum, worauf keine Antwort gegeben werden kann, welches einem Philosophen gerade so viel Ehre macht als einem Kaufmann, der bei einer Wechselzahlung freundlich bittet, ein andermal wieder anzusprechen. Daher haben scharfsinnige Männer, um diese Unbequemlichkeit zu vermeiden, von der entgegengesetzten äußersten Grenze, nämlich dem obersten Punkte der Metaphysik, angefangen. Es findet sich aber hiebei eine neue Beschwerlichkeit, nämlich daß man anfängt, ich weiß nicht wo, und kommt, ich weiß nicht wohin, und daß der Fortgang der Gründe nicht auf die Erfahrung treffen will, ja daß es scheint, die Atomen des Epikurs dürften eher, nachdem sie von Ewigkeit her immer gefallen, einmal von ungefähr zusammenstoßen, um eine Welt zu bilden, als die allgemeinsten und abstractesten Begriffe, um sie zu erklären. Da also der Philosoph wohl sah, daß seine Vernunftgründe einerseits und die wirkliche Erfahrung oder Erzählung andererseits, wie ein Paar Parallellinien wohl ins Undenkliche neben einander fortlaufen würden, ohne jemals zusammen zu treffen, so ist er mit den übrigen, gleich als wenn sie darüber Abrede genommen hätten, übereingekommen ein jeder nach seiner Art den Anfangspunkt zu nehmen und darauf nicht in der geraden Linie der Schlußfolge, sondern mit einem unmerklichen Clinamen der Beweisgründe, dadurch daß sie nach dem Ziele gewisser

Erfahrungen oder Zeugnisse verstohlen hinschielten, die Vernunft so zu lenken, daß sie gerade dahin treffen mußte, wo der treuherzige Schüler sie nicht vermuthet hatte, nämlich dasjenige zu beweisen, wovon man schon vorher wußte, daß es sollte bewiesen werden. Diesen Weg nannten sie alsdann noch den Weg a priori, ob er wohl unvermerkt durch ausgesteckte Stäbe nach dem Punkte a posteriori gezogen war, wobei aber billigermaßen der, so die Kunst versteht, den Meister nicht verrathen muß. Nach dieser sinnreichen Lehrart haben verschiedene verdienstvolle Männer auf dem bloßen Wege der Vernunft sogar Geheimnisse der Religion ertappt, so wie Romanschreiber die Heldin der Geschichte in entfernte Länder fliehen lassen, damit sie ihrem Anbeter durch ein glückliches Abenteuer von ungefähr aufstoße: et fugit ad salices et se cupit ante videri. VIRG. Ich würde mich also bei so gepriesenen Vorgängern in der Tat nicht zu schämen Ursache haben, wenn ich gleich wirklich eben dasselbe Kunststück gebraucht hätte, um meine Schrift zu einem erwünschten Ausgange zu verhelfen. Allein ich bitte den Leser gar sehr dergleichen nicht von mir zu glauben. Was würde es mir auch jetzt helfen, da ich keinen mehr hintergehen kann, nachdem ich das Geheimniß schon ausgeplaudert habe? Zudem habe ich das Unglück, daß das Zeugniß, worauf ich stoße und was meiner philosophischen Hirngeburt so ungemein ähnlich ist, verzweifelt mißgeschaffen und albern aussieht, so daß ich viel eher vermuthen muß, der Leser werde um der Verwandtschaft mit solchen Beistimmungen willen meine Vernunftgründe für ungereimt, als jene um dieser willen für vernünftig halten. Ich sage demnach ohne Umschweif, daß, was solche anzügliche Vergleichungen anlangt, ich keinen Spaß verstehe, und erkläre kurz und gut, daß man entweder in Schwedenbergs Schriften mehr Klugheit und Wahrheit vermuthen müsse, als der erste Anschein blicken läßt, oder daß es nur so von ungefähr komme, wenn er mit meinem System zusammentrifft, wie Dichter bisweilen, wenn sie rasen, weissagen, wie man glaubt, oder wenigstens wie sie selbst sagen, wenn sie dann und wann mit dem Erfolge zusammentreffen.

Ich komme zu meinem Zwecke, nämlich zu den Schriften meines Helden. Wenn manche jetzt vergessene, oder dereinst doch namenlose Schriftsteller kein geringes Verdienst haben, daß sie in der Ausarbeitung großer Werke den Aufwand ihres Verstandes nicht achteten, so gebührt dem Herren Schwedenberg ohne Zweifel die größte Ehre unter allen. Denn gewiß, seine Flasche in der Mondenwelt ist ganz voll und weicht keiner einzigen unter denen, die Ariosto dort mit der hier verlornen Vernunft angefüllt gesehen hat, und die ihre Besitzer dereinst werden wiedersuchen müssen, so völlig entleert ist das große Werk von einem jeden Tropfen derselben. Nichts destoweniger herrscht darin eine so wundersame Übereinkunft mit demjenigen, was die feinste Ergrübelung der Vernunft über den ähnlichen Gegenstand herausbringen kann, daß der Leser mir es verzeihen wird, wenn ich hier diejenige Seltenheit in den Spielen der Einbildung finde, die so viel andere Sammler in den Spielen der Natur angetroffen haben, als wenn sie etwa im fleckichten Marmor die heilige Familie, oder in Bildungen von Tropfstein Mönche, Tauffstein und Orgeln, oder sogar, wie der Spötter Liscow auf einer gefrorenen Fensterscheibe die Zahl des Thieres und die dreifache Krone entdecken; lauter Dinge, die niemand sonst sieht, als dessen Kopf schon vorher damit angefüllt ist.

Das große Werk dieses Schriftstellers enthält acht Quartbände voll Unsinn, welche er unter dem Titel: Arcana caelestia, der Welt als eine neue Offenbarung vorlegt, und wo seine Erscheinungen mehrentheils auf die Entdeckung des geheimen Sinnes in den zwei ersten Büchern Mosis und eine ähnliche Erklärungsart der ganzen H. Schrift angewendet werden. Alle diese schwärmende Auslegungen gehen mich hier nichts an; man kann aber, wenn man will, einige Nachrichten von denselben in des Herrn Doctor Ernesti Theol. Bibliothek im ersten Bande aufsuchen. Nur die audita et visa, d. i. was seine eigne Augen sollen gesehen und eigene Ohren gehört haben, sind alles, was wir vornehmlich aus den Beilagen zu seinen Capiteln ziehen wollen, weil sie allen übrigen Träumereien zum Grunde liegen und auch ziemlich in das Abenteuer einschlagen, das wir oben auf dem Luftschiffe der Metaphysik gewagt haben. Der Stil des Verfassers ist platt. Seine Erzählungen und ihre Zusammenordnung scheinen in der That aus fanatischem Anschauen entsprungen zu sein und geben gar wenig Verdacht, daß speculative Hirngespinste einer verkehrt grüblenden Vernunft ihn bewogen haben sollten, dieselbe zu erdichten und zum Betruge anzulegen. In so fern haben sie also einige Wichtigkeit und verdienen wirklich in einem kleinen Auszuge vorgestellt zu werden, vielleicht mehr, als so manche Spielwerke hirnloser Vernünftler, welche unsere Journale anschwellen, weil eine zusammenhängende Täuschung der Sinne überhaupt ein viel merkwürdiger Phänomenon ist, als der Betrug der Vernunft, dessen Gründe bekannt genug sind, und der auch großen Theils durch willkürliche Richtung der Gemüthskräfte und etwas mehr

Bändigung eines leeren Vorwitzes könnte verhütet werden, da hingegen jene das erste Fundament aller Urtheile betrifft, dawider, wenn es unrichtig ist, die Regeln der Logik wenig vermögen! Ich sondere also bei unserm Verfasser den Wahnsinn vom Wahnwitze ab und übergehe dasjenige, was er auf eine verkehrte Weise klügelt, indem er nicht bei seinen Visionen stehen bleibt, eben so wie man sonst vielfältig bei einem Philosophen dasjenige, was er beobachtet, von dem absondern muß, was er vernünftelt, und sogar Scheinerfahrungen mehrentheils lehrreicher sind, als die Scheingründe aus der Vernunft. Indem ich also dem Leser einige von den Augenblicken raube, die er sonst vielleicht mit nicht viel größerem Nutzen auf die Lesung gründlicher Schriften von eben der Materie würde verwandt haben, so sorge ich zugleich für die Zärtlichkeit seines Geschmacks, da ich mit Weglassung vieler wilden Chimären die Quintessenz des Buchs auf wenig Tropfen bringe, wofür ich mir von ihm eben so viel Dank verspreche, als ein gewisser Patient glaubte den Ärzten schuldig zu sein, daß sie ihn nur die Rinde von der Quinquina verzehren ließen, da sie ihn leichtlich hätten nöthigen können den ganzen Baum aufzueßen.

Herr Schwedenberg theilt seine Erscheinungen in drei Arten ein, davon die erste ist, vom Körper befreiet zu werden: ein mittlerer Zustand zwischen Schlafen und Wachen, worin er Geister gesehen, gehört, ja gefühlt hat. Dergleichen ist ihm nur drei- oder viermal begegnet. Die zweite ist, vom Geiste weggeführt zu werden, da er etwa auf der Straße geht, ohne sich zu verwirren, indessen daß er im Geiste in ganz anderen Gegenden ist und anderwärts Häuser, Menschen, Wälder u. d. g. deutlich sieht, und dieses wohl einige Stunden lang, bis er sich plötzlich wiederum an seinem rechten Orte gewahr wird. Dieses ist ihm zwei- bis dreimal zugestoßen. Die dritte Art der Erscheinungen ist die gewöhnliche, welche er täglich im völligen Wachen hat, und davon auch hauptsächlich diese seine Erzählungen hergenommen sind.

Alle Menschen stehen seiner Aussage nach in gleich inniglicher Verbindung mit der Geisterwelt; nur sie empfinden es nicht, und der Unterschied zwischen ihm und den andern besteht nur darin, daß sein Innerstes aufgethan ist, von welchem Geschenke er jederzeit mit Ehrerbietigkeit redet (datum mihi est ex divina Domini misericordia). Man sieht aus dem Zusammenhange, daß diese Gabe darin bestehen soll, sich der dunkelen Vorstellungen bewußt zu werden, welche die Seele durch ihre beständige Verknüpfung mit der Geisterwelt empfängt. Er unterscheidet daher an dem Menschen das äußere und innere Gedächtniß. Jenes hat er als eine Person, die zu der sichtbaren Welt gehört, dieses aber kraft seines Zusammenhanges mit der Geisterwelt. Darauf gründet sich auch der Unterschied des äußeren und inneren Menschen, und sein eigener Vorzug besteht darin, daß er schon in diesem Leben als eine Person sich in der Gesellschaft der Geister sieht und von ihnen auch als eine solche erkannt wird. In diesem innern Gedächtniß wird auch alles aufbehalten, was aus dem äußeren verschwunden war, und es geht nichts von allen Vorstellungen eines Menschen jemals verloren. Nach dem Tode ist die Erinnerung alles desjenigen, was jemals in seine Seele kam und was ihm selbst ehedem verborgen blieb, das vollständige Buch seines Lebens.

Die Gegenwart der Geister trifft zwar nur seinen innern Sinn. Dieses erregt ihm aber die Apparenz derselben als außer ihm und zwar unter einer menschlichen Figur. Die Geistersprache ist eine unmittelbare Mittheilung der Ideen, sie ist aber jederzeit mit der Apparenz derjenigen Sprache verbunden, die er sonst spricht, und wird vorgestellt als außer ihm. Ein Geist liest in eines andern Geistes Gedächtniß die Vorstellungen, die dieser darin mit Klarheit enthält. So sehen die Geister in Schwedenbergen seine Vorstellungen, die er von dieser Welt hat, mit so klarem Anschauen, daß sie sich dabei selbst hintergehen und sich öfters einbilden, sie sehen unmittelbar die Sachen, welches doch unmöglich ist, denn kein reiner Geist hat die mindeste Empfindung von der körperlichen Welt; allein durch die Gemeinschaft mit andern Seelen lebender Menschen können sie auch keine Vorstellung davon haben, weil ihr Innerstes nicht aufgethan ist, d. i. ihr innerer Sinn gänzlich dunkele Vorstellungen enthält. Daher ist Schwedenberg das rechte Orakel der Geister, welche eben so neugierig sind in ihm den gegenwärtigen Zustand der Welt zu beschauen, als er es ist in ihrem Gedächtniß wie in einem Spiegel die Wunder der Geisterwelt zu betrachten. Obgleich diese Geister mit allen andern Seelen lebender Menschen gleichfalls in der genauesten Verbindung stehen und in dieselbe wirken oder von ihnen leiden, so wissen sie doch dieses eben so wenig, als es die Menschen wissen, weil dieser ihr innerer Sinn, welcher zu ihrer geistigen Persönlichkeit gehört, ganz dunkel ist. Es meinen also die Geister: daß dasjenige, was aus dem Einflusse der Menschenseelen in ihnen gewirkt worden, von ihnen allein gedacht sei, so wie auch die Menschen in diesem Leben nicht anders glauben, als daß alle ihre Gedanken und Willensregungen aus ihnen selbst entspringen, ob sie gleich in der That oftmals aus der unsichtbaren Welt in sie übergehen. Indessen hat eine jede menschliche Seele schon in diesem Leben ihre Stelle in der Geisterwelt und gehört zu einer gewissen Societät, die jederzeit ihrem innern Zustande des Wahren und Guten, d. i. des Verstandes und Willens, gemäß ist. Es haben aber die Stellen der Geister untereinander nichts mit dem Raume der körperlichen Welt gemein; daher die Seele eines Menschen in Indien mit der eines andern in Europa, was die geistige Lagen betrifft, oft die nächste Nachbaren sind, und dagegen die, so dem Körper nach in einem Hause wohnen, nach jenen Verhältnissen weit gnug von einander entfernt sein können. Stirbt der Mensch, so verändert die Seele nicht ihre Stelle, sondern empfindet sich nur in derselben, darin sie in Ansehung anderer Geister schon in diesem Leben war. Übrigens, obgleich das Verhältniß der Geister untereinander kein wahrer Raum ist, so hat dasselbe doch bei ihnen die Apparenz desselben, und ihre Verknüpfungen werden unter der begleitenden Bedingung der Naheiten, ihre Verschiedenheiten aber als Weiten vorgestellt, so wie die Geister selber wirklich nicht ausgedehnt sind, einander aber doch die Apparenz einer menschlichen Figur geben. In diesem eingebildeten Raume ist eine durchgängige Gemeinschaft der geistigen Naturen. Schwedenberg spricht mit abgeschiedenen Seelen, wenn es ihm beliebt, und liest in ihrem Gedächtniß (Vorstellungskraft) denjenigen Zustand, darin sie sich selbst beschauen, und sieht diesen eben so klar als mit leiblichen Augen. Auch ist die ungeheure Entfernung der vernünftigen Bewohner der Welt in Absicht auf das geistige Weltganze für nichts zu halten, und mit einen Bewohner des Saturns zu reden, ist ihm eben so leicht, als eine abgeschiedene Menschenseele zu sprechen. Alles kommt auf das Verhältniß des innern Zustandes und auf die Verknüpfung an, die sie untereinander nach ihrer Übereinstimmung im Wahren und im Guten haben; die entferntere Geister aber können leichtlich durch Vermittelung anderer in Gemeinschaft kommen. Daher braucht der Mensch auch nicht in den übrigen Weltkörpern wirklich gewohnt zu haben, um dieselbe bereinst mit allen ihren Wundern zu kennen. Seine Seele lieset in dem Gedächtnisse anderer abgeschiedenen Weltbürger ihre Vorstellungen, die diese von ihrem Leben und Wohnplatze haben, und sieht darin die Gegenstände so gut wie durch ein unmittelbares Anschauen.

Ein Hauptbegriff in Schwedenbergs Phantasterei ist dieser: Die körperliche Wesen haben keine eigene Subsistenz, sondern bestehen lediglich durch die Geisterwelt, wiewohl ein jeder Körper nicht durch einen Geist allein, sondern durch alle zusammengenommen. Daher hat die Erkenntniß der materiellen Dinge zweierlei Bedeutung, einen äußerlichen Sinn in Verhältniß der Materie aufeinander und einen innern, in so fern sie als Wirkungen die Kräfte der Geisterwelt bezeichnen, die ihre Ursachen sind. So hat der Körper des Menschen ein Verhältniß der Theile untereinander nach materiellen Gesetzen; aber in so fern er durch den Geist, der in ihm lebt, erhalten wird, haben seine verschiedene Gliedmaßen und ihre Funktionen einen bezeichnenden Werth für diejenige Seelenkräfte, durch deren Wirkung sie ihre Gestalt, Thätigkeit und Beharrlichkeit haben. Dieser innere Sinn ist den Menschen unbekannt, und den hat Schwedenberg, dessen Innerstes aufgethan ist, den Menschen bekannt machen wollen. Mit allen andern Dingen der sichtbaren Welt ist es eben so bewandt, sie haben, wie gesagt, eine Bedeutung als Sachen, welches wenig ist, und eine andere als Zeichen, welches mehr ist. Dieses ist auch der Ursprung der neuen Auslegungen, die er von der Schrift hat machen wollen. Denn der innere Sinn, nämlich die symbolische Beziehung aller darin erzählten Dinge auf die Geisterwelt, ist, wie er schwärmt, der Kern ihres Werths, das übrige ist nur die Schale. Was aber wiederum in dieser symbolischen Verknüpfung körperlicher Dinge als Bilder mit dem innern geistigen Zustande wichtig ist, besteht darin: Alle Geister stellen sich einander jederzeit unter dem Anschein ausgedehnter Gestalten vor, und die Einflüsse aller dieser geistigen Wesen untereinander erregen ihnen zugleich die Apparenz von noch andern ausgedehnten Wesen und gleichsam von einer materialen Welt, deren Bilder doch nur Symbolen ihres inneren Zustandes sind, aber gleichwohl eine so klare und dauerhafte Täuschung des Sinnes verursachen, daß solche der wirklichen Empfindung solcher Gegenstände gleich ist. (Ein künftiger Ausleger wird daraus schließen: das Schwedenberg ein Idealist sei, weil er der Materie dieser Welt auch die eigne Subsistenz abspricht und sie daher vielleicht nur für eine zusammenhängende Erscheinung halten mag, welche aus der Verknüpfung der Geisterwelt entspringt.) Er redet also von Gärten, weitläuftigen Gegenden, Wohnplätzen, Gallerien und Arcaden der Geister, die er mit eigenen Augen in dem klärsten Lichte sähe, und versichert: daß, da er mit allen seinen Freunden nach ihrem Tode vielfältig gesprochen, er an denen, die nur kürzlich gestorben, fast jederzeit gefunden hätte, daß sie sich kaum hätten überreden können gestorben zu sein, weil sie eine ähnliche Welt um sich sähen; imgleichen, daß Geistergesellschaften von einerlei innerem Zustande einerlei Apparenz der Gegend und anderer daselbst befindlichen Dinge hätten, die Veränderung ihres Zustandes aber sei mit dem Schein der Veränderung des Orts verbunden. Weil nun jederzeit, wenn die Geister den Menschenseelen ihre Gedanken mittheilen, diese mit der Apparenz materieller Dinge verbunden sind, welche im Grunde nur kraft einer Beziehung auf den geistigen Sinn, doch mit allem Schein der Wirklichkeit sich demjenigen vormalen, der solche empfängt, so ist daraus der Vorrath der wilden und unaussprechlich albernen Gestalten herzuleiten, welche unser Schwärmer bei seinem täglichen Geisterumgange in aller Klarheit zu sehen glaubt.

Ich habe schon angeführt, daß nach unserm Verfasser die mancherlei Kräfte und Eigenschaften der Seele mit den ihrer Regierung untergeordneten Organen des Körpers in Sympathie stehen. Der ganze äußere Mensch correspondirt also dem ganzen innern Menschen, und wenn daher ein merklicher geistiger Einfluß aus der unsichtbaren Welt eine oder andere dieser seiner Seelenkräfte vorzüglich trifft, so empfindet er auch harmonisch die apparente Gegenwart desselben an den Gliedmaßen seines äußeren Menschen, die diesen correspondiren. Dahin bezieht er nun eine große Mannigfaltigkeit von Empfindungen an seinem Körper, die jederzeit mit der geistigen Beschauung verbunden sind, deren Ungereimtheit aber zu groß ist, als daß ich es wagen dürfte nur eine einzige derselben anzuführen.

Hieraus kann man sich nun, wofern man es der Mühe werth hält, einen Begriff von der abenteuerlichsten und seltsamsten Einbildung machen, in welche sich alle seine Träumereien vereinbaren. So wie nämlich verschiedene Kräfte und Fähigkeiten diejenige Einheit ausmachen, welche die Seele oder der innere Mensch ist, so machen auch verschiedene Geister (deren Hauptcharaktere sich eben so auf einander beziehen, wie die mancherlei Fähigkeiten eines Geistes untereinander) eine Societät aus, welche die Apparenz eines großen Menschen an sich zeigt, und in welchem Schattenbilde ein jeder Geist sich an demjenigen Orte und in den scheinbaren Gliedmaßen sieht, die seiner eigenthümlichen Verrichtung in einem solchen geistigen Körper gemäß sind. Alle Geistersocietäten aber zusammen und die ganze Welt aller dieser unsichtbaren Wesen erscheint zuletzt selbst wiederum in der Apparenz des größten Menschen. Eine ungeheure und riesenmäßige Phantasie, zu welcher sich vielleicht eine alte kindische Vorstellung ausgedehnt hat, wenn etwa in Schulen, um dem Gedächtniß zu Hülfe zu kommen, ein ganzer Welttheil unter dem Bilde einer sitzenden Jungfrau u. d. g. den Lehrlingen vorgemalt wird. In diesem unermeßlichen Menschen ist eine durchgängige innigste Gemeinschaft eines Geistes mit allen und aller mit einem, und wie auch immer die Lage der lebenden Wesen gegeneinander in dieser Welt, oder deren Veränderung beschaffen sein mag, so haben sie doch eine ganz andere Stelle im größten Menschen, welche sie niemals verändern und welche nur dem Scheine nach ein Ort in einem unermeßlichen Raume, in der That aber eine bestimmte Art ihrer Verhältnisse und Einflüsse ist.

Ich bin es müde die wilden Hirngespinste des ärgsten Schwärmers unter allen zu copiren, oder solche bis zu seinen Beschreibungen vom Zustande nach dem Tode fortzusetzen. Ich habe auch noch andere Bedenklichkeiten. Denn obgleich ein Natursammler unter den präparirten Stücken thierischer Zeugungen nicht nur solche, die in natürlicher Form gebildet sind, sondern auch Mißgeburten in seinem Schranke aufstellt, so muß er doch behutsam sein, sie nicht jedermann und nicht gar zu deutlich sehen zu lassen. Denn es könnten unter den Vorwitzigen leichtlich schwangere Personen sein, bei denen es einen schlimmen Eindruck machen dürfte. Und da unter meinen Lesern einige in Ansehung der idealen Empfängniß eben sowohl in andern Umständen sein mögen, so würde mir es leid thun, wenn sie sich hier etwa woran sollten versehen haben. Indessen weil ich sie doch gleich anfangs gewarnt habe, so stehe ich für nichts und hoffe, man werde mir die Mondkälber nicht aufbürden, die bei dieser Veranlassung von ihrer fruchtbaren Einbildung möchten geboren werden.

Übrigens habe ich den Träumereien unseres Verfassers keine eigene unterschoben, sondern solche durch einen getreuen Auszug dem bequemen und wirthschaftlichen Leser (der einem kleinen Vorwitze nicht so leicht 7 Pfund Sterlinge aufopfern möchte) dargeboten. Zwar sind die unmittelbare Anschauungen mehrentheils von mir weggelassen worden, weil dergleichen wilde Hirngespinste nur den Nachtschlaf des Lesers stören würden; auch ist der verworrene Sinn seiner Eröffnungen hin und wieder in eine etwas gangbare Sprache eingekleidet worden; allein die Hauptzüge des Abrisses haben dadurch in ihrer Richtigkeit nicht gelitten. Gleichwohl ist es nur umsonst es verhehlen zu wollen, weil es Jedermann doch so in die Augen fällt, daß alle diese Arbeit am Ende auf nichts herauslaufe. Denn da die vorgegebene Privaterscheinungen des Buchs sich selbst nicht beweisen können, so konnte der Bewegungsgrund, sich mit ihnen abzugeben, nur in der Vermuthung liegen, daß der Verfasser zur Beglaubigung derselben sich vielleicht auf Vorfälle von der oben erwähnten Art, die durch lebende Zeugen bestätigt werden könnten, berufen würde. Dergleichen aber findet man nirgend. Und so ziehen wir uns mit einiger Beschämung von einem thörichten Versuche zurück mit der vernünftigen, obgleich etwas späten Anmerkung: daß das Klugdenken mehrentheils eine leichte Sache sei, aber leider nur, nachdem man sich eine Zeit lang hat hintergehen lassen.

* * *

Ich habe einen undankbaren Stoff bearbeitet, den mir die Nachfrage und Zudringlichkeit vorwitziger und müßiger Freunde unterlegte. Indem ich diesem Leichtsinn meine Bemühung unterwarf, so habe ich zugleich dessen Erwartung betrogen und weder dem Neugierigen durch Nachrichten, noch dem Forschenden durch Vernunftgründe etwas zur Befriedigung ausgerichtet. Wenn keine andre Absicht diese Arbeit beseelte, so habe ich meine Zeit verloren; ich habe das Zutrauen des Lesers verloren, dessen Erkundigung und Wißbegierde ich durch einen langweiligen Umweg zu demselben Punkte der Unwissenheit geführt habe, aus welchem er herausgegangen war. Allein ich hatte in der That einen Zweck vor Augen, der mir wichtiger scheint als der, welchen ich vorgab, und diesen meine ich erreicht zu haben. Die Metaphysik, in welche ich das Schicksal habe verliebt zu sein, ob ich mich gleich von ihr nur selten einiger Gunstbezeugungen rühmen kann, leistet zweierlei Vortheile. Der erste ist, den Aufgaben ein Gnüge zu thun, die das forschende Gemüth aufwirft, wenn es verborgenern Eigenschaften der Dinge durch Vernunft nachspäht. Aber hier täuscht der Ausgang nur gar zu oft die Hoffnung und ist diesmal auch unsern begierigen Händen entgangen.

Ter frustra comprensa manus effugit imago
Par levibus ventis volucrique simillima somno.
VIRG.

Der andre Vortheil ist der Natur des menschlichen Verstandes mehr angemessen und besteht darin: einzusehen, ob die Aufgabe aus demjenigen, was man wissen kann, auch bestimmt sei und welches Verhältniß die Frage zu den Erfahrungsbegriffen habe, darauf sich alle unsre Urtheile jederzeit stützen müssen. In so fern ist die Metaphysik eine Wissenschaft von den Grenzen der menschlichen Vernunft, und da ein kleines Land jederzeit viel Grenze hat, überhaupt auch mehr daran liegt seine Besitzungen wohl zu kennen und zu behaupten, als blindlings auf Eroberungen auszugehen, so ist dieser Nutze der erwähnten Wissenschaft der unbekannteste und zugleich der wichtigste, wie er denn auch nur ziemlich spät und nach langer Erfahrung erreicht wird. Ich habe diese Grenze hier zwar nicht genau bestimmt, aber doch in so weit angezeigt, daß der Leser bei weiterem Nachdenken finden wird, er könne sich aller vergeblichen Nachforschung überheben in Ansehung einer Frage, wozu die data in einer andern Welt, als in welcher er empfindet, anzutreffen sind. Ich habe also meine Zeit verloren, damit ich sie gewönne. Ich habe meinen Leser hintergangen, damit ich ihm nützte, und wenn ich ihm gleich keine neue Einsicht darbot, so vertilgte ich doch den Wahn und das eitele Wissen, welches den Verstand aufbläht und in seinem engen Raume den Platz ausfüllt, den die Lehren der Weisheit und der nützlichen Unterweisung einnehmen könnten.

Wen die bisherigen Betrachtungen ermüdet haben, ohne ihn zu belehren, dessen Ungeduld kann sich nunmehr damit aufrichten, was Diogenes, wie man sagt, seinen gähnenden Zuhörern zusprach, als er das letzte Blatt eines langweiligen Buchs sah: Courage, meine Herren, ich sehe Land. Vorher wandelten wir wie Demokrit im leeren Raume, wohin uns die Schmetterlingsflügel der Metaphysik gehoben hatten, und unterhielten uns daselbst mit geistigen Gestalten. Jetzt, da die stiptische Kraft der Selbsterkenntniß die seidene Schwingen zusammengezogen hat, sehen wir uns wieder auf dem niedrigen Boden der Erfahrung und des gemeinen Verstandes; glücklich! wenn wir denselben als unseren angewiesenen Platz betrachten, aus welchem wir niemals ungestraft hinausgehen, und der auch alles enthält, was uns befriedigen kann, so lange wir uns am Nützlichen halten.

Drittes Hauptstück.
Praktischer Schluß aus der ganzen Abhandlung.

Einem jeden Vorwitze nachzuhängen und der Erkenntnißsucht keine andre Grenzen zu verstatten als das Unvermögen, ist ein Eifer, welcher der Gelehrsamkeit nicht übel ansteht. Allein unter unzähligen Aufgaben, die sich selbst darbieten, diejenige auswählen, deren Auflösung dem Menschen angelegen ist, ist das Verdienst der Weisheit. Wenn die Wissenschaft ihren Kreis durchlaufen hat, so gelangt sie natürlicher Weise zu dem Punkte eines bescheidenen Mißtrauens und sagt, unwillig über sich selbst: Wie viel Dinge giebt es doch, die ich nicht einsehe! Aber die durch Erfahrung gereifte Vernunft, welche zur Weisheit wird, spricht in dem Munde des Sokrates mitten unter den Waaren eines Jahrmarkts mit heiterer Seele: Wie viel Dinge giebt es doch, die ich alle nicht brauche! Auf solche Art fließen endlich zwei Bestrebungen von so unähnlicher Natur in eine zusammen, ob sie gleich anfangs nach sehr verschiedenen Richtungen ausgingen, indem die erste eitel und unzufrieden, die zweite aber gesetzt und gnügsam ist. Denn um vernünftig zu wählen, muß man vorher selbst das Entbehrliche, ja das Unmögliche kennen; aber endlich gelangt die Wissenschaft zu der Bestimmung der ihr durch die Natur der menschlichen Vernunft gesetzten Grenzen; alle bodenlose Entwürfe aber, die vielleicht an sich selbst nicht unwürdig sein mögen, nur daß sie außer der Sphäre des Menschen liegen, fliehen auf den Limbus der Eitelkeit. Alsdann wird selbst die Metaphysik dasjenige, wovon sie jetzt noch ziemlich weit entfernt ist, und was man von ihr am wenigsten vermuthen sollte, die Begleiterin der Weisheit. Denn so lange die Meinung einer Möglichkeit, zu so entfernten Einsichten zu gelangen, übrig bleibt, so ruft die weise Einfalt vergeblich, daß solche große Bestrebungen entbehrlich seien. Die Annehmlichkeit, welche die Erweiterung des Wissens begleitet, wird sehr leicht den Schein der Pflichtmäßigkeit annehmen und aus jener vorsätzlichen und überlegten Gnügsamkeit eine dumme Einfalt machen, die sich der Veredelung unserer Natur entgegensetzen will. Die Fragen von der geistigen Natur, von der Freiheit und Vorherbestimmung, dem künftigen Zustande u. d. g. bringen anfänglich alle Kräfte des Verstandes in Bewegung und ziehen den Menschen durch ihre Vortrefflichkeit in den Wetteifer der Speculation, welche ohne Unterschied klügelt und entscheidet, lehrt oder widerlegt, wie es die Scheineinsicht jedesmal mit sich bringt. Wenn diese Nachforschung aber in Philosophie ausschlägt, die über ihr eigen Verfahren urtheilt, und die nicht die Gegenstände allein, sondern deren Verhältniß zu dem Verstande des Menschen kennt, so ziehen sich die Grenzen enger zusammen, und die Marksteine werden gelegt, welche die Nachforschung aus ihrem eigenthümlichen Bezirke niemals mehr ausschweifen lassen. Wir haben einige Philosophie nöthig gehabt, um die Schwierigkeiten zu kennen, welche einen Begriff umgeben, den man gemeiniglich als sehr bequem und alltägig behandelt. Etwas mehr Philosophie entfernt dieses Schattenbild der Einsicht noch mehr und überzeugt uns, daß es gänzlich außer dem Gesichtskreise der Menschen liege. Denn in den Verhältnissen der Ursache und Wirkung, der Substanz und der Handlung dient anfänglich die Philosophie dazu, die verwickelte Erscheinungen aufzulösen und solche auf einfachere Vorstellungen zu bringen. Ist man aber endlich zu den Grundverhältnissen gelangt, so hat das Geschäfte der Philosophie ein Ende, und wie etwas könne eine Ursache sein oder eine Kraft haben, ist unmöglich jemals durch Vernunft einzusehen, sondern diese Verhältnisse müssen lediglich aus der Erfahrung genommen werden. Denn unsere Vernunftregel geht nur auf die Vergleichung nach der Identität und dem Widerspruche. So fern aber etwas eine Ursache ist, so wird durch Etwas etwas Anders gesetzt, und es ist also kein Zusammenhang vermöge der Einstimmung anzutreffen; wie denn auch, wenn ich eben dasselbe nicht als eine Ursache ansehen will, niemals ein Widerspruch entspringt, weil es sich nicht contradicirt, wenn etwas gesetzt ist, etwas anderes aufzuheben. Daher die Grundbegriffe der Dinge als Ursachen, die der Kräfte und Handlungen, wenn sie nicht aus der Erfahrung hergenommen sind, gänzlich willkürlich sind und weder bewiesen noch widerlegt werden können. Ich weiß wohl, daß das Denken und Wollen meinen Körper bewege, aber ich kann diese Erscheinung als eine einfache Erfahrung niemals durch Zergliederung auf eine andere bringen und sie daher wohl erkennen, aber nicht einsehen. Daß mein Wille meinen Arm bewegt, ist mir nicht verständlicher, als wenn jemand sagte, daß derselbe auch den Mond in seinem Kreise zurückhalten könnte; der Unterschied ist nur dieser: daß ich jenes erfahre, dieses aber niemals in meine Sinne gekommen ist. Ich erkenne in mir Veränderungen als in einem Subjecte, was lebt, nämlich Gedanken, Willkür ꝛc. ꝛc., und weil diese Bestimmungen von anderer Art sind als alles, was zusammengenommen meinen Begriff vom Körper macht, so denke ich mir billigermaßen ein unkörperliches und beharrliches Wesen. Ob dieses auch ohne Verbindung mit dem Körper denken werde, kann vermittelst dieser aus Erfahrung erkannten Natur niemals geschlossen werden. Ich bin mit meiner Art Wesen durch Vermittelung körperlicher Gesetze in Verknüpfung, ob ich aber auch sonst nach andern Gesetzen, welche ich pneumatisch nennen will, ohne die Vermittelung der Materie in Verbindung stehe, oder jemals stehen werde, kann ich auf keinerlei Weise aus demjenigen schließen, was mir gegeben ist. Alle solche Urtheile, wie diejenige von der Art, wie meine Seele den Körper bewegt, oder mit andern Wesen ihrer Art jetzt oder künftig in Verhältniß steht, können niemals etwas mehr als Erdichtungen sein und zwar bei weitem nicht einmal von demjenigen Werthe, als die in der Naturwissenschaft, welche man Hypothesen nennt, bei welchen man keine Grundkräfte erfinnt, sondern diejenige, welche man durch Erfahrung schon kennt, nur auf eine den Erscheinungen angemessene Art verbindet, und deren Möglichkeit sich also jederzeit muß können beweisen lassen; dagegen im ersten Falle selbst neue Fundamentalverhältnisse von Ursache und Wirkung angenommen werden, in welchen man niemals den mindesten Begriff ihrer Möglichkeit haben kann und also nur schöpferisch oder chimärisch, wie man es nennen will, dichtet. Die Begreiflichkeit verschiedener wahren, oder angeblichen Erscheinungen aus dergleichen angenommenen Grundideen dient diesen zu gar keinem Vortheile. Denn man kann leicht von allem Grund angeben, wenn man berechtigt ist, Thätigkeiten und Wirkungsgesetze zu erfinnen, wie man will. Wir müssen also warten, bis wir vielleicht in der künftigen Welt durch neue Erfahrungen und neue Begriffe von den uns noch verborgenen Kräften in unserm denkenden Selbst werden belehrt werden. So haben uns die Beobachtungen späterer Zeiten, nachdem sie durch Mathematik aufgelöset worden, die Kraft der Anziehung an der Materie offenbart, von deren Möglichkeit (weil sie eine Grundkraft zu sein scheint) man sich niemals einigen ferneren Begriff wird machen können. Diejenige, welche, ohne den Beweis aus der Erfahrung in Händen zu haben, vorher sich eine solche Eigenschaft hätten erfinnen wollen, würden als Thoren mit Recht verdient haben ausgelacht zu werden. Da nun die Vernunftgründe in dergleichen Fällen weder zur Erfindung noch zur Bestätigung der Möglichkeit oder Unmöglichkeit von der mindesten Erheblichkeit sind: so kann man nur den Erfahrungen das Recht der Entscheidung einräumen, so wie ich es auch der Zeit, welche Erfahrung bringt, überlasse, etwas über die gepriesene Heilkräfte des Magnets in Zahnkrankheiten auszumachen, wenn sie eben so viel Beobachtungen wird vorzeigen können, daß magnetische Stäbe auf Fleisch und Knochen wirken, als wir schon vor uns haben, daß es auf Eisen und Stahl geschehe. Wenn aber gewisse angebliche Erfahrungen sich in kein unter den meisten Menschen einstimmiges

Gesetz der Empfindung bringen lassen und also nur eine Regellosigkeit in den Zeugnissen der Sinne beweisen würden (wie es in der That mit den herumgehenden Geistererzählungen bewandt ist), so ist rathsam sie nur abzubrechen: weil der Mangel der Einstimmung und Gleichförmigkeit alsdann der historischen Erkenntniß alle Beweiskraft nimmt und sie untauglich macht, als ein Fundament zu irgend einem Gesetze der Erfahrung zu dienen, worüber der Verstand urtheilen könnte.

So wie man einerseits durch etwas tiefere Nachforschung einsehen lernt, daß die überzeugende und philosophische Einsicht in dem Falle, wovon wir reden, unmöglich sei, so wird man auch andererseits bei einem ruhigen und vorurtheilfreien Gemüthe gestehen müssen, daß sie entbehrlich und unnöthig sei. Die Eitelkeit der Wissenschaft entschuldigt gerne ihre Beschäftigung mit dem Vorwande der Wichtigkeit, und so giebt man auch hier gemeiniglich vor, daß die Vernunfteinsicht von der geistigen Natur der Seele zu der Überzeugung von dem Dasein nach dem Tode, diese aber zum Bewegungsgrunde eines tugendhaften Lebens sehr nöthig sei; die müßige Neubegierde aber setzt hinzu, daß die Wahrhaftigkeit der Erscheinungen abgeschiedener Seelen von allem diesem sogar einen Beweis aus der Erfahrung abgeben könne. Allein die wahre Weisheit ist die Begleiterin der Einfalt, und da bei ihr das Herz dem Verstande die Vorschrift giebt, so macht sie gemeiniglich die großen Zurüstungen der Gelehrsamkeit entbehrlich, und ihre Zwecke bedürfen nicht solcher Mittel, die nimmermehr in aller Menschen Gewalt sein können. Wie? ist es denn nur darum gut tugendhaft zu sein, weil es eine andre Welt giebt, oder werden die Handlungen nicht vielmehr dereinst belohnt werden, weil sie an sich selbst gut und tugendhaft waren? Enthält das Herz des Menschen nicht unmittelbare sittliche Vorschriften, und muß man, um ihn allhier seiner Bestimmung gemäß zu bewegen, durchaus die Maschinen an eine andere Welt ansetzen? Kann derjenige wohl redlich, kann er wohl tugendhaft heißen, welcher sich gern seinen Lieblingslastern ergeben würde, wenn ihn nur keine künftige Strafe schreckte, und wird man nicht vielmehr sagen müssen, daß er zwar die Ausübung der Bosheit scheue, die lasterhafte Gesinnung aber in seiner Seele nähre, daß er den Vortheil der tugendähnlichen Handlungen liebe, die Tugend selbst aber hasse? Und in der That lehrt die Erfahrung auch: daß so viele, welche von der künftigen Welt belehrt und überzeugt sind, gleichwohl dem Laster und der Niederträchtigkeit ergeben, nur auf Mittel sinnen, den drohenden Folgen der

Zukunft arglistig auszuweichen; aber es hat wohl niemals eine rechtschaffene Seele gelebt, welche den Gedanken hätte ertragen können, daß mit dem Tode alles zu Ende sei, und deren edle Gesinnung sich nicht zur Hoffnung der Zukunft erhoben hätte. Daher scheint es der menschlichen Natur und der Reinigkeit der Sitten gemäßer zu sein: die Erwartung der künftigen Welt auf die Empfindungen einer wohlgearteten Seele, als umgekehrt ihr Wohlverhalten auf die Hoffnung der andern Welt zu gründen. So ist auch der moralische Glaube bewandt, dessen Einfalt mancher Spitzfindigkeit des Vernünftelns überhoben sein kann, und welcher einzig und allein dem Menschen in jeglichem Zustande angemessen ist, indem er ihn ohne Umschweif zu seinen wahren Zwecken führt. Laßt uns demnach alle lärmende Lehrverfassungen von so entfernten Gegenständen der Speculation und der Sorge müßiger Köpfe überlassen. Sie sind uns in der That gleichgültig, und der augenblickliche Schein der Gründe für oder dawider mag vielleicht über den Beifall der Schulen, schwerlich aber etwas über das künftige Schicksal der Redlichen entscheiden. Es war auch die menschliche Vernunft nicht gnugsam dazu beflügelt, daß sie so hohe Wolken theilen sollte, die uns die Geheimnisse der andern Welt aus den Augen ziehen, und den Wißbegierigen, die sich nach derselben so angelegentlich erkundigen, kann man den einfältigen, aber sehr natürlichen Bescheid geben: daß es wohl an rathsamsten sei, wenn sie sich zu gedulden beliebten, bis sie werden dahin kommen. Da aber unser Schicksal in der künftigen Welt vermuthlich sehr darauf ankommen mag, wie wir unsern Posten in der gegenwärtigen verwaltet haben, so schließe ich mit demjenigen, was Voltaire seinen ehrlichen Candide nach so viel unnützen Schulstreitigkeiten zum Beschlusse sagen läßt: Laßt uns unser Glück besorgen, in den Garten gehen und arbeiten!

Von dem erſten Grunde
des Unterſchiedes der Gegenden im Raume.

Der berühmte Leibniz besaß viel wirkliche Einsichten, wodurch er die Wissenschaften bereicherte, aber noch viel größere Entwürfe zu solchen, deren Ausführung die Welt von ihm vergebens erwartet hat. Ob die Ursache darin zu setzen: daß ihm seine Versuche noch zu unvollendet schie= nen, eine Bedenklichkeit, welche verdienstvollen Männern eigen ist und die der Gelehrsamkeit jederzeit viel schätzbare Fragmente entzogen hat, oder b es ihm gegangen ist, wie Boerhaave von großen Chemisten vermuthet, daß sie öfters Kunststücke vorgaben, als wenn sie im Besitze derselben wären, da sie eigentlich nur in der Überredung und dem Zutrauen zu ihrer Geschicklichkeit standen, daß ihnen die Ausführung derselben nicht mißlingen könnte, wenn sie einmal dieselbe übernehmen wollten, das will ich hier nicht entscheiden. Zum wenigsten hat es den Anschein, daß eine gewisse mathematische Disciplin, welche er zum voraus Analysin situs betitelte und deren Verlust unter andern Büffon bei Erwägung der Zu= sammenfaltungen der Natur in den Keimen bedauert hat, wohl niemals etwas mehr als ein Gedankending gewesen sei. Ich weiß nicht genau, in wie fern der Gegenstand, den ich mir hier zur Betrachtung vorsetze, dem= jenigen verwandt sei, den der gedachte große Mann im Sinne hatte; allein nach der Wortbedeutung zu urtheilen, suche ich hier philosophisch den ersten Grund der Möglichkeit desjenigen, wovon er die Größen mathema= tisch zu bestimmen vorhabens war. Denn die Lagen der Theile des Raums in Beziehung auf einander setzen die Gegend voraus, nach wel= cher sie in solchem Verhältniß geordnet sind, und im abgezogensten Ver= stande besteht die Gegend nicht in der Beziehung eines Dinges im Raume auf das andere, welches eigentlich der Begriff der Lage ist, sondern in dem Verhältnisse des Systems dieser Lagen zu dem absoluten Weltraume. Bei allem Ausgedehnten ist die Lage seiner Theile gegen einander aus ihm selbst hinreichend zu erkennen, die Gegend aber, wohin diese Ordnung der Theile gerichtet ist, bezieht sich auf den Raum außer demselben und zwar

nicht auf dessen Orter, weil dieses nichts anders sein würde, als die Lage
eben derselben Theile in einem äußeren Verhältniß, sondern auf den allgemeinen Raum als eine Einheit, wovon jede Ausdehnung wie ein Theil
angesehen werden muß. Es ist kein Wunder, wenn der Leser diese Begriffe noch sehr unverständlich findet, die sich auch allererst im Fortgange
aufklären sollen, ich setze daher nichts weiter hinzu, als daß mein Zweck
in dieser Abhandlung sei, zu versuchen, ob nicht in den anschauenden Urtheilen der Ausdehnung, dergleichen die Meßkunst enthält, ein evidenter
Beweis zu finden sei: daß der absolute Raum unabhängig von
dem Dasein aller Materie und selbst als der erste Grund der
Möglichkeit ihrer Zusammensetzung eine eigene Realität habe.
Jedermann weiß, wie vergeblich die Bemühungen der Philosophen gewesen sind, diesen Punkt vermittelst der abgezogensten Urtheile der Metaphysik einmal außer allen Streit zu setzen, und ich kenne keinen Versuch
dieses gleichsam a posteriori auszuführen (nämlich vermittelst anderer
unleugbaren Sätze, die selbst zwar außer dem Bezirke der Metaphysik
liegen, aber doch durch deren Anwendnng in concreto einen Probirstein
von ihrer Richtigkeit abgeben können), als die Abhandlung des berühmten
Eulers des Ältern in der Historie der K. Akad. d. W. zu Berl. vom Jahr
1748, die dennoch ihren Zweck nicht völlig erreicht, weil sie nur die
Schwierigkeiten zeigt, den allgemeinsten Bewegungsgesetzen eine bestimmte
Bedeutung zu geben, wenn man keinen andern Begriff des Raumes annimmt als denjenigen, der aus der Abstraction von dem Verhältniß wirklicher Dinge entspringt, allein die nicht mindere Schwierigkeiten unbe-
rührt läßt, welche bei der Anwendung gedachter Gesetze übrig bleiben,
wenn man sie nach dem Begriffe des absoluten Raumes in concreto vorstellen will. Der Beweis, den ich hier suche, soll nicht den Mechanikern,
wie Herr Euler zur Absicht hatte, sondern selbst den Meßkünstlern einen
überzeugenden Grund an die Hand geben, mit der ihnen gewöhnlichen
Evidenz die Wirklichkeit ihres absoluten Raumes behaupten zu können.
Ich mache dazu folgende Vorbereitung.

In dem körperlichen Raume lassen sich wegen seiner drei Abmessungen drei Flächen denken, die einander insgesammt rechtwinklicht schneiden. Da wir alles, was außer uns ist, durch die Sinne nur in so fern
kennen, als es in Beziehung auf uns selbst steht, so ist kein Wunder, daß
wir von dem Verhältniß dieser Durchschnittsflächen zu unserem Körper
den ersten Grund hernehmen, den Begriff der Gegenden im Raume zu

erzeugen. Die Fläche, worauf die Länge unseres Körpers senkrecht steht, heißt in Ansehung unser horizontal; und diese Horizontalfläche giebt Anlaß zu dem Unterschiede der Gegenden, die wir durch Oben und Unten bezeichnen. Auf dieser Fläche können zwei andere senkrecht stehen und sich zugleich rechtwinklicht durchkreuzen, so daß die Länge des menschlichen Körpers in der Linie des Durchschnitts gedacht wird. Die eine dieser Verticalflächen theilt den Körper in zwei äußerlich ähnliche Hälften und giebt den Grund des Unterschiedes der rechten und linken Seite ab, die andere, welche auf ihr perpendicular steht, macht, daß wir den Begriff der vorderen und hinteren Seite haben können. Bei einem beschriebenen Blatte z. E. unterscheiden wir zuerst die obere von der unteren Seite der Schrift, wir bemerken den Unterschied der vorderen und hintern Seite, und dann sehen wir auf die Lage der Schriftzüge von der Linken gegen die Rechte oder umgekehrt. Hier ist immer eben dieselbe Lage der Theile, die auf der Fläche geordnet sind, gegen einander und in allen Stücken einerlei Figur, man mag das Blatt drehen, wie man will, aber der Unterschied der Gegenden kommt bei dieser Vorstellung so sehr in Anschlag und ist mit dem Eindrucke, den der sichtbare Gegenstand macht, so genau verbunden: daß eben dieselbe Schrift, auf solche Weise gesehen, daß alles von der Rechten gegen die Linke gekehrt wird, was vorher die entgegengesetzte Gegend hielt, unkenntlich wird.

Sogar sind unsere Urtheile von den Weltgegenden dem Begriffe untergeordnet, den wir von Gegenden überhaupt haben, insofern sie in Verhältniß auf die Seiten unseres Körpers bestimmt sind. Was wir sonst am Himmel und auf der Erde unabhängig von diesem Grundbegriffe an Verhältnissen erkennen, das sind nur Lagen der Gegenstände unter einander. Wenn ich auch noch so gut die Ordnung der Abtheilungen des Horizonts weiß, so kann ich doch die Gegenden darnach nur bestimmen, indem ich mir bewußt bin, nach welcher Hand diese Ordnung fortlaufe, und die allergenaueste Himmelskarte, wenn außer der Lage der Sterne unter einander nicht noch durch die Stellung des Abrisses gegen meine Hände die Gegend determinirt würde, so genau wie ich sie auch in Gedanken hätte, würde mich doch nicht in den Stand setzen, aus einer bekannten Gegend, z. E. Norden, zu wissen, auf welcher Seite des Horizonts ich den Sonnenaufgang zu suchen hätte. Eben so ist es mit der geographischen, ja mit unserer gemeinsten Kenntniß der Lage der Örter bewandt, die uns zu nichts hilft, wenn wir die so geordnete Dinge und das ganze System der wechselseitigen Lagen nicht durch die Beziehung auf die Seiten unseres Körpers nach den Gegenden stellen können. Sogar besteht ein sehr namhaftes Kennzeichen der Naturerzeugungen, welches gelegentlich selbst zum Unterschiede der Arten Anlaß geben kann, in der bestimmten Gegend, wornach die Ordnung ihrer Theile gekehrt ist und wodurch zwei Geschöpfe können unterschieden werden, obgleich sie sowohl in Ansehung der Größe als auch der Proportion und selbst der Lage der Theile unter einander völlig überein kommen möchten. Die Haare auf dem Wirbel aller Menschen sind von der Linken gegen die Rechte gewandt. Aller Hopfen windet sich von der Linken gegen die Rechte um seine Stange; die Bohnen aber nehmen eine entgegengesetzte Wendung. Fast alle Schnecken, nur etwa drei Gattungen ausgenommen, haben ihre Drehung, wenn man von oben herab, d. i. von der Spitze zur Mündung, geht, von der Linken gegen die Rechte. Diese bestimmte Eigenschaft wohnt eben derselben Gattung von Geschöpfen unveränderlich bei ohne einiges Verhältniß auf die Halbkugel, woselbst sie sich befinden, und auf die Richtung der täglichen Sonnen- und Mondsbewegung, die uns von der Linken gegen die Rechte, unsern Antipoden aber diesem entgegen läuft, weil bei den angeführten Naturproducten die Ursache der Windung in den Samen selbst liegt; dahingegen, wo eine gewisse Drehung dem Laufe dieser Himmelskörper zugeschrieben werden kann, wie Mariotte ein solches Gesetz an den Winden will beobachtet haben, die vom neuen zum vollen Lichte gerne von der Linken zur Rechten den ganzen Compaß durchlaufen, da muß diese Kreisbewegung auf der anderen Halbkugel nach der andern Hand herumgehen, wie es auch wirklich Don Ulloa durch seine Beobachtungen auf dem südlichen Meere bestätigt zu finden meint.

Da das verschiedene Gefühl der rechten und linken Seite zum Urtheil der Gegenden von so großer Nothwendigkeit ist, so hat die Natur es zugleich an die mechanische Einrichtung des menschlichen Körpers geknüpft, vermittelst deren die eine, nämlich die rechte Seite, einen ungezweifelten Vorzug der Gewandtheit und vielleicht auch der Stärke vor der linken hat. Daher alle Völker der Erde rechtsch sind (wenn man einzelne Ausnahmen bei Seite setzt, welche, so wie die des Schielens, die Allgemeinheit der Regel nach der natürlichen Ordnung nicht umstoßen können). Man bewegt seinen Körper leichter von der Rechten gegen die Linke als diesem entgegen, wenn man aufs Pferd steigt oder über einen Graben schreitet. Man schreibt allerwärts mit der rechten Hand, und mit ihr thut man alles, wozu Geschick und Stärke erfordert wird. So wie aber die rechte Seite vor der linken den Vortheil der Bewegkraft zu haben scheint, so hat die linke ihn vor der rechten in Ansehung der Empfindsamkeit, wenn man einigen Naturforschern glauben darf, z. E. dem Borelli und Bonnet, deren der erstere von dem linken Auge, der andere auch vom linken Ohre behauptet: daß der Sinn in ihnen stärker sei, als der an den gleichnamigen Werkzeugen der rechten Seite. Und so sind die beiden Seiten des menschlichen Körpers ungeachtet ihrer großen äußeren Ähnlichkeit durch eine klare Empfindung gnugsam unterschieden, wenn man gleich die verschiedene Lage der inwendigen Theile und das merkliche Klopfen des Herzens bei Seite setzt, indem dieser Muskel bei seinem jedesmaligen Zusammenziehen mit seiner Spitze in schiefer Bewegung an die linke Seite der Brust anstößt.

Wir wollen also darthun: daß der vollständige Bestimmungsgrund einer körperlichen Gestalt nicht lediglich auf dem Verhältniß und Lage seiner Theile gegen einander beruhe, sondern noch überdem auf einer Beziehung gegen den allgemeinen absoluten Raum, so wie ihn sich die Meßkünstler denken, doch so, daß dieses Verhältniß nicht unmittelbar kann wahrgenommen werden, aber wohl diejenige Unterschiede der Körper, die einzig und allein auf diesem Grunde beruhen. Wenn zwei Figuren, auf einer Ebene gezeichnet, einander gleich und ähnlich sind, so decken sie einander. Allein mit der körperlichen Ausdehnung, oder auch den Linien und Flächen, die nicht in einer Ebene liegen, ist es oft ganz anders bewandt. Sie können völlig gleich und ähnlich, jedoch an sich selbst so verschieden sein, daß die Grenzen der einen nicht zugleich die Grenzen der andern sein können. Ein Schraubengewinde, welches um seine Spille von der Linken gegen die Rechte geführt ist, wird in eine solche Mutter niemals passen, deren Gänge von der Rechten gegen die Linke laufen, obgleich die Dicke der Spindel und die Zahl der Schraubengänge in gleicher Höhe einstimmig wären. Ein sphärischer Triangel kann einem andern völlig gleich und ähnlich sein, ohne ihn doch zu decken. Doch das gemeinste und klärste Beispiel haben wir an den Gliedmaßen des menschlichen Körpers, welche gegen die Verticalfläche desselben symmetrisch geordnet sind. Die rechte Hand ist der linken ähnlich und gleich, und wenn man bloß auf eine derselben allein sieht, auf die Proportion und Lage der Theile unter einander und auf die Größe des Ganzen, so muß eine vollständige Beschreibung der einen in allen Stücken auch von der andern gelten.

Ich nenne einen Körper, der einem andern völlig gleich und ähnlich ist, ob er gleich nicht in eben denselben Grenzen kann beschlossen werden, sein incongruentes Gegenstück. Um nun dessen Möglichkeit zu zeigen: so nehme man einen Körper an, der nicht aus zwei Hälften besteht, die symmetrisch gegen eine einzige Durchschnittsfläche geordnet sind, sondern etwa eine Menschenhand. Man fälle aus allen Punkten ihrer Oberfläche auf eine ihr gegenüber gestellte Tafel Perpendikellinien und verlängere sie eben so weit hinter derselben, als diese Punkte vor ihr liegen, so machen die Endpunkte der so verlängerten Linien, wenn sie verbunden werden, die Fläche einer körperlichen Gestalt aus, die das incongruente Gegenstück der vorigen ist, d. i. wenn die gegebene Hand eine rechte ist, so ist deren Gegenstück eine linke. Die Abbildung eines Objects im Spiegel beruht auf eben denselben Gründen. Denn es erscheint jederzeit eben so weit hinter demselben, als es vor seiner Fläche steht, und daher ist das Bild einer rechten Hand in demselben jederzeit eine linke. Besteht das Object selber aus zwei incongruenten Gegenstücken, wie der menschliche Körper, wenn man ihn vermittelst eines Verticaldurchschnitts von vorne nach hinten theilt, so ist sein Bild ihm congruent, welches man leicht erkennt, wenn man es in Gedanken eine halbe Drehung machen läßt; denn das Gegenstück vom Gegenstücke eines Objects ist diesem nothwendig congruent.

So viel mag gnug sein, um die Möglichkeit völlig ähnlicher und gleicher und doch incongruenter Räume zu verstehen. Wir gehen jetzt zur philosophischen Anwendung dieser Begriffe. Es ist schon aus dem gemeinen Beispiele beider Hände offenbar: daß die Figur eines Körpers der Figur eines andern völlig ähnlich und die Größe der Ausdehnung ganz gleich sein könne, so daß dennoch ein innerer Unterschied übrig bleibt, nämlich der: daß die Oberfläche, die den einen beschließt, den andern unmöglich einschließen könne. Weil diese Oberfläche den körperlichen Raum des einen begrenzt, die dem andern nicht zur Grenze dienen kann, man mag ihn drehen und wenden, wie man will, so muß diese Verschiedenheit eine solche sein, die auf einem inneren Grunde beruht. Dieser innere Grund der Verschiedenheit aber kann nicht auf die unterschiedene Art der Verbindung der Theile des Körpers unter einander ankommen; denn wie man aus dem angeführten Beispiele sieht, so kann in Ansehung dessen alles völlig einerlei sein. Gleichwohl wenn man sich vorstellt: das erste Schöpfungsstück solle eine Menschenhand sein, so ist es nothwendig entweder eine Rechte oder eine Linke, und um die eine hervorzubringen, war eine andere Handlung der schaffenden Ursache nöthig, als die, wodurch ihr Gegenstück gemacht werden konnte.

Nimmt man nun den Begriff vieler neueren Philosophen, vornehmlich der Deutschen an, daß der Raum nur in dem äußeren Verhältnisse der neben einander befindlichen Theile der Materie bestehe, so würde aller wirkliche Raum in dem angeführten Falle nur derjenige sein, den diese Hand einnimmt. Weil aber gar kein Unterschied in dem Verhältnisse der Theile derselben unter sich statt findet, sie mag eine Rechte oder Linke sein, so würde diese Hand in Ansehung einer solchen Eigenschaft gänzlich unbestimmt sein, d. i. sie würde auf jede Seite des menschlichen Körpers passen, welches unmöglich ist.

Es ist hieraus klar: daß nicht die Bestimmungen des Raumes Folgen von den Lagen der Theile der Materie gegen einander, sondern diese Folgen von jenen sind, und daß also in der Beschaffenheit der Körper Unterschiede angetroffen werden können und zwar wahre Unterschiede, die sich lediglich auf den absoluten und ursprünglichen Raum beziehen, weil nur durch ihn das Verhältniß körperlicher Dinge möglich ist, und daß, weil der absolute Raum kein Gegenstand einer äußeren Empfindung, sondern ein Grundbegriff ist, der alle dieselbe zuerst möglich macht, wir dasjenige, was in der Gestalt eines Körpers lediglich die Beziehung auf den reinen Raum angeht, nur durch die Gegenhaltung mit andern Körpern vernehmen können.

Ein nachsinnender Leser wird daher den Begriff des Raumes, so wie ihn der Meßkünstler denkt und auch scharfsinnige Philosophen ihn in den Lehrbegriff der Naturwissenschaft aufgenommen haben, nicht für ein bloßes Gedankending ansehen, obgleich es nicht an Schwierigkeiten fehlt, die diesen Begriff umgeben, wenn man seine Realität, welche dem innern Sinne anschauend gnug ist, durch Vernunftideen fassen will. Aber diese Beschwerlichkeit zeigt sich allerwärts, wenn man über die ersten data unserer Erkenntniß noch philosophiren will, aber sie ist niemals so entscheidend als diejenige, welche sich hervorthut, wenn die Folgen eines angenommenen Begriffs der augenscheinlichsten Erfahrung widersprechen.

DE
MUNDI SENSIBILIS
ATQUE
INTELLIGIBILIS
FORMA ET PRINCIPIIS.

DISSERTATIO PRO LOCO

PROFESSIONIS LOG. ET METAPH. ORDINARIAE RITE SIBI VINDICANDO,

QUAM

EXIGENTIBUS STATUTIS ACADEMICIS

PU LICE TUEBITUR

IMMANUEL KANT.

RESPONDENTIS MUNERE FUNGETUR

MARCUS HERTZ,
BEROLINENSIS, GENTE IUDAEUS, MEDICINAE ET PHILOSOPHIAE CULTOR,

CONTRA OPPONENTES

GEORGIUM WILHELMUM SCHREIBER,
REG. BOR. ART. STUD.

IOHANNEM AUGUSTUM STEIN,
REG. BOR. I. U. C.

ET

GEORGIUM DANIELEM SCHROETER,
ELBING. S. S. THEOL. C.

IN AUDITORIO MAXIMO

HORIS MATUTINIS ET POMERIDIANIS CONSUETIS

D. XXI. AUG. A. MDCCLXX.

AUGUSTISSIMO

SERENISSIMO ATQUE POTENTISSIMO

PRINCIPI AC DOMINO,

DOMINO

FRIDERICO,

REGI PRUSSORUM,
MARCHIONI BRANDENBURGICO,
S. R. I. ARCHICAMERARIO ET ELECTORI,
SUPREMO SILESIAE DUCI,
ETC. ETC. ETC.

PATRI PATRIAE CLEMENTISSIMO,

REGI AC DOMINO SUO INDULGENTISSIMO,

has demandati sibi muneris primitias devota mente offert

subiectissimus

IMMANUEL KANT.

SECTIO I.
De notione mundi generatim.

§. 1.

In composito substantiali, quemadmodum analysis non terminatur nisi parte quae non est totum, h. e. SIMPLICI, ita synthesis nonnisi toto quod non est pars, i. e. MUNDO.

In hac conceptus substrati expositione praeter notas, quae pertinent ad distinctam cognitionem obiecti, etiam ad *duplicem* illius e mentis natura *genesin* aliquantulum respexi, quae quoniam, exempli instar, methodo in metaphysicis penitius perspiciendae inservire potest, mihi haud parum commendabilis esse videtur. Aliud enim est, datis partibus *compositionem* totius sibi concipere, per notionem abstractam intellectus, aliud, hanc *notionem* generalem, tanquam rationis quoddam problema, *exsequi* per facultatem cognoscendi sensitivam, h. e. in concreto eandem sibi repraesentare intuitu distincto. Prius fit per conceptum *compositionis* in genere, quatenus plura sub eo (respective erga se invicem) continentur, adeoque per ideas intellectus et universales; posterius nititur *condicionibus* temporis, quatenus, partem parti successive adiungendo, conceptus compositi est genetice i. e. per SYNTHESIN possibilis, et pertinet ad leges *intuitus*. Pari modo, dato composito substantiali facile pervenitur ad ideam simplicium, notionem intellectualem *compositionis* generaliter tollendo; quae enim, remota omni coniunctione, remanent, sunt *simplicia*. Secundum leges vero cognitionis intuitivae id non fit, i. e. compositio omnis non tollitur, nisi a toto dato ad *partes quascunque possibiles* regrediendo, h. e. per analysin*), quae iterum nititur condicione temporis. Cum autem ad compositum requiratur partium *multitudo*, ad totum *omnitudo*, nec analysis, nec synthesis erunt completae, adeoque nec per priorem conceptus *simplicis*, nec per posteriorem conceptus *totius* emerget, nisi utraque tempore finito et assignabili absolvi possit.

Quoniam vero in *quanto continuo regressus* a toto ad partes dabiles, in *infinito* autem *progressus* a partibus ad totum datum *carent termino*, ideoque ab una parte analysis, ab altera synthesis completae sint impossibiles, nec totum in priori casu secundum leges intuitus quoad *compositionem*,. nec in posteriori compositum quoad *totalitatem* complete cogitari possunt. Hinc patet, qui fiat, ut, cum *irrepraesentabile* et *impossibile* vulgo eiusdem significatus habeantur, conceptus tam *continui* quam *infiniti* a plurimis reiiciantur, quippe quorum, *secundum leges cognitionis intuitiyae*, repraesentatio plane est impossibilis. Quanquam autem harum e non paucis scholis explosarum notionum, praesertim prioris causam hic non gero**), maximi tamen momenti erit monu-

---

*) Vocibus analysis et synthesis duplex significatus communiter tribuitur. Nempe synthesis est vel *qualitativa*, progressus in serie *subordinatorum* a ratione ad rationatum, vel *quantitativa*, progressus in serie coordinatorum a parte data per illius complementa ad totum. Pari modo analysis, priori sensu sumpta, est regressus *a rationato ad rationem*, posteriori autem significatu regressus a *toto ad partes* ipsius *possibiles* s. mediatas, h. e. partium partes, adeoque non est divisio, sed *subdivisio* compositi dati. Tam synthesin quam analysin posteriori tantum significatu hic sumimus.

**) Qui infinitum mathematicum actuale reiiciunt, non admodum gravi labore funguntur. Confingunt nempe talem infiniti definitionem, ex qua contradictionem aliquam exsculpere possint. *Infinitum* ipsis dicitur: *quantum, quo maius est impossibile*, et mathematicum: est multitudo (unitatis dabilis), qua maior est impossibilis. Quia autem hic pro *infinito* ponunt *maximum*, maxima autem multitudo est impossibilis, facile concludunt contra infinitum a semet ipsis confictum. Aut multitudinem infinitam vocant *numerum infinitum*, et hunc absonum esse docent, quod utique est in propatulo, sed quo non pugnatur nisi cum umbris ingenii. Si vero infinitum mathematicum conceperint ceu quantum, quod relatum ad mensuram tanquam unitatem est *multitudo omni numero maior*, si porro notassent, *mensurabilitatem* hic tantum denotare relationem ad modulum intellectus humani, per quem, nonnisi successive addendo unum uni, *ad conceptum multitudinis definitum* et, absolvendo hunc progressum tempore finito, ad *completum*, qui vocatur *numerus*, pertingere licet: luculenter perspexissent, quae non congruunt cum certa lege cuiusdam subiecti, non ideo omnem intellectionem excedere, cum, qui absque successiva applicatione mensurae multitudinem uno obtutu distincte cernat, dari possit intellectus, quanquam utique non humanus.

isse: gravissimo illos errore labi, qui tam perversa argumentandi ratione utuntur. Quicquid enim *repugnat* legibus intellectus et rationis, utique est impossibile; quod autem, cum rationis purae sit obiectum, legibus cognitionis intuitivae tantummodo *non subest*, non item. Nam hic dissensus inter facultatem *sensitivam* et *intellectualem* (quarum indolem mox exponam) nihil indigitat, nisi, *quas mens ab intellectu acceptas fert ideas abstractas, illas in concreto exsequi et in intuitus commutare saepenumero non posse*. Haec autem reluctantia *subiectiva* mentitur, ut plurimum, repugnantiam aliquam *obiectivam*, et incautos facile fallit, limitibus, quibus mens humana circumscribitur, pro iis habitis, quibus ipsa rerum essentia continetur.

Ceterum compositis substantialibus sensuum testimonio aut utcunque aliter datis, dari tam simplicia quam mundum, cum facile patescat, argumento ab intellectus rationibus deprompto: in definitione nostra causas etiam in subiecti indole contentas digito monstravi, ne notio mundi videatur mere arbitraria et, ut fit in mathematicis, ad deducenda tantum inde consectaria conficta. Nam mens, in conceptum compositi, tam resolvendo quam componendo, intenta, in quibus tam a priori quam a posteriori parte acquiescat, terminos sibi exposcit et praesumit.

§. 2.

Momenta, in mundi definitione attendenda, haec sunt:

I. MATERIA (in sensu transscendentali) h. e. *partes*, quae hic sumuntur esse *substantiae*. Poteramus consensus nostrae definitionis cum significatu vocis communi plane esse incurii, cum non sit nisi veluti quaestio quaedam problematis, secundum leges rationis oborti: quipote plures substantiae possint coalescere in unum, et quibus condicionibus nitatur, ut hoc unum non sit pars alterius. Verum vis vocis mundi, quatenus usu vulgari celebratur, ultro nobis occurrit. Nemo enim *accidentia*, tanquam *partes*, accenset *mundo*, sed, tanquam *determinationes*, *statui*. Hinc mundus sic dictus *egoisticus*, qui absolvitur unica substantia simplici cum suis accidentibus, parum apposite vocatur mundus, nisi forte imaginarius. Eandem ob causam ad totum mundanum non licet seriem successivorum (nempe statuum) tanquam partem referre; modificationes enim *non* sunt *partes* subiecti, sed *rationata*. Tandem naturam substantiarum, quae mundum constituunt, utrum sint *contingentes* an necessariae, in censum hic non vocavi, nec talem determinationem gratis in definitione recondo, postmodum, ut fit, eandem speciosa quadam argutandi ratione indidem deprompturus, sed contingentiam e condicionibus hic positis abunde concludi posse postea docebo.

II. FORMA, quae consistit in substantiarum *coordinatione*, non subordinatione. *Coordinata* enim se invicem respiciunt ut complementa ad totum, *subordinata* ut causatum et causa, s. generatim ut principium et principiatum. Prior relatio est reciproca et *homonyma*, ita, ut quodlibet correlatum alterum respiciat ut determinans, simulque ut determinatum, posterior est *heteronyma*, nempe ab una parte nonnisi dependentiae, ab altera causalitatis. Coordinatio haec concipitur ut *realis* et obiectiva, non ut idealis et subiecti mero arbitrio fulta, per quod, multitudinem quamlibet pro lubitu summando, effingas totum. Plura enim complectendo nullo negotio efficis *totum repraesentationis*, non ideo autem *repraesentationem totius*. Ideo, si forte sint quaedam substantiarum tota, nullo sibi nexu devincta, complexus illorum, per quem mens multitudinem cogit in unum ideale, nihil amplius loqueretur, nisi pluralitatem mundorum una cogitatione comprehensorum. Nexus autem, formam mundi *essentialem* constituens, spectatur ut principium *influxuum possibilium* substantiarum mundum constituentium. Actuales enim influxus non pertinent ad essentiam, sed ad statum, et vires ipsae transeuntes, influxuum causae, supponunt principium aliquod, per quod possibile sit, ut status plurium, quorum subsistentia ceteroquin est a se invicem independens, se mutuo respiciant ut rationata; a quo principio si discesseris, vim transeuntem in mundo ut possibilem sumere non licet. Et haec quidem *forma* mundo *essentialis* propterea est *immutabilis* neque ulli vicissitudini obnoxia; idque primo ob *rationem logicam*, quia mutatio quaelibet supponit identitatem subiecti, succedentibus sibi invicem determinationibus. Hinc mundus, per omnes status sibi successivos idem manens mundus, eandem tuetur formam fundamentalem. Nam ad identitatem totius non sufficit identitas *partium*, sed requiritur *compositionis* characteristicae identitas. Potissimum autem idem e *ratione reali* sequitur. Nam natura mundi, quae est principium primum internum determinationum variabilium quorumlibet ad statum ipsius pertinentium, quoniam ipsa sibi non potest esse opposita, naturaliter, h. e. a se ipsa, est immutabilis; adeoque datur in mundo quolibet forma quaedam naturae ipsius accensenda, constans, invariabilis, ceu

Sectio I. De notione mundi generatim. 391

principium perenne formae cuiuslibet contingentis et transitoriae, quae pertinet ad mundi statum. Qui hanc disquisitionem insuper habent, frustrantur conceptibus *spatii* ac *temporis*, quasi condicionibus per se iam datis atque primitivis, quarum ope, scilicet, absque ullo alio principio, non solum possibile sit, sed et necessarium, ut plura actualia se mutuo respiciant uti compartes et constituant totum. Verum mox docebo, has notiones plane non esse *rationales* atque ullius nexus *ideas* obiectivas, sed *phaenomena*, et testari quidem principium aliquod nexus universalis commune, non autem exponere.

III. UNIVERSITAS, quae est omnitudo compartium *absoluta*. Nam respectu ad compositum aliquod *datum* habito, quanquam illud adhuc sit pars alterius, tamen semper obtinet omnitudo quaedam *comparativa*, nempe partium ad illud quantum pertinentium. Hic autem, quaecunque se invicem ut compartes ad totum *quodcunque* respiciunt, coniunctim posita intelliguntur. *Totalitas* haec absoluta, quanquam conceptus quotidiani et facile obvii speciem prae se ferat, praesertim cum negative enuntiatur, sicuti fit in definitione, tamen penitius perpensa crucem figere philosopho videtur. Nam statuum universi in *aeternum* sibi succedentium *nunquam absolvenda series* quomodo redigi possit in *totum*, omnes omnino vicissitudines comprehendens, aegre concipi potest. Quippe per infinitudinem ipsam necesse est, ut careat *termino*, ideoque non datur succedentium series, nisi quae est pars alterius, ita, ut eandem ob causam completudo omnimoda s. *totalitas absoluta* hinc plane exsulare videatur. Quanquam enim notio partis universaliter sumi possit, et, quaecunque sub hac notione continentur, si posita spectentur in eadem serie, constituant unum: tamen omnia illa *simul sumenda* esse per conceptum *totius* exigi videtur; quod in casu dato est impossibile. Nam quoniam toti seriei nihil succedit, posita autem successivorum serie non datur, cui nihil succedat, nisi ultimum: erit in aeternitate ultimum; quod est absonum. Quae infiniti successivi totalitatem premit difficultas, ab *infinito simultaneo* abesse forsitan quisquam putaverit, propterea, quod *simultaneitas* complexum *omnium eodem tempore* diserte profiteri videatur. Verum si infinitum simultaneum admittatur, concedenda etiam est totalitas infiniti successivi, posteriori autem negata, tollitur et prius. Nam infinitum simultaneum inexhaustam aeternitati materiam praebet, ad successive progrediendum per innumeras eius partes in infinitum, quae tamen series omnibus numeris absoluta actu daretur in infinito simultaneo, ideoque, quae successive addendo nunquam est absolvenda series, tamen *tota* esset dabilis. Ex hac spinosa quaestione semet extricaturus notet: tam successivam quam simultaneam plurium coordinationem (quia nituntur conceptibus temporis) non pertinere ad conceptum *intellectualem* totius, sed tantum ad condiciones *intuitus sensitivi*; ideoque, etiamsi non sint sensitive conceptibiles, tamen ideo non cessare esse intellectuales. Ad hunc autem conceptum sufficit: dari quomodocunque coordinata et omnia cogitari tanquam pertinentia ad unum.

SECTIO II.

De sensibilium atque intelligibilium discrimine generatim.

§. 3.

Sensualitas est *receptivitas* subiecti, perquam possibile est, ut status ipsius repraesentativus obiecti alicuius praesentia certo modo afficiatur. *Intelligentia* (rationalitas) est *facultas* subiecti, per quam, quae in sensus ipsius per qualitatem suam incurrere non possunt, repraesentare valet. Obiectum sensualitatis est sensibile; quod autem nihil continet, nisi per intelligentiam cognoscendum, est intelligibile. Prius scholis veterum *phaenomenon*, posterius *noumenon* audiebat. Cognitio, quatenus subiecta est legibus sensualitatis, est *sensitiva*, intelligentiae, est *intellectualis* s. rationalis.

§. 4.

Cum itaque, quodcunque in cognitione est sensitivi, pendeat a speciali indole subiecti, quatenus a praesentia obiectorum huius vel alius modificationis capax est, quae, pro varietate subiectorum, in diversis potest esse diversa; quaecunque autem cognitio a tali condicione subiectiva exempta est, nonnisi obiectum respiciat: patet, sensitive cogitata esse rerum repraesentationes, *uti apparent*, intellectualia autem, *sicuti sunt*. Repraesentationi autem sensus primo inest quiddam, quod diceres *materiam*, nempe *sensatio*, praeterea autem aliquid, quod vocari potest *forma*, nempe sensibilium *species*, quae prodit, quatenus varia, quae sensus afficiunt, naturali quadam animi lege coordinantur. Porro,

Sectio II. De sensibilium atque intelligibilium discrimine generatim. 393

quemadmodum sensatio, quae sensualis repraesentationis *materiam* constituit, praesentiam quidem sensibilis alicuius arguit, sed quoad qualitatem pendet a natura subiecti, quatenus ab isto obiecto est modificabilis; ita etiam eiusdem repraesentationis *forma* testatur utique quendam sensorum respectum aut relationem, verum proprie non est adumbratio aut schema quoddam obiecti, sed nonnisi lex quaedam menti insita, sensa ab obiecti praesentia orta sibimet coordinandi. Nam per formam seu speciem obiecta sensus non feriunt; ideoque, ut varia obiecti sensum afficientia in totum aliquod repraesentationis coalescant, opus est interno mentis principio, per quod varia illa secundum stabiles et innatas leges *speciem* quandam induant.

§. 5.

Ad sensualem itaque cognitionem pertinet tam materia, quae est sensatio, et per quam cognitiones dicuntur *sensuales*, quam forma, per quam, etiamsi reperiatur absque omni sensatione, repraesentationes vocantur *sensitivae*. Quod ab altera parte attinet *intellectualia*, ante omnia probe notandum est, usum intellectus s. superioris animae facultatis esse duplicem: quorum priori *dantur* conceptus ipsi vel rerum vel respectuum, qui est USUS REALIS; posteriori autem undecunque dati sibi tantum *subordinantur*, inferiores nempe superioribus (notis communibus) et conferuntur inter se secundum princ. contrad., qui USUS dicitur LOGICUS. Est autem usus intellectus logicus omnibus scientiis communis, realis non item. Data enim quomodocunque cognitio spectatur vel contenta sub nota pluribus communi, vel illi opposita, idque vel immediate et proxime, ut fit in *iudiciis* ad distinctam, vel mediate, ut in *ratiociniis* ad adaequatam cognitionem. Datis igitur cognitionibus sensitivis, per usum intellectus logicum sensitivae subordinantur aliis sensitivis, ut conceptibus communibus, et phaenomena legibus phaenomenorum generalioribus. Maximi autem momenti hic est, notasse, cognitiones semper habendas esse pro sensitivis, quantuscunque circa illas intellectui fuerit usus logicus. Nam vocantur sensitivae *propter genesin*, non ob *collationem* quoad identitatem vel oppositionem. Hinc generalissimae leges empiricae sunt nihilo secius sensuales et, quae in geometria reperiuntur, formae sensitivae principia (respectus in spatio determinati), quantumcunque intellectus circa illa versetur, argumentando e sensitive datis (per intuitum purum) secundum regulas logicas, tamen non excedunt sensitivorum classem. In sensualibus autem et phaenomenis id, quod antecedit usum intellectus logicum, dicitur *apparentia*, quae autem apparentiis pluribus per intellectum comparatis oritur cognitio reflexa, vocatur *experientia*. Ab apparentia itaque ad experientiam via non est, nisi per reflexionem secundum usum intellectus logicum. Experientiae conceptus communes dicuntur *empirici*, et obiecta *phaenomena*, leges autem tam experientiae quam generatim omnis cognitionis sensitivae vocantur leges phaenomenorum. Conceptus itaque empirici per reductionem ad maiorem universalitatem non fiunt intellectuales in *sensu reali*, et non excedunt speciem cognitionis sensitivae, sed, quousque abstrahendo adscendant, sensitivi manent in indefinitum.

§. 6.

Quod autem intellectualia stricte talia attinet, in quibus *usus intellectus* est *realis*, conceptus tales tam obiectorum quam respectuum dantur per ipsam naturam intellectus, neque ab ullo sensuum usu sunt abstracti, nec formam ullam continent cognitionis sensitivae, qua talis. Necesse autem hic est, maximam ambiguitatem vocis *abstracti* notare, quam, ne nostram de intellectualibus disquisitionem maculet, antea abstergendam esse satius duco. Nempe proprie dicendum esset: *ab aliquibus abstrahere*, non *aliquid abstrahere*. Prius denotat, quod in conceptu quodam ad alia quomodocunque ipsi nexa non attendamus; posterius autem, quod non detur, nisi in concreto et ita, ut a coniunctis separetur. Hinc conceptus intellectualis *abstrahit* ab omni sensitivo, *non abstrahitur* a sensitivis, et forsitan rectius diceretur *abstrahens* quam *abstractus*. Quare intellectuales consultius est *ideas puras*, qui autem empirice tantum dantur conceptus, *abstractos* nominare.

§. 7.

Ex hisce videre est, sensitivum male exponi per *confusius* cognitum, intellectuale per id, cuius est cognitio *distincta*. Nam haec sunt tantum discrimina logica et quae *data*, quae omni logicae comparationi substernuntur, plane *non tangunt*. Possunt autem sensitiva admodum esse distincta et intellectualia maxime confusa. Prius animadvertimus in sensitivae cognitionis prototypo, *geometria*, posterius in intellectualium omnium organo, *metaphysica*, quae, quantum operae navet ad dispellendas, quae intellectum communem obfuscant, confusionis nebulas, quanquam non semper tam felici quam in priori fit successu, in propatulo est. Nihilo tamen secius harum cognitionum quaelibet stemmatis sui signum tuetur, ita, ut priores, quantumcunque distinctae, ob originem vocentur sensitivae, posteriores, utut confusae, maneant intellectuales, quales v. g. sunt conceptus *morales*, non experiundo, sed per ipsum intellectum purum cogniti. Vereor autem, ne Ill. WOLFFIUS per hoc inter sensitiva et intellectualia discrimen, quod ipsi non est nisi logicum, nobilissimum illud antiquitatis *de phaenomenorum* et *noumenorum indole* disserendi institutum, magno philosophiae detrimento, totum forsitan aboleverit, animosque ab ipsorum indagatione ad logicas saepenumero minutias averterit.

§. 8.

Philosophia autem *prima* continens *principia* usus *intellectus puri* est METAPHYSICA. Scientia vero illi *propaedeutica* est, quae discrimen docet sensitivae cognitionis ab intellectuali; cuius in hac nostra dissertatione specimen exhibemus. Cum itaque in metaphysica non reperiantur principia empirica, conceptus in ipsa obvii non quaerendi sunt in sensibus, sed in ipsa natura intellectus puri, non tanquam conceptus *connati*, sed e legibus menti insitis (attendendo ad eius actiones occasione experientiae) abstracti, adeoque *acquisiti*. Huius generis sunt possibilitas, exsistentia, necessitas, substantia, causa etc. cum suis oppositis aut correlatis; quae cum nunquam ceu partes repraesentationem ullam sensualem ingrediantur, inde abstrahi nullo modo potuerunt.

§. 9.

Intellectualium duplex potissimum finis est: prior *elencticus*, per quem negative prosunt, quando nempe sensitive concepta arcent a noumenis, et, quanquam scientiam non provehant latum unguem, tamen eandem ab errorum contagio immunem praestant. Posterior est *dogmaticus*, secundum quem principia generalia intellectus puri, qualia exhibet ontologia, aut psychologia rationalis, exeunt in exemplar aliquod, nonnisi intellectu puro concipiendum et omnium aliorum quoad realitates mensuram communem, quod est PERFECTIO NOUMENON. Haec autem est vel in sensu theoretico*), vel practico talis. In priori est ens summum, DEUS, in posteriori sensu PERFECTIO MORALIS. *Philosophia* igitur *moralis*, quatenus *principia diiudicandi* prima suppeditat, non cognoscitur nisi per intellectum purum et pertinet ipsa ad philosophiam puram, quique ipsius criteria ad sensum voluptatis aut taedii protraxit, summo iure reprehenditur Epicurus, una cum neotericis quibusdam, ipsum e longinquo quadamtenus secutis, uti Shaftesbury et asseclae. In quolibet autem genere eorum, quorum quantitas est variabilis, *maximum* est mensura communis et principium cognoscendi. *Maximum perfectionis* vocatur nunc temporis ideale, Platoni idea (quemadmodum ipsius idea reipublicae), et omnium, sub generali perfectionis alicuius notione contentorum, est principium, quatenus minores gradus nonnisi limitando maximum determinari posse censentur; Deus autem, cum ut ideale perfectionis sit principium cognoscendi, ut realiter exsistens simul est omnis omnino*perfectionis principium fiendi.

§. 10.

Intellectualium non datur (homini) *intuitus*, sed nonnisi *cognitio symbolica*, et intellectio nobis tantum licet per conceptus universales in abstracto, non per singularem in concreto. Omnis enim intuitus noster adstringitur principio cuidam formae, sub qua sola aliquid immediate, s. ut *singulare*, a mente *cerni* et non tantum discursive per conceptus generales concipi potest. Principium autem hoc formale nostri intuitus (spatium et tempus) est condicio, sub qua aliquid sensuum nostrorum obiectum esse potest, adeoque, ut condicio cognitionis sensitivae, non est medium ad intuitum intellectualem. Praeterea omnis nostrae cognitionis materia non datur nisi a sensibus, sed noumenon, qua tale, non concipiendum est per repraesentationes a sensationibus depromptas; ideo conceptus intelligibilis, qua talis, est destitutus ab omnibus *datis* intuitus humani. *Intuitus* nempe mentis nostrae semper

---

*) Theoretice aliquid spectamus, quatenus non attendimus nisi ad ea, quae enti competunt, practice autem, si ea, quae ipsi per libertatem inesse debebant, dispicimus.

est *passivus*; adeoque eatenus tantum, quatenus aliquid sensus nostros afficere potest, possibilis. Divinus autem intuitus, qui obiectorum est principium, non principiatum, cum sit independens, est archetypus et propterea perfecte intellectualis.

§. 11.

Quanquam autem phaenomena proprie sint rerum species, non ideae, neque internam et absolutam obiectorum qualitatem exprimant: nihilo tamen minus illorum cognitio est verissima. Primo enim, quatenus sensuales sunt conceptus s. apprehensiones, ceu causata testantur de praesentia obiecti, quod contra idealismum; quatenus autem iudicia spectas circa sensitive cognita, cum veritas in iudicando consistat in consensu praedicati cum subiecto dato, conceptus autem subiecti, quatenus est phaenomenon, non detur nisi per relationem ad facultatem cognoscendi sensitivam, et secundum eandem etiam praedicata dentur sensitive observabilia, patet, repraesentationes subiecti atque praedicati fieri secundum leges communes, adeoque ansam praebere cognitioni verissimae.

§. 12.

Quaecunque ad sensus nostros referuntur ut obiecta, sunt phaenomena; quae autem, cum sensus non tangant, formam tantum singularem sensualitatis continent, pertinent ad intuitum purum (i. e. a sensationibus vacuum, ideo autem non intellectualem). Phaenomena recensentur et exponuntur, *primo* sensus externi in PHYSICA, *deinde* sensus rni in PSYCHOLOGIA empirica. Intuitus autem purus (humanus) non ;onceptus universalis s. logicus, *sub quo*, sed singularis, *in quo* sen- .ia quaelibet cogitantur, ideoque continet conceptus spatii et tem- .s; qui, cum quoad *qualitatem* nihil de sensibilibus determinent, non .it obiecta scientiae, nisi quoad *quantitatem*. Hinc MATHESIS PURA *spatium* considerat in GEOMETRIA, *tempus* in MECHANICA pura. Accedit hisce conceptus quidam, in se quidem intellectualis, sed cuius tamen actuatio in concreto exigit opitulantes notiones temporis et spatii (successive addendo plura et iuxta se simul ponendo), qui est conceptus *numeri*, quem tractat ARITHMETICA. Mathesis itaque pura, omnis nostrae sensitivae cognitionis formam exponens, est cuiuslibet intuitivae et distinctae cognitionis organon; et, quoniam eius ob ipsa sunt omnis intuitus non solum principia formalia, sed ipsa *intuitus originarii*, largitur cognitionem verissimam simulque summae evidentiae in aliis exemplar. *Sensualium itaque datur scientia*, quanquam, cum sint phaenomena, non datur intellectio realis, sed tantum logica; hinc patet, quo sensu, qui e schola Eleatica hauserunt, scientiam phaenomenis denegasse censendi sint.

SECTIO III.
De principiis formae mundi sensibilis.

§. 13.

Principium formae universi est, quod continet rationem nexus universalis, quo omnes substantiae atque earum status pertinent ad idem totum, quod dicitur *mundus*. Principium formae *mundi sensibilis* est, quod continet rationem *nexus universalis* omnium, quatenus sunt *phaenomena*. Forma *mundi intelligibilis* agnoscit principium obiectivum, h. e. causam aliquam, per quam exsistentium in se est colligatio. Mundus autem, quatenus spectatur ut phaenomenon, h. e. respective ad sensualitatem mentis humanae, non agnoscit aliud principium formae nisi subiectivum, h. e. certam animi legem, per quam necesse est, ut omnia, quae sensuum obiecta (per istorum qualitatem) esse possunt *necessario* pertinere videantur ad idem totum. Quodcunque igitur tandem sit principium formae mundi sensibilis, tamen non complectitur nisi *actualia*, quatenus in *sensus cadere* posse putantur, ideoque nec immateriales substantias, quae, qua tales, iam per definitionem a sensibus externis omnino excluduntur, nec mundi causam, quae, cum per illam mens ipsa exsistat et sensu aliquo polleat, sensuum obiectum esse non potest. Haec principia formalia *universi phaenomeni* absolute prima, catholica et cuiuslibet praeterea in cognitione humana sensitivi quasi schemata et condiciones, bina esse, tempus et spatium, iam demonstrabo.

§. 14.
De tempore.

1. *Idea temporis non oritur, sed supponitur a sensibus.* Quae enim in sensus incurrunt, utrum simul sint, an post se invicem, nonnisi per

ideam temporis repraesentari potest; neque successio gignit conceptum temporis sed ad illum provocat. Ideoque temporis notio, veluti per experientiam acquisita, pessime definitur per seriem actualium *post* se invicem exsistentium. Nam, quid significet vocula *post*, non intelligo, nisi praevio iam temporis conceptu. Sunt enim *post* se invicem, quae exsistunt *temporibus diversis*, quemadmodum *simul* sunt, quae exsistunt *tempore eodem*.

2. *Idea temporis est singularis*, non generalis. Tempus enim quodlibet non cogitatur, nisi tanquam pars unius eiusdem temporis immensi. Duos annos si cogitas, non potes tibi repraesentare, nisi determinato erga se invicem positu, et, si immediate se non sequantur, nonnisi tempore quodam intermedio sibimet iunctos. Quodnam autem temporum diversorum sit *prius*, quodnam *posterius*, nulla ratione per notas aliquas intellectui conceptibiles definiri potest, nisi in circulum vitiosum incurrere velis, et mens illud non discernit, nisi per intuitum singularem. Praeterea omnia concipis actualia *in* tempore posita, non *sub* ipsius notione generali, tanquam nota communi, contenta.

3. *Idea* itaque *temporis est intuitus*, et quoniam ante omnem sensationem concipitur, tanquam condicio respectuum in sensibilibus obviorum, est *intuitus* non sensualis, sed *purus*.

4. *Tempus est quantum continuum* et legum continui in mutationibus universi principium. Continuum enim est quantum, quod non constat simplicibus. Quia autem per tempus non cogitantur nisi relationes absque datis ullis entibus erga se invicem relatis, in tempore, ceu quanto, est compositio, quae, si tota sublata concipiatur, nihil plane reliqui facit. Cuius autem compositi, sublata omni compositione, nihil omnino remanet, illud non constat partibus simplicibus. Ergo etc. Pars itaque temporis quaelibet est tempus, et, quae sunt in tempore, simplicia, nempe *momenta*, non sunt partes illius, sed *termini*, quos interiacet tempus. Nam datis duobus momentis non datur tempus, nisi quatenus in illis actualia sibi succedunt; igitur praeter momentum datum necesse est, ut detur tempus, in cuius parte posteriori sit momentum aliud.

Lex autem *continuitatis* metaphysica haec est: *mutationes omnes sunt continuae* s. fluunt, h. e. non succedunt sibi status oppositi, nisi per seriem statuum diversorum intermediam. Quia enim status duo oppositi sunt in diversis temporis momentis, inter duo autem momenta semper sit tempus aliquod interceptum, in cuius infinita momentorum serie substantia nec est in uno statuum datorum, nec in altero, nec tamen in nullo: erit in diversis, et sic porro in infinitum.

Celeb. Kaestnerus, hanc Leibnizii legem examini subiecturus, provocat eius defensores*), ut demonstrent: *motum puncti continuum per omnia latera trianguli esse impossibilem*, quod utique, concessa lege continuitatis, probari necesse esset. En igitur demonstrationem quaesitam. Denotent literae $_a{}^b{}_c$ tria puncta angularia trianguli rectilinei. Si mobile incedat motu continuo per lineas $a\,b$, $b\,c$, $c\,a$, h. e. totum perimetrum figurae, necesse est, ut per punctum b in directione $a\,b$, per idem autem punctum b etiam in directione $b\,c$ moveatur. Cum autem hi motus sint diversi, non possunt esse *simul*. Ergo momentum praesentiae puncti mobilis in vertice b, quatenus movetur in directione $a\,b$, est diversum a momento praesentiae puncti mobilis in eodem vertice b, quatenus movetur secundum directionem $b\,c$. Sed inter duo momenta est tempus, ergo mobile in eodem puncto per tempus aliquod praesens est, i. e. *quiescit*, ideoque non incedit motu continuo, quod contra hypothesin. Eadem demonstratio valet de motu per quaslibet rectas, angulum includentes dabilem. Ergo corpus non mutat directionem in motu continuo, nisi secundum lineam, cuius nulla pars est recta, h. e. curvam, secundum placita Leibnizii.

5. *Tempus non est obiectivum aliquid et reale*, nec substantia, nec accidens, nec relatio, sed subiectiva condicio per naturam mentis humanae necessaria, quaelibet sensibilia certa lege sibi coordinandi, et *intuitus purus*. Substantias enim pariter ac accidentia coordinamus, tam secundum simultaneitatem, quam successionem, nonnisi per conceptum temporis; ideoque huius notio, tanquam principium formae, istorum conceptibus est antiquior. Quod autem relationes attinet s. respectus quoscunque, quatenus sensibus sunt obvii, utrum nempe simul sint, an post se invicem, nihil aliud involvunt, nisi positus in tempore determinandos, vel in eodem ipsius puncto, vel diversis.

Qui realitatem temporis obiectivam asserunt, aut illud tanquam fluxum aliquem in exsistendo continuum, absque ulla tamen re exsistente (commentum absurdissimum!), concipiunt, uti potissimum Anglorum philosophi, aut tanquam abstractum reale a successione statuum internorum, uti *Leibnizius* et asseclae statuunt. Posterioris

---

*) Höhere Mechanick, S. 354.

autem sententiae falsitas, cum circulo vitioso in temporis definitione
obvia luculenter semet ipsam prodat, et praeterea *simultaneitatem**),
maximum temporis consectarium, plane negligat, ita omnem sanae
rationis usum interturbat, quod non motus leges secundum temporis
mensuram, sed tempus ipsum, quoad ipsius naturam, per observata in
motu aut qualibet mutationum internarum serie determinari postulet,
quo omnis regularum certitudo plane aboletur. Quod autem temporis
quantitatem non aestimare possimus, nisi in concreto, nempe vel *motu*
vel *cogitationum serie*, id inde est, quoniam conceptus temporis tantummodo lege mentis interna nititur, neque est intuitus quidam connatus, adeoque nonnisi sensuum ope actus ille animi, sua sensa coordi-
nantis, eliciatur. Tantum vero abest, ut quis unquam temporis conceptum adhuc rationis ope aliunde deducat et explicet, ut potius ipsum
principium contradictionis eundem praemittat ac sibi condicionis loco
substernat. *A* enim et *non A* non *repugnant*, nisi *simul* (h. e. tempore
eodem) cogitata de *eodem, post se* autem (diversis temporibus) eidem
competere possunt. Inde possibilitas mutationum nonnisi in tempore
cogitabilis, neque tempus cogitabile per mutationes, sed vice versa.

6. Quanquam autem *tempus* in se et absolute positum sit ens imaginarium, tamen, quatenus ad immutabilem legem sensibilium, qua
talium, pertinet, est conceptus verissimus et per omnia possibilia sensuum obiecta in infinitum patens intuitivae repraesentationis condicio.
Cum enim simultanea, qua talia, sensibus obvia fieri non possint nisi
ope temporis, mutationes autem non sint nisi per tempus cogitabiles:
patet, hunc conceptum universalem phaenomenorum formam continere,
adeoque omnes in mundo eventus observabiles, omnes motus omnesque
internas vicissitudines necessario cum axiomatibus de tempore cogno-

---

*) *Simultanea* non sunt ideo talia, quia sibi non succedunt. Nam remota
successione tollitur quidem coniunctio aliqua, quae erat per seriem temporis, sed
inde non statim oritur *alia* vera relatio, qualis est coniunctio omnium in momento
eodem. Simultanea enim perinde iunguntur eodem temporis momento, quam
successiva diversis. Ideo, quanquam tempus sit unius tantum dimensionis, tamen
ubiquitas temporis (ut cum Newtono loquar), per quam *omnia* sensitive cogitabilia
sunt *aliquando*, addit quanto actualium alteram dimensionem, quatenus veluti pen-
dent ab eodem temporis puncto. Nam si tempus designes linea recta in infinitum
producta, et simultanea in quolibet temporis puncto per lineas ordinatim appli-
catas: superficies, quae ita generatur, repraesentabit *mundum phaenomenon*, tam
quoad substantiam, quam quoad accidentia.

scendis partimque a nobis expositis consentire, quoniam *nonnisi sub hisce condicionibus sensuum obiecta esse et coordinari possunt*. Absonum igitur est, contra prima temporis puri postulata, e. g. continuitatem etc., rationem armare velle, cum legibus consequantur, quibus nihil prius, nihil antiquius reperitur, ipsaque ratio in usu principii contradictionis huius conceptus adminiculo carere non possit; usque adeo est primitivus et originarius.

7. Tempus itaque est *principium formale mundi sensibilis* absolute primum. Omnia enim quomodocunque sensibilia non possunt cogitari, nisi vel simul, vel post se invicem posita, adeoque unici temporis tractu quasi involuta ac semet determinato positu respicientia, ita, ut per hunc conceptum, omnis sensitivi primarium, necessario oriatur totum formale, quod non est pars alterius, h. e. *mundus phaenomenon*.

§. 15.
De spatio.

A. *Conceptus spatii non abstrahitur a sensationibus externis*. Non enim aliquid ut extra me positum concipere licet, nisi illud repraesentando tanquam in loco, ab eo, in quo ipse sum, diverso, neque res extra se invicem, nisi illas collocando in spatii diversis locis. Possibilitas igitur perceptionum externarum, qua talium, *supponit* conceptum spatii, non *creat*; sicuti etiam, quae sunt in spatio, sensus afficiunt, spatium ipsum sensibus hauriri non potest.

B. *Conceptus spatii est singularis repraesentatio* omnia *in se* comprehendens, non *sub se* continens notio abstracta et communis. Quae enim dicis *spatia plura*, non sunt nisi eiusdem immensi spatii partes, certo positu se invicem respicientes, neque pedem cubicum concipere tibi potes, nisi ambienti spatio quaquaversum conterminum.

C. *Conceptus spatii itaque est intuitus purus*, cum sit conceptus singularis, sensationibus non conflatus, sed omnis sensationis externae forma fundamentalis. Hunc vero intuitum purum in axiomatibus geometriae et qualibet constructione postulatorum s. etiam problematum mentali animadvertere proclive est. Non dari enim in spatio plures quam tres dimensiones, inter duo puncta non esse nisi rectam unicam, e dato in superficie plana puncto cum data recta circulum describere, etc., non ex universali aliqua spatii notione concludi, sed in ipso tantum velut in concreto *cerni* potest. Quae iaceant in spatio dato unam plagam versus, quae in oppositam vergant, discursive describi s. ad notas intellectuales revocari nulla mentis acie possunt, ideoque, cum in solidis perfecte similibus atque aequalibus, sed discongruentibus, cuius generis sunt manus sinistra et dextra (quatenus solum secundum extensionem concipiuntur) aut triangula sphaerica e duobus hemisphaeriis oppositis, sit diversitas, per quam impossibile est, ut termini extensionis coincidant, quanquam per omnia, quae notis menti per sermonem intelligibilibus efferre licet, sibi substitui possint, patet hic nonnisi quadam intuitione pura diversitatem, nempe discongruentiam, notari posse. Hinc geometria principiis utitur non indubitatis solum ac discursivis, sed sub obtutum mentis cadentibus, et *evidentia* in demonstrationibus (quae est claritas certae cognitionis, quatenus assimilatur sensuali) non solum in ipsa est maxima, sed et unica, quae datur in scientiis puris, omnisque *evidentiae* in aliis *exemplar* et medium, quia, cum geometria *spatii relationes* contempletur, cuius conceptus ipsam omnis intuitus sensualis formam in se continet, nihil potest in perceptis sensu externo clarum esse et perspicuum, nisi mediante eodem intuitu, in quo contemplando scientia illa versatur. Ceterum geometria propositiones suas universales non demonstrat obiectum cogitando per conceptum universalem, quod fit in rationalibus, sed illud oculis subiiciendo per intuitum singularem, quod fit in sensitivis*).

D. *Spatium non est aliquid obiectivi* et realis, nec substantia, nec accidens, nec relatio; sed *subiectivum* et ideale et e natura mentis stabili lege proficiscens veluti schema omnia omnino externe sensa sibi coordinandi. Qui spatii realitatem defendunt, vel illud ut *absolutum* et immensum rerum possibilium *receptaculum* sibi concipiunt, quae sententia, post Anglos, geometrarum plurimis arridet, vel contendunt esse *ipsam* rerum exsistentium relationem, rebus sublatis plane evanescen-

---

*) Quod spatium necessario concipiendum sit tanquam quantum continuum, cum facile sit demonstratu, hic praetereo. Inde autem fit, ut simplex in spatio non sit pars, sed terminus. Terminus autem generaliter est id in quanto continuo, quod rationem continet limitum. Spatium, quod non est terminus alterius, est *completum* (*solidum*). Terminus solidi est *superficies*, superficiei *linea*, lineae *punctum*. Ergo tria sunt terminorum genera in spatio, quemadmodum tres dimensiones. Horum terminorum duo (superficies et linea) ipsi sunt spatia. Conceptus *termini* non ingreditur aliud quantum nisi spatium aut tempus.

tem et nonnisi in actualibus cogitabilem, uti, post Leibnizium, nostratum plurimi statuunt. Quod attinet primum illud inane rationis commentum, cum veras relationes infinitas absque ullis erga se relatis entibus fingat, pertinet ad mundum fabulosum. Verum qui in sententiam posteriorem abeunt, longe deteriori errore labuntur. Quippe cum illi nonnisi conceptibus quibusdam rationalibus s. ad noumena pertinentibus offendiculum ponant, ceteroquin intellectui maxime absconditis, e. g. quaestionibus de mundo spirituali, de omnipraesentia etc., hi ipsis phaenomenis et omnium phaenomenorum fidissimo interpreti, geometriae, adversa fronte repugnant. Nam ne apertum in definiendo spatio circulum, quo necessario intricantur, in medium proferam, geometriam, ab apice certitudinis deturbatam, in earum scientiarum censum reiiciunt, quarum principia sunt empirica. Nam si omnes spatii affectiones nonnisi per experientiam a relationibus externis mutuatae sunt, axiomatibus geometricis non inest universalitas nisi comparativa, qualis acquiritur per inductionem, h. e. aeque late patens ac observatur, neque necessitas nisi secundum stabilitas naturae leges, neque praecisio nisi arbitrario conficta, et spes est, ut fit in empiricis, spatium aliquando detegendi aliis affectionibus primitivis praeditum, et forte etiam bilineum rectilineum.

E. Quanquam *conceptus spatii*, ut obiectivi alicuius et realis entis vel affectionis, sit imaginarius, nihilo tamen secius *respective ad sensibilia quaecunque* non solum est *verissimus*, sed et omnis veritatis in sensualitate externa fundamentum. Nam res non possunt sub ulla specie sensibus apparere, nisi mediante vi animi, omnes sensationes secundum stabilem et naturae suae insitam legem coordinante. Cum itaque nihil omnino sensibus sit dabile nisi primitivis spatii axiomatibus eiusque consectariis (geometria praecipiente) conformiter, quanquam horum principium non sit nisi subiectivum, tamen necessario hisce consentiet, quia eatenus sibimet ipsi consentit, et leges sensualitatis erunt leges naturae, *quatenus in sensus cadere potest*. Natura itaque geometriae praeceptis ad amussim subiecta est, quoad omnes affectiones spatii ibi demonstratas, non ex hypothesi ficta, sed intuitive data, tanquam condicione subiectiva omnium phaenomenorum, quibus unquam natura sensibus patefieri potest. Certe, nisi conceptus spatii per mentis naturam originarie datus esset (ita, ut, qui relationes quascunque alias, quam per ipsum praecipiuntur, mente effingere allaboraret, operam luderet, quia hoc ipso conceptu in figmenti sui subsidium uti coactus esset), geometriae in philosophia naturali usus parum tutus foret; dubitari enim posset, an ipsa notio haec ab experientia deprompta satis cum natura consentiat, negatis forsitan, a quibus abstracta erat, determinationibus, cuius aliquibus etiam suspicio in mentem incidit. *Spatium* itaque est *principium formale mundi sensibilis* absolute primum non solum propterea, quod nonnisi per illius conceptum obiecta universi possint esse phaenomena, sed potissimum hanc ob rationem, quod per essentiam non est nisi unicum, omnia omnino externe sensibilia complectens, adeoque principium constituit *universitatis*, h. e. totius, quod non potest esse pars alterius.

Corollarium.

En itaque bina cognitionis sensitivae principia, non, quemadmodum est in intellectualibus, conceptus generales, sed intuitus singulares, attamen puri; in quibus, non sicut leges rationis praecipiunt, partes et potissimum simplices continent rationem possibilitatis compositi, sed, secundum exemplar intuitus sensitivi, *infinitum continet rationem partis* cuiusque cogitabilis ac tandem simplicis s. potius *termini*. Nam, nonnisi dato infinito tam spatio quam tempore, spatium et tempus quodlibet definitum *limitando* est assignabile, et tam punctum quam momentum per se cogitari non possunt, sed non concipiuntur nisi in dato iam spatio et tempore, tanquam horum termini. Ergo omnes affectiones primitivae horum conceptuum sunt extra cancellos rationis, ideoque nullo modo intellectualiter explicari possunt. Nihilo tamen minus sunt *substrata intellectus*, e datis intuitive primis secundum leges logicas consectaria concludentis, maxima qua fieri potest certitudine. Horum quidem conceptuum *alter* proprie intuitum *obiecti*, alter *statum* concernit, inprimis *repraesentativum*. Ideo etiam spatium *temporis* ipsius conceptui ceu typus adhibetur, repraesentando hoc per *lineam* eiusque terminos (momenta) per puncta. Tempus autem *universali* atque *rationali conceptui* magis *appropinquat*, complectendo omnia omnino suis respectibus, nempe spatium ipsum et praeterea accidentia, quae in relationibus spatii comprehensa non sunt, uti cogitationes animi. Praeterea autem tempus leges quidem rationi non dictitat, sed tamen praecipuas *constituit condiciones, quibus faventibus secundum rationis leges mens notiones suas conferre possit*; sic, quid sit impossibile, iudicare non possum, nisi de eodem subiecto *eodem tempore* praedicans *A* et *non A*. Et praesertim, si intellectum advertimus ad experientiam, respectus causae et causati in externis quidem obiectis indiget relationibus spatii, in omnibus autem tam externis quam internis, nonnisi temporis respectu opitulante, quid sit prius, quidnam posterius, s. causa et causatum, edoceri mens potest. Et vel ipsius spatii *quantitatem* intelligibilem reddere non licet, nisi illud, relatum ad mensuram tanquam unitatem, exponamus numero, qui ipse non est nisi multitudo numerando, h. e. in tempore dato successive unum uni addendo, distincte cognita.

Tandem quasi sponte cuilibet oboritur quaestio, utrum *conceptus* uterque sit *connatus*, an *acquisitus*. Posterius quidem per demonstrata iam videtur refutatum, prius autem, quia viam sternit philosophiae pigrorum, ulteriorem quamlibet indagationem per citationem causae primae irritam declaranti, non ita temere admittendum est. Verum *conceptus uterque* procul dubio *acquisitus est*, non a sensu quidem obiectorum (sensatio enim materiam dat, non formam cognitionis humanae) abstractus, sed ab ipsa mentis actione, secundum perpetuas leges sensa sua coordinante, quasi typus immutabilis, ideoque intuitive cognoscendus. Sensationes enim excitant hunc mentis actum, non influunt intuitum, neque aliud hic connatum est nisi lex animi, secundum quam certa ratione sensa sua e praesentia obiecti coniungit.

SECTIO IV.

De principio formae mundi intelligibilis.

§. 16.

Qui spatium et tempus pro reali aliquo et absolute necessario omnium possibilium substantiarum et statuum quasi vinculo habent, haud quidquam aliud requiri putant ad concipiendum, quipote exsistentibus pluribus quidam respectus originarius competat, ceu influxuum possibilium condicio primitiva et formae essentialis universi principium. Nam quia, quaecunque exsistunt, ex ipsorum sententia necessario sunt alicubi, cur sibi certa ratione praesto sint, inquirere supervacaneum ipsis videtur, quoniam id ex spatii, omnia comprehendentis, universi-

Sectio IV. De principio formae mundi intelligibilis.

tate per se determinetur. Verum praeterquam, quod hic conceptus, uti iam demonstratum est, subiecti potius leges sensitivas quam ipsorum obiectorum condiciones attineat, si vel maxime illi realitatem largiaris, tamen non denotat, nisi intuitive datam coordinationis universalis possibilitatem, adeoque nihilo minus intacta manet quaestio, nonnisi intellectui solubilis: *quonam principio ipsa haec relatio omnium substantiarum nitatur, quae intuitive spectata vocatur spatium.* In hoc itaque cardo vertitur quaestionis de principio formae mundi intelligibilis, ut pateat, quonam pacto possibile sit, *ut plures substantiae in mutuo sint commercio* et hac ratione pertineant ad idem totum, quod dicitur mundus. Mundum autem hic non contemplamur quoad materiam, i. e. substantiarum, quibus constat, naturas, utrum sint materiales an immateriales, sed quoad formam, h. e. quipote generatim inter plures locum habeat nexus et inter omnes totalitas.

§. 17.

Datis pluribus substantiis, *principium commercii* inter illas possibilis *non sola ipsarum exsistentia constat*, sed aliud quid praeterea requiritur, ex quo relationes mutuae intelligantur. Nam propter ipsam subsistentiam non respiciunt aliud quicquam necessario, nisi forte sui causam, at causati respectus ad causam non est commercium, sed dependentia. Igitur, si quoddam illis cum aliis commercium intercedat, ratione peculiari, hoc praecise determinante, opus est.

Et in hoc quidem consistit influxus physici πρωτον ψευδος, secundum vulgarem ipsius sensum: quod commercium substantiarum et vires transeuntes per solam ipsarum exsistentiam affatim cognoscibiles temere sumat, adeoque non tam sit systema aliquod quam potius omnis systematis philosophici, tanquam in hoc argumento superflui, neglectus. A qua macula si hunc conceptum liberamus, habemus commercii genus, quod unicum reale dici et a quo mundi totum reale, non ideale aut imaginarium dici meretur.

§. 18.

Totum e substantiis necessariis est impossibile. Quoniam enim sua cuique exsistentia abunde constat, citra omnem ab alia quavis dependentiam, quae plane in necessaria non cadit: patet, non solum commercium substantiarum (h. e. dependentiam statuum reciprocam) ex ipsarum exsistentia non consequi, sed ipsis tanquam necessariis competere omnino non posse.

§. 19.

Totum itaque substantiarum est totum contingentium, et *mundus, per suam essentiam, meris constat contingentibus.* Praeterea nulla substantia necessaria est in nexu cum mundo, nisi ut causa cum causato, ideoque non ut pars cum complementis suis ad totum (quia nexus compartium est mutuae dependentiae, quae in ens necessarium non cadit). Causa itaque mundi est ens extramundanum, adeoque non est anima mundi, nec praesentia ipsius in mundo est localis, sed virtualis.

§. 20.

Substantiae mundanae sunt entia ab alio, sed non a diversis, sed *omnia ab uno*. Fac enim illas esse causata plurium entium necessariorum: in commercio non essent effectus, quorum causae ab omni relatione mutua sunt alienae. Ergo UNITAS *in coniunctione substantiarum universi est consectarium dependentiae omnium ab uno.* Hinc forma universi testatur de causa materiae et nonnisi *causa universorum unica est causa universitatis*, neque est mundi *architectus*, qui non sit simul *creator*.

§. 21.

Si plures forent causae primae ac necessariae cum suis causatis, eorum opificia essent *mundi*, non *mundus*, quia nullo modo connecterentur ad idem totum; et vice versa si sint plures mundi extra se actuales, dantur plures causae primae ac necessariae, ita tamen, ut nec mundus unus cum altero, nec causa unius cum mundo causato alterius in ullo sint commercio.

Plures itaque mundi extra se actuales *non per ipsum sui conceptum sunt impossibiles* (uti Wolffius per notionem complexus s. multitudinis, quam ad totum, qua tale, sufficere putavit, perperam conclusit), sed sub sola hac condicione, *si unica tantum exsistat causa omnium necessaria.* Si vero admittantur plures, *erunt plures mundi*, in sensu strictissimo metaphysico, *extra se possibiles.*

§. 22.

Si, quemadmodum a dato mundo ad causam omnium ipsius partium unicam valet consequentia, ita etiam vice versa a data causa communi omnibus ad nexum horum inter se, adeoque ad formam mundi, similiter procederet argumentatio (quanquam fateor hanc conclusionem mihi non aeque perspicuam videri), nexus substantiarum primitivus non foret contingens, sed *per sustentationem* omnium *a principio communi* necessarius, adeoque harmonia proficiscens ab ipsa earum subsistentia, fundata in causa communi, procederet secundum regulas communes. *Harmoniam* autem talem voco *generaliter stabilitam,* cum illa, quae locum non habet, nisi quatenus status quilibet substantiae individuales adaptantur statui alterius, sit *harmonia singulariter stabilita* et commercium e priori harmonia sit reale et *physicum*, e posteriori autem ideale et *sympatheticum.* Commercium itaque omne substantiarum universi est *externe stabilitum* (per causam omnium communem), et vel generaliter stabilitum per influxum physicum (emendatiorem), vel individualiter ipsarum statibus conciliatum, posterius autem vel per primam cuiusvis substantiae constitutionem *originarie* fundatum, vel *occasione* cuiuslibet mutationis impressum, quorum illud *harmonia praestabilita*, hoc *occasionalismus* audit. Si itaque per sustentationem omnium substantiarum ab uno *necessaria* esset *coniunctio* omnium, qua constituunt unum, commercium substantiarum universale erit per *influxum physicum,* et mundus totum reale; sin minus, commercium erit sympatheticum (h. e. harmonia absque vero commercio) et mundus nonnisi totum ideale. Mihi quidem, quanquam non demonstratum, tamen abunde etiam aliis ex rationibus probatum est prius.

Scholion.

Si pedem aliquantulum ultra terminos certitudinis apodicticae, quae metaphysicam decet, promovere fas esset, operae pretium videtur quaedam, quae pertinent ad intuitus sensitivi non solum leges, sed etiam causas, per *intellectum* tantum cognoscendas, indagare. Nempe mens humana non afficitur ab externis, mundusque ipsius adspectui non patet in infinitum, nisi *quatenus ipsa cum omnibus aliis sustentatur ab eadem vi infinita unius.* Hinc non sentit externa, nisi per praesentiam eiusdem causae sustentatricis communis, ideoque spatium, quod est condicio universalis et necessaria compraesentiae omnium sensitive cognita, dici potest OMNIPRAESENTIA PHAENOMENON. (Causa enim universi non est omnibus atque singulis propterea praesens, quia est in ipsorum locis, sed sunt loca h. e. relationes substantiarum possibiles, quia omnibus intime praesens est.) Porro, quoniam possibilitas mutationum et successionum omnium, cuius principium, quatenus sensitive cognoscitur, residet in conceptu temporis, supponit perdurabilitatem subiecti, cuius status oppositi succedunt, id autem, cuius status fluunt, non durat, nisi sustentetur ab alio: conceptus temporis tanquam unici infiniti et immutabilis*), in quo sunt et durant omnia, est *causae* generalis *aeternitas phaenomenon*. Verum consultius videtur littus legere cognitionum per intellectus nostri mediocritatem nobis concessarum, quam in altum indagationum eiusmodi mysticarum provehi, quemadmodum fecit Malebranchius, cuius sententia ab ea, quae hic exponitur, proxime abest: *nempe nos omnia intueri in Deo.*

SECTIO V.

De methodo circa sensitiva et intellectualia in metaphysicis.

§. 23.

In omnibus scientiis, quarum principia intuitive dantur, vel per intuitum sensualem (experientiam), vel per intuitum sensitivum quidem, at purum (conceptus spatii, temporis et numeri), h. e. in scientia naturali et mathesi, *usus dat methodum*, et tentando atque inveniendo, postquam scientia ad amplitudinem aliquam et concinnitatem provecta est, elucescit, qua via atque ratione incedendum sit, ut fiat consummata et, abstersis maculis tam errorum quam confusarum cogitationum, purior nitescat; perinde ac grammatica post usum uberiorem sermonis, stilus post poëmatum aut orationum elegantia exempla regulis et disciplinae ansam praebuerunt. *Usus* autem *intellectus* in talibus scientiis,

---

*) Temporis momenta non sibi videntur succedere, quia hoc pacto aliud adhuc tempus ad momentorum successionem praemittendum esset; sed per intuitum sensitivum actualia quasi per seriem continuam momentorum descendere videntur.

Sectio V. De methodo circa sensitiva et intellectualia in metaphysicis. 411

quarum tam conceptus primitivi quam axiomata sensitivo intuitu dantur, non est nisi *logicus*, h. e. per quem tantum cognitiones sibi invicem subordinamus quoad universalitatem conformiter principio contradictionis, phaenomena phaenomenis generalioribus, consectaria intuitus puri axiomatibus intuitivis. Verum in philosophia pura, qualis est metaphysica, in qua *usus intellectus* circa principia est *realis*, h. e. conceptus rerum et relationum primitivi atque ipsa axiomata per ipsum intellectum purum primitive dantur, et, quoniam non sunt intuitus, ab erroribus non sunt immunia, *methodus antevertit omnem scientiam*, et, quidquid tentatur ante huius praecepta probe excussa et firmiter stabilita, temere conceptum et inter vana mentis ludibria reiiciendum videtur. Nam, cum rectus rationis usus hic ipsa principia constituat, et tam obiecta quam, quae de ipsis cogitanda sunt, axiomata per ipsius indolem solam primo innotescant, expositio legum rationis purae est ipsa scientiae genesis, et earum a legibus suppositiciis distinctio criterium veritatis. Hinc, quoniam methodus huius scientiae hoc tempore celebrata non sit, nisi qualem logica omnibus scientiis generaliter praecipit, illa autem, quae singulari metaphysicae ingenio sit accommodata, plane ignoretur, mirum non est, quod huius indaginis studiosi saxum suum Sisypheum volvendo in aevum vix aliquid adhucdum profecisse videantur. Quanquam autem mihi hic nec animus est nec copia fusius de tam insigni et latissime patenti argumento disserendi, tamen, quae partem huius methodi haud contemnendam constituunt, nempe *sensitivae cognitionis cum intellectuali contagium*, non quatenus solum incautis obrepit in applicatione principiorum, sed ipsa principia spuria sub specie axiomatum effingit, brevibus iam adumbrabo.

§. 24.

Omnis metaphysicae circa sensitiva atque intellectualia methodus ad hoc potissimum praeceptum redit: sollicite cavendum esse, *ne principia sensitivae cognitionis domestica terminos suos migrent ac intellectualia afficiant*. Nam quia *praedicatum* in quolibet iudicio, intellectualiter enuntiato, *est condicio*, absque qua subiectum cogitabile non esse asseritur, adeoque praedicatum sit cognoscendi principium: si est conceptus sensitivus, non erit nisi condicio sensitivae cognitionis possibilis, adeoque apprime quadrabit in subiectum iudicii, cuius conceptus itidem est sensitivus. At si admoveatur conceptui intellectuali, iudicium tale nonnisi secundum leges subiectivas erit validum, hinc de notione intellectuali ipsa non praedicandum et obiective efferendum, sed *tantum ut condicio, absque qua sensitivae cognitioni conceptus dati locus non est**). Quoniam autem praestigiae intellectus, per subornationem conceptus sensitivi, tanquam notae intellectualis, dici potest (secundum analogiam significatus recepti) *vitium subreptionis*, erit permutatio intellectualium et sensitivorum *vitium subreptionis metaphysicum (phaenomenon intellectuatum*, si barbarae voci venia est), adeoque axioma tale *hybridum*, quod sensitiva pro necessario adhaerentibus conceptui intellectuali venditat, mihi vocatur *axioma subrepticium*. Et ex hisce quidem axiomatibus spuriis prodierunt principia fallendi intellectus per omnem metaphysicam pessime grassata. Ut autem habeamus, quod in promptu sit et luculenter cognoscibile, horum iudiciorum criterium et veluti Lydium lapidem, quo illa dinoscamus a genuinis, simulque, si forsan firmiter adhaerere intellectui videantur, artem quandam docimasticam, cuius ope, quantum pertineat ad sensitiva, quantum ad intellectualia, aequa fieri possit aestimatio, altius in hanc quaestionem descendendum esse puto.

§. 25.

En igitur Principium Reductionis axiomatis cuiuslibet subrepticii: *si de conceptu quocunque intellectuali generaliter quicquam praedicatur, quod pertinet ad respectus* Spatii atque Temporis: *obiective non est enuntiandum et non denotat nisi condicionem, sine qua conceptus datus*

---

*) Fecundus et facilis est huius criterii usus in dinoscendis principiis, quae tantum leges cognitionis sensitivae enuntiant, ab iis, quae praeterea aliquid circa obiecta ipsa praecipiunt. Nam si praedicatum sit conceptus intellectualis, respectus ad subiectum iudicii, quantumvis sensitive cogitatum, denotat semper notam obiecto ipsi competentem. At *si praedicatum sit conceptus sensitivus*, quoniam leges cognitionis sensitivae non sunt condiciones possibilitatis rerum ipsarum, de *subiecto* iudicii *intellectualiter cogitato* non valebit, adeoque obiective enuntiari non poterit. Sic in vulgari illo axiomate: *quicquid exsistit, est alicubi*, cum praedicatum contineat condiciones cognitionis sensitivae, non poterit de subiecto iudicii, nempe *exsistenti* quolibet, generaliter enuntiari; adeoque formula haec obiective praecipiens falsa est. Verum si convertatur propositio, ita ut praedicatum fiat conceptus intellectualis, emerget verissima, uti: *quicquid est alicubi, exsistit*.

sensitive cognoscibilis non est. Quod eiusmodi axioma sit spurium et, si non falsum, saltim temere et precario assertum, inde liquet: quia, cum subiectum iudicii intellectualiter concipiatur, pertinet ad obiectum, praedicatum autem, cum determinationes spatii ac temporis contineat, pertinet tantum ad condiciones sensitivae cognitionis humanae, quae, quia non cuilibet cognitioni eiusdem obiecti necessario adhaeret, de dato conceptu intellectuali universaliter enuntiari non potest. Quod autem intellectus huic subreptionis vitio tam facile subiiciatur, inde est, quia sub patrocinio alius cuiusdam regulae verissimae deluditur. Recte enim supponimus: *quicquid ullo plane intuitu cognosci non potest, prorsus non esse cogitabile*, adeoque impossibile. Quoniam autem alium intuitum, praeter eum, qui fit secundum formam spatii ac temporis, nullo mentis conatu ne fingendo quidem assequi possumus, accidit, ut omnem omnino intuitum, qui hisce legibus adstrictus non est, pro impossibili habeamus (intuitum purum intellectualem et legibus sensuum exemptum, qualis est divinus, quem Plato vocat ideam, praetereuntes), ideoque omnia possibilia axiomatibus sensitivis spatii ac temporis subiiciamus.

§. 26.

Omnes autem sensitivarum cognitionum sub specie intellectualium praestigiae, e quibus oriuntur axiomata subrepticia, ad tres species revocari possunt, quarum formulas generales has habeto:

1. Eadem condicio sensitiva, sub qua sola *intuitus* obiecti est possibilis, est condicio ipsius *possibilitatis obiecti*.
2. Eadem condicio sensitiva, sub qua sola *data sibi conferri possunt ad formandum conceptum obiecti intellectualem*, est etiam condicio ipsius possibilitatis obiecti.
3. Eadem condicio sensitiva, sub qua *subsumptio obiecti* alicuius obvii *sub dato conceptu intellectuali* solum possibilis est, est etiam condicio possibilitatis ipsius obiecti.

§. 27.

Axioma subrepticium PRIMAE classis est: *quicquid est, est alicubi et aliquando**). Hoc vero principio spurio omnia entia, etiamsi in-

---

*) Spatium et tempus concipiuntur, quasi omnia sensibus ulla ratione obvia *in se* comprehendant. Ideo non datur secundum leges mentis humanae ullius entis tellectualiter cognoscantur, condicionibus spatii atque temporis in exsistendo adstringuntur. Hinc de substantiarum immaterialium (quarum tamen eandem ob causam nullus datur intuitus sensitivus, nec sub tali forma repraesentatio) locis in universo corporeo, de sede animae, et id genus aliis quaestiones iactant inanes, et cum sensitiva intellectualibus, ceu quadrata rotundis, improbe misceantur, plerumque accidit, ut disceptantium alter hircum mulgere, alter cribrum supponere videatur. Est autem immaterialium in mundo corporeo praesentia virtualis, non localis (quanquam ita improprie vocitetur); spatium autem non continet condiciones possibilium actionum mutuarum, nisi materiae; quidnam vero immaterialibus substantiis relationes externas virium tam inter se quam erga corpora constituat, intellectum humanum plane fugit, uti vel perspicacissimus Eulerus, cetera phaenomenorum magnus indagator et arbiter (in literis ad principem quandam Germaniae missis) argute notavit. Cum autem ad entis summi et extramundani conceptum pervenerint, dici non potest, quantum hisce obvolitantibus intellectui umbris ludificentur. *Praesentiam* Dei sibi fingunt *localem*, Deumque mundo involvunt, tanquam infinito spatio simul comprehensum, hanc ipsi limitationem compensaturi, videlicet, localitate quasi *per eminentiam* concepta, h. e. infinita. At in pluribus locis simul esse absolute impossibile est, quia loca diversa sunt extra se invicem, ideoque, quod est in pluribus locis, est extra semet ipsum sibique ipsi externe praesens, quod implicat. Quod autem tempus attinet, postquam illud non solum legibus cognitionis sensitivae exemerunt, sed ultra mundi terminos ad ipsum ens extramundanum, tanquam condicionem exsistentiae ipsius, transtulerunt, inextricabili labyrintho sese involvunt. Hinc absonis quaestionibus ingenia excruciant, v. g. cur Deus mundum non multis retro saeculis condiderit. Facile quidem concipi posse sibi persuadent, quipote Deus praesentia, h. e. actualia *temporis in quo est*, cernat; at quomodo futura, h. e. actualia *temporis in quo nondum est*,

---

intuitus, nisi ut *in spatio ac tempore* contenti. Comparari huic praeiudicio potest aliud, quod proprie non est axioma subrepticium, sed ludibrium phantasiae, quod ita exponi posset generali formula: quicquid exsistit, *in illo est spatium et tempus*, h. e. omnis substantia est *extensa* et continuo *mutata*. Quanquam enim, quorum conceptus sunt crassiores, hac imaginandi lege firmiter adstringuntur, tamen facile ipsi perspiciunt, hoc pertinere tantum ad conatus phantasiae, rerum sibi species adumbrandi, non ad condiciones exsistendi.

prospiciat, difficile intellectu putant. (Quasi exsistentia entis necessarii per omnia temporis imaginarii momenta successive descendat et, parte durationis suae iam exhausta, quam adhuc victurus sit aeternitatem una cum simultaneis mundi eventibus prospiciat.) Quae omnia notione
5 temporis probe perspecta fumi instar evanescunt.

§. 28.

SECUNDAE speciei praeiudicia, cum intellectui imponant per condiciones sensitivas, quibus mens adstringitur, si in quibusdam casibus ad conceptum intellectualem pertingere vult, adhuc magis se abscon-
10 dunt. Horum unum est quod quantitatis, alterum quod qualitatum generaliter afficit cognitionem. Prius est: *omnis multitudo actualis est dabilis numero* ideoque omne quantum finitum, posterius: *quicquid est impossibile, sibi contradicit*. In utroque conceptus temporis quidem non ingreditur notionem ipsam praedicati, neque censetur nota esse subiecti,
15 attamen ut medium inservit conceptui praedicati informando, adeoque ceu condicio afficit conceptum intellectualem subiecti, quatenus nonnisi ipsius subsidio ad hunc pertingimus.

Quòd itaque attinet *prius*, cum omne quantum atque series quaelibet non cognoscatur distincte, nisi per coordinationem successivam,
20 conceptus intellectualis quanti et multitudinis opitulante tantum hoc conceptu temporis oritur et nunquam pertingit ad completudinem, nisi synthesis absolvi possit tempore finito. Inde est, quod *infinita series* coordinatorum secundum intellectus nostri limites distincte comprehendi non possit, adeoque per vitium subreptionis videatur impossibilis.
25 Nempe secundum leges intellectus puri quaelibet series causatorum habet sui *principium*, h. e. non datur regressus in serie causatorum absque termino, secundum leges autem sensitivas quaelibet series coordinatorum habet sui *initium* assignabile, quae propositiones, quarum posterior *mensurabilitatem* seriei, prior *dependentiam* totius involvit,
30 perperam habentur pro identicis. Pari modo *argumento intellectus*, quo probatur, quod dato composito substantiali dentur compositionis principia, h. e. simplicia, se adiungit *supposititium* aliquod, a sensitiva cognitione subornatum, quod nempe in tali composito regressus in partium compositione non detur in infinitum, h. e. quod definitus detur in
35 quolibet composito partium numerus, cuius certe sensus priori non est

geminus, adeoque temere illi substituitur. Quod itaque quantum mundanum sit limitatum (non maximum), quod agnoscat sui principium, quod corpora constent simplicibus, sub rationis signo utique certo cognosci potest. Quod autem universum, quoad molem, sit mathematice finitum, quod aetas ipsius transacta sit ad mensuram dabilis, quod simplicium, quodlibet corpus constituentium, sit definitus numerus, sunt propositiones, quae aperte ortum suum e natura cognitionis sensitivae loquuntur, et utcunque ceteroquin haberi possint pro veris, tamen macula haud dubia originis suae laborant.

Quod autem *posterius* concernit *axioma subrepticium*, oritur temere convertendo contradictionis principium. Adhaeret autem huic primitivo iudicio conceptus temporis eatenus, quod, datis *eodem tempore* contradictorie oppositis in eodem, liqueat impossibilitas, quod ita enuntiatur: *quicquid simul est ac non est, est impossibile.* Hic, cum per intellectum aliquid praedicetur in casu, qui secundum leges sensitivas datus est, iudicium apprime verum est et evidentissimum. Contra ea, si convertas idem axioma ita ut dicas: *omne impossibile simul est ac non est* s. involvit contradictionem, per sensitivam cognitionem generaliter aliquid praedicas de obiecto rationis, ideoque conceptum intellectualem de possibili aut impossibili subiicis condicionibus cognitionis sensitivae, nempe respectibus temporis, quod quidem de legibus, quibus adstringitur et limitatur intellectus humanus, verissimum est, obiective autem et generaliter nullo modo concedi potest. Nempe noster quidem intellectus *impossibilitatem non animadvertit*, nisi ubi notare potest simultaneam oppositorum de eodem enuntiationem, h. e. tantummodo ubi occurrit contradictio. Ubicunque igitur talis condicio non obvenit, ibi nullum intellectui humano de impossibilitate iudicium vacat. Quod autem ideo nulli plane intellectui liceat, adeoque, *quicquid non involvit contradictionem, ideo sit possibile*, temere concluditur, subiectivas iudicandi condiciones pro obiectivis habendo. Hinc tot vana commenta *virium*, nescio quarum, pro lubitu confictarum, quae absque obstaculo repugnantiae e quolibet ingenio architectonico, seu si mavis, ad chimaeras proclivi turbatim prorumpunt. Nam, cum *vis* non aliud sit, quam *respectus* substantiae A ad *aliud quiddam B* (accidens) tanquam rationis ad rationatum: vis cuiusque possibilitas *non nititur identitate* causae et causati, s. substantiae et accidentis, ideoque etiam impossibilitas virium falso confictarum *non pendet a sola contradictione*. Nullam igitur *vim originariam* ut possibilem sumere licet, nisi *datum ab experientia*, neque ulla intellectus perspicacia eius possibilitas a priori concipi potest.

§. 29.

TERTIAE speciei axiomata subrepticia e condicionibus *subiecto* propriis, a quibus in *obiecta* temere transferuntur, non ita pullulant, ut (quemadmodum fit in iis, quae sunt classis secundae) ad conceptum intellectualem *per sensitive data* sola pateat via, sed quia his tantum auxiliantibus ad *datum* per experientiam *casum applicari*, h. e. cognosci potest, utrum aliquid sub certo conceptu intellectuali contineatur, necne. Eiusmodi est tritum illud in quibusdam scholis: *quicquid exsistit contingenter, aliquando non exstitit.* Oritur hoc principium suppositicium e penuria intellectus, contingentiae aut necessitatis notas *nominales* plerumque, *reales* raro perspicientis. Hinc utrum oppositum alicuius substantiae possibile sit, cum per notas a priori depromptas vix perspiciatur, aliunde non cognoscetur, quam *si eam aliquando non fuisse constet;* et mutationes verius testantur contingentiam, quam contingentia mutabilitatem, ita ut, si nihil in mundo obveniret fluxum et transitorium, vix aliqua nobis notio contingentiae oboriretur. Ideoque propositio directa cum sit verissima: *quicquid aliquando non fuit, est contingens,* inversa ipsius non indigitat nisi condiciones, sub quibus solis, utrum aliquid exsistat necessario an contingenter, dinoscere licet; ideoque si ceu lex subiectiva (qualis revera est) enuntietur, ita efferri debet: *de quo non constat, quod aliquando non fuerit, illius contingentiae notae sufficientes per communem intelligentiam non dantur;* quod tandem tacite abit in condicionem obiectivam, quasi absque hoc annexo contingentiae plane locus non sit. Quo facto exsurgit axioma adulterinum et erroneum. Nam mundus hic, quanquam contingenter exsistens, *est sempiternus* h. e. omni tempori simultaneus, ut ideo tempus aliquod fuisse, quo non exstiterit, perperam asseratur.

§. 30.

Accedunt principiis subrepticiis magna affinitate alia quaedam, quae quidem conceptui dato intellectuali nullam sensitivae cognitionis maculam affricant, sed quibus tamen intellectus ita luditur, ut ipsa habeat pro argumentis ab obiecto depromptis, cum tantummodo *per convenientiam* cum libero et amplo intellectus usu, pro ipsius singulari natura, nobis commendentur. Ideoque, aeque ac ea quae superius a nobis enumerata sunt, nituntur rationibus *subiectivis*, verum non legibus sensitivae cognitionis, sed ipsius intellectualis, nempe condicionibus, quibus ipsi facile videtur et promptum perspicacia sua utendi. Liceat mihi horum principiorum, quantum equidem scio, nondum alibi distincte expositorum, hic coronidis loco mentionem aliquam iniicere. Voco autem *principia convenientiae* regulas illas iudicandi, quibus libenter nos submittimus et quasi axiomatibus inhaeremus, hanc solum ob rationem, quia, *si ab iis discesserimus, intellectui nostro nullum fere de obiecto dato iudicium liceret*. In horum censum veniunt sequentia. PRIMUM, quo sumimus, *omnia in universo fieri secundum ordinem naturae;* quod quidem principium Epicurus absque ulla restrictione, omnes autem philosophi cum rarissima et non sine summa necessitate admittenda exceptione uno ore profitentur. Ita autem statuimus, non propterea, quod eventuum mundanorum secundum leges naturae communes tam amplam possideamus cognitionem, aut supernaturalium nobis pateret vel impossibilitas, vel minima possibilitas hypothetica, sed quia, si ab ordine naturae discesseris, intellectui nullus plane usus esset, et temeraria citatio supernaturalium est pulvinar intellectus pigri. Eandem ob rationem *miracula comparativa*, influxus nempe spirituum, sollicite arcemus ab expositione phaenomenorum, quia, cum eorum natura nobis incognita sit, intellectus magno suo detrimento a luce experientiae, per quam solam legum iudicandi sibi comparandarum ipsi copia est, ad umbras incognitarum nobis specierum et causarum averteretur. SECUNDUM *est favor* ille *unitatis*, philosophico ingenio proprius, a quo pervulgatus iste canon profluxit: *principia non esse multiplicanda praeter summam necessitatem;* cui suffragamur, non ideo, quia causalem in mundo unitatem vel ratione vel experientia perspiciamus, sed illam ipsam indagamus impulsu intellectus, qui tantundem sibi in explicatione phaenomenorum profecisse videtur, quantum ab eodem principio ad plurima rationata descendere ipsi concessum est. TERTIUM eius generis principiorum est: *nihil omnino materiae oriri, aut interire,* omnesque mundi vicissitudines solam concernere formam; quod postulatum, suadente intellectu communi, omnes philosophorum scholas pervagatum est, non quod illud pro comperto aut per argumenta a priori dem *monstrato habitum sit, sed quia, si materiam ipsam fluxam et transitoriam admiseris, nihil plane stabile et perdurabile reliqui fieret, quod explicationi phaenomenorum secundum leges universales et perpetuas adeoque usui intellectus amplius inserviret.

Et haec quidem de methodo, potissimum circa discrimen sensitivae atque intellectualis cognitionis, quae si aliquando curatiori indagatione ad amussim redacta fuerit, scientiae propaedeuticae loco erit, omnibus in ipsos metaphysicae recessus penetraturis immensum quantum profuturae.

NOTA. Quoniam in postrema hac sectione indagatio methodi omnem facit paginam, et regulae praecipientes veram circa sensitiva argumentandi formam propria luce splendeant, nec eam ab exemplis illustrationis causa allatis mutuentur, horum tantummodo quasi in transcursu mentionem inieci. Quare mirum non est, nonnulla ibi audacius quam verius plerisque asserta visum iri, quae utique, cum aliquando licebit esse prolixiori, maius argumentorum robus sibi exposcent. Sic, quae §. 27 de immaterialium localitate attuli, explicatione indigent, quam, si placet, quaeras apud Eulerum l. c. Tom. 2. p. 49—52. Anima enim non propterea cum corpore est in commercio, quia in certo ipsius loco detinetur, sed tribuitur ipsi locus in universo determinatus ideo, quia cum corpore quodam est in mutuo commercio, quo soluto omnis ipsius in spatio positus tollitur. *Localitas* itaque illius est *derivativa* et contingenter ipsi conciliata, *non primitiva* atque exsistentiae ipsius adhaerens condicio necessaria, propterea quod quaecunque per se sensuum externorum (quales sunt homini) obiecta esse non possunt, i. e. *immaterialia*, a condicione universali *externe sensibilium*, nempe spatio, plane eximuntur. Hinc animae localitas absoluta et immediata denegari et tamen hypothetica et mediata tribui potest.

Recension

von

Moscatis Schrift:

Von dem körperlichen wesentlichen Unterschiede zwischen der Structur der Thiere und Menschen.

Von dem körperlichen wesentlichen Unterschiede zwischen der Structur der Thiere und Menschen. Eine akademische Rede, gehalten auf dem anatomischen Theater zu Pavia von Dr. Peter Moscati, Prof. der Anat. Aus dem Italienischen übersetzt von Johann Beckmann, Prof. in Göttingen.

Da haben wir wiederum den natürlichen Menschen auf allen Vieren, worauf ihn ein scharfsinniger Zergliederer zurückbringt, da es dem einsehenden Rousseau hiemit als Philosophen nicht hat gelingen wollen. Der Dr. Moscati beweiset, daß der aufrechte Gang des Menschen gezwungen und widernatürlich sei, daß er zwar so gebauet sei, um in dieser Stellung sich erhalten und bewegen zu können; daß aber, wenn er sich solches zur Nothwendigkeit und beständigen Gewohnheit macht, ihm Ungemächlichkeiten und Krankheiten daraus entspringen, die gnugsam beweisen, er sei durch Vernunft und Nachahmung verleitet worden von der ersten, thierischen Einrichtung abzuweichen. Der Mensch ist in seinem Inwendigen nicht anders gebauet als alle Thiere, die auf vier Füßen stehen. Wenn er sich nun aufrichtet: so bekommen seine Eingeweide, vornehmlich die Leibesfrucht der schwangern Personen eine herabhängende Lage und eine halbumgekehrte Stellung, die, wenn sie mit der liegenden oder auf Vieren gestellten oft abwechselt, nicht eben sonderlich üble Folgen erzeugen kann, aber dadurch, daß sie beständig fortgesetzt wird, Mißgestaltungen und eine Menge Krankheiten verursacht. So verlängert z. E. das Herz, da es genöthigt wird zu hängen, die Blutgefäße, an die es geknüpft ist, nimmt eine schiefe Lage an, indem es sich auf das Zwergfell stützt und mit seiner Spitze gegen die linke Seite glitscht, eine Lage, darin der Mensch und zwar der erwachsene sich von allen Thieren unterscheidet, und dadurch er zu Aneurismen, Herzklopfen, Engbrüstigkeit, Brustwassersucht ꝛc. einen unvermeidlichen Hang bekommt. Bei dieser geraden Stellung des Menschen sinkt das Gekröse (Mesenterium), von der Last der Eingeweide gezogen, senkrecht herunter, wird verlängert und geschwächt und zu einer Menge Brüche vorbereitet. In der Pfortader, die keine Klappen hat, wird sich das Blut dadurch, daß es in ihr wider die Richtung der Schwere steigen muß, langsam und schwerer bewegen, als bei der wagrechten Lage des Rumpfs geschehen würde, woraus Hypochondrie, Hämorrhoiden ꝛc. ꝛc. entspringen; zu geschweigen: daß die Schwierigkeit, welche der Umlauf des Bluts, das durch die Blutadern der Beine bis zum Herzen gerade in die Höhe steigen muß, erleidet, Geschwülste, Aderkröpfe ꝛc. ꝛc. nicht selten nach sich zieht. Vornehmlich ist der Nachtheil aus dieser senkrechten Stellung bei Schwangern sowohl in Ansehung der Frucht, als auch der Mutter sehr sichtbar. Das Kind, das hiedurch auf den Kopf gestellt wird, empfängt das Blut in sehr ungleichem Verhältnisse: indem solches in weit größerer Menge nach den obern Theilen, in den Kopf und die Arme, getrieben wird, wodurch beide in ganz andere Verhältnisse ausgedehnt werden und wachsen, als bei allen übrigen Thieren. Aus dem erstern Zufluße entspringen erbliche Neigungen zum Schwindel, zum Schlage, zu Kopfschmerzen und Wahnwitz; aus dem Zudrange des Bluts zu den Armen und Ableitung von den Beinen die merkwürdige und sonst bei keinem Thier wahrgenommene Disproportion: daß die Arme der Frucht über ihr geziemendes Verhältniß länger und die Beine kürzer werden, welches sich zwar nach der Geburt durch die beständig senkrechte Stellung wiederum verbessert, aber doch beweiset, daß der Frucht vorher Gewalt geschehen sein müsse. Die Schäden der zweifüßigen Mutter sind Hervorschießung der Gebärmutter, unzeitige Geburten ꝛc. ꝛc, welche mit einer Iliade von andern Übeln aus ihrer aufrechten Stellung entspringen und wovon die vierfüßige Geschöpfe frei sind. Man könnte diese Beweisgründe, daß unsere thierische Natur eigentlich vierfüßig sei, noch durch andre vermehren. Unter allen vierfüßigen Thieren ist nicht ein einziges, welches nicht schwimmen könnte, wenn es durch Zufälle ins Wasser geräth. Der Mensch allein ersäuft, wo er das Schwimmen nicht besonders gelernt hat. Die Ursache ist, weil er die Gewohnheit abgelegt hat, auf Vieren zu gehen; denn diese Bewegung ist es, durch die er sich auf dem Wasser ohne alle Kunst erhalten würde, und wodurch alle vierfüßige Geschöpfe schwimmen, die sonst das Wasser verabscheuen. So paradox auch dieser Satz unseres italienischen Doctors scheinen mag, so erhält er doch in den Händen eines so scharfsinnigen und philosophischen Zergliederers beinahe eine völlige Gewißheit. Man sieht daraus: die erste Vorsorge der Natur sei gewesen, daß der Mensch als ein Thier für sich und seine Art erhalten werde; und hiezu war diejenige Stellung, welche seinem inwendigen Bau, der Lage der Frucht und der Erhaltung in Gefahren am gemäßesten ist, die vierfüßige; daß in ihm aber auch ein Keim von Vernunft gelegt sei, wodurch er, wenn sich solcher entwickelt, für die Gesellschaft bestimmt ist, und vermittelst deren er für beständig die hiezu geschickteste Stellung, nämlich die zweifüßige, annimmt, wodurch er auf einer Seite unendlich viel über die Thiere gewinnt, aber auch mit den Ungemächlichkeiten vorlieb nehmen muß, die ihm daraus entspringen, daß er sein Haupt über seine alte Cameraden so stolz erhoben hat. Kostet 24 gr.

Von den

verschiedenen Racen

der

Menschen.

1. Von der Verschiedenheit der Racen überhaupt.

Die Vorlesung, welche ich ankündige, wird mehr eine nützliche Unterhaltung, als eine mühsame Beschäftigung sein; daher die Untersuchung, womit ich diese Ankündigung begleite, zwar etwas für den Verstand, aber mehr wie ein Spiel desselben, als eine tiefe Nachforschung enthalten wird.[1])

Im Thierreiche gründet sich die Natureintheilung in Gattungen und Arten auf das gemeinschaftliche Gesetz der Fortpflanzung, und die Einheit der Gattungen ist nichts anders, als die Einheit der zeugenden Kraft, welche für eine gewisse Mannigfaltigkeit von Thieren durchgängig geltend ist. Daher muß die Büffonsche Regel, daß Thiere, die mit einander fruchtbare Jungen erzeugen, (von welcher Verschiedenheit der Gestalt sie auch sein mögen) doch zu einer und derselben physischen Gattung gehören, eigentlich nur als die Definition einer Naturgattung der Thiere überhaupt zum Unterschiede von allen Schulgattungen derselben angesehen werden. Die Schuleintheilung geht auf Klassen, welche nach Ähnlichkeiten, die Natureintheilung aber auf Stämme, welche die Thiere nach Verwandtschaften in Ansehung der Erzeugung eintheilt. Jene verschafft ein Schulsystem für das Gedächtniß; diese ein Natursystem für den Verstand: die erstere hat nur zur Absicht, die Geschöpfe unter Titel, die zweite, sie unter Gesetze zu bringen.

Nach diesem Begriffe gehören alle Menschen auf der weiten Erde zu einer und derselben Naturgattung, weil sie durchgängig mit einander fruchtbare Kinder zeugen, so große Verschiedenheiten auch sonst in ihrer Gestalt mögen angetroffen werden. Von dieser Einheit der Naturgattung,

---

[1]) Die Worte: Die — wird, welche in A¹ vor der Abhandlung stehen, fehlen in A².

welche eben so viel ist, als die Einheit der für sie gemeinschaftlich gültigen Zeugungskraft, kann man nur eine einzige natürliche Ursache anführen: nämlich, daß sie alle zu einem einzigen Stamme gehören, woraus sie unerachtet ihrer Verschiedenheiten entsprungen sind, oder doch wenigstens haben entspringen können. Im erstern Falle gehören die Menschen nicht bloß zu einer und derselben Gattung, sondern auch zu einer Familie; im zweiten sind sie einander ähnlich, aber nicht verwandt, und es müßten viel Localschöpfungen angenommen werden; eine Meinung, welche die Zahl der Ursachen ohne Noth vervielfältigt. Eine Thiergattung, die zugleich einen gemeinschaftlichen Stamm hat, enthält unter sich nicht verschiedene Arten (denn diese bedeuten eben die Verschiedenheiten der Abstammung); sondern ihre Abweichungen von einander heißen Abartungen, wenn sie erblich sind. Die erblichen Merkmale der Abstammung, wenn sie mit ihrer Abkunft einstimmig sind, heißen Nachartungen; könnte aber die Abartung nicht mehr die ursprüngliche Stammbildung herstellen, so würde sie Ausartung heißen.

Unter den Abartungen, d. i. den erblichen Verschiedenheiten der Thiere, die zu einem einzigen Stamme gehören, heißen diejenigen, welche sich sowohl bei allen Verpflanzungen (Versetzungen in andre Landstriche) in langen Zeugungen unter sich beständig erhalten, als auch in der Vermischung mit andern Abartungen desselbigen Stamms jederzeit halbschlächtige Junge zeugen, Racen. Die, so bei allen Verpflanzungen das Unterscheidende ihrer Abartung zwar beständig erhalten und also nacharten, aber in der Vermischung mit andern nicht nothwendig halbschlächtig zeugen, heißen Spielarten; die aber, so zwar oft, aber nicht beständig nacharten, Varietäten. Umgekehrt heißt die Abartung, welche mit andern zwar halbschlächtig erzeugt, aber durch die Verpflanzung nach und nach erlischt, ein besonderer Schlag.

Auf diese Weise sind Neger und Weiße zwar nicht verschiedene Arten von Menschen (denn sie gehören vermuthlich zu einem Stamme), aber doch zwei verschiedene Racen: weil jede derselben sich in allen Landstrichen perpetuirt, und beide mit einander nothwendig halbschlächtige Kinder oder Blendlinge (Mulatten) erzeugen. Dagegen sind Blonde und Brunette nicht verschiedene Racen der Weißen, weil ein blonder Mann von einer brunetten Frau auch lauter blonde Kinder haben kann, obgleich jede dieser Abartungen sich bei allen Verpflanzungen lange Zeugungen hindurch erhält. Daher sind sie Spielarten der Weißen. Endlich bringt die

Beschaffenheit des Bodens (Feuchtigkeit oder Trockenheit), imgleichen der Nahrung nach und nach einen erblichen Unterschied oder Schlag unter Thiere einerlei Stammes und Race vornehmlich in Ansehung der Größe, der Proportion der Gliedmaßen (plump oder geschlank), ingleichen des
5 Naturells, der zwar in der Vermischung mit fremden halbschlächtig anartet, aber auf einem andern Boden und bei anderer Nahrung (selbst ohne Veränderung des Klima) in wenig Zeugungen verschwindet. Es ist angenehm, den verschiedenen Schlag der Menschen nach Verschiedenheit dieser Ursachen zu bemerken, wo er in eben demselben Lande blos nach den
10 Provinzen kenntlich ist (wie sich die Böotier, die einen feuchten, von den Atheniensern unterschieden, die einen trocknen Boden bewohnten), welche Verschiedenheit oft freilich nur einem aufmerksamen Auge kenntlich ist, von andern aber belacht wird. Was bloß zu den Varietäten gehört und also an sich selbst (obzwar eben nicht beständig) erblich ist, kann doch
15 durch Ehen, die immer in denselben Familien verbleiben, dasjenige mit der Zeit hervorbringen, was ich den Familienschlag nenne, wo sich etwas Charakteristisches endlich so tief in die Zeugungskraft einwurzelt, daß es einer Spielart nahe kommt und sich wie diese perpetuirt. Man will dieses an dem alten Adel von Venedig, vornehmlich den Damen desselben
20 bemerkt haben. Zum wenigsten sind in der neu entdeckten Insel Otaheite die adlichen Frauen insgesammt größern Wuchses als die gemeinen. — Auf der Möglichkeit, durch sorgfältige Aussonderung der ausartenden Geburten von den einschlagenden endlich einen dauerhaften Familienschlag zu errichten, beruhte die Meinung des Herrn von Maupertuis: einen
25 von Natur edlen Schlag Menschen in irgend einer Provinz zu ziehen, worin Verstand, Tüchtigkeit und Rechtschaffenheit erblich wären. Ein Anschlag, der meiner Meinung nach an sich selbst zwar thunlich, aber durch die weisere Natur ganz wohl verhindert ist, weil eben in der Vermengung des Bösen mit dem Guten die großen Triebfedern liegen, welche die
30 schlafenden Kräfte der Menschheit in Spiel setzen und sie nöthigen, alle ihre Talente zu entwickeln und sich der Vollkommenheit ihrer Bestimmung zu nähern. Wenn die Natur ungestört (ohne Verpflanzung oder fremde Vermischung) viele Zeugungen hindurch wirken kann, so bringt sie jederzeit endlich einen dauerhaften Schlag hervor, der Völkerschaften auf
35 immer kenntlich macht und eine Race würde genannt werden, wenn das Charakteristische nicht zu unbedeutend schiene und zu schwer zu beschreiben wäre, um darauf eine besondere Abtheilung zu gründen.

2. Eintheilung der Menschengattung in ihre verschiedene Racen.

Ich glaube, man habe nur nöthig, vier Racen derselben anzunehmen, um alle dem ersten Blick kenntliche und sich perpetuirende Unterschiede davon ableiten zu können. Sie sind 1) die Race der Weißen, 2) die Negerrace, 3) die hunnische (mungalische oder kalmuckische) Race, 4) die hinduische oder hindistanische Race. Zu der erstern, die ihren vornehmsten Sitz in Europa hat, rechne ich noch die Mohren (Mauren von Afrika), die Araber (nach dem Niebuhr), den türkisch-tatarischen Völkerstamm und die Perser, imgleichen alle übrige Völker von Asien, die nicht durch die übrigen Abtheilungen namentlich davon ausgenommen sind. Die Negerrace der nordlichen Halbkugel ist bloß in Afrika, die der südlichen (außerhalb Afrika) vermuthlich nur in Neuguinea eingeboren (Autochthones), in einigen benachbarten Inseln aber bloße Verpflanzungen. Die kalmuckische Race scheint unter den Koschottischen am reinsten, unter den Torgöts etwas, unter den Dsingorischen mehr mit tatarischem Blute vermischt zu sein und ist eben dieselbe, welche in den ältesten Zeiten den Namen der Hunnen, später den Namen der Mungalen (in weiter Bedeutung) und jetzt der Ölöts führt. Die hindistanische Race ist in dem Lande dieses Namens sehr rein und uralt, aber von dem Volke auf der jenseitigen Halbinsel Indiens unterschieden. Von diesen vier Racen glaube ich alle übrige erbliche Völkercharaktere ableiten zu können: entweder als vermischte oder angehende Racen, wovon die erste aus der Vermischung verschiedener entsprungen ist, die zweite in dem Klima noch nicht lange genug gewohnt hat, um den Charakter der Race desselben völlig anzunehmen. So hat die Vermischung des tatarischen mit dem hunnischen Blute an den Karakalpaken, den Nagajen und andern Halbracen hervorgebracht. Das hindistanische Blut, vermischt mit dem der alten Scythen (in und um Tibet) und mehr oder weniger von dem hunnischen, hat vielleicht die Bewohner der jenseitigen Halbinsel Indiens, die Tonkinesen und Schinesen, als eine vermischte Race erzeugt. Die Bewohner der nördlichen Eisküfte Asiens sind ein Beispiel einer angehenden hunnischen Race, wo sich schon das durchgängig schwarze Haar, das bartlose Kinn, das flache Gesicht und langgeschlitzte, wenig geöffnete Augen zeigen: die Wirkung der Eiszone an einem Volke, welches in spätern Zeiten aus milderem Himmelsstriche in diese Sitze getrieben worden, so wie die Seelappen, ein Abstamm des ungrischen Volks, in nicht gar viel Jahrhunderten schon ziemlich in das Eigenthümliche des kalten Himmelstrichs eingeartet sind, ob sie zwar von einem wohlgewachsenen Volke aus der temperirten Zone entsprossen waren. Endlich scheinen die Amerikaner eine noch nicht völlig eingeartete hunnische Race zu sein. Denn im äußersten Nordwesten von Amerika (woselbst auch aller Vermuthung nach die Bevölkerung dieses Welttheils aus dem Nordosten von Asien wegen der übereinstimmenden Thierarten in beiden geschehen sein muß), an den nordlichen Küsten von der Hudsonsbai, sind die Bewohner den Kalmucken ganz ähnlich. Weiter hin in Süden wird das Gesicht zwar offener und erhobener, aber das bartlose Kinn, das durchgängig schwarze Haar, die rothbraune Gesichtsfarbe, imgleichen die Kälte und Unempfindlichkeit des Naturells, lauter Überbleibsel von der Wirkung eines langen Aufenthalts in kalten Weltstrichen, wie wir bald sehen werden, gehen von dem äußersten Norden dieses Welttheils bis zum Staaten-Eilande fort. Der längere Aufenthalt der Stammväter der Amerikaner in N. O. von Asien und dem benachbarten N. W. von Amerika hat die kalmuckische Bildung zur Vollkommenheit gebracht, die geschwindere Ausbreitung ihrer Abkömmlinge aber nach dem Süden dieses Welttheils die amerikanische. Von Amerika aus ist gar nichts weiter bevölkert. Denn auf den Inseln des stillen Meers sind alle Einwohner, einige Neger ausgenommen bärtig; vielmehr geben sie einige Zeichen der Abkunft von den Malayen, eben so wie die auf den sundaischen Inseln; und die Art von Lehnsregierung, welche man auf der Insel Otaheite antraf, und welche auch die gewöhnliche Staatsverfassung der Malayen ist, bestätigt diese Vermuthung.

Die Ursache, Neger und Weiße für Grundracen anzunehmen, ist für sich selbst klar. Was die hindistanische und kalmuckische betrifft, so ist das Olivengelb, welches dem mehr oder wenigen Braunen der heißen Länder zum Grunde liegt, bei den erstern eben so wenig, als das originale Gesicht der zweiten von irgend einem andern bekannten Nationcharakter abzuleiten, und beide drücken sich in vermischten Begattungen unausbleiblich ab. Eben dieses gilt von der in die kalmuckische Bildung einschlagenden und damit durch einerlei Ursache verknüpften amerikanischen Race. Der Ostindianer giebt durch Vermischung mit dem Weißen den gelben Mestizen, wie der Amerikaner mit demselben den rothen und der Weiße mit dem Neger den Mulatten, der Amerikaner mit eben demselben den Kabugl oder den schwarzen Karaiben: welches jederzeit kenntlich bezeichnete Blendlinge sind und ihre Abkunft von ächten Racen beweisen.

3. Von den unmittelbaren Ursachen des Ursprungs dieser verschiedenen Racen.

Die in der Natur eines organischen Körpers (Gewächses oder Thieres) liegenden Gründe einer bestimmten Auswickelung heißen, wenn diese Auswickelung besondere Theile betrifft, Keime; betrifft sie aber nur die Größe oder das Verhältniß der Theile untereinander, so nenne ich sie natürliche Anlagen. In den Vögeln von derselben Art, die doch in verschiedenen Klimaten leben sollen, liegen Keime zur Auswickelung einer neuen Schicht Federn, wenn sie im kalten Klima leben, die aber zurückgehalten werden, wenn sie sich im gemäßigten aufhalten sollen. Weil in einem kalten Lande das Weizenkorn mehr gegen feuchte Kälte geschützt werden muß, als in einem trocknen oder warmen, so liegt in ihm eine vorher bestimmte Fähigkeit oder natürliche Anlage, nach und nach eine dickere Haut hervorzubringen. Diese Fürsorge der Natur, ihr Geschöpf durch versteckte innere Vorkehrungen auf allerlei künftige Umstände auszurüsten, damit es sich erhalte und der Verschiedenheit des Klima oder des Bodens angemessen sei, ist bewundernswürdig und bringt bei der Wanderung und Verpflanzung der Thiere und Gewächse dem Scheine nach neue Arten hervor, welche nichts anders als Abartungen und Racen von derselben Gattung sind, deren Keime und natürliche Anlagen sich nur gelegentlich in langen Zeitläuften auf verschiedene Weise entwickelt haben.*)

---

*) Wir nehmen die Benennungen Naturbeschreibung und Naturgeschichte gemeiniglich in einerlei Sinne. Allein es ist klar, daß die Kenntniß der Naturdinge, wie sie jetzt sind, immer noch die Erkenntniß von demjenigen wünschen lasse, was sie ehedem gewesen sind, und durch welche Reihe von Veränderungen sie durchgegangen, um an jedem Orte in ihren gegenwärtigen Zustand zu gelangen. Die Naturgeschichte, woran es uns fast noch gänzlich fehlt, würde uns die Veränderung der Erdgestalt, ingleichen die der Erdgeschöpfe (Pflanzen und Thiere), die sie durch natürliche Wandrungen erlitten haben, und ihre daraus entsprungene Abartungen von dem Urbilde der Stammgattung lehren. Sie würde vermuthlich eine große Menge scheinbar verschiedene Arten zu Racen eben derselben Gattung zurückführen und das jetzt so weitläuftige Schulsystem der Naturbeschreibung in ein physisches System für den Verstand verwandeln.

Der Zufall, oder allgemeine mechanische Gesetze können solche Zusammenpassungen nicht hervorbringen. Daher müssen wir dergleichen gelegentliche Auswickelungen als vorgebildet ansehn. Allein selbst da, wo sich nichts Zweckmäßiges zeigt, ist das bloße Vermögen, seinen besondern angenommenen Charakter fortzupflanzen, schon Beweises genug: daß dazu ein besonderer Keim oder natürliche Anlage in dem organischen Geschöpf anzutreffen gewesen. Denn äußere Dinge können wohl Gelegenheits-, aber nicht hervorbringende Ursachen von demjenigen sein, was nothwendig anerbt und nachartet. So wenig als der Zufall oder physisch-mechanische Ursachen einen organischen Körper hervorbringen können, so wenig werden sie zu seiner Zeugungskraft etwas hinzusetzen, d. i. etwas bewirken, was sich selbst fortpflanzt, wenn es eine besondere Gestalt oder Verhältniß der Theile ist.*) Luft, Sonne und Nahrung können einen thierischen Körper in seinem Wachsthume modificiren, aber diese Veränderung nicht zugleich mit einer zeugenden Kraft versehen, die vermögend wäre, sich selbst auch ohne diese Ursache wieder hervorzubringen; sondern was sich fortpflanzen soll, muß in der Zeugungskraft schon vorher gelegen haben, als vorher bestimmt zu einer gelegentlichen Auswickelung den Umständen gemäß, darein das Geschöpf gerathen kann, und in welchen es sich beständig erhalten soll. Denn in die Zeugungskraft muß nichts dem Thiere Fremdes hinein kommen können, was vermögend wäre, das Geschöpf nach und nach von seiner ursprünglichen und wesentlichen Bestimmung zu entfernen und wahre Ausartungen hervorzubringen, die sich perpetuirten.

Der Mensch war für alle Klimaten und für jede Beschaffenheit des Bodens bestimmt; folglich mußten in ihm mancherlei Keime und natürliche Anlagen bereit liegen, um gelegentlich entweder ausgewickelt oder zurückgehalten zu werden, damit er seinem Platze in der Welt angemessen würde und in dem Fortgange der Zeugungen demselben gleichsam angeboren und dafür gemacht zu sein schiene. Wir wollen nach diesen Begriffen die ganze Menschengattung auf der weiten Erde durchgehn und daselbst zweckmäßige Ursachen seiner Abartungen anführen, wo die natürlichen nicht wohl einzusehen sind, hingegen natürliche, wo wir die Zwecke nicht gewahr werden. Hier merke ich nur an: daß Luft und Sonne diejenigen Ursachen zu sein

---

*) Krankheiten sind bisweilen erblich. Aber diese bedürfen keiner Organisation, sondern nur eines Ferments schädlicher Säfte, die sich durch Ansteckung fortpflanzen. Sie arten auch nicht nothwendig an.

scheinen, welche auf die Zeugungskraft innigst einfließen und eine dauerhafte Entwickelung der Keime und Anlagen hervorbringen, d. i. eine Race gründen können; da hingegen die besondere Nahrung zwar einen Schlag Menschen hervorbringen kann, dessen Unterscheidendes aber bei Verpflanzungen bald erlischt. Was auf die Zeugungskraft haften soll, muß nicht die Erhaltung des Lebens, sondern die Quelle desselben, d. i. die ersten Principien seiner thierischen Einrichtung und Bewegung, afficiren.

Der Mensch, in die Eiszone versetzt, mußte nach und nach in eine kleinere Statur ausarten, weil bei dieser, wenn die Kraft des Herzens dieselbe bleibt, der Blutumlauf in kürzerer Zeit geschieht, der Pulsschlag also schneller und die Blutwärme größer wird. In der That fand auch Cranz die Grönländer nicht allein weit unter der Statur der Europäer, sondern auch von merklich größerer natürlichen Hitze ihres Körpers. Selbst das Mißverhältniß zwischen der ganzen Leibeshöhe und den kurzen Beinen an den nördlichsten Völkern ist ihrem Klima angemessen, da diese Theile des Körpers wegen ihrer Entlegenheit vom Herzen in der Kälte mehr Gefahr leiden. Gleichwohl scheinen doch die meisten der jetzt bekannten Einwohner der Eiszone nur spätere Ankömmlinge daselbst zu sein, wie die Lappen, welche mit den Finnen aus einerlei Stamme, nämlich dem ungrischen, entsprungen, nur seit der Auswanderung der letztern (aus dem Osten von Asien) die jetzigen Sitze eingenommen haben und doch schon in dieses Klima auf einen ziemlichen Grad eingeartet sind.

Wenn aber ein nordliches Volk lange Zeitläufte hindurch genöthigt ist, den Einfluß von der Kälte der Eiszone auszustehen, so müssen sich mit ihm noch größere Veränderungen zutragen. Alle Auswickelung, wodurch der Körper seine Säfte nur verschwendet, muß in diesem austrocknenden Himmelsstriche nach und nach gehemmt werden. Daher werden die Keime des Haarwuchses mit der Zeit unterdrückt, so daß nur diejenigen übrig bleiben, welche zur nothwendigen Bedeckung des Hauptes erforderlich sind. Vermöge einer natürlichen Anlage werden auch die hervorragenden Theile des Gesichts, welches am wenigsten einer Bedeckung fähig ist, da sie durch die Kälte unaufhörlich leiden, vermittelst einer Fürsorge der Natur allmählig flacher werden, um sich besser zu erhalten. Die wulstige Erhöhung unter den Augen, die halbgeschlossenen und blinzenden Augen schienen zur Verwahrung derselben theils gegen die austrocknende Kälte der Luft, theils gegen das Schneelicht (wogegen die Eskimos auch Schneebrillen brauchen) wie veranstaltet zu sein, ob sie gleich auch als natürliche Wirkungen des Klima angesehen werden können, die selbst in mildern Himmelsstrichen, nur in weit geringerm Maße, zu bemerken sind. So entspringt nach und nach das bartlose Kinn, die gepletschte Nase, dünne Lippen, blinzende Augen, das flache Gesicht, die röthlich braune Farbe mit dem schwarzen Haare, mit einem Worte, die kalmuckische Gesichts= bildung, welche in einer langen Reihe von Zeugungen in demselben Klima sich bis zu einer dauerhaften Race einwurzelt, die sich erhält, wenn ein solches Volk gleich nachher in mildern Himmelsstrichen neue Sitze ge= winnt.

Man wird ohne Zweifel fragen, mit welchem Rechte ich die kalmuckische Bildung, welche jetzt in einem mildern Himmelsstriche in ihrer größten Vollständigkeit angetroffen wird, tief aus Norden oder Nordosten herleiten könne. Meine Ursache ist diese. Herodot berichtet schon aus seinen Zeiten: daß die Argippäer, Bewohner eines Landes am Fuße hoher Gebirge, in einer Gegend, welche man für die des Uralgebirges halten kann, kahl und flachnasicht wären und ihre Bäume mit weißen Decken (vermuthlich versteht er Filzzelte) bedeckten. Diese Gestalt findet man jetzt in größerm oder kleinerm Maße im Nordosten von Asien, vornehmlich aber in dem nordwestlichen Theil von Amerika, den man von der Hudsonsbai aus hat entdecken können, wo nach einigen neuen Nachrichten die Bewohner wie wahre Kalmucken aussehn. Bedenkt man nun, daß in der ältesten Zeit Thiere und Menschen in dieser Gegend zwischen Asien und Amerika müssen gewechselt haben, indem man einerlei Thiere in dem kalten Himmelsstriche beider Welttheile antrifft, daß diese menschliche Race sich allererst etwa 1000 Jahre vor unserer Zeitrechnung (nach dem Desguignes) über den Amurstrom hinaus den Chinesen zeigte und nach und nach andere Völker von tatarischen, ungrischen und andern Stämmen aus ihren Sitzen ver= trieb, so wird diese Abstammung aus dem kalten Weltstriche nicht ganz erzwungen scheinen.

Was aber das Vornehmste ist, nämlich die Ableitung der Ameri= kaner als einer nicht völlig eingearteten Race, eines Volks, das lange den nordlichsten Weltstrich bewohnt hat, wird gar sehr durch den erstickten Haareswuchs an allen Theilen des Körpers außer dem Haupte, durch die röthliche Eisenrostfarbe der kälteren und die dunklere Kupferfarbe heißerer Landstriche dieses Welttheils bestätigt. Denn das Rothbraune scheint (als eine Wirkung der Luftsäure) eben so dem kalten Klima, wie das

Olivenbraun (als eine Wirkung des Laugenhaft-Gallichten der Säfte) dem heißen Himmelsstriche angemessen zu sein, ohne einmal das Naturell der Amerikaner in Anschlag zu bringen, welches eine halb erloschene Lebenskraft verräth,*) die am natürlichsten für die Wirkung einer kalten Weltgegend angesehen werden kann.

Die größte feuchte Hitze des warmen Klima muß hingegen an einem Volke, das darin alt genug geworden, um seinem Boden völlig anzuarten, Wirkungen zeigen, die den vorigen gar sehr entgegengesetzt sind. Es wird gerade das Widerspiel der kalmuckischen Bildung erzeugt werden. Der Wuchs der schwammichten Theile des Körpers mußte in einem heißen und feuchten Klima zunehmen; daher eine dicke Stülpnase und Wurstlippen. Die Haut mußte geölt sein, nicht bloß um die zu starke Ausdünstung zu mäßigen, sondern die schädliche Einsaugung der fäulichten Feuchtigkeiten der Luft zu verhüten. Der Überfluß der Eisentheilchen, die sonst in jedem Menschenblute angetroffen werden und hier durch die Ausdünstung des phosphorischen Sauren (wornach alle Neger stinken) in der netzförmigen Substanz gefällt worden, verursacht die durch das Oberhäutchen durchscheinende Schwärze, und der starke Eisengehalt im Blute scheint auch nöthig zu sein, um der Erschlaffung aller Theile vorzubeugen. Das Öl der Haut, welches den zum Haareswuchs erforderlichen Nahrungsschleim schwächt, verstattete kaum die Erzeugung einer den Kopf bedeckenden Wolle. Übrigens ist feuchte Wärme dem starken Wuchs der Thiere überhaupt beförderlich, und kurz, es entspringt der Neger, der seinem Klima wohl angemessen, nämlich stark, fleischig, gelenk, aber unter der reichlichen Versorgung seines Mutterlandes faul, weichlich und tändelnd ist.

Der Eingeborne von Hindistan kann als aus einer der ältesten menschlichen Racen entsprossen angesehen werden. Sein Land, welches nordwärts an ein hohes Gebürge gestützt und von Norden nach Süden bis zur Spitze seiner Halbinsel von einer langen Bergreihe durchzogen ist (wozu ich nordwärts noch Tibet, vielleicht den allgemeinen Zufluchtsort des menschlichen Geschlechts während und dessen Pflanzschule nach der letzten großen Revolution unsrer Erde, mitrechne), hat in einem glücklichen Himmelsstriche

---

*) Um nur ein Beispiel anzuführen, so bedient man sich in Surinam der rothen Sklaven (Amerikaner) nur allein zu häuslichen Arbeiten, weil sie zur Feldarbeit zu schwach sind, als wozu man Neger braucht. Gleichwohl fehlt es hier nicht an Zwangsmitteln; aber es gebricht den Eingebornen dieses Welttheils überhaupt an Vermögen und Dauerhaftigkeit.

die vollkommenste Scheitelung der Wasser (Ablauf nach zwei Meeren), die sonst kein im glücklichen Himmelsstriche liegender Theil des festen Landes von Asien hat. Es konnte also in den ältesten Zeiten trocken und bewohnbar sein, da sowohl die östliche Halbinsel Indiens, als China (weil in ihnen die Flüsse, an statt sich zu scheiteln, parallel laufen) in jenen Zeiten der Überschwemmungen noch unbewohnt sein mußten. Hier konnte sich also in langen Zeitläuften eine feste menschliche Race gründen. Das Olivengelb der Haut des Indianers, die wahre Zigeunerfarbe, welche dem mehr oder weniger dunkeln Braun anderer östlicheren Völker zum Grunde liegt, ist auch eben so charakteristisch und in der Nachartung beständig, als die schwarze Farbe der Neger und scheint zusammt der übrigen Bildung und dem verschiedenen Naturelle eben so die Wirkung einer trockenen, wie die letztere der feuchten Hitze zu sein. Nach Herrn Ives sind die gemeinen Krankheiten der Indianer verstopfte Gallen und geschwollene Lebern; ihre angeborne Farbe aber ist gleichsam gelbsüchtig und scheint eine continuirliche Absonderung der ins Blut getretenen Galle zu beweisen, welche als seifenartig die verdickten Säfte vielleicht auflöset und verflüchtigt und dadurch wenigstens in den äußern Theilen das Blut abkühlt. Eine hierauf oder auf etwas Ähnliches hinauslaufende Selbsthülfe der Natur, durch eine gewisse Organisation (deren Wirkung sich an der Haut zeigt) dasjenige continuirlich wegzuschaffen, was den Blutumlauf reizt, mag wohl die Ursache der kalten Hände der Indianer sein*) und vielleicht (wiewohl man

---

*) Ich hatte zwar sonst gelesen: daß diese Indianer die Besonderheit kalter Hände bei großer Hitze haben, und daß dieses eine Frucht ihrer Nüchternheit und Mäßigkeit sein solle. Allein als ich das Vergnügen hatte, den aufmerksamen und einsehenden Reisenden, Herrn Eaton, der einige Jahre als holländischer Consul und Chef ihrer Etablissements zu Bassora ꝛc. gestanden, bei seiner Durchreise durch Königsberg zu sprechen, so benachrichtigte er mich: daß, als er in Surat mit der Gemahlin eines europäischen Consuls getanzt habe, er verwundert gewesen wäre, schwitzige und kalte Hände an ihr zu fühlen (die Gewohnheit der Handschuhe ist dort noch nicht angenommen), und da er anderwärts seine Befremdung geäußert, auf Antwort bekommen habe: sie habe eine Indianerin zur Mutter gehabt, und diese Eigenschaft sei an ihnen erblich. Ebenderselbe bezeugte auch, daß, wenn man die Kinder der Parsis mit denen der Indianer dort zusammen sähe, die Verschiedenheit der Racen in der weißen Farbe der ersten und der gelbbraunen der zweiten sogleich in die Augen falle; ingleichen, daß die Indianer in ihrem Baue noch das Unterscheidende an sich hätten, daß ihre Schenkel über das bei uns gewöhnliche Verhältniß länger wären.

dieses noch nicht beobachtet hat) einer überhaupt verringerten Blutwärme, die sie fähig macht, die Hitze des Klima ohne Nachtheil zu ertragen.

Da hat man nun Muthmaßungen, die wenigstens Grund genug haben, um andern Muthmaßungen die Wage zu halten, welche die Verschiedenheiten der Menschengattung so unvereinbar finden, daß sie deshalb lieber viele Localschöpfungen annehmen. Mit Voltairen sagen: Gott, der das Rennthier in Lappland schuf, um das Moos dieser kalten Gegenden zu verzehren, der schuf auch daselbst den Lappländer, um dieses Rennthier zu essen, ist kein übler Einfall für einen Dichter, aber ein schlechter Behelf für den Philosophen, der die Kette der Naturursachen nicht verlassen darf, als da, wo er sie augenscheinlich an das unmittelbare Verhängniß geknüpft sieht.

Man schreibt jetzt mit gutem Grunde die verschiedenen Farben der Gewächse dem durch unterschiedliche Säfte gefällten Eisen zu. Da alles Thierblut Eisen enthält, so hindert uns nichts, die verschiedene Farbe dieser Menschenracen eben derselben Ursache beizumessen. Auf diese Art würde etwa das Salzsaure, oder das phosphorisch Saure, oder das flüchtig Laugenhafte der ausführenden Gefäße der Haut die Eisentheilchen im Reticulum roth, oder schwarz, oder gelb niederschlagen. In dem Geschlechte der Weißen würde aber dieses in den Säften aufgelösete Eisen gar nicht niedergeschlagen und dadurch zugleich die vollkommene Mischung der Säfte und Stärke dieses Menschenschlags vor den übrigen bewiesen. Doch dieses ist nur eine flüchtige Anreizung zur Untersuchung in einem Felde, worin ich zu fremd bin, um mit einigem Zutraun auch nur Muthmaßungen zu wagen.

Wir haben vier menschliche Racen gezählt, worunter alle Mannigfaltigkeiten dieser Gattung sollen begriffen sein. Alle Abartungen aber bedürfen doch einer Stammgattung, die wir entweder für schon erloschen ausgeben oder aus den vorhandenen diejenige aussuchen müssen, womit wir die Stammgattung am meisten vergleichen können. Freilich kann man nicht hoffen, jetzt irgendwo in der Welt die ursprüngliche menschliche Gestalt unverändert anzutreffen. Eben aus diesem Hange der Natur, dem Boden allerwärts in langen Zeugungen anzuarten, muß jetzt die Menschengestalt allenthalben mit Localmodification behaftet sein. Allein der Erdstrich vom 31sten bis zum 52sten Grade der Breite in der alten Welt (welche auch in Ansehung der Bevölkerung den Namen der alten Welt zu verdienen scheint) wird mit Recht für denjenigen gehalten, in welchem die glücklichste

Mischung der Einflüsse der kältern und heißern Gegenden und auch der größte Reichthum an Erdgeschöpfen angetroffen wird; wo auch der Mensch, weil er von da aus zu allen Verpflanzungen gleich gut zubereitet ist, am wenigsten von seiner Urbildung abgewichen sein müßte. Hier finden wir aber zwar weiße, doch brünette Einwohner, welche Gestalt wir also für die der Stammgattung nächste annehmen wollen. Von dieser scheint die hochblonde von zarter weißer Haut, röthlichem Haar, bleichblauen Augen die nächste nordliche Abartung zu sein, welche zur Zeit der Römer die nordlichen Gegenden von Deutschland und (andern Beweisthümern nach) weiter hin nach Osten bis zum altaischen Gebürge, allerwärts aber unermeßliche Wälder in einem ziemlich kalten Erdstriche bewohnte. Nun hat der Einfluß einer kalten und feuchten Luft, welche den Säften einen Hang zum Skorbut zuzieht, endlich einen gewissen Schlag Menschen hervorgebracht, der bis zur Beständigkeit einer Race würde gediehen sein, wenn in diesem Erdstriche nicht so häufig fremde Vermischungen den Fortgang der Abartung unterbrochen hätten. Wir können diese also zum wenigsten als eine Annäherung den wirklichen Racen beizählen, und alsdann werden diese in Verbindung mit den Naturursachen ihrer Entstehung sich unter folgenden Abriß bringen lassen.

Stammgattung.

Weiße von brünetter Farbe.
Erste Race, Hochblonde (Nordl. Eur.) von feuchter Kälte.
Zweite Race, Kupferrothe (Amerik.) von trockner Kälte.
Dritte Race, Schwarze (Senegambia) von feuchter Hitze.
Vierte Race, Olivengelbe (Indianer) von trockner Hitze.

4. Von den Gelegenheitsursachen der Gründung verschiedener Racen.

Was bei der Mannigfaltigkeit der Racen auf der Erdfläche die größte Schwierigkeit macht, welchen Erklärungsgrund man auch annehmen mag, ist: daß ähnliche Land- und Himmelsstriche doch nicht dieselbe Race enthalten, daß Amerika in seinem heißesten Klima keine ostindische, noch viel weniger eine dem Lande angeborne Negergestalt zeigt, daß es in Arabien oder Persien kein einheimisches indisches Olivengelb giebt, ungeachtet diese

Länder in Klima und Luftbeschaffenheit mit jenem Lande sehr übereinkommen, u. s. w. Was die erstere dieser Schwierigkeiten betrifft, so läßt sie sich aus der Art der Bevölkerung dieses Himmelsstrichs faßlich genug beantworten. Denn wenn einmal durch den langen Aufenthalt seines Stammvolks im N. O. von Asien oder des benachbarten Amerika sich eine Race wie die jetzige gegründet hatte, so konnte diese durch keine fernere Einflüsse des Klima in eine andere Race verwandelt werden. Denn nur die Stammbildung kann in eine Race ausarten; diese aber, wo sie einmal Wurzel gefaßt und die andern Keime erstickt hat, widersteht aller Umformung eben darum, weil der Charakter der Race einmal in der Zeugungskraft überwiegend geworden.

Was aber die Localität der Negerrace betrifft, die nur Afrika*) (in der größten Vollkommenheit Senegambia) eigen ist, ingleichen die der indischen, welche in dieses Land eingeschlossen ist (außer wo sie ostwärts halbschlächtig angeartet zu sein scheint): so glaube ich, daß die Ursache davon in einem inländischen Meere der alten Zeit gelegen habe, welches sowohl Hindistan, als Afrika von andern sonst nahen Ländern abgesondert gehalten. Denn der Erdstrich, der von der Grenze Dauriens über die Mungalei, kleine Bucharei, Persien, Arabien, Nubien, die Sahara bis Capo Blanco in einem nur wenig unterbrochenen Zusammenhange fortgeht, sieht seinem größten Theile nach dem Boden eines alten Meeres ähnlich. Die Länder in diesem Striche sind das, was Buache Platteform nennt, nämlich hohe und mehrentheils wagerecht gestellte Ebenen, in denen die daselbst befindlichen Gebürge nirgend einen weitgestreckten Abhang haben, indem ihr Fuß unter horizontalliegendem Sande vergraben ist: daher die Flüsse, deren es daselbst wenig giebt, nur einen kurzen Lauf haben und im Sande versiegen. Sie sind den Bassins alter Meere ähnlich, weil sie mit Höhen umgeben sind, in ihrem Inwendigen, im Ganzen betrachtet, Wasserpaß halten und daher einen Strom weder einnehmen, noch auslassen, überdem auch mit dem Sande, dem Niederschlag eines alten, ruhigen Meers, größtentheils bedeckt sind. Hieraus wird es nun begreif-

---

*) In dem heißen südlichen Weltstriche giebt es auch einen kleinen Stamm von Negers, die sich bis zu den benachbarten Inseln ausgebreitet, von denen man wegen der Vermengung mit Menschen von indischem Halbschlag beinahe glauben sollte, daß sie nicht diesen Gegenden angeboren, sondern vor Alters bei einer Gemeinschaft, darin die Malayen mit Afrika gestanden, nach und nach herübergeführt worden.

lich: wie der indische Charakter in Persien und Arabien nicht habe Wurzel fassen können, die damals noch zum Bassin eines Meeres dienten, als Hindistan vermuthlich lange bevölkert war; ingleichen, wie sich die Negerrace sowohl, als die indische unvermengt von nordischem Blute lange Zeit erhalten konnte, weil sie davon durch eben dieses Meer abgeschnitten war. Die Naturbeschreibung (Zustand der Natur in der jetzigen Zeit) ist lange nicht hinreichend, von der Mannigfaltigkeit der Abartungen Grund anzugeben. Man muß, so sehr man auch und zwar mit Recht der Frechheit der Meinungen feind ist, eine Geschichte der Natur wagen, welche eine abgesonderte Wissenschaft ist, die wohl nach und nach von Meinungen zu Einsichten fortrücken könnte.

Die physische Geographie, die ich hiedurch ankündige, gehört zu einer Idee, welche ich mir von einem nützlichen akademischen Unterricht mache, den ich die Vorübung in der Kenntniß der Welt nennen kann. Diese Weltkenntniß ist es, welche dazu dient, allen sonst erworbenen Wissenschaften und Geschicklichkeiten das Pragmatische zu verschaffen, dadurch sie nicht bloß für die Schule, sondern für das Leben brauchbar werden, und wodurch der fertig gewordene Lehrling auf den Schauplatz seiner Bestimmung, nämlich in die Welt, eingeführt wird. Hier liegt ein zwiefaches Feld vor ihm, wovon er einen vorläufigen Abriß nöthig hat, um alle künftige Erfahrungen darin nach Regeln ordnen zu können: nämlich die Natur und der Mensch. Beide Stücke aber müssen darin kosmologisch erwogen werden, nämlich nicht nach demjenigen, was ihre Gegenstände im Einzelnen Merkwürdiges enthalten (Physik und empirische Seelenlehre), sondern was ihr Verhältniß im Ganzen, worin sie stehen und darin ein jeder selbst seine Stelle einnimmt, uns anzumerken giebt. Die erstere Unterweisung nenne ich physische Geographie und habe sie zur Sommervorlesung bestimmt, die zweite Anthropologie, die ich für den Winter aufbehalte. Die übrige Vorlesungen dieses halben Jahres sind schon gehöriges Orts öffentlich angezeigt worden.[1])

---

[1]) Die Worte Die — worden, welche in A[1] hinter der Abhandlung folgen, fehlen in A[2].

Aufsätze,
das Philanthropin betreffend.

1.
Dessau 1776.

Erstes Stück des philanthropinischen Archivs, mitgetheilt von verbrüderten Jugendfreunden an Vormünder der Menschheit, besonders welche eine Schulverbesserung beginnen, und an Väter und Mütter, welche Kinder ins Dessauische Philanthropin senden wollen.

Niemals ist wohl eine billigere Forderung an das menschliche Geschlecht gethan und niemals ein so großer und sich selbst ausbreitender Nutze dafür uneigennützig angeboten worden, als es hier von Herren Basedow geschieht, der sich sammt seinen ruhmwürdigen Mitgehülfen hiemit der Wohlfahrt und Verbesserung der Menschen feierlich geweiht hat. Das, woran gute und schlechte Köpfe Jahrhunderte hindurch gebrütet haben, was aber ohne den feurigen und standhaften Eifer eines einzigen einsehenden und rüstigen Mannes noch eben so viel Jahrhunderte in dem Schooße frommer Wünsche würde geblieben sein, nämlich die ächte, der Natur sowohl als allen bürgerlichen Zwecken angemessene Erziehungsanstalt, das steht jetzt mit seinen unerwartet schnellen Wirkungen wirklich da und fordert fremde Beihülfe auf, nur um sich, so wie sie jetzt da ist, zu erweitern, ihren Samen über andere Länder auszustreuen und ihre Gattung zu verewigen. Denn darin hat das, was nur die Entwickelung der in der Menschheit liegenden natürlichen Anlagen ist, einerlei Eigenschaft mit der allgemeinen Mutter Natur: daß sie ihre Samen nicht ausgehen läßt, sondern sich selbst vervielfältigt und ihre Gattung erhält. Jedem gemeinen Wesen, jedem einzelnen Weltbürger ist unendlich daran gelegen, eine Anstalt kennen zu lernen, wodurch eine ganz neue Ordnung menschlicher Dinge anhebt (man kann sich von derselben in diesem Archiv und der Basedow'schen Schrift: Für Kosmopoliten Etwas zu lesen ꝛc. ꝛc.

belehren), und die, wenn sie schnell ausgebreitet wird, eine so große und so weit hinaussehende Reform im Privatleben sowohl, als im bürgerlichen Wesen hervorbringen muß, als man sich bei flüchtigem Blick nicht leicht vorstellen möchte. Um deswillen ist es auch der eigentliche Beruf jedes Menschenfreundes, diesen noch zarten Keim, so viel an ihm ist, mit Sorgfalt zu pflegen, zu beschützen, oder ihn wenigstens dem Schutze derer, die mit einem guten Willen das Vermögen verbinden Gutes zu thun, unabläßig zu empfehlen; denn wenn er, wie der glückliche Anfang hoffen läßt, einmal zum vollständigen Wachsthume gelangt sein wird, so werden die Früchte desselben sich bald in alle Länder und bis zur spätesten Nachkommenschaft verbreiten. Der 13te Mai ist in dieser Absicht ein wichtiger Tag. Auf denselben ladet der seiner Sache gewisse Mann die gelehrteste und einsehendste Männer benachbarter Städte und Universitäten zum Schauen desjenigen ein, was sie bloßen Erzählungen zu glauben schwerlich würden bewogen werden können. Das Gute hat eine unwiderstehliche Gewalt, wenn es angeschauet wird. Die Stimme verdienstvoller und beglaubigter Deputirter der Menschheit (wovon wir eine gute Anzahl zu diesem Congresse wünschen) müßte die Aufmerksamkeit Europens auf das, was sie so nahe angeht, nothwendig rege machen und es zur thätigen Theilnehmung an einer so gemeinnützigen Anstalt bewegen. Jetzt muß es schon jedem Menschenfreunde zum größten Vergnügen und zu nicht minder reizender Hoffnung der Nachfolge eines so edlen Beispiels gereichen: daß (wie in der letzteren Zeitung gemeldet worden) das Philanthropin durch eine ansehnliche Beihülfe von hoher Hand wegen seiner Fortdauer gesichert worden. Es ist bei solchen Umständen auch nicht zu zweifeln: daß nicht von allerlei Gegenden Pensionisten hinzu eilen sollten, um sich in dieser Anstalt die Plätze, daran es vielleicht bald gebrechen möchte, zu versichern; was aber denen, die eine schnelle Ausbreitung des Guten sehnlich wünschen, am meisten am Herzen liegt, nämlich das Absenden geschickter Candidaten nach Dessau, um sich in der philanthropischen Erziehungsart zu belehren und zu üben, dieses einzige Mittel, in kurzem allerwärts gute Schulen zu haben, das scheint eine ungesäumte Aufmerksamkeit und großmüthigen Beistand vermögender Gönner vorzüglich zu erfordern. In Erwartung: daß dieser Wunsch auch bald in seine Erfüllung gehe, ist es allen Lehrern sowohl in der Privat= als öffentlichen Schulunterweisung sehr zu empfehlen: sich der Basedow'schen Schriften und von ihm herausgegebenen Schulbücher sowohl zu eigener Belehrung, als der letzteren zur

Übung ihrer anvertrauten Jugend zu bedienen und dadurch, so viel als vorläufig geschehen kann, ihre Unterweisung schon jetzt philanthropisch zu machen. Kostet in der Kanterschen Buchhandlung 15 gr.

―――――

2.
An das gemeine Wesen.

Es fehlt in den gesitteten Ländern von Europa nicht an Erziehungsanstalten und an wohlgemeintem Fleiße der Lehrer, jedermann in diesem Stücke zu Diensten zu sein, und gleichwohl ist es jetzt einleuchtend bewiesen, daß sie insgesammt im ersten Zuschnitt verdorben sind, daß, weil alles darin der Natur entgegen arbeitet, dadurch bei weitem nicht das Gute aus dem Menschen gebracht werde, wozu die Natur die Anlage gegeben, und daß, weil wir thierische Geschöpfe nur durch Ausbildung zu Menschen gemacht werden, wir in kurzem ganz andre Menschen um uns sehen würden, wenn diejenige Erziehungsmethode allgemein in Schwang käme, die weislich aus der Natur selbst gezogen und nicht von der alten Gewohnheit vorher und unerfahrener Zeitalter sklavisch nachgeahmt worden.

Es ist aber vergeblich dieses Heil des menschlichen Geschlechts von einer allmählichen Schulverbesserung zu erwarten. Sie müssen umgeschaffen werden, wenn etwas Gutes aus ihnen entstehen soll: weil sie in ihrer ursprünglichen Einrichtung fehlerhaft sind, und selbst die Lehrer derselben eine neue Bildung annehmen müssen. Nicht eine langsame Reform, sondern eine schnelle Revolution kann dieses bewirken. Und dazu gehört nichts weiter, als nur eine Schule, die nach der ächten Methode von Grunde aus neu angeordnet, von aufgeklärten Männern nicht mit lohnsüchtigem, sondern edelmüthigem Eifer bearbeitet und während ihrem Fortschritte zur Vollkommenheit von dem aufmerksamen Auge der Kenner in allen Ländern beobachtet und beurtheilt, aber auch durch den vereinigten Beitrag aller Menschenfreunde bis zur Erreichung ihrer Vollständigkeit unterstützt und fortgeholfen würde.

Eine solche Schule ist nicht bloß für die, welche sie erzieht, sondern, welches unendlich wichtiger ist, durch diejenige, denen sie Gelegenheit giebt, sich nach und nach in großer Zahl bei ihr nach der wahren Erziehungsmethode zu Lehrern zu bilden, ein Samkorn, vermittelst dessen sorgfältiger Pflege in kurzer Zeit eine Menge wohl unterwiesener Lehrer erwachsen kann, die ein ganzes Land bald mit guten Schulen bedecken werden.

Die Bemühungen des gemeinen Wesens aller Länder sollten nun darauf zuerst gerichtet sein, einer solchen Musterschule von allen Orten und Enden Handreichung zu thun, um sie bald zu der ganzen Vollkommenheit zu verhelfen, dazu sie in sich selbst schon die Quellen enthält. Denn ihre Einrichtung und Anlage sofort in anderen Ländern nachahmen zu wollen und sie selbst, die das erste vollständige Beispiel und Pflanzschule der guten Erziehung werden soll, indessen unter Mangel und Hindernissen in ihrem Fortschritt zur Vollkommenheit aufhalten, das heißt so viel: als den Samen vor der Reife aussäen, um hernach Unkraut zu ernten.

Eine solche Erziehungsanstalt ist nun nicht mehr bloß eine schöne Idee, sondern zeigt sich mit sichtbaren Beweisen der Thunlichkeit dessen, was längst gewünscht worden, in thätigen und sichtbaren Beweisen. Gewiß eine Erscheinung unserer Zeit, die, obzwar von gemeinen Augen übersehen, jedem verständigen und an dem Wohl der Menschheit theilnehmenden Zuschauer viel wichtiger sein muß, als das glänzende Nichts auf dem jederzeit veränderlichen Schauplatze der großen Welt, wodurch das Beste des menschlichen Geschlechts, wo nicht zurückgesetzt, doch nicht um ein Haar breit weiter gebracht wird.

Der öffentliche Ruf und vornehmlich die vereinigte Stimmen gewissenhafter und einsehender Kenner aus verschiedenen Ländern werden die Leser dieser Zeitung schon das Dessauische Educationsinstitut (Philanthropin) als dasjenige einzige kennen gelehrt haben, was diese Merkmale der Vortrefflichkeit an sich trägt, wovon es eine nicht der geringsten ist: daß es seiner Einrichtung gemäß alle ihm im Anfange etwa noch anhängende Fehler natürlicher Weise von selbst abwerfen muß. Die dawider sich hie oder da regende Anfälle und bisweilen Schmähschriften (deren eine, nämlich die Mangelsdorfische, neuerlich von Herrn Basedow mit der eigenthümlichen Würde der Rechtschaffenheit beantwortet worden) sind so gewöhnliche Griffe der Tadelsucht und des sich auf seinem Miste vertheidigenden alten Herkommens, daß eine ruhige Gleichgültigkeit dieser Art Leute, die auf alles, was sich als gut und edel ankündigt, jederzeit hämische Blicke werfen, vielmehr einigen Verdacht wegen der Mittelmäßigkeit dieses sich erhebenden Guten erregen müßte.

Diesem Institute nun, welches der Menschheit und also der Theilnehmung jedes Weltbürgers gewidmet ist, einige Hülfe zu leisten (welche einzeln nur klein, aber durch die Menge wichtig werden kann) wird jetzt die Gelegenheit dargeboten. Wollte man seine Erfindungskraft anstrengen, um eine Gelegenheit zu erdenken, wo durch einen geringen Beitrag das größtmögliche, dauerhafteste und allgemeine Gute befördert werden könnte, so müßte es doch diejenige sein, da der Same des Guten selbst, damit er sich mit der Zeit verbreite und verewige, gepflegt und unterhalten werden kann.

Diesen Begriffen und der guten Meinung zufolge, die wir uns von der Zahl wohl denkender Personen unseres gemeinen Wesens machen, beziehen wir uns auf das 21ste Stück dieser gelehrten und politischen Zeitung zusammt der Beilage und sehen einer zahlreichen Pränumeration entgegen: von allen Herren des geistlichen und Schulstandes, von Eltern überhaupt, denen, was zu besserer Bildung ihrer Kinder dient, nicht gleichgültig sein kann, ja selbst von denen, die, ob sie gleich nicht Kinder haben, doch ehedem als Kinder Erziehung genossen und eben darum die Verbindlichkeit erkennen werden, wo nicht zur Vermehrung, doch wenigstens zur Bildung der Menschen das ihrige beizutragen.

Auf diese von dem Dessauischen Educationsinstitut herauskommende Monatsschrift unter dem Titel Pädagogische Unterhandlungen wird nun die Pränumeration mit 2 Rthlr. 10 gr. unsers Geldes angenommen. Aber da wegen der noch nicht zu bestimmenden Bogenzahl am Ende des Jahres einiger Nachschuß verlangt werden könnte, so würde es vielleicht am besten sein (doch wird dieses jedermanns Belieben anheim gestellt), der Beförderung dieses Werks einen Dukaten pränumerationsweise zu widmen, wo alsdann jedem, der es verlangen würde, der Überschuß richtig zurückbezahlt werden soll. Denn gedachtes Institut macht sich die Hoffnung: daß es viele edeldenkende Personen in allen Ländern gebe, die eine solche Gelegenheit willig ergreifen würden, um bei dieser Veranlassung über das Pränumerationsquantum noch ein freiwilliges kleines Geschenk, als einen Beitrag zur Unterstützung des seiner Vollkommenheit nahen, aber durch den erwarteten Beistand nicht bei Zeiten fortgeholfenen Instituts, hinzu zu fügen. Denn da, wie Herr O. C. R. Büsching (wöchentl. Nachr. J. 1776. Stück 16) sagt, die Regierungen jetziger Zeit zu Schulverbesserungen kein Geld zu haben scheinen, so wird es doch endlich, wofern solche nicht gar ungeschehen bleiben soll, auf bemittelte Privatpersonen ankommen, diese so wichtige allgemeine Angelegenheit durch großmüthigen Beitrag selbst zu befördern.

Die Pränumeration hiesiges Orts wird bei Herrn Prof. Kant in den Vormittagsstunden von 10 bis Nachmittag gegen 1 Uhr und in der Kanterschen Buchhandlung zu aller Zeit gegen Pränumerationsschein abgegeben.

Nachwort

Band II der Akademieausgabe ist zuerst 1905, im Neudruck 1912 erschienen. Die vorliegende Studienausgabe enthält den vollständigen Text ohne die Anmerkungen (S. 453—526).

Umfangreiche Nachträge zu den Beobachtungen über das Gefühl des Schönen und Erhabenen finden sich in XX 1—192.

Die Materialien zur „falschen Spitzfindigkeit" und zu den „negativen Größen" — beides Programmschriften — sind im Handschriftlichen Nachlaß (XVI, Logik) sowie in den Vorlesungsschriften über Logik (IX, XXIV) enthalten.

Eine Rezension von H. Homes Grundsätzen der Kritik in den „Königsberger gelehrten und politischen Zeitungen" vom 5. III. 1764 wurde irrtümlich Kant zugeschrieben.

Zu den Aufsätzen, das Philanthropin betreffend, ist Kants Vorlesung über Pädagogik (IX 437—499) heranzuziehen.

www.ingramcontent.com/pod-product-compliance
Lightning Source LLC
Chambersburg PA
CBHW061341300426
44116CB00011B/1934